Leonhard Ragaz in seinen Briefen
1. Band: 1887–1914

Leonhard Ragaz
Porträt von Heinrich Altherr aus der Basler Zeit
(Vgl. Mein Weg, Bd. I, S. 251)

Leonhard Ragaz in seinen Briefen

1. Band: 1887–1914

Herausgegeben von:

Dr. oec. publ. Christine Ragaz
Dr. phil. Markus Mattmüller
Prof. Dr. theol. Arthur Rich

unter Mitwirkung von:

VDM Hans Ulrich Jäger, Assistent am Institut für Sozialethik
der Universität Zürich

EVZ-VERLAG ZÜRICH

© 1966
EVZ-Verlag Zürich
Druck: Werner & Bischoff AG Basel
Printed in Switzerland

Vorwort

Die Briefe von Leonhard Ragaz, die nun erstmals den Gang in die Öffentlichkeit antreten, stammen aus den Jahren 1887–1914. Es sind die Jahre, in denen sich das theologische wie soziale und politische Denken des ungewöhnlichen Schweizers ausgebildet hat. Schon dieser Umstand allein vermöchte die Herausgabe der vorliegenden Briefsammlung genügend zu rechtfertigen. Es ist mehr als reizvoll, den Gedankenspuren eines Mannes, der neue Wege bahnte, nachzugehen und die innere Dramatik seines geistigen Werdens durch das unmittelbarste literarische Medium, das es gibt, nochmals zu erleben. Die Briefe von Ragaz sind aber nicht nur darin bedeutsam, daß sie ein geistiges Schicksal von unalltäglichem Ausmaß widerspiegeln. In ihnen kommt indirekt kaum minder intensiv die Krisis der Welt zur Sprache, in der ihr Verfasser lebte und für die er, an ihr leidend, hoffte. Sie sind aus dem Grunde Dokumente von zugleich persönlichstem als auch sachlichem Charakter. Demzufolge wird nicht nur der nach ihnen greifen, der einen authentischen Einblick in die ganz persönliche Existenz von Leonhard Ragaz als Pfarrer, Seelsorger und akademischer Theologe wie als Bruder, Gatte und Vater gewinnen möchte. Auch der wird das tun, der ihn in seiner das Persönliche zwar immer einschließenden, aber doch zugleich weit übersteigenden «Sache» kennenlernen will, für die er seinen, vom aktuellen Zeitgeschehen nicht abzulösenden Kampf führte. Unter diesem zweiten Aspekt gesehen, ist die vorliegende Briefsammlung eine unerläßliche Quelle zur äußeren und inneren Erfassung der Anfänge der schweizerischen Religiös-sozialen Bewegung, des religiösen Sozialismus überhaupt. Sie hat darum den Rang eines gewichtigen Zeitdokumentes im Vorfeld der großen politischen, sozialen und theologischen Umwälzungen, die die Jahre nach dem ersten Weltkrieg brachten. Dieser doppelten Bedeutung wegen, die sie haben, erschien den Herausgebern die Veröffentlichung der Briefe von Leonhard Ragaz als eine wissenschaftliche Pflicht.

Was die Auswahl der Briefe anbetrifft, so haben sich die Herausgeber um eine höchstmögliche Objektivität bemüht. Die Persönlichkeit von Ragaz soll unverkürzt in ihrem wirklichen Wesen, d. h. mit ihren Licht- und Schattenseiten greifbar werden, und die Sache, für die er eingetreten ist, soll in ihrem existentiellen Ernst wie in dem Menschlich-Allzumenschlichen, das immer auch damit verbunden war, zum Ausdruck kommen. Insofern wird diese Briefsammlung sowohl eine Ergänzung als auch eine

Korrektur der Autobiographie von Ragaz darstellen. Die Herausgeber hoffen, daß ihr bewußtes Streben, bei der Auswahl der Briefe die gebotene Objektivität zu wahren, selbst vor einem strengen Maßstab bestehen kann.

Über die Selektionsprinzipien, die bei der Briefauswahl wegleitend waren, soll an dieser Stelle noch in Kürze Rechenschaft gegeben werden:

Es wurden nur Briefe aufgenommen, die Bedeutung haben, sei es, daß sie für die Persönlichkeit ihres Verfassers kennzeichnend sind, sei es, daß sie die Entwicklung oder die Typik seiner Theologie zu erhellen vermögen, sei es auch, daß sie die Kenntnis seiner Biographie überhaupt bereichern oder ein zeitgeschichtliches Gewicht besitzen. Briefe von intim-familiärem Charakter wurden ausgeschieden, teils, weil sie nicht an die Öffentlichkeit gehören, und teils, weil sie den breiteren Leserkreis gar nicht interessieren dürften. Ausnahmen sind nur bei einigen wenigen Briefen gemacht worden, die gerade in ihrer Intimität besondere Seiten der Persönlichkeit von Ragaz zu beleuchten wissen.

Im übrigen ließen sich die Herausgeber von folgenden editorischen Grundsätzen leiten:

1. Die Briefe sind chronologisch und nicht nach den Adressaten zu gruppieren, um ein möglichst kontinuierlich-geschlossenes Bild von der Entwicklung der Persönlichkeit ihres Verfassers und seines Denkens zu erreichen.

2. Die einzelnen Briefe sollen vollständig geboten werden. Ausnahmen von dieser Regel sind wieder nur bei Stellen von intim-persönlichem oder intim-familiärem Charakter gemacht worden. Zudem wurden einige Passagen von polemisch-verletzlichem Charakter gestrichen, sofern zu vermuten war, daß sie auch der Verfasser eliminiert haben würde, wenn er selbst die Drucklegung hätte besorgen müssen.

3. Die Orthographie ist der heutigen Schreibweise anzupassen, die Interpunktion dagegen weitmöglichst zu belassen, weil sie zu den Eigentümlichkeiten von Ragaz gehört.

4. Ein Anmerkungsapparat soll diejenigen sachlichen, biographischen und historischen Informationen vermitteln, die für das Verständnis der Briefe notwendig oder doch förderlich sind.

Auf eine Kommentierung der Briefe wurde verzichtet, mit Ausnahme einiger besonders schwieriger Stellen. Um ihr Verständnis, vorab nach der theologischen Seite hin, zu erleichtern, hielten es die Herausgeber für angebracht, ihnen eine theologische Einführung voranzustellen.

Am Schluß der Sammlung findet sich ein Verzeichnis sämtlicher Briefadressaten mit den wichtigsten biographischen Angaben, in der Meinung, daß der Leser daraus Gewinn ziehen könne.

Die beiden anschließenden Register wurden von Herrn VDM H. U. Jäger, Assistent am Institut für Sozialethik der Universität Zürich, erstellt.

Zum Schlusse möchten die Herausgeber allen denen verbindlichst danken, die Briefe von Leonhard Ragaz zur Verfügung gestellt haben. Ganz besonders wissen sie sich dem Forschungsrat des Schweizerischen National-fonds verpflichtet, der durch einen großzügigen Druckkostenbeitrag die Herausgabe dieses Werkes ermöglicht hat.

Zürich, im Spätjahr 1965

Christine Ragaz
Markus Mattmüller
Arthur Rich

Abkürzungen

Bibl.	Bibliographie der Werke von Ragaz, bearbeitet von R. Lejeune
NW	Neue Wege, Blätter für religiöse Arbeit, 1906 ff.
Biographie	Markus Mattmüller, Leonhard Ragaz und der religiöse Sozialismus
Mein Weg	Autobiographie von Leonhard Ragaz
TB	Tagebuch von Ragaz

Arthur Rich

Theologische Einführung

I

Vorbemerkung

Wer sich ernsthaft in das Ganze der vorliegenden Briefe von Leonhard Ragaz vertieft, wird dessen bald gewahr, daß sie streckenweise wie ein Labyrinth anmuten, in welchem sich zurechtzufinden schwierig ist. Denn ihr Verfasser hat auf der Suche nach seinem «Weg» viele, selbst die gegensätzlichsten Pfade eingeschlagen. Ja, man wird sagen müssen, daß er sich, darin Pascal nicht unähnlich, von den Gegensätzen geradezu angezogen wußte. «Ich vereinige ... manches in eins, was Sie sich nur als getrennt oder miteinander streitend vorstellen können», schreibt er an seinen Kritiker Paul Wernle (S. 282). Und an einer andern Stelle heißt es gar: «Ich bin gewohnt, in Antinomien zu leben» (S. 204). Das spiegelt sich nicht allein in den oftmals verwegenen Wendungen, die seinen theologischen Werdegang kennzeichnen, das zeigt auch die Art seines zur Reife gekommenen Denkens, das sich nie nur von einem einzigen Kräftepunkt gefangen nehmen lassen kann, sondern immer auch den Gegenpol mitbedenken muß. In alledem waltet ein deutliches Gefälle, das Ragaz weit von seinem ursprünglichen Ausgangspunkt wegführte. Und in alledem kommt eine Struktur des Denkens zum Vorschein, die sich, einmal ausgebildet, in den komplizierten, oft jählings wechselnden Frontstellungen seines Trägers erstaunlich klar durchhält. Es soll nun im folgenden versucht werden, Schritt für Schritt diesem geistigen Gefälle nachzuspüren und Punkt für Punkt die innere Struktur des theologischen Denkens zu erhellen, das schließlich daraus erwachsen ist. Im Interesse der gebotenen Übersichtlichkeit wird uns dabei die chronologische Einteilung der nachfolgenden Briefe als äußerer Leitfaden dienen.

IX

II

Das Gefälle in der theologischen Entwicklung
von Leonhard Ragaz

Erster Zeitabschnitt

Der erste Zeitabschnitt dieser Briefsammlung umfaßt die Jahre 1887–
1893. In jenem Spatium hat Ragaz seine Studienzeit beschlossen und als
Pfarrer der drei bündnerischen Gemeinden Flerden, Urmein und Tschappina
am Heinzenberg gewirkt. Für die Erfassung seiner theologischen Entwicklung kommt dem Zeitraum keine große Bedeutung zu. Doch läßt er den
theologischen Ausgangspunkt des Urhebers dieser Briefe deutlich werden.
Es ist derjenige der liberalen Theologie, wie sie damals im Gebiet der
deutschsprachigen Schweiz, vor allem unter dem überragenden Einfluß des
Zürcher Systematikers Alois Emanuel Biedermann[1] (1819–1895), in der sogenannten «Reform» eine profilierte Gestalt gefunden hatte. Ragaz war
zwar nie ein direkter Schüler Biedermanns, doch hat er sich in seiner Studentenzeit, und auch noch nach ihr, eingehend mit ihm befaßt. In einer Tagebuchnotiz vom 19. 10. 1889 gelobt er, «dem Erbe von Biedermann, Lang[2]
und Bitzius[3] treu zu bleiben, gegenüber allen oberflächlichen Zeitrichtungen
und Modetorheiten», worunter wohl vor allem die Ritschl-Schule[4] verstanden werden muß, die eben damals im deutschen Protestantismus, zum Teil
auch im schweizerischen, eine theologisch-kirchlich starke Position gewonnen hatte. Wie sehr der junge Bergpfarrer im Grundsätzlichen mit der liberalen Reformtheologie seiner Zeit übereinstimmt, zeigt am deutlichsten sein
in der vorliegenden Sammlung unter Nr. 12 abgedrucktes Bewerbungs-
schreiben an den bündnerischen Erziehungsrat für eine Lehrstelle an der
Churer Kantonsschule. Freilich ist auffallend, mit welchem Nachdruck Ragaz
schon in dieser frühen Phase darauf Wert legt, nicht als ein bloßer, dem
«Parteischematismus» verfallener Nachbeter religiös-liberaler Ideen eingeschätzt zu werden (S. 30). Das und noch weitere Indizien des angeführten
Briefes weisen darauf hin, daß er kein bequemes Glied der Reformpartei
gewesen ist, sondern bereits in einer gewissen Spannung zu manchen ihrer
Wortführer gestanden haben wird. Aber kaum aus dogmatischen, sondern
wahrscheinlich aus ethischen, mit seinem sittlichen Rigorismus zusammenhängenden Gründen[5]. Doch wie dem auch sei: in seinen theologischen

---

[1] Siehe Brief Nr. 3, Anm. 8.
[2] Ebd. Anm. 6.
[3] Ebd. Anm. 7.
[4] Dazu siehe Brief Nr. 25, Anm. 10.
[5] Schon in Brief Nr. 4 (S. 8) bemerkt Ragaz bitter: «Ich gebe zu, daß wir in der
Schweiz (und vielleicht auch in Deutschland) unter den sog. freisinnigen Studenten nur

Grundpositionen steht der junge Ragaz entschieden und unzweideutig auf dem Boden der «Reform».

Allein, schon in diesem frühen Zeitpunkt findet sich ein auffälliges Moment, das den jungen Bündnerpfarrer in Widerspruch zum theologischen Liberalismus seiner Tage und mithin zu seinem eigenen Ausgangspunkte treten läßt. Es ist die geradezu apodiktische Absage an die «Kulturfreundlichkeit», die er in Brief Nr. 3, vom 29. Dezember 1889, dem «freien Protestantismus» zum Vorwurf machen konnte, nicht ohne ein deutliches Bewußtsein von der Seltsamkeit zu haben, die darin besteht, daß ausgerechnet einem dezidierten Verfechter der Reformidee die «Versöhnung» der «modernen Kultur» «mit dem Christentum mehr als oberflächlich, mehr als bedenklich» erscheinen will (S. 8). «Für viele von unsern freisinnigen Theologen ist ... die moderne Kultur die Hauptsache» (ebd.). Für Ragaz war es das nicht, und zwar von Anfang an.

Es versteht sich: hier liegt eine unüberhörbare Distanznahme vom «Kulturprotestantismus» vor, dem die Versöhnung von Kultur und Christentum heilig war und der nicht nur die Gunst der Reform, sondern auch ihres damals gefährlichsten Konkurrenten in der Schweiz, nämlich des Ritschlianismus, gefunden hatte. Wie ist dieser sich im Ganzen der frühen Briefe wie ein eratischer Block ausnehmende Passus zu erklären? Als pietistisches Relikt, wie es auf den ersten Blick hin scheinen möchte? Das dürfte kaum zutreffend sein, weil in Ragaz' Jugend die pietistischen Einflüsse so gut wie keine Rolle spielten[6]. Viel eher wäre an ein Echo auf die pessimistische Zeitkritik zu denken, wie sie etwa in Jacob Burckhardt hervorgetreten ist und dem Pfarrer am Heinzenberg, der diesen starken Mahner noch selbst in Basel gehört hatte, nicht unbekannt sein konnte. Auch sein melancholisches, zur Schwermut neigendes Naturell mochte im Spiel gewesen sein. Aber das alles reicht zu Erklärung dieser schroffen Absage an den kulturprotestantischen Optimismus noch nicht aus. Es müssen da im Hintergrunde aus verborgenen Tiefen stammende Anstöße mitgewirkt haben, die sich einer bloß historisierenden oder psychologisierenden Deutung entziehen. Darin liegt übrigens, wie zu vermuten ist, zu einem guten Teil das Ungewöhnliche seiner Persönlichkeit begründet, die früh schon, selbst seinen engsten Freunden, schwere Rätsel aufgegeben hat.

Zweiter Zeitabschnitt

Steht Ragaz in seiner ersten Wirkungsphase, abgesehen von seiner vehementen Kritik an der kulturprotestantischen Versöhnung von Christentum

---

zu viele haben, die sich durch ihren Freisinn dem Ernste der Religion und Sittlichkeit etwas entziehen zu können glauben und die oft zwischen Liberalismus und Libertinismus nicht scharf genug zu unterscheiden wissen.»

[6] Vgl. dazu M. Mattmüller, Leonhard Ragaz und der religiöse Sozialismus, eine Biographie, Bd. I, Zürich 1957, S. 52 ff. u. A. Lindt, Leonhard Ragaz, eine Studie zur Geschichte und Theologie des religiösen Sozialismus, Zürich 1957, S. 14.

und moderner Welt, ungebrochen auf dem Boden der liberalen Reformtheologie, so bietet bereits schon der folgende Zeitabschnitt ein wesentlich anderes Bild. Er hebt an mit der Übersiedelung des bündnerischen Bergpfarrers nach Chur, wo dieser vom Herbst 1893 bis Mitte 1895 zunächst eine Stelle für Religion, Deutsch und Italienisch an der Kantonsschule versah, dann aber, bis zum Frühjahr 1902, als Pfarrer an der Stadtkirche wirkte. In jenen Jahren gerät Ragaz in eine innere Bewegung, die seinen herkömmlichen Liberalismus mehr und mehr erschütterte.

Der neugebackene Gymnasiallehrer und spätere Stadtpfarrer von Chur will zwar wie im ersten Zeitabschnitt der Reform durchaus die Treue halten. Doch es gelingt ihm nur noch um den Preis einer bereits in der Vorphase angelegten Unterscheidung zwischen «liberalismus vulgaris» und «liberalismus genuinus»[7]. Diese auffallende Unterscheidung steht nicht vereinzelt da, sondern begegnet in den Briefen der vorliegenden Sammlung immer wieder. Sie erweist sich bei näherem Zusehen als der Auftakt zu einem Ablösungsprozeß von der Reform überhaupt, der seinerseits nur der äußere Ausdruck der schweren inneren bzw. theologischen Krisis ist, die den Ragaz der Churerzeit befallen hat.

Die gemeinte Krisis setzt ein mit einem neuen Ringen um Gott. «Mein einziger Gedanke ist: Gott zu finden, und zwar so, daß ich ihn andern zeigen kann. Dieser „Kampf um Gott", einst mein Thema für die Probepredigt, soll offenbar meine Lebensaufgabe sein» (S. 35). Dahinter steckt unausgesprochen das Eingeständnis von Ragaz, daß ihm seine bisherige Theologie nicht mehr genügen kann. Sie kann ihm nicht mehr genügen, sofern sie, zu einer Art liberalem «Credo» verfestigt, nicht von unmittelbarer Wahrheit lebt. «Die Orthodoxie hat in ihren Formeln immer noch einen Wahrheitsgehalt, der auch in vertrockneter Form seine Wirkung tut; wir aber sind verloren, wenn wir nicht aus dem frisch strömenden Quell im Innern, dem Geschenk eines in Nachdenken und religiösem Ernst gelebten Lebens schöpfen können» (S. 39). Dies freilich bedeutet noch keine Wendung gegen die Reform, sondern nur das Aussein nach einem neuen, eigenen, selbstverantworteten Liberalismus. Denn Ragaz bekennt sich weiter zur Reform, und zwar vor allem, weil sie «volle innere Freiheit des religiösen Lebens, Fühlens, Forschens» biete. «Um dieses einen willen weiß ich, daß ich immer ein Reformer bleiben werde; allerdings gerade um dieses einen willen ein Reformer nach meinem Sinn» (S. 38). Und dazu gehört für ihn in erster Linie der Geist der freien, «auch von *liberalen* Vorurteilen freien Wahrheitsforschung» (ebd.). Ragaz will somit den «Kampf um Gott» frei von allen sowohl orthodoxen als auch liberalen Vorurteilen führen. Mit diesem Vorsatz hat er sein Amt als Churer Stadtpfarrer angetreten.

Die Folgen solcher Neuorientierung auf dem Boden des «liberalismus

---

[7] Diese Unterscheidung taucht erstmals in Brief Nr. 14 (S. 36) auf. Vgl. dazu Anm. 4 zu diesem Brief.

genuinus, nobilis et rarus» (S. 41) waren mannigfach. Sie ließ ihn einmal ein vorurteilsloseres Verhältnis zu den kirchlichen Gegenspielern, den «Positiven» gewinnen, die ihm mit der Zeit «ein ziemliches Vertrauen» schenkten (S. 78). Das führte weiter zu einer fast zwangsläufigen Relativierung der herkömmlichen Richtungsgegensätze in der Kirche. «Ein bißchen mein Spiel getrieben habe ich mit den „Richtungen"», kann er deshalb sagen, nicht ohne mit spitzbübischer Genugtuung beizufügen: «Es wissen wohl noch immer nicht viele, was für eine Art Christ ich eigentlich bin, bald erschreckend radikal, bald wieder auffallend „positiv"» (ebd.). Und schließlich gewann er durch die größere Vorurteilslosigkeit ein kritischeres Verhältnis zu sich selber bzw. zu der ihm angestammten Theologie und damit auch eine größere Offenheit für neue Ansätze und Möglichkeiten im theologischen Gespräch der Zeit. Er beginnt, mit anderen Worten, in Frage zu stellen, was bis dahin für ihn selbstverständlich war. So eben fing die Krisis in der inneren Existenz des Churer Pfarrers an.

Wir sagten bereits, daß diese Krisis einsetze mit einem neuen Ringen um Gott. Man könnte auch sagen mit einem neuen Ringen um die «Religion». Denn anders als beim späten[8] ist beim frühen Ragaz die Frage nach Gott gleichbedeutend mit der Frage nach der Religion, wobei dieser Begriff allerdings einen noch sehr diffusen Inhalt hat. Die Gottesfrage, von der es am Ende der Churer Tage heißt, sie sei «die Frage aller Fragen» (S. 158), fällt darum zusammen mit der Frage nach der Religion. «Religion, Religion – das ist's, wessen wir bedürfen, und darnach schreit, wie es scheint, alles, was gegenwärtig noch nicht ganz in Todesschweigen des Nihilismus versunken ist. Wenn ich nur genügend Religion hätte! Aber leider muß ich gestehen, daß ich darin noch eine bedenkliche Herzschwäche spüre... Soll ich eine Predigt halten, so kann ich's nicht, es kommt wie tödliche Herzschwäche über mich...» (S. 57). Daß Ragaz an religiöser Herzschwäche leidet, zumal vor einer Predigt, besagt mithin nichts anderes, als daß er Gottes nicht gewiß sei. So fällt der Kampf um Gott zusammen mit dem Kampf um die religiöse Gottesgewißheit.

Für den der theologischen Tradition Biedermanns verpflichteten Reformer ist die kritisch-vernünftige Spekulation der sicherste Weg zur Erwahrung und Selbstvergewisserung des in der Religion aufbrechenden Gottesbewußtseins. Allein, ist dem tatsächlich so, oder gehört das auch bloß zu den liberalen Vorurteilen? Es gibt eine Reihe von Indizien in den Churer Briefen, die es nahelegen, daß Ragaz von dieser Frage wirklich umgetrieben war. Dahin gehört z.B. die von ihm im Zusammenhang der so sehr beklagten religiösen «Herzschwäche» ausgesprochene und vielsagende Vermu-

---

[8] Die für den späteren Ragaz so typische Entgegensetzung von «Reich Gottes» und «Religion» (grundlegend in: Die Botschaft vom Reiche Gottes, Zürich 1942, vor allem S. 20 ff.) findet sich bei Ragaz erst von 1909 an. Siehe dazu H. U. Jäger, Wirklichkeit und Hoffnung bei Leonhard Ragaz, Kirchenblatt für die reformierte Schweiz, 1965, S. 289.

tung: «Vielleicht ist das Spekulieren dran schuld» (S. 57). Offenbar sah er sich in seinem «Kampf um Gott» von der spekulativen Theologie Biedermanns im Stich gelassen, wohl ein wesentlicher Faktor in der Auslösung der religiösen Krisis der Churer Zeit.

Von da aus gesehen mag es nicht mehr sonderlich verwundern, daß Ragaz in dieser Phase eine für einen Exponenten der Reform immerhin unalltägliche Offenheit gegenüber theologischen Bewegungen bekundet, die antispekulativ gerichtet waren. Im Vordergrunde stehen Albrecht Ritschl[9] und der freilich in seinem geistigen Charakter ganz anders geartete Søren Kierkegaard[10]. Ungefähr zur selben Zeit, da er die kritische Bemerkung über das rationale Spekulieren wagte, hält er in einer Tagebuchnotiz vom 3. Nov. 1894 fest, was er von der Ritschlschen Theologie zu übernehmen gedenke[11]: «1. Begründung der Religion auf die praktische Vernunft, 2. Ablehnung alles philosophischen Rationalismus und entschlossenes Vertrauen auf die Geschichte, 3. Anerkennung der philosophischen und naturwissenschaftlichen Schwierigkeiten der Gegenwart, 4. Bedeutung der Person Christi, 5. Vereinfachung der theologischen Problemstellung, 6. ethische Konstruktion: Weltüberwindend und doch nicht weltflüchtig, 7. etwas Tieferes und Originelleres als der liberalismus vulgaris ist auf alle Fälle drin.» Daß sich Ragaz in der Folge – wie übrigens in begrenztem Rahmen schon früher sein Jenenser Lehrer Lispius[12] – der Theologie Ritschls angenähert hat, verraten die Briefe des in Frage stehenden Zeitabschnittes verschiedentlich. Es klingt ganz ritschlianisch, wenn es nun plötzlich heißen kann: «Dieser Glaube (nämlich der mit der Moral zusammenfallende) ist im letzten Grunde aller theoretischen Ergründung und Bestreitung unzugänglich» (S. 67) oder wenn Ragaz sogar gesteht: «Alle Wege führen mich immer wieder auf diesen Punkt: Offenbarung Gottes in der Geschichte, darin wieder in den leitenden Persönlichkeiten, davon eine Jesus, der für mich der Fels meines Glaubens geworden ist» (ebd.). Die historische Persönlichkeit Jesu als Grund des stark moralistisch verstandenen Glaubens gehört zu den fundamentalen theologischen Thesen der Ritschlschule.

Man wird also sagen dürfen, daß Ragaz in jener Zeit wohl nicht allein, aber doch entscheidend unter Ritschlschem Einfluß eine Schwenkung von der rationalen Spekulation zum geschichtlich verstandenen Glauben sowie von einer theozentrisch gearteten Gotteslehre zu einer christologisch orientierten Theologie vollzogen hat. Doch darf man sich diese Wendung nicht absolut und eindeutig vorstellen. Ein eigentlicher Ritschlianer ist Ragaz nie geworden. Im selben Brief, da sich der Ritschlsche Einfluß am deutlichsten wahrnehmen läßt, gibt er augenfällig zu erkennen, welche

---

[9] Siehe Brief Nr. 25, Anm. 10.
[10] Siehe Brief Nr. 26, Anm. 5.
[11] Siehe dazu A. Lindt, a.a.O., S. 36.
[12] Siehe Brief Nr. 2, Anm. 11.

XIV

Kraft der Anziehung die relative Gegenposition behält und wie sehr darum sein theologisches Denken in der Schwebe bleibt. In der unmittelbaren Fortsetzung der zitierten Stelle heißt es nämlich überraschend: «Könnte mir aber einer *feste* Fundamente zeigen, ohne daß ich die Geschichte mehr brauche, ich meine das Detail der Geschichte, und zwar eine Einzelgeschichte, er wäre mir Retter und Befreier. Der garstige Graben Lessings» (S. 67).

Also: Ragaz kommt faktisch nicht darum herum – wie Ritschl – seinen Glauben auf die Offenbarung Gottes in der Geschichte, genauer auf die historische Persönlichkeit Jesus Christus, zu begründen. Aber eigentlich möchte er ohne konkrete Geschichte auskommen, denn das bloß historisch Gewisse schaffe doch noch keine «festen Fundamente». Dahinter steht, wie Ragaz selbst andeutet, Lessings rationalistische Argumentation[13], daß «zufällige Geschichtswahrheiten» nie der Beweis von notwendigen «Vernunftwahrheiten» werden können[14]. Selbst wenn es historisch beweisbar wäre, daß sich Jesus für den Sohn Gottes gehalten hat, so wäre damit noch immer nicht bewiesen, daß er es auch wirklich gewesen ist. Darüber kommt Ragaz trotz Ritschl nicht hinweg. Und so kann er schon im Frühjahr 1895 an P. W. Schmiedel schreiben: «gerade die Ritschlschen Gedankengänge müssen zuletzt vor der Frage haltmachen: Ist denn der Fels, auf dem euer Himmel ruhen soll, der historische Christus, wirklich fest genug für diesen Zweck? Verliert sich nicht dieser Fels im dämmrigen Dunkel der Vergangenheit? Ist dieser Fels nicht schließlich ein Sagenfels? Kann geschichtliche Gewißheit uns selig machen? Ach, der breite Graben Lessings» (S. 59).

In diesem Vorbehalt gegen Ritschl, selbst noch in der Phase stärkster Hinwendung zu ihm, wurde Ragaz durch die in seinen Tagen höchstes Aufsehen erregenden und bahnbrechenden Forschungen des Neutestamentlers Johannes Weiss[15], Entdecker des eschatologisch-zukünftigen Grundcharakters der Botschaft Jesu, so sehr bestärkt, daß er dem Ritschlianismus bald wieder, und zwar abrupt, den Rücken kehrte. Bereits in Brief Nr. 25 fragt er sich, «wie der Ritschlsche Christus sich mit der eschatologischen Auffassung von Weiss» vertrage. Zwei Jahre später, nach eingehender Beschäftigung mit diesem Forscher, war für ihn das Problem entschieden: es besteht nur ein Verhältnis der Unverträglichkeit. Die Folgen waren zwingend: «Das ganze Gebäude meines „Ritschlschen" (um mich kurz auszudrücken) Christus ist hingefallen wie ein Kartenhaus» (S. 102). Und etwas später heißt es gar: «Ich bin jetzt endgültig vom Ritschlschen und Lipsiusschen Christus los... Die paar Dinge, die man im Leben Jesu als ordentlich deutlich und sicher betrachten darf, reichen nicht aus, jene Gewißheit zu geben, deren der Glaube bedarf. Es bleibt eben nur eins mehr übrig: den lebendigen, gegen-

---

[13] Siehe Brief Nr. 21, Anm. 3.
[14] Lessings Werke, Reclam, Bd. 6, Leipzig (Erscheinungsjahr nicht genannt), S. 223.
[15] Siehe Brief Nr. 25, Anm. 8.

wärtigen Gott aus seinen gegenwärtigen Offenbarungen zu erkennen und alle Geschichte nur sekundär zu verwerten. Es ist das die ungeheure Aufgabe, die unserm Geschlecht gestellt ist; diese Aufgabe ist fast zu groß, denn sie ist mehr als die einstige Reformation» (S. 108).

Damit scheint der Schlußpunkt unter die Kontroverse zwischen Biedermann und Ritschl, die der Churer Pfarrer in sich ausgetragen hat, gesetzt und damit der krisenhafte Gotteskampf zu Ende gebracht zu sein. Tatsächlich kann einige Zeit darauf Ragaz an seinen väterlichen Freund, Prof. Schmiedel, schreiben: «Meinen Kampf um Gott möchte ich als abgeschlossen betrachten, im Prinzip wenigstens ist er's» (S. 136). Sein Ausgang fiel zuungunsten Ritschls aus, aber auch zuungunsten Biedermanns. Denn der spekulative Gott des einen vermochte ihm so wenig zu genügen wie der historische Christus des andern. Eine neue Lösung kündet sich sachte an, durch die Ragaz über diese beiden gegensätzlichen Positionen hinauszukommen hofft: der lebendige und gegenwärtige Gott, erkennbar aus seinen gegenwärtigen Offenbarungen. Doch melden sich neue Schwierigkeiten. War scheinbar der Kampf um Gott beendet, so nicht der Kampf um Christus. Darum fährt das obige Zitat vom Ende des Gotteskampfes fort: «aber der Kampf um Christus ist noch im Gange, und es ist nicht abzusehen, wie er enden soll. Mein Gottesglaube stützt sich auf gegenwärtige oder doch erfahrbare Realitäten, bei der Frage um Christus (dagegen) handelt es sich um historische Dinge» (S. 136). Eine Zeitlang freilich glaubte er, auf die Christologie verzichten und sich «an den lebendigen und gegenwärtigen Gott» allein halten zu können (S. 124), um so das leidige, seine momentane Theologie störende Problem zu umgehen[16]. Doch auf die Dauer ging das nicht. Denn ein an der geschichtlichen Offenbarung in Jesus Christus vorbeizielender Gottesglaube hätte die Vergleichgültigung der «Geschichte Jesu und seines Reiches» zur Konsequenz gehabt (S. 136). Ragaz würde also auf dieser Linie nie Ragaz geworden sein. Die alte Frage, ob geschichtliche oder ungeschichtliche Begründung des Glaubens, blieb somit in unverminderter Heftigkeit bestehen, nur von der spezifisch «theologischen» auf die «christologische» Ebene gehoben. Und darum eben muß er gestehen: «Die beiden Gedankenreihen: historische Unabhängigkeit der „christlichen“ Weltanschauung und absolute Unabhängigkeit von der Person Christi, treffen aufeinander, keine besiegt die andere, und das Gefecht kommt zum Stehen. Keinen Schritt komme ich weiter» (S. 122). Eine unmögliche Situation, mit der sich Ragaz selbstredend nicht abfinden konnte, wie der folgende Passus zeigt. «Bald scheint es mir, alles, was mir am wertvollsten sei, ruhe auf so festen Säulen gegenwärtiger oder doch selbst erlebter Realität, daß

---

[16] Vgl. dazu S. 102, wo Ragaz bereits um Mitte 1897 an Schmiedel schreibt: «Und jetzt fahre wohl, Christologie, und gegrüßt sei mir Theologie! Allerdings, es ist mir nicht klar, wie wir eine religiöse Gewißheit begründen können, die allfällig auch stehen könnte ohne Christus. »

XVI

die Geschichte Jesu und seines Reiches mir fast bedeutungslos vorkommt, bald wieder wird sie mir zur höchsten und besten der Realitäten. Auf die Länge ertrage ich das nicht, es muß Klarheit werden. Inzwischen greife ich nach allem, was aussieht wie ein Schlüssel» (S. 136).

Daraus ergibt sich, daß die religiöse Krisis, von welcher der Ragaz der Churer Zeit betroffen worden ist, weitergeht. Sie hat aber trotzdem einen bleibenden Ertrag gebracht. Mehr und mehr tritt in diesem Widerstreit der Kräfte – von denen hier nicht alle, sondern nur die wichtigsten berührt worden sind – als dominierende Resultante die dahin zu umschreibende Linie hervor: Der lebendige Gott, der sich in der geschichtlichen Gegenwart offenbart und, sekundär, auch in der geschichtlichen Vergangenheit bezeugt wird, wobei Jesus Christus als «historische Persönlichkeit» exemplarische Bedeutung hat. Dergestalt gewinnt das religiöse Denken von Leonhard Ragaz zunehmend den Charakter einer aktualistischen Geschichtstheologie, entscheidend geprägt durch den idealistischen Geist der Unmittelbarkeit des Absoluten im Relativen. In dieser Tendenz liegt unzweifelhaft das theologische Gefälle der Churer Briefe.

Es käme nun aber doch einer ungebührlichen Vereinfachung des wirklichen Sachverhaltes gleich, wollte man den seinen eigenen Weg suchenden Schweizer Theologen auf diese, in der Churer Zeit anhebende Linie ein für allemal festlegen[17]. Auch sie ist, und zwar seit ihren ersten Anfängen, nicht ohne Gegenwirkung. Man darf nie übersehen, daß schon der frühe Ragaz in einem sehr intensiven Umgang mit der Bibel gestanden hat. Wurde er durch ein Übermaß an Arbeit oder aus sonstigen Gründen daran gehindert, sich regelmäßig in sie zu vertiefen, so hat sich das bei ihm sofort gerächt. «Wie ich aus der Bibel herauskomme, das ist erschreckend, und ich spüre es in der Predigt», klagt er in einem der Churer Briefe (S. 130). Umgekehrt hat ihn die nachhaltige Beschäftigung mit der Bibel im Grunde mehr als alles andere getragen. Das deutet u.a. ein Passus aus Brief Nr. 47 an, der vom Spätsommer 1899 datiert, da Ragaz – «es war höchste Zeit»! – wieder einmal Muße zu gründlicherem Studium des Neuen Testamentes fand. Er sagt darüber, daß ihn besonders die Episteln des Paulus und Johannes, aber auch diejenige an die Hebräer, im Unterschied zu den Pastoral- wie den katholischen Briefen, «mächtig gehoben» hätten (S. 132). So war für ihn der lebendige Gott, den er in der geschichtlichen Gegenwart suchte, faktisch doch kein anderer als der, der ihm in den zentralen Zeugnissen der Heiligen Schrift: «Paulus und Johannes..., von Jesus selbst nicht zu reden» (S. 132) – begegnet ist. Und darin besaß seine idealistisch konzipierte Geschichtstheologie, mit ihrem Griff nach dem in den geschichtlichen Ereignissen unmittelbar gegenwärtigen, also offenbaren Gott, ihr kräftiges, wenn oft auch nur verborgen wirkendes Korrektiv. Sie konnte sich gewiß, zumal in ihrem frühen Stadium, dem biblischen Element sehr stark entfremden und

---

[17] Vgl. die davon abweichende Sicht von A. Lindt, a.a.O., S. 38.

eine fragwürdige, ja schlechthin unmögliche Gestalt annehmen[18]. Aber sie war in solcher Gestalt von Ragaz gar nicht durchzuhalten, wie die Fortsetzung der Briefe deutlich machen wird.

Es zeigt sich also, das bisherige Ergebnis kurz zusammenfassend, daß im zweiten Zeitabschnitt der vorliegenden Briefsammlung Ragaz – auf dem Boden des theologischen Liberalismus und doch schon in wachsender Distanz zu ihm – seine Geschichtstheologie als «etwas eigenes» zu konzipieren und auszubilden beginnt. Sofern sie auf dem Boden des Idealismus Gestalt gewonnen hatte, war sie in hohem Grade idealistisch ausgerichtet. Dies besagt, daß ihr zufolge die Geschichte im vergangenen und vor allem im gegenwärtigen Verlauf Enthüllung des Willens Gottes als Prinzip des vorwärtsdrängenden und sich in der «argen Welt» durchsetzenden Guten ist. Daß das Gute und Rechte schließlich siegen wird, ja siegen muß, wenn vielleicht auch unter fürchterlichen Opfern, daran hat der Ragaz des ersten und zweiten Zeitabschnittes, trotz seiner stark pessimistischen Weltstimmung, im Grunde nie gezweifelt. Allein, dieser idealistisch qualifizierte Geschichtsglaube ist gleichwohl nicht der auf die Länge wirklich tragende Grund seiner Geschichtstheologie geworden, so sehr es stimmt, daß bleibende Nachwirkungen von ihm ausgegangen sind. Damit begegnet bereits schon der Problemhorizont des dritten Zeitabschnittes.

Dritter Zeitabschnitt

Der dritte Zeitabschnitt, der sich von 1902 bis 1908 erstreckt, da Ragaz als Pfarrer am Basler Münster tätig war, wird in seinem Beginn, wie schon der Schluß des zweiten, überschattet vom Burenkrieg (1899–1902), den der Verfasser dieser Briefe «unter den geschichtlichen Begebenheiten, die wir miterlebt», vorläufig «*das* Ereignis» nennt (S. 181). Dem Burenkrieg kommt eine kaum zu überschätzende Bedeutung in der Entwicklung und Umbildung der Ragazschen Geschichtstheologie zu[19]. Wenn ich richtig sehe, müssen hier zwei Momente beachtet werden: ein negatives und ein positives.

Zunächst hat der Burenkrieg zu einer radikalen Infragestellung der idealistischen Basis in der Frühgestalt von Ragaz' Geschichtstheologie geführt, derzufolge, wie schon angedeutet worden ist, das Gute als Inbegriff des Willens Gottes sich unbedingt durchsetzen müsse. Für Ragaz war selbstredend die Sache des kleinen Burenvolkes, das sich der britischen Weltmacht zu erwehren hatte, identisch mit dem Guten und Gerechten. Also stand Gott auf dessen Seite, wie er schon im Schwabenkrieg auf seiten der Bündner bzw. der Eidgenossen gestanden hatte[20]. Daran ließ sich seiner Überzeugung nach so wenig zweifeln, daß Ragaz am Ende der Churer Zeit mit der alten

---

[18] Ein heute geradezu peinlich wirkendes Beispiel ist: «O Land, höre des Herrn Wort!» Zwei vaterländische Predigten, gehalten während der Calvenfeier in Chur am 28. Mai und 4. Juni 1899, Chur 1899.

[19] Vgl. dazu M. Mattmüller, a.a.O., S. 80ff.

[20] So ausdrücklich in den unter Anm. 18 erwähnten «Calvenpredigten», S. 6.

Kreuzzugslosung «Gott will es» zur tätigen Solidarität den Buren gegenüber aufrufen konnte (S. 144). Und ein halbes Jahr zuvor, als die Burensache noch zu siegen schien, hieß es gar: «Gott fängt an, so laut zu sprechen, wie wir es gar nicht mehr gewohnt waren» (S. 141). Um so entsetzlicher muß für ihn die Enttäuschung gewesen sein, als sich das Blatt zu wenden begann. Sie dürfte Ragaz hart an den Rand der Verzweiflung, ja sogar des Atheismus getrieben haben[21]. Einen Nachhall davon bringt Brief Nr. 66 in seiner ganzen Bitterkeit zu Gehör: «Es ist böse Zeit... Wir hätten wirklich alles eher nötig gehabt, als eine solche Predigt des Unglaubens. Ich habe furchtbar gelitten und auch mir sind die Tränen gekommen. Wir haben es nicht nötig, uns darüber auszusprechen, was uns der Burenkrieg bedeutet... Er wird unserer Weltanschauung, die gar zu rosig nie gewesen ist, einen noch dunkleren Ton geben. Zwar haben wir immer gewußt, daß diese Welt im argen liege und daß das Gute den Opferweg gehen müsse, aber daß es endgültig unterliegen müsse, haben wir doch nie geglaubt. Wir konnten die furchtbarsten Leiden, durch die das Burenvolk hindurch mußte, wohl begreifen, aber das definitive Erliegen konnten wir nicht fassen. Wenn der Satz: das Gute siegt, wenn auch nur leidend und sterbend, nicht mehr gelten sollte, dann hätte unser Glaube die Spannkraft verloren, ja, er wäre gar kein „Glaube" mehr» (S. 181). Solche Sätze muten wie das Grabgeläute für den idealistischen Geschichtsglauben an. Sie markieren die negative Seite der durch den Verlauf des Burenkrieges ausgelösten Krisis in der Frühform von Ragaz' geschichtstheologischem Denken.

Hätte nun der idealistische Geschichtsglaube bei Ragaz – und damit kommt der positive Aspekt dieses Vorgangs in Sicht – nicht ein auf die biblische Botschaft von Kreuz und Auferstehung sich stützendes Korrektiv gehabt, seine Geschichtstheologie hätte ihre schwere, an das Mark gehende Krisis am Ende des Burenkrieges nie überstanden. So aber konnte sich dem Basler Münsterpfarrer eine neue Dimension erschließen, was das Vorzeichen seiner Geschichtstheologie entscheidend ändern mußte. Das erweist gerade die Fortsetzung der soeben angeführten Stelle aus Brief Nr. 66.

Zunächst kündet sich dort eine neue, mit derjenigen der Calvenpredigten kontrastierende Geschichtsauffassung an: Das Alte stürzt und Neues meldet sich, wenn auch erst in Anfängen, die kaum noch zu erkennen sind. Die nationalen Ideen ermüden, an ihre Stelle treten die sozialen, humanen, religiösen. Der Patriotismus ist ein zu enges Gewand geworden für den Menschen und auch der Krieg dem Verdikt verfallen. Die kleineren Völker müssen in die größeren aufgehen und diese in einigen Weltreichen, die aber nur Vorstufen eines Menschheitsreiches sind. In diese Geschichtsauffas-

---

[21] Dahin deutet eine sehr bezeichnende Notiz Prof. Schmiedels, des damaligen Vertrauten von Ragaz, am Rand seines unveröffentlichten Vorlesungsmanuskriptes «Theologische Grundfragen»: «Burenkrieg: Ludwig Köhler, wenn Gott ihn nicht bald zu Gunsten der Buren wende, dann... Ebenso Ragaz.» Mitgeteilt von Pfr. A. Vögeli, Frauenfeld.

sung versucht dann Ragaz auch den Burenkrieg einzuordnen und von da aus, aber anders als bisher, «religiös zu verstehen». «Er soll an einer großen geistigen Zeitwende eine Fackel sein, die uns die vorhandene Wirklichkeit furchtbar beleuchtet, ein Signal zum Erwachen soll er sein. Auftaumeln sollen wir und erschrecken» (S. 182). Allein, das ist noch nicht das Eigentliche, das jetzt Ragaz neu zu sagen hat. Dieses Eigentliche gibt sich erst in den nachstehenden Worten kund: «Allerdings ist das nicht das letzte Wort. Auf Karfreitag muß Ostern folgen. Ich gebe auch jetzt die Hoffnung nicht auf. England hat furchtbar gefrevelt, es wird furchtbar gestraft werden. Die Buren haben gelitten, geblutet, sie werden gesegnet werden, so oder so, jedenfalls über unser Ahnen hinaus. Also noch einmal hoffen» (S. 182).

Das Entscheidende an diesem Passus meine ich in dem Noch-einmal-Hoffen sehen zu müssen. Das bisherige Hoffen, das sich auf die idealistische Komponente der Geschichtstheologie, eben auf den zwangsläufigen Sieg des Guten im fortschreitenden, freilich nicht nur Höhen, sondern auch Tiefen kennenden Geschichtsverlauf stützt, ist gescheitert. Doch gilt nun nicht die Hoffnungslosigkeit, es gilt ein neues, anderes Hoffen, das das nachfolgende, an Ragaz' Bruder Rageth gerichtete Wort erschließt, der durch den Ausgang des Burenkrieges verzweifelt war: «Schließlich und *letztlich* werden wir unsere Zuversicht nicht auf die Beurteilung des Weltlaufes gründen dürfen» (S. 182). Also: es hat seinen guten Sinn, auf den Geschichtsverlauf, zumal auf die so bedrängnisvollen und anfechtungsreichen Ereignisse der Gegenwart zu achten und sich zu fragen, wohin sie in ihrer historischen Dynamik führen, und was sie alles bedeuten könnten, wie das Ragaz selbst zuvor getan hat. Doch die Hoffnung des Christen darf sich nicht mehr darauf gründen. Und das besagt mit anderen Worten: Es sind nicht schon die gegenwärtigen oder vergangenen Geschichtsereignisse, die enthüllen, wer der lebendige Gott ist, was er mit seiner Welt im Sinne hat, und worauf wir hoffen können. Damit ist der idealistische Geschichtspositivismus als Grund der Hoffnung abgetan. Was aber tritt an seine Stelle?

Um darauf eine Antwort zu bekommen, muß die zuletzt zitierte Stelle in ihrem Kontext gesehen werden. Sie steht in Zusammenhang mit jenem Wort, das Ragaz – indirekt – als sein letztes ansehen will und darin er von Karfreitag und Ostern spricht. Das Leiden der Buren weist ihn auf Karfreitag. In ihrem unbegreiflichen Schicksal hat sich ein Stück «Kreuz» ereignet. Das Kreuz ist aber nicht das Letzte. Das Letzte ist der Sieg, von dem Ostern kündet. Und darum kann das Ende der Buren nicht *das* Ende sein. Es gibt von da her Hoffnung, selbst im Angesichte dieses Endes. Wie ist das nun gemeint?

Ist das einfach so gemeint, daß es in der Weltgeschichte einen natürlichen Zyklus gibt, wonach Untergang und Aufstieg sich ständig folgen? Darauf könnte der Umstand schließen lassen, daß Ragaz das Trostwort an seinen Bruder mit dem verdächtigen Satz beendet: «Es handelt sich hier um Weltgesetze, die keine Ausnahme dulden» (S. 182). Wäre das richtig, der Verfasser dieser Briefe müßte einer ungeheuerlichen Banalität geziehen werden, und man hätte sich zu fragen, warum er denn nicht einfach in das leidige Lied einstimme: «und ein neuer Frühling folgt dem Winter nach». Aber das gerade tut Ragaz nicht. Ein solch fader Optimismus würde nicht einmal zu seiner «Weltanschauung» passen, die, wie wir mehrfach sahen, gar nicht «rosig» ist. Nein, für ihn war das Burenschicksal kein blosser «Geschichtswinter», dem automatisch ein «Geschichtsfrühling» folgen müßte. Für ihn war es ein Ende, das nur durch ein «Wunder» gewendet werden kann. Und Ostern ist für ihn von den Tagen nach dem Burenkriege an, wie man in seinem Schrifttum leicht feststellen kann, *das* Wunder, eschatologische Tat Gottes, die Neues setzt, wo sich der Mensch restlos am Ende weiß. Aus diesem Osterglauben heraus hat Ragaz den Mut zu einem neuen Hoffen gefunden, zum Hoffen selbst in der Hoffnungslosigkeit.

Der Osterglaube von Ragaz bliebe nun schlechthin unbegreiflich, wenn man ihn nicht aus dem biblischen Osterzeugnis vom Gekreuzigten und Auferstandenen verstehen würde. Dort ist ihm in letzter Unbedingtheit der «lebendige Gott» entgegengetreten, für den auch der Tod, das radikale Ende, kein Ende ist, sondern Durchbruch zum radikal neuen, zum ewigen Leben. Aber sein Osterglaube war alles andere als eine fertige Wahrheit, die man aus der Bibel ziehen kann wie fertige Lehrsätze aus einem Handbuch der Geometrie. Mit andern Worten: er hat an die Stelle des idealistischen Geschichtspositivismus nun nicht einfach einen biblizistischen Offenbarungspositivismus gesetzt. Offenbarung war für ihn kein bloß vergangenes, sondern zugleich ein gegenwärtiges, ihn selbst unmittelbar angehendes Geschehnis in der jetzigen geschichtlichen Situation. Osterglaube als das Existentiell- oder, wie er sagen würde, Persönlichwerden der Offenbarung heißt, daß jetzt, inmitten unserer Karfreitagswelt – da Völker gemordet werden – Auferstehung, neues Leben, Reich Gottes geschieht und daß wir jetzt auf das hin zu neuer Hoffnung gerufen sind. So endet denn sein aufrichtendes Wort an seinen Bruder mit der Mahnung: «Wir müssen Gott persönlich erleben, dann kommen wir nicht mehr von ihm los. Und so komme ich nicht von ihm los, geschehe, was da wolle, und spreche immer wieder mein: Dennoch!» (S. 182).

Das Aufbrechen dieses Glaubens an das kommende Reich Gottes als die österliche Wirklichkeit im Heute ist die große Wende im Leben von Ragaz[22]. Man versteht auch, daß er rückblickend betonen kann, diesen Glauben «nicht von andern» übernommen zu haben, «nicht einmal unmittelbar aus der Bibel»[23]. Er ist eigenstes, nicht aus dem Eigenen kommendes

---

[22] So Ragaz selbst, in: Mein Weg, Zürich 1952, Bd. 1, S. 230. «Da (sc. anfangs der Basler Zeit) geschah die große Wendung. Der Aufbruch des Glaubens an das Reich Gottes als Kern und Stern der Bibel und der Sache Christi.»

[23] Ebd. S. 231. – Vgl. dazu U. Teuscher, Gottesreichserleben und Geschichtsideologie bei Leonhard Ragaz, in: Evangelische Theologie, 23. Jhg., 1963, Heft 1/2, S. 62ff., der auf S. 88, abweichend von mir, das Offenbarungsgeschehen bei Ragaz ausschließlich

Widerfahrnis, also Widerfahrnis von Gott her, wenn auch nicht «unmittelbar», so doch mittelbar aus dem biblischen Zeugnis in dialogischer Konfrontation mit dem Geschichtsgeschehen stammend. Von da aus aber mußte es zu einer entscheidenden Umwandlung im geschichtstheologischen Ansatz von Leonhard Ragaz kommen. Wer sich in solchem Glauben dialogisch mit dem aktuellen Geschichtsgeschehen konfrontiert weiß, dessen maßgebende Blickrichtung kann nicht mehr von der Geschichte auf Gott zielen, sie muß umgekehrt von Gott auf sie zugehen, so sehr, wie später deutlich werden wird, die umgekehrte Blickrichtung ihr relatives Recht behält. Das besagt etwas voller ausgedrückt: Nicht mehr von der sich ereignenden Geschichte her als unmittelbarem Offenbarungsakt wird jetzt der unbegreifliche Gott zu begreifen unternommen, sondern umgekehrt, von dem im Osterglauben transparent gewordenen Gott der eschatologischen Neuschöpfung aus werden fortan die Unbegreiflichkeiten des Geschichtsgeschehens als Geschichte des kommenden Reiches neu verstanden[24], das je und je den Weg des Kreuzes in der Welt zu gehen hat. Darin liegt beschlossen, daß die Geschichte im Sinn der «Sache Christi» von nun an in diesen Briefen als Bereich des fortlaufend-revolutionären Einbruchs Gottes in der Welt erscheinen muß, also nicht mehr ernstlich als Entfaltung eines in ihr selber angelegten idealen Kerns gesehen werden kann, der eins ist mit jener Wirklichkeit, die in der religiösen Sprache «Gott» heißt.

Im Horizont dieser gewandelten Geschichtstheologie als reflektiertem Ausdruck von Ragaz' eigentlichem Glauben muß nun auch sein ungewöhnliches Engagement in der sozialen Bewegung verstanden werden, wozu es, sicher nicht zufälligerweise, erst nach dem theologischen Umbruch im Verlauf des Burenkrieges kam.

Während langer Jahre hatte Ragaz, was man nie übersehen sollte, kein Verhältnis zu der geschichtlichen Kraft, die er gern als «soziale Bewegung» zu bezeichnen pflegt. Bäuerlicher Herkunft, war ihm anfänglich schon allein der soziologisch anders geartete Mensch der industriellen bzw. kommerziellen Arbeitswelt, die mit der modernen sozialen Frage unlösbar zusammenhängt, fremd und der nähere Umgang mit diesem doch eher lästig. Anders läßt sich seine ironische, auf jene kurze Zwischenzeit gemünzte Bemerkung kaum verstehen, da er, noch ein Junggeselle, in einem offenbar kommunen Gasthaus seine Mahlzeit einzunehmen pflegte: «Von der table d'hôte in Gesellschaft von Ladenjünglingen und ähnlichen hochgestimmten Seelen bin ich durch meine Schwester, die mir wieder meinen kleinen Haushalt führt, glücklich befreit» (S. 48)[24a]. Kein Wunder, wenn er auch den Arbeitern zunächst als fremd erschien und noch bei seiner Wahl zum Churer

im «glaubenden Erleben», also *nur* subjektiv begründet sieht, was ich als unhaltbar betrachten muß.

[24] Diese vorläufige These wird unten im III. Teil, Abschn. 2 und 3 erhärtet werden.
[24a] Vgl. Anm. 4 zu Brief Nr. 77, S. 204.

Stadtpfarrer ihre Stimmen nicht erhielt (S. 70). Zwar beteuert er im selben Brief, der diesen für ihn schmerzlichen Tatbestand erwähnt, kein «Herrenpfarrer» sein zu wollen und «sozialistisch» angehaucht zu sein. Aber wovon war der sensible Ragaz in seiner ganz ungewöhnlichen geistigen Empfänglichkeit nicht angehaucht? Das will also nicht allzuviel besagen, noch weniger, daß er als «Leser der „Hilfe" und der „Christlichen Welt" ... ein bißchen (!) die „christlich-soziale" Sache» verfolgte (S. 81). Allerdings wurde er im Winter 1896 vom Churer Grütliverein, der politischen Organisation der dortigen Linken, eingeladen, bei der Novemberfeier die Festrede zu halten, eine etwas verfängliche Ehre, die er aber nicht ausschlagen wollte. Dafür hatten ihm übrigens als Zeichen der Anerkennung die Einladenden ein «Prachtsexemplar» von Marx' «Kapital» verehrt (S. 99). Das deutet immerhin darauf hin, daß sich in seinem Verhältnis zur sozialen Bewegung inzwischen allerlei geändert haben muß. Nun findet er auch plötzlich Kontakt mit den sozialistischen Elementen in der Kirche. So begrüßt er die «Prophetenrede» Paul Pflügers, des der Sozialdemokratischen Partei angehörenden Pfarrers und späteren Stadtrates von Zürich, obwohl er «in philosophischen und religiösen Dingen anders denke» (S. 106). Doch in dem allem ging Ragaz noch nicht über das hinaus, was sozial aufgeschlossene Reformtheologen vor und neben ihm auch schon taten. Er hat, wie manche andere, einfach für die «Arbeiterinteressen» Partei genommen, weil er in seinem idealistisch bestimmten Zukunftsglauben der Überzeugung war, «daß die tiefsten und edelsten Motive der sozialen Bewegung übereinstimmen mit den großen Prinzipien des echten Christentums und daß es gerade die Pflicht eines Pfarrers sei, mit den emporstrebenden Klassen zu gehen» (S. 172).

Einer sehr viel radikaleren Einstellung dagegen begegnen wir in der Basler Zeit. Bereits ein Jahr nach seinem Wegzug von Chur hat Ragaz im Münster eine Predigt gehalten, die nicht nur größtes Aufsehen erregte, sondern auch heftigsten, die Geister scheidenden Widerspruch bewirkte, nämlich die «Maurerstreikpredigt»[25]. Sie war direkt in eine akute, höchst umstrittene soziale Auseinandersetzung hineingesprochen. Eben hatte ein großer Streik der Basler Bauarbeiter mit deren Niederlage und so in Bitterkeit geendet. Ragaz nahm ungescheut für die Unterlegenen Partei, mit der lapidaren Begründung, daß «die Christen auf die Seite der Armen» gehören[26]. Den Verteidigern der bestehenden Sozialordnung, gleichgültig ob liberaler oder konservativer Herkunft, galt dies als unerhört, schockierend, revolutionär. Aber nicht schon darin liegt die Bedeutung dieser Predigt, daß sie sich auf die Seite der sozial Schwächeren in der bürgerlichen Gesellschaft schlug; sie liegt mehr noch im geistigen Hintergrund, dem sie entsprungen ist. Er

---

[25] Zum zeitgeschichtlichen Aspekt siehe M. Mattmüller, a.a.O., S. 84ff.
[26] Siehe dazu Schweizerisches Protestantenblatt. Jhg. 1903, S. 129ff., wo die Predigt veröffentlicht ist.

war nicht mehr bloß die idealistisch bestimmte, auch den Aufstieg der gedrückten Volksschichten einschließende Zukunftserwartung; er war weit darüber hinaus der Glaube, daß der lebendige Gott im Kommen ist, daß es darum eine soziale Bewegung gibt, revolutionären Angriff auf die Welt, und daß der Christ dem Neuen, das hier werden will, ein offenes Gehör zu schenken habe. So kommentiert Ragaz das ganze Geschehen um seine «soziale Predigt» mit 2. Kor. 5, 17: «Das Alte ist vergangen; siehe es ist neu geworden» (S. 195). Und so kann er weiter seinem Bruder schreiben: «Das Neue muß versucht werden» (S. 193). Aus derartigen Äußerungen läßt sich entnehmen, wie sehr nun bereits der eschatologische Aspekt seiner gewandelten Geschichtstheologie zur konkreten Auswirkung gelangt. Wer vom kommenden Sieg Gottes her, der im Ostergeschehen begründet ist, das Alte fallen und Neues werden sieht, der kann die überlieferte gesellschaftliche Ordnung nicht mehr mit dem Willen Gottes identifizieren, wie es traditionell-christlicher Auffassung entspricht, der wird vielmehr ein Verhältnis, wenn auch ein im Grunde kritisches Verhältnis zu den revolutionären Kräften unserer Tage finden müssen. Hat der Reformtheologe wohl zur sozialen Bewegung der Zeit Ja sagen können, sofern sie Ausdruck kontinuierlichen Fortschritts der herrschenden Gesellschaftsordnung war, so fängt nun Ragaz in den Basler Jahren an, gerade die soziale Bewegung in ihrem revolutionären, damals von der Sozialdemokratie verkörperten Charakter bei aller kritischen Zurückhaltung doch positiv zu werten als eine Sache, in der der lebendige Gott hervortritt, der alles neu machen will.

Es versteht sich, daß diese schwerwiegende Wendung im Verständnis der sozialen Bewegung, die mit der Wandlung der Geschichtstheologie von Leonhard Ragaz zusammenhängt, das angespannte Verhältnis zur kirchlichen Reformpartei, als deren Verfechter er doch nach Basel berufen worden war, noch mehr belasten mußte. Schon Ende 1902 kann er erklären, daß er «ganz und gar fertig» mit ihr sei, was freilich historisch so nicht einfach zutrifft. Aber die Distanzierung wird unverkennbar schärfer. Dazu hat wesentlich die Begegnung mit dem Freundeskreis um den jüngeren Blumhardt[27] beigetragen, «eine Richtung innerhalb des „positiven" Lagers», «die viel radikaler ist als die der Reformer» (S. 195). Zu seiner größten Verwunderung mußte er erfahren, daß die einzige zustimmende Äußerung zur «Maurerstreikpredigt», die aus den Reihen der Basler Pfarrkollegen ihm zugekommen war, ausgerechnet von dieser Seite stammte, nämlich vom «hochpositiven A. Preiswerk zu St. Peter» (ebd.). Derartige Erlebnisse

---

[27] Christoph Blumhardt (1842–1919), geistesmächtiger Verkündiger der biblischen Botschaft vom Reiche Gottes, trat 1899 der Sozialdemokratischen Partei Württembergs bei und berührt sich in vielem mit Ragaz. – Vgl. L. Ragaz, Der Kampf um das Reich Gottes in Blumhardt, Vater und Sohn und weiter, Erlenbach–Zürich 1925. Über das theologische Verhältnis Blumhardt-Ragaz referiert neuerdings umfassend und kritisch G. Sauter, Die Theologie des Reiches Gottes beim älteren und jüngeren Blumhardt, Zürich 1962, S. 195 ff.

ließen ihm je länger, je mehr die kirchlichen Parteigegensätze zwischen «liberal» und «positiv» als völlig irrelevant erscheinen. Es ging nun Ragaz darum, immer bestimmter aufzuweisen, daß er seinen Standpunkt «*über ihnen*» genommen habe (S. 239). Das Gefälle seiner theologischen Entwicklung führte ihn damit an einen Ort, der ihm in seinen frühen Tagen auch nicht im Traume eingefallen wäre und den er selber nicht gesucht hatte. Er entfremdete sich mit seiner Geschichtstheologie und deren unerhörten Konsequenzen den Liberalen, ohne positiv zu werden. Das hat, wenn auch nicht allein, zu seiner späteren theologischen Vereinsamung viel beigetragen.

Zunächst war allerdings die Wirkung seines Strebens, über die theologisch-kirchlichen Richtungsgegensätze hinauszukommen, eine umgekehrte. Es führte ihn mit Männern zusammen, die ähnlich wie er selber, über die alten Richtungen hinausgewachsen waren und, angerührt von dem Ruf Gottes, den sie in der Konfrontation mit der sozialen Bewegung vernahmen, nach neuen Grenzen Ausschau hielten. Daraus erwuchs um 1906 die Monatszeitschrift «Neue Wege» (Briefe Nr. 98, 99, 100, 101 usw.) und bereits ein gutes Jahr darauf die «Religiös-soziale Bewegung» (Briefe Nr. 111 und 112). Diese Gruppierung war indessen in ihrer unbestimmten Weite zu uneinheitlich, als daß sie, jedenfalls in der ursprünglich konzipierten Gestalt, hätte Bestand haben können. Es kam zu schweren und folgenreichen Kontroversen, vorab um Ragaz und dessen Geschichtstheologie, was der Betroffene in seiner Übersensibilität nicht selten als persönliche Herausforderung empfand. Im Verlauf der dadurch belasteten Auseinandersetzung sah sich Ragaz veranlaßt, seine noch immer werdende Konzeption theologisch zu überprüfen, zu präzisieren oder auch – oft recht unglücklich – polemisch zu verteidigen. Schon die Briefe des dritten, erst recht aber des vierten Zeitabschnittes sind davon erfüllt. Es gilt nun im zweiten Teil dieser Einführung, die wichtigsten der besagten Kontroversen zu beleuchten, soweit sie nicht in persönlichen Affekten, die da leider eine recht erhebliche Rolle spielten, sondern in sachlichen Schwierigkeiten begründet waren und für das Verständnis vor allem der theologischen Struktur des Ragazschen Denkens von Bedeutung sind.

III

Die Struktur im theologischen Ansatz von Leonhard Ragaz

Dritter und vierter Zeitabschnitt

Im vorangegangenen Hauptteil dieser Einführung ist das Gefälle deutlich geworden, das die theologische Entwicklung von Leonhard Ragaz bestimmt. Es treibt in die Richtung einer Geschichtstheologie, die sowohl den idealistischen Geschichts- als auch den biblizistischen Offenbarungspositivismus vermeiden möchte und in den Basler Jahren zu einer Gestalt gelangte, die sich nicht mehr in die Schemata der herrschenden theologisch-kirchlichen Richtungen einfügen ließ. Dieser neue Ansatz war indessen in vielen Punkten noch ungeklärt, mit Zweideutigkeiten belastet und durch Überspitzungen verzerrt. Auseinandersetzungen im ohnehin recht heterogenen Freundeskreis um Ragaz blieben darum unvermeidlich. Es sind vor allem drei zentrale Fragengruppen, die die Gemüter bewegten und zum Teil, in Ton und Sache, heftig aufeinanderprallen ließen: 1. die Frage nach dem rechten Reden von Gott, 2. die Frage nach der richtigen Interpretation des Sozialismus bzw. des Verhältnisses zwischen ihm und dem Reiche Gottes, und endlich 3. das Problem der Hoffnung in und für die Welt. Sie kommen in diesen Briefen vor allem in Auseinandersetzungen von Ragaz mit Hermann Kutter und Paul Wernle zur Sprache. Eine eingehende Beschäftigung mit ihnen ist unerläßlich, wenn deutlich zu werden hat, worauf es Ragaz, auf Grund der sein theologisches Denken prägenden Struktur im Eigentlichen ankommen muß. Das soll nun an die Hand genommen werden, wobei wir der Reihe nach die besagten Fragenkreise erörtern, in ihrer eigentlichen theologischen Pointe erfassen und für die Erhellung der Struktur des Ragazschen Denkens fruchtbar machen wollen. Dabei müssen aus sachlichen Gründen die Briefe des dritten und vierten Zeitabschnittes als eine Einheit genommen werden. Denn seit den Basler Jahren, auf die von 1908 an, nach der Berufung von Ragaz als Professor für Systematische und Praktische Theologie nach Zürich, die Zürcher Jahre folgten, hat sich dessen Denken strukturell kaum mehr wesentlich verändert, sondern nur noch entfaltet, bereichert, vertieft und vor allem im Kampf der Zeit, der den Verfasser dieser Briefe leidenschaftlich umtrieb, aktualisiert.

1. Das Reden von Gott

Dieser Fragenkreis taucht in den vorliegenden Briefen in Gestalt einer Auseinandersetzung mit Hermann Kutter[28] auf. Literarisch bereits hervorgetreten, hat der bedeutende Theologe 1903 mit seinem von prophetischer Kraft erfüllten Werk «Sie müssen» eine Interpretation der revolutionären Sozialdemokratie gegeben, die im christlichen Lager nicht nur größtes Aufsehen, sondern mehr noch betroffenes Befremden erregte. Ragaz, der das Buch gleich nach seinem Erscheinen gelesen haben muß, nennt es «eine hochbedeutsame Leistung» und bekennt, daß es ihm «viel zu denken» gebe (S. 195). Ein gutes halbes Jahr später hat er Kutter selber in einem persönlichen Brief (Nr. 77, S. 203) seine feste Zustimmung zu seinem mutigen Werk wissen lassen, freilich nicht, ohne «in *einem* Punkte» von ihm abzuweichen (worauf erst später eingetreten werden kann). Danach kam es bald zur Begegnung zwischen beiden und zu einer zeitweiligen

---

[28] Zur ersten Begegnung von Ragaz mit Kutter siehe vorab die Briefe Nr. 72 und 77. Über Hermann Kutter: Register der Briefempfänger, S. 329.

Zusammenarbeit, aus der schließlich die Religiös-soziale Bewegung hervorgegangen ist als die Keimform des späteren religiösen Sozialismus. So sehr es nun zwischen Kutter und Ragaz im Theologischen viele Gemeinsamkeiten gab, so sehr gab es auch schwerwiegende Differenzen, die immer deutlicher zutage treten und die beiden wieder einander entfremden sollten. Eine solche Differenz betrifft das Reden von Gott.

1907 ist aus Kutters Hand ein neues Werk erschienen: «Wir Pfarrer» – das ebenfalls eine zündende Wirkung hatte. Auch Ragaz hat diese jüngste Geistesfrucht seines Freundes und Mitstreiters warm begrüßt und sie «ein mächtiges Buch» genannt (S. 251). Zudem erklärt er sich ausdrücklich «mit seinem Geist und Wollen einig» (ebd.). Doch hat er «einige Bedenken» anzumelden, die indessen tiefgreifende Bedeutung haben und die verschiedene Grundstruktur im theologischen Denken von Kutter und Ragaz aufdecken.

Die Bedenken von Ragaz beziehen sich nun eben auf die Frage: «Wie sollen wir Gott predigen, welchen Gott?» (S. 251). Er weiß sich mit Kutter darin einig, daß es der «lebendige» Gott sein müsse. Doch fügt er sofort bei, und das ist für ihn bzw. für seine Geschichtstheologie bezeichnend: der in der Gegenwart schaffende, der kommende Gott. Der Nachsatz schließt stillschweigend in sich ein, daß die Welt, wenn Gott in ihr im Kommen ist, und die Gegenwart, wenn Gott in ihr schafft, in einer Bewegung stehen müssen, die auf das Reich Gottes zuläuft, das erst noch kommt. Entsprechend sei es legitim, Welt und Gegenwart in ihrer «von Gott her» bewirkten Bewegung «zu Gott hin» zu sehen, und nicht bloß umgekehrt.

Ragaz meint nun in dem für diese Problematik relevanten Brief Nr. 105, daß Kutter die Botschaft: «Gott lebt» einseitig unter dem Aspekt des «Von Gott her» verkünde. Die Feststellung als solche trifft im ganzen zu. Mit ihm hebt ja entscheidend jene theologisch epochemachende Wendung an, die dann in der frühen dialektischen Theologie zum eigentlichen Durchbruch gekommen ist und wesentlich auf der Einsicht beruht, daß allein von Gott selber, allein von der Offenbarung in seinem Wort her wirklich vom wirklichen Gott geredet werden könne. Ragaz hat sich diesem Neuen, das ihm machtvoll aus dem Munde Kutters entgegentrat, nicht verschlossen, ganz im Gegenteil. Er gesteht ausdrücklich: «Das „Von Gott her" ist prinzipiell und systematisch das Richtige, gewiß. Auch ich vertrete es, so weit ich es in Wahrhaftigkeit kann» (S. 251). Doch hat er, wie schon angedeutet, seine ernstlichen Bedenken, die man nicht einfach auf das Konto seiner liberalen Herkunft buchen sollte, obwohl auch diese mit im Spiele steht. Die Bedenken sind zwiefacher Art: Einmal befürchtet Ragaz, daß das ausschließliche «von Gott her» Reden den Prediger dazu verleiten könnte, bloß *von* ihm zu reden, also unlebendig, objektivierend, statisch-gegenständlich, was «die Predigt vom lebendigen Gott bald den Ernsthaften entleiden» müßte. «Es kommt nicht sowohl darauf an, daß wir von ihm, sondern daß wir aus ihm reden», das heißt «existentiell», wie man seit Kierkegaard zu sagen pflegt. – Und dann zeigt sich Ragaz darüber besorgt, daß durch das pure «von Gott her» Reden die revolutionäre Botschaft «Gott lebt» zu einem handlichen Mittel erniedrigt werden könnte, durch das «die Probleme» – gemeint sind vorab die Probleme des modernen, in Skepsis oder gar in Unglauben versunkenen Menschen – «einfach „totgeschlagen" werden». «Gott darf uns ... nicht ein bloßes Abstraktum, ein Wort, ein Schema werden, sondern muß uns aus der lebendigen Wirklichkeit entgegentreten, an ihr uns offenbar werden» (S. 252). Anders ausgedrückt: Offenbarung Gottes bleibt ein leeres, wirklichkeitsfremdes Wort, wenn sie nicht die menschlich-weltliche Realität so aufzuhellen vermag, daß der in ihr transparent wird, der nach Kol. 1, 16 nicht nur alle Dinge geschaffen hat, sondern auf den hin sie auch erschaffen worden sind. Wird aber von Gott derart «von Gott her» geredet, daß die geschichtliche Daseinswirklichkeit in ihrem «zu Gott hin» verstehbar und mithin Gott bzw. Christus «an ihr» (nicht aus ihr!) offenbar wird, dann hat – und dies steckt letztlich hinter diesen Gedankengängen – das offenbarungsmäßige Reden «von Gott» «aus Gott» in dieser Wirklichkeit selber seinen Anhalt, ohne aus ihr selbst zu stammen, und dem Hörer wird dergestalt kein blinder Glaubensakt zugemutet.

Damit versteht sich: Wenn Ragaz gegenüber Kutter mit solcher Vehemenz das relative Recht dieses «Zu Gott hin» geltend macht als «einer der Unterschiede» zwischen sich und ihm (ebd.), so im Grunde um zu vermeiden, daß sich der Hörer der Botschaft vom lebendigen Gott vor ein bloßes «friß, Vogel, oder stirb» gestellt sieht. Was später Dietrich Bonhoeffer als die Gefahr der Barthschen Theologie erkannt hat, das hat Ragaz bei Hermann Kutter früh erspürt, nämlich den Zug zu einem «Offenbarungspositivismus»[29], der sich über die theologischen Probleme des 19. Jahrhunderts hinwegsetzt, als ob sie gar nicht mehr bestehen würden. Wer die Entwicklung der Theologie nach dem ersten Weltkrieg überschaut, der wird darum diesem Mahner einen hellsichtigen Blick kaum absprechen können. Allein der Kontext, in welchem Ragaz seine Bedenken zum Ausdruck bringt, ist auch nicht ungefährlich, gerade für die Struktur seiner eigenen Konzeption. Die weiteren Darlegungen müssen das erweisen.

Dem aufmerksamen Leser wird kaum entgangen sein, daß die Argumentation von Ragaz gegen Kutter strukturell mit seiner in der Krisis des Burenkrieges neu bestimmten Geschichtstheologie zusammentrifft. Wir sahen bereits, daß deren konstitutive Blickrichtung von Gott auf das Geschichtsgeschehen geht, daß aber die umgekehrte, vom Geschichtsgeschehen auf Gott zielende Sichtweise eine sekundäre Bedeutung beibehält. Das Verhältnis zwischen diesen beiden Blickweisen entspricht somit genau dem Verhältnis zwischen dem Reden «von Gott her» und dem Reden «zu Gott

---

[29] Dazu siehe D. Bonhoeffer, Widerstand und Ergebung, hrsg. von E. Bethge, München 1952, S. 179, 184, 219.

hin», in welchem ja auch die erste Art des Redens gegenüber der zweiten eindeutig den Vorrang hat. Das kann natürlich kein Zufall sein, sondern bringt eben die Grundstruktur der Ragazschen Theologie zum Vorschein. Primär ist von Gott her die geschehende Geschichte zu sehen, in der er als der Lebendige am Werke ist, wie primär von Gott her von dem Gott geredet werden soll, der in der Wirklichkeit des Daseins wirkt. Aber sekundär soll und darf auch von der geschehenden Geschichte aus auf Gott geschaut werden, als denjenigen, den die Geschichtsereignisse bezeugen. Und sekundär soll und darf auch von der Wirklichkeit des Daseins aus auf Gott hin von Gott geredet werden, wieder als von dem, der insgeheim von dieser Wirklichkeit verkündet wird. Allein nur dem von Gott her Redenden, von ihm her Sehenden und Glaubenden wird sich erschließen, daß die geschehende Geschichte, daß die menschliche Daseinswirklichkeit auf Gott hin ist, den Lebendigen, wie ihn die Propheten bezeugen und wie er, Jesus Christus, gehandelt hat.

Nun aber ist es so, daß faktisch bei Ragaz das «Zu Gott hin», und nicht das «Von Gott her», im Vordergrunde steht. Und warum? Weil er sich als Botschafter des von Gott her kommenden Reiches Gottes an die Seite nicht der Frommen, sondern der Unfrommen stellt, der Skeptiker, der Ungläubigen, der Atheisten, der Sozialisten und der Materialisten, weil er ihnen von deren eigener Wirklichkeitserfahrung her den Blick auf Gott hin öffnen möchte, von dem her erst erfahrbar wird, um was es in dieser Wirklichkeit im Letzten und Eigentlichen geht. Mit andern Worten: In Ragaz lebt eine starke apologetische Ader. Wenn es m. E. auch übertrieben ist zu sagen: «Leonhard Ragaz ist ganz und gar Apologet»[30], so steckt darin doch ein gutes Stück Wahrheit. Je mehr er apologetisch redet, desto massiver tritt das «Zu Gott hin» in den Vordergrund und desto stärker wird der Anschein, daß in der Struktur des theologischen Denkens, das hier vorliegt, gerade ihm, und nicht dem «Von Gott her» der theologische Primat zukomme, wie das unzweifelhaft der Fall ist.

Dazu kommt ein anderes. Wenn Ragaz apologetisch spricht, dann spricht er philosophisch, genauer idealistisch. Mit der stark apologetischen Tendenz in seiner Theologie kommt damit auch der Idealismus neu zum Zuge. So entsteht wieder der falsche Eindruck, daß diese immer noch grundlegend, wie im ersten und zweiten Zeitabschnitt seiner geistigen Entwicklung, sich vom religiös-idealistischen Geist bestimmen lasse, wenn auch in modifizierter und radikalisierter Weise. Kein Geringerer als Paul Wernle[31] hat sich darin täuschen lassen und gegen Ragaz den Vorwurf erhoben[32], theo-

---

[30] So U. Teuscher, a.a.O., S. 62.

[31] Über ihn: Register der Briefempfänger, S. 334.

[32] Der Vorwurf ist um so begreiflicher, als Ragaz am 5. Nov. 1908, kurz nach der Übernahme seiner Professur in Zürich an Wernle geschrieben hatte, daß er schon durch das bisherige konzentrierte Nachdenken, zu dem ihn die Vorlesungsvorbereitungen nötigten, in seinen «idealistischen Positionen gestärkt und geklärt worden» sei (S. 271).

logisch ein Idealist zu sein. Die Reaktion des Kritisierten stellt jedoch dieses Mißverständnis klar: «Ich frage mich wieder, wie Sie eigentlich auf solche Dinge kommen. Nimmt man das Wort (sc. idealistisch) in seiner erkenntnistheoretischen und metaphysischen Bedeutung, so nimmt mich wunder, ob Sie denn Materialist oder Positivist sind. Ich bekenne mich, soweit ich *philosophiere*, allerdings zum Idealismus, aber als religiöser Mensch lebe ich vom lebendigen Gott und bekenne mich zu ihm, zum Gott Jesu und der Propheten, sogut wie Sie» (S. 283). Daraus läßt sich doch ersehen, daß Ragaz, sofern er als «religiöser Mensch» Rechenschaft über das Woher seines Glaubens geben und somit theologisch reden will, nicht idealistisch denkt, sondern von Gott ausgeht in Jesus und den Propheten. Das bestätigt nur von einer neuen Seite, daß das «Von Gott her» bei ihm theologisch eindeutig den Vorrang hat. Dies zeigt aber auch, daß Ragaz, wenn er «philosophiert», mit großer Selbstverständlichkeit auf dem Boden des Idealismus steht. Das hängt wohl auch stark mit seiner apologetischen Tendenz zusammen. Die materialistisch-deterministische Konzeption von der Geschichte läßt sich nicht auf den spontan wirkenden Gott des biblischen Zeugnisses hin sehen; bei der idealistischen Auffassung, die den Geschichtsverlauf als einen geistigen Prozeß ansieht, ist das anders. So kommt es bei Ragaz auf der apologetischen Ebene zwar nicht zu einer Synthese, aber doch zu einer Symbiose – wenn der Ausdruck in diesem Zusammenhang gestattet ist – zwischen Theologie und Philosophie. Und in diesem symbiotischen Verhältnis kann dann freilich der Idealismus ein solches Gewicht bekommen, daß er das spezifisch theologische Moment in diesem Denken überschattet, das «Von Gott her» durch das «Zu Gott hin» überspielt und so seine eigentliche Intention verdunkelt. Das ist die Gefahr, in der Ragaz immer steht. Sie geht zwar nicht von der Struktur seines theologischen Denkens selber aus, wohl aber, wie schon angedeutet, vom apologetisch-idealistischen Kontext, in welchem es sich mit Leichtigkeit entfaltet. Das ist eine Quelle großer Mißverständnisse, die Ragaz bis zum heutigen Tage schwer geschadet haben und die an sich berechtigten Bedenken gegenüber Kutter theologisch nicht recht wirksam werden ließen.

2. *Sozialismus und Reich Gottes*

Von der damit gewonnenen Perspektive aus muß nun auch der zweite zentrale Fragenkreis in den Briefen des dritten und vierten Zeitabschnittes dieser Sammlung angegangen werden, nämlich das Problem der religiösen Interpretation der sozialen Bewegung bzw. des Sozialismus. Wer, wie Ragaz, theologisch in der Bewegung «von Gott her» auf die geschichtliche Wirk-

Es ist dabei zu beachten, daß die Betonung der idealistischen Position durch Ragaz in einer apologetisch-polemischen Situation erfolgt, daß überhaupt seine Ethikvorlesung – und das gilt insbesondere vom ersten Entwurf, auf den hier angespielt wird – stark den Charakter apologetischer Auseinandersetzung, Orientierung und Begriffserklärung getragen, also ein ausgesprochen philosophisches Gepräge gehabt hat.

lichkeit des Menschen sieht und doch zugleich, gerade in dieser primären und grundlegenden Blickrichtung, dieselbe Wirklichkeit in Bewegung «zu Gott hin» schauen muß, der wird auf eine zwiefache, nicht unbedingt zwiespältige Beurteilungsmöglichkeit zeitgeschichtlicher Phänomene wie des Sozialismus stoßen. Von Gott her, der im eschatologischen Geschehnis seines Reiches kommt, ist der Sozialismus Ausdruck davon, daß die herrschende «christlich-bürgerliche» Welt nicht Bestand haben wird, sondern jetzt schon vom Gericht betroffen ist. In dieser Sicht gesehen, gehört auch der Sozialismus selber zur Gestalt dieser Welt, die vergeht, weil auch er eine geschichtliche, also vergehende Größe ist. Auf Gott hin erschaut, wird dagegen der Sozialismus zu einem revolutionären Zeichen dafür, daß es in der verfallenden, vom Gericht erschütterten Welt schon jetzt Neues gibt. Neues als Hinweis auf *das* Neue des kommenden Gottesreiches, das alle in der Geschichte sich vollziehenden Erneuerungen transzendiert und darum auch nicht machbar, sondern schlechterdings verheißen ist. In den vorliegenden Briefen von Ragaz begegnet diese doppelte Beurteilung des Sozialismus immer wieder.

Ein besonders wichtiges Beispiel liegt dafür in Brief Nr. 77 vor. Er ist ebenfalls an Hermann Kutter gerichtet und spendet diesem hohes Lob für dessen eben erst erschienenes Werk «Sie müssen». Aber es enthält auch eine für den Ragaz nur oberflächlich Kennenden verblüffende Kritik. Er, dem gemeinhin vorgeworfen wird, daß er im Unterschied zu Kutter hinter dem Sozialismus bzw. der ihn verfechtenden Sozialdemokratie schlechthin den Verheißungswillen Gottes am Werke sehe, erhebt gegen den Briefempfänger eine behutsam vorgebrachte Einwendung, die gerade das aufs Korn nimmt, was Krethi und Plethi ihm vorzuwerfen pflegen. «In einem Punkte namentlich weiche ich von Ihnen ab. Nach allem, was ich in vierzehnjährigem Verkehr mit den Arbeitern erfahren habe, bin ich doch eher geneigt, die Sozialdemokratie mehr als „Geißel Gottes" zu betrachten, denn als direkte Trägerin seiner Gedanken. Sie ist jetzt für ihn, was Assyrer und Babylonier für Israel waren» (S. 203). Dieses Urteil über die Arbeiter und ihre politische Bewegung ist natürlich, wie Ragaz deutlich zu erkennen gibt, aus der Erfahrung gewonnen – aber nicht nur aus der Erfahrung. Hinter ihm steht eine bestimmte Sicht dieser Erfahrung. Sie wird «von Gott her» beurteilt. Die Sozialdemokratie «ist jetzt für ihn» eine Geißel der Gegenwart, wie die Assyrer und Babylonier eine Geißel Israels gewesen sind, um den zitierten, grammatikalisch etwas schiefen Satz sinngemäß zu interpretieren. So kann nur reden, wer vom Offenbarungszeugnis der Bibel und insofern von Gott her auf die geschichtlichen Zeitereignisse schaut. Und in dieser Blickrichtung erscheint der Sozialismus nicht als Letztes, sowenig das Gericht ein Letztes ist, sondern eben als eine geschichtliche Größe, die auch vergehen wird, wie die Assyrer und Babylonier vergangen sind. – Diese Sichtweise gilt hier aber nicht allein. Das zeigt klar die Fortsetzung des Briefes. «Doch ändert das nichts an meiner prinzipiellen Auffassung vom

Wesen der sozialen Bewegung und den Pflichten einer „christlichen" Gesellschaft. Auch muß ich immer wieder sagen, daß trotz aller seiner Roheit, ja vielleicht gerade infolge derselben, das arbeitende Volk allein die Frische der Seele hat, um das Neue zu erfassen, das Gott heraufführen will» (S. 203). Dahinter steht ebenfalls eine bestimmte Erfahrung: Das «arbeitende Volk», sofern es von der sozialen Bewegung mitgerissen ist, ist nach neuen Ufern aus. Doch wird diese Erfahrung auch wieder in einer sie selbst übersteigenden Blickrichtung beurteilt, diesmal in der Blickrichtung «zu Gott hin». In ihr erweist sich – nach der Ragazschen Konzeption – das revolutionäre Wollen der sozialistischen Arbeiterschaft, ihr exemplarisches Aussein auf eine neue Ordnung der Gesellschaft, als ein Hinweis dafür, daß sie mehr als die anderen Klassen einen Sinn für «das Neue» hat, «das Gott heraufführen will». Und das gerade ist der Grund, weshalb Ragaz, trotz seiner «von Gott her» grundsätzlich relativierenden Beurteilung des Sozialismus bzw. der Sozialdemokratie, an seiner «prinzipiellen Auffassung vom Wesen der sozialen Bewegung» festhalten kann, nämlich daß sie als Werkzeug von geschichtlich Neuem in der Welt auf Gott hin zu verstehen sei, und daß darum die «christliche Gesellschaft» sich diesem relativ, nicht absolut Neuen als einem verpflichtenden Anruf zu öffnen habe.

Diese beiden Sichtweisen, und das will jetzt genau beachtet sein, stehen indessen nicht gleichwertig nebeneinander. Die erste hat den Vorrang gegenüber der zweiten. Das und nichts anderes ist die Pointe des Ragazschen Vorbehaltes in Brief Nr. 77. Primär muß die soziale Bewegung in dem Neuen, das sie will, von Gott, vom Absoluten her gesehen und beurteilt werden. Und so eben wird sie entscheidend relativiert. Sekundär muß aber auch die umgekehrte Sichtweise zum Zuge kommen, was diesem Relativen, als Hinweis auf das Absolute, doch eine geschichtlich ausgezeichnete, ja verpflichtende Bedeutung gibt, ohne je das Absolute, das Reich Gottes selbst zu sein.

Allein, die prinzipielle Vorordnung der Sichtweise «von Gott her» gegenüber derjenigen «zu Gott hin», die das Ganze seines theologischen Geschichtsdenkens strukturell bestimmt, wird bei Ragaz nicht immer durchgehalten. So kann die zweite Sichtweise ein faktisches Übergewicht über die erste erlangen, was dann im Blick auf die Beurteilung der sozialen Bewegung zur Folge hat, daß diese idealistisch dem Absoluten angenähert und somit in ihrem relativen Charakter undeutlich wird. Dahin gehören alle jene für unser heutiges Empfinden oft unglaublich erwartungsreichen, ja geradezu enthusiastisch anmutenden Äußerungen über den Sozialismus, die Ragaz hin und wieder von sich gegeben hat und die noch heute Grund für die vorherrschende Meinung sind, daß bei Ragaz die Grenze zwischen Reich Gottes und Sozialismus, zwischen dem Absoluten und dem Relativen prinzipiell verschwimme. Derartige Überspitzungen begegnen nun gerade in den vorliegenden Briefen selten, was allein schon Anlaß geben sollte, ihre Bedeutung nicht zu überschätzen. Wo sie auftreten – und diese Beobachtung ist für ihre sachgemäße Deutung wichtig – stehen sie zumeist in Zusammenhang mit einer zeitgeschichtlich dramatischen Situation, die für Ragaz Entscheidungscharakter hat. So schreibt er etwa an einen jungen deutschen Freund: «Es „geht" vieles in der Welt. Der englische Kohlenstreik[33] ist nach meinem Urteil das Bedeutsamste, das unsere Generation erlebt hat. Sehnsüchtig harre ich auf das letzte Licht, das von Gott her in unsere Gärung hereinleuchten muß, glaube aber doch sein Kommen zu sehen» (S. 300). Zunächst will auch hier beachtet sein, daß noch bei diesem Passus, entsprechend der Grundstruktur der Ragazschen Geschichtstheologie, die Sichtweise von Gott her formell den Vorrang hat. Die soziale Gärung ist ja, wie Ragaz ausdrücklich sagt, «von Gott her» auf Gott hin gesehen, aber nun doch in einer Weise, daß schon in ihr «das letzte Licht» sichtbar werden will und so das Sekundäre alles Gewicht erhält. Daran zeigt sich jedoch, daß hier gleichwohl das «Zu Gott hin» über das «Von Gott her» faktisch dominiert. Was ist der Grund und Sinn dieser zu derartigen Überspitzungen führenden Dominanz der sekundären Sichtweise? Ist der Grund nicht doch im letztlichen Unvermögen von Ragaz zu suchen, theologisch-ernsthaft zwischen Reich Gottes und Sozialismus, dem Letzten und Vorletzten, dem Absoluten und Relativen zu unterscheiden, und der Sinn im Bedürfnis nach heimlicher Ideologisierung der sozialen Bewegung? Wenn aber nicht, was liegt dann vor? Die weithin bekanntgewordene und für das Schicksal der Religiös-sozialen Bewegung folgenschwere Kontroverse zwischen Ragaz und Kutter, die sich im Jahre 1912 abspielte, ist für die Abklärung gerade dieser Frage von großer Wichtigkeit.

Den äußeren Anstoß zu der heftigen Auseinandersetzung gab ein Aufsatz von Ragaz über den Zürcher Generalstreik[34] vom 12. Juli 1912, der in den «Neuen Wegen» veröffentlicht[35] und bald darauf, etwas eigenmächtig, von der Geschäftsleitung der Sozialdemokratischen Partei des Kantons Zürich in einer Auflage von 100000 Exemplaren als Flugblatt verbreitet worden ist. Der Verfasser nahm darin, nicht ohne klare kritische Vorbehalte, Partei für die streikenden Arbeiter, indem er ihre Sache auf die «Sache» Christi, das heißt auf den Herrschaftsanspruch Gottes bezogen hat. «Die soziale Revolution ist ein Stück Verwirklichung des Programms, das da lautet: „Ihr könnt nicht Gott dienen und dem Mammon!"»[36]. Dieser Artikel, «wohl das berühmteste Schriftstück, das Ragaz je verfaßt hatte»[37], erregte Kutters Widerspruch. Er resümierte seine Argumente in einem temperamentvollen Brief an die welschschweizerische Wochenzeitschrift «L'Essor», das Organ der «Chrétiens sociaux», die ihn bald darauf unter dem Titel

---

[33] Siehe dazu Anm. 4 des angeführten Briefes.
[34] Zu dessen Hintergründen siehe M. Mattmüller, a.a.O., S. 183 ff.
[35] Jhg. 1912, VI, S. 291–301.
[36] Ebd. S. 299.
[37] M. Mattmüller, a.a.O., S. 187.

«Socialisme et royaume de Dieu» zum Abdruck brachte[38]. Die Antwort von Ragaz wurde im selben Periodikum veröffentlicht und liegt als Brief Nr. 135 in unserer Sammlung vor. Um was geht es eigentlich in dieser Kontroverse?

Hermann Kutter, der inzwischen, das heißt seit dem Erscheinen von «Sie müssen», ein bedeutend distanzierteres Verhältnis zur Sozialdemokratie bzw. zum Sozialismus gefunden hat, eröffnet den Disput, früher geäußerte Ansichten korrigierend, mit dem vehement vorgetragenen Einwurf, Ragaz hätte durch seinen Aufsatz den Generalstreik und damit eine einzelne Episode im Kampf des Proletariates glorifiziert. So leiste er der falschen Meinung Vorschub, daß für die Religiös-Sozialen in den Tageskämpfen der Sozialdemokratie, die doch so viele menschliche Leidenschaften, ja soviel Sünde zum Vorschein brächten, die Sache Gottes selber sichtbar würde. Und davon will Kutter ganz entschieden Abstand nehmen. Es sei uns nicht erlaubt, von einem einzelnen Streik in Ausdrücken zu reden, die den Anschein erweckten, daß wir in diesem Streik das Kommen des Reiches Gottes sähen. Aber wir seien es schuldig, bei jeder Gelegenheit und mit aller Energie das Reich Gottes zu verkündigen, das von sich aus kommt, und das keines Generalstreiks bedürfe, damit sich unser Protest gegen die dem Mammon unterworfene Gesellschaft vernehmlich machen könne. Hielten wir es anders, so müßte der Eindruck entstehen, und das wäre höchst beklagenswert, daß sich für uns der Sozialismus mit dem Reiche Gottes vermenge (S. 309). Es versteht sich, daß Kutter in diesem Zusammenhange Ragazsche Äußerungen im Auge hat, in denen der relative Charakter des Sozialismus verdunkelt ist und entsprechend der absolute des Reiches Gottes als gefährdet erscheint.

Es wäre aber trotz alledem kurzschlüssig, anzunehmen, der Kern der Kontroverse zwischen Kutter und Ragaz sei darin zu sehen, daß der eine den relativen Charakter des Sozialismus bzw. den absoluten des Reiches Gottes festhalte, der andere dagegen nicht. Kutter, der sich in dieser Problematik ja auf das beste auskennt, will dem Freunde durchaus nicht unterstellen, es läge in dessen Absicht, den Unterschied zwischen Reich Gottes und Sozialismus zu mißachten. Denn ausdrücklich hält er fest: «Evidemment, telle n'était pas l'intention de M. Ragaz. Mais son article marque si peu le caractère absolu du royaume de Dieu» (ebd.). Was Kutter attackieren will, ist also nur die mangelnde Betonung der Absolutheit des kommenden Gottesreiches, die er in dem kritisierten Aufsatz von Ragaz, und wahrscheinlich auch anderswo, vermerken zu müssen glaubt, aber keineswegs eine angebliche und strukturell angelegte Nichtunterscheidung von Sozialismus und Reich Gottes in dessen Theologie.

Die vorangegangenen Ausführungen haben nun ersehen lassen, daß Ragaz tatsächlich – entgegen der wirklichen Struktur seiner Geschichtstheologie – von der sozialen Bewegung in einer Weise reden kann, die das

---

[38] Abgdr. in Anm. 2 zu Brief Nr. 135, S. 309–310.

Reich von Gott her idealistisch zu einem bloß innergeschichtlichen Geschehen zu machen und also um seinen unbedingten, eschatologischen Charakter zu bringen scheint. Und sie haben weiter an den Tag gebracht, daß dies vor allem dann begegnet, wenn er, aus apologetischen Motiven, die Sichtweise des «Zu Gott hin» forciert und die umgekehrte, ihr strukturell vorgeordnete Sichtweise des «Von Gott her» zurücktreten läßt. Die entscheidende Differenz zwischen Kutter und Ragaz hat denn auch hier – wie schon in Brief Nr. 105 – damit zu tun, daß jener nur die eine, dieser aber beide Sichtweisen zulassen will.

Kutter nimmt tatsächlich seinen Standpunkt in Gott allein. «Nous devons nous placer uniquement au point de vue de Dieu» (S. 310). Von da aus kann wohl die soziale Bewegung als eine geschichtliche Realität gesehen werden, die Gott in seinem Heilsplan gebraucht, um über den «Mammonismus» der bürgerlich-christlichen Welt das Gericht zu bringen, die Menschen aufzuschrecken und ihre Herzen für das Kommen des Reiches Gottes zu erschließen, der wahren und wirklichen, erst die Wende und das Ende bringenden Revolution. Aber abgesehen davon, nämlich als geschichtlich-politische Bewegung, die die gegenwärtigen Verhältnisse in der Gesellschaft ändern will, also ihre zeitlichen und somit relativen Ziele hat, ist sie theologisch nicht von Belang. Sich als Christ auf den politischen Sozialismus einlassen zu wollen, ja sogar in einer augenblicklichen, dazu umstrittenen und erst noch peripheren Aktion, wie der Streik in Zürich, für ihn öffentlich Partei zu nehmen, das muß von diesem verabsolutierten «Standpunkt» aus gesehen zwangsläufig als das erscheinen, was Kutter in seinem Brief gegen Ragaz «abaisser l'idéal éternel qui constitue notre but» nennt (S. 309). Deshalb endet auch seine Polemik in die beschwörenden Worte aus: «C'est ce que je dois crier bien haut aujourd'hui, quand je vois mes amis Chrétiens sociaux en danger d'etre absorbé par le socialisme proprement dit» (S. 310).

Demgegenüber will Ragaz in der theologischen Beurteilung der sozialen Bewegung nicht nur das «Von Gott her», sondern auch das «Zu Gott hin» zur Geltung bringen. «Nous savons qu'un nouveau monde ne peut venir que de Dieu, produit par la puissance vivante de Dieu» (S. 308). Darin stimmt er also mit Kutter völlig überein, daß die neue Welt, auf die das kommende Reich Gottes zielt, nur vom lebendigen Gott her kommen kann, und daß darum der Sozialismus, selbst in seinem besten Wollen, diese neue Welt niemals erreichen wird. Und deshalb ist auch die prägnante Formel Kutters: «Nous ne devons pas aller du socialisme au royaume de Dieu, mais du royaume de Dieu au socialisme» für ihn eine Selbstverständlichkeit, über die zu reden «völlig unnütz» ist (ebd.). Aber Ragaz wendet sich gegen eine schlechthin exklusive Anwendung dieser unbestritten grundlegenden Maxime. «Seulement cela n'exclut point que nous considérons le socialisme comme un acheminement au royaume de Dieu» (ebd.). Man mag in dem gleichzeitigen Festhalten der beiden konträren Gesichtspunkte dialektische Spielerei, ja sogar Doppelzüngigkeit oder dann ein pures Paradox erblicken.

Kommt das Reich Gottes allein von Gott, so kann der Sozialismus nicht eine «Wegspur» zu ihm sein. Aber das ist zu abstrakt gedacht und trifft nicht die Weise von Ragaz' Denken. Für ihn schließt sich, wie wir nun wissen sollten, Gegensätzliches nicht einfach aus. Und dazu kommt, daß das Reden vom Sozialismus als einer Wegspur Gottes im Horizont der Ragazschen Geschichtstheologie gerade nicht in einem absoluten Sinn verstanden werden kann. Der Sozialismus führt nicht zum Reiche Gottes, aber er führt auf es zu, wenn man im Glauben, das heißt eben von Gott her, seine revolutionäre Dynamik auf den kommenden, alles wandelnden Gott hin sieht. Mit andern Worten: Er ist im Vorletzten eine Hinzuwendung zum Letzten und insofern, aber nur insofern, eine Wegspur zu ihm hin. Dies, meine ich, sei nach den Briefen des zweiten und dritten Zeitabschnittes die eigentliche Intention von Leonhard Ragaz in dieser Sache.

Warum aber mißt nun Ragaz dieser doppelten Sichtweise im Gegensatz zu Kutter eine so eminente Bedeutung zu? Der Schluß der Antwort an seinen Opponenten macht dies völlig klar. Es sind im letzten existentielle Gründe. Welchen Sinn hätte noch unsere geschichtliche Existenz in der konkreten Welt, wenn sie nur von Gott her, und nicht auch zu ihm hin gesehen werden könnte, wenn vor dem Absoluten im Grunde alles Relative gleich-gültig bliebe und es dort nichts gäbe, das in der Zu-kunft, im Zu-uns-Kommen des Reiches Gottes «Zukunft» hat? Käme dann schließlich nicht alles auf dasselbe heraus: ob eine sozial gerechte oder eine den Geldmächten verfallene Gesellschaft, ob eine Welt, die dem Frieden dienstbar werden will oder eine, in der Mars regiert, ob Nüchternheit und Sauberkeit oder Alkohol und Prostitution? Und hätte dann nicht der Quietismus das letzte Wort, die soziale, politische und selbst moralische Unverpflichtetheit, was nichts anderes als ein Nihilismus der Verantwortungslosigkeit in der konkreten Welt bedeuten würde? Solche existentiell geartete Besorgnis steht im Hintergrund von Ragaz' Widerspruch gegen Hermann Kutter. Er wollte, als in die Verantwortung gerufener Christ, vor allem *in* der Welt, nicht über ihr stehen. Darum hat er in der Welt sehnsüchtig nach dem Kommenden Ausschau gehalten und sich gefragt, was in den gegenwärtigen Bewegungen und augenblicklichen Ereignissen der Geschichte als «acheminement au royaume de Dieu» verstanden werden könne. Und das nicht – obwohl darin seine spezifische Gefahr besteht –, um gewisse geschichtliche Bewegungen wie die soziale, oder bestimmte augenblickliche Ereignisse wie den Zürcher Generalstreik, religiös-ideologisch zu überhöhen, sondern um schlicht und einfach das zu tun, was im geschichtlichen Jetzt Gottes Wille ist, weil es sich auf das Kommende hin entwirft, statt Götzendienst mit dem Status quo zu treiben. Es geht also Ragaz bei seiner Verteidigung der Sichtweise des «Zu Gott hin» der eigentlichen Absicht nach nicht um eine ideologisierende Verklärung zeitgeschichtlicher Bewegungen und Ereignisse, es geht im Grunde um die rechte, verantwortliche, revolutionär auf das kommende Reich hin ausgerichtete Existenz als weltlichen Gottesdienst im

Heute. Wird nur von Gott *her*, nur sub specie aeternitatis auf die Welt geschaut, und nicht auch umgekehrt von der Welt auf Gott *hin* als der Wirklichkeit, die im Vollzug der Sache Christi Reich Gottes werden soll, so kommt es nach Ragaz zu einer falschen Distanz zu ihr. Und dann kann das wirkliche Sichentscheiden in der Welt, das im Ergreifen der rechten Gelegenheit geschieht, oder eben nicht geschieht, auch nicht mehr ernst genommen werden. Man verfällt dem Quietismus, der mehr als alles andere den Glauben unglaubwürdig machen muß, und zwar gerade, wenn man dabei meint, seinen Standpunkt allein in Gott zu haben. «Trop souvent, quand nous parlons de Dieu du haut de la chair on ne nous prend pas vraiment au sérieux... On peut dire que, dans le service de Dieu, saisir l'occasion, c'est tout (der Augenblick ist Herr und König) et c'est en cela que réside la responsabilité du ministère» (S. 307).

Damit sind wir auf die wirkliche Differenz und infolgedessen auf die Pointe in der Auseinandersetzung zwischen Kutter und Ragaz gestoßen. Ragaz selber bestimmt sie dahin: «M. Kutter insiste davantage sur l'attente en repos et l'espérance, nous par contre, davantage sur l'effort et la lutte» (S. 308). Je mehr nun Ragaz diesen letzten Akzent betont, gerade in Auseinandersetzung mit Hermann Kutter und der von diesem ausgehenden theologischen Bewegung, desto eher tritt die Sichtweise des «Zu Gott hin» in den Vordergrund und desto größer wird die Gefahr, daß er die Grundstruktur seines theologischen Ansatzes aus dem Auge verliert und damit zwangsläufig seine Theologie in eine Ideologie der sich fortschreitend realisierenden Reich-Gottes-Idee umbiegen muß. Diesen Ragaz gibt es auch[39], aber es ist nicht der eigentliche, sondern der seiner theologisch genuinen Denkstruktur entfremdete Ragaz.

Von da aus gesehen hat die Kritik Kutters an Leonhard Ragaz, obwohl sie dessen Grundintention nicht trifft, ihren guten und heilsamen Sinn. Sie treibt ihn an, inmitten des weltlichen Engagements, zu dem er sich gefordert wußte, das immer neu im Auge zu behalten, was strukturell im Ansatz seiner Theologie den Vorrang hat. Wird diese Ausrichtung undeutlich, dann erhält das Sekundäre bzw. Relative, das der Bereich des Menschlichen ist und bei Ragaz ganz zu Recht nicht abgewertet werden soll, ein falsches, ideologiegefährdetes Gewicht. Dies zeigt sich noch verschärft am dritten Fragenkreis, der sich um das Problem der Hoffnung dreht und jetzt noch beleuchtet werden muß.

3. Relative und absolute Hoffnung

Ist unsere These richtig, daß die Geschichtstheologie von Leonhard Ragaz in ihrer Struktur bestimmt wird durch die Duplizität der Blickrich-

---

[39] Es ist die Schranke der unter Anm. 23 angeführten Arbeit von U. Teuscher, daß sie Ragaz einseitig auf der Linie des «Zu Gott hin» interpretiert. Dadurch muß dessen Geschichtstheologie bzw. Reichgottesauffassung als «total ideologisiert» erscheinen (S. 71).

tungen «Von Gott her» und «Zu Gott hin», wobei die erste den Vorrang hat, so muß sich das gerade auch in eschatologischen Aussagen über die Hoffnung widerspiegeln. Es gilt zunächst zu fragen, ob das wirklich zutrifft.

In unserer Briefsammlung entwickelt Ragaz seine eschatologischen Gedanken, jetzt im expliziten Sinn verstanden, fast ausschließlich in Gestalt einer kritischen Auseinandersetzung mit Paul Wernle. Wie sich daraus schließen läßt, hat der Basler Kirchenhistoriker an Ragaz' Hoffnungsglauben bzw. Hoffnungsdenken verschiedentlich, zum Teil scharfe und einschneidende Kritik geübt[40]. Vor allem muß der Vorwurf chiliastischer Schwärmerei, moderner Entwicklungsideologie, idealistischer Weltverklärung und unbiblischer Diesseitigkeit gefallen sein. Auf die Berechtigung bzw. Nichtberechtigung dieser Vorwürfe kann jetzt im einzelnen nicht eingegangen werden. Sie seien hier nur angeführt, um darzutun, welch zwiespältigen Eindruck die Ragazsche Eschatologie in den Jahren 1904–1913, da sie greifbare Gestalt zu gewinnen begann, auf diesen kritischen Geist gemacht haben muß.

Tatsächlich erweckt die Ragazsche Eschatologie – sofern man schon von einer solchen reden kann – in diesen Briefen, prima vista, den Eindruck großer Zwiespältigkeit. Schon in der ersten wesentlichen Äußerung zu diesem Thema heißt es: «Auch Carlyle hat eine „Hoffnung". Bei mir und andern ist dieses Moment nur stärker entwickelt. Es ist uns manchmal, als ob die Geburt einer neuen Welt unmittelbar bevorstünde und das Alte versänke. Wohl fühle ich, daß diese Tendenzen: Arbeit und Hoffnung, Jenseitsstimmung und irdische Zukunftsfreude, in einem gewissen Gegensatz zueinander stehen. Ich weiß mir nicht anders zu helfen, als indem ich eben beiden gegensätzlichen Paaren ihr Recht gebe und nach einem inneren Ausgleich suche. Ich bin gewohnt, in Antinomien zu leben» (S. 204). Aber gerade der Schlußsatz dieses Passus läßt erkennen, daß es sich hier nicht um unbedachte Gegensätze handelt, also nicht um Widersprüche aus Unklarheit des Denkens. Denn Antinomien sind reflektierte Gegensatzpaare, von denen jede der beiden sich widersprechenden Thesen im Hinblick auf die andere ihr Recht besitzt und die darum ein zusammengehörendes Ganzes bilden. Ragaz will also sagen: Arbeit für eine neue Welt und Hoffnung auf ihre baldige Geburt, irdische Zukunftsfreude und jenseitsgerichtete Distanznahme von ihr gehören zusammen, auch wenn wir nicht sagen können, warum und wie, und wir uns darum mit einer ganz notdürftigen Vermittlung dieser disparaten Momente begnügen müssen. Verstehen wir die Sache so, dann scheint sich hinter dem zitierten, einen so zwiespältigen Eindruck machenden Passus eine Struktur zu verbergen, die wieder, wenigstens von ferne, an die zwiefache Blickrichtung des «Von Gott her» und «Zu ihm hin» erinnert. Ist die damit ausgesprochene Vermutung haltbar?

Wir gehen bei unserm Versuch, das zu entscheiden, vom Geständnis des

[40] Briefe Nr. 78, 85, 122 u. 137.

Briefschreibers aus, daß es ihm manchmal sei, als ob die Geburt einer neuen Welt unmittelbar bevorstehen und das Alte versinken würde. Es ist da von einer Hoffnungsart die Rede, die für Ragaz typisch ist. Sie wird näher präzisiert in einem weiteren, um wenige Monate jüngeren Brief an Wernle: «Doch nun zur Hauptsache. Sie schreiben auf den Vortrag die freundliche Widmung: „Dem stärker Hoffenden". Da frage ich mich denn: „Bin ich das wirklich?" – und muß mir sagen, daß ich mit Ihnen im Bereich des *Relativen* bleibe. Ich hege eine große Hoffnung, die allein mir das Leben möglich macht: daß nun große Dinge im Kommen sind, daß eine neue Weltzeit anbricht. Aber nicht das *Ende* der Dinge. Jenseits der gewaltigen Katastrophen und Neuschöpfungen, die ich erwarte, sehe ich wieder neue Kämpfe und neue Arbeit. Doch ist das richtig: Diese relative Hoffnung wächst sich bei mir beinahe zu einer absoluten aus» (S. 217).

Diese prägnanten Sätze sind für den Einstieg in das richtige Verständnis der Ragazschen Eschatologie von außerordentlicher Wichtigkeit. Sie bestätigen zunächst, daß ihr Verfasser die «große Hoffnung» auf das baldige Kommen einer neuen Weltzeit hegt. Allein, diese verwegene Erwartung ist nicht der Hoffnung auf das Reich Gottes gleichzusetzen, denn sie bezieht sich nicht auf das Letzte, nicht auf «das *Ende* der Dinge». Sie ist im Gegenteil Hoffnung, die im Vorletzten oder, wie Ragaz selber sagt, «im Bereich des Relativen» bleibt. Wer von «relativer» Hoffnung redet, muß, soll der Ausdruck einen Sinn besitzen, eine «absolute» Hoffnung im Hintergrunde haben. Tatsächlich kommt dieser Begriff in der soeben zitierten Stelle vor. Er kann nur die Hoffnung meinen, die auf das eschatologische Telos, auf das vollendende Ende aller Dinge und somit auf *die* neue Welt des Reiches Gottes wartet, auf das nichts anderes mehr folgt, und nicht nur auf *eine* neue Welt in der Geschichte, nach der noch andere «neue» Welten kommen werden. Daß dieser Schluß keine bloße logische Erschleichung ist, sondern die Meinung von Ragaz wirklich trifft, ergibt ein ebenfalls sehr wichtiger Passus aus einem noch später datierten Wernle-Brief (Nr. 137). Der Basler Theologe hatte Anstoß an einem Neujahrsartikel von Ragaz genommen, der den Titel «Ein Anfang und ein Ende»[41] trägt. Er warf, wie sich indirekt erschließen läßt, in seiner Kritik dem Verfasser vor, im Blick auf jetzige Ereignisse, vorab den Friedenskongreß in Basel, schwärmerisch vom Ende der alten Welt und vom Anbruch des Gottesreiches gesprochen zu haben. Ragaz repliziert mit dem nachstehenden Einwurf: «Das ist mir nun wirklich nicht in den Sinn gekommen, vielmehr habe ich geredet von dem Ende einer *Epoche* und dem Beginn einer neuen. Daß ich's so gemeint habe, zeigt Ihnen doch ganz deutlich die Überschrift: *Ein* Ende und *ein* Anfang. Ich hätte doch sonst sagen müssen: *Das* Ende und *der* Anfang» (S. 313). So zeigt sich, daß Ragaz tatsächlich zwischen einem relativen und einem absoluten Ende bzw. Anfang unterscheidet, zwischen einer Zeitwende, die Epochen von-

[41] Neue Wege, Jhg. 1913, VII, S. 3–9.

einander trennt, und der eschatologischen Wende des Reiches Gottes, die das Telos aller Epochen ist. Derart versteht Ragaz die «relative» Hoffnung als Erwartung *einer* Wende *in der Zeit*, und die «absolute» Hoffnung als Erwartung *der* Wende am *Ende der Zeit*.

Es muß somit in diesen Briefen zwischen zwei Hoffnungsarten unterschieden werden, der «relativen» und der «absoluten». Auf die Begriffe «relativ» und «absolut» sind wir nun aber bereits schon im Zusammenhang der für das rechte Verständnis der Ragazschen Geschichtstheologie grundlegend wichtigen Unterscheidung zwischen der Sichtweise des «Von Gott her» und derjenigen des «Zu Gott hin» gestoßen. Schon die darin zum Ausdruck kommende Parallelität rechtfertigt die Vermutung, daß hier eine sachliche Entsprechung vorliegen müsse. Sie wird zur Gewißheit erhoben durch folgende Beobachtung.

Wernle muß im Sommer 1909 gegen Ragaz die schwerwiegende Einwendung erhoben haben, sein Hoffnungsglaube bleibe wesentlich in moderner Denkweise befangen (S. 281 f.). Sie sei also nicht wirklich auf die urchristliche Erwartung gegründet, die, wie in modifizierter Weise auch Blumhardt-Kutter, nur mit dem eschatologischen Reich Gottes rechne. Er vertrete vielmehr ein vom Idealismus wie auch ein von der evolutionistischen Entwicklungsideologie geprägtes Christentum. Darauf antwortet Ragaz vehement: «Ich lehne es durchaus ab, wenn Sie mein Christentum als spezifisch „modernes" bezeichnen und demgegenüber betonen, daß Ihnen das Moderne als solches gleichgültig sei. Als ob es mir auf das Moderne ankäme. *Mir kommt es so gut wie Ihnen auf Gott und sein Reich an und weiter nichts*» (S. 282).

Dieses Bekenntnis, wenn man so sagen darf, bringt die absolute, durch keine noch so entsetzliche Wendung im gegenwärtigen Geschichtsverlauf in Frage gestellte Hoffnung zur Sprache. Sie ist die unbedingte Hoffnung, die Ragaz im Rücken hat, wenn er inmitten der gegenwärtigen Zeitereignisse, im Sinn der «relativen» Hoffnung, auf die Geburt einer neuen Welt hofft. Ihren Sitz hat sie im offenbarungsbestimmten Glauben, der die Welt von Gott her sieht und dann freilich, sekundär, auch zu ihm hin. Wernles Kritik kann also nur die relative Hoffnung von Ragaz treffen. Nun aber will das nicht besagen, daß diese andere, eben relative Hoffnungsart für Ragaz im letzten Sinn belanglos sei. Das Umgekehrte ist der Fall. Die eschatologisch relevanten Passagen dieser Briefe wollen nicht nur deren Recht gegenüber der absoluten Hoffnungsart betonen, sie stellen sie sogar, wie das auf Schritt und Tritt zu sehen ist, zwar wieder nicht theologisch-grundsätzlich, aber doch faktisch in den Vordergrund. Und es ist nun eben höchst aufschlußreich, daß dies mit Berufung auf die Sichtweise «zu Gott hin» geschieht. Denn im Schlußteil des vorhin zitierten Briefes Nr. 122 beschwört Ragaz mit auffallender Heftigkeit seinen ihm hart zusetzenden Kritiker: «Lassen sie uns doch unsern Weg gehen und trauen Sie Gott zu, daß er allerlei Wege habe, die *zu ihm hin* und von ihm aus führen» (S. 283). Damit ist der Beweis

XL

erbracht, daß die Unterscheidung von «absoluter» und «relativer» Hoffnung, die für den eschatologischen Ansatz bei Ragaz konstitutive Bedeutung hat, direkt mit der zwiefachen, für seine Geschichtstheologie grundlegenden Sichtweise des «Von Gott her» und «Zu Gott hin» zusammenhängt, und daß also hier eine Struktur zum Vorschein kommt, die für das Ganze seines theologischen Denkens bestimmende Bedeutung haben muß.

Es ist soeben in Erscheinung getreten, daß bei Ragaz die relative, strukturell mit der Sichtweise des «Zu Gott hin» zusammenstimmende Hoffnungsart faktisch in den Vordergrund tritt, ohne theologisch den Vorrang zu haben. So hebt er sie in dem zuletzt angeführten Zitat ausdrücklich als «unsern Weg» hervor. Damit will er wohl wieder eine Grenzlinie gegenüber Kutter ziehen. Ist es Kutters Weg, in der Sichtweise des «Von Gott her» die absolute Hoffnung in den Vordergrund zu stellen, so der seinige, der relativen Hoffnung zu ihrem Rechte zu verhelfen. Diese Hoffnung ist ihrem Wesen nach, wie schon hervorgetreten ist, innerweltlicher bzw. innergeschichtlicher Natur. «Allerdings sehe ich schon inmitten der Gegenwart Regenerationserscheinungen am Werke und die sind meine Freude, an die glaube ich und bin im Glauben froh», kann er darum an den in dieser Hinsicht skeptischen, nur eine «reduzierte Hoffnung» hegenden Wernle[42] schreiben (S. 281). Dazu gehört selbstredend in erster Linie der Sozialismus, dann die Friedenssache, die Frauenbewegung, schließlich auch die Abstinenz usw., wie die vorliegenden Briefe verschiedentlich verraten. Diese Hoffnung lebt aber, um an schon früher Dargelegtes zu erinnern, nicht aus einem Geschichtsglauben, der das Gute, in optimistischer Verblendung, sich aus dem Geschichtsverlaufe selber herausentwickeln sieht. «Meine Hoffnung ist ein Ausfluß meines *Gottesglaubens.* Wer an Gott glaubt, muß an das Gute glauben, jeder andere Gottesglaube ist eine leere Form. Ich kenne ganz genau die Gefahren unserer Zeit, kenne die dämonischen Mächte, die in ihr walten. Nie habe ich die Besserung von einer automatischen Entwicklung erwartet» (S. 282). Also: auch die relative Hoffnung ist in Gott verankert, in dem Gott der Zukunft, der «in der Erscheinung Christi klar geworden ist» (S. 322) und sich darum als eine geschichtlich-geschehende Realität, eben als der «lebendige» Gott erweist, der durch Katastrophen und Neuanfänge hindurch die Welt auf das Ende hin in Bewegung hält. Aber auch da denkt Ragaz nie an einen automatischen Prozeß im Sinne einer deterministisch verstandenen Heilsgeschichte. Gott handelt *mit* dem Menschen, nicht an ihm vorbei. So hängt die «Weltumgestaltung», um die es Ragaz im Bereich der relativen Hoffnung geht, entscheidend mit vom Menschen ab. In provozierender Zuspitzung kann es darum etwa heißen: «Ich erwarte alles von der *Tat,* allerdings nicht der bloß *äußeren* Tat. Geschieht sie nicht, so geht Gottes Absicht vorläufig verloren» (S. 282). Das «vorläufig» am Schluß des Satzes deutet an, daß das «alles» nun eben doch nicht in einem absoluten

---

[42] Siehe dazu Brief Nr. 85, S. 217.

Sinn verstanden werden darf. Immerhin steht fest, daß in diesen Sätzen eine starke Affinität zur idealistischen Ethik mit ihrem Drang nach Vollkommenheit zum Vorschein kommt. Und von da aus ist dann schließlich der Schritt zu einem enthusiastischen, bis an die Grenze des Schwärmerischen gehenden Hoffnungsaktivismus nicht mehr weit. Auch vor diesem Schritt hat Ragaz keine Scheu gezeigt, Wernles kritischen Mahnungen zum Trotz. Zwar ist ihm nicht verborgen, daß die in Enthusiasmus eingetauchte Hoffnung leicht zu einem «lächerlichen Weltverbessern» führt. «Und doch muß unser Gebet lauten: Herr, schenke uns Enthusiasmus! Denn der allein kann uns helfen» (S. 218). Daß derartige Exaltationen, die wieder aus mehr als bloß begreiflichen Gründen Anlaß zu schweren Mißverständnissen geben müssen, Ragaz unheimlich naheliegen, weiß jeder, der ihn näher kennt. Er selber deckt übrigens auf, warum es sich so verhält: «Diese relative Hoffnung wächst sich in mir beinahe zu einer absoluten aus» (S. 217). Und das nun ist genau der kritische Punkt, wo die Grenze zwischen dem eschatologischen Reich Gottes und der Welterneuerung durch menschlich-christliche Aktivität bei Ragaz in der Tat verschwimmen kann, aber nicht theologisch-grundsätzlich, sondern «stimmungsmäßig», um in seiner eigenen Art zu reden.

Grundsätzlich bleibt nämlich auch die enthusiastisch überspannte Hoffnung immer noch «im Bereich des Relativen», wie der Kontext der angeführten Stelle unmißverständlich zeigt. Sie wird nur *beinahe* zu einer absoluten, die Grenze nur *fast* überschritten. Aber im Letzten überschritten wird sie nicht. Im Letzten gilt die absolute Hoffnung, und nur sie. Darum ist es keine bloße captatio benevolentiae, wenn Ragaz, übrigens mit Betonung, zu Wernle sagt: Mir kommt es auf Gott und sein Reich an und weiter nichts. Das entspricht nicht nur der klaren Struktur seines theologischen Denkens mit dem unbedingten Vorrang des «Von Gott her» und der dieser Sichtweise zugeordneten absoluten Hoffnung, sondern es ist für ihn auch existentiell wahr. Ragaz wurde ja in seiner relativen Hoffnung immer wieder schwer enttäuscht und darob bis ins Mark getroffen. Zuerst, wie wir sahen, durch den Ausgang des Burenkrieges, später durch die Verkehrung des Sozialismus in den Bolschewismus, dann durch das Scheitern des Völkerbundes und den damit zusammenhängenden Ausbruch des zweiten Weltkrieges. Trotzdem ist er nicht verzweifelt, gerade an seiner Hoffnung nicht verzweifelt. Es kam ihm im Letzten eben doch nur auf Gott und sein Reich an, und sonst auf nichts. Diese absolute Hoffnung war der Grund der relativen, nicht umgekehrt. Wie nach Ragaz die «reduzierte Hoffnung» Wernles nur leben kann auf dem Hintergrunde einer größeren (S. 217), so seine «relative Hoffnung» nur auf dem Hintergrund der «absoluten». Und eben darum hat diese, nicht jene, grundsätzlich den Primat, mag ihr faktisch noch so sehr die Priorität zukommen. Darauf beruht der theologische Skopus im Hoffnungsdenken von Leonhard Ragaz. Verlieren wir das aus dem Auge, dann vertauscht sich alles: Das Primäre wird zum Sekundären und das Sekundäre zum Primären, der Vordergrund zum Hintergrund und der Hintergrund zum Vordergrund. Und dann freilich muß Ragaz zu einem notorischen «Schwarmgeist» werden oder zu einem theologisierenden Geschichtsideologen. Daß bei ihm derartige Vertauschungen selbst vorkommen können, ist hier verschiedentlich aufgewiesen worden. Es sollte aber eingesehen werden – und das ist eines der wesentlichsten Anliegen dieser Einführung –, daß sie ihren Grund nicht in der Struktur seines theologischen Ansatzes haben, sondern in seinem geistigen Temperament, das sich besonders dann, oft überbordend, bemerkbar macht, wenn es sich apologetisch herausgefordert sieht.

Zum Schlusse bleibt uns noch die Frage, was der theologische Grund und Sinn der Unterscheidung von «relativer» und «absoluter» Hoffnung sei, wie sie bei Ragaz in diesen Briefen erstmals begegnet.

Ein erster Grund dürfte darin liegen, daß es ihm widerstrebte, vom Absoluten her das Relative, also die menschlich-irdische Wirklichkeit geringzuschätzen. Er hat zwar die geschichtliche Welt nie überschätzt, geschweige denn verherrlicht, auch in den jungen Jahren nicht. «Nichts kann ... falscher, ja verkehrter sein, als mir vorzuwerfen, ich sei in diese Welt verliebt. Ich bin es sowenig, daß ich vielmehr auf eine neue Welt hoffe» (S. 282). Allein, er hoffte nicht aus seiner Welt hinaus, er hoffte umgekehrt in sie hinein. Jenes bekannte, von Dietrich Bonhoeffer stammende Wort: «Das Diesseitige darf nicht vorzeitig aufgehoben werden»[43], wäre ihm sicher aus dem Herzen heraus gesprochen gewesen. Von da her kommt ein radikal diesseitiger Zug in sein Hoffnungsdenken und Hoffnungsleben. Dieser konnte aber nur in einer relativen Hoffnung seinen sachlich-legitimen Ausdruck finden. Nicht Enthusiasmus, sondern nüchterner Realismus steht paradoxerweise an der Schwelle dieser Hoffnungsart, so sehr sie sich gelegentlich in einem enthusiastischen Höhenflug verlieren kann.

Ein zweiter Grund wird in der sachlich damit zusammenhängenden und Ragaz entscheidend bestimmenden Glaubensüberzeugung zu suchen sein, daß der Gott der Zukunft, der im geschichtlichen Jesus exemplarisch hervorgetreten ist, sich als der gegenwärtig Handelnde und daher eben als der «Lebendige» erweist. Die Zu-kunft des Reiches Gottes hat darum für Ragaz immer schon begonnen. Aber nicht bloß personalistisch-innerlich als die Gabe des Geistes, der Sündenvergebung und des neuen Lebens in der Freiheit des Christenmenschen, sondern auch weltlich-äußerlich als die Möglichkeit der Weltveränderung auf eine bessere Zukunft hin. Das impliziert eine Art doppelte Eschatologie, wie sie schon bei Zwingli[44]

---

[43] Widerstand und Ergebung, S. 227.

[44] In seiner theologischen Hauptschrift «De vera et falsa religione Commentarius» schreibt Zwingli, auf das zeitgeschichtliche Ereignis der Reformation blickend: «Wer könnte leugnen, daß der Tag des Herrn da sei? Nicht der letzte Tag, da der Herr die ganze Welt richten wird, sondern der Tag, da die gegenwärtigen Verhältnisse geändert werden» (Corp. Ref. Vol. XC, S. 633). – Auch hier ist demnach die Rede von einem endgültig absoluten und einem vorläufig-relativen eschatologischen Geschehen. Das

keimhaft in Erscheinung tritt, und damit eine zwiefache Hoffnung: eben die absolute Hoffnung, die auf das Ende der alten und den Anfang der neuen Welt zielt, und die relative Hoffnung, die, von der absoluten angetrieben, mit Enden und Anfängen im Weltgeschehen rechnet.

Der theologische Sinn dieser Unterscheidung schließlich kann nur in der Existentialisierung der absoluten Hoffnung liegen. Hoffnung, die in ihrem Aussein auf das eschatologische Reich Gottes bloß über diese Welt und Zeit hinaushofft, und nicht in sie hinein, führt zur Welt- und Zeitflucht und ist darum bedeutungslos für die konkrete Existenz. Sie wird den Menschen auf das Kommende vertrösten und ihn in der Gegenwart ohne weltbewegende und weltverändernde Hoffnung lassen. Eine Hoffnung aber, die, in der Erwartung der Zu-kunft des Reiches Gottes, keine Kraft der Weltveränderung zu entbinden vermag, sondern quietistisch alles beim alten belassen will, kann sich nicht glaubwürdig in der Welt bezeugen. Nur der wirklich Hoffende, der im «Bereich des Relativen», im «Vorletzten», wie Bonhoeffer sagen würde, statt zu resignieren Neues wagt, und noch im Scheitern dieses Neuen weiter hofft, weil seine Hoffnung im Letzten gründet, das Gott tut, nicht der Mensch, wird glaubhaft machen können, daß es «absolute Hoffnung» gibt. Darum geht es eigentlich im Denken und Handeln von Ragaz, in seiner Theologie und Praxis, die zutiefst eine Einheit bilden. Sogar in seinen enthusiastischen Überspitzungen kommt das noch zum Vorschein. Sie sind schließlich nur der Ausdruck einer relativen Hoffnung, die, mit der absoluten im Rücken, bereit ist, selbst das Äußerste zu wagen und das Odium des Utopischen auf sich zu nehmen. Und das eben aus dem Grunde, um zu bekunden, daß das Reich Gottes eine Wirklichkeit ist, die schon jetzt in denen, die sich von der großen Hoffnung, die aus ihr stammt, anrühren lassen, als das revolutionäre Salz der Erde wirkt. So wird für Leonhard Ragaz die Eschatologie aus einer «Lehre von den letzten Dingen» zu einer Sache gegenwärtiger Entscheidung, ohne zu verkennen, daß das Reich Gottes das Letzte bleibt, das nicht der Mensch, auch nicht der glaubende Mensch, schaffen wird, sondern das kommt. Trotz der vielen Fragwürdigkeiten im einzelnen, die seiner Theologie und Praxis sicherlich anhaften, gehört er durch die Grundstruktur seines Hoffnungsdenkens zu jenen Pionieren, die uns von neuem erschlossen haben, was Hoffnung heißt als weltliche Verantwortung in einer revolutionär sich wandelnden Welt, und hat er manches von dem vorweggenommen, was in der neuesten Hoffnungstheologie[45] als «novissima» erscheint. Von da aus gesehen sind diese Briefe, in denen sich das zum erstenmal ankündet, nicht nur ein interessantes biographisches, historisches und theologisches Dokument, sondern darüber hinaus ein geistiges Vermächtnis von hohem Rang.

trifft sich ziemlich genau mit der Eschatologie von Ragaz, der sich nicht zufälligerweise von allen Reformatoren Zwingli am nächsten wußte.

[45] Siehe vor allem: J. Moltmann, Theologie der Hoffnung, München 1964, und G. Sauter, Zukunft und Verheißung, Zürich 1965.

Erster Abschnitt

Studienzeit und erstes Pfarramt
Briefe aus den Jahren 1887–1893

Brief Nr. 1: An Sigmund Lechner[1]

Basel[2], 21. Juni 1887

Lieber Cicero[3],

«Es wär zu schön gewesen,
Es hat nicht sollen sein[4].»

Warum summt mir dieser wehmütige Vers seit einiger Zeit beständig im Kopf herum? Bin ich ja doch glücklich und zufrieden und frei von der krampfhaften Leidenschaft des Schmerzes. Ist es vielleicht eine gewöhnliche gerührte Abendstimmung? Nein! Ich weiß nur zu gut, was es ist, es ist das allmähliche sich Klarwerden über eine schmerzliche Erfahrung. Es ist jetzt ungefähr ein Jahr[5], als wir uns die Hand zu einem Freundschaftsbunde reichten, der ewig sein sollte. Ewig! bitterer Hohn! Und nach diesem verflossenen Jahre muß ich sehen, daß Du ein Herz, das Dir in Treue anhing, fallen lässest wie ein Spielzeug. Das heißt, Du wirst mich richtig verstehen, wir werden gute Freunde bleiben, aber diese Tatsache ist zu trivial, als daß man sich dafür begeistern könnte. Sic transit gloria mundi. Im unteren Stocke höre ich eine wehmütige Weise spielen.

Aber noch ein anderes! Im gleichen Augenblick, wo ich mich von Dir verlassen sehe, genieße ich das stolze Glück, eine Freundschaft gefunden zu haben, die an idealem Gehalt meine feurigsten Wünsche übertrifft und mir eine Perspektive eröffnet, die mich blendet und meinem Geiste Flügel verleiht[6]. Du weißt, wie wenig ich das Attribut eines Schwärmers verdiene, darum darfst Du mir glauben, daß das Hochgefühl, die Seligkeit, die gegenwärtig meine Stunden ausfüllt, keine trügerische und schnell entschwindende Konstellation im Gemüte sind. Ich kam Dir einst entgegen und Du begriffst mich lange nicht, jetzt ist es mir umgekehrt gegangen, lange genug, ach! wie viel zu lange, erkannte ich dieses edle und reine Herz nicht, das immer in Freundschaft und Liebe für mich schlug, und dem ich nun beflügelten Dank zurufe und dem ich das Beste, was ich besitze, freudig darbieten will, dessen würdig zu sein ich mich bestreben will in stetem

Kampf mit den finstern Mächten, welche die Seele in den Staub ziehen. Dieses Verhältnis wird darum auch, wenn es das Schicksal will, fortdauern, solange der himmlische Funke des Ideals in unserer Brust noch glüht und zur Flamme heranwächst, die, so träumen wir, Großes in gemeinsamem Streben wirken soll. Er hat bewiesen, daß er treu sein kann, ich *will* es sein und muß es sein, wenn dieses Feuer echt ist und jener sympathetische Zug, der verwandte Seelen zusammenführt, mich nicht täuscht.

Doch nur feurigste Poesie könnte meinen Gefühlen annähernd ebenbürtigen Ausdruck geben. Die Zukunft soll zeigen, ob das Gesagte Schwärmerei ist. Noch fühle ich Kraft in mir, kühn nach Idealen zu greifen. Darum will ich den Strom meines Gefühls zum Herzen zurückdämmen!

Noch ein Drittes aber sagt mir jener Vers. Wie warst du doch in Winterkälte erstarrt, armes Herz, und von der Sumpfluft nicht krank gemacht, aber doch am rechten Leben gehindert. Wahrlich, oft waren während meines Churer Einsiedlertums[7] alle guten Genien von mir gewichen und nur eine heilsame Krisis konnte mein besseres Ich zur Herrschaft bringen. Ich verleugne mich so sehr, daß ich nicht hinzufüge, daß der Inhalt freilich unverletzt blieb, wenn auch das Gefäß getrübt wurde. Ich weiß nicht, ob Du mich ganz und voll verstehst, wie mich mein Th. M.[8] versteht. Dank ihm, wenn er, trotzdem der Frühling in der Natur schon längst vorüber ist, einen viel schöneren Geistesfrühling in mir hervorzaubert. Doch das «wenn» ist unnötig.

Dreierlei habe ich Dir also gesagt als Grund jener stillen Trauer. Letztere hat allerdings ganz aufgehört, seit jenem letzten schönsten Sonntag meines Lebens, wo cerevisia[9] oder amicitia auf eine unübertreffliche Weise die Lippen löste. Aber heut Abend versüßt mir die richtige Stimmung den notwendigen Freundschaftsakt[10]. Ich kann Dir nicht von allem dem sprechen, was in und außer mir seit Ostern vorgegangen, denn dann käme ich nicht so schnell fertig, darum will ich Dir kurz sagen, wo ich mit dem allem hinaus will: Ich reiche Dir noch einmal die Hand zu einer schönen und idealen Freundschaft; wenn Du zu bequem dazu bist, so bleiben wir – gute Freunde! Ich hoffe Du verstehst mich, ohne daß ich weitläufiger aushole. Verstehst Du mich nicht, gut! auch eine Antwort!

Es täte mir leid, wenn ich Dich in Deiner Examenvorbereitung[11] hindern sollte, in diesem Falle müßte ich mich wirklich einen Esel und – Schwärmer nennen. Zum Examen meinen herzlichsten Glückwunsch.

In alter Freundschaft – nein! – in alter Treue – grüßt Dich herzlich

Dein Leonhard Ragaz

Gute Nacht!

Anmerkungen zu Brief Nr. 1

[1] Dieser Brief befand sich unter den Briefen *an* Leonhard Ragaz. Unter den Briefen von Lechner an Ragaz findet sich keiner, der auf diesen Bezug nähme. Es ist daher sehr wahrscheinlich, daß er nicht abgesandt worden ist.

² Ragaz weilte nach seiner Matur (Juli 1886) seit Oktober 1886 in Basel und war dort zunächst Insasse des Theologischen Alumneums. Über die Basler Studentenzeit vgl. Mein Weg, Bd. I, S. 103 ff. und Biographie («Leonhard Ragaz und der religiöse Sozialismus», Bd. I, von Markus Mattmüller), S. 54f.

³ Der studentische Übername stammt aus dem Kreis der Mittelschulsektion der Studentenverbindung Zofingia in Chur, der Ragaz seit 1884 angehörte. Dort hat er auch diese erste große Freundschaft geschlossen. Nachdem er offenbar während langer Zeit keine näheren Beziehungen zu seinem Farbenbruder Lechner gepflegt hatte, schloß Ragaz im Sommer 1886, kurz nach der Matur, einen «Herzensbund» der Freundschaft mit Lechner (TB I, nach 8. Juli 1886).

⁴ Zitiert aus Joseph Victor von Scheffel: Der Trompeter von Säckingen. Wörtlich heißt der Refrain von Lied XII der «Lieder jung Werner's»: «Behüt' dich Gott! es wär' zu schön gewesen, Behüt dich Gott, es hat nicht sollen sein! –»

⁵ Der Freundschaftsbund datiert vom Juli 1886. Inzwischen hatte Ragaz bereits ein Jahr an der Universität Basel Theologie studiert.

⁶ Die neue Freundschaft schloß Ragaz mit Theodor Moosherr am 18. Juni 1887. Das Tagebuch schreibt zu diesem Ereignis: «neue Periode».

Theodor Moosherr, 1865–1936, geboren in St. Gallen, Schulen in St. Gallen, Grenchen und Frauenfeld, wo er 1886 die Matur bestand. Studien in Basel, Jena, Berlin und Zürich. Herbst 1890 Theologisches Konkordatsexamen, ordiniert am 15.11.1890. 1891–1893 Studium der Philosophie und Pädagogik in Jena, Doktorat und Oberlehrerzeugnis ebenda. 1893–1894 provisorische Anstellung als Geschichtslehrer an der Töchterschule in Basel, 1894–1905 Lehrer an der Realschule Basel für Deutsch und Geschichte. 1903 Habilitation an der Universität Basel für Philosophie und Pädagogik. 1905–1930 Lehrer an der Pädagogischen Abteilung der Basler Töchterschule für Deutsch, Geschichte, Pädagogik.

Auch diese Freundschaft entstand im Rahmen der «Zofingia», diesmal in der Basler Sektion. Sie blieb bestehen bis zum Tode von Moosherr, auch wenn dieser später Ragaz nicht mehr in allem folgen konnte. Dem jungen Ragaz half Moosherr die Schwierigkeiten überwinden, unter denen der Bauernsohn zu leiden hatte, der sich durch sein Studium unter Städter versetzt sah.

⁷ Schon zu Beginn des ersten Tagebuches hatte der 17jährige Kantonsschüler am 8. Oktober 1885 geklagt: «Ich habe keinen einzigen Freund. Ist das nicht traurig?» Die Kantonsschulzeit scheint wirklich eine Epoche der starken Verschlossenheit gewesen zu sein, eine «stark verdüsterte Zeit» (Mein Weg, Bd. I, S. 99). Es war zum ersten Mal, daß der mit allen Wurzeln in seiner Heimatgemeinde Tamins festgewachsene Bauernsohn sich lösen und in das ihm wesensfremde städtische Leben hineinwachsen sollte.

⁸ Hier ist Theodor Moosherr mit Initialen angedeutet.

⁹ Bier. Es handelt sich um einen Kneipabend der Zofingia. (Vgl. Mein Weg, Bd. I, S. 105f.). Kneipereien kamen übrigens schon in der Kantonsschulzeit vor, und Ragaz hat daran teilgenommen. «Samstagabends leider geknipt bis 1 Uhr. Heute etwas ...!» (TB I, 3. März 1886).

¹⁰ Die Mitteilung der neu geschlossenen Freundschaft an den bisherigen Freund, zu dem die Beziehungen erkaltet sind. Allerdings bleibt es schwer verständlich, warum Ragaz nun den ehemaligen Freund doch nochmals auffordert, die «schöne und ideale Freundschaft» wieder aufleben zu lassen.

¹¹ Es kann sich nur um die Maturität Lechners handeln, da dieser erst 1892 ordiniert wurde.

Brief Nr. 2: An seine Eltern und Geschwister

Berlin[1], 16. Juni 1889

Liebe Eltern und Geschwister,

Ich benutze diesen Sonntagnachmittag, um Euch wieder ein Lebenszeichen zu geben. Es war hier die letzten Wochen hindurch allerdings Gefahr, bei lebendigem Leibe zu verbrennen. Nicht einmal der Abend, nicht die Nacht, nicht der Morgen brachte eine Abkühlung; wie ein schwerer Druck lagerte sich die Hitze über Körper und Seele, und die Arbeit wurde fast unmöglich. Nachts konnte man nicht schlafen, bei Tage war man in Schweiß gebadet. Es ist das in Berlin viel schlimmer als anderswo. Ich hoffe, daß es bei Euch daheim nicht an Gewittern und Regentagen gefehlt hat, sonst dürfte es mit den Wiesen, den Feldern und den Alpen schlimm stehen. Die letzte Woche hat denn auch uns hier heilsame Regengüsse gebracht. Es ist aber, wie letzten Sommer, die verkehrte Welt. Im Maien Dürre und Trockenheit und so bis mitten in den Juni; dann, wenn man das Heu einernten sollte, das spärlich gewachsen ist, dann endlich öffnet der Himmel seine Schleusen, um uns die Arbeit und das Heu zu verderben. Doch hoffe ich immer, daß es daheim nicht so schlimm gewesen sei.

Das Irrenhaus[2] war also nicht für Tamins bestimmt. Als ich diese Nachricht in den Basler Nachrichten fand, da war ich geradezu heftig aufgeregt. Ich vermutete sofort, daß die Sache nicht mit rechten Dingen zugegangen sei. Neid, Mißgunst und die bekannte Begehrlichkeit der Churer mögen in den Mitteln nicht wählerisch gewesen sein. Chur verfügt ja im Großen Rat allein über sechs Stimmen. Nun, alles läßt sich verschmerzen, und leicht verliert man, was man noch nicht hat. – Daß Planta[3] gewählt und Fontana[4] «gestürzt» worden ist, freut mich sehr. Lieber einen tüchtigen Konservativen als einen nichtsnutzigen sogenannten Liberalen. Wie kann ein solcher Mann wie Fontana überhaupt liberal sein? – Desto mehr freue ich mich, daß das Schulhaus[5] nun endlich eine wirkliche Tatsache sein wird. Ich wundere mich, wie das aussehen mag. Hier in Berlin ist im Sommer nicht so gar viel los. Der Kaiser ist in Potsdam, das ich auch einmal angesehen habe; samt Sanssouci und der Windmühle. Um den Schah von Persien[6] zu sehen, bin ich nicht aus dem Hause gegangen. Wir sind überhaupt auf alles, was Deutsch heißt, ziemlich böse. Was wir an hochmütiger Herabsetzung, an lügenhafter Verleumdung der Schweiz und ihrer Bewohner[7] diese Zeit über in den Zeitungen lesen mußten, spottet aller Beschreibung. Unsere Behörden sind Revolutionäre, Sozialisten, blindwütige Radikale, die gesamte liberale Partei in die Sozialdemokratie aufgegangen, jeder Deutsche ist bei uns vogelfrei u.s.w. Unser Militär wird verhöhnt, unsere Einrichtungen beschimpft. Ein jeder glaubt, das Recht zu haben, in unser Staatswesen hineinzuregieren, je weniger diese Leute in Deutschland selbst etwas zu sagen haben. Gemeine Subjekte, Leute, die in der Schweiz mit

Recht schlimm davon gekommen sind, alle glauben nun ein Recht zu haben, über unser Land ein Geschrei zu erheben. Und die deutschen Zeitungen sind so schlechter Art, daß sie jedem Subjekte offen stehen. Und Maulhelden gibt es in Deutschland mehr als genug. Dieses Volk, wenigstens die leitenden Kreise, sind so hochmütig, so knechtisch gesinnt, so ganz unwissend in Bezug auf fremde Zustände, wie man bei uns keine Ahnung hat. Dazu beneiden sie uns um unsere Freiheit, unser finanzielles Wohlergehen, unsere leichte Militärlast. Mehr als je gilt es, das Panier der Freiheit zu schützen. Es tut unserem Volke ganz gut, wenn es wieder einmal aus seiner trägen Sicherheit aufgeweckt wird. Wir sind durchaus nicht von Freunden umgeben. Heutzutage ist jedermann nur sein eigener Freund, und in politischen Dingen war das immer so. Wenn ein furchtbarer europäischer Krieg losbricht, wie er unvermeidlich geworden ist, darf die Schweiz hoffen, dann allein ruhig und unangetastet zu bleiben inmitten des allgemeinen Elends? Hätten wir ein Recht dazu? Nein, dann wird uns Schweres bevorstehen. Wir werden vielleicht der Übermacht unterliegen müssen, aber wehren können wir uns und unsere Ehre bewahren. Doch das ruht in der Zukunft dunklem Schoß! Jedenfalls brennt uns hier der Boden unter den Füßen. Ich mag dieses hochmütige Geschlecht nicht lange mehr ansehen. Wenn ich aber heimkehre, was wartet meiner? Werde ich eine Stellung bekommen? Wo? Wie? Alles das sind Fragen, die mich jetzt naturgemäß ziemlich beschäftigen. Auf Universitäten will ich nicht mehr, ich bin des Geldbrauchens herzlich satt. Daheim bleiben könnte ich aber auch nicht gut, das werdet Ihr begreifen. Nun, wir wollen das Beste hoffen und ich will nichts versäumen. An den Feldarbeiten werde ich wohl kaum mehr viel teilnehmen können. Denn wenn ich eine Stelle bekomme, dann muß ich bereits ein vorläufiges Examen machen. Das sollte dann möglichst gut ausfallen, weil das für das Synodalexamen ein gutes Vorurteil gibt. Da müßte ich also gehörig arbeiten, denn in Berlin will es damit nicht so recht gehen. Hosang[8] hat mir nichts von irgend einer Stelle geschrieben. Das Stipendium[9] habe ich erhalten, aber leider nur 100 Fr. = 80 Mark. Es wird eben Geldmangel herrschen und Graubünden nimmt viel, aber gibt nichts. Das Unglück scheint mich diesen Sommer zu verfolgen.

Das Leben hier geht im übrigen seinen gewohnten Gang. Es gefällt mir gut hier und man kann unendlich viel lernen. Letzthin war ich bei Professor Pfleiderer[10] zum Nachtessen eingeladen, auf eine Empfehlung von Professor Lipsius hin[11]. Es war einfach und ganz schön. – Wegen der Kleider und Strümpfe etc. braucht Ihr Euch nicht weiter zu bekümmern. Wenns sein muß, gibt es hier Läden genug.

Bald Nachricht von Euch erwartend, grüßt Euch herzlich Euer stets dankbarer und treuer Sohn und Bruder

Leonhard

5

[1] Nach drei Semestern in Basel (Oktober 1886 bis Frühling 1888) hatte Ragaz mit seinem Freund Theodor Moosherr die Universität Jena bezogen (Sommersemester 1888 und Wintersemester 1888/89). Seit dem 19. März 1889 weilte er nun für sein sechstes Semester (Sommer 1889) in Berlin. Über Jena vgl. Mein Weg, Bd. I, S. 108–118; Biographie, Bd. I, S. 55; über Berlin Mein Weg, Bd. I, S. 119–128; Biographie, Bd. I, S. 56–58.

[2] Der Kanton Graubünden beschloß 1889 den Bau einer kantonalen Heil- und Pflegeanstalt; diese wurde unter dem Namen «Waldhaus» in Chur 1892 eröffnet. (Vgl. Pieth, Bündner Geschichte, S. 502f.) Tamins hatte begründete Hoffnung gehabt, Standort dieser Anstalt zu werden, da das Gutachten des Direktors der Anstalt Königsfelden, Dr. Schaufelbüel, der die Anlage der Anstalt Königsfelden in der Hauptsache selbst geplant hatte und eine über die Schweiz hinaus bekannte Autorität war, entschieden für Tamins eingetreten war (Korrespondenz in Der freie Rätier, 10.5.1889).

[3] Es läßt sich nicht nachweisen, welcher Planta gemeint ist.

[4] Fontana läßt sich nicht identifizieren.

[5] In einem Briefe vom 16. Juli 1889 berichtet der Vater, daß das Schulhaus unter Dach sei.

[6] Nassir ed-Din, 1831–1896, erster Schah, der Auslandreisen unternahm. Er bereiste 1889 Europa (3. Reise). Am 9. Juni 1889 traf er in Berlin ein, wo er durch den Kaiser feierlich empfangen wurde (Neue Zürcher Zeitung, Jg. 1889, Nr. 161).

[7] Ragaz erlebte in seinem Berliner Semester die Auswirkungen, welche der Wohlgemuth-Handel in Deutschland hervorrief. Der Bundesrat hatte den deutschen Agenten August Wohlgemuth, der in Basel einen Lockspitzel angeworben hatte, inhaftiert und sodann des Landes verwiesen. Das führte zu diplomatischen Auseinandersetzungen mit dem wilhelminischen Deutschland. Ragaz berichtete in seinem Tagebuch wiederholt von der Reaktion der deutschen Öffentlichkeit (abgedruckt in Biographie, Bd. I, S. 57 und 58). «Die Deutschen erscheinen mir in ihrer ganzen Demoralisiertheit, Blasiertheit, chauvinistischen Plumpheit und Servilität. Ist das eine würdige Nation, die über ein kleines Land herfallen möchte?» (TB II, 8. Mai 1889).

[8] Johann Georg Hosang, von Mutten, 1845–1913. Ordiniert 1869, Pfarrer in Maienfeld von 1870–1874; 1874–1902 Religionslehrer an der Kantonsschule in Chur. Dort war Ragaz sein Schüler (Mein Weg, Bd. I, S. 97) in Religion und Geschichte; später war Ragaz Hosangs jüngerer Kollege an der Schulanstalt. 1902–1913 amtete Hosang als Pfarrer in Pontresina. Ragaz nennt ihn «Abkömmling der freien Walser, also Germane von Rasse, und doch vor allem Graubündner, stark und eigenwüchsig wie eine Wettertanne der Höhe». 1898 hatte Ragaz die Rede zu seinem 25-Jahres-Amtsjubiläum zu halten («Rede zum 25jährigen Jubiläum der Professoren Candreia, Hosang und Muoth», Chur 1898, Bibl. A II 3) und nannte ihn dort eine «ideale, makellos reine, gottbegnadete Persönlichkeit».

[9] Ragaz erhielt von seinem ersten Semester an Stipendien des Kantons Graubünden, welche die Evangelische Sektion des kantonalen Erziehungsrates ausrichtete. Für das fünfte Semester betrug das Gesamtbetreffnis 500 Franken; «wegen Zinsreduktion» mußte es aber im Sommersemester 1889 auf 430 Franken verringert werden (Protokoll der Evangelischen Sektion, Kantonsarchiv Chur, 23.4.1889).

[10] Otto Pfleiderer, 1839–1908, seit 1875 Professor für Systematische Theologie in Berlin, einer der Führer der liberalen Theologie in Deutschland. Charakteristisch für ihn ist die engste Verbindung von Religion und Philosophie, vor allem in Gestalt des spekulativen Idealismus, sowie die Ausweitung der Offenbarung auf die außerchristlichen Religionen. Beides hat den jungen Ragaz stark beeindruckt. – Über den Besuch bei ihm berichtet Ragaz im Tagebuch (TB II, 6. Juni 1889): «Ich ging ziemlich bange zu ihm. Doch ging alles gut. Ich muß bloß etwas freier (frecher?) sein. Sehr gewinnender Eindruck... Die eingeladenen Deutschen machen z.T. den Eindruck eitler Hohlheit. Zwei

davon fürchten sich vor dem Berufe eines Landgeistlichen. Ich habe ihnen die Leviten gelesen. Die Schweiz wird von diesen Herren sehr obenhin behandelt. Was diesen letzteren Punkt anbetrifft, so sind mir allmählich die Augen aufgegangen. Deutschland ist nicht gesonnen, uns mit Achtung zu behandeln. Wir werden mit Hohn, im besten Falle mit Mitleid behandelt. Es geschieht das z.T. aus Haß gegen unsere Einrichtungen, z.T. aus Dummheit, z.T. aus Neid. Eine unter aller Kritik demoralisierte Presse verleiht solchen Gefühlen bereitwillig Ausdruck.»

Es folgt eine längere politische Digression, welche Ragaz' empfindliche Reaktion auf den Ton der deutschen Presse in der Zeit des Wohlgemuth-Handels zeigt (abgedruckt in Biographie, Bd. I, S. 58). Damit endet der Bericht über den Besuch bei Pfleiderer.

[11] Richard Adalbert Lipsius, 1830–1892, seit 1871 Professor für Systematische Theologie in Jena. Bedeutender liberaler Theologe, der sich in der Gefolgschaft von A. E. Biedermann vor allem mit A. Ritschl (vgl. Brief Nr. 25, Anm. 10) auseinandersetzte, nicht ohne sich diesem anzunähern (Übernahme des Gedankens der Gottesoffenbarung im geschichtlichen Christus). Hauptwerk: Lehrbuch der evangelisch-protestantischen Dogmatik (1876). Er gehört zu den Lehrern des jungen Ragaz, hatte aber kaum denselben Einfluß auf ihn wie Pfleiderer. Ragaz schrieb zu seinem Tod einen Gedenkartikel: «Ein Führer zu Gott», ins Schweizerische Protestantenblatt 1892, S. 373–376 (Bibl. C IV 2). Über das Verhältnis von Ragaz zu Lipsius vergleiche auch: Mein Weg, Bd. I, S. 111 und S. 115 ff. und Biographie, Bd. I, S. 55 und S. 61/62.

Brief Nr. 3: An Prof. P. W. Schmiedel

Tamins[1], 29. Dezember 1889

Verehrtester Herr Licentiat[2],

Gestatten Sie, daß einer, der vor noch nicht zu langer Zeit zu Ihren Füßen saß, Ihnen aus Bündens Bergen seine herzlichsten Glück- und Segenswünsche zum neuen Jahre sendet; aus seiner leiblichen Heimat in seine geistige oder wenigstens theologische Heimat. So darf ich mit vielen Gesinnungsgenossen wohl mit Fug und Recht den Ort nennen, der uns an geistigen Gütern das Beste so reichlich gegeben hat. Man hat gegenwärtig, wie es scheint, in weiten Kreisen das Gefühl, daß es mit der Sache des freien Protestantismus, speziell der «Reform» in der Schweiz, nicht mehr so recht vorwärts gehen wolle. Ein etwas der Paradoxie zugetaner Vermittlungstheologe in Basel, Professor Smend[3], hat vor einigen Jahren die Losung ausgegeben: «In 20 Jahren ist die ganze Aufklärung spurlos verschwunden.» Dieses Orakel wird nun natürlich von vielen Leuten wie ein erlösendes Wort begrüßt. Aber auch die Reformgesinnten sind kleinmütig genug. Ein hervorragender Reform-Geistlicher[4] in Basel, von uns über die Zukunft der Reformsache befragt, erwiderte: «Die Reform wird zertreten werden, davon bin ich überzeugt. Aber unsere Gedanken werden in andere Parteien übergehen.» Letzteres genügt ja schließlich; aber woher jene Resignation? Sie entspringt nicht zum geringsten Teile dem Mangel an Glauben an die Jugend, wie er

meinem Freunde Moosherr und mir in Basel so unangenehm aufgefallen ist.
Da wenden sich oft gerade die Tüchtigsten anderswohin. Ich gebe zu, daß
wir in der Schweiz (und vielleicht auch in Deutschland) unter den sog. freisinnigen Studenten nur zu viele haben, die sich durch ihren Freisinn dem
Ernste der Religion und Sittlichkeit etwas entziehen zu können glauben und
die oft zwischen Liberalismus und Libertinismus nicht scharf genug zu unterscheiden wissen. Gerade bei neuen Richtungen aber heißt es: «Aus ihren
Früchten sollt ihr sie erkennen.» Das gibt bei uns vielleicht noch mehr den
Ausschlag als in Deutschland. – Aber jene Resignation hat doch noch einen
weiteren Grund: man hat sich nicht genug an den positiven Gehalt des frei-
protestantischen Programmes erinnert und über dem Eifer, der alten Wahrheit ein neues Gewand zu schaffen, oft vergessen, sich in diese alte Wahrheit
selbst immer wieder von neuem zu vertiefen. Das wird man jetzt nachholen
müssen, damit die Reform mit dem Mut, den nur das reine Gewissen verleiht, auch ihren Missions- und Kampfeseifer wieder gewinne. Ein dritter
wunder Punkt am freien Protestantismus scheint mir, besonders bei uns in
der Schweiz, seine Kulturfreundlichkeit[5] zu sein. Es klingt das vielleicht
etwas seltsam; aber bei den furchtbaren Nachtseiten unserer modernen
«Kultur» scheint mir das Schlagwort von der Versöhnung derselben mit
dem Christentum mehr als oberflächlich, mehr als bedenklich zu sein. Die
Durchdringung der Kultur durch das Christentum kann ich mir nur als den
alten Kampf zwischen Licht und Finsternis denken, nur als scharfe und klare
Negation des Nichtchristlichen der modernen Welt. Für viele von unseren
freisinnigen Theologen ist aber die moderne Kultur die Hauptsache; das
Christentum wird fast unwillkürlich zur Nebensache. Was für Gemüter aber
wenden sich zur Religion? Welt- und kulturfrohe, mit aller Bildung der
Gegenwart gesättigte? Oder niedergebeugte, heimgesuchte, zerschlagene,
sündebeschwerte Herzen, die der Angst des Irdischen entfliehen möchten?
Es wird keinem zweifelhaft sein. So berücksichtige man doch wieder auch
den Ton der Weltverneinung, der durch das ganze Neue Testament so mächtig hindurch klingt, so denke man doch daran, in was für eine Welt das
Christentum zuerst eingetreten ist, und wage es, für ein Christentum in den
Kampf einzutreten, dessen Güter nicht von dieser Welt sind. Das scheint
mir gegenwärtig nötiger zu sein als die Freundschaft mit der Kultur, welche
von derselben nichts wissen will.

Sie werden, verehrtester Herr Licentiat, diese Betrachtungen vielleicht
als schief und pessimistisch taxieren. Aber ich brauche Ihnen wohl kaum zu
versichern, daß ich dennoch mit ganzem Herzen für die Sache des geläuter-
ten Evangeliums einzutreten entschlossen bin. Was mich stutzig macht, ist
nur die Schlaffheit und Mattheit, die ich in den Kreisen unserer Reform zu
bemerken glaube. Der Geist eines Lang[6] und Bitzius[7] und eines Biedermann[8]
scheint nicht mehr unter uns heimisch zu sein. Da wollen wir uns denn immer
wieder stärken durch die Erinnerung an all die heiligen Stunden, da uns
unsere Ideale in all ihrer Reinheit und Hoheit und Schönheit und zugleich in

ihrem Ernste, in ihrer Tiefe, vor Augen gemalt wurden. Solcher Stunden hat uns Jena am meisten geboten und für einen großen Teil derselben drängt es mich, Ihnen, verehrter Herr Licentiat, meinen Dank auszusprechen. In einem Punkte allerdings konnten weder ich noch mein Freund Moosherr der Jenenser Theologie treu bleiben. Wir haben bei Biedermann die vollere und ganze Erkenntnis gesucht, welche unser verehrter Lehrer Lipsius[9] uns nicht bieten zu können erklärte. Die «neukantische» Philosophie ist keine Philosophie für die Jugend. Mir ist es bei Biedermann allerdings oft zumute, als müßte ich mein Christentum vorläufig suspendieren, um es aus der Hand der Philosophie als Geschenk zurückzubekommen. Das wäre aber ein gewagtes Experiment. Vor dem Umschlagen eines heftigen Erkenntnisstrebens in religiösen Dingen in religiöse Verzweiflung hat Lipsius mit Recht gewarnt. Aber ebensogut kann ein zu weit getriebener Skeptizismus in einen heftigen Drang nach voller Erkenntnis umschlagen. Auch die andere Erfahrung mache ich: «ein Kerl, der spekuliert, ist wie ein Tier, auf dürrer Heide von einem bösen Geist im Kreis herumgeführt, und rings umher liegt schöne grüne Weide[10].» Ich sehne mich nach solcher schönen grünen Weide! und bin herzlich froh, daß auf Anfang des März drei kleine Gemeinden[11] hoch am Berge oben mich als künftigen Pfarrer erwarten.

Ihnen aber, verehrtester Herr Licentiat, wünsche ich von Herzen immer schönere und reichere Früchte Ihres aufopfernden Dienstes am reinen Evangelium. Möge Ihnen auch die körperliche Bedingung Ihres Schaffens, die Gesundheit, stets treu bleiben. Wir harren sehnsüchtig, besonders auf Ihren Kommentar[12]. Möge es auch uns gegönnt sein, wenigstens an Ihrem Missionswerke nach unseren schwachen Kräften teilzunehmen. Genehmigen Sie daher die herzlichsten Grüße und Neujahrswünsche Ihres dankbaren und ergebenen

Leonhard Ragaz, stud. theol.

Anmerkungen zu Brief Nr. 3

[1] Nach seinem Berliner Semester war Ragaz am 14. August 1889 wieder in seinem Heimatdorf angelangt. In den Sommermonaten hatte er oft vertretungsweise gepredigt und war erst am 29. Oktober nach Basel abgereist, um dort ein eigentlich nicht vorgesehenes sechstes Semester zu verbringen. Über Weihnachten befand er sich wieder daheim.

[2] Schmiedel war seit 1878 Privatdozent in Jena und wurde erst 1890 Extraordinarius.

[3] Rudolf Smend, 1851–1913, Ordinarius für Altes Testament in Basel seit 1881, Schüler und Freund Wellhausens. Ragaz hörte bei ihm im Sommersemester 1887 Vorlesungen über Jesaja und Geschichte der Juden, im Wintersemester 1887/88 eine Einleitung ins Alte Testament und eine Vorlesung über Jesaja 40ff. und besuchte seine alttestamentlichen Übungen.

[4] In Frage kommen Altherr (vgl. unten, Brief Nr. 7, Anm. 3) und Steiger (vgl. unten, Brief Nr. 59, Anm. 1).

⁵ Die kritischen Bemerkungen über die «Kulturfreundlichkeit» des «freien Protestantismus» verdienen hervorgehoben zu werden. Sie richten sich deutlich gegen den sogenannten «Kulturprotestantismus», der, vorab Gedanken Hegels und Schleiermachers aufnehmend, im evangelischen, von der Reformation herkommenden Christentum die Seele der modernen Kultur erblickte und darum beide Größen in eine ungebrochene Beziehung zueinander setzte. Der junge Ragaz hält zwar an der «Durchdringung der Kultur durch das Christentum» fest, aber er kann das nur noch als einen bruchhaftparadoxen Prozeß verstehen, als «den alten Kampf zwischen Licht und Finsternis». Dies schließt nicht nur eine pessimistische Beurteilung der Kulturwirklichkeit in sich ein, sondern setzt schon eine deutliche Diastase zwischen Christentum und moderner Kultur bzw. Welt, wie sie dreißig Jahre später in der Dialektischen Theologie zu einem der großen Themen wurde. Da diese Kritik bereits vor der Kierkegaardlektüre von Ragaz einsetzt, scheint sie seinem Eigensten entsprungen zu sein. Es ist jedenfalls bezeichnend, daß er sich hier nur auf das Neue Testament beruft.

⁶ Heinrich Lang, 1826–1876, seit 1871 Pfarrer in Zürich, Herausgeber der «Zeitstimmen aus der reformierten Schweiz», bekannter kämpferischer Verfechter des kirchlichen Liberalismus der ersten Generation. Er hat Gottfried Keller für den Pfarrer von Schwanau im «Verlorenen Lachen» Modell gestanden.

⁷ Albert Bitzius, 1835–1882, Sohn des Dichters Jeremias Gotthelf, Pfarrer in Twann am Bielersee, später Ständerat und Berner Regierungsrat. Führer der bernischen Reformer und Säule des theologischen Liberalismus in der Schweiz. Bedeutsam vor allem durch seine Predigten (sieben Bände, 1883–1903) und durch seine sozialen Ideen. Bitzius wirkte durch seine Predigten nachhaltig auf eine ganze Generation von Pfarrern ein, so auch auf Ragaz (Biographie, Bd. I, S. 37f.; Mein Weg, Bd. I, S. 154 und 192), der sie zeitlebens in Ehren hielt.

⁸ Alois Emanuel Biedermann, 1819–1885, seit 1850 Extraordinarius, seit 1860 Ordinarius für Dogmatik in Zürich, der führende Theologe der schweizerischen Reform, Systematiker von europäischer Bedeutung. Ragaz las in dieser Zeit Biedermanns Dogmatik und notierte sich: «Es ist doch unendlich schwer, mit diesen Biedermannschen Formeln zu verkehren. Man kommt sich vor wie ein Zwerg, der mit eines Riesen Waffen spielt. Aber die Zeiten sind schwer, man muß alles tun, um sich zu wehren.» (TB III, 11. November 1889).

⁹ Vgl. oben, Brief Nr. 2, Anm. 11.

¹⁰ Zitat aus Faust I, Studierzimmer («Es klopft, herein...»)

¹¹ Flerden, Urmein und Tschappina am Heinzenberg in Graubünden, siehe unten, Brief Nr. 4.

¹² Schmiedel bearbeitete für den «Handkommentar zum Neuen Testament» die Bände über die Thessalonicherbriefe (1891) und die Korintherbriefe (1892).

Brief Nr. 4: An Prof. P. W. Schmiedel

Flerden[1], 9. April 1890

Geehrtester Herr Licentiat,

Da mein Freund Moosherr gegenwärtig für einige Tage mein lieber Gast
ist im Pfarrhaus auf der Höhe zu Flerden am Heinzenberg, so benützen wir
freudig die Gelegenheit, Ihnen in Ihre Ferien einen herzlichen Gruß zu ent-
bieten. Ich bin jetzt ein Pfarrer am ewigen Schnee, in drei Gemeinden hoch
oben in den Bergen inmitten einer großartigen Alpenwelt und verkündige
einem kernhaften, soliden und aufgeweckten Volke ein möglichst undog-
matisches Christentum, ohne nur einen Rest von Orthodoxie mehr unter
meinen «Pfarrkindern» wahrzunehmen. O wie danke ich Gott, daß ich frei
sein darf inmitten einer Welt, welche die Heimat der Freiheit ist; o wie fühle
ich jetzt, was es heißt: Offenbarung Gottes in der Natur; o wie voll ist das
Herz von Zukunftsträumen und wie gewiß des Sieges. Welch ein herrliches
Gefühl, hier oben in Graubündens Bergdörflein mit solcher rücksichtslosen
Aufrichtigkeit den Kern des Evangeliums zu verkündigen und begeisterte
Herzen dafür zu finden. Unser freies Evangelium ist volkstümlich, wenn wir
wollen, wenn wir die Bahnen wandeln, die uns ein Bitzius[2] vorgezeichnet
hat. Nur ein Herz voll Liebesfeuer, voll Schwung und siegreicher Begeiste-
rung – das genügt und die Berge machen stark, erhalten jung und gesund.
Dank denen, die uns befreit haben!

Mit herzlichem Gruße und besten Wünschen für Ihr allseitiges Wohlergehen zeichnet

Ihr ergebener Leonhard Ragaz

Anmerkungen zu Brief Nr. 4

[1] Ragaz war am 1. März 1890 als Pfarrer an die drei Gemeinden Flerden, Urmein und
Tschappina gekommen. (Eintrag im Kirchenbuch von Flerden, vgl. Biographie, Bd. I,
S. 60.) Vom 5.–9. Mai absolvierte er in Chur ein provisorisches Synodalexamen, anfangs
Juli wurde er nach dem definitiven Synodalexamen in die Bündner Geistlichkeit aufge-
nommen.

[2] Vgl. oben, Brief Nr. 3, Anm. 7.

Flerden, 16. April 1890

Geehrteste Frau Moosherr,

Wie kann ich Ihnen meinen Dank ausdrücken für die Freude, die mir und meiner Schwester Ihr so freundliches Geschenk gemacht hat! Solche Güte und Teilnahme müßte mich noch mehr überraschen – weil ich lebhaft fühle, sie nicht verdient zu haben – wenn sie mir nicht aus dem Wesen Theodors, Ihres geliebten Sohnes, meines teuren Freundes, so tief ins Herz geschrieben wäre. Es tut so unendlich wohl zu wissen, daß es Herzen gibt, die an unserem Geschick freundlichen Anteil nehmen – und ich habe deren sonst so wenig! – daß es mir ein liebes und freundliches Gefühl ist, täglich und stündlich daran erinnert zu werden. Zwar Theodor hat leider nur zu oft der Versuchung nicht widerstehen können, meiner Dürftigkeit durch weitgehende Freigebigkeit aufzuhelfen und Zeugen derselben umgeben mich ringsum. Aber abgesehen davon, daß ich selbst die Wahrheit des: «Geben ist seliger denn Nehmen» nur selten erfahren kann, empfinde ich jedes Geschenk als eine gefährliche Materialisierung, ja Profanierung edler, geistiger Freundschaft. Ungeteilten, doppelten Dank aber Ihnen, der Mutter des Freundes!

Wenn ich mir erlauben darf, noch ein paar Worte hinzuzufügen, so möchte ich eines bemerken: Sie sprechen von meiner «geistigen Überlegenheit» über Theodor. Darf ich Ihnen aufrichtig gestehen, daß an Theodor mich nichts so sehr geärgert hat, als diese weit übertriebene Bescheidenheit, dieser Mangel an männlichem Selbstgefühl, dem Sie, wie es scheint, mit seltener mütterlicher Selbstverleugnung Ihre Zustimmung geben? Ein solcher *Schein* «geistiger Überlegenheit» könnte nur durch diesen Mangel an Selbstgefühl seinerseits hervorgerufen worden sein. Jedesmal noch, wenn es galt, seinen Mann zu stellen, hatte ich vorher die größte Mühe, ihm Mut und Selbstvertrauen einzuflößen. Ich wußte wohl, daß es doch immer gut gehen würde; aber fast jedesmal ging der Freudenernte eine Tränensaat voraus. Leben und Verhältnisse haben mich eine richtigere Schätzung meiner Kräfte gelehrt. Sonst gibt es zwischen uns beiden in geistiger Beziehung kein Mehr oder Weniger. Ich habe im allgemeinen vermieden, Theodor zu sagen, was ich an ihm habe und gehabt habe. Ihnen darf ich es sagen: er hat in mir, über dessen ersten Jugendtagen kein freundlicher Himmel lachte, einen Quell neuen Lebens erschlossen, einen Quell neuer Liebe, neuer Lebensfreude und Lebenslust. Ihm durfte ich endlich sagen, was ich so lange in mir selbst verschlossen halten mußte, in ihm fand ich Verständnis für alles, was in eines Jünglings Herzen leben kann, den harte und freudlose Jugend[1] ans Höchste, ans Ideal sich klammern gelehrt hatte. Sie wissen, was das heißen will. Seit wir uns auch durch das heiligste Band einer ernsten, von der Oberfläche nach der Tiefe strebenden Weltanschauung und Lebensbetrachtung verbunden wissen, ist auch unser geistiges Leben gegenseitig so bedingt, wie die Blüte von Tau und Sonnenschein. Sobald ich seine Anregung, seine innige Teilnahme nur eine Zeitlang missen muß, fühle ich das an innerer Verarmung, Verödung. So wollen wir denn Schulter an Schulter stehen in Kampf und Sieg für den gemeinsamen Gedanken des Lebens – den Sie kennen –, frei sein, treu sein, edel, fromm! Was bei ihm vielleicht zu viel ist an überströmendem Enthusiasmus, ist bei mir zu viel an Verschlossenheit; wenn bei ihm zu viel Vertrauensseligkeit, dann bei mir etwas zu viel diplomatische Vorsicht; wo bei ihm allzu schnelle Empfänglichkeit und allzu reizbares Temperament, da hat mich das Leben etwas mehr zum Moralprediger und sittlichen Rigoristen gemacht; dafür hat mir die Natur ein stumpferes Lebensgefühl gegeben. Kurz: Sie sehen, Licht und Schatten ergänzen sich bei uns, was mich nicht hindert, das Bild des Freundes hoch über das eigene zu stellen. Es braucht viel dazu, einen armen, verbitterten, in jeder Beziehung unscheinbaren[2] Menschen so vielen naheliegenderen Freundschaften vorzuziehen. Also täte es mir leid, wenn Sie dennoch von Theodors Bescheidenheit getäuscht, unser Verhältnis in falschem Lichte betrachten würden. Auch Ihnen bin ich zu Dank verpflichtet für die edle Art, womit Sie dasselbe sich entwickeln ließen, und ich freue mich doppelt, daß Theodors Laufbahn sich immer hoffnungsvoller anläßt und Ihnen noch viele mütterliche Freuden in Aussicht stellt. Wenn übrigens in gewissen Kreisen die Absicht herrschen sollte, ihn im Kampfe der kirchlichen Parteien ins Vordertreffen zu stellen, etwa als Pfarrer in Schaffhausen[3], so wäre das nach meiner Ansicht nicht gut für ihn. Eine so zarte Natur wie er würde sich im aufreibenden kirchlichen Kampfe bald körperlich und geistig verzehren. Die Natur hat ihm nicht harte Haut und Giftzähne genug gegeben. Friedensluft möge er zuerst atmen, Bergluft, und wäre es auch die der Bündner Berge, und darin gesund, stark und maßvoll werden. Jedenfalls hoffe ich, ihn bald wieder hier oben zu sehen. Hier weht unverfälschter Gotteshauch von Wäldern und Bergen heran. Einfach ist Küche und Zimmer; aber es flutet Bergluft und Himmelslicht von allen Seiten herein; herein schauen ringsum die ewigen Alpen und tief herauf aus dem Tale blicken Fluß, Dorf, Burg[4]. – Ich bin Gebirgsvikar[5], in merkwürdige Verhältnisse hineingestellt, mitten im harten Kampf mit Unglauben, Materialismus, Roheit, Kleinigkeitssucht, Klatsch, Trägheit. Da heißt es: Kopf oben! Herz weit und offen und das Auge scharf und klar! Und der Arbeit ist so viele und harte, wie ein Tal- oder gar Stadtpfarrer sich das kaum recht vorstellen kann.

Verzeihen Sie mir, daß ich so ausführlich geworden bin. Noch einmal: herzlichsten Dank für Ihre Gabe und auch für Ihre freundliche Einladung! Genehmigen Sie, geehrteste Frau Moosherr, die Versicherung steter Hochachtung und die freundlichsten Grüße an Sie und Herrn Edmund[6] von

Ihrem ergebenen Leonhard Ragaz, cand.

[1] Leonhard Ragaz hat sich in jungen Jahren häufig mit seinem Schicksal unzufrieden gezeigt. Über seiner Familie lag schwerer ökonomischer Druck (Mein Weg, Bd. I, S. 42). Daher wurden die Kinder sehr intensiv zur Mithilfe gebraucht, ja, «ohne daß die Eltern das wollten und erkannten, überanstrengt» (ebd., S. 74). Auch die Schulbildung Ragaz' trägt deutlich das Zeichen dieser schweren ökonomischen Situation: er wurde von der Dorfschule weg gleich in die dritte Klasse der Kantonsschule «gezwungen» und wohnte in Chur im Internat, das «billig und schlecht» war (ebd., S. 95).

Demgegenüber darf nicht vergessen werden, daß er an anderen Stellen diese selbe Jugendzeit in den heitersten Farben malt. Man lese dazu die Schilderung der Arbeiten im Jahreslauf in Mein Weg (Bd. I, S. 52–66, «Es ist wie ein Gedicht, wie eine Musik») oder den Abschnitt über das Leben mit der Natur (S. 70–86), in dem vor allem die Alp Kunkels als «Kinder- und Jugendparadies» geschildert wird (S. 82).

[2] Ragaz klagte schon früh über seinen kleinen Wuchs und seine vermeintliche Häßlichkeit. So am 4. Januar 1888: «Meine körperliche Häßlichkeit ist nicht zum geringsten Teile schuld an meinem unglücklichen Wesen» (TB Ia). Ähnlich TB Ia, 25. Mai 1888.

[3] In den Briefen von Theodor Moosherr an Ragaz aus jener Zeit findet sich keine Andeutung, daß er nach Schaffhausen berufen werden sollte, und es gab dort in den Jahren 1890–92 keinen Pfarrerwechsel.

[4] Hinterrhein, Sils im Domleschg, Burg Hohenrätien. «Wenn ich an meinem Studiertischchen in der Ecke saß, konnte ich ein paar Dutzend Schlösser und Burgruinen erblikken. Von den letzteren die umfangreichste und geschichtlich interessanteste war die Hohenrätien, die aus karolingischen, wenn nicht gar etruskischen Zeiten stammende stolze Wächterin der Viamalaschlucht, über der himmelhohen Felswand ragend.» (Mein Weg, Bd. I, S. 135)

[5] Da Ragaz sein Synodalexamen erst am 28. Juni 1890 beendigte, galt er jetzt noch als Vikar.

[6] Vgl. unten Brief Nr. 9, Anm. 8.

Brief Nr. 6: An Prof. P. W. Schmiedel

Flerden, 28. Dezember 1890

Verehrtester Herr Professor,

Es liegt mir zunächst ob, Ihnen zu dem neuen Titel[1] zu gratulieren, den wir endlich irgendwo entdeckt haben. Nicht zwar, daß wir die Kollegia des Herrn Privatdozenten weniger zu schätzen gewußt hätten als die der Herren Ordinarii; im Gegenteil. Wir hoffen, daß der neue Titel Sie auch in Zukunft nicht abhalten werde, hin und wieder einer dankbaren studentischen Jugend einen jener unvergeßlichen Nachmittage zu gewähren, da Sie mit solcher Geduld und Güte unsere fadenscheinige Weisheit passieren ließen und unsere etwas unklaren und verworrenen Begriffe etwas zurechtlegten. Dafür sind Ihnen viele dankbarer als für ein noch so vortreffliches Buch und was in empfängliche junge Herzen geschrieben ist durch den Eindruck der Persönlichkeit, wirkt unendlich fruchtbarer und nachhaltiger als das geschriebene

Wort. Für uns, die wir jenes Glück nicht mehr genießen, bleibt dieses der einzige Trost. Wenn man, wie ich, in Bergeinsamkeit vergraben ist in jungen Jahren, dann überfällt uns oft eine bange Besorgnis, ob nicht geistige Verarmung und gemütliche Verrohung schon über uns hereingebrochen seien, bevor wir es nur recht bemerkt. Ich habe drei Berggemeinden zu versehen, die besonders im Winter an meine geistigen und mehr noch an meine körperlichen Kräfte unglaubliche Anforderungen stellen, bei – nebenbei bemerkt – äußerst kärglicher Besoldung[2]. Ich habe hier einen schwierigen Kampf zu kämpfen gegen populären Unglauben. Im Mittelpunkt der Kontroverse steht die Frage nach der Unsterblichkeit der Seele; leider! denn das ist der heikelste Punkt meiner Dogmatik. Viel, sehr viel, hat schon das einfache Bekenntnis und die schlichte Darlegung meines undogmatischen Glaubens gewirkt. Eine Anzahl der ungläubigen Wortführer sind meine treuen Kirchgänger geworden, und es hat die Kirchlichkeit einen raschen Aufschwung genommen, den ich nächst Gottes Gnade denjenigen Grundsätzen und Überzeugungen verdanke, die gerade Jena in mir ausgebildet hat. Allerdings, die Wahrnehmung muß sich bei uns jedem Pfarrer aufdrängen, daß es sehr böse steht mit der protestantischen Kirche und daß eine nicht nur dogmatische, sondern auch praktische Reform dringend not tut. Daher hat denn Sulze[3] auch im weltabgeschiedenen Graubünden begeisterte Apostel. Es braucht einen festen Glauben, um bei nüchterner Beobachtung der Zeitverhältnisse und Zeitgedanken nicht den Mut zu verlieren. Es ist ein riesiges, halb tollkühnes Unternehmen, aus der Pfarrerkirche eine Laienkirche zu machen, fast das gleiche Unternehmen, wie wenn ein König seinem Volke wider dessen Willen die Republik aufdrängen wollte. Sie wissen vielleicht, werter Herr Professor! – um etwas anderes kurz zu berühren – daß Herr Moosherr sich mit allerlei wissenschaftlichen Plänen trägt, woran auch ich mich beteiligen sollte. Aber für mich liegen die Verhältnisse so ungünstig, daß ich auf die Erfüllung solcher Träume wohl verzichten muß.

Indem ich für Ihre liebe Karte herzlich danke, erlaube ich mir, Ihnen meine wärmsten Glückwünsche zum kommenden Jahre auszusprechen. Genehmigen Sie die Versicherung steter Verehrung und Dankbarkeit

Ihres ergebenen Leonhard Ragaz, Pfr.

Anmerkungen zu Brief Nr. 6

[1] 1890 wurde Schmiedel in Jena zum Extraordinarius für Neues Testament ernannt.

[2] Das Gehalt betrug für alle drei Gemeinden zusammen jährlich Fr. 1950.–. Der junge Pfarrer, der mit seiner Schwester zusammen oben im Schulhaus wohnte, lebte so weiterhin in sehr knappen Verhältnissen. «Es konnten viele Wochen vergehen, ohne daß wir mehr als zwanzig Rappen in der Kasse hatten.» (Mein Weg, Bd. I, S. 145)

[3] Emil Sulze, 1832–1914, Pfarrer in Dresden, setzte sich für eine Verbesserung des Gemeindeaufbaus, vor allem in Großstädten, ein: «Die evangelische Gemeinde», 1891.

Flerden, 28. Mai 1891

Lieber Freund[1],

Dein lieber Brief hat mir durch die Aussicht, Dich hier heraufkommen zu sehen, große Freude gemacht. Es ist selbstverständlich, daß wir auch die werteste Frau Pfarrer herzlich willkommen heißen werden, ebenso Deinen Pflegesohn. Unsere Behausung ist zwar sehr wenig geräumig, wird aber doch für so kurzen Aufenthalt genügen. Eine sehr große Wohnstube, eine ebenfalls geräumige Nebenkammer, ein kleines Schlafzimmerchen und ein Studierzimmer, das auch als Schlafzimmer dienen kann. Ich brauche Dir kaum mitzuteilen, daß wir Bergpfarrer hier oben möglichst einfach eingerichtet sind, doch soll es die angelegentliche Sorge meiner Schwester[2] sein, Euch den Aufenthalt auf dem Berge möglichst angenehm zu machen. Über das, was im übrigen hier oben zu finden ist, haben Dir Herrn Pfarrer Altherrs[3] «Briefe vom Berge»[4], vielleicht auch mündliche Schilderungen, Aufschluß gegeben. Nur ein schlechter Fahrweg führt vom Tale herauf zu dem kleinen, leider etwas schmutzigen Dörfchen, etwa eine Stunde lang ziemlich steil aufwärts. Doch kommt alle Tage der Postbote, dreimal in der Woche mit Fuhrwerk. Oben ist es dann wirklich schön. Also hoffe ich immerhin, daß es Dir hier oben gefallen würde. Allerdings komme ich selbst gerne nach Basel und rechne es mir zur Ehre an (wie sich's gebührt), im Zentrum der Frömmigkeit das Lichtlein meines Unglaubens anzünden zu dürfen, im Ernst gesprochen: Dich und Herrn Pfarrer Altherr vertreten zu dürfen; aber es wäre mir sehr unlieb, wenn Du etwa größtenteils aus Gefälligkeit gegen mich mir den Tausch[5] vorschlügest, und es steht selbstverständlich bis zuletzt in Deiner Hand, Deinen Entschluß zu ändern.

Was die näheren Details betrifft, so werde ich Dir später noch ausführlicher berichten. Wenn Du wünschest, daß ich für Deine werte Frau und Deinen Pflegebefohlenen einen kleinen Pensionspreis berechne, so will ich darüber meine Schwester, die gerade abwesend ist, konsultieren. Wir werden darüber wohl bald einig sein. Herr Obersthelfer Wirth[6] wünschte zu wissen, wann ich eventuell nach Basel komme und ob ich auch für ihn Funktionen übernehmen könnte. Ich konnte damals keinen genaueren Aufschluß geben und kann es auch jetzt nicht; vielleicht darf ich Dich bitten, das für mich bei guter Gelegenheit zu tun, da Du von den betreffenden Funktionen wohl Kenntnis hast.

Ich habe mit gespannter Aufmerksamkeit die Antisteswahl[7] verfolgt und bin über deren Ausgang nicht niedergeschlagen, sondern empört[8]. Ob die protestantische Kirche sich vielleicht nicht doch noch einmal in zwei Kirchen teilt? Es wird in Basel, denke ich, nun wohl der Kampf zwischen denen, die Brüder sein sollten, mit allen Bitternissen eines Bruderzwistes entbrennen. Doch wird die Reform durch langmütige Gerechtigkeit am besten ihre sittliche Überlegenheit beweisen und den Sinn ihrer Grundsätze erläutern. Dann muß dieser Sieg für die Rotte der Pharisäer und Sadduzäer ein Pyrrhussieg sein. Die Niederlage ist eine Schande nicht etwa für den oder die Unterliegenden, sondern für die ganze vom gesunden Teil des Schweizervolkes längst gerichtete baslerische Pietisterei und Muckerei. Herr Obersthelfer Wirth aber wird in der Verehrung der großen ecclesia invisibilis [9], die er um sich gesammelt hat zu Stadt und Land, wenn möglich nur noch höher steigen. Du hast in der Passionszeit treffend daran erinnert, daß Jesus auch nicht auf den Stuhl des Hohepriesters gelangt sei. Bei näherem Zusehen wird auch diese Erfahrung, die uns pessimistisch stimmen könnte, sich als ein segensreicher Gotteswille erweisen. Nur eines habe ich mir gesagt: der giftigen, arroganten, heuchlerischen Vermittlungsschlange [10] wird noch der Kopf zertreten werden. Wenn einmal wieder ein Geschlecht auf Erden lebt, welches Mut der Wahrheit hat, dann werden ihm diese Vermittlungstheologen wissenschaftlich so kläglich vorkommen, wie uns die einstmaligen rationalen Supranaturalisten und supranaturalen Rationalisten, moralisch aber viel, viel kläglicher. Verzeihe mir meine starken Ausdrücke; ich war noch nie so empört über die «positive» Verbissenheit. Arme protestantische Kirche, wohin treibst du, von innen noch mehr bedroht als von außen? Wäre es vielleicht nicht doch das beste, wenn der Freisinn sich zu einer eigenen Kirche organisieren könnte, wobei Sulzes [11] Gemeindeideen für die Organisation in erster Linie maßgebend wären?

Du lächelst über meine törichten Ideen und mit Recht. Wir werden eine Kirche gewiß noch aufbauen, aber es wird dann die ganze protestantische Kirche sein. Nur Geduld!

Ich würde gern zum Protestantenblatt [12] irgend einen Beitrag liefern, aber ich verstehe nicht, populär und geistreich zu schreiben. Ich habe letzthin einen Artikel wieder in den Papierkorb geworfen. Doch will ich gelegentlich wieder mein Glück probieren. Das Protestantenblatt ist übrigens ausgezeichnet bedient und gewiß muß sein Leserkreis sich beständig erweitern.

So habe ich Dich denn mit einer längeren Epistel belästigt und bitte um Nachsicht. Ich bin mit herzlichem Gruß

Dein Leonhard Ragaz, Pfr.

Anmerkungen zu Brief Nr. 7

[1] Ragaz hatte im vergangenen Sommer, im August 1890, einen Monat lang Pfarrer Alfred Altherr in Basel an dessen Kirchgemeinde St. Leonhard vertreten, während dieser in Flerden an Ragaz' Stelle predigte. Dabei hatte der junge Bergpfarrer in Basel Pfarrer Brändli kennengelernt (TB III, 1. September 1890).

[2] Nina Ragaz, später Frau Meisser. Vgl. Mein Weg, Bd. I, S. 133.

[3] Alfred Altherr, 1843–1918, nach Pfarrämtern in Lichtensteig und Rorschach seit 1874 Pfarrer zu St. Leonhard in Basel, der erste Geistliche der Reform in der Stadt. Nach seinem Rücktritt im Jahre 1911 wurde er 1917 von der Basler Fakultät ehrenhalber zum Doktor der Theologie ernannt. Er redigierte jahrelang das Basler Protestantenblatt. Ragaz hatte ihn schon in seinen ersten Basler Semestern kennengelernt (Mein Weg, Bd. I, S. 132) und war lebenslänglich mit einem seiner Söhne, dem Kunstmaler Heinrich Altherr, befreundet, welcher ihn auch zweimal porträtiert hat.

[4] Altherr hatte im Sommer 1890 im Protestantblatt in einer Artikelserie seine Eindrücke aus Flerden dargestellt, wo er an Stelle des ihn in Basel vertretenden Ragaz den Predigtdienst versah (4 Teile, «Protestantenblatt» 1890, Nr. 31–33 und 35). Aus diesen Berichten ist eine Stelle bemerkenswert, welche den damaligen geistigen Standort von Ragaz beleuchtet: «Der junge Pfarrer, für den ich hier vikariere, scheint auch kein Dunkelmann zu sein, denn auf seinem Büchergestell sehe ich die Werke von Biedermann, Holtzmann, Lipsius, Pfleiderer, Schleiermacher, Hase, Weizsäcker, Zeller, Goethe, Dante, Shakespeare und all den guten Geistern unserer freisinnigen Richtung. Dennoch reden die Leute mit schwärmerischer Liebe von ihm, und die einzige Angst, unter der sie mißtrauisch ein wenig leiden, ist die, daß man ihnen den geliebten jungen Hirten, kaum daß sie ihn begrüßt haben, schon wieder wegnehme» (a.a.O., S. 244).

[5] Brändli hatte vorgeschlagen, an Ragaz' Stelle diesen Sommer in Flerden zu wirken und sich durch ihn in Basel vertreten zu lassen.

[6] Zwingli Wirth, von St. Gallen, 1818–1905. Nach Pfarrämtern in Thal, St. Gallen, Wattwil und Rheineck war Wirth seit 1875 Obersthelfer in Basel, versah also die zweite, durch Tradition der liberalen Richtung zugewiesene Pfarrstelle am Münster. Ragaz hatte als Student oft in seinen Predigten gesessen und verehrte ihn hoch. «Er ist der mächtigste geistliche Redner, den ich gehört habe – Blumhardt ausgenommen – . . .» (Mein Weg, Bd. I, S. 108).

[7] Der oberste Pfarrer am Münster hieß in Basel bis 1897 Antistes. Um die Nachfolge des positiven Immanuel Stockmeyer entstand 1891 ein Kampf, da der Nachfolger durch Volkswahl zu bestellen war. Die Reformer portierten den sehr angesehenen Zwingli Wirth, während als «Vermittler» der bisherige «Helfer» zu St. Leonhard, Arnold von Salis, aufgestellt wurde. Ihn wählte die Münstergemeinde am 24. Mai mit 19 Stimmen Mehrheit (auf über 1400 Wählende).

[8] Ein Satz über den siegreichen Kandidaten im Druck weggelassen.

[9] Unsichtbaren Kirche.

[10] A. v. Salis war als Vermittler, d. h. als Vertrauensmann der kirchlichen Mitte, gewählt worden. Er wirkte aber später durchaus als positiver Pfarrer, wenn auch nicht in einem prononciert parteipolitischen Sinne.

[11] Vgl. oben, Brief Nr. 6, Anm. 3.

[12] Das Schweizerische Protestantenblatt erschien in Basel und wurde daher oft auch Basler Protestantenblatt genannt. Ein erster Jahrgang (1872) war unter diesem Namen erschienen; seit 1878 (2. Jg. nach längerer Pause) erschien es unter dem Titel, der ihm in der Folge blieb. Redaktoren waren außer Altherr und Brändli im Jahre 1891 noch vier weitere liberale Pfarrer, unter ihnen W. Bion in Zürich. Ragaz hat eine Anzahl Artikel in dieser Wochenschrift publiziert (Nummern der Bibliographie Lejeune: C I 1–5; C II 1–2, 6–7; C III 1–2; C IV 1–3, 4, 6–8, 10–11; C V 1–4). Nebenbei brachte er einige Artikel in dem Organ der Ostschweizer Reformer, dem Religiösen Volksblatt unter (genannt in Biographie, Bd. I, S. 14).

Brief Nr. 8: An Pfarrer Oskar Brändli

Basel[1], 10. August 1891

Verehrter Freund,

Herzlichen Dank zunächst für die Ehre, die Du meinem lieben Kuckuck[2] angetan hast. Du hast ihn damit gewiß unsterblich gemacht. Noch größeren Dank für die Predigt, die Du ihm abgelauscht hast und die ich nicht vergessen will. Sie hat mich so ins Gewissen getroffen, wenigstens teilweise, daß ich zuerst den Verdacht hegte, Du seiest in mein Predigtmagazin eingebrochen, und ganz feuerrot im Gesicht wurde wie ein ertappter Schulbube. Es fiel mir aber ein, daß auf mancher Kanzel solche Kuckucke nisten und daß mancher glaubt, ein Adler zu sein (vielleicht, weil sein einstiger Schwiegerpapa ein solcher war[3]), der doch nur ein Kuckuck ist. Du hast übrigens gut sagen, daß man den ewigen Mai im Herzen tragen solle. Wer sogar einem hölzernen Kuckuck so schöne Verse abzulauschen weiß, was müssen dem erst die lebendigen Vögel unter dem Himmel singen und sagen? Wer aber die Vogelsprache versteht, ist ein echter Dichter.

Wenn mir die Verse so rund und glatt aus der Feder liefen wie Dir, so würde ich eine Elegie singen auf die Ruinen meines Selbstbewußtseins, das durch zwei mißglückte Predigten und eine den Buben jedenfalls denkwürdige Kinderlehre, denkwürdig durch ihre phänomenale Kürze, ganz demoliert ist. An Bescheidenheit reicher geworden, kehre ich zu den Bergen zurück, wo die Murmeltiere hausen, um dort über «Die kantische Lehre vom Ding an sich», meiner jetzt geplanten Dissertation[4], in gründlicher Langeweile zu brüten. Vielleicht kriecht irgend ein metaphysisches Hühnlein aus. Hier in Basel habe ich den echthros anthropos[5], den mir unausstehlichen Leonhard Ragaz, wieder von seiner dümmsten Seite kennengelernt, was mich verdrießt, aber ich habe gottlob! auch Menschen näher kennenlernen dürfen, von derem bloßem Dasein sich zu überzeugen, die Reise nach Basel nicht zu weit wäre. Herzlichen Dank für alle Freundlichkeit, die Ihr mir erwiesen habt!

Aus Deinem Berichte[6] im Protestantenblatt, wie auch aus Deiner Karte, ersehe ich, daß Du der Unkultur des Landes von dahinten Deinen Tribut entrichten mußtest, bevor Du auf den Heinzenberg gelangtest. Die Zensur[7] hat die betreffende Stelle gestrichen, der Heinzenberger wegen. Et haec olim meminisse iuvabit[8]. Doch scheint es Dir droben sonst nicht übel zu gefallen. Aber jammerschade ist es doch, daß Euch der Himmel nicht besseres Wetter schickt. So *muß* die ganze Expedition ja notwendig mißlingen. Ich will morgen von hier abreisen und Euch etwas Sonnenschein bringen. Gegen Ende dieser Woche werde ich auf meinem lieben Berge wieder eintreffen und hoffe noch so lange als möglich mit Euch droben zusammenbleiben zu können. Denn einige Welträtsel harren dringend der Lösung und können nicht bis auf Bolligers[9] (dessen Antikant mir Pfarrer Altherr geschenkt hat) nächste Offenbarung warten. Am 16. dies wird Herr Pfarrer Gsell[10] im Münster predigen. Ich habe ihm dafür die Vormittagspredigt zu St. Peter am 9. dies abgenommen. Ich führe hier ein Lumpazi-Vagabundus-Leben, in das nur etwa ein Früh- oder Abendschoppen eine heilsame Aufregung bringt. Die Bundesfeier, welche droben noch erträglich verlaufen zu sein scheint, ist hier sehr geräuschlos vorübergegangen. Am Abend im Sommerkasino[11] mußte ich eine arrogante Festrede von Dr. Werder über mich ergehen lassen, dagegen war die großartige Festpredigt von Pfarrer Altherr das Beste an der ganzen hiesigen Feier. Wenn ich auf der Kanzel gestanden wäre! O Graus, das nur zu denken! Im übrigen bemühten sich höchstens einige Betrunkene, durch wüstes Gebrüll, versuchte Nachahmung des Uristieres, die Ehre des Vaterlandes zu retten. Die Stadt blieb kühl und nüchtern, wie sich von selbst versteht. Ich glaube, das Münchensteiner Unglück[12] ist Basel in dieser Beziehung recht gelegen gekommen. Begreife das aber sehr gut! Pfarrer Ecklin[13] soll in der injuriösesten Weise gegen die Verderbnis der schweizerischen Gerichte etc. gedonnert haben. Nur zur Zeit des Antiochus Epiphanes[14] sei Ähnliches vorgekommen wie heutzutage. Es läßt sich sehr gut beobachten, daß durch die geradezu einzigartige, nie dagewesene Verbreitung der Festseuche der Sinn auch für die echten, hohen Feste zerstört wird. Auch eine Strafe! Interessant war es auch, die verschämten Ausbrüche der theologia patriotica zu beobachten. Sobald einmal der Blick dieser Menschen sich ein bißchen weitet, sehen sie wieder Gott. Oder heuchelten sie nur?

Soviel, eigentlich sowenig, von Basel. Soeben erhalte ich Deinen Brief und bin beschämt in meiner Faulheit. Was die Knaben der Frau Staehelin[15] anbetrifft, so überlasse ich es ganz meiner Schwester, darüber zu entscheiden, weil ja nur sie dadurch größere Mühe bekäme. Doch hat sie sich scheint's einverstanden erklärt, und werde ich daher an Frau Staehelin schreiben, daß wir bereit seien, die Knaben aufzunehmen. Nur wäre es mir sehr unlieb, wenn Ihr Euch dadurch vorzeitig vertreiben ließet.

Ich hoffe, daß in der Pfarrstube Flerden recht fröhliche Gesichter zu sehen und recht viel lustiges Lachen zu hören sei. Die Präzer Mutta[16] habt Ihr scheint's nicht erreicht, was mir sehr leid tut. Gerne würde ich mit Dir noch ein paar Ausflüge machen.

Verzeihe diese leichtfertigen Zeilen. Ich hoffe, daß auch Deine liebe Frau nicht ganz unbefriedigt sei und die verunglückte Expedition auf die Präzer Mutta nicht zu schwer aufnehme. Also auf fröhliches Wiedersehen! Ich bin mit herzlichem Gruße an Dich und Deine liebe Frau, auch an den mir noch unbekannten Pflegesohn,

Dein dankbarer Leonhard Ragaz, Pfr.

Freundlichen Gruß von Familie Altherr.

[1] Wie im Vorjahr (vgl. oben, Brief Nr. 7) vertrat Ragaz in den Sommerwochen des Jahres 1891 in Basel die Pfarrer Altherr und Brändli.

[2] Brändli schickte Ragaz am 4. August 1891 ein selbstverfaßtes Gedicht über die dem Pfarrhaus durch Frau Moosherr gespendete Schwarzwälder Kuckucksuhr. Er ließ den Kuckuck, der jede Stunde aus dem Gehäuse der Uhr trat, um die Stunde anzukündigen, den Pfarrer mahnen, in seiner Predigt nicht so eintönig zu sein wie der Kuckuck und seine «Predigtbrut» im eigenen Neste auszubrüten. Dem Kuckuck blühe nur ein kurzer Mai, in der Seele des Pfarrers solle der Lenz das ganze Jahr blühen.

[3] Diese Anspielung ist schleierhaft.

[4] In einem Jahr hat sich dieser Plan offensichtlich modifiziert: noch im November 1890 hatte Ragaz geplant, eine Lizentiatsarbeit über «causale und teleologische Weltbetrachtung» zu schreiben (TB III, 22. und 28. November 1890).

[5] Der feindliche Mensch, Anspielung auf Mt. 13, 28.

[6] Brändli berichtet unter dem Titel «Aus der Sommerfrische» in den Nummern vom 8. und 15. August von seinen Erlebnissen als Vertreter des Bergpfarrers von Flerden.

[7] Ragaz vertrat Brändli in diesen Wochen offenbar auch in der Redaktion des Protestantenblattes.

[8] Auch daran sich zu erinnern, wird einstmals nützlich sein.

[9] Adolf Bolliger, 1854–1931, seit 1891 Professor für Dogmatik, Ethik und Neues Testament, resignierte 1905, um dann bis 1921 als Pfarrer am Neumünster in Zürich zu amten. Theologisch vertrat er einen stark rationalistisch geprägten Liberalismus, versuchte gegen Kant die Gottesbeweise zu erneuern und überhaupt den Glauben in einer massiven natürlichen Theologie zu begründen. Während des ersten Weltkrieges nahm er leidenschaftlich für Deutschland Partei und schreckte vor der massivsten Kriegsverherrlichung nicht zurück (vgl. R. Pfister, Die Haltung der schweizerischen Kirchen während des Weltkrieges 1914–1918, Theologische Zeitschrift, Basel 1950, 6. Jg., S. 338ff.).

[10] Rudolf Traugott Gsell, von Chur, 1861–1901; 1888–1891 Helfer zu St. Peter in Basel, dann Pfarrer an der Predigerkirche in Zürich.

[11] Es handelte sich um die Erinnerungsfeier an den Bundesbrief von 1291. Die Feier im Sommercasino war vom Basler Männerchor und dem Bürgerturnverein veranstaltet worden; außer Rektor Dr. J. Werder sprach noch Regierungs- und Nationalrat Dr. Paul Speiser.

[12] Am 14. Juni 1891, einem Sonntag, war die Eisenbahnbrücke über die Birs bei Münchenstein eingestürzt und hatte einen zu einem Sängerfest fahrenden Zug mit in die Tiefe gerissen. 73 Todesopfer waren zu beklagen.

[13] Theophil Wilhelm Ecklin, 1833–1918, seit 1871 Pfarrer zu St. Martin in Basel. Markanter Vertreter der Basler Orthodoxie.

[14] Antiochus IV. Epiphanes, Seleukidenkönig in Syrien, 175–163 v.Chr. Josephus schildert ihn als einen der übelsten Verfolger der Gläubigen.

[15] Es handelt sich wohl um die «zwei Knaben aus St. Gallen», von denen Ragaz in Mein Weg, Bd. I, S. 146f. erzählt. Der eine von ihnen war der spätere Anarchist Max Tobler (siehe über ihn Fritz Brupbacher, 60 Jahre Ketzer, Zürich 1935).

[16] Zu deutsch: Präzer Höhe, ein kuppelförmiger Hügel, zuoberst am Heinzenberger Grat, 2120 Meter ü.M., ziemlich genau westlich des Dorfes Präz.

Brief Nr. 9: An Frau Elisabeth Moosherr

Flerden, 3. Oktober 1891

Verehrteste Frau Moosherr,

Ihr lieber Brief hat mich nicht wenig überrascht und gerührt. Außer Theodor[1] sind Sie die erste, die von meinem körperlichen Leiden Notiz nimmt. Ich leide an meinem Herzfehler[2] etwa seit dem 14. oder 15. Jahre. Wie ich zu demselben gekommen bin[3], will ich Ihnen lieber nicht erzählen, weil mein Herz mit Bitterkeit erfüllt wird, so oft ich daran denke. Ich war vorher kerngesund und bin es auch nachher im übrigen geblieben. Ich mag Ihnen auch nicht erzählen, wie dieses Leiden, das anfangs sehr akut auftrat, meine jungen Jahre neben andern Umständen mit hat verdüstern helfen. Der Gedanke eines sehr frühen Todes ist mir längst zum Dogma geworden. Doch kann ich leider nicht sagen, daß ich mit demselben ganz ausgesöhnt sei. Nicht die Freude in der Welt, wohl aber das Streben und Kämpfen in derselben, scheint mir begehrenswert und das Bewußtsein, meine Pläne doch nicht realisieren zu können, lastet oft Wochen und Monate lang auf mir, daß ich geistig wie gelähmt bin. Wenn ich über mich nachdenke, so ist mir in allen Teilen ein Lebensrätsel aufgegeben, das mich fast erdrückt. Das beste ist Vergessen und das gelingt mir denn auch oft auf lange Zeit. Von Schonung war nie keine Rede. Wie sollte man auch im Besitze aller seiner sonstigen körperlichen und geistigen Kräfte sich schonen können? Ich kann daher auch Ihre liebevollen Ratschläge nur als Zeichen eines Mitgefühls empfangen, dessen ich nicht gewohnt bin. Herzlichen Dank darum auch für Ihre so freundliche Einladung. Wie gern werde ich die Gelegenheit benutzen, Ihre Gastfreundschaft wieder in Anspruch zu nehmen und die Erinnerung an die schönen Tage wieder aufzufrischen, die ich vor zwei Jahren bei Ihnen verleben durfte![4] Aber jetzt bin ich an mein Amt gebunden. Auch habe ich schon dreimal die Ärzte konsultiert[5] (darunter z.B. auch den berühmten Professor Senator in Berlin) aber sie geben mir nur diätetische Vorschriften, die ich nicht halten *kann*. Es ist auch nicht möglich, daß ich zwei meiner kleinen Pfründen aufgebe. Meine Verhältnisse erlauben mir das nicht. Auch lebe ich in einem gewissen Fatalismus, der mir sagt: «Du wirst dahingehen, wenn deine Stunde gekommen ist, du kannst daran nichts ändern.» Sie scheinen zu glauben, daß das Übel erst in der Entstehung begriffen sei; dann ließe sich vielleicht noch helfen. Jetzt ist es zu spät. Fremde und eigene Torheit haben es so weit verschlimmert, daß ich meine, ich müsse jeder Eventualität jetzt schon ruhig ins Auge schauen. Ich pflege niemandem etwas von diesem «Pfahl im Fleische» zu sagen. Man lacht mich aus, weil ich sonst gesund genug aussehe. Meine Familie, der ich den Sachverhalt einmal mitteilen mußte, hat ihn mit kalter Gleichgültigkeit aufgenommen. Die Tatsache war ihr unbequem und sie glaubten durch Ignorieren sie aus der Welt schaffen zu können. Vielleicht glauben sie mir auch nicht. Ich habe also immer geschwiegen, schon aus Rücksicht auf meine Eltern[6]. Es ist natürlich auch nie einem Menschen eingefallen, darauf Rücksicht zu nehmen. Und doch können Sie sich gewiß denken, daß dies zudringliche Pochen, dieses Memento mori in der Brust, mir doch schon manche schwere Stunde gemacht und mich zu einem Lebensernst gestimmt hat, der Menschen von mir abstößt, weil er nicht zu meinen Jahren paßt. Die Welt geht kalt und gleichgültig neben dem Leidenden vorbei und freut sich des Fröhlichen und findet frühen Lebensernst höchst unliebenswürdig und unnatürlich. Ich gestehe auch gern, daß ich das an den Menschen ganz begreiflich finde. Doch, wozu Ihnen eine Leidensgeschichte erzählen? Sie haben selbst so viel Leid erfahren, daß Sie gewiß ohne weitere Schilderung besser, als Worte es beschreiben könnten, wissen, wie verheerend, alles dominierend, ein solches Schicksal in ein Jugendleben eintreten kann, das sich allerdings anderes geträumt als das Grab. Das Wort Resignation ist bald gesprochen, aber es reimt sich schlecht mit dem Worte Jugend zusammen. Sie glauben vielleicht, daß ich zu schwarz sehe, aber ich meine, daß die mir in Fleisch und Blut übergegangene Gewißheit frühen Vollendetseins mich nicht betrüge. – Dennoch möchte ich Sie versichern, daß ich mich gegen die niederdrückenden Gedanken wehre nach Kräften. Ich lebe, als ob ich auf ein langes Leben zu rechnen hätte. Schließlich weiß ja keiner, wann ihm sein Ziel gesetzt ist. Wenn es einen Gott gibt, dann gibt es kein Sterben, und was ich hier erstrebt und erreicht, es ist nicht verloren. So lasse ich mir echte Lebensfreude nicht rauben[7].

Ich sehe, daß ich sehr ausführlich geworden bin. Verzeihen Sie, wenn ich Ihnen offen gesagt habe, wie es mir ums Herz ist. Ich darf Sie wohl bitten, von dem, was Sie über mein Leiden wissen, niemand etwas wissen zu lassen, da ich eine gewisse Art von Mitleid scheue. Seien Sie meiner innigsten Dankbarkeit für Ihre mütterliche Teilnahme an meinem Ergehen versichert. So lange ich noch gute Menschen weiß, die meiner in Freundlichkeit gedenken, bin ich nicht zu bedauern.

Meine Schwester läßt herzlich danken für die so freundliche Bereicherung ihrer Küche und bittet mich, ihre Empfehlung an Sie auszurichten. Ich bin mit herzlichem Gruß an Sie und Herrn Edmund[8]

Ihr dankbar ergebener Leonhard Ragaz, Pfr.

Anmerkungen zu Brief Nr. 9

[1] Theodor Moosherr, der Sohn der Briefempfängerin, vgl. oben, Brief Nr. 1, Anm. 6. Moosherr hatte seinem Freund Ragaz in den gemeinsamen Studentenjahren wiederholt zur medizinischen Abklärung der vermuteten Herzkrankheit geraten. Vgl. Mein Weg, Bd. I, S. 163.

[2] Schon der Neunzehnjährige hatte am 11. November 1887 seinem Tagebuch anvertraut: «Ich fühle das Bewußtsein eines baldigen Todes wie einen Alb auf mir lasten, wie ein finsteres Fatum, einen schwülen, bangen Traum. Es zerstört mir mein Jugendglück, meine stille Frömmigkeit, und treibt mich fort auf labyrinthischen Bahnen zu dem Quell

aller Erkenntnis zu dringen, obschon ich weiß, daß keines sterblichen Mannes Blick ihn erschauen mag.» (TB I)

Ragaz hat in seinen Studentenjahren dieses Bewußtsein eines frühen Todes beständig mit sich herumgetragen, wovon die Tagebücher Zeugnis ablegen. Noch als Pfarrer von Chur konstatierte er jeweilen mit Verwunderung, daß er doch älter werde, als er ursprünglich vermutet hatte: «Heute bin ich 25 Jahre alt geworden. Ich stehe damit wohl, zeitlich betrachtet, auf dem Gipfel des Lebens, denn wenn ich auch 50 Jahre (alt) werden sollte, so gewiß nicht mehr, wahrscheinlich eher weniger.» (TB V, 28. Juli 1893) – «Also doch dreißigjährig! Sehr lange wird es wohl nicht mehr gehen!» (TB VII, 28. Juli 1898)

[3] Ragaz hatte in seiner Kindheit sehr viel und streng im elterlichen Bauernbetriebe mitarbeiten müssen. «Aber für die viele Überanstrengung in meiner Kindheit habe ich mein Leben lang büßen müssen.» (Mein Weg, Bd. I, S. 75)

[4] Nach der Heimkehr aus Berlin hatte Ragaz Theodor Moosherr in St. Gallen besucht. «Seine Mutter ist eine freundliche Frau, mit viel Aufopferungstrieb und Verstand und von großer Einfachheit; sein Bruder Kaufmann...» (TB II, 20. Oktober 1889)

[5] In Jena hatte Ragaz Professor Seidel konsultiert [Moritz Seidel, seit 1867 Professor der Pharmakologie und Arzt in Jena]. «Er kam zum überraschenden Resultate: Es kann kein Klappenfehler vorhanden sein, nach den Klappengeräuschen zu schließen. Dagegen ist das rechte Herz vergrößert, und zwar in Folge von Lungenemphysem... Bloß sei große Schonung nötig... Enthaltung von heftiger körperlicher und geistiger Anstrengung, z.B. Bergtouren und heftiges Treppensteigen... Wie lange wird die Fackel brennen? Welche Ziele darf ich mir setzen?» (TB II, 22. Februar 1889). In Berlin ließ sich Ragaz von Professor Senator (Hermann S. Senator, 1834–1911, Professor für innere Medizin, seit 1875 in Berlin, seit 1881 dirigierender Arzt an der Charité) untersuchen. «Es scheint weniger am Herz zu fehlen als an der Lunge. Diätetische Vorschriften... Es machte mir den Eindruck, als wolle der Arzt mir lieber die Wahrheit verschweigen.» Über die weitere Krankheitsgeschichte vgl. Mein Weg, Bd. I, S. 163. Erst 1898 wurde die Last von ihm genommen, so daß er den Mut fand, eine Ehe einzugehen (Mein Weg, Bd. I, S. 212).

[6] Bei der Rückkehr aus Berlin getraute sich Ragaz nicht, seinen Eltern den erhaltenen medizinischen Bescheid weiterzugeben. «Die Eltern sind nicht mehr arbeitskräftig, dagegen die Arbeitslast sehr groß.» (TB II, 14. August 1889)

[7] Es folgt ein längerer Abschnitt über die Arbeitsweise und die Pläne des Freundes Theodor Moosherr, in welchem Ragaz dessen Mutter beruhigt und ermuntert, dem Sohn Zeit für eine ruhige Besinnung auf seine Lebensaufgabe zu lassen. Da dieser Teil des Briefes sehr persönlich gehalten ist und keine allgemein interessierenden Mitteilungen enthält, verzichten wir darauf, ihn abzudrucken.

[8] Der Bruder Theodor Moosherrs, Kaufmann von Beruf. Ragaz hat diesem in einem späteren Brief vom 20. März 1893 aus Flerden zur Verlobung gratuliert. Da wir jenen Brief nicht abdrucken, soll an dieser Stelle ein Auszug aus ihm wiedergegeben werden, welcher eine doch recht interessante Beurteilung des Kaufmannsstandes enthält: «Ich freue mich aber noch ganz speziell für Sie, daß Sie nun einen festen Mittelpunkt für Ihr Herz und Ihre Arbeit bekommen haben. Ich ehre und achte gewiß den Kaufmannsstand wie jeden andern, trotzdem ich hin und wieder nicht umhin kann, dem ‚ungerechten Mammon' eins zu versetzen, ja, ich gestehe ganz gern, daß Kaufleute mindestens so nötig und so nützlich sind als Pfarrer; aber das mag wohl sein, daß ihr Beruf allein das Herz doch nicht so recht ausfüllt und allein tiefinnerste Befriedigung nicht gewährt. Nun habe ich aber zu bemerken geglaubt, daß bei der teuren Familie Moosherr das Herz ein Faktor ist, mit dem gerechnet werden muß und der im großen Rechnungsbuch des Lebens nicht übersehen werden darf; daß dieses Moosherrsche Herz auch mit ganz besonders zähen Fäserchen an dem Erdreich der Familie hängt und von hier genährt und gespeist werden muß, wenn es nicht zurückgehen soll. Nun freuen wir uns, daß dieser Posten jetzt im Hauptbuch Ihres Lebens steht; Ihre Glücksbilanz wird einst ganz anders ausfallen.»

Brief Nr. 10: An Frau Elisabeth Moosherr

Flerden, 8. Dezember 1892

Verehrteste Frau Moosherr,

Von einigen glücklichen Herzen wenigstens weiß ich in diesen Tagen. Wie muß es Ihnen zumute gewesen sein, als Sie das Telegramm in den Händen hielten: «Doktor summa cum laude», das heißt also «mit selten vorkommender Auszeichnung[1].» Nun habe ich doch recht behalten mit meinem «Ende gut alles gut» und das Ende ist nicht nur gut, sondern sehr gut. Es ist auch gut, daß es das Ende ist der Lehr- und Wanderjahre Theodors und er nun wieder heimkehrt von gelehrter Pilgerreise. Ich kann es nicht unterlassen, auch Ihnen und Herrn Edmund meine herzlichste Gratulation zur neuen Familienehre auszusprechen. Speziell für Sie ist das Glück des Sohnes gewiß wie warmer, froher Sonnenschein; ein Ersatz und reicher Lohn für so viel ausgestandene Angst und viel getragenes Kreuz. Um Weihnachten wird Theodor wohl daheim sein; später werden Sie ihn gewiß auch für ein Weilchen mir abtreten. Denn gewiß habe auch ich den Freund schwer vermißt die Jahre hindurch und mich recht vereinsamt gefühlt. Ich hoffe, jetzt wieder frisch aufzuleben; nur fürchte ich, der neue Doktor der Weltweisheit sei für den verwilderten Pfarrer der bündnerischen Bergnestchen zu fein und zu hoch geworden. Sei's drum, ich mag's ihm dennoch gönnen. Von mir ist natürlich wenig zu berichten. Die schönen Spätherbsttage habe ich mir sehr gefallen lassen. Es war so warm und schön, daß wir in der zweiten Hälfte des November in einer Höhe von fast 2000 m noch die verschiedensten Arten von Blumen fanden (dazu Alpenrosenknospen) und Heidelbeeren aßen. Jetzt allerdings hüllt der Schnee Tal und Höhen ein und die Eiskristalle glitzern am Fenster. Meine Winterarbeit ist im Gange. Ich kann nicht sagen, daß ich mich hier oben noch wohl fühle (es wäre auch kaum möglich) und sehne mich nach wirtlicheren Gegenden und empfänglicheren Menschen. Doch muß ich jetzt Geduld haben; vielleicht muß ich dafür büßen, daß ich mehrmals das Glück von der Hand gewiesen habe[2].

Mein Leben ist das einfachste und einförmigste von der Welt: Predigt, Unterricht, Studium, wenig sonstige amtliche Geschäfte. Indes ist meine Zeit vollauf in Anspruch genommen durch den Unterricht an drei Orten[3], die zum Teil weit (1 ½ Stunden) auseinanderliegen. Gesellschaft habe ich sozusagen keine. Doch ist ein Bruder[4] von mir in Thusis Reallehrer. Langeweile fühle ich zwar kaum jemals, doch versauert man im steten Umgang mit sich selbst und den Büchern; etwas mehr Anregung von außen würde wohl den schlummernden inneren Menschen etwas aufwecken. Ich bin gern allein; so recht tief einsam mit meinen Gedanken und Träumen. Wenn die Lampe freundlich wieder brennt, die Schwester näht, ich über einem Buche sitze und unter dem warmen Ofen Hund und Katze sich traulich gelagert haben, dann wünsche ich mir nichts Besseres mehr. Nur im Amte muß ich

zu viel schmerzliche Erfahrungen machen, die mich oft furchtbar niederdrücken. Ich muß auch sonst ein schweres Kreuz auf meinen jungen Schul-
tern tragen[5] – möchte Ihnen das auch ein Trost sein, wenn das eigene Leid
Ihnen schwer scheint. Es gibt trotzdem ein Glück, gegen dessen Kraft und
Glanz alles andere zu nichts zusammenbricht, und ich habe mir gelobt, als ein
mutiger Soldat meinen Kampf zu kämpfen und froh und *frei* zu sein. – Ich
wünsche Ihnen von Herzen eine recht fröhliche Weihnachtszeit und zweifle
nicht, daß dieser Wunsch reichlich in Erfüllung geht. Ich bin mit herzlichem
Gruße an Sie und Herrn Edmund in dankbarer Erinnerung an all das Gute,
das ich je und je von Ihnen erfahren

Ihr Leonhard Ragaz

Anmerkungen zu Brief Nr. 10

[1] Theodor Moosherr hatte anfangs Dezember in Jena in den Fächern Philosophie,
Geschichte und Hebräisch promoviert. Seine Dissertation: «A. E. Biedermann nach seiner allgemein-philosophischen Stellung», wurde der philosophischen Fakultät vorgelegt
und 1893 gedruckt.

[2] Das Tagebuch nennt folgende Berufungen und Anfragen: Februar 1891 (Zürich-
Neumünster und St. Gallen); Juni 1892 (Herisau) (TB III, 19. Februar 1891; TB IV,
17. Juni 1892). In einem Briefe vom 29. Mai 1891 spricht der Vater von Ragaz von einem
Ruf nach Winterthur, auf den Ragaz in jenem Moment noch nicht geantwortet hatte.

[3] Flerden, Urmein und Tschappina.

[4] Jakob Ragaz, der Zweitälteste, später Kantonsschulprofessor in Chur. Vgl. Mein
Weg, Bd. I, S. 146 und Register der Briefempfänger.

[5] Daß Ragaz sich nun, da der Freund zu akademischen Ehren gekommen war, beson-
ders unbefriedigt fühlte, ist verständlich. Aber dieses Gefühl hatte ihn schon vorher im
Jahre 1892 in Flerden heimgesucht. So hatte er an Frau Moosherr am 7. Juni 1892 aus
Flerden geschrieben (der Brief wurde nicht in die vorliegende Ausgabe aufgenommen):
«Ich sitze wieder auf meinem Berge, lebe meinem Amt und meinen Büchern und meinen
Idealen. Eine Veränderung der Stelle würde ich jetzt sehr begrüßen, denn ich fürchte den
Winter und habe auch kein dankbares Arbeitsfeld an meinen Heinzenbergern. Ihre freundlichen Ratschläge werde ich wohl kaum befolgen können. Ich werde mein Kreuz tragen
müssen, doch wird die Zukunft das lehren. Über mein Leiden tröste ich mich übrigens
ziemlich leicht; schwerer trage ich an anderen Dingen. Ich stehe eben im allgemeinen bei
den Stiefkindern des ‚Glücks‘ und vielleicht ist es für Sie tröstlich, zu wissen, daß auch
schon die Jugend sich beugen muß unter des Kreuzes Last. Indes denke ich es mit Fröh-
lichkeit und Mut zu tragen.»

Brief Nr. 11: An Prof. P. W. Schmiedel

Flerden, 10. Februar 1893

Hochverehrter Herr Professor,

Eine schöne, frohe Überraschung drängt mich, Ihnen Dank zu sagen. Sie wollen nach Zürich[1] in die Schweiz kommen – ein wahrer Jubelruf war bei mir die Antwort auf diese Kunde und das gleiche, ich weiß es, ist bei allen den Schweizern der Fall, die einst zu Ihren Füßen gesessen sind. Wir hatten es gehofft, daß Sie an Stelle von Herrn Prof. Bolliger[2] nach Basel kämen, seither durften wir kaum mehr hoffen, daß Sie zu uns kämen, uns zu helfen. Und nun ist die Hoffnung, scheint es, doch erfüllt. Ja, wir bedürfen Ihrer. Wir haben auf den schweizerischen Lehrstühlen der Theologie manchen Gelehrten und auch manchen geistreichen Mann; aber einen, der echtes, ernstes religiöses Pathos den empfänglichen Gemütern mitteilen, der das innere Wogen und Kämpfen und Sehnen des Jünglings verstehen könnte wie Sie, haben wir nicht. Sie werden es gewiß dem dankbaren Schüler nachsehen, wenn er als bescheidenen Gruß aus dem Lande Ihrer zukünftigen Arbeit Ihnen zu sagen wagt, was Sie ihm und andern gewesen sind. Drei Jahre stehe ich nun im Amte; auf körperlich und geistig aufreibendem Posten; viel habe ich gekämpft, äußerlich und innerlich, mit Leid, Sorge, Zweifel und mit der Stumpfheit der Menschen. Da hat manches nicht standgehalten, was ich einst gehört; da ist manche Seifenblase des Witzes vor dem Ernst des Lebens in nichts vergangen; aber das, was Sie uns einst gesagt haben, das hat standgehalten und sich bewährt, von Tag zu Tag. Darum ist es ein Glück, daß Sie zu uns kommen, darum beneide ich die jungen Studenten, die in Zürich sich von Ihnen begeistern lassen dürfen zu dem schweren Kampf, der uns verordnet ist. Wie feurige Pfeile sind oft Ihre Worte uns ins Herz gedrungen, manchen haben Sie zu Kämpfen veranlaßt, die zu seinem Frieden dienten und an die er immer gehobenen Sinnes zurückdenkt. Kein System haben Sie uns gegeben, aber was viel mehr ist, ein Vorbild. Wohl unserer Kirche, wenn unsere Jugend diesen Geist einatmen darf. Ich hoffe, Ihre Absicht nicht zu verkennen, wenn ich sie darin finde, daß Sie in Ihren Schülern den Bund rücksichtslosesten Gehorsams gegen das Wahrheitsgewissen mit ebenso rücksichtslosem Ernst der Frömmigkeit begründen wollen. Daß dieser Bund so oft zerrissen ist, darin liegt wohl die Ursache der Schwäche unserer Theologie und Kirche; dieser Bund ist wohl das Geheimnis ihrer Verjüngung. Das glaube ich nun auch erlebt zu haben. Unserem Liberalismus fehlt es wohl mehr auf der Seite des Ernstes. Ihre Wirksamkeit müßte da ein kräftiges Salz sein. Zwar erwarten Sie wohl in Zürich keine äußerlich glänzenden Erfolge; denn die Zahl der dortigen Theologen ist klein. Aber für Ihre intensive Wirksamkeit sind gewiß die Bedingungen vorhanden und ich kenne eine schöne Anzahl von Pfarrern, die von nun an bald wissen werden, wohin sie die «Füxe» zu weisen haben.

Zürich ist jetzt der geistige Mittelpunkt der Schweiz, was zwar nicht allzuviel heißen will. Ungehemmte Freiheit der wissenschaftlichen Bewegung werden Sie dort finden, wie Sie nur wünschen können; mit offenen Armen werden Sie von den Gesinnungsgenossen aufgenommen werden und der Gegensatz der Parteien wird Ihnen wohl wenig zuleide tun. Sobald Ihre Wahl bekannt ist, wird sich in manch bescheidenem Pfarrhaus im Tal und auf der Höhe der fröhliche Wunsch regen, Sie einmal als verehrten Gast begrüßen zu dürfen, und Sie werden erfahren, daß der Schweizer zwar immer noch nüchtern, blöd und eckig ist, dafür aber auch treu und fest. So empfangen Sie denn die Bitte, zu uns zu kommen, wenn die Verhältnisse es Ihnen gestatten, Willkommgruß vieler Schüler und Verehrer wird Sie empfangen.

Nur zu diesem dankbaren Gruß habe ich ein Recht; ich hoffe, daß er als Ausdruck der Gefühle aller Ihrer bündnerischen Schüler für Sie einen kleinen Wert habe. Dagegen darf und will ich Sie nicht mit meinen kleinen Schicksalen oder gar mit meinen Ansichten und Gefühlen belästigen. Ich bin, wie Sie sich wohl erinnern, immer noch Pfarrer von drei Miniaturgemeindchen am bündnerischen Bergabhang, die mir indes namentlich physische Leistungen[3] zumuten, wie wohl nicht allzuviele Pfarrer auf diesem Erdplaneten sie aufzuweisen hätten. Allzuviel freudige Erfahrungen habe ich nicht gemacht; viele «Erfolge» nicht errungen, das Kreuz dagegen hart auf mir lasten gefühlt. Doch habe ich in dieser Schule ziemlich viel «Theologie» gelernt. Oft indes bin ich schwach im Glauben; stehe ich doch mit meinem theoretisch wenigstens entschiedenen religiösen Idealismus mitten in einer Menschenkategorie drinnen, die mich mit ihrer vollendeten religiösen Gleichgültigkeit, ja Stumpfheit[4] zu einer Revision der Begriffe zwingt, welche uns die Dogmatik unter der Rubrik «Anthropologie» vorführt. Viele, sehr viele Illusionen sind zerstört und oft möchte ich wohl den Pfarrerrock an den Nagel hängen, nicht aus Zweifel gegen die Religion, sondern aus Religion. Denn ich kann die Halbheit, Laxheit und Leblosigkeit unseres landläufigen Christentums nicht ertragen. Auch kommen mir hin und wieder starke Zweifel an der inneren Lebenskraft unserer jetzigen Kirche. Soll ich Ihnen von den Kämpfen um die Weltanschauung berichten, die ja keinem erspart bleiben und die bei meiner, wie ich glaube, grüblerischen und ungestümen Natur heftig genug sind? Von meinen Kämpfen mit trüben Stimmungen? Oder von meinen Idealen und theologischen Meinungen? Lieber bekenne ich, daß mir viel, sehr viel, wie an unserer Kirche, so auch an unserer Theologie tot und morsch scheint, daß ich ausschaue nach einer neuen Philosophie und Theologie, die besser imstande sind, als die jetzigen, den ernsten Realitäten des Lebens gegenüber zu bestehen, und ein neues Leben aus Gott herbeiführen zu helfen; daß ich mich von Tag zu Tag mehr freizumachen suche von jeder Parteischablone, um desto näher dem Angesichte der ewigen Wahrheit zu kommen. Und damit komme ich zurück auf mein Thema: Kommen Sie herüber, uns zu helfen[5], Sie finden empfängliche, treue Herzen und ein dankbares Ackerfeld.

Entschuldigen Sie, hochverehrter Herr Professor, meine Freiheit, und empfangen Sie herzlichen Gruß und die Versicherung stetiger Verehrung

Ihres dankbar ergebenen Leonhard Ragaz, Pfr.

Anmerkungen zu Brief Nr. 11

[1] Schmiedel wurde 1893 als Ordinarius an die neutestamentliche Professur in Zürich berufen, als Nachfolger von Gustav Volkmar.

[2] Vgl. oben, Brief Nr. 8, Anm. 9.

[3] Ragaz meint damit nicht nur die Märsche zu seinen Predigtstationen, sondern auch die besonders im Winter sehr anstrengenden Predigten auf der anderen Seite des Tales. Ein Beispiel davon erzählt er in «Mein Weg», Bd. I, S. 141 ff.

[4] Das Gähnen der Leute während der Predigt, die Unterbringung der Feuerspritze in der Kirche und ähnliche Mißstände in seinen Gemeinden erregten Ragaz sehr. Vgl. dazu: Biographie, Bd. I, S. 60 ff.; Mein Weg, Bd. I, S. 159–161.

[5] Anklang an Apg. 16, 9: «Komm herüber nach Mazedonien und hilf uns!»

Brief Nr. 12: An den Erziehungsrat des Kantons Graubünden

Flerden, 20. Juni 1893

An den hochlöblichen Erziehungsrat[1] des Kantons Graubünden.

Tit.!

Der Unterzeichnete erlaubt sich hiemit, seine Bewerbung um die in Nr. 23 des Kantonsamtsblattes ausgeschriebene Kantonsschul-Lehrerstelle für reformierte Religion, Deutsch und eine Fremdsprache einzureichen. Unter den beiliegenden Zeugnissen könnten vielleicht solche aus meinen Pfarrgemeinden vermißt werden, doch ist es wohl aus naheliegenden Gründen sehr natürlich, wenn ich solche nicht gerne verlangt habe. Mein bisheriger Lebens- und Bildungsgang ist folgender:

Ich, Leonhard Ragaz, bin geboren den 28. Juli 1868 zu Tamins, meiner Heimatgemeinde. Dort bin ich in bescheidenen Verhältnissen aufgewachsen, in der Einfachheit und Arbeitsamkeit des Bauernhauses. Da Neigung und Anlage dahin zu weisen schienen, so entschlossen sich die Eltern, mich studieren zu lassen. Kaum 13-jährig zog ich, nachdem ich alle Klassen der Dorfschule absolviert hatte, auf die Kantonsschule, in deren dritte Gymnasialklasse ich eintrat. Es waren besonders die humanistischen Fächer, also Sprachen, Geschichte, Literatur, die mich anzogen. Mein Fleiß war immer ein etwas unregelmäßiger, mit Vorliebe einzelnen Fächern zugewendeter, was meinen Examenserfolgen Abbruch tat. Eine fehlende Note in der

Mathematik hat mir denn auch das Maturitätszeugnis I. Grades verdorben[2], obschon die Notenzahl im ganzen mehr als genügte. Ich habe dann der Reihe nach auf den Universitäten Basel, Jena, Berlin und wieder Basel studiert, im ganzen sieben Semester. Auch auf der Universität ging mein Streben weniger auf Einzelkenntnisse als vielmehr auf möglichste Erweiterung des Gesichtskreises, Gewinnung von Ideen und Überzeugungen. Philosophie, insbesondere Religionsphilosophie, Kunst und Literatur blieben meine Lieblingsgegenstände. Daß ich dagegen mein eigentliches Berufsstudium nicht versäumt habe, möge Ihnen das Zeugnis über mein Synodalexamen[3] beweisen. Die Umstände machen es, wie mir scheint, nötig, hier kurz die Linie meiner theologischen Entwicklung zu zeichnen. Ich bin von Hause aus weder für die eine noch für die andere der streitenden kirchlichen Parteien erzogen worden. Völlig unbefangen in dieser Beziehung ging ich auch auf die Universität. Nach mannigfachen Kämpfen und Schwankungen hat sich mir ungefähr Folgendes als meine Leitlinie in theologischem Denken und Forschen festgestellt: Es gibt eine Entwicklung in der religiösen Erkenntnis, die gottgewollt ist und die, weit entfernt davon, das Evangelium zu zerstören, es nur desto heller und schöner herausstellt. Es ist daher durchaus Aufgabe der Theologie, sich aller als ernste Wissenschaft auftretenden Wahrheitsforschung offen zu halten, in der Überzeugung, daß der Gehorsam gegen das Wahrheitsgewissen von selbst immer zu tieferer und reinerer Wahrheit führt und das Leben von Religion und Kirche verjüngt; im frommen Glauben, daß das Evangelium als höchste und tiefste Wahrheit ernste Prüfung geradezu verlangt, weil es nur Gewinn davon erwarten muß. Wer so der Wahrheit in Freiheit gewiß geworden ist, darf dann umso freudiger auftreten und rückhaltloser Ernst machen mit seiner religiösen Überzeugung. Dieser Standpunkt ist bei mir die Frucht des Denkens einerseits und der religiösen Erfahrung andererseits. Er erlaubt mir nicht, mich irgend einer Partei unbedingt zu verschreiben, ich behalte mir das heilige Recht freier Entwicklung vor, auch wenn ich meine bestimmten Ansichten habe. Zurückweisen muß ich als schweren Vorwurf und schweres Unrecht die Anklage der Negation; ich habe überall und besonders in meinem Amtsleben, mit Einsetzung meiner ganzen Person den Ernst der Religion geltend gemacht und weiß mich in allem Wesentlichen einig auch mit den scheinbaren Gegnern, nicht den Worten vielleicht, aber der Sache nach. Ich lege das hier offen dar, damit Ihnen in dieser Beziehung meine eigene Aussage maßgebend sein könne, nicht das oft so schiefe Urteil des Parteischematismus. – Seit ungefähr dreieinhalb Jahren bin ich Pfarrer von Flerden, Urmein und Tschappina und habe da unter sehr schwierigen Verhältnissen Gelegenheit gehabt, der Theorie die Erfahrung beizugesellen. Da die Stelle physisch sehr anstrengend ist und meine Gesundheit dabei sehr leidet, so wäre mir ein Wechsel erwünscht, nachdem ich früher günstige Gelegenheiten unbenutzt gelassen habe. Einer Lehrerstelle fühle ich mich gesundheitlich durchaus gewachsen.

Was meine sonstige Qualifikation zu der in Rede stehenden Stelle anbelangt, so kann ich, abgesehen von den beigelegten Zeugnissen, nur auf Glauben hin einige Versicherungen geben. Ich habe zwar da und dort verschiedene Artikel und Aufsätze[4] veröffentlicht, doch sind diese Versuche, abgesehen davon, daß sie das Zeichen der Jugendlichkeit tragen, wohl nicht geeignet, für den vorliegenden Zweck zu dienen. Versichern darf ich allerdings, daß ich die mir verliehene Muße zu allseitiger Weiterbildung mit Fleiß benutzt habe. Von Fremdsprachen glaube ich, Französisch und Italienisch genügend zu beherrschen, um darin unterrichten zu können, ebenso Englisch mit Ausnahme der Aussprache, worin ich mich noch zu üben habe[5]. Italienisch würde ich weitaus vorziehen. Was endlich meine pädagogische Bildung anbelangt, so bin ich durch Familienverhältnisse – zwei meiner Brüder sind Lehrer[6] – und andere Umstände schon früh dahin geführt worden, mich theoretisch und praktisch mit Pädagogik zu beschäftigen und in meinem hiesigen Amte habe ich viel mit Religionsunterricht und Schule zu tun gehabt[7]. Der Religionsunterricht war mir der liebste Teil desselben und ich darf wohl gestehen, daß die Aussicht, in dieser Beziehung auf gewecktere und reifere Jünglinge wirken zu dürfen, mich mit Freude erfüllen würde und daß ich auch des Berufes dazu nicht ganz zu entmangeln glaube.

Gestützt auf diese Gründe empfiehlt sich Ihrer freundlichen Berücksichtigung und zeichnet

hochachtungsvoll

Leonhard Ragaz, Pfr.

Anmerkungen zu Brief Nr. 12

[1] Von 1843–1894 war in Graubünden der kantonale Erziehungsrat die dem Schulwesen und insbesondere der Kantonsschule vorgesetzte Behörde. Er bestand aus neun Mitgliedern, sechs evangelischer und drei katholischer Konfession. Als Wahlbehörde für den Religionslehrer an der Kantonsschule fungierte wohl der gesamte Rat, da die Lehrstelle auch Unterricht in Sprachen umfaßte. (Vgl. F. Pieth, Bündnergeschichte, Chur 1945, S. 384ff. und 483.)

[2] Ragaz hatte am 1.–9. Juli 1886 die Maturität in einer Klasse von acht Schülern bestanden. Seine Noten waren: Latein 6, Griechisch 6, Hebräisch 6, Geschichte 6, alte Geschichte 6, Deutsch 6, Mathematik 4 ½, Geographie 5 ½, Naturkunde 5 ½, Physik 5, Chemie 5; Grad II. Der Grad war eine Generalnote; Ragaz erwähnt auch in der Autobiographie die Enttäuschung, nicht mit Grad I abgeschlossen zu haben (Mein Weg, Bd. I, S. 98 f.: «... hätte ich die Auszeichnung des sogenannten ersten Patentes empfangen, wenn nicht mein Mathematikprofessor, ein unfähiger Lehrer, aus Abneigung und katholischem Fanatismus trotz eines guten Examens auf Grund höchst illoyaler Zensur das durch sehr schlechte Noten verhindert hätte»). Akten über die Maturitätsprüfung liegen auf der Kantonalen Erziehungsdirektion in Chur.

[3] In Chur, Juni 1890. Ragaz schrieb eine philosophische Arbeit über «Die nachkantische Philosophie» und eine Predigt über 1. Mos. 32, 26. Seine Noten waren hier (in einer Fünferskala): Einleitung 4, Exegese 4, Philosophie 4 ½, Kirchengeschichte 4,

Dogmatik 4, Ethik 4½, praktische Theologie 3½, Predigt 5, mündliche Prüfung: Einleitung 5, Altes Testament 4, Neues Testament 4, Dogmatik 5, Kirchengeschichte 4½, Ethik 4, praktische Theologie 4½. Total 64½ (gut bis sehr gut). (Protokoll der Examinationskommission, Synodalarchiv, Chur.)

[4] Bis zu diesem Datum sieben im Protestantenblatt und drei im Religiösen Volksblatt.

[5] Italienisch und Französisch hatte Ragaz auf der Kantonsschule getrieben, war aber, mit Ausnahme der Rekrutenschule in Bellinzona, nie im betreffenden Sprachgebiet gewesen. Woher seine englischen Sprachkenntnisse stammen, ist nicht bekannt.

[6] Nämlich Anton, der älteste, 1863–1905, und Jakob, 1864–1934. (Vgl. Register der Briefempfänger.)

[7] In Flerden war Ragaz auch Schulratspräsident und hatte die Tätigkeit der Lehrer in seinen Gemeinden zu überwachen. Über pädagogische Probleme hat er in der Tat häufig nachgedacht und auch an Pastoral- und Lehrerkonferenzen referiert, wie die Tagebücher melden.

Blick von Reichenau gegen Tamins

Zweiter Abschnitt

Lehramt und Pfarramt in Chur
Briefe aus den Jahren 1893–1902

Brief Nr. 13: An Prof. P. W. Schmiedel

Chur[1], 12. Oktober 1893

Hochverehrter Herr Professor,

Was müssen Sie wohl von meinem Anstand denken? Meine Entschuldigung für mein unhöfliches Schweigen ist zunächst, daß ich lange nicht wußte, wohin ich Ihnen wohl zu schreiben hätte. Das weiß ich nun seit mehr als acht Tagen, ich wollte aber – und das ist meine zweite Entschuldigung – einen freien Abend abwarten. Eigentlich zum ersten Male in meinem Leben erfahre ich jetzt, daß die Rede, man habe keine Zeit, keine banale Ausrede ist. Zunächst also sage ich Ihnen herzlichen Dank für Ihr generöses Geschenk. Lipsius[2] und Seydel[3] – eine Dogmatik und eine Religionsphilosophie auf einmal! Sie beschämen mich, verehrtester Herr Professor, und machen meine Dankesschuld unerträglich durch Ihre Güte. Ich habe zwar von Seydel bis jetzt nur einige Stichproben genießen können, verspreche mir aber sehr viel von einem genaueren Studium. Das Buch wird mir mit Ihren Korrekturen als persönliche Erinnerung doppelt und dreifach wertvoll sein.

Wie es mir in Chur ergehe, fragen Sie, und ich bin jetzt wohl imstande, mir selbst darüber klare Rechenschaft zu geben. Jedenfalls fühle ich mich nicht unbefriedigt. Eines ist mir seltsam, ganz überraschend erschienen: Kaum hatte ich den Pfarrer gewissermaßen ausgezogen, so hätte ich ihn am liebsten sofort wieder angezogen[4]. Eine heftige Sehnsucht zog mich zu Pfarrhaus und Kirchlein zurück und sie ist noch jetzt vollkommen lebendig und frisch. Es ist eben doch der schönste, universellste, menschlichste, herzlichste Beruf, wenn man ihn nicht kleinlich faßt. Nichts ist damit zu vergleichen, es sei denn das theologische Lehramt, das aber noch viel höher steht. Nichts reicht an Poesie an ein rechtes Pfarramt heran. Wenigstens *eine* Frucht hat mir das Schulamt getragen: wenn ich oft zweifelte, ob ich zum Pfarrer eigentlich bestimmt sei, ob meine Neigung, wenn sie ganz frei hätte wählen dürfen, das «Bischofsamt» begehrt hätte, ich zweifle jetzt nicht mehr daran, daß meine herzlichste und einzige Liebe ihm gehört, trotz all seinen Krankheiten und seiner Knechtsgestalt. Ich werde also einst wieder zu dieser ersten Liebe zurückkehren. Meine Ehe mit der Kantonsschule ist daher eine Vernunft- und Konvenienzehe, nach Prof. Pfleiderer[5] also eine wohlgeratene. Ich schaffe wacker für die werte Gemahlin. Wie ich Ihnen sagte, habe ich 28 Stunden in der Woche, davon nur 8 Religion, dazu 8 Deutsch, 2 Geschichte und 10 Italienisch. Das wäre also eigentlich mein Hauptfach. Das Französische gelang mir nach großen Anstrengungen abzuschütteln, wofür ich Gott danke. Das Italienische mag mir eine Brücke sein nach Italien, eine Aufforderung zu einer einstigen Romfahrt. Der Unterricht geht befriedigend. Ernsthafte Schwierigkeiten mit der Disziplin habe ich noch nicht gehabt. Das zwar sehe ich deutlich, daß ich die Gabe des Imponierens, des leichten Herrschens über die Geister ganz und gar nicht besitze. Arbeit dagegen habe ich in Hülle und Fülle. Jeden Morgen habe ich Stunde von 7–12 mit einer Zwischenstunde und wenn ich am Abend mein Lager aufsuche, so läßt der Schlaf nicht lange warten. Ruhig und einförmig geht jetzt meines Lebens dünnes Bächlein seinen Gang durch die trockene Ebene der Schule, und es ist mir schließlich recht so. Allerdings gefällt mir manches nicht. Ich habe in Deutsch und Religion so große Klassen, immer um 30–40 Schüler. Da hält es schwer, Leben und Geist hineinzubringen. Religion zählt bei der Promotion nicht mit, ist dazu fakultativ; alles hängt also an der Persönlichkeit des Lehrers. Der Geist der Anstalt ist irreligiös[6], ebenso der Ton des Städtchens. Dazu ist der Bündner kühl, nüchtern, verständig, schwer zu begeistern. Ich stehe vor einem Hause mit verschlossenen Türen. Doch weiß ich, daß die Türen sich auftun werden. Ich weiß ganz bestimmt, was ich zu tun habe, und mein Glaube an den Sieg des Guten ist unerschütterlich. Vorerst muß ich mit aller Macht mich materiell und methodisch ausrüsten, mit meinen Klassen etwas leisten. Da sehe ich, wie liederlich eigentlich der Bau meines Wissens aufgeführt ist.

Stark drückt mich das Gefühl, aus dem Gedankenkreise, der mir am innigsten am Herzen liegt, der religions-philosophischen Spekulation, herausgeworfen zu sein und so viel weniger Zeit dafür übrig zu haben als früher. Noch ist mir sehr ungewiß, ob ich mich an die Preisaufgabe[7] wieder heranwagen darf oder nicht; ungern gäbe ich sie auf, denn ich glaube, die Achillesferse des Ritschlschen Systems zu kennen, und möchte die Sache weiter verfolgen. Vielleicht, daß sich's doch noch machen läßt.

Auch mein Leben außerhalb der Schulstube ist sehr eintönig. Daß mir mein jetziges Junggesellentum sonderlich behagte, könnte ich nicht sagen. Ich fühle mich oft sehr öde und verlassen. Doch wird vielleicht schon bald meine Schwester[8] wieder zu mir kommen und meine kleine Wirtschaft übernehmen. Weil ich einmal bei solchen äußerlichen Dingen bin, so füge ich gleich hinzu, daß ich gegenwärtig angefragt bin, ob ich wohl nebenbei noch Zuchthauspfarrer[9] sein wolle; bald wird man mich auch vom kantonalen Irrenhaus anfragen. Ich werde wohl an beiden Orten abschlägig antworten, um mich nicht in πολυπραγμοσύνη[10] zu zersplittern.

Das wäre also ungefähr die Skizze meines jetzigen Daseins. Ich gleiche einer Pflanze, die aus einem Erdreich ins andere versetzt worden ist und daher noch Blätter und Blüten hängen läßt. Alles in allem bin ich überzeugt, daß mir Heil widerfahren ist. Ich werde hier vieles lernen und hoffentlich auch einiges wirken. Mein einziger Gedanke ist: Gott zu finden, und zwar so, daß ich ihn andern zeigen kann. Dieser «Kampf um Gott», einst mein Thema für die Probepredigt[11] (Gen. 32, 21–31), soll offenbar meine Lebensaufgabe sein. Kein Wunder, wenn ich auch jetzt noch viele bange und trübe Tage habe. Allerdings über die evangelisch-lutherische Kirchen-Zeitung[12] (für den Ausschnitt ebenfalls besten Dank!) mußte ich herzlich lachen, und die jetzt von allen Seiten losbrechenden Angriffe auf die Reform und liberale Theologie lassen mich sehr ruhig.

Doch nun genug des Geplauders! Bald werden Sie wohl wieder in Zürich sein, voll der schönsten Bilder von Liebe und Treue Ihrer Lieben, Ihrer Freunde und Schüler. Möge Gottes Segen auch fernerhin so sichtbar auf Ihrem Wirken ruhen. Mögen Sie auch nicht vergessen, daß wir Fernlebenden gern von der Erfindung der Buchdruckerkunst noch mehr profitieren möchten zum Genuß Ihres Wissens und Fühlens. Ich verbleibe mit hochachtungsvollem Gruße

Ihr dankbar ergebener Leonhard Ragaz, Pfr.

Anmerkungen zu Brief Nr. 13

[1] Das neue Schuljahr begann in Chur im Herbst. Ragaz hatte am 27. August von Flerden Abschied genommen, war in der folgenden Woche in St. Gallen am Predigerfest und zu Hause in Tamins gewesen und hatte darauf am 11. September 1893 seine Lehrtätigkeit in Chur aufgenommen (TB V, Einträge von 26. August, 7. und 12. September 1893).

[2] Vgl. oben, Brief Nr. 2, Anm. 11.

[3] Rudolf Seydel, 1835–1892. 1867 Professor der Philosophie in Leipzig. Schmiedel gab 1893 dessen «Religionsphilosophie» heraus.

[4] Noch bevor Ragaz in Chur seine erste Schulstunde gegeben hatte, schrieb er in sein Tagebuch: «Schon sehne ich mich zurück nach der Stille und Weihe des Pfarramtes, trotz all seiner Kämpfe und Leiden.» (TB V, 7. September 1893)

[5] Vgl. oben, Brief Nr. 2, Anm. 10. Ragaz spielt wohl auf eine Äußerung Pfleiderers im Kolleg an. In Pfleiderers «Grundriß der christlichen Glaubens- und Sittenlehre», 1898, § 53, S. 284, findet sich ein Passus mit ähnlichem Urteil.

[6] Ragaz hatte diese Stimmung an der Schulanstalt schon in seiner eigenen Gymnasialzeit empfunden: «An der Schule aber herrschte ein noch geistleererer Freisinn. Ein Wort, das religiös anregend hätte wirken können, wurde, außer in der angegebenen Weise bei Professor Hosang, nirgends gehört.» Mein Weg, Bd. I, S. 100.

[7] Ragaz hat diesen Plan im Januar 1894 fallengelassen (TB V, 27. Januar 1894). Es handelte sich um das Thema: «Ritschl und Lipsius», das von der Schwarz-Stiftung gestellt worden war.

[8] Nina, welche auch in Flerden den Haushalt geführt hatte. Mein Weg, Bd. I, S. 169.

[9] Ragaz hat dann dieses Amt wirklich ein Jahr lang geführt, und es hat ihn beeindruckt. Vgl. Mein Weg, Bd. I, S. 167f.

[10] Vielgeschäftigkeit.

[11] Am Synodalexamen, Juni 1890, vgl. oben, Brief Nr. 12, Anm. 3.

[12] Die «Kirchenzeitung» hatte am 8. September 1893 geschrieben (S. 904): «Der Mangel an positiven Religionslehrern in der Schweiz ist so groß, daß man wider Willen die Stellen mit Reformern besetzen muß. Die Kantonsschule in Chur ließ die zweite Religionslehrerstelle ausschreiben, und man hoffte auf seiten der Positiven sehr, einen gläubigen Mann zu erhalten, da der erste Religionslehrer zur extremen Richtung gehört und man dringend eines positiv-kirchlichen Unterrichts bedürfte. Der Erziehungsrat war auch zu allem Entgegenkommen bereit. Allein es meldeten sich bloß sogenannte Reformer, nicht einmal Männer der vermittelnden Richtung reichten Gesuche ein. Infolgedessen mußte man nun auch die zweite Religionslehrerstelle in die Hände des Unglaubens geben.»

Brief Nr. 14: An Pfarrer Oskar Brändli

Chur, 12. November 1893

Lieber Freund,

Nach[1] ziemlichem Kampfe, in dem er wie ein Löwe gestritten, weicht nun X[2]. Und er tut sich, der bündnerischen Kirche und der bündnerischen Reform keinen kleinen Dienst damit. Er ist ein laut schreiendes Zeugnis dafür, wohin es führt, wenn der heilige Ernst des sittlichen Ringens zu Gunsten eines sich selbst betrügenden, pathetischen Liberalismus das Feld räumt. Daß die Reform in mindestens 50 von 100 Fällen in dieser Richtung wirksam ist, scheint mir nicht zweifelhaft. Und das ist es, was mich von ihr im tiefsten Grunde abstoßen könnte, wenn nicht einige Männer, wie z. B. Bitzius[3], den ich als Heiligen verehre und studiere (ich bin auch von seinem fünften Predigt-Band erbaut wie von keinem andern Buche) mir zuriefen, daß eine große Kluft befestigt ist zwischen dem liberalismus genuinus und dem liberalismus vulgaris[4]. Jenen halte ich hoch, diesen verachte ich. Möge die Reform von Furrer[5] und Widmann[6] lernen, aus einem liberalismus vulgaris wieder etwas mehr ein liberalismus genuinus zu werden. Ich bin überzeugt, daß Furrer in allen seinen Anklagen gegen die Reform vollkommen recht hat. Das Unrecht beginnt erst, wenn er zu wenig ihr Verdienst, ihre wahre Gestalt hervorhebt. Ich liebe die Reform wie die Kirche: nicht um dessen willen, was sie ist, sondern um dessen willen, was sie sein sollte[7].

Meine Schwester führt mir wieder meine bescheidene Wirtschaft. Wir wohnen etwas hoch im vierten Stock[8], aber haben dafür viel Sonne, Luft, Licht und prächtige Aussicht. Wenn Dich Dein Weg einmal herauf führen sollte, so wäre das eine große Freude für uns. Wie geht es Dir und der ganzen Familie? Verkehrst Du auch mit Dr. Moosherr[9], meinem ungetreuen Freund, von dem ich seit drei Monaten keine Nachricht habe?

Mit vielen Grüßen von meiner Schwester und mir an Dich und die lieben Deinigen bin ich

Dein allzeit dankbarer Leonhard Ragaz

[1] Der erste Abschnitt betrifft die Bewerbung eines Theologiekandidaten um eine Bündner Pfarrstelle und wird als belanglos im Druck weggelassen.

[2] Ein Bündner Pfarrer, der nach siebenjähriger Tätigkeit 1894 seine Gemeinde verließ, nachdem seine freisinnigen Ansichten und andere Punkte zu schweren Auseinandersetzungen geführt hatten. Er versah nachher zwölf Jahre lang Pfarrstellen an freireligiösen Gemeinden in Deutschland. Die Verschleierung des Namens geschah erst durch die Herausgeber.

[3] Vgl. Brief Nr. 3, Anm. 7. Ragaz hatte seine «Predigten» in den Jahren am Heinzenberg immer wieder gelesen.

[4] Der Wortlaut «...daß eine große Kluft befestigt ist...» klingt an die Luthersche Übersetzung der Stelle Lk. 16, 26 an.

Die Unterscheidung zwischen «liberalismus genuinus» und «liberalismus vulgaris» gewinnt für den jungen Ragaz steigende Bedeutung. Sie markiert den ersten Schritt in seiner, wie die weiteren Briefe zeigen, immer akzentuierter in Erscheinung tretenden Distanznahme von der «Reform». In einer Tagebuchnotiz vom 18. November 1894 ist zu lesen: «Der ,liberalismus vulgaris' wird sich immer mehr in dieser seiner Leere und Gemeinheit offenbaren.» Daraus ist einiges für die nähere Bestimmung dieses polemischen Begriffes zu entnehmen. Der Vorwurf der «Leere» bezieht sich offenbar auf das Theologisch-Religiöse. Schon im Brief vom 29. Dezember 1889 macht er dem «freien Protestantismus», den er ihm die Reform verkörpert, zum Vorwurf, daß dessen «Versöhnung» zwischen Kultur und Christentum «mehr als oberflächlich» sei (vgl. auch Anm. 5). Der Vorwurf der «Gemeinheit» dagegen dürfte das Sittlich-Religiöse im Auge haben. Im selben Brief spricht Ragaz von «sog. freisinnigen Studenten», «die sich durch ihren Freisinn dem Ernst der Religion und der Sittlichkeit etwas entziehen zu können glauben und die oft zwischen Liberalismus und Libertinismus nicht scharf genug zu unterscheiden wissen». Man wird darum mit der Annahme kaum fehlgehen, daß Ragaz in seiner Polemik gegen den «liberalismus vulgaris» vor allem kulturoptimistische und libertinistische Tendenzen treffen will, die ihm innerhalb der Reform begegnet sind.

[5] Konrad Furrer, 1838–1908, seit 1878 Pfarrer am St. Peter in Zürich und dazu seit 1885 Professor an der Universität für allgemeine Religionsgeschichte. Furrer hatte am Schweizerischen Predigerfest vom 29. und 30. August 1893 in St. Gallen ein Referat gehalten über das Thema «Welche Hauptgefahren bedrohen den evangelischen Glauben und das christliche Leben der Gegenwart, und wie sind sie zu bekämpfen?» Er hatte gegen das Erlöschen des «christlich-religiösen Geistes» eine «stärkere Konzentration auf Jesus Christus» und «erhöhte Liebe zum Vaterland» gefordert. Gegen den Liberalismus, dem er selber nahestand, hatte er einige Einwendungen gemacht: die Versöhnung von Glauben und Wissen sei ihm nur teilweise gelungen, er habe den Wert der Aufklärung überschätzt und wenig gegen die Erschlaffung des religiösen Lebens getan, ja, er habe vor unrechtem Beten so lange gewarnt, bis man gar nicht mehr gebetet habe. Oskar Brändli hatte im Schweizerischen Protestantenblatt (1893, Nr. 36, S. 295) darüber berichtet.

[6] Josef Viktor Widmann, 1842–1911, der bekannte Schweizer Dichter, der ursprünglich Theologe war, redigierte seit 1880 den Feuilletonteil des Berner «Bund». Dort hatte er (Nr. 286, 1893) den fünften Band von Bitzius' Predigten rezensiert und den Sohn Gotthelfs gegen die Reformer der Gegenwart ausgespielt.

[7] Der folgende Abschnitt ist eine Wiederholung von in anderen Briefen Gesagtem und wird weggelassen.

[8] An der Bahnhofstraße in Chur. Vgl. über die Wohnung: Mein Weg, Bd. I, S. 169.

[9] Moosherr war seit dem Herbst 1893 provisorisch angestellter Lehrer für Geschichte an der Töchterschule in Basel.

Brief Nr. 15: An Pfarrer Oskar Brändli

Chur, 19. November 1893

Lieber und verehrter Freund,

Ein gewisses boshaftes Vergnügen kann ich nicht unterdrücken, daß es mir durch meine schnell hingeworfenen Bemerkungen gelungen ist, Dir einen ganzen Brief abzulisten. Ich danke Dir dafür und will mich über die angeregten Dinge aussprechen, so gut ich kann, wobei ich gestehe, nicht recht begreifen zu können, daß Dir an meiner einfältigen Meinung so viel liegen sollte. Herzlichen Dank auch für diese unverdiente Taxierung.

Ich bin schon als Student, kaum zur «Reform» bekehrt, an der Reform wieder wankend geworden. Was mir an derselben zu fehlen schien, war der tiefe religiöse und sittliche Ernst[1]. Bitte verstehe mich doch dabei nicht so, als ob ich glaubte, denselben selbst in hohem Maße zu besitzen. Man wünscht eben an andern gerade das, was man selbst nicht hat, und wer selbst viel von Ernst und Heiligung spricht, hat sie meistens am wenigsten. Also: Den Eindruck einer gewissen theoretischen und praktischen Oberflächlichkeit bekam ich mit andern vom Durchschnittsschlag der Reformer[2]. Ich bin dennoch der Reform treu geblieben. Denn sie bietet mir hauptsächlich eines. Dieses eine aber ist ein ganz unschätzbarer Edelstein: volle innere Freiheit des religiösen Lebens, Fühlens, Forschens. Um dieses einen willen weiß ich, daß ich immer ein Reformer bleiben werde; allerdings gerade um dieses einen willen ein Reformer nach meinem Sinn. Denn ein freisinniges Dogma hasse ich selbstverständlich noch hundertmal mehr als ein orthodoxes. Wenn ich z. B. in der Tauffrage[3] nicht einfach als gehorsamer Schildknappe so stimme, wie es in dieser Sache anderswo die Reformer taten, wenn ich nicht eine törichte freisinnige Taktik durch meine Stimme unterstütze, wenn ich die individuellen Verhältnisse ins Auge fasse, meinem Gewissen folge und dazu genaue Rechenschaft geben kann, warum ich so handle - wenn ich dann mitleidig als furchtsamer Apostat behandelt werde, so könnte mich das allerdings von einer bestimmten Reformpartei entfernen. Solche Leute sind keine Reformer, sondern «Orthodoxe» der schlimmsten Sorte. Die Weitherzigkeit gegenüber denen, welche die Wahrheit aufrichtig suchen, lasse ich mir nicht zu Gunsten öder Parteibüffelei rauben. Mir gefällt es gar nicht, wenn man Bolliger[4] um seiner Gebetstheorie und Furrer um seiner *Apostolikumsartikel* willen[5] versucht hat, als Apostaten zu behandeln (Vide Protestantenblatt 1891, S. 358). Damit verleugnet man das Beste, was die Reform hat, den Geist, der ganz auch von *liberalen* Vorurteilen freien Wahrheitsforschung. Und den vermisse ich leider nur zu sehr bei vielen, vielen Reformern. Von den Laien will ich gar nicht reden, ich denke jetzt nur an die Theologen. Wir haben alle autoritativen Stützen der Religion zerschlagen. Gut so, sie waren ja faul. Aber wir taten damit etwas Ungeheures, furchtbar Folgenschweres. Es wäre unsere Aufgabe gewesen und wäre noch jetzt unsere dringendste

Pflicht, mit heißer Sehnsucht, mit nie rastendem Bemühen nach den *wahren* Quellen der Religion zu graben, die *ewigen* Fundamente aufzudecken. Nun aber schaue man diese Reformpfarrer, diese süffisanten Leute, die mit ihren paar Phrasen die ganze abgrundtiefe geistige Welt ausgemessen zu haben glauben. Diese innerlich toten bis zur Unerträglichkeit nüchternen und trivialen Menschen, die mit ihrer Religion nur die gedankenlose Trivialität befriedigen können, die aus derselben keinen Mut und keine ewige Jugend schöpfen und mit dem Alter zusammenschrumpfen wie ein vom Zweig gelöster Apfel. Ich leugne nicht, daß es solcher Leute bei den «Orthodoxen» ebensoviel, vielleicht noch mehr gibt; aber bei uns sollte das nicht so sein. Denn die Orthodoxie hat in ihren Formeln immer noch einen machtvollen Wahrheitsgehalt, der auch in vertrockneter Form noch seine Wirkung tut; wir aber sind verloren, wenn wir nicht aus dem frisch strömenden Quell im Innern, dem Geschenk eines in Nachdenken und religiösem Ernst gelebten Lebens schöpfen können. Nun aber habe ich unter «Orthodoxen» und Vermittlern mehr religiös rege und lebendige Leute gefunden als unter den Reformern. Vielleicht ist die bündnerische Reform auch die qualitativ geringste. – Noch mehr hätte ich der Reform vorzuwerfen: ihren Mangel an Mut zum Beispiel. Oft berührt es mich geradezu komisch, wenn ich sehe, wie bedeutende Reformer, z. B. mein Kollege Hosang[6] und Pfarrer Grubenmann[7] sich fürchten, frank und frisch für ihre religiöse Überzeugung einzutreten. Es ist auch das begreiflich: wir wenden uns mehr an die Vorhaut, d. h. an die der Religion und Kirche Entfremdeten, die «Positiven» mehr an die Beschneidung, d. h. die in Religion und Kirche selbstverständlich Festgewurzelten (wobei dahingestellt bleiben mag, wie fest diese Wurzeln seien). Aber so wahr das ist, so müßte sich das Recht unserer Richtung gerade durch die neue Kraft und Wucht und Entschlossenheit unserer Gottesbotschaft ausweisen. Daran fehlt es: Wir sind zu feig und zu oberflächlich, Leid und Sünde kennen wir zu wenig. Die tiefsten religiösen Fragen und Bedürfnisse verstehen wir nicht genug; darum wenden sich oft die Ernstesten, Tiefsten und Gebildetsten von uns ab. Griechische Heiterkeit und Goethesche «Objektivität» will unser Volk nicht, sondern prophetischen Sittenernst. Den lächelnden, überlegen tuenden Optimismus will es nicht, eher noch nimmt es den borniertern Eiferer an. Nicht in dem Sinne natürlich, daß man nicht gern eine stark verdünnte Ethik predigen hörte, gewiß hört man das gerne. Wirkliche Bußprediger waren nie sehr beliebt; aber die innerste Seele des Volkes will den Ernst und dankt für ihn. Auch die lutherische, weltfröhliche Ethik, die ein Lang[8] der Reform imputierte, will es nicht. Der Puritanismus ist reformierte[9] Art und Kraft. Und die kulturübersättigte Gegenwart will im innersten Grunde ihres Willens eine Predigt der Weltüberwindung, nicht eine der heiteren Welterklärung, das möge sich die Reform merken, wenn sie nicht zugrunde gehen will. Damit ist schon gesagt, daß ich den vielfachen Libertinismus der Reform für einen ganz unermeßlichen Schaden ansehe. Wir vertreten eine entsetzlich schwere Sache.

39

Denn das Volk ist konservativ, schwach, autoritätsbedürftig. Zutrauen zu uns können wir ihm nur geben durch die Kraft geweihter sittlicher Persönlichkeit. Nur durch neuen Lebensernst und sittliche Sauerteigskraft weist eine neue religiöse Bewegung sich aus, ob sie eine solche ist. Hätten wir mehr solche Persönlichkeiten, so hätten wir das Volk für uns. Da sollten wir also wachen und beten: «Ein Wettkämpfer enthält sich alles Dings[10].» Und nun ist es Tatsache, daß sittliche Laxheit nirgends so mild beurteilt wird wie bei den Reformern. Das habe ich nun so vielmal in eklatanter Weise erlebt, daß mir ekelt. Mögen die Orthodoxen um nichts besser sein; ihnen tut's nicht viel, uns ist es tödlich.

Ich will es bei diesem syllabus errorum[11] der Reform bewenden lassen, obschon ich vielleicht noch mehr in petto hätte. Nur eines beklage ich noch, da ich einen Vorwurf daraus nicht gerade machen will: ich beklage, daß die Reform nicht in größerem Maße die praktischen Konsequenzen ihrer Theorie gezogen hat. Wenn sie sich allein aufs Evangelium Jesu Christi zurückzog, so hätte sie mit demselben größeren Ernst machen sollen; wenn sie die äußern, d. h. traditionellen Stützen des Glaubens preisgab, so hätte sie dafür die Gemeinde, die Kirche zum Abbild der ewigen Liebe und zum Beweis des Daseins Gottes machen sollen, den Bruderbund stiften, in dem Evangelium und Christus faßbare Realitäten sind. Sie hätte die soziale Organisation der Gemeinde im Sulzeschen[12] Sinne (ungefähr), die bei Bitzius so prachtvoll gezeichnet ist, an die Hand nehmen sollen, dann hätte sie ein Großes getan. Jetzt führen andere den Gedanken aus und noch jetzt regt sich die Reform viel zu wenig. Ein falscher Staats- und Kirchenbegriff (von Rothe[13] geerbt) bindet ihr die Hände. Oder fehlt es wieder an Mut?

Doch genug! Du wirst schon lange sagen: «Das klingt ja noch fast ärger als bei Furrer. Woher das Recht solcher Kritik bei einem unreifen Anfänger, der seinerseits ja noch nichts getan hat?» Darum füge ich eilends hinzu: «Trotz alledem ist es etwas Großes, Köstliches um die Reform. Alles, was Furrer gesagt, besitzt mehr oder weniger Wahrheitskern; nur folgt daraus nicht im mindesten ein Vernichtungsurteil über die Reform. Es ist eine Bußpredigt, kein Richterspruch, wenigstens nehme ich es so; mag F. es meinen, wie er will.» Ich würde also fortfahren: «Selbstverständlich hat die Reform ihre nicht hoch genug zu schätzenden Verdienste. Sie hat uns Freiheit gebracht und damit alles, was in diesem höchsten der Worte enthalten ist. Sie hat unser religiös-kirchliches Leben durch ihr Salz vor Fäulnis bewahrt, auch wenn sie etwa einmal zu stark salzte. Sie hat einer ganz neuen Auffassung des Evangeliums Bahn gebrochen; eine neue Methode der Verkündigung desselben durchgesetzt; auch die Gegner mächtig geweckt und angeregt und eine ungewöhnlich große Zahl bedeutender Männer gestellt. Das ist viel, sehr viel wahrhaftig! Und vieles wird sie noch tun; ihr Lebenssaft zirkuliert noch frisch. Ihr Recht, ihr Prinzip, die freie Wahrheitsforschung, ihr einziges Dogma, wird allmächtig durchdringen. Wenn wir sie strenge richten und zum Teil verurteilen, so geschieht dies, weil wir sie mit großem

Maße messen, und das geschieht wieder, weil wir ihr eine sehr hohe Aufgabe stellen. Aber gerade darin liegt ihre Entschuldigung. In magnis voluisse sat est[14]. Sie mußte das alte, stolze Gebäude früherer Religiosität abtragen, weil es mit Einsturz drohte, ohne daß viele darum wußten. Was Wunder, wenn sie vorläufig nur eine etwas dürftige Unterkunft in den halb ausgebauten Gemächern ihres neuen Baues bieten konnte, wo zwar Luft und Licht reichlich herein kann, aber bei Nacht und kaltem Wetter auch ein leises Frösteln nicht zu vermeiden ist. Sie hat den Menschen in ungewöhnlichem Maße auf sich selbst gestellt mit seinem Gott, was Wunder, wenn mancher nur sich selbst behielt und Gott weniger nachfragte. Sie hat sich an die entkirchlichten Massen gewandt, was Wunder, wenn sie dieselben nicht auf einmal zu den Kirchentüren hinein brachte. Ist das nicht eher ein Zeichen für die Güte ihrer Sache? Sie hat die alten Stützen fahren lassen, was Wunder, wenn einige ganz haltlos wurden. Ist dies nicht zur Zeit des ersten Christentums und zur Zeit der Reformation ganz gleich gewesen?

Sie wird ein solideres Gebäude aufrichten, in dem auch diejenigen gern Zuflucht suchen werden, denen es jetzt noch im alten Gebäude behagt, wenn sie einmal merken, wie baufällig es ist. Sie wird frömmere, bessere Christen erziehen und eine herrlichere Kirche aufrichten. Aber Geduld, Rom ist nicht in einem Tage erbaut worden und kritisieren ist leichter als bessermachen.»

So ungefähr würde ich hinzufügen und hoffentlich damit die Gemüter versöhnen. Und in solchem Sinne ungefähr müßte nach meinem Bedünken der Protest abgefaßt sein. Und in solchem Sinne ist er wohl notwendig. Ich bin gespannt darauf.

Was nun Euch Basler speziell anbetrifft, so weiß männiglich, daß Ihr die Elite der schweizerischen Reform seid. Wer wollte sich mit Euch an Geist und Witz messen? Wer mit einem Wirth auch an Charakter und echtem Idealismus? Und Du selbst wärest gewiß im 13. Jahrhundert ein Franziskaner geworden und noch früher ein Cluniazenser. Dein Reich ist nicht von dieser Welt, trotz allem liebevollen Verständnis der Welt. Daß Euer Wollen durch und durch positiv ist, das ist mir selbstverständlich, und daß Ihr Großes getan habt und noch tut, liegt vor Augen. Ihr seid vielleicht größtenteils etwas anders geartet als unsereins; klüger seid Ihr auch und zum Teil viel weltförmiger, aber wäre es wohl gut, wenn wir alle die gleiche Uniform trügen? Ich bitte Dich dringend, die obigen Vorwürfe nicht auf Euch oder gar auf Dich zu beziehen; wobei ich zugestehe, daß ich Euch auch nur für Menschen halte, für Menschen, denen ich aber Ursache habe, dankbar zu sein wie wenigen. Kurz: Ihr repräsentiert den liberalismus genuinus, nobilis et rarus, dem ich nach wie vor treu und dankbar bin.

Auch kann ich nicht finden, daß Du Widmann[15] gegenüber zu weit gegangen seiest. Im Gegenteil, ich freue mich jedesmal sehr herzlich, wenn Du recht scharf drein haust, gerade solchen Leuten gegenüber. W.'s Rezension von Bitzius' Predigten hat mich tief empört. Ich hätte ihm noch ganz anders geantwortet. Es wundert mich, daß Du mich für so klug und vorsichtig hältst, während ich mir des Gegenteiles lebhaft bewußt bin. Deine Art ist mir nie zu scharf gewesen, meistens gerade recht. Es scheint zeitgemäß zu sein, die Geißel wieder etwas schneidiger zu schwingen. Denn man will der Reform offenbar den Todesstoß geben. Pantheismus und Deismus, Judaismus, Naturalismus, Paganismus, Katholizismus, Nihilismus wirft man ihr im «Kirchenfreund» nur so an den Kopf. Die Reform muß ein Programm aufstellen und still aber intensiv arbeiten. (Darüber ein anderes Mal!) Dann darf sie auch das Schwert schwingen.

Nun aber ist der Brief lang genug. Hoffentlich ist Deine Langmut noch länger. Du wirst wohl meine Meinung vielleicht nicht billigen, aber als treu und ehrlich gemeint anerkennen und einige übergroße Schärfe des Urteils aus der Liebe zur Sache erklären[16]. Und damit sei Du mit Deiner lieben Familie Gott befohlen durch Deinen

dankbaren und getreuen

Leonhard Ragaz

Freundlichen Gruß auch von meiner Schwester!

Anmerkungen zu Brief Nr. 15

[1] Vgl. die Stelle im Brief an Schmiedel vom 29. Dezember 1889 (oben Nr. 3).

[2] Die Bündner Pfarrherren waren zum größten Teil Anhänger des kirchlichen Liberalismus. Ragaz hatte sich schon in den ersten Pfarrerjahren gelegentlich über den Geist beklagt, der an Pfarrerzusammenkünften herrschte. Nach einer Versammlung des Kolloquiums (also einer kleinen Pfarrergruppe, die eine organisatorische Funktion als kleinere Einheit der Bündner Landeskirche erfüllte) in Thusis hatte er ins Tagebuch eingetragen: «Eindruck im allgemeinen der alte: Mangel an geistigem Leben, Oberflächlichkeit, Dünkel und ein bißchen Heuchelei. Ich bin den meisten innerlich entfremdet, und sie mögen mich auch nicht sonderlich wohl – aus guten Gründen. O protestantische Kirche, wie traurig ist deine Gestalt!» (TB IV, 29. September 1892). Vgl. auch Mein Weg, Bd. I, S. 156.

[3] Die Bündner Synode, welche ausschließlich aus den Pfarrern bestand und die Legislative der Landeskirche war, hatte sich in jenen Jahren mit der Frage der Taufe zu befassen. Vor allem gingen die Meinungen darüber auseinander, ob bei notorisch ungetauften Kindern die Konfirmation an Stelle der Taufe treten könne.

[4] Vgl. oben, Brief Nr. 8, Anm. 9. Seine «Gebetstheorie» hatte Bolliger in seiner öffentlichen Antrittsvorlesung in Basel unter dem Titel: «Die theoretischen Voraussetzungen des Gebetes und deren Vernünftigkeit», Basel, 1891, entwickelt.

[5] Im Religiösen Volksblatt hatte K. Furrer eine Artikelreihe publiziert: «Das Glaubensbekenntnis der abendländischen Kirche, genannt das apostolische Symbolum.» Ragaz hatte diese Arbeit im Schweizerischen Protestantenblatt besprochen (1891, S. 235). Furrer, so führt er aus, versuche, das Apostolikum zu beleben «mit dem Zauberstab eines innigwarmen religiösen Lebens», jedoch «das Apostolikum bleibt arm an religiösem Gehalt». – «Bedürfen wir eines Glaubensbekenntnisses? Ich bin geneigt, mit Nein zu antworten.»

Prof. P. W. Schmidt hatte Bolliger und Furrer an einer Zusammenkunft der liberalen Pfarrherren scharf angegriffen und des Anbiederns nach rechts verdächtigt. Darauf bezieht sich die Stelle im Schweizerischen Protestantenblatt, Jg. 1891, S. 358.

[6] Vgl. oben, Brief Nr. 2, Anm. 8. «Kollege» war Hosang als Religionslehrer an der Kantonsschule.

[7] Rudolf Grubenmann, 1837–1895, Bürger von Teufen und später Ehrenbürger von Chur, seit 1872 Pfarrer in Chur, wo er seinen Dienst zuletzt in völliger Blindheit versah. Er veröffentlichte ein «Gebets- und Andachtsbuch» (1886, 11. Aufl. 1911).

[8] Vgl. oben, Brief Nr. 3, Anm. 6.

[9] Die Unterscheidung zwischen lutherischer und reformierter Ethik ist später ein konstitutives Merkmal der Sozialethik von Ragaz. Hier ist eine der ersten Stellen, wo er diese Unterscheidung vornimmt. Eine nächste wichtige Klärung erfuhr dieser Gedanke in der Auseinandersetzung mit dem Denken Friedrich Naumanns (Vgl. Biographie, Bd. I, S. 98 f.).

[10] 1. Kor. 9, 25.

[11] Verzeichnis der Irrtümer.

[12] Vgl. oben, Brief Nr. 6, Anm. 3.

[13] Richard Rothe, 1799–1867, Professor in Heidelberg und Bonn, Systematiker, der Vermittlungstheologie zuzuzählen. Rothe wurde später für den Reich-Gottes-Begriff von Leonhard Ragaz sehr wichtig. Vgl. Biographie, Bd. I, S. 86.

[14] Bei großen Dingen genügt es, wenn man gewollt hat.

[15] Brändli hatte im Schweizerischen Protestantenblatt Widmanns Rezension von Bitzius' Predigten und die von diesem geäußerten Bemerkungen über die Reform zurückgewiesen. Protestantenblatt, 1893, S. 365.

[16] Der Schluß des Briefes betrifft die Bewerbung eines Theologiekandidaten für eine Bündner Pfarrstelle und wird, weil unwichtig, nicht abgedruckt.

Brief Nr. 16: An Frau Elisabeth Moosherr

Chur, 17. Dezember 1893

Verehrteste Frau Moosherr,

Schon längst hätten Sie von mir weiteren Bericht über mein jetziges Denken und Tun empfangen, denn es ist mir ein wirkliches Bedürfnis, von Zeit zu Zeit wieder einmal mit Ihnen zu plaudern. Daß ich schwieg, hatte einen ganz besonderen Grund. Ich hatte von Theodor schon seit dreieinhalb Monaten keinen Bericht mehr erhalten[1], mit Ausnahme der paar Zeilen, die er mir nach St. Gallen[2] schickte. Das konnte ich mir gar nicht erklären und befürchtete, ich hätte ihn unwissentlich verletzt. So ein ungeschliffener Bauernsohn könnte so etwas ja leicht genug tun, umsomehr, als unser Verhältnis ja schon seit langer Zeit etwas getrübt und ich ein bißchen gereizt war. In der quälenden Ungewißheit darüber mochte ich auch Ihnen nicht schreiben. Nun habe ich fast gleichzeitig mit dem Ihrigen auch von ihm einen Brief und damit eine etwas seltsame Erklärung seines Schweigens bekommen. Er habe, sagt er, in diesen letztvergangenen Monaten nach einem

Entschluß gerungen, wie er sein zukünftiges Leben gestalten wolle. Weil dieser Entschluß rein aus seinem eigenen Innern habe hervorgehen müssen, so sei es nötig gewesen, sich eine Zeitlang jeder Beeinflussung durch mich zu entziehen. Und welches ist nun dieser große Entschluß? Lehrer zu werden und nur nebenbei Privatdozent. Mir will es scheinen, das sei nichts so ganz Neues; der Gedanke ans Pfarramt war ihm ja schon lange immer ferner getreten. Er ist auch in diesem Falle ganz der Alte. Er ist ein paar Monate Lehrer gewesen[3]. Nun gibt es *eine Zeitlang* für ihn nichts Höheres auf Erden als Lehrer zu werden, und er entschließt sich im Eifer der ersten Liebe, sich ganz dem Lehramt zu widmen. So entspricht es seiner Natur. Nur bin ich keineswegs sicher, ob ihm nach Verlauf eines Jahres oder zweier Jahre nicht eine andere Schöne noch besser gefällt als die Pädagogik. Vorläufig ist es ja ganz gut, daß er endlich in einen sicheren und friedlichen Hafen eingelaufen ist, es gibt einen Steuermann, der dem Schifflein wohl zur rechten Zeit den rechten Kurs gibt, jetzt und in Zukunft. In dieser Zuversicht, daß er seinen Weg schon finden wird, dürfen auch Sie, liebe und verehrte Frau Moosherr, sich bis auf weiteres beruhigen. Das Pfarramt ist heutzutage für Naturen, wie Theodor eine ist, gefährlich, ja verhängnisvoll. Auch weniger sanguinische Naturen, wie ich eine bin, können daran beinahe Schiffbruch leiden.

Nicht zwar, daß das wirklich mit mir geschehen wäre. Ich bin von Flerden und aus dem Pfarramt im engeren Sinne weggegangen, weil ich von droben weg mußte[4] und etwas anderes sich mir jetzt nicht anbot. An und für sich meine ich aber wirklich selbst, einen inneren Zug und auch ein bißchen den Beruf fürs Pfarramt zu haben, und sehne mich im Grunde des Herzens nach demselben zurück. Es ist doch das Amt, das den höchsten Idealen der Menschheit dient, und ein Priester, im schönsten und edelsten Sinne des Wortes verstanden, zu sein, ist doch das Größte, was ein Mensch sich wünschen kann. Auch das Pfarrhausidyll ist mir sehr ans Herz gewachsen. Ich werde also wohl zu Kanzel und Pfarrhaus zurückkehren, sobald eine gute Gelegenheit sich bietet. Vorläufig jedoch bin ich mit dem Tausch zufrieden. Lehrer zu sein, ist ja wirklich auch schön. Dazu bin ich ja doch auch Religionslehrer und kann als solcher vielleicht mehr für das, was meinem Herzen teuer ist, wirken, denn als Pfarrer. Unter der Jugend zu stehen, zu leben, zu lehren, das verjüngt und beglückt. Und wer erziehen soll, muß sich selbst erziehen.

Ich merke es alle Tage. Wer lehren will, muß selbst lernen, docendo discimus. Wie viel muß ich nicht repetieren, wie vieles nicht neu lernen. Leider habe ich mir eben zu viel aufbürden lassen, so daß ich in allen möglichen Dingen daheim sein sollte. Was ich gelernt habe, kann ich eben zum guten Teil nicht verwerten. So kann ich denn oft sagen, nicht: was ich nicht weiß, macht mir *nicht* heiß, sondern: Was ich nicht weiß, macht mir heiß. Und an Arbeit fehlt's mir nicht. Ich habe 28 Stunden in der Woche, viel Präparation, eine Masse Korrekturen u.s.w. Da möchte ich oft den Tag etwas strecken können. Ich möchte doch gern für meine privaten Studien noch etwas Zeit übrig behalten. Ja, das ist geradezu der Hauptmangel, den ich hier beklagen muß: Mangel an Zeit. In dieser Beziehung war es allerdings am Heinzenberg ganz anders. Indes kann mich das nicht hindern, mich in meinem jetzigen Zustande durchaus befriedigt zu fühlen. Allen den drückenden Verhältnissen, bitteren Erfahrungen, Gemütsaufregungen und Gemütsdepressionen des Pfarramtes bin ich entronnen und in den stillen Hafen täglicher, geordneter, anerkannter Arbeit eingelaufen. Das Schulmeistertum ist ja äußerlich eine sehr bescheidene Sache, ohne glänzende Erfolge und ohne den Nimbus eines priesterlichen Tuns, aber so gefällt es mir. Bin ich ein stilles, schwaches Fruchtbäumchen im Obstgarten, so schüttelt mich nicht der Sturm der Kritik. Nicht zwar, daß meine neue Stellung keine Dornen hätte. Sie ist eine schwierige und ich muß gehörig meinen Mann stellen. Kämpfe, Enttäuschungen, Niederlagen werden nicht ausbleiben, aber mit Gottes Hilfe auch nicht der Segen der Arbeit an den Schülern und an mir selbst.

Auch mein nichtamtliches Leben ist still und bescheiden. Seit Ende Oktober führt mir wieder die Schwester[5] meinen kleinen Haushalt. Ich wohne hoch im vierten Stock[6], aber die Wohnung ist schön, sonnig, in guter Lage, hart neben und doch außerhalb der Stadt, mit einer sehr schönen Aussicht auf Berge und Tal und Stadt. Natürlich ziehe ich das eigene Heim dem öden Wirtshausleben weit vor. Im nächsten Herbst gedenke ich, so Gott will, meinen jüngsten Bruder[7] zu mir zu nehmen; vielleicht zieht auch mein ältester Bruder[8] nächstens nach Chur herein, so daß wir hier schon eine kleine Familie wären. Die zweite Schwester[9] ist nach Frankreich zu Verwandten gegangen[10] und der zweitälteste Bruder[11] will noch weiter studieren. – In Gesellschaft gehe ich nicht viel, freue mich indes aller Anregung, die ich da und dort finde. Meine Gesundheit ist ordentlich. Ich bin ein Baum, der im Herzen krank und faul ist, deswegen doch noch grünt, blüht und Frucht trägt. – Wie lange? Wer mir darauf Antwort geben könnte, würde mir einen ungeheuren Dienst tun und meinem Gewissen Klarheit geben.

Und wie geht es Ihnen jetzt? Im eigenen Hause fühlen Sie sich vielleicht ein bißchen vereinsamt, dafür wird ein anderes Sie entschädigen. Sie werden gewiß am neugewonnenen Glück Ihrer Kinder täglich Freude schöpfen. Darf ich bitten, an Herrn Edmund und seine junge Frau meine besten Grüße und Empfehlungen auszurichten. Bleiben Sie mir auch in Zukunft mit Ihrem mütterlichen Wohlwollen zugetan, das mir ein so köstliches Besitztum ist. Jeder Ihrer Briefe ist mir ein Labsal, eine Erquickung. Glauben Sie also ja nicht, daß dieselben für mich nicht gut genug seien. Das Gegenteil ist richtig. Sie dürfen sich selbst nicht so sehr verkennen.

Indem ich Ihnen also von Herzen eine gesegnete Weihnachtszeit wünsche, bleibe ich mit herzlichem Gruß und treuer Liebe

Ihr dankbarer Adoptivsohn Ihres Herzens

Leonhard Ragaz

[1] Theodor Moosherr war seit Frühjahr 1893 Lehrer an der Töchterschule in Basel. Zu seiner Schweigsamkeit vgl. auch oben, Brief Nr. 14, die Stelle über den «ungetreuen Freund».

[2] Im August hatte in St. Gallen das Reformfest stattgefunden, an welchem Ragaz vor Beginn seiner Lehrtätigkeit an der Kantonsschule teilnahm. Da er dort bei Frau Moosherr logierte, hatte ihm sein Freund wohl bei dieser Gelegenheit geschrieben.

[3] Seit dem Frühling 1893.

[4] Der Zwang zum Verlassen der Pfarrstelle wird von Ragaz hier wohl als ein gesundheitlicher verstanden.

[5] Nina.

[6] Vgl. oben, Brief Nr. 14.

[7] Rageth, damals noch Kantonsschüler, später Theologe und der eigentliche Vertraute Leonhard Ragaz' im Geschwisterkreis, «etwas wie mein eigener Sohn». Mein Weg, Bd. I, S. 169.

[8] Anton, kantonaler Erziehungssekretär.

[9] Merta.

[10] Nämlich nach St. Servan in der Bretagne. Vgl. dazu unten, Brief Nr. 18.

[11] Jakob, später Kantonsschulprofessor.

Brief Nr. 17: An Prof. P. W. Schmiedel

Chur, 17. Dezember 1893

Hochverehrter Herr Professor,

«Ich will einem jeden die Ehre großer Ding herzlich gerne lassen und mich gar nicht schämen, deutsch den ungelehrten Laien zu predigen und schreiben. Wiewohl ich auch derselbigen wenig kenn', dünkt mich doch, so wir bisher und fortmehr uns desselbigen geflissen hätten und wollten, sollte der Christenheit nicht eines kleinen Vorteils Besserung daraus erwachsen sein, denn aus den hohen großen Büchern und Quästionen[1] in den Schulen unter den Gelehrten allein gehandelt[2].» Dieses Lutherwort kam mir bei der Lektüre Ihrer akademischen Rede[3], die Sie mir so freundlich waren zu verehren, in den Sinn. Die Exegese ist meistens zu kleinlich, vergißt ob den Bäumen den Wald, ob der unendlichen Menge kleiner Streitpunkte vergißt sie, die großen Haupt- und Grundgedanken scharf zu beleuchten und herauszuheben. Beim Lesen Ihrer Abhandlung wurde ich ganz an die Zeit erinnert, wo ich in Jena zu Ihren Füßen saß. Äußerst scharf war der kritische Prozeß, durch den der arme Paulus[4] hindurch mußte, und es konnte einem wohl gelegentlich bange um ihn werden, schließlich aber, wenn die Staubwolke der kritischen Arbeit sich verzog, stand ein religiöser Genius mit Fleisch und Blut da, der in der Sprache der Gegenwart zu uns redete, den wir nun verstanden, nicht nur anstaunten wie Dr. Furrer[5] die schwarze Maria in Einsiedeln. Schenken Sie uns noch mehr solche befreiende und erleuchtende «Traktate» und empfangen Sie meinen herzlichsten Dank für das Geschenk. Auch Seydel[6] habe ich inzwischen gelesen, wenigstens zum guten Teil. Daß ich ihn noch nicht ganz gelesen habe, trotz meines sehr großen Interesses für das Buch, kann Ihnen beweisen, wie sehr ich durch die Schule in Anspruch genommen bin.

Was ich aber gelesen habe, hat mir ausgezeichnet gefallen. Im Unterschied von anderen Religions-Philosophien, die ich kenne, führt die Seydelsche mitten in die gegenwärtig schwebenden Disputationen hinein. Schon der historische Teil ist daher äußerst interessant, besonders die Auseinandersetzungen mit Lipsius[7] und der Ritschlschen[8] Schule. Für mich haben sie höchst befreiend und klärend gewirkt. Ebenso überzeugt hat mich die Auseinandersetzung über den Religionsbegriff. Überhaupt tut es mir jetzt fast leid, daß ich Ihnen in Flerden[9] nicht doch meine «Philosophie» ein bißchen vorgetragen habe. Sie hätten gesehen, daß ich in den Hauptpunkten selbständig auf gleiche oder ähnliche Resultate gekommen bin, nämlich in der Ableitung der Religion aus einem primären Trieb, der sich spaltet und auswirkt in einer Vorstellungs-, Gefühls- und Willenswelt, Wissenschaft und Philosophie, Sittlichkeit und Kunst[10], so daß die Religion Lebenszentrum alles Denkens und Tuns bildet; ferner in der Auffassung von der «Erkennbarkeit Gottes» auf theoretischem Wege, in der Ableitung alles Gottesbewußtseins aus einer Intuition[11], die ich «Glaube, Vertrauen» genannt habe, und in vielem Detail. Eine ziemlich harte Nuß dürfte für viele Leser die Gotteslehre sein. Da ist für mich noch manche terra incognita. Wie Seydel eine Objektivität des Erkennens gewinnt, wie er aus dem esse in intellectu auf das esse in re[12] kommt, ist mir noch nicht klar, doch will ich mich bemühen, es herauszubringen. Auch das Prinzip seiner Einteilung der Wissenschaften in Ursach- und Ziel-Wissenschaften ist mir noch nicht ganz klar; ebensowenig, was Seydel meint, wenn er immer betont, es komme ihm zunächst darauf an, das Religionsideal zu finden. Doch kommen Ihnen diese Fragen vielleicht töricht vor und eine nochmalige, gründliche Lektüre des Buches wird mir vielleicht darüber Licht verschaffen.

Leider bleibt mir eben wenig Zeit für stilles Verarbeiten solcher schwierigster Probleme der Metaphysik, so gern ich mich darein versenken möchte. Meine 28 Stunden fordern so viel Präparation und Postparation[13], bringen dazu so viel Korrekturen (gottlob nicht in Form von Winerschen[14] Druckbogen!), daß ich einen achtundvierzigstündigen Tag ganz gut brauchen könnte. Und das ist eigentlich meine Hauptklage gegen den Schulmeisterstand. Damit ist schon gesagt, daß ich mich in demselben recht wohl fühle, trotz heimlicher Liebe zum Pfarramt. Ich fühle, daß meine pädagogische Geschicklichkeit doch fortwährend wächst, was auch sehr nötig ist. Schlimm ist, daß ich mit saurem Schweiß so manches lehren sollte, was ich nicht weiß, oder nicht mehr recht weiß. Da muß ich nun eben lernen und beim Lernen steigt von selbst die verschwundene Welt des einstigen Gymnasialwissens nebst dem später hinzuerworbenen, soweit es Sprachen und Literatur anbetrifft, wieder empor, während die Welt der Dogmatik, Philosophie, Exegese sich ein bißchen senkt. Wenn ich dergestalt das docendo discimus[15] erfahre, so auch das educando educamur[16]. Ich fühle, daß ich an Geistesgegenwart, Geistesklarheit und Festigkeit des Willens noch sehr zunehmen muß, wenn ich meinen Schülern imponieren und sie damit erziehen soll. Ich fühle lebhaft, daß ich noch ein Stümper bin. Am liebsten ist mir doch der Religionsunterricht. Da ringe ich um die Seelen der Jugend einen natürlich nur von mir gefühlten Kampf und erfahre wie furchtbar schwer es ist, aus Tod Leben zu machen. Denn das religiöse Interesse fehlt meistens; es wird im Elternhause nicht genährt, und der Geist der Anstalt, wie unseres kleinstädtischen Nestes, ist ein oberflächlicher. Dazu sind die Klassen groß, meistens gegen oder über vierzig Schüler. Ich trage mich mit verschiedenen Reformprojekten, die ich mit Gottes Hilfe ausführen möchte im Lauf der Zeit.

Mein nichtamtliches Leben ist still und bescheiden, wie es dem Schulmeister ziemt. Gerade allzuviel geistige Anregung ist in Chur nicht zu haben. Doch bin ich mit wenig zufrieden. Mit den Kollegen lebe ich zum guten Teil auf dem Fuße kühler Höflichkeit, mit einigen verkehre ich vertraulicher. Mit dem Pfarramt hange ich zusammen durch das Zuchthaus, dessen Seelsorger ich bin. Mit besonderer Freudigkeit verkündige ich den Gefangenen, daß sie los sein sollen. Doch halte ich mehr sogenannte Bibelstunde als Predigt, alle Monate drei- bis viermal. Von der table d'hôte in Gesellschaft von Ladenjünglingen und ähnlichen hochgestimmten Seelen bin ich durch meine Schwester, die mir wieder meinen kleinen Haushalt führt, glücklich befreit worden. So gehöre ich denn zu den Stillen im Lande und bin zufrieden, trotzdem Kämpfe und Niederlagen mir nicht fehlen werden, namentlich ein Kampf nicht: der Kampf um Gott.

Ich will Sie nicht länger mit mir aufhalten. Ich hoffe, daß Ihnen Zürich und die Schweizerluft immer besser behagen. Wenigstens auf religiösem Gebiete haben wir geistige Freiheit und schließlich doch lieber in der kühlen, scharfen Luft des Liberalismus, als in der dumpfen Stickluft des offiziellen Orthodoxismus, obschon es mich wenigstens oft bis ans Herz fröstelt beim Eishauche des religiösen Nihilismus, der mir Schritt auf Schritt entgegengähnt. Ach, möchte Gott doch wenigstens im Wettersturm daher fahren. 'Αμήν, ἔρχου, κύριε ('Ιησοῦ)[17].

Mit nochmaligem herzlichen Dank und achtungsvollem Gruße bin ich
Ihr ergebener Leonhard Ragaz

[1] Theologische Schulfragen (Begriff aus der scholastischen Theologie).

[2] Es handelt sich um eine Stelle aus dem Sermon «Von den guten Werken» (1520) WA 6, 203, 16–22. Clem. 1, 228, 25–31. Wir verdanken den Hinweis auf diese Stelle Prof. G. Ebeling, Tübingen.

[3] Es handelt sich wohl um: «Glaube und Dogma beim Apostel Paulus. Rede zum Antritt eines Ordinariats für neutestamentliche Exegese an der Universität Zürich im Sommer 1893» (Theologische Zeitschrift, 1893, IV, S. 211ff.).

[4] Ragaz hörte Schmiedel in seiner Vorlesung über den Römerbrief (Wintersemester 1888/89).

[5] Vgl. Brief Nr. 14, Anm. 5. Auf welche Äußerung Furrers sich die Anspielung bezieht, kann nicht festgestellt werden.

[6] Vgl. oben, Brief Nr. 13, Anm. 3. Es handelt sich um Seydels «Religionsphilosophie», welche Schmiedel 1893 aus dem Nachlaß herausgab.

[7] Vgl. oben, Brief Nr. 2, Anm. 11.

[8] Vgl. unten, Brief Nr. 25, Anm. 10.

[9] Schmiedel hatte Ragaz im Sommer des Jahres 1893 in seinem Bergdorf besucht (TB V, 14. August 1893).

[10] Der Text ist unklar. Im Manuskript hat der Satz folgende Gestalt: «Trieb, der sich spaltet und auswirkt in einer Vorstellungs-, Gefühls- und Willenswelt (Wissenschaft (= Philosophie), Sittlichkeit und Kunst, so daß...» Ragaz will wahrscheinlich sagen, daß die «Religion» aus einem primären Trieb abzuleiten ist, der aber nur als gespaltener in Erscheinung tritt, sich so in Vorstellungs-, Gefühls- und Willenswelt differenziert als Ermöglichungsgrund von Philosophie, Kunst und Sittlichkeit. Vgl. dazu L. Ragaz, Evangelium und moderne Moral, Berlin 1898, S. 55: «Das Verhältnis zum Göttlichen kann und muß sich... in drei Formen auswirken: als Gefühl, als Wille und als Vorstellung...» Dort eine ausführliche Darstellung der Frage.

[11] Vgl. unten, Brief Nr. 33.

[12] Die hier von Ragaz verwendeten Begriffe stammen aus der scholastischen Philosophie (Anselm von Canterbury). «Esse in intellectu» meint Sein als gedachtes Sein, «esse in re» Sein als wirkliches Sein. Verallgemeinernd bezeichnet der erste Begriff etwas, das im Bewußtsein, also in der Subjektivität, und der zweite Begriff etwas, das auch außerhalb des Bewußtseins, d.h. in der Objektivität «ist». Ragaz meint hier, es sei ihm noch nicht klar, wie Seydel von dem im Bewußtsein theoretisch erkannten Gott zum objektiv-wirklichen Gott komme.

[13] «Nachbereitung», das dem Unterricht nachgehende Überdenken der Lektionen und die Korrekturarbeiten.

[14] Schmiedel war damals mit der Herausgabe des Standardwerks von J. G. B. Winer, Grammatik des neutestamentlichen Sprachidioms (1822; 8., von P. W. Schmiedel besorgte Auflage des I. Bandes, 1894) beschäftigt, und seine Exaktheit und Präzision waren sprichwörtlich.

[15] Beim Lehren lernen wir.

[16] Durch das Erziehen werden wir erzogen.

[17] Amen, ja komm, Herr Jesu! (Offb. 22, 20). Das letzte Wort des griechischen Zitats ist ergänzt.

Brief Nr. 18: An Prof. P. W. Schmiedel

St. Servan[1], 8. August 1894

Hochverehrter Herr Professor,

Ihre werte Karte hat mich erst nach 14 Tagen erreicht, und so komme ich erst jetzt dazu, Ihnen dafür herzlich zu danken. Das Bessere ist des Guten Feind. Ich wollte Ihnen einen recht langen Brief schreiben und darüber ist es nicht einmal zu einer Karte gekommen. Daran war der Reisetrubel schuld. Wie Sie sehen, hat mich eine Anwandlung von Romantik bis in die Bretagne, an die Ufer der Manche, geführt. Hier, in hochtoriger Stadt[2], wohnt mir ein Onkel, der die Welt mit Pasteten und Bonbons versieht und durch dieses süße Geschäft reich geworden ist. Weil ich ihn nicht beerben werde, so will ich ihn wenigstens ein bißchen gerben[3]. Die Gegend ist herrlich: die Küste mannigfaltig, das Meer für mich etwas Neues. Doch das gedenke ich Ihnen brieflich zu schildern und hoffe, daß Sie darob nicht erschrecken. Den guten Ploetz[4] kann ich hier ins Praktische übersetzen, wobei ich wieder einmal Demut lerne. – Die Franzosen sind Kinder, geistreiche, neugierige, gute, eitle, oberflächliche, lasterhafte Kinder[5]. Von kirchlichen Dingen habe ich viel Interessantes gesehen.

In der Hoffnung, daß Sie meine unbewußte Unhöflichkeit entschuldigen werden, bin ich mit herzlichem Dank und Gruß und besten Wünschen für Ihre Ferien

Ihr Leonhard Ragaz, Pfr.

Anmerkungen zu Brief Nr. 18

[1] St. Servan liegt in der Bretagne; Ragaz' Onkel, Georg Färber, war dorthin ausgewandert und führte eine «große und angesehene Konditorei» (Mein Weg, Bd. I, S. 169). Ragaz war in seinen Lehrer-Sommerferien hingereist und am 14. Juli angekommen.

[2] Anklang an Voss' Übersetzung der homerischen Epen.

[3] Möglicherweise ein Ausdruck aus der Studentensprache, der ungefähr gleichviel bedeuten könnte wie: mich schadlos halten.

[4] Karl Julius Ploetz, 1819–1881, verfaßte ein berühmtes «Lehrbuch der französischen Sprache», 1. Aufl. 1848, 33. Aufl. 1880!

[5] Obwohl Ragaz sich von seinem Alldeutschtum bereits distanziert hat, bleibt sein Urteil über Frankreich oberflächlich. Auch in seinem Tagebuch über die Reise wird nicht eigentlich deutlich, daß er das politische Leben der noch um ihren Weg kämpfenden Dritten Republik stark zur Kenntnis genommen hätte. Es war für ihn noch ein weiter Weg zurückzulegen bis zur Identifikation der westeuropäischen Völker mit dem Gedanken der Demokratie und der Menschenrechte, wie er sie im ersten Weltkrieg vollzog. 1914 schrieb er dann in den bedeutsamen Helveticus-Artikeln im «Grütlianer»: «So reden wir auch von dem französischen Leichtsinn und andern Fehlern des französischen Wesens, aber nicht von dem edlen Schwung, der Ritterlichkeit, dem glühenden Enthusiasmus, deren die französische Volksnatur vor andern fähig ist, nichts von dem tiefen Ernst seiner Hugenotten, dem ethischen Feuer seiner großen Republikaner.» Grütlianer, 1914, Nr. 220 vom 21. September 1914.

Tamins[1], 1. September 1894

Hochverehrter Herr Professor,

Ich muß Wort halten, obschon ich zweifle, ob mein bretonischer Brief Sie stark interessieren wird, namentlich da ich ihn ja nicht einmal mehr in der Bretagne schreibe. Seit einigen Tagen bin ich wieder daheim und nächstens ist's wieder mit der schönen, leider auch kleineren Hälfte des Jahres vorbei. Eine schöne und große Erinnerung bildet dieser bretonische Sommer[2] doch. Die Bretagne ist wohl in jeder Beziehung der interessanteste Teil Frankreichs. Welch ein Gefühl, unter Menschen zu leben, welche die Sprache der alten Helvetier und Gallier sprechen! Aber allerdings muß auch hier das Keltische vor dem alleinseligmachenden Schulmeister weichen. In grauste Vergangenheit dagegen, vielleicht noch Tausende von Jahren vor Cäsar, führen uns hinab die Dolmen[3] und Menhirs[4] und Cromlechs[5], die auf einsamer Heide aufragen, 50, 60 bis 100 Fuß[6] hoch. Es läßt sich gut träumen am Fuß dieser kolossalen Grabsteine der Vorwelt, wenn fernher die Flut ans einsame Gestade schlägt, sie, die schon jenen Helden und Fürsten der Vorzeit Wiegen- und Grablied gesungen! Ja, träumen läßt sich's gut in der Bretagne! Die Landschaft ist hügelig. So weit das Auge reicht, nirgends eigentlicher Wald wie bei uns (man lernt in Frankreich den Begriff «deutscher Wald» erst recht verstehen), aber eine Masse von vereinzelten Bäumen und Baumgruppen, die der Gegend etwas Festliches, Feierliches verleihen. Besonders zahlreich finden sich die Eichen, Ulmen, Platanen, dazwischen Weiden, Pappeln, Kastanien. Jede Wiese, jeder Acker ist umhegt von Eichen oder Ulmen; auf den tiefgrünen Weiden ein paar bretonische Kühe oder Gänse; im Acker der niedrige Obstbaum, zwischen Bäumen versteckt ein Bauernhüttchen; da und dort ein Teich, eine Wasserader, alles sanft und still, die Farbe der Bäume von tiefdunklem Grün und daher über alles gebreitet eine wunderbare Mischung von Freundlichkeit und Melancholie – das ist der landschaftliche Charakter der Bretagne. Derselbe steigert sich im Herzen der Bretagne bis zur tieftraurigen Einsamkeit der Heide und mildert sich anderswo bis zur lieblichen Freundlichkeit des Gartens. Der große Rahmen aber, der alles umfaßt und über alles einen eigenen Zauber ausbreitet, ist das Meer. Ich habe es in der Bretagne zum erstenmal gesehen und es daher gleich in all seiner Eigentümlichkeit kennengelernt. Denn der Wechsel von Ebbe und Flut, das Leben des Meeres, das Eigentümliche der Tier- und Pflanzenwelt des Meeres und seiner Küsten, all das soll an den Küsten der Bretagne besonders scharf ausgeprägt sein. Die Küste ist mannigfach gegliedert. Oft dringt das Meer vier bis fünf Stunden weit (Dampfschiff-Schnelligkeit!) ins Land ein; die Masse von Buchten und Klippen und Inseln und Vorgebirgen gewährt eine unendliche Fülle von malerischen Perspektiven. Erika von wunderbarer Intensität der Färbung, Ginster und Kiefer umsäumen die

Küsten, über die ein scharfer Meerwind streicht. Immer wieder mußte ich ans Hochgebirge denken. Wie dort alles einfach und groß. Die Pflanzen von intensiven Farben und üppigen Formen. Zur Zeit der Ebbe bilden die Ufer Felder von Seetang oder weite spiegelblanke Sandflächen; schwärzliche Klippen steigen aus dem Meere auf, über die dann bei steigender Flut in toller Jagd die weißen Wogenrosse springen, jauchzend vor Übermut. Ein Mensch, wie er im Buche steht, schwelgt nun bei solchem Anlaß in einem Meer von gehobenen Stimmungen und poetischen Empfindungen. Dergleichen kann ich von mir nicht melden. Selbstverständlich hat das Meer auch mir etwas zu sagen gehabt; seine Rede hat mich immer traurig gestimmt, während die Berge mich immer froh stimmen. Das Meer ist das ungeheure Symbol des ewigen Werdens und Vergehens, des ewig gleichen Kreislaufs der Dinge; die Berge sind das Bild des Festen und Beharrlichen. Aus den Tiefen des Meeres klingen die abgrundtiefen Freuden und Leiden der Weltseele, von den Bergen herab reden Gottes ewig schöne, große und bleibende Ordnungen. Das ist die Quintessenz meiner Meeresstimmungen. Das Meer stimmt geschichts-philosophisch, kosmisch; am Meer ist gut philosophieren und träumen. Aber ich glaube, Ihnen geschrieben zu haben, daß gerade in diesen Ferien ein totaler Zusammenbruch all meiner körperlichen und geistigen Kräfte erfolgt ist, wie ich ihn noch nie erlebt habe. Dazu kommen, leider, noch trübselige Familiengeschichten[7], die mir die Freude an aller äußerlichen Natur trübten. Ach, die wunderbare Pädagogik, die mein Leben lenkt, hat es recht deutlich darauf angelegt, mir alles zu versagen, was sonst der Menschen Glück ausmacht: Gesundheit, Talent, Liebe und Erfolg, und wo ich mich auf einen Sonnentag gefreut, muß Regen und Nebel her, und was ich als Ärgstes gefürchtet, ich muß es durchkosten; das sind Tatsachen; deswegen bitte ich Sie, nicht um mich besorgt zu sein. Ich spreche mit der Devise von Paris: fluctuat nec mergitur[8] und danke für alles Schöne und Große, was ich durch einen Wolkenschleier von Menschenqual gesehen habe.

Ebenso interessant wie das Land wäre wohl das Volk, nur weniger leicht zu fassen. Die Gegend von St. Servan, wo ich wohnte, ist eigentlich ein großes Meerbad mit allen charakteristischen Erscheinungen eines solchen. Aber auch viel Typisches hat sich erhalten. Zehn Minuten von St. Servan liegt St. Malo, eine ganz wundersame Stadt. Ringsum vom Meer umfangen, ist die Stadt von riesigen Wällen geschützt, über die dennoch im Sturm das Meer hinüberspringt. Aber drinnen ist jedes Haus eine Festung, aus riesigen Granitquadern zusammengefügt, stolz und finster. Die Straßen eng, die Kirche riesig, aber schwer und dumpf; die seltsam hohen Kamine, überragt vom massiven gotischen Glockenturm, alles die Farbe des Meeres tragend, ein steinerner Hochwald. So findet man auch ringsherum viel Normannentrutz. Diese alten Franzosen müssen noch mehr Mark und Knochen gehabt haben als die jetzigen. St. Malo ist die Heimatstadt einer Menge von Seehelden, aber auch eines Lamettrie[9], Maupertuis[10], Lamennais[11] und insbesonders ist es die Stadt Chateaubriands[12], dessen Grab, mit einem schlichten Granitkreuz ohne Inschrift versehen, von der Spitze einer Felseninsel hinausschaut ins unendliche Meer. Sein «Génie du christianisme» ist aber nirgends mehr zu finden, außer in jesuitischer Aufbesserung. Die stolzesten Gebäude sind doch überall' die Kirchen. Auch in den ärmlichsten Dörfern, wo Mensch und Vieh im gleichen Raume zu ebener Erde unter elendem Strohdach ein kümmerliches Leben fristen, finden sich Kirchen, die an Reichtum, Solidität und stilvoller Einfachheit jeder protestantischen Stadt zur Zierde gereichen würden. Man lernt allmählich begreifen, was es heißen wollte: es gut haben wie der Herrgott in Frankreich. Noch jetzt wirft der Hut des Curé einen breiten Schatten auf das Land. Dagegen habe ich den Protestantismus nur in traurigster Gestalt kennen gelernt. Und doch schreit es die Geschichte von Frankreich seit der Reformation, daß das tödliche nationale Unglück kein anderes ist als die Ausrottung des Protestantismus. Daran wird Frankreich zugrunde gehen. Mein Urteil über die Franzosen habe ich Ihnen bereits geschrieben. Ich habe keine Ursache, es zu ändern. Ich bin immer deutschfreundlich gewesen und bin es nun noch mehr geworden[13]. Eines berührt zwar bei den Franzosen äußerst wohltätig: Da begegnet man nicht wie in Deutschland jeden Schritt einem Gesicht, dessen blasierte und hochmütige Züge uns sagen wollen: «Leute wie du existieren für mich gar nicht; ich ignoriere und verachte dich.» Auch das Militär zeigt sich menschlich, und die Höflichkeit auch des gemeinen Volkes ist ganz sagenhaft groß. Wenn auch Höflichkeit nicht die Haupttugend eines Volkes ist, sowenig sie diejenige des Einzelnen ist, so fühlt man sich doch wohlig angeweht von menschlich freundlicher und nobler Sitte. Dessenungeachtet ist der Kern der Nation faul. Diese traurigen Kinder haben die entsetzliche Lektion von 1870 gar nicht verstanden. Ich hatte Gelegenheit, mit einem ernsten und charaktervollen französischen Offizier[14] zu verkehren, mit dem ich seiner tief religiösen Gesinnung wegen lebhaft sympathisierte (er ist Protestant und mir verwandt). Auch er glaubte 1870 mangelnder Strategie und numerischer Minderheit auf französischer Seite allein zuschreiben zu müssen. Ein verjesuitisiertes Volk hat eben keinen Sinn für die Wahrheit und den Ernst der Selbsterkenntnis mehr.

Doch ich darf meinen Brief nicht zur Abhandlung ausdehnen und darum muß ich abbrechen, so traurig mir auch diese paar langweiligen Federstriche vorkommen gegenüber dem farbenreichen Gemälde der Wirklichkeit. In Paris habe ich mich vier Tage lang aufgehalten, mir ein Gesamtbild der Stadt verschafft und die Gemälde des Louvre etwas eingehender angeschaut, auch hier ohne die übliche himmelhoch jauchzende Begeisterung, die in 99 von 100 Fällen falsch ist. Sehr schön war endlich der Schluß der Reise, wo ich in Basel die Freundlichkeit und Freundschaft guter und gescheiter Menschen, wie der Pfarrer Altherr und Brändli, in reichem Maße genießen durfte und Gelegenheit hatte, das großartige St. Jakobsfest[15] mit anzusehen. Und jetzt überblicke ich wieder das Arbeitsfeld des kommenden Winters. Der Konfirmandenunterricht wird mir Freude machen, mir aber auch zu denken geben. Noch mehr gibt mir allerdings zu denken, daß ich 11 Stunden Italienisch geben soll und zwar den Anfängern. Das wird mich ins Pfarramt zurückstoßen; ich will's als einen Wink Gottes auffassen, nicht zu lange Schulmeister zu bleiben. Große Freude wird es mir bereiten, daß mein jüngster Bruder[16] als Gymnasiast zu mir kommen wird. – Ich habe noch vergessen zu sagen, daß ich in Basel auch Moosherr getroffen und einen traurigen Eindruck bekommen habe von der Prosa seines Daseins[17], verglichen mit unseren einstigen Studententräumen.

Woher nehme ich eigentlich das Recht, Ihnen einen so langen und so inhalts- und geistlosen Brief zu schreiben? Nur um Ihnen zu sagen, daß der Dank gegen Sie und die Verehrung für Sie von keinem débacle Körpers und Geistes erschüttert wird, und Ihnen die Versicherung zu geben, daß Sie auch jetzt in schlaflosen Nächten nicht für mich sich zu ängstigen Ursache haben. Indem ich Ihnen recht schöne und segensreiche Ferien wünsche, verbleibe ich in Dank und Verehrung

Ihr ergebenster Leonhard Ragaz

Anmerkungen zu Brief Nr. 19

[1] Nachdem er mit seiner Schwester St. Servan am 21. August verlassen und vier Tage in Paris verbracht hatte, war Ragaz seit dem 28. August in Tamins, wo er den Rest der Ferien im Elternhaus verbrachte.

[2] Ragaz hat seine Reise in einer Artikelserie im Schweizerischen Protestantenblatt 1894, Nr. 40–49, unter dem Titel «Ferientage in der Bretagne, Neun Ferienbriefe» geschildert. Auch in der Autobiographie, Mein Weg, Bd. I, S. 170ff., gibt er eine ausführliche Darstellung.

[3] Stehende Steinplatten aus steinzeitlicher Epoche, über denen, einem Tisch vergleichbar, eine Steinplatte ruht.

[4] Andere Steinzeitdenkmäler: einzelne, senkrecht stehende Steine.

[5] In einem weiten Kreis angeordnete einzelne Steine aus derselben Zeit.

[6] Ragaz meint wohl den alten eidgenössischen Fuß zu 10 Zoll, der 30 cm maß und durch das eidgenössische Konkordat von 1834 genormt worden war. Inzwischen hatte der Bundesstaat allerdings 1875 das metrische System eingeführt. Es ist immerhin bemerkenswert, daß er 1894 noch diese Maßeinheit verwendet. Um den alten französischen Fuß (32,48 cm) wird es sich kaum handeln, da Frankreich bekanntlich seit 1794 metrisch rechnete.

[7] Die Heimholung der Schwester aus St. Servan war nach allerlei Auseinandersetzungen erfolgt.

[8] Sie möge hin- und hergetrieben werden, aber nicht untergehen. Der Spruch krönt das Wappen der Stadt. Daß Ragaz hier sein persönliches Erleben mit dem Motto der französischen Hauptstadt in Beziehung setzt, zeigt, wie intensiv er diese in den vier Tagen in sich aufgenommen hat, was auch das Tagebuch beweist.

[9] Julien de Lamettrie, 1709–1751, Arzt und aufklärerischer Philosoph, Freund Friedrichs II. von Preußen, schrieb «Histoire naturelle de l'âme» und «L'homme machine».

[10] Pierre Louis Moreau de Maupertuis, 1698–1759, Geometer, von Friedrich II. zum Haupt der preußischen Akademie der Wissenschaften erhoben.

¹¹ Félicité de Lamennais, 1782–1854, führender katholischer Liberaler, Vertreter eines revolutionär gestimmten Katholizismus in der Restaurationszeit. Ragaz verfehlte später nie, auf seine «Paroles d'un croyant» hinzuweisen und ihn als einen geistigen Ahnherren des religiösen Sozialismus zu bezeichnen (So Mein Weg, Bd. I, S. 238 und in der ungedruckten Vorlesung «Christentum und soziale Frage», 1909, S. 20: «Der geistige Vater der christlich-demokratischen Richtung». Seine Paroles d'un croyant seien das «schriftstellerisch großartigste Dokument des christlichen Sozialismus»).

¹² François Chateaubriand, 1768–1848, bedeutender romantischer Schriftsteller, Verfasser des «Génie du christianisme» und der «Mémoires d'outre-tombe».

¹³ Man darf immerhin an den Brief aus Berlin erinnern (vgl. oben, Brief Nr. 2). Ragaz hatte schon auf der Eisenbahnfahrt nach Paris die Ressentiments der Franzosen gegenüber den Deutschsprechenden erlebt, was er in seinem zur Übung auf Französisch geschriebenen Tagebuchbericht so wiedergibt: «A Belfort j'ai fait une jolie observation. Je demandai au conducteur l'heure de mon arrivée à Paris, en mauvais français naturellement. Il me répondit d'abord très froidement, presque brusquement, ce qui me fit étonner, parce qu'il n'était pas d'accord avec la politesse française si renommée. Mais tenez le bonhomme tout changé, lorsqu'il s'aperçoit que je suis un ‚Switzer'. Il est maintenant la bonté paternelle en personne, il m'invite à m'asseoir, il me montre mon train. Il m'avait d'abord traité comme ‚Prussien' et pas comme Suisse. Peut-être il a combattu dans l'armée de Bourbaki.»

¹⁴ Gemeint ist wohl ein Monsieur Letrosne, der zur gleichen Zeit wie Ragaz bei dessen Oheim zu Besuch war. Ragaz schreibt in seinem Tagebuch von religiösen und politischen Gesprächen, die er mit ihm führte (TB V, 1.–5. August 1894).

¹⁵ Am 26. August 1894.

¹⁶ Rageth Ragaz.

¹⁷ Moosherr war seit 8. März 1894 Lehrer für Geschichte und Deutsch an der oberen Realschule in Basel. Wenn Ragaz hier sein Dasein als prosaisch anspricht, kann es sich wohl um eine Projektion eigenen Empfindens auf den Freund handeln; es ist seltsam, daß nun für einige Zeit beide Jugendfreunde und Theologen der Schule dienten. Immerhin hatte Moosherr damals die Lebensaufgabe noch nicht gefunden, die ihn später so erfüllt hat: die Tätigkeit an der pädagogischen Abteilung der Töchterschule, der er weitgehend das Gepräge gegeben hat.

Brief Nr. 20: An Prof. P. W. Schmiedel

Tamins, 29. Dezember 1894

Hochverehrter Herr Professor,

Als ein Glied jener zahlreichen Familie, die Ihnen in diesen Tagen gewiß aus fast allen deutschredenden Gauen und auch weiterher ihre herzlichsten Glückwünsche bringt, stelle auch ich mich ein, um Ihnen zu danken für die ganz und gar unverdiente Vatersorge, die Sie auch im vergangenen Jahre meiner vielfach kranken Seele gewidmet haben. Der beste Dank für den Seelenarzt ist wohl der, daß das Heilmittel hilft, aber möge Ihnen auch die Liebe und Verehrung der großen Familie ein freundlicher Stern der Neujahrsnacht sein.

Mir sind die letzten Monate so recht im Traum vorübergegangen. Ich habe 30 Stunden und darunter viele nicht leichte. Es ist rein unmöglich, für alle diese Stunden so zu arbeiten, wie ich es wohl wünschen möchte. Lieber ein bißchen weniger präpariert und dafür mit frischer Seele in die Stunde kommen. Und um die Seele frisch zu erhalten, bedarf ich immer etwas Lektüre und einiger stiller Stunden. Erquickend ist leider auch vor dem unbefangenen Auge die Stellung eines Religionslehrers an unserer Schule nicht. Es herrscht ein trauriger Geist der Kleinlichkeit, Intrige, des Neides, des Cliquenwesens und der Aufgeblähtheit unter dem Lehrerkollegium[1]. Es sind darunter viel zu viel ehemalige Primarlehrer, die durch ein Jährchen Universität oder ein paar Monate Ausland ihre Blöße bedeckt haben und sich nun Könige dünken; dazu viele rein mathematisch-technisch Geschulte. Die akademisch Gebildeten sind stark in Minorität, etwa ein Viertel der Lehrerschaft. Natürlich kläfft die ganze Meute gegen alles, was Kirche, Religion und Religionsunterricht heißt, wie gegen alle humanistischen Fächer. In der Schweiz hat ja der schnöde Materialismus nur zu viel Nährstoff im Volkscharakter. Gegenwärtig haben wir Lehrplanrevision, und die Gegensätze werden hart und in unerquicklicher Weise aufeinanderstoßen. Was die Gymnasialfrage anbetrifft, so muß ich zu meiner Schande gestehen, daß ich bis jetzt nicht imstande gewesen bin, mir eine irgendwie gefestigte Überzeugung zu bilden. Meine persönliche Neigung ist fürs alte Gymnasium[2], anderseits ist es schwer, zu glauben, daß wir in alle Zukunft nie der Schule der Antike entwachsen werden, und schwer, sich des mächtig andringenden Stroms der Gegenwart zu erwehren. Es ist ein ähnlicher Konflikt, wie er auf religiösem Gebiete vorliegt, wo auch die Sehnsucht nach gegenwärtiger Offenbarung[3] im Kampf liegt mit der Anerkennung des geschichtlich uns Gegebenen[4]. Daß man mich wieder ins Joch des Italienischen geschmiedet hat, tut mir insofern leid, als ich aus Büchern doch nie und nimmer jene Sprachgewandtheit erlangen kann, die zu einem guten Sprachunterricht nötig ist. – Beim Religionsunterricht bin ich mit ganzer Seele; aber mit dem wachsenden Gefühl, auch hier nach neuen Wegen suchen zu müssen. Allerdings habe ich auch nicht recht das Bewußtsein, daß solch ein Religionsunterricht, wie er jetzt offiziell an unseren Schulen besteht, gerade viel nütze; daß er schaden kann und schon mehr geschadet hat, als man nur ahnt, das glaube ich zu wissen, und Schaden zu verhüten wäre ja immer noch ein notwendiges Geschäft. Jetzt habe ich 62 Konfirmanden unter den Händen, die ich in vier Stunden wöchentlich unterrichte. Sie sind, wie die meisten Schüler, treu, gutartig und religiös empfänglich; allerdings phlegmatischer Gemütsart.

Ein Nebel trübt mir jetzt die Aussicht ins neue Jahr; ein kalter, feuchter Nebel, den ich fürchte: ich glaube, immer mehr zu merken, daß ich nur ein mittelmäßiger Lehrer bin und vielleicht auch sein werde. Das wäre aber sehr betrübend. Entweder ein sehr guter Lehrer – oder wieder Pfarrer werden. Denn mit *Treue* kann ein Pfarrer noch tausendfachen Segen stiften, während es beim Lehrer so unheimlich ist, daß man in erster Linie mit Talent ausgerüstet sein muß. Letzthin hat mich von Zürich aus eine Anfrage erreicht, ob ich mich eventuell, d. h. nach Anhörung einer Probepredigt von Seiten Beauftragter, portieren ließe, nach Neumünster[5]. Ich sagte natürlich nein. Vielleicht wird aber schon im Laufe des kommenden Jahres eine stärkere Versuchung von näher her an mich herantreten und der könnte ich unterliegen, aus Gewissenhaftigkeit. Es handelt sich um die zweite Pfarrstelle in Chur[6], die nächstens vakant werden muß. Trotz innerer Abneigung gegen die viele Arbeit und den zu erwartenden Kampf mit Gleichgültigkeit, Roheit und liberalismus vulgaris müßte ich wohl folgen, wenn der Ruf an mich erginge, in diesem Falle als einem Rufe Gottes auf ein Kampffeld.

Überhaupt: die Schule ist zwar trotz ihres Hochmutes und trotzdem sie der Götze des Liberalismus ist, vielleicht im Kern ebenso krank als die Kirche; sie bringt das tiefste Wesen der Erziehung so wenig zum sichtbaren Ausdruck, als die Kirche die Religion wirklich verkörpert; sie ist wohl in ganz anderer Weise eine Verdummungsanstalt als sogar die Jesuitenkirche – und dennoch, unsere Zeit braucht doch eher treue Priester als gute Schulmeister. Religion, Religion – das ist's, wessen wir bedürfen, und danach schreit wie mir scheint, alles, was gegenwärtig noch nicht ganz im Todesschweigen des Nihilismus versunken ist. Wenn ich nur genügend Religion hätte! Aber leider muß ich gestehen, daß ich darin noch eine bedenkliche Herzschwäche spüre. Es ist die alte Geschichte: Kein innerer Widerstand, mich allen Konsequenzen der Tatsache, einen Gott zu besitzen, zu unterwerfen, auch kein Gefangensein unter den theoretischen Materialismus, Rationalismus etc., die tiefste Überzeugung von der absoluten Nichtigkeit der Welt ohne Gott, von der göttlichen Hohheit des Evangeliums, von der Mission der idealen Kirche – und doch, soll ich eine Predigt halten, so kann ich's nicht, es kommt wie tödliche Herzschwäche über mich, während es mir im Religions-Unterricht ganz wohl ist. Vielleicht ist das Spekulieren dran schuld, vielleicht körperliche Zustände, vielleicht komme ich schwerer zum Ziel, weil ich höher hinauf will, weil ich mit der Religion absoluten Ernst mache, sie zum A und O meines Lebens machen will.

Aber wenn ich oben von einem trüben Nebel sprach, der mich schrecke, so muß ich Sie jetzt noch versichern, daß ich mich schon lange nicht mehr so innerlich beglückt, so friedevoll fühlte, wie jetzt. Fast möchte ich meinen, das letzte schwere Jahr sei der Übergang gewesen in sonnigere Zeiten. Jene Gewissenlast ist abgefallen, von der ich Ihnen sprach; der Verlust war tief schmerzlich, aber befreiend, darum bin ich jetzt erdenfreier. Auch von Menschenmeinung bin ich viel unabhängiger geworden; manche Hülle des Wahns ist mir von der Seele gefallen. Trotzdem ich noch im Dunkeln wandle in religiösen Dingen, so ist's ein Dunkel mit Sternen, das Dunkel vor dem Morgenrot. Der Geist der Wahrheit ist stärker in mir geworden, er kühlt und stärkt wie Morgenwind. In religiösen und politischen und andern Dingen habe ich jedenfalls im vergangenen Jahre viel Schutt beiseite gelegt. Für alles sei Gott gedankt!

Ich habe so viel von mir geredet und doch hätte ich in diesem Fall nicht anders können. Ich kann nur die Hoffnung aussprechen, daß auch Sie Ursache haben möchten, mit Freude auf das verflossene Jahr zurückzublicken, und ich zweifle nicht daran. Und wenn das Gesetz von Saat und Ernte Geltung hat, und wenn Segenswünsche eine Kraft der Erfüllung in sich tragen, so muß der Segen Gottes auch im künftigen Jahre über Ihnen walten. Das wünscht Ihnen

Ihr stets dankbarer Leonhard Ragaz

Anmerkungen zu Brief Nr. 20

[1] Vgl. dazu die Stelle Mein Weg, Bd. I, S. 166.

[2] Ragaz war seiner Bildung nach sehr verwachsen mit der Tradition des humanistischen Unterrichts. Diese frühe Stelle über seine pädagogischen Ansichten ist sehr interessant, wenn man sie mit der in seinem pädagogischen Hauptwerk «Die pädagogische Revolution» (1920, Bibl. A I 20) vergleicht. «... ich werfe in bitterem Ernst und auch keineswegs als Banause die Frage auf, ob der Weg zu echtem Menschentum für schweizerische und andere junge Männer und Frauen des zwanzigsten Jahrhunderts wirklich über Latein und Griechisch führe, d. h. in den meisten Fällen ganz mangelhaft verstandenes Latein und Griechisch, an das man aber einen Teil der besten Jugendkraft der Seele gesetzt, und antworte als einer, der für seine Person Latein und Griechisch wie das Altertum überhaupt aufs höchste liebt und diesem sogar viel größere Bedeutung für unsere Kultur wünscht, als es gegenwärtig hat, mit einem starken Nein, das die Frucht einer langen persönlichen Entwicklung ist und von dem ich sicher bin, daß es gerade dem Besten am griechischen Wesen entspricht» (S. 51).

[3] Gotteserkenntnis aus dem Natur- und vor allem Weltgeschehen.

[4] Bibel und Bekenntnisschriften. Ragaz spielt auf den Gegensatz zwischen «Reform» und «Orthodoxie» an.

[5] Es muß sich um die 1895 neu geschaffene dritte Pfarrstelle handeln, die durch Paul Liechti, 1865–1922, besetzt wurde.

[6] Dekan Leonhard Herold, 1819–1902, war bereits 75 Jahre alt und seit 1859 Pfarrer zu St. Martin in Chur. Man sprach schon seit einiger Zeit von einem Nachfolger für ihn. Vgl. Mein Weg, Bd. I, S. 189.

Brief Nr. 21: An Prof. P. W. Schmiedel

Chur, 9. März 1895

Hochverehrter Herr Professor,

Ein Brief von Ihnen gehört immer zu den Sonnenblicken meines Schulmeisterdaseins und wird sofort in die Sammlung kanonischer Schriften eingereiht, die ich mir zum Privatgebrauch angelegt habe. Und so danke ich Ihnen recht von Herzen für die selbstverständlich unverdiente Güte und Freundlichkeit, die mich aus jeder Zeile Ihres letzten Briefes tröstend anspricht. Ich habe aber immer mit einer Antwort gezögert, weil meine 32 wöchentlichen Schulstunden mir nur zu oft das Gefühl einer ausgepreßten Zitrone oder eines leeren Schlauches geben; so muß es diesen doch wohl zu Mute sein, wie es mir zu Mute ist nach sechs bis sieben Schulstunden mit dazu gehörigen Präparationen und Korrekturen. Und doch würde ich Ihnen gern etwas Verständiges schreiben, etwas Frisches, daß ich Ihnen nicht leid tun müßte. Statt dessen kann ich Ihnen nichts geben als eine trockene Chronik eines bescheidenen und einförmigen Daseins[1].

Ihr Vortrag[2] hätte mich in höchstem Maße interessiert, und ich hoffe dringend, daß er in nicht zu langer Zeit zu haben sein werde, am liebsten gewiß als Leben Jesu in nuce. Je mehr ich aus dem Nebel der dogmatischen Schulfragen auftauche, desto bedeutsamer wird mir wieder die Frage nach «unserem Wissen vom Leben Jesu». Gerade die Ritschlschen Gedankengänge müssen zuletzt vor der Frage haltmachen: Ist denn der Fels, auf dem euer Himmel ruhen soll, der historische Christus, wirklich fest genug für diesen Zweck? Verliert sich nicht dieser Fels im dämmerigen Dunkel der Vergangenheit? Ist dieser Fels nicht schließlich ein Sagenfels? Kann geschichtliche Gewißheit uns selig machen? Ach, der breite Graben Lessings[3] klafft wieder vor mir. Wenn ich einst am Fuß der Kirchenruine[4] am Heinzenberg Ihnen gegenüber so überzeugt und so ungeschickt die Meinung vertrat, daß die Geschichte (im weitesten Sinn des Wortes) uns eigentlich doch immer noch durchsichtiger sei als die Natur und das Reich des «reinen Gedankens», so hat diese Überzeugung schon lange ihre beruhigende Kraft für mich verloren und ich taste und spähe nach neuen Gründen wie auch Gegengründen. Erst wenn die Dinge einmal in dieser Weise brennend geworden sind, daß exegetische, bibelgeschichtliche Fragen beinahe Frage der Seligkeit oder Unseligkeit werden, dann gewinnt die Exegese, die Bibelkritik den Herzschlag des lebendigen Interesses. Wenn den Studenten auch beim lächerlichsten kritischen Detail klar ist: Tua res agitur[5], dann muß es eine Freude sein, die Bibel zu erklären. Dieser pädagogische Unterricht nach großen Gesichtspunkten mit dem Hintergrund der zu gewinnenden Weltanschauung, mit dem Bewußtsein, die ewige Wahrheit selbst auf ihrem Gange zu belauschen, das täte den Theologen so sehr not. Mit wieviel Fragen, wieviel Spekulationen kam ich auf die Universität (ich habe auf dem Gymnasium pantheistische Gedichte[6] gemacht und im ersten Semester hauptsächlich Spinoza studiert) und nun sollte ich vier Semester Exegese und Kirchengeschichte studieren und nie konnte ich, so scharf ich aufpaßte, aus dem, was ich darüber hörte, den Zusammenhang mit den großen Problemen, die mich beschäftigten, heraushören. Und doch hatte ich nur darum Theologie studiert, um über diese Probleme Klarheit zu bekommen. In Jena wurde es dann allerdings anders.

Verzeihen Sie diese Klage, sie sagt Ihnen ja nur, welch unschätzbare Wohltat die ganze Art Ihres Wirkens für die Studenten sein *muß*. Ich kann es auch sogar an meinen Schülern beobachten: die zwei Fragen, die ich mir immer stelle, sind: Welcher große oder doch irgendwie packende Gedanke liegt in diesem Stoff? Und läßt er sich in Beziehung setzen zum Lebensmittelpunkt dieser jungen Seelen? Noch stets wurde ich reich belohnt, wenn ich diese Fragen ordentlich beantwortet hatte. Damit bin ich glücklich wieder in meiner Schulstube angelangt. Ich kann wirklich versichern, daß ich der wichtigsten Schwierigkeiten Herr bin und hoffen darf, mit Gottes Hilfe mich ehrenvoll zu behaupten. Wenn diese Hilfe mir noch etwas meiner Bildung und Eigenart angemessenere Fächer verschafft, so darf ich mehr als zufrieden sein. Ich glaube, daß meine Schüler gern in den Religionsunterricht kommen; daß sie empfänglich sind und mir größtenteils volles Vertrauen entgegenbringen. In den oberen Klassen glaube ich, mit philosophisch-apologetischer Besprechung der wichtigsten religiösen und sittlichen Gedanken die Schüler wirklich zu fesseln. Die Vorträge, die sie über die besprochenen Gegenstände ausarbeiten, sind bis jetzt immer gut, z. T. ausgezeichnet gewesen. Von selbst versteht sich, daß namentlich die grauenhaften Abgründe meiner Unwissenheit mich oft genug erschrecken; daß das Rätsel meiner Dummheit mir oft geradezu unheimlich wird; daß ich mit meinen sittlichen und intellektuellen Blößen, wunden Stellen, Ecken und Kanten mich oft genug blutig stoße. – Doch spüre ich die ergreifende Kraft meines Berufes mit jedem neuen Tag in neuer Frische. Ach, könnten unzählige Pfarrer wenigstens nur einige Jahre lang (wie ich) die Heilkraft dieser geordneten Arbeit, dieser Verpflichtung zur Treue im Kleinen und Stillen, dieser kindlichen Kritik erfahren, wie mancher könnte gerettet werden. Und so ein treues, liebevolles, vom Morgentau der Unschuld und vom Himmelshauch der Begeisterungsfähigkeit umhülltes Kinder- oder Jünglingsherz, aus treuen, ehrlichen Augen blickend, das entschädigt für Untugend von rohen, trägen oder tückischen Bengeln. Das und anderes von der Art fühlend, habe ich letzthin *der sehr schweren* Versuchung widerstanden, einem sehr ehrenvollen, verlockenden Ruf nach Samaden[7] im Oberengadin zu folgen: denn allerdings eine schwere Last ist ein solches Schulmeistertum, wie wir's hier haben; viele, viele Dornen stechen mich täglich; die Kollegialität ist diejenige des deutschen Reichstages; die Bezahlung natürlich äußerst schlecht. Auch hätte es mich stark gereizt, wieder in ländlicher Muße das studieren und überdenken zu dürfen, was mich innerlich beschäftigt, während ich mich hier in erzwungener Vielgeschäftigkeit und Viel-Halbwisserei verzetteln und schwächen muß.

Gegenwärtig steht natürlich der Konfirmandenunterricht im Mittelpunkt meines Denkens, soweit es sich auf die Schule bezieht. Diese 64 Burschen, die ich in zwei Abteilungen unterrichte, sind mein Colleg für Dogmatik und Ethik. «Einfachheit» ist auch hier mein Losungswort[8].

Auch der stille Kampf um die Weltanschauung dauert fort mit wechselndem Glück auf beiden Seiten. Dies alles bildet des Lebens Reiz. Auch viel gelesen habe ich neben der Schularbeit, nur zu viel. Carlyle[9], Lagarde[10], Robertson[11], Dante[12] und andere Italiener, dazu die Pädagogen und Dichter haben mich beschäftigt. Sehr schön sind auch die Sermons von Bersier[13], namentlich die ersten Bände (es sind deren sieben!). Auch Pascal[14] habe ich erst jetzt kennen gelernt.

Aber nun genug, Sie sehen, es geht mir gut. Sie kennen mich natürlich gut genug, um zu wissen, daß ich immer am Leben schwer tragen werde. Ich will Ihnen gegenüber auch gar kein Hehl mehr daraus machen. Ich bin empfindlich für all die tausend Dolchstiche, die Hochmut, Roheit, Gemeinheit anderer, aber auch die eigene verletzte Eigenliebe unsereinem täglich versetzen. Mich selbst zu ertragen, mit mir vorlieb zu nehmen, fällt mir schwer. Die lastenden Rätsel des Lebens, der Religion, machen mich oft furchtbar unglücklich; ich komme mir oft so entsetzlich nichtig, verdreht, verkrüppelt, verödet vor, so imbécile, ja ridicule, und meine dann deutlich zu sehen, daß das eigentlich auch das Bild sei, das andere sich von mir machen. Dazu Familiensorgen, Pfahl im Fleisch. Aber anderseits bin ich empfänglich für den Trost der Natur, der Einsamkeit, den Reiz der Poesie, des Träumens, Grübelns; es fehlt mir nicht an Beweisen von Achtung, Liebe und Treue; oft erwacht der Frühling des Herzens wieder, den ich schon früh verwelkt glaubte, und schließlich finde ich dieses Durcheinander höchst lebenswert[15].

Und so empfehle ich mich von neuem Ihrer Geduld, Liebe und Gnade und bin mit herzlichem Gruß

Ihr dankbar ergebener

Leonhard Ragaz

Anmerkungen zu Brief Nr. 21

[1] Ein Abschnitt, der sich mit Schmiedels Verhältnis zu einigen Kollegen an der Zürcher Fakultät befaßt und nichts allgemein Bedeutsames enthält, wird weggelassen.

[2] Möglicherweise handelt es sich um den später (1906) unter dem Titel «Die Person Jesu im Streit der Meinungen der Gegenwart» publizierten Vortrag Schmiedels.

[3] In seiner gegen die Orthodoxie gerichteten Streitschrift «Über den Beweis des Geistes und der Kraft» sagt Lessing, daß etwas historisch Gewissem keine absolute Zuverlässigkeit zukomme und es darum nie den Wahrheitsgrad beanspruchen könne, den eine notwendige Vernunftwahrheit besitze. Selbst wenn es historisch sicher wäre, daß Jesus Tote erweckt habe, daß er selbst von den Toten auferweckt worden sei und daß von ihm selber stamme, Gott habe einen Sohn gleichen Wesens und er selber sei dieser Sohn, so könnten diese Aussagen, weil eben nur historisch gewiß, nicht wahr sein, wie eine notwendige Vernunftwahrheit wahr ist, also keine unbedingte Gültigkeit beanspruchen. Und daraufhin fährt Lessing fort: «Das, das ist der garstige Graben, über den ich nicht kommen kann, so oft und ernstlich ich auch den Sprung versucht habe. Kann mir jemand hinüberhelfen, der tue es, ich bitte ihn, ich beschwöre ihn. Er verdient einen Gotteslohn an mir» (Reclam-Ausgabe, Bd. 6, S. 224). – Diese Briefstelle zeigt an, daß der werdende Ragaz, trotz starker Neigungen dazu (die sich hier im Zusammenhang der Ritschlschule melden), bei einer historischen bzw. geschichtlichen Glaubensbegründung nicht zur Ruhe kommen konnte. (Vgl. unten, Brief Nr. 24.)

[4] Ragaz meint die nahe dem Dörflein Tartar gelegene ehemalige Hauptkirche des Heinzenbergs. «Sie war schon damals größtenteils ins Schiefertobel hinabgerutscht; aber noch ragte eine Mauer mit hohen gotischen Fenstern» (Mein Weg, Bd. I, S. 139). Dieser

Ort war ein Lieblingsaufenthalt des jungen Bergpfarrers gewesen, zu dem er auch den theologischen Lehrer geführt hatte.

[5] Es handelt sich um deine eigene Angelegenheit.

[6] In den Tagebüchern sind einige von diesen frühen Versen enthalten; das Tagebuch Ia beginnt mit einem «Abendgebet des Pantheisten» in sapphischen Strophen:

«Still nun ruhet die Welt unter stillen Welten,
Wieder fühl ich dich, unerforschter Weltgeist,
Dessen Ahnung mich wie die Sternenheere
Selig begeistert.»   TB Ia, Oktober 1885

[7] Dort war am 11. Januar 1895 Pfarrer Janett Michel (1848–1895) gestorben, ein Geistlicher, der vorher von 1880–1887 Ragaz' eigener Dorfpfarrer in Tamins gewesen war. Nach der Absage Ragaz' wurde 1895 Christian Michel gewählt, der die Gemeinde bis 1920 versah.

[8] Ein Abschnitt, der sich mit lokalen Angelegenheiten ohne prinzipielle Bedeutung befaßt, wird hier weggelassen.

[9] Thomas Carlyle, 1795–1881, der große schottische Dichter und Historiker. Er hat Ragaz immer wieder beeinflußt, zuerst durch sein sozialkritisches Werk «Past and present» (1843).

[10] Paul Anton de Lagarde, 1827–1891, hervorragender Orientalist, der aber stark in die damalige theologische und kulturpolitische Diskussion eingriff. Ragaz hat sich später gelegentlich auf ihn berufen (z.B. Selbstbehauptung und Selbstverleugnung, Basel 1904). Tiefere Impulse hat er aber von ihm nicht empfangen.

[11] Frederick William Robertson, 1816–1853, Pfarrer und berühmter Prediger in Brighton, vgl. Biographie, Bd. I, S. 22f. Ragaz hat in den Sommermonaten des Jahres 1895 eine Artikelserie über ihn im «Religiösen Volksblatt» (1895, Nr. 40–44) veröffentlicht: «Robertson, der Prophet von Brighton.»

[12] Die Begegnung mit Dante ist für Ragaz' Vorstellungswelt ganz entscheidend geworden; Ragaz mußte für seinen Italienisch-Unterricht die Divina Commedia erarbeiten. Nun wurde das Werk des Florentiners zu einem Leitmotiv seines Denkens und Empfindens für das ganze Leben. Sein erstes Buch («Du sollst», 1904) beginnt Ragaz mit dem ersten Vers der Commedia («Nel mezzo del cammin di nostra vita») und im letzten Werk, der nachgelassenen Autobiographie Mein Weg, trägt ein Kapitel die Überschrift «Nuova vita» nach Dantes lyrischem Frühwerk. Ragaz hat immer wieder von Dante gesprochen (z.B. an einem Kurs im Gartenhof), ihn immer wieder zitiert, und in jeder seiner berühmten «Personenreihen» darf Dante nicht fehlen. Wohl kein dichterisches Werk hat Ragaz so intensiv beeinflußt wie das Dantes.

[13] Eugène Bersier, 1831–1889, Waadtländer Theologe, Gründer der volksmissionarischen Kirche «de l'Etoile» in Paris, Schüler Vinets, Erweckungsprediger, aber zugleich Apologet und Moralist. Veröffentlichte sieben Bände Predigten (1864–1884).

[14] Blaise Pascal, 1623–1662, bahnbrechender französischer Mathematiker und Physiker, der sich in den letzten Lebensjahren in das jansenistische Zentrum Port-Royal zurückzog und in seinen «Pensées» ein Werk der Weltliteratur schrieb, hat früh auf Ragaz Eindruck gemacht. Wahrscheinlich sind es die «Lettres à un provencial», die mit ihrer stilistisch glanzvollen Polemik gegen die jesuitische Moral ihn hier angezogen haben. 1897 schreibt er in seinem gedruckten Vortrag «Evangelium und moderne Moral», Berlin 1898, S. 67, Kierkegaards Kritik an der Kirche würdigend: «Nur die Prophetenreden sind teilweise damit vergleichbar, das Frischeste aus Luthers Schriften oder Pascals Provinzialbriefen.» Auch in «Du sollst», Freiburg und Leipzig 1904, S. 6, wo Pascal flüchtig erwähnt wird, scheint eine Anspielung auf diese Kampfschrift des großen christlichen Denkers vorzuliegen.

[15] Hier wird auf den Abdruck eines Naturgedichts verzichtet, das Ragaz, nach seiner eigenen Aussage, «vor zwei Jahren» verfaßt hatte und das nichts Wesentliches zum Bild des Amateur-Dichters beiträgt.

Chur, 21. Mai 1895

Hochverehrter Herr Professor,

Ich danke Ihnen herzlich für Ihre freundliche Karte und für die mir er-
öffnete Aussicht, Sie vielleicht noch um Pfingsten sehen zu dürfen. Nun habe
ich allerdings keine eigentlichen Pfingstferien außer dem Pfingstsonntag
und -Montag, aber mit diesen zwei Tagen ließe sich doch auch schon etwas
anfangen, und da erlaube ich mir, Ihnen etwa folgenden Vorschlag zu
machen: Da ich leider über Pfingsten wieder von meiner Schwester im Stich
gelassen werde, so kann ich Sie nicht zu mir einladen. Dagegen wäre Ragaz
ein sehr schöner Ausgangspunkt für eine Pfingsttour. Wenn Sie also am
Pfingsttag nach Ragaz kommen könnten, so ließe sich der Pfingsttag in
Ragaz und Umgebung wohl prächtig zubringen und für den Pfingstmontag
wäre bei schönem Wetter ein Ausflug ins Prättigau (mit der Schmalspur-
bahn) oder auf die Luziensteig bei Maienfeld, allfällig auch auf den Kunkelspaß[1], der bei Ragaz ausmündet, nicht zu verachten. Bei schlechtem Wetter
allerdings müßte Chur als Asyl dienen. Würden Sie es aber vorziehen, nach
Chur zu kommen, so wäre es mir natürlich auch recht und ich hoffe noch,
meine Schwester würde sich zum Dableiben frei machen können, sodaß ich
Sie unter unser bescheidenes Wanderzelt einladen dürfte. Mit alledem möchte
ich selbstverständlich Ihre Pfingstpläne nicht im geringsten beeinflussen
oder stören, und wenn Sie mich allfällig nach Zürich oder anderswohin
bestellen wollen, so werde ich gern gehorchen. Bin doch ich allein der Neh-
mende und müssen Sie doch mit unsereinem viel mehr Geduld und Nachsicht haben, als wir nur ahnen.

In den letzten Wochen und Tagen habe ich wieder recht akute innere
Kämpfe durchgemacht. Sie werden erraten, daß die Churer Pfarrerwahl
daran schuld ist. Ich glaube Ihnen gesagt zu haben, daß man mich «konfi-
dentiell» angefragt hatte, ob ich eine Wahl annehmen würde. Ich habe mich
zu keiner definitiven Antwort aufraffen können, äußerte starke Bedenken,
und da wußte der abtretende Dekan Herold als Kirchenpräsident es so zu
richten, daß man im Kirchenvorstand wie im Publikum die Meinung faßte,
ich hätte definitiv abgelehnt[2]. So sind vorläufig andere Namen in den Vordergrund gerückt worden, doch nehme ich an, daß die Sache noch einmal
zu mir kommen werde. Und was werde ich dann tun? Ich habe mich entschlossen, die Wahl anzunehmen, wenn sie unter einigermaßen ehrenvollen
Umständen erfolgt. Zwar habe ich tausend und einige Gründe dagegen. Ich
kenne und fürchte meine Unzulänglichkeit in Körper und Geist; ich kenne
die großen Schwierigkeiten der Stelle. Es ist eine unkirchliche Stadt mit
massenhaft Arbeit (Predigten, Leichenreden, Unterricht, Armenwesen, Seelsorge), mehr als vielleicht in irgend einer andern Schweizerstadt. Dazu eine
kritische Bevölkerung. Ich fühle nicht einen geradezu mächtigen inneren

Drang, der «Welt» etwas zu sagen; noch bin ich stark im état de doute und sollte mich in die Wüste zurückziehen. Meine Stelle an der Kantonsschule erscheint mir erst recht schön, so ich ans Fortgehen denke. Und so käme noch vieles andere. Die Hauptsache aber wäre wohl, daß ich mit Annahme einer allfälligen Wahl als Churer Stadtpfarrer den Karren meines Lebens aus dem Weg, in dem ich ihn halten wollte, in einen anderen überführen müßte, aus dem mehr beschaulichen, theoretischen in den praktischen, aus dem βιὸς διανοητικός[3] mit seinem kühlen Schatten, seiner Stille, seinen heimlich rauschenden Quellen auf die staubige, lärmende, zankende Heerstraße des βιὸς πρακτικός[4]. Und das ist gegen meine Natur, scheint mir. Chur gibt so viel Arbeit, daß ich mir die Zeit zum Lesen oder gar Studieren wohl ziemlich stehlen müßte. Und doch – und doch – es ist die wichtigste Kanzel des Kantons, die mir winkt, Chur ist geistiger Mittelpunkt von Graubünden. Die Männerwelt in die Kirche zu bringen, wäre eine schöne Aufgabe, die Auseinandersetzung mit den Fragen der Zeit würde mich reizen; der Jugendunterricht geht mir leicht und befriedigt mich; empfängliche Herzen hat die Stadt dann doch immer einige und schließlich, wenns fehlschlagen sollte: exitus patet[5] – kurz, ich meine, es sei doch meine Pflicht, in die Bresche zu treten, so der rechte Mann sich nicht finden lassen will; ich meine, meine Lebensführung und meine Ideale weisen auf solche Lebensarbeit hin; ein leiser Gedanke flüstert mir ins Ohr, ich kann so mein kurzes Leben wacker auskaufen. So will ich's denn nehmen, wenn's kommt, aber selbst nichts dazu tun. Es tut mir recht leid, wenn ich so Aussicht habe, der heilsamen Zucht der Schule entnommen zu werden, lange bevor meine Lehrzeit um ist; ich hoffe auf Gott, der mich führen und mir Kraft geben wird. Oder darf ich's nicht?[6]

Ich mußte Ihnen dies sagen; einen Rat schätze ich sehr hoch, wie er auch laute; noch bin ich frei; aber ich will Sie nicht dazu veranlassen, vielmehr: ich will Sie nicht darum bitten, wenn Sie ihn nicht gern geben. Fühle ich mich doch stets als Ihren Schuldner für vieles vom Besten, das ich habe.

Mit herzlichem Gruß bin ich

Ihr ergebener Leonhard Ragaz

Anmerkungen zu Brief Nr. 22

[1] Der Kunkelspaß stellt eine direkte Verbindung des bei Ragaz ins Rheintal einmündenden Taminatals mit dem oberen Rheintal dar. Man kann über ihn von Ragaz über Vättis in Leonhard Ragaz' Geburtsort Tamins gelangen; möglicherweise stammt auch der Name des in Tamins ansässigen Geschlechts Ragaz aus dieser geographischen Verbindung, soll doch die Familie Ragaz ursprünglich die Funktion der Verwaltung eines Klosterguts der Abtei Ragaz in Tamins innegehabt und daher ihren Namen bekommen haben. Vgl. Mein Weg, Bd. I, S. 19 und Historisch-biographisches Lexikon der Schweiz, Bd. 5, S. 517/518 sub voce «Ragaz»; Jakob Ragaz, ein Bruder Leonhards, hat den Verfassern des Lexikons die Unterlagen für diese Etymologie geliefert.

Kunkels war im Leben des Jünglings Leonhard Ragaz ein sehr wichtiger Ort: Dort verbrachte er immer wieder Tage und Wochen zum Heuen, zum Besorgen des Viehs und

– noch als Pfarrer – zu Ferien. «Kunkels war mein Kindheits- und Jugendparadies.» Mein Weg, Bd. I, S. 82.

[2] Schon am 14. Mai hatte der Freie Rätier sich zur Pfarrwahl geäußert: «... haben wir doch an der Kantonsschule zwei der hervorragendsten Geistlichen des Kantons. Wenn vielleicht Pfarrer Hosang bei seinem vorgerückten Alter sich besinnen könnte, eine so viel umfassende Arbeit zu übernehmen, so ist dagegen Herr Pfarrer Ragaz eine junge Kraft mit hohen Idealen und edler Begeisterung, ein Mann von sehr umfassender Bildung. Sein gestriger Vortrag über die göttliche Weltordnung wie auch seine Lehrtätigkeit an der Kantonsschule lassen keinen Zweifel darüber, daß er wie auch Pfarrer Hosang auf dem Standpunkt der freien Forschung steht...» – Zwei Tage später aber wußte die Neue Bündner Zeitung schon zu berichten, Ragaz habe «kein Interesse an der Stelle». Ein Satz wird als zu persönlich im Druck weggelassen.

[3] Verstandesmäßiges, betrachtendes Leben.

[4] Aktives, praktisches Leben.

[5] Der Ausgang steht offen.

[6] Die Churer Pfarrwahl entwickelte sich in den diesem Brief folgenden Tagen sehr rasch. Am 5. Juni wußte der Freie Rätier zu berichten, daß Ragaz eventuell doch zur Annahme bereit sei. «Über die Pfingstpredigt des Herrn Ragaz hört man nur eine Stimme des Lobes, der Bewunderung und Zustimmung.» Am 7. Juni stellte eine unter der Leitung des späteren Bundesrates Calonder stehende Versammlung Ragaz als Kandidaten der Reformer auf; am 23. Juni wurde Ragaz mit 584 Stimmen gewählt und erhielt so mehr Stimmen als vier andere Kandidaten zusammen.

Brief Nr. 23: An Prof. P. W. Schmiedel

Chur, 24. Juni 1895

Hochverehrter Herr Professor,

Jetzt sind die Würfel gefallen und ich bin zu meinem größten Erstaunen Stadtpfarrer von Chur. Es hat zuletzt noch einen heftigen Wahlkampf gegeben, der die Gemüter nicht wenig aufregte, und ich dachte gar nicht mehr daran, daß ich eine genügende Mehrheit bekomme, um annehmen zu können. Die Stimmbeteiligung war ungewöhnlich, von ungefähr 1300 Stimmfähigen nahmen 1060 Anteil. Von diesen 1060 Stimmen erhielt ich allerdings nur ungefähr 600, das ist aber unter obwaltenden Umständen viel. Denn ich hatte fünf Gegen-Kandidaten zu besiegen, von denen jeder seine Anhängerschaft hatte und für die furchtbar «geschafft» worden war. Und nun kann ich diese 600 Wähler nicht mehr durch eine Ablehnung in Verlegenheit setzen und will's auch den Gegnern zum Trotz nicht. Wären die, welche nicht für mich gestimmt haben, alles persönliche oder Parteigegner[1] von mir, so könnte ich nicht gut annehmen; nun weiß ich aber, daß dies nicht der Fall ist und daß alles viel glatter hätte gehen können, wenn ich von Anfang an zugegriffen hätte.

So ist nun der Kampf außer mir und der noch viel schwerere in mir aus. Ob ich nicht auf eine Lebensbahn eingelenkt bin, die meiner eigentlichen Natur nicht entspricht, das ist eine andere Frage. Jetzt heißt es: Τὰ μὲν ὀπίσω ἐπιλανθανόμενος τοῖς δὲ ἔμπροσθεν ἐπεκτεινόμενος κατὰ σκοπὸν διώκω εἰς τὸ βραβεῖον². Eine Aufgabe ist mir gestellt, wie ich sie wichtiger für mich nicht denken kann. Wenn ich auf meine Kraft angewiesen wäre, dann müßte ich verzagen, so hoffe ich auf den, der seine Streiter nicht verläßt.

Allerdings habe ich diesmal noch nicht das Gefühl, richtig gehandelt zu haben. Auch habe ich zu bemerken geglaubt, wie Ihre eigene innerliche Meinung doch war, ich sollte an der Schule bleiben. Aber ich bin hier durch die Verhältnisse mitgenommen worden, und es bleibt mir nur übrig, darin den Willen Gottes zu erblicken.

In der ersten Hälfte des Juli komme ich wohl ziemlich sicher in Zürich vorbei, und ich werde so gerne von der Erlaubnis Gebrauch machen, Sie aufsuchen zu dürfen.

Mit herzlichem Gruße bleibe ich

Ihr dankbar ergebener Leonhard Ragaz, Pfr.

Anmerkungen zu Brief Nr. 23

[1] Einer unter den Gegenkandidaten, Johannes Durisch, 1845–1911, war besonders vom Grütliverein Chur empfohlen worden; er hatte auch in der Abstimmung mit 238 Stimmen die zweithöchste Stimmenzahl erreicht. Das erklärt die Stelle in Ragaz' Brief an Schmiedel vom 21. Oktober 1895 (siehe unten, Brief Nr. 25): «Die Arbeiter haben gegen mich gestimmt...»

[2] «Ich vergesse, was dahinten ist, und strecke mich zu dem, was da vorne ist» (Phil. 3, 13).

Brief Nr. 24: An Prof. P. W. Schmiedel

Tamins[1], 11. August 1895

Hochverehrter Herr Professor,

Daß Sie sogar an meinen Geburtstag[2] denken! Und daß Sie trotz der 35 Kehren[3] noch Zeit finden, wenigstens meiner Phantasie einen kleinen Anteil an den geschauten Herrlichkeiten zu geben! Wieder einmal herzlichen Dank! Allerdings hat mich die Überlegung etwas gestört, daß Sie diesmal weniger tadelloses Reisewetter gefunden haben – wohl weil Sie ohne prophetische Begleitung[4] zu reisen die Kühnheit hatten. Möge *der* Teil der Ferien, den Sie in Deutschland zubringen werden, Ihrem Herzen so viel bieten, wie die Schweizer Berge Ihren Augen.

Daß ich nicht nach Zürich kommen konnte, hat mir doch sehr leid getan. Ist es jetzt doch meine Hauptsorge, die Fundamente meiner Religion noch einmal zu prüfen, meine Truppen Revue passieren zu lassen[5], bevor ich den Kampf beginne. Dabei wird mir doch noch recht oft ein bißchen schwindlig, wenn mir ein Fundament nach dem andern unter den Füßen zusammenbricht. Ich glaube, zu gewahren, daß ich bis jetzt in aller Naivität noch über längst unterhöhlten Boden gewandelt bin, in der Meinung, er sei felsenfest. *Wir* Philosophen wandeln auf Flügelschuhen leicht dahin, das Volk tritt mit massiven, genagelten Schuhen daher und will festen Boden, Pflastersteine oder Fels, will sichtbare, greifbare *Autoritäten.* Wie sie ihm schaffen?

Was mein Hangen an einer Individualität anbetrifft, so glaube ich noch einen gewichtigen Grund dafür verschwiegen zu haben. Die Lektüre neuerer moral-philosophischer Werke und eigenes Nachdenken haben mich dazu geführt, an aller theoretischen Begründung der moralischen *Normen* (wenigstens der höchsten) zu verzweifeln. Moral ist Glaube, begeisterte Hingabe an eine der Persönlichkeiten, die mit neuen Gedanken und Idealen auftreten. Dieser Glaube ist im letzten Grunde aller theoretischen Ergründung und Bestreitung unzugänglich. Wird mir diese Persönlichkeit irgendwie genommen, unsicher gemacht, so bin ich verloren. Ich bin dann ein Planet, dessen Sonne erloschen ist. Alle Wege führen mich immer wieder auf diesen Punkt: Offenbarung Gottes in der Geschichte, darin wieder in den leitenden Persönlichkeiten, wovon eine, Jesus, für mich der *Fels* meines Glaubens geworden ist. Könnte mir aber einer *feste* Fundamente zeigen, ohne daß ich die Geschichte mehr brauche, ich meine das Detail der Geschichte und zwar eine Einzelgeschichte, er wäre mir Retter und Befreier. Der garstige Graben Lessings[6]!

Meine Ferien haben bis jetzt im ganzen einen erfreulichen Verlauf genommen. Auf dem Maiensäß[7] war's herrlich. Die Alpennatur berauscht mich immer von neuem. Eine rechte Bergtour ist für mich ungefähr, was etwa für einen Musikenthusiasten eine Bayreuther Wagneraufführung ist. Ein solcher Tag, ganz einsam in den höchsten Höhen verlebt, wird oft für mein inneres Leben entscheidend. Daher alle Ärzte der Welt mich nicht zurückhalten können, mir gelegentlich diesen einzigartigen Genuß zu gönnen. Zwar nur einmal habe ich ihn diesen Sommer so recht gekostet und nicht einmal bis auf die Neige. Auf dem Maiensäß habe ich mit Mutter und zwei Brüdern in enger Hütte gehaust, indes in großer Gemütlichkeit, habe auch hin und wieder mit Sense und Gabel hantiert. Des Nachts gelegentlich auf dem Heustall dem Rauschen der Wälder und Quellen, dem Heulen des Windes und Plätschern des Regens gelauscht und oft auch Erd-, Heidel- und Himbeeren gepflückt, getreu dem: «Wenn ihr nicht werdet wie die Kinder etc.» Daneben habe ich noch einmal Robertsons Biographie[8] gelesen, als Herzstärkung, dann viel Neues Testament, aber auch Ariostos Orlando furioso und Tassos Gerusalemme. Innerlich ist natürlich die Vorbereitung auf Chur das A und O meines Lebens. Ich stelle mir eine Art Darstellung meiner Religion, meiner Ideale in kirchlicher, pädagogischer, politischer Hinsicht zusammen, stelle Predigt-Themata auf, studiere Churer Stadtgeschichte, entwerfe den Operationsplan. Daß ich *mit Freuden* der neuen Arbeit entgegengehe, kann ich nicht sagen. Gebe Gott, daß ich nicht gar zu unverantwortlich töricht gehandelt habe.

Inzwischen ist einiges vorgegangen, das mich auch von außen herein ein bißchen aufregt. Da ist der Tod Grubenmanns[9]. Ich hatte, als ich gewählt wurde, noch nicht mit dieser Eventualität gerechnet. Was für einen Kollegen ich bekomme, ist für mich natürlich äußerst wichtig. Am schönsten wäre es für mich, wenn Hosang sich bewegen ließe, die Last auf sich zu nehmen. Aber wie ginge es dann mit der Kantonsschule? Leider ist *nicht* Aussicht, daß ich einen Nachfolger bekomme, der seiner Sache gewachsen wäre. Daß Steudel[10] (der Genosse von Finckh-Gmelin[11]) sich gemeldet hat, wissen Sie vielleicht. Aber als Ausländer hat er natürlich weniger Chancen. So kann ich nichts sagen, als: quod Deus bene vertat![12]

Man sagt mir, ich hätte auch nach St. Theodor in Kleinbasel[13] *müssen*, wenn ich mich nicht nach Chur hätte wählen lassen. Da ist noch einmal mit Macht der alte Traum aufgestiegen, ob ich dann nicht auch für Religionsphilosophie hätte mich habilitieren können, natürlich nach genügender Vorbereitung. Wohl den Menschen, die ein ausgesprochenes, wenn auch einseitiges Talent haben. Sie wissen doch, was sie zu tun haben.

Und nun wieder genug für diesmal. Ich fühle mich trotz aller Gedanken und Sorgen *körperlich* und geistig ungewöhnlich wohl und auf richtigem Wege. Wenn nur Chur nicht wäre! Dann wäre ich jetzt geradezu übermütig, meine ich. Doch weg mit Grillen und Sorgen. Ich wünsche Ihnen lichte Ferien, reiche Aussaaten und Ernten und bin, mit stets gleicher Liebe und Dankbarkeit,

Ihr ergebener Leonhard Ragaz

Anmerkungen zu Brief Nr. 24

[1] Ragaz verbrachte die Ferien vor dem Antritt des neuen Pfarramtes in seinem Elternhaus.

[2] Ragaz war am 28. Juli 1895 27jährig geworden.

[3] Ob es sich wohl um den St. Gotthardpaß handelt?

[4] Scherzhafte Anspielung darauf, daß Ragaz einmal das Wetter für einen gemeinsamen Ausflug richtig vorausgesagt hatte.

[5] Ragaz hatte nicht nur einen Artikel über Robertson (vgl. oben, Brief Nr. 21, Anm. 11) verfaßt. Das Tagebuch berichtet außerdem folgendes: «Hauptsache aber war die innere Vorbereitung auf den kommenden Kampf. Neues Testament gelesen. Predigtthemata aufgestellt. Krauss Homiletik u. praktische Theologie. Kampf um die Weltanschauung. Besonders peinigt mich die Frage: Wie steht es mit dem Verhältnis von Geschichte und Glaube? Überhaupt habe ich die Fundamente noch einmal geprüft und bin noch nicht in die Klarheit getreten... Daß ich Chur angenommen habe, reut mich noch immer, und ich würde jubeln, wenn Gott mir diese Last abnähme.» (TB VI, 16. August 1895)

[6] Vgl. oben, Brief Nr. 21, Anm. 3.

[7] Gemeint ist Kunkels (vgl. oben, Brief Nr. 22, Anm. 1), wo ein großes Maiensäß zum Pachtgut der Familie Ragaz gehörte und zwei kleine Maiensäße ihr Eigentum waren. Dort

hatte Ragaz vierzehn Ferientage mit der Mutter und den Brüdern Felix und Rageth verbracht. «Beeren gelesen, spaziert, geheut.» (TB VI, 16. August 1895)

[8] Es handelt sich um das Buch von Charlotte Broicher, das 1894 in 2. Auflage erschienen war.

[9] Rudolf Grubenmann, geboren 1837, seit 1872 Pfarrer von Chur und in den letzten Jahren völlig erblindet, war am 5. August 1895 unerwartet gestorben. Zunächst ersetzte Dekan Herold, Ragaz' Amtsvorgänger, den Verstorbenen, und Ragaz trat gerade in die erste Pfarrstelle ein und bezog das «Antistitium», das Pfarrhaus des Hauptgeistlichen bei der Martinskirche. Später wurde als Nachfolger Grubenmanns Pfarrer Bernhard Nigg (1854–1915) gewählt. Er war Pfarrer in Chur 1896–1905. Vgl. Mein Weg, Bd. I, S. 189.

[10] Friedrich Steudel, 1866–1939, 1891 Pfarrer in Maienfels bei Weinsberg, forderte 1894 als Schüler Biedermanns Lockerung des Bekenntniszwangs und Taufe ohne Apostolikum. 1896 amtsenthoben, 1897 Pfarrer an St. Remberti in Bremen.

[11] Zu dem Kreis um Pfarrer Steudel, der sich um Lockerung des Bekenntniszwangs bemühte, gehörten Martin Finckh, 1856–1950, damals Stadtpfarrer in Esslingen, und Dr. Julius Gmelin, 1859–1919, damals Pfarrer in Großaltdorf. Mitteilung des Evangelischen Oberkirchenrates, Stuttgart; vgl. zu diesen Auseinandersetzungen: H. Hermelink, Geschichte der Evangelischen Kirche in Württemberg von der Reformation bis zur Gegenwart, Stuttgart und Tübingen 1949, S. 435.

[12] Gott möge es zum Guten wenden!

[13] Dort war 1895 Pfarrer Emanuel Linder gestorben. Sein Nachfolger wurde (von 1895–1901) Pfarrer Albert Rothenberger.

Brief Nr. 25: An Prof. P. W. Schmiedel

Chur[1], 21. Oktober 1895

Hochverehrter Herr Professor,

Nun da ich annehmen darf, daß Sie aus Deutschland wieder zurück seien, reich beladen von Kränzen der Liebe und Verehrung und von sonnigen Erinnerungen, stelle ich mich auch wieder ein, um Sie zum Beginn des neuen Semesters zu begrüßen, auch mit dem Gruß der Liebe und Verehrung. Ich bin erstaunt darüber, wie viel Kollegienarbeit[2] Sie für den Winter übernommen haben, und wünsche derselben reichsten Segen. Hoffentlich haben die Ferien Ihnen recht viel leibliche und geistige Erfrischung gebracht und Ihre große Seelsorgegemeinde Ihnen nicht nur Sorgen, sondern auch viel Genugtuungen bereitet.

Mit Ihrem bündnerischen Pfarrkind dürfen Sie, glaube ich, recht ordentlich zufrieden sein. Um gleich mit dem Wichtigsten zu beginnen: Ich fühle mich innerlich wohl und gehoben, wie schon seit langem nicht mehr. Nicht etwa im ersten Rausch des Erfolges, o nein, so steht es nicht, aber es ist eingetreten, das, was ich gehofft hatte: Die schwere Aufgabe hat mir neues

Leben gegeben. Gib einem Menschen Schweres zu tun und er *muß* glauben. –
Der Rest meiner Ferien verlief in stiller Sammlung. Damals lastete allerdings
die Furcht vor dem Kommenden noch als schwerer Druck auf mir. Am
22. September hielt ich vor natürlich dicht gefüllter Kirche meine Antrittspredigt über Actorum[3] 18, 9–10. Dieselbe hat Eindruck gemacht. Sie war
insofern eine Tat, als ich mit der rücksichtslosesten Offenheit redete und mir
die vollste Unabhängigkeit von Clique und Partei[4] sicherte – selbstverständlich ohne meine Überzeugung zu verleugnen. Ich habe damit einige gestoßen; aber ich glaube, recht getan zu haben. Dann trat ich in die Arbeit ein
und alles sieht in der Nähe weniger schrecklich aus. Ich werde, wenn Gott
mir hilft, die Arbeit bewältigen können. Nur muß ich den Mut haben, abzulehnen, was nur peripherisch ist. Und dessen gibts hier vieles. Ich muß so
und so viel Zeit zum Studieren und Lesen mir frei halten, das ist für mich
Lebensbedingung. Das Predigen geht mir bis jetzt gut – ich meine, noch
Vorrat zu haben für viele Jahre; halte Ökonomie und arbeite planmäßig.
Freilich liegt hier der Punkt, auf den's ankommt. Werde ich die Männer in
die Kirche bringen? Frauen kommen massenhaft, auch Männer, wenn auch
weniger – ob ihrer in Zukunft mehr oder noch weniger kommen werden?
Ich verkenne nicht das Kritische meiner Position: ich will mich nicht auf den
liberalismus vulgaris stützen, aber doch auch nicht nach rechts schielen –
wer aber bleibt mir denn noch? Die Arbeiter[5] haben gegen mich gestimmt,
nun will ich aber nicht Herrenpfarrer sein und bin sozialistisch angehaucht –
an wen halte ich mich denn? Man weiß wohl in Chur selbst noch nicht recht,
wohin man mich tun soll. Nun, ich habe gewagt, Gott mag helfen. Besonders
im Unterricht merke ich den Nutzen meiner zwei pädagogischen Lehrjahre.
Es ist doch hübsch, wenn einem auf Weg und Steg die Kinder entgegen-
springen; ich fühle mich für die Kantonsschule fast entschädigt. Unangenehm, ja peinlich ist mir das Mechanische in der Religion, dem ich nicht ganz
entgehen kann. Das Vorlesen aus der Bibel, das Beten und Reden mit den
Kranken ist mir wider die Natur. Es fällt mir ganz grausam schwer, mit Menschen religiös zu reden, d.h. erbaulich zu reden; es kommt mir wie Entwei-
hung vor, wenn ich's getan habe. Meine Religion ist mir wie heimliche Liebe.
Darin werde ich noch schauen müssen, was zu tun ist. Eine Crux sind auch
die vielen Leichenreden, doch ist da mehr die Nötigung, geistlos reden zu
müssen, die mich peinigt. Überhaupt fehlt es nicht an Schatten. Da ist z.B.
die Wahl meines Kollegen[6], des Nachfolgers von Pfarrer Grubenmann, die
äußerst ungemütlich verläuft und höchst wahrscheinlich ganz gegen meinen
Wunsch ausfällt. Daß ich selbst vorläufig noch die Sympathie der Churer
genieße, bewies letzthin die Schulratswahl[7], in der ich einstimmig gewählt
wurde und fast 100 Stimmen mehr erhielt als der Höchste der übrigen Mitglieder der Behörde. Aber meine Stimmung hängt nicht mehr so von dergleichen Dingen ab. Ich fühle mich innerlich mutiger und freier als bisher;
ich will meine Seele retten, einen guten Kampf kämpfen, Herz und Hand rein
halten und Gott walten lassen.

Daß ich doch noch Zeit finde zum Studieren, muß ich nun durch ein Referat über gelesene Bücher beweisen. Vielen warmen Dank für Ihre Empfehlung von Weiss[8], Nachfolge Christi und Graue[9], Deutsch-evangelisch. Namentlich Graue hat mich entzückt. Ich hätte ihm am liebsten sofort meinen Dank geschrieben. Ich finde bei Graue ganz die gleiche religiöse und theologische Grundrichtung, wie ich sie habe, nur mit viel mehr Geist und Temperament vertreten. Seine Männer sind die meinen; sein Kirchenideal, seine Beurteilung der Parteien, des Wesentlichen im Pfarramte; seine Entschiedenheit nach rechts und links, alles gefällt mir. Ich habe *fast* nichts dagegen zu sagen (außer im Punkte der Christologie!). Bei Weiss interessierte und freute mich seine Lossagung von Ritschlschen Kuriositäten. So, wie Weiss ihn vertritt, kann man sich den Ritschlianismus[10] gefallen lassen, während Herrmann[11] meine Nerven aufregt[12]. Allerdings ist mir noch nicht klar, wie der Ritschlsche Christus sich mit der eschatologischen Auffassung von Weiss verträgt. Endlich habe ich auch Fechners[13] Tages- und Nachtansicht gelesen und mich erquickt, fast ein bißchen berauscht, aus dem Becher seiner naturphilosophischen Mystik. Auch das ist mein Element. Nur im Punkte der Willensfreiheit und der Monadologie erlaube ich mir, anderer Meinung zu sein. Natürlich habe ich daneben noch mancherlei getan: Einen Aufsatz über Religions-Unterricht[14] in den Bündner Seminar-Blättern, einen über Robertson[15] ins Religiöse Volksblatt geschrieben; mich in die Antialkoholbewegung[16] hineingelesen und auch ein bißchen hineingelebt, und dgl. mehr.

Kurz, Sie sehen, es geht! Auch körperlich bin ich ungewöhnlich frisch. Wenn es mir nur gelingt, immer auf hoher Warte zu stehen, dann mag's gehen wie's will. Ich werde auf alle Fälle daraus lernen. Und nun bitte ich Sie, auch in Zukunft gelegentlich ein gutes Werk an mir zu tun und mir einige Zeilen zu schenken, in einem freien Augenblick.

Mit den herzlichsten Glückwünschen und den freundlichsten Grüßen von meiner «Familie» und mir bin ich

Ihr allezeit dankbarer Leonhard Ragaz

Anmerkungen zu Brief Nr. 25

[1] Nach der Antrittspredigt am 22. September hatte Ragaz am folgenden Tage sein neues Amt begonnen, allerdings mit den schrecklichsten Selbstvorwürfen. «Vergebens habe ich oft Gott angefleht, er möge mir die schwere Last abnehmen, die ich töricht mir aufgeladen.» (TB VI, 21. September 1895), «Allerlei böse Omina» (TB VI, 24. September).

[2] Schmiedel las vier Stunden Kolleg und hatte zwei Seminarien, also insgesamt acht Wochenstunden.

[3] Apg. 18, 9–10, die Trostworte des Traumgesichts an den Apostel Paulus in Korinth: «Fürchte dich nicht... ich habe ein großes Volk in dieser Stadt.»

⁴ Ragaz traf schon damals auf allerlei Bedenken gegenüber seiner freisinnigen Parteizugehörigkeit: Man traute seinem Liberalismus nicht ganz. Die Debatte mit dem «liberalismus vulgaris» beschäftigte ihn schon lange genug. Vgl. oben, Brief Nr. 14.

⁵ Vgl. oben, Brief Nr. 23, Anm. 1.

⁶ Darüber berichtet Ragaz selbst in Mein Weg, Bd. I, S. 189.

⁷ Am 8. Oktober 1895 hatten die Stimmberechtigten der Stadt Chur den neuen Pfarrer
in den städtischen Schulrat gewählt, also in jene Behörde, die die der Stadtgemeinde
unterstellten Primarschulen leitete. Vgl. Freier Rätier, 9. Oktober 1895.

⁸ Johannes Weiss, 1863–1914, Professor für Neues Testament, seit 1895 in Heidelberg, von 1908 an in Marburg. Schüler und Schwiegersohn A. Ritschls (siehe Anm. 10).
Erkennt in seiner Schrift «Die Predigt Jesu vom Reiche Gottes», 1892, den streng eschatologisch-zukünftigen Charakter der Reich-Gottes-Botschaft Jesu und wird zum Wegbe-
reiter der Schule der sog. «Konsequenten Eschatologie». Das idealistische bzw. kultur-
protestantische Verständnis des Reiches Gottes, wie es zentral bei A. Ritschl (siehe
Anm. 10, Ritschlianismus) begegnet, ist dadurch exegetisch als unhaltbar erwiesen worden. – Ragaz sieht hier in Weiss noch den Vertreter eines modifizierten Ritschlianismus,
ahnt aber bereits, daß sich die eschatologische Deutung der Verkündigung Jesu mit der
Christologie bzw. dem Reich-Gottes-Verständnis Ritschls nicht verträgt.

⁹ Paul Graue, geboren 1862, liberaler Theologe, damals Pfarrer in Jena, später Ober-
hofprediger in Meiningen. «Deutsch-evangelisch», 1894.

¹⁰ Die von Ritschl ausgehende theologische Schule, zunächst in Wendung einerseits
gegen die konfessionelle und anderseits gegen die liberale Theologie, wobei sich freilich
die Grenzen bald verwischten. – A. Ritschl, 1822–1889, einer der hervorragendsten Theologen des 19. Jh., lehrte seit 1852 in Bonn, später in Göttingen. Unter Anknüpfung an
Kant und Lotze wendet er sich von der idealistisch-spekulativen Begründung der Theologie ab. Sein systematisch-theologischer Neuentwurf, der in seinem Hauptwerk, «Rechtfertigung und Versöhnung», 1870–1874, vorliegt, ist gekennzeichnet durch den Schritt
von der Metaphysik zur Ethik (Theologie hat es mit Wert-, nicht mit Seinsurteilen zu tun),
bei entschlossenem Rückgang auf die geschichtliche Offenbarung Gottes in der Person
Christi. Unter Christus versteht Ritschl den Verkünder und Stifter des Reiches Gottes als
der «Gemeinschaft des sittlichen Handelns aus dem Motiv der Liebe.»

¹¹ Wilhelm Herrmann, 1846–1922, seit 1879 Professor für Systematische Theologie in
Marburg. Er stand in einem engen Verhältnis zu Ritschl, vertrat aber eine Theologie ganz
eigener Prägung. Nicht der historische Jesus als solcher, sein «inneres Leben», welches
zum eigenen Erleben werden kann, ist für ihn der Ort der Offenbarung. Das Verhältnis
von Offenbarung und Geschichte wird von ihm neu gesehen, und zwar in einer Weise, die
an einen christlichen Existentialismus heranführt. Als Lehrer von K. Barth und R. Bultmann wirkt er in verschiedenen Richtungen noch heute stark nach, neuerdings ausgeprägt
bei G. Ebeling.

¹² Dieser auffallende Passus scheint nahezulegen, daß Ragaz kein wirkliches Verhältnis zur Theologie Herrmanns gefunden habe. Das trifft aber durchaus nicht zu. In der Begegnung mit Herrmann ist ihm vielmehr die «Ahnung von einer neuen fruchtbareren
Theologie» aufgegangen (Tagebuchnotiz vom 2. November 1894). Vgl. auch die positive
Äußerung über Herrmann in Brief Nr. 73 (vom 21. Juni 1903) und Nr. 86 (vom 27. Juli
1904). Die verhaltene Annäherung an den Ritschlianismus, die in diesem Brief zum Vorschein kommt, ist nicht zuletzt durch Herrmann vermittelt (TB, 3. November 1894).
Anderseits ist die theologische Entwicklung von Ragaz nicht entscheidend durch Herr-
mann bedingt. Er ging eigene Wege (vgl. A. Lindt, Leonhard Ragaz, Eine Studie zur
Geschichte und Theologie des religiösen Sozialismus, Zürich 1957, S. 36). Darum konnte
er sich über ihn auch so äußern. Vgl. dazu Brief Nr. 107 (vom 10. Mai 1907), wo sich
Ragaz sehr vehement gegen Herrmanns christozentrische Erlebnistheologie wendet.

¹³ Gustav Theodor Fechner, 1801–1887, Mediziner, Physiker, Philosoph. Das «Büchlein vom Leben nach dem Tode» erschien 1836.

[14] Dieser erschien in den Bündner Seminarblättern, 2. Jg. 1895/96, Nr. 1 (November 1895) und Nr. 2 (Dezember 1895). Fehlt in der Bibliographie von Robert Lejeune.

[15] Erschien im Religiösen Volksblatt, 1895, Nr. 40ff., in fünf Fortsetzungen, unter dem Titel «Robertson, der Prophet von Brighton». Vgl. oben, Brief Nr. 21, Anm. 11.

[16] Ragaz hatte bald zu Beginn seines Churer Pfarramtes im Spital allerlei Alkoholopfer angetroffen (TB VI, 4. Oktober 1895 und anderswo). Dazu kam die Begegnung mit den Kindern einer Trinkerfamilie im Churer Waisenhaus. «Fünf Kinder... davon war das erste normal, das zweite schon etwas geschwächt, das dritte noch mehr entartet, das vierte schon schwachsinnig, das fünfte aber völlig vertiert. Ich bin an jenem Abend mit dem Abstinenzgelübde im Herzen heimgegangen...» (Mein Weg, Bd. I, S. 184). Ragaz las nun die Antialkoholschriften von Egger. Gemeint ist wohl Augustinus Egger, Bischof von St. Gallen (1833–1906). Dieser veröffentlichte im Jahre 1892: «Einige Belehrungen über den Genuß geistiger Getränke» (St. Gallen 1892).

Brief Nr. 26: An Prof. P. W. Schmiedel

Chur, 4. Dezember 1895

Hochverehrter Herr Professor,

Jeder Ihrer Briefe ist mir ein stilles Fest, und darum ist es doppelt schändlich, daß ich auf Ihren letzten, so ausführlichen und inhaltsreichen Brief nicht schon lange geantwortet habe. Doch ist es damit gegangen, wie oft im Leben; eine Tugend ist zur Sünde geworden. Ich schreibe Ihnen gern in stiller, geweihter Stunde, im Sonntagsgewand und nicht im Arbeitskittel oder Negligé. Leider aber kommen diese Stunden jetzt so selten. Doch ich hatte noch einen andern Grund: Mein letzter Brief kam aus der freudigsten Stimmung; es trug mich damals die steigende Flut des Geistes. Inzwischen habe ich eine Zeit der Ebbe durchgemacht und wollte Ihnen nicht aus der Ebbestimmung heraus schreiben. Nun bin ich getrost; auf Befehl seiner Majestät des kategorischen Imperativs muß ich Ihnen heute Abend schreiben, wo fünf Unterrichtsstunden, eine Beerdigung, etliche Audienzen und auch einiges Studium mich müde gemacht haben. Verzeihen Sie also, wenn ich im Arbeitskittel komme[1].

Von mir ist fortwährend Gutes zu berichten. Jetzt habe ich zwar zu viel zu tun: 19 Stunden Religionsunterricht, 4 verschiedene Konfirmationen auf einmal! Aber das ist Ausnahme; mein Kollege, Dekan Herold[2] ist halb invalid und so mußte ich auf dringenden Wunsch der Eltern noch eine Abteilung der Konfirmanden übernehmen, die ich, weil sie zu groß war (über 60!), in zwei Teile zerschnitt. Ein anderes Jahr werde ich es leichter haben. Im Unterrichten habe ich viel Freude. Zwar gibt es namentlich unter den Knaben viel matte, faule, erdige Gesellen, und überhaupt, ach, so viel Widerschein sozialen, geistig-leiblichen Elends auf den Gesichtern. Aber das weckt alle Energie in mir auf zum Kampf. Und namentlich mit den Mädchen gibt es dann so viel freundliche Erfahrungen, daß mir die Kantonsschule kaum mehr einfällt. Auf diese wirke ich doch auch ein bißchen in der sonntäglichen Frühpredigt, wo die reifere Jugend reichlich anwesend ist. Ja, die Predigt: mit demütigem Danke gegen Gott sehe ich, daß mir das Schwerste zu gelingen scheint: die Churer in die Kirche zu bringen. Ich lege einen Zeitungsausschnitt[3] bei, zum Beweis dafür. Das «ordentlich» dürfte ein «gut» sein. Die große Kirche ist in der Spätpredigt fast voll; die Frauenplätze weit überfüllt. Ich wende starke Mittel an. So besprach ich in zwei Predigten Recht und Unrecht, erstens des Liberalismus, zweitens der Altgläubigen, wobei ich beiden den Spiegel vorhielt mit Schärfe und Gerechtigkeit, wie es scheint unter großer Spannung und vielem Beifall meiner Zuhörer. Ich will aufrütteln. In meiner dritten Predigt wird die Möglichkeit der Gemeinschaft und der Weg dazu besprochen werden. Auch viele Positive kommen zu mir. Übrigens kann ich Ihnen gottlob versichern, daß ich viel unabhängiger vom «Erfolg», von Lob oder Tadel, geworden bin, als ich früher war. – Auch in die gebildeteren Kreise komme ich, Beziehungen knüpfen sich da und dort an – der Weizen blüht. Ich will mich darüber freuen und im übrigen durch jeden Erfolg mich zu bessern Leistungen und größerer Treue anspornen lassen, gewiß, daß die Kämpfe schon kommen werden.

Die Leichenreden sind eine crux und dann die Krankenbesuche. Ich bin Ihnen für Ihre Ratschläge herzlich dankbar, aber der Mangel sitzt bei mir tief, er heißt: religiöse Sprödigkeit. Ich kann brieflich trösten, und in offizieller Rede, auch am Grabe und in der Schulstube, aber wenn ich so ganz in der Eile ein religiöses Gespräch führen soll, oder vielmehr, so eine kleine Predigt an einen Kranken zu halten mich aufgefordert fühle, das ist mir entsetzlich; es will mich fast ersticken. Sogar das Vorlesen aus der Bibel oder aus dem Gesangbuch ist mir zuwider. Es liegt in meiner Natur. Ob es vielleicht auch daran liegt, daß meine Religion zu sehr Philosophie oder Theologie oder Ästhetik ist, zu wenig unmittelbare Realität, ich weiß es nicht. Ich bin geneigt, eine Tugend darin zu sehen. Religion ist mir so sehr, ich muß es wiederholen, heimliche Liebe, so individuell, so heilig, daß wie eine Art Scheu mich zurückhält, davon leichthin zu reden. Ich habe Angst vor salbungsvoller Heuchelei, ich hasse alles gemacht feierliche Amtswesen, alle mechanische Religion. Das schließt nicht aus, daß ich gelegentlich mit einer gedrückten Seele sehr intim religiös reden, ja auch beten könnte. Aber es müßte *begehrt* werden und das tun unsere Kranken kaum je. Nun, ich will mirs eingestehen: für diese Art Seelsorge bist du nicht geschaffen. Du mußt das dir und andern eingestehen. Du kannst nur «weltlich» freundlich mit Kranken verkehren und ihnen, namentlich wenn sie arm sind, auch etwa deine Hilfe leihen, ihnen Lektüre bringen u.s.w.; aber mit direkter religiöser Mitteilung mußt du sehr karg sein. Du mußt das durch anderes ersetzen. Es ist eine Tugend, die zur Schwäche wird gerade in diesem Berufe. Gebe mir Gott, daß religiöses Geschwätz auch in Zukunft mir unmöglich sei. Gott will nicht, daß man sein Bestes der Schablone opfere! Protestanten sollten schließlich dahin kommen, daß sie allein beten, leiden und sterben können, oder doch ohne Pfarrer. Alte Weiber wollen oft nur aus Langeweile mit dem Pfarrer beten. Und oft ist sein Besuch nur um der Mode und Eitelkeit willen erwünscht. Oft auch geht's, wie bei jenem Bauer, der dem Pfarrer sagte, als er zu beten aufhören wollte: «Betet nue noch a bitzli witer; Ihr sind dafür bizahlt.»

Doch das läßt sich alles überwinden; lebensgefährlich ist nur jener alte Feind, den ich Ihnen oft genug geschildert habe: jenes plötzliche Aufhören des Geistes. Es ist merkwürdig: fast sechs Wochen lang, ja länger, fühlte ich mich getragen von *einer* Hochflut des Geistes! Ach, welche Lust zu predigen. Ich hatte das Gefühl, mich selbst zu übertreffen, und das Leben war eine Lust. Wäre es so vorwärts gegangen, ich hätte Hölle und Teufel nicht gefürchtet. Ich fühlte die Kraft, die Gemüter zu fassen und zu zwingen. Da, plötzlich, an einem Samstagvormittag, hört der Strom auf, und er fehlt mir nun ein paar Wochen lang überall, im Religionsunterricht und in der Predigt. Wie der Methodist die Stunde seiner Bekehrung, so kann ich Kommen und Gehen des Geistes angeben. Oh, welche Pein, welche Höllenqualen, wenn das heilige Licht erlischt, alles so öde wird und matt, wenn mir Gott, Menschen, Vaterland, Gewissen, Liebe und Treue, alles, alles gleichgültig wird und das Leben ein grauer Traum wird! Dann religiös produzieren zu sollen! Entsetzlich! Es ist mir noch immer nicht begreiflich, woher diese meine Krankheit kommt. Ist es einfach Reaktion auf hochgradige Anspannung? Ist es ein Zeichen, daß meine Religion zu sehr im emotionellen Teil meines Wesens begründet ist? Es sind nicht Zeiten sittlichen Sinkens, im Gegenteil, solide Zeiten; es sind nicht Zeiten theoretischen Zweifels, im Gegenteil; auch nicht Zeiten körperlicher Erschlaffung. Kurz, es ist mir unerklärlich. Ich helfe mir jetzt, indem ich die Predigten in solchen Zeiten, wo sie nicht Stimmungsprodukt sein können, desto intensiver *erarbeite*; ich lese dann etwas, was meine Phantasie in Schwingung versetzt, nehme ein poetisch-großes Thema, wähle mir einen heimlichen Feind, auf den ich loshaue, greife in die Zeit hinein etc. Auch lege ich mir selbst dann noch festere Zügel an. Ich hoffe, allmählich auch darin gesünder zu werden[4].

Gelesen habe ich in der letzten Zeit Kierkegaard[5]: «Angriff auf die Christenheit.» Das schärft Gewissen und Wahrheitsblick und gibt viel zu denken. Fechner[6]: «Büchlein vom Leben nach dem Tode»–eine bezaubernde Dichtung, ganz nach meinem Geschmack. «Welches ist der Weg der Seele in die Ewigkeit?» – Das war schon lange eine meiner am meisten antwortslosen Fragen. Fechner zeigt einen Weg, gibt eine Vorstellung, mehr will ich nicht. Krüger[7] habe ich auf Ihre Bemerkung hin heute gelesen. Die Ritschlianer behandle ich schon längst als liberale Theologen wie wir. Bibelstudium, Literatur geht nebenher. Naumanns[8] «Hilfe» und Schrempfs[9] «Wahrheit» nebst der «Christlichen Welt»[10] sind meine lieben Gäste. Fechner bleibt auf den Traktanden; Nietzsche[11] beschäftigt mich viel.

Doch nun genug. Entschuldigen Sie meine schlechte Schrift. Ich erschrecke, wenn ich lese, wieviel Briefe Sie zu schreiben haben, und bitte Sie, mich auf schmale Kost zu setzen, um Ihrer Zeit und Ruhe willen. Die Kränzchen-Mitglieder beneide ich. Ach, wieviele Probleme! Und einst so dumm, als ich an der Quelle saß! Doch, es geht gegen Mitternacht – ich danke Ihnen und wünsche Ihnen alles, was Liebe und Verehrung wünschen, als Ihr allezeit dankbarer

Leonhard Ragaz

Anmerkungen zu Brief Nr. 26

[1] In der Folge wird ein Absatz ausgelassen, in welchem Ragaz Schmiedel auf dessen Wunsch hin einige Artikel aus der eigenen Feder nennt, nach denen ein Korrespondent Schmiedels gefragt hat.

[2] Als Vertreter des verstorbenen Pfarrers Grubenmann und bis zur Ankunft von dessen Nachfolger amtete Pfarrer Herold noch weiter.

[3] Aus dem Freien Rätier, Dezember 1895. «Man will in letzter Zeit einen großen Aufschwung des Kirchenbesuches bemerkt haben. Auch die Männerbänke seien recht ordentlich besetzt.»

[4] Der folgende Abschnitt betrifft die Wahl seines Kollegen und wird hier ausgelassen.

[5] Sören Kierkegaard, 1813–1855, religiöser Denker und Schriftsteller, dessen geistige Saat erst nach dem ersten Weltkrieg aufgegangen ist. Er wendet sich gegen die Hegelsche Vermittlung von Offenbarung und Philosophie, von Glauben und Wissen, von Christentum und Kultur und setzt der sie leistenden spekulativen Dialektik seine Existenzdialektik entgegen. Der Glaube ist als existenzdialektisches Ereignis für den Verstand paradox, das heißt, sein Gegenstand (Gott) ist weder spekulativ als allgemeine Lehre noch historisch als objektives Faktum ausweisbar, sondern das Wagnis, durch das Ärgernis der spekulativen (vernünftigen) bzw. objektiven Ungewißheit hindurch zu glauben. In diesem Wagnis, das nicht nur seine Möglichkeit, sondern auch seine Wirklichkeit in Gott hat, wird der Graben der 1800 Jahre christlicher Geschichte übersprungen und die Gleichzeitigkeit des Glaubenden mit Christus in der Nachfolge erreicht. «Nur der in der unbedingten Nachfolge mit Christus gleichzeitig gewordene Zeuge hat die Vollmacht, die Forderungen des neutestamentlichen Christentums direkt geltend zu machen» (W. Anz). Von da aus führte Kierkegaard seinen an Schärfe kaum mehr zu überbietenden Angriff auf die bestehende «Christenheit».
Ragaz ist Ende 1892 erstmals auf Kierkegaard gestoßen (Tagebuchnotiz vom 31. Dezember 1892). Bei dem hier erwähnten Werk «Angriff auf die Christenheit» handelt es sich um eine Sammlung der polemisch-agitatorischen Schriften Kierkegaards, die 1895 von A. Dorner und Chr. Schrempf in deutscher Übertragung herausgegeben wurden. Kierkegaard hat auf Ragaz einen tiefen, sein ganzes Leben hindurch anhaltenden Eindruck hinterlassen. In «Evangelium und moderne Moral», 1897, S. 66–68, nimmt er Kierkegaards Kritik an der Kirche auf. In «Du sollst», 1904, gehört dieser zu seinen bevorzugten Kronzeugen (S. 6, 33, 94, 130, 155, 162), desgleichen in einer Kontroverse mit Paul Wernle, NW 1913, S. 56. In seinem Aufsatz «Reformation nach Vorwärts oder nach Rückwärts», Zürich 1937, stellt er Kierkegaard, seiner «revolutionären» Bedeutung nach, direkt neben Blumhardt und bezieht sich andauernd auf ihn. Seit 1893 hat der dänische Denker in dreifacher Weise auf Ragaz einzuwirken begonnen.

76

1. Die bei Ragaz bereits eingetretene Problematisierung des kulturprotestantischen Bündnisses zwischen Christentum und moderner Bürgerlichkeit wird durch seinen Einfluß radikalisiert.

2. Er eröffnet neue Möglichkeiten, aus den gängigen Problemstellungen (Begründung des Glaubens auf das spekulative Christusprinzip oder auf den historischen Jesus von Nazareth) hinaus und auch über den «garstigen Graben Lessings» hinwegzukommen.

3. Er schärft sein Gewissen und den Blick für das Radikale der Nachfolge Christi.

Beizufügen ist, daß sich Ragaz' Rezeption Kierkegaards, jedenfalls anfänglich, stark unter dem Eindruck von Christoph Schrempf vollzogen hat. Das erklärt, warum er ihn vorzüglich auf der Linie der prophetischen Kritik der Kirche bzw. des Christentums sieht.

[6] Vgl. oben, Brief Nr. 25, Anm. 13.

[7] Gustav Krüger, 1862–1940, Kirchenhistoriker, seit 1886 in Gießen, wo damals die Theologische Fakultät homogen von Ritschlianern besetzt war. Er gehörte zum Freundeskreis der «Christlichen Welt».

[8] Friedrich Naumanns Wochenschrift «Die Hilfe» erschien erst seit Dezember 1894. Sie war das Sprachrohr der «Jungen» unter den deutschen Christlich-Sozialen, welche bereits in einem gewissen Gegensatz zu Stoeckers Ansichten standen.

[9] Christoph Schrempf, 1860–1944, zunächst Pfarrer in Württemberg, 1892 wegen seines Widerspruchs gegen das Apostolikum fristlos entlassen, gab als Lehrer in Stuttgart «Die Wahrheit» heraus.

[10] Christliche Welt, herausgegeben von Martin Rade (1857–1940) seit 1886. Die Zeitschrift widmete sich vor allem der Auseinandersetzung zwischen Christentum und modernem Leben. Kirchenpolitisch gehörte sie ungefähr der Mitte an, nahm aber in den Richtungskämpfen nicht Partei. Sie darf als repräsentativstes Organ des Deutschen Protestantismus jener Jahrzehnte gelten.

[11] Interessanterweise gibt das Tagebuch für diese Monate keine Nietzsche-Lektüre an. Später ist Nietzsche für Ragaz so wichtig geworden, daß er ihm eine Vorlesung gewidmet hat: «Nietzsche und das Christentum.»

Brief Nr. 27: An Frau Elisabeth Moosherr

Chur, 23. Januar 1896

Verehrteste Frau Moosherr,

Ich danke Ihnen noch von Herzen für Ihre freundlichen Neujahrswünsche. Meinem Versprechen gemäß will ich Ihnen jetzt doch noch etwas ausführlicheren Bericht über mich und mein Tun geben. Das letzte Jahr war ja entscheidungsvoll für mich, wie vielleicht noch keins. Mit welch schwerer Sorge ich meinen Posten antrat, wissen Sie. Ich betrachtete ihn wirklich als einen «verlorenen» Posten und war voll entschlossener Resignation. Sie wissen aber auch, daß sich diese Befürchtung bis jetzt nicht bestätigt hat. Es ist alles besser gegangen, als ich erwartet hatte. Ich fürchtete z. B., man werde nicht in die Kirche kommen. Bis jetzt ist das ordentlich gegangen. Die Frauen kamen in großen Massen, so daß sie in ihren Bänken meistens schon in der Frühpredigt nicht Platz fanden. Aber auch die Männer stellten sich immer zahlreicher ein. An Anerkennung hat es seither nicht gefehlt. An Festtagen vollends bot die große Kirche kaum Raum genug. Man bedenke, daß Chur ein ganz schrecklich unkirchliches Städtchen ist. Allerdings nehme ich mit gutem Grund an, daß diese Flut einer langen Ebbe weichen wird. Doch hoffe ich wenigstens, vor dem kläglichsten Mißerfolg geschützt zu sein. Es ist ja wohl wahr, was mir ein Freund[1] schreibt: «Wir sind nicht wert, drei Fraueli zu predigen.» Aber drei Fraueli schreit man nicht von der Höhe der Kanzel aus an in einer Kirche, die für tausend und mehr berechnet ist. Item, bis jetzt ist's gegangen und so Gott will, wird's weiter gehen. Die Hauptsache ist die innere Freudigkeit, die ihren Erfolg in irgend einer Art schon in sich trägt und die selbst der beste Lohn ist. Ein bißchen mein Spiel getrieben habe ich mit den «Richtungen»[2]. Es wissen wohl noch immer nicht viele, was für eine Art Christ ich eigentlich bin, bald erschreckend radikal, bald wieder auffallend «positiv». Das ist mir auch ganz recht, ich will nicht in die Schablone gefügt sein, sondern für mich selbst etwas vertreten – allerdings im Rahmen des Freisinns. Sogar die «Positiven» haben mir ein ziemliches Vertrauen geschenkt, trotzdem ich ihnen einmal ganz gehörig den Text las.

Viel Freude macht mir der Religionsunterricht. In dieser Beziehung ist mir die Kantonsschule fast ersetzt. In so einer braven Klasse geht mir immer das Herz auf. Sehr artig und empfänglich sind größtenteils die Mädchen, die Knaben dagegen zum großen Teil ganz erschreckend roh und apathisch. Allerdings habe ich auch im Unterricht des Guten zu viel. 18 Religionsstunden, vor Neujahr 20 (die Kinderlehre eingerechnet) zur Woche, das ist zu viel. Ich habe zu gleicher Zeit nicht weniger als drei Konfirmandenabteilungen, zusammen über 120 Konfirmanden. Für den Unterricht habe ich an der Kantonsschule unschätzbar viel gelernt und man sagt mir öfters und ich glaube es auch zu bemerken, daß die Kinder gern zu mir in den Unterricht kommen. So kann ich wenigstens am grünen Holz arbeiten.

Eine schwere Last ist das Armenwesen[3], ein mir ganz neues Arbeitsfeld, wo ich es an Mißgriffen nicht fehlen lasse. Es gibt hier in Chur erschreckend viel Gesindel, das von allen Seiten her zusammenströmt, um hier Arbeit oder Almosen zu suchen. Oft geht es bei mir zu wie im Audienzzimmer eines Arztes. Ich blicke da in so viel Elend des Leibes und der Seele hinein, namentlich, wenn ich die Armut droben im vierten Stock oder im Parterre des feuchten Gäßchens aufsuche. Aber ich lerne dabei das Leben kennen, vielleicht etwas zu sehr von der düsteren Seite.

Wohl die mißlichste Aufgabe sind die vielen Leichenreden für mir meistens unbekannte Personen. Sie bringen mich oft in gelinde Verzweiflung. Auch die Krankenbesuche, besonders die in den Spitälern, deren ich zwei regelmäßig zu besuchen habe, machen mir viele Schmerzen. Doch lernt sich das so allmählich. Überhaupt häuft sich jeden Tag eine Menge von Torheiten, Sünden, Tatsünden und Unterlassungssünden, Irrtümern, mißlungenen Versuchen an, die nur göttliche Gnade tilgen kann[4]. Ich fühle die Mängel meines Charakters, meiner Bildung, die Armut meiner Ausstattung. Und doch werden so viele Ansprüche an einen hiesigen Pfarrer gestellt! Alles läuft zu ihm, Kranke, Arme, zankende Eheleute, Stellensuchende, sogar Heiratslustige, die ihn bitten, für sie Liebesanträge zu schreiben. Sie können sich denken, wie sich da oft die Arbeit anhäuft. Und das ist nun eigentlich das einzige, was mich hier bis jetzt nicht befriedigt: daß ich so wenig stille Stunden zum Studieren, zum Sinnen und Träumen finde. Und doch ist viel Stille, ja Einsamkeit, so recht ein Lebensbedürfnis für mich. Es fehlt mir eigentlich nur eines: Zeit! Hätte ich noch die, so wäre ich wohl in meinem Leben noch nie so glücklich gewesen wie jetzt. Ich muß die Kunst der Zeitbenützung studieren; und in Gottesnamen den zwölf- bis vierzehnstündigen, oft auch sechzehn- bis achtzehnstündigen Arbeitstag innehalten. Dabei kommt mir durch Gottes Güte zu Hilfe, daß ich mich schon lange nicht mehr körperlich so frisch befunden habe, wie seit Antritt des Churer Pfarreramtes, was ich nie erwartet hätte. Allerdings *darf* man in Chur nicht krank sein, um keinen Preis. Viel hilft mir die fast vollkommene Enthaltung von allem Alkohol, deren ich mich seit letztem Herbst befleißige. Bei auch nur mäßigem Alkoholgenuß könnte ich lange nicht so viel aushalten, davon bin ich fest überzeugt. Auch ist meine Lebensweise die denkbar einfachste: sehr viel Arbeit, viel äußere Anregung und innere Aufregung, bei großer Stille und Regelmäßigkeit des Tagewerkes. In Gesellschaft komme ich wenig, die Churer sind ein sehr reserviertes Volk.

In meinem Haushalt hat sich nichts verändert. Die Schwester[5] führt denselben; der jüngste Bruder[6] lernt jetzt Griechisch. Es ist mir ein lieber Gedanke, daß er einst Theologe werde und mir Sohnesstelle vertrete – allerdings ein junger Vater! Meine Eltern, eine Zeit lang krank, sind nun wieder ordentlich hergestellt. Mein ältester Bruder[7] ist endlich Ehemann geworden, der zweitälteste[8] wird im Frühling, so Gott will, in Bern sein Gymnasiallehrerexamen machen. Ich bin also noch immer ledig und werde es immer mehr, je mehr das Herz sich abkühlt. Ich hätte hier in Chur nicht Zeit, mich zu verlieben, geschweige denn, mich zu verloben. Auch will mich niemand. Ist das nicht furchtbar traurig?

Aber was wollen Sie sagen? Theodor, der drei Jahre ältere, scheint ja auch ob lauter Korrigieren und Philosophieren ganz vergessen zu haben, wie ein Mädchengesicht aussieht. So lange er ledig ist, fühle ich mich auch noch nicht ganz vereinsamt. Er hat mir nun endlich einmal einen Brief geschrieben[9], gewiß auf Ihre Mahnungen hin, und ich habe ihm geantwortet und hoffe, es werde sich wieder eine Korrespondenz anspinnen. Wenn mein Experiment hier in Chur mißlingen sollte, wer weiß, ob ich nicht auch nach Basel komme?

Und wie geht es denn Ihnen immer, verehrteste Frau Moosherr? Ach, wenn Sie doch in Chur wären! Ich würde alle Tage einen Augenblick zu Ihnen kommen und Ihnen meine Freuden und Leiden beichten, wie einer Mutter. Aber das würde Ihnen doch wohl bald zu viel werden, denn Sie haben ja eine große Familie, der Sie so lieb und teuer sind, wie es nur die beste Mutter sein kann. Und dazu kommt die große Familie der Abgeschiedenen, die Sie in stillen Stunden besuchen. In der letzten Woche ist Ihres hochverehrten Vaters, des Armenvaters Wehrli[10], allenthalben gedacht worden, wo man Pestalozzis[11] gedachte. Das war gewiß auch für Sie eine Aufforderung zu häufigen Wanderungen im Zauberland der Kindheit. Es ist mir da so recht klar geworden, woher Theodor die Liebe zum Lehrerberuf hat, die ihn so glücklich macht und die mich oft wundert. Ich bin glücklich, daß ich an einer geistigen Enkelin Pestalozzis lernen konnte, was Liebe ist. Möge der gütige Gott Ihrem Alter Friede und Heiterkeit fortdauernd verleihen. Mit herzlichsten Grüßen an Sie und Herrn Edmund[12] bin ich

Ihr allezeit dankbarer und Ihnen in Liebe und Verehrung zugetaner

Leonhard Ragaz

Anmerkungen zu Brief Nr. 27

[1] Die Formulierung läßt an Karl von Greyerz denken. Und in der Tat heißt es im TB VI unter dem 18. Januar 1895: «Brief von Greyerz.» Karl von Greyerz, 1870–1949, war zu jener Zeit Pfarrer in Bürglen bei Biel, später in Winterthur, Kandergrund und von 1918–1935 an der Johanneskirche in Bern. Seine Freundschaft mit Ragaz begann in der «Zofingia» und wurde zur Kampfgemeinschaft in der religiös-sozialen und vor allem in der pazifistischen Bewegung.

[2] Die ersten Predigten im Hauptgottesdienst hatte Ragaz über die kirchlichen Richtungen gehalten, hatte das Recht jeder Position festgestellt und dann seinen eigenen Standpunkt erläutert. Mein Weg, Bd. I, S. 177 und TB VI.

[3] Ragaz hatte zunächst als Gemeindepfarrer, bald auch als Vorstandsmitglied des freiwilligen Armenvereins mit der privaten Fürsorge zu tun. Vgl. dazu Mein Weg, Bd. I, S. 187. Seit dem Oktober 1899 präsidierte er diese Vereinigung, die große Mittel zur Verfügung hatte und wichtiger war als die öffentliche Armenfürsorge. (Freier Rätier, 29. Oktober 1899.) In einem Jahresbericht, welchen Ragaz in dieser Funktion abgab, stehen die wichtigen Sätze: «Arme bedürfen oft strenger moralischer Zucht. Es muß sich jedem, der in der Armenpflege mit offenen Augen tätig ist, die Einsicht aufdrängen, daß nur soziale Reform *gründlich* Hilfe schaffen kann und daneben moralische Erziehung und Veredelung des Volkes.» Freier Rätier, 2. Dezember 1901.

[4] Es ist beim Lesen der Tagebücher immer wieder ergreifend, die Sensibilität des Gewissens zu sehen, mit der der junge Pfarrer in Selbstprüfung seine Tage überdenkt.

[5] Nina.

[6] Rageth.

[7] Anton.

[8] Jakob.

[9] Im Tagebuch steht unter dem 24. Dezember 1895: «Endlich wieder ein Brief von Moosherr!»

[10] Vgl. Elisabeth Moosherr-Wehrli im Register der Briefempfänger.

[11] Man hatte eben den 150. Geburtstag Pestalozzis (geb. 12. Januar 1746) gefeiert, und Ragaz hatte auch die Festrede an die Churer Schuljugend (TB VI, 11. Januar 1896) sowie am 12. Januar eine «Pestalozzipredigt» gehalten.

[12] Der Bruder Theodor Moosherrs, Kaufmann von Beruf.

Chur, 25. Februar 1896

Hochverehrter Herr Professor,

Ich danke Ihnen von Herzen für Ihre Sendung und Ihre werte Karte. Das ist alles erhebend und erfrischend. Von Graue[1] habe ich wiederholt die allerwertvollsten Anregungen empfangen. Seine glänzende Darstellung des Gemeindeideals hat mich zuerst für Sulze[2] begeistert und mir Pfarramt und Kirche lieb gemacht, weil sie mir ein Ideal zeigte. Graue vertritt diejenige Art Liberalismus, nach der ich in meiner Art auch strebe, freilich in Schwachheit. Es tut mir nur leid, daß die beiden Predigten nicht ausgearbeitet und gefeilt dem Druck übergeben worden sind. Übrigens läßt sich ein derartiges Martyrium recht leicht ertragen. – Die Nummer der protestantischen Kirchenzeitung, von der Sie sprechen, habe ich noch nicht bekommen (ich lese die Zeitungen in einem Zirkel), werde mich aber gehörig auf die Beute stürzen. Was Sulze in letzter Zeit schreibt, erscheint mir künstlich und gesucht. Nur der Artikel über Jesuitismus in der evangelischen Kirche hat mich tiefer gepackt. Als Leser der «Hilfe» und der «Christlichen Welt», mit ihrer Chronik, verfolge ich ein bißchen die «christlich-soziale» Sache[3], sonst aber verliere ich leider vieles von der theologischen Bewegung ganz aus dem Gesicht. Seit Neujahr ungefähr habe ich mich in meinen sehr spärlichen Mußestunden stark mit Christ. Schrempf[4] beschäftigt. Schon früher habe ich gelegentlich von ihm tiefe Eindrücke erhalten und fast alle seine Sachen gelesen. Durch die «Wahrheit» mit ihren im höchsten Grad originellen und meistens als scharfe Bußpredigten wirkenden Aufsätzen Schrempfs bin ich neuerdings wieder auf ihn aufmerksam geworden und stehe nun geradezu unter dem Bann dieses Mannes. Schrempf versteht wirklich, zur Wahrheit und Selbständigkeit zu erziehen. So bin ich gerade auch durch ihn wieder zu mehr Selbständigkeit gegenüber Jesus gekommen, was Sie gewiß freuen wird, in dem Sinne natürlich, daß ich mein religiöses Leben unabhängiger fühle von der Entscheidung über die wichtigsten Fragen des Lebens Jesu oder sogar von seiner historischen Existenz. Überhaupt bin ich dogmatisch jetzt wieder freisinniger als je, dagegen hat der Gedanke der Nachfolge Christi, der mir früher trivial erschien und falsch, plötzlich Kraft, Leben und Tiefe gewonnen. Das erstreckt sich bis auf Einzelheiten, so bin ich z. B. entschlossen, keinen Eid zu leisten. Wir hatten letzthin in der Pastoralkonferenz eine Verhandlung über den Eid. Wir haben einstimmig den Gebrauch desselben verurteilt. Ich verfocht dabei u. a. auch die Ansicht, Jesus habe *jeden*, auch den *gerichtlichen* Eid, verurteilt und seine Antwort auf die Beschwörung des Hohepriesters sei nicht als Eid aufzufassen, oder doch wenigstens nicht als Eid im jetzigen Sinne. Was die Bergpredigtstelle[5] anbetrifft, so behaupte ich: 1. Es muß sich im ersten und im zweiten Glied um das gleiche handeln. Wenn zu den Alten gesagt ist: «Du sollst nicht schwören etc.» so ist offenbar nicht bloß das Schwören im täglichen Leben, also das Fluchen gemeint, und wenn also Jesus das Schwören verbietet, so verbietet er *alles* Schwören. 2. Es heißt ausdrücklich: ὅλως[5], und nirgends eine Andeutung einer Ausnahme. 3. Wenn gesagt wird, die Ausdrücke «beim Himmel, bei der Erde» etc. könnten doch nur auf das «Schwören im täglichen Leben» sich beziehen, so ist das nicht richtig. Denn in der römischen Gerichtspraxis z. B. wurde ganz ähnlich geschworen (beim sog. Schiedseid). 4. Wenn gesagt wird, diese Dinge gelten nur für eine ideale Ordnung, so sage ich: ja, wie soll da einmal das Ideal Wirklichkeit werden, wenn man nie auch nur versucht, mit ihm Ernst zu machen. – Die Sache kann für mich bald sehr aktuell werden, denn es schwebt ein großer Prozeß[6] über unserer bündnerischen Landeskirche, in dem ich leicht auch als Zeuge auftreten muß und zum Zeugeneid aufgefordert werden kann. Ich gedenke nicht zu schwören, gestützt auf den Grundsatz der Glaubens- und Gewissensfreiheit. Gern würde ich Ihre exegetische Meinung, vielmehr Entscheidung, hören; doch mag ich Sie nicht bemühen. Übrigens kommt's für mich nicht auf die Exegese an; ich bin überzeugt, daß der Eid der christlichen Gottesidee und dazu allen staatlichen Grundsätzen unserer Zeit widerspricht und eine stetige Verführung zum Meineid ist.

Auch «Kierkegaards Angriff auf die Christenheit»[7] von Schrempf habe ich gelesen. Das Buch wirkt etwas monoton und die Übertreibung schadet ihm in den Augen ernster Leser. Doch sehe ich nicht ein, wie einige dieser Angriffe anders widerlegt werden könnten, als indem man – ihnen recht gibt. Es ist schon lange meine Überzeugung gewesen, daß zwar das Evangelium gut und ewig, die Kirche aber faul sei durch und durch. Es will mir immer klarer werden, daß unsere ganze kirchliche Praxis allen Hauptsätzen unserer neuen religiösen Erkenntnis widerspreche und dazu aller Psychologie. Wenn ich Zeit hätte, möchte ich einmal eine Untersuchung anstellen über das Thema: Unsere kirchliche Praxis, insbesondere unser «Gottesdienst» und die Psychologie. Ich meine, es müßte ein Todesurteil herauskommen. Bei Schrempf findet man viel Material zu solchen Betrachtungen. Überhaupt sind mir alle meine früheren Bedenken gegen Kirche und Pfarramt wiedergekehrt und neue sind dazu gekommen. Sie lassen sich schließlich alle zusammenfassen in den Satz: Es ist schwer, sich als Pfarrer die volle Wahrhaftigkeit und das Feingefühl für das Heilige zu bewahren. Das viele, viele Beten, es ist so selten heiliger Ernst, und doch ist es nicht erlaubt, aus pädagogischen Gründen zu beten; auch das Predigen ist meist ein Stück Lüge; denn welcher Pfarrer täte es, wenn er nicht müßte? Welchem ist es jedesmal so recht heiligster Ernst? Und dazu alle diese Religions-Stunden, oft stumpfen, gleichgültigen Kindern aufgedrängt; alle diese «Tröstungen», Mahnungen etc. etc. Kurz: es ist fast unmöglich, Pfarrer und ein religiöser Mensch zu sein. Auch ist unser Gottesdienst ein gut Stück Komödie. Es ist mir auch sehr zweifelhaft geworden, ob wir nicht mit Predigen und Unterrichten, auch wenn's gut gemacht wird, mehr schaden als nützen – nämlich *abstumpfen.* Und wie hat mich die Begräbnisaffäre Graues[8] elektrisiert. Ich hatte sonst immer gemeint, daß ich bei meinem Glauben an ein individuelles Fortleben als Leichenredner doch noch einen guten Stand habe. Nun ist mir gerade dieser Glaube ein schweres Hindernis geworden. Die Sentimentalität, die alles in den Himmel tut, ist plötzlich von mir abgefallen; ich halte sie für Gift; ich kann nicht mehr vom Himmel reden und vom «ewigen Frieden», in den Hinz und Kunz eingegangen sein sollen, trotzdem sie auf Erden wenig danach fragten; ich kann nicht leicht von «Wiedersehen» und dgl. reden (habe das übrigens auch selten getan!). Es drängt sich mir vielmehr der Ernst des Gerichtes auf, und in bezug auf Seligkeit oder Unseligkeit eines Verstorbenen denke ich mir mancherlei sehr paradoxe Dinge, die ich den lieben «Trostbedürftigen» nicht sagen dürfte. Ja, sogar das «Trösten» ist mir eine zweifelhafte Sache geworden. Es ist nicht nötig, daß man sofort mit Rosenöl hinzulaufe, wenn einmal eine Seele tiefer von dem Ernst der Dinge berührt worden ist. Und so komme ich wieder von allen Seiten her zu dem Resultat: Je ernster es ein Mensch mit der Religion nimmt, desto schwerer wird es ihm, Pfarrer zu bleiben. (Allerdings wird ihm dadurch das Leben überhaupt schwerer!)

Diese Gedanken will ich Ihnen doch kurz aussprechen; es sind nur einige von vielen und wohl nicht die feinsten, spitzigsten; aber daß mich diese Gedanken nun ernsthaft unglücklich machen, davon kann keine Rede sein. Erkenntnis der Wahrheit tut niemals dauernd weh. Auch werde ich deswegen keine raschen Streiche machen. Bevor ich *diesmal* wieder aus dem Pfarramt weggehe, besinne ich mich noch zehnmal. Denn dann geschähe es für immer. Nur ist richtig: wären mir diese Gedanken im letzten Sommer so gegenwärtig gewesen, ich wäre nicht Pfarrer von Chur. Man könnte einwenden: Aber jeder Beruf hat ja seine eigentümlichen Gefahren. Wohl, ich weiß es, aber es handelt sich bei keinem um das Heiligste, wie bei uns, um des Menschen Lebenszentrum.

Abgesehen von diesen Skrupeln geht es mir immer gut. Jene Stimmung ist eigentlich nicht mehr wiedergekehrt bis auf diesen Tag; ich fühle mich frisch und zu allem Guten aufgelegt. Die Kirche füllt sich eigentlich immer mehr, namentlich auch mit Männern. Schon gut – wenn nicht hin und wieder eine Predigt traurig mißlänge, was mir dann keinen kleinen Schmerz bereitet. Ich muß halt denken: tu, was du kannst, und überlaß Gott das übrige. Schlimm ist, daß ich bei dem wahnsinnigen Arbeitszudrang oft nicht weiß, woher die Frische des Geistes, die Zeit zum Studieren holen und die müdesten Stunden allein noch der Predigt widmen kann. Das ist eigentlich das große Übel der Stelle: keine Zeit, alles muß hastig getan werden und dazu so ein Vielerlei. Dies widerspricht allen meinen Neigungen, ja meiner ganzen Natur. Aber nach Ostern wird es besser werden und schließlich ist das Ganze ein Experiment. – Gott sei Dank, daß ich fast immer gesund und frisch bin, trotzdem ich Ihren so richtigen Rat, ausgiebig zu schlafen, nicht befolgen kann. Nächst Gottes Güte schreibe ich dieses Wohlsein der fast vollständigen

Abstinenz zu, die ich beobachte. Ich habe wirklich bemerkt, daß jedes Glas Wein oder Bier mich zurückbringt, und bin entschlossen, mir die Freiheit des Nichttrinkens zu nehmen. So aufgefaßt werden Sie gewiß damit einverstanden sein. Nächstens halte ich in unserer kantonalen gemeinnützigen Gesellschaft einen Vortrag[9] über diesen Gegenstand. Es ist ein schwerer und schöner Kampf, der mir Freude macht.

Doch nun genug; ich könnte ja sonst noch lange schwatzen. Ich erlaube mir nur, einen Aufsatz über Religionsunterricht[10] beizulegen, den ich in der Woche vor meinem Amtsantritt in Chur in Eile geschrieben hatte. Er hat viel Beifall gefunden; aber ich könnte jetzt wohl sicher Besseres über den Gegenstand schreiben. Ich bitte also um Nachsicht. – Auch Ihren Vortrag in Zürich[11] habe ich (skizziert) mit Freude gelesen.

Indem ich Ihnen den schönsten Ausklang für das Wintersemester und gute Gesundheit während der Frühlingskrise wünsche, bin ich in steter Verehrung und Dankbarkeit

Ihr Leonhard Ragaz

Anmerkungen zu Brief Nr. 28

[1] Vgl. oben, Brief Nr. 25, Anm. 9.

[2] Vgl. oben, Brief Nr. 6, Anm. 3. Es handelt sich hier wohl um die Schrift «Die evangelische Gemeinde», 1891.

[3] Diese war durch das Auftreten Naumanns in eine neue Phase getreten; 1896 ist das Jahr, in welchem Stöcker die evangelisch-soziale Partei und Naumann die nationalsoziale Bewegung ins Leben rief.

[4] Vgl. oben, Brief Nr. 26, Anm. 9. Das Tagebuch weist in diesen Tagen starke Wirkung Schrempfs auf Ragaz nach. 15. Januar: «Schrempfs frühere Reden und Broschüren fortwährend weiter studiert. O hätte ich ihn wieder gelesen, bevor ich in Chur zusagte!» 27. Januar: «Schrempfs ‚Wahrheit‘ für mich wohltuend wie Bergluft, aber auch wie kalte Douche.» 2. Februar: «Die Aufsätze von Schrempf regen mich im Tiefsten auf.» 4. Februar: «Fortwährend Schrempf.»

[5] Matth. 5, 34: «Ich aber sage euch, daß ihr überhaupt (ὅλως) nicht schwören sollt.»

[6] Es scheint sich um einen Beleidigungsprozeß in der Affäre eines Pfarrers gegen den kantonalen Kirchenrat gehandelt zu haben. Inwiefern Ragaz als Zeuge in Frage kam, kann nicht mehr festgestellt werden. Seiner Familie erzählte er später, daß er entschlossen gewesen sei, den Eid zu verweigern, daß ihm aber der Richter mit Rücksicht auf seinen geistlichen Stand weder Eid noch Gelübde auferlegt habe.

[7] Herausgegeben von Chr. Schrempf, 1896, eine Zusammenstellung aus verschiedenen Schriften Kierkegaards. (Vgl. oben, Brief Nr. 26, Anm. 5.)

[8] Es läßt sich nicht mehr feststellen, um welche Affäre es sich handelt.

[9] Unter dem Titel «Der Kampf um den Alkohol» erschienen als erste selbständige Schrift Leonhard Ragaz', Chur 1896 (Bibl. A I 1). Vgl. dazu Biographie, Bd. I, S. 67. Ragaz faßte den Kampf gegen den Alkohol durchaus als Teil der Sozialreform, nicht als Individualfürsorge im Sinne der Trinkerrettung auf.

[10] Bemerkungen über den Religionsunterricht, Bündner Seminarblätter, II. Jg. 1895/96, in Nr. 1 (November 1895) und 2 (Dezember 1895).

[11] Es läßt sich nicht mehr feststellen, um welchen Vortrag Schmiedels es sich handelt.

Brief Nr. 29: An Prof. P. W. Schmiedel

Hochverehrter Herr Professor,

Ich mußte mich fast schämen, Sie zu einem so ausführlichen Brief veranlaßt zu haben. Das heißt fast, Ihre Güte mißbrauchen. Dafür habe ich denn auch lange an ihm gekaut. So lange noch die Last der Winterarbeit nicht ein bißchen abgelegt war, durfte ich an keine Antwort denken. Nun fühle ich mich ordentlich erleichtert und so gewähre ich mir am Weltfeiertag das Vergnügen, Ihnen etwas von meinen Leiden und Freuden zu erzählen.

Was zunächst meine «Klagen» anbetrifft, so ist es überhaupt nicht recht, wenn ich Ihnen immer wieder mit solchen komme. Mein Trost ist, daß es doch meistens Dinge von prinzipieller Art sind, nicht nur persönliche Schwierigkeiten. Ich will mich darin in Zukunft bessern. Wenn ich Ihnen schreibe, so rede ich wie zu einer Mutter. Während man seine Freude noch eher andern mitteilt, gibt es gewisse Dinge, die man sonst sorgfältig in sich verschließt und dann eben sofort hervorholt, wie man zu jemand kommt, der einen darin versteht und zu dem man zugleich das höchste Vertrauen hat. Ich kann Sie übrigens versichern, daß diesmal meine Bedenken gegen Kirche und Pfarramt mich nicht mehr zu einer gordischen Lösung führen werden. Diesmal will ich warten, lange warten. Und gottlob kann ich ja sagen, daß meine Grundstimmung eine durchaus freudige, gehobene ist. Gottlob kehrt der Mangel an Stimmung nicht gerade häufig wieder. Ich lerne allmählich, mich selbst behandeln. Meine Religion wird auch immer mehr etwas Besseres als Stimmung. Und der äußere Erfolg ist mehr als erfreulich. Der Kirchenbesuch ist immer noch gewachsen; über die Festtage bot die große Kirche lange nicht Raum genug für die Masse der Zuhörer. Viele mußten stehen, viele gingen wieder. Die Abendmahlsfeier dauerte fünfviertel Stunden. Zwar sagte ich mir: «Jetzt ist die Höhe erreicht; sei dir darüber nur klar»; aber ich hoffe, doch nicht so schnell ein Prediger in der Wüste zu werden. Viele sehr schöne Erfahrungen bringt mir der Religionsunterricht. Zu demselben hat mir Gott scheints doch einige Gaben verliehen. Leider ist die männliche Schuljugend furchtbar roh und apathisch; aber ich hoffe, hier ein bißchen Wandel schaffen zu können. Was die Bemerkungen in den Bündner Seminar-Blättern[1] betrifft, so bin ich Ihnen für Ihre Belehrungen von Herzen dankbar. Aber ich wollte etwas viel Bescheideneres, als Sie annehmen. Ich schrieb diesen Aufsatz in zwei Tagen als Lückenbüßer für einen weitern, den zu liefern mir die Zeit gefehlt hatte. Ich wollte der Lehrerschaft indirekt etwas Achtung vor dem Religions-Unterricht einflößen und den Pfarrern eine Bußpredigt halten. Beide Zwecke sind erreicht worden. Der Aufsatz hat sehr viel Beifall gefunden in allerlei Kreisen. Reformprogramm wollte ich damit keines aufstellen. Dagegen arbeite ich im stillen an einem Leitfaden[2] für den Konfirmandenunterricht und den gewöhnlichen Religionsunterricht. Nicht, daß dieser «Leitfaden» nun müßte gedruckt werden; es handelt sich zunächst um Klarheit für mich. Und allerdings scheint mir, als ob es mir an allerlei fruchtbaren Reformgedanken nicht fehle; nur ist alles noch in voller Gärung. Ich warte lieber, bis ich meine Reformgedanken im eigenen Unterricht erprobt habe; dann erst darf ich sie mit gutem Gewissen andern vortragen. Die Abhandlung von Dr. Lietz[3] war mir sehr wertvoll. Was seine Gedanken über Katechismusunterricht und Behandlung des Lebens Jesu anbetrifft, so habe ich sie, so gut ich konnte, schon bisher verwirklicht. Katechismus haben wir ja keinen. Auch im alttestamentlichen Unterricht haben wir wohl schon bisher vieles anders gemacht als in Deutschland. Neu ist mir nur der Vorschlag, die Propheten in den Mittelpunkt dieses Unterrichts zu stellen. Ob sich das für die *Volksschule* machen läßt, ist mir doch noch ein bißchen zweifelhaft. Ich fürchte, der Durchschnittslehrer wird damit die Kinder langweilen. Das Kind will Geschichten, nicht Reden. Wenn uns aber Herr Dr. Lietz ein Büchlein gibt, in dem der alttestamentliche Text seinen Anschauungen gemäß zusammengestellt und umgestaltet ist (davor würde ich nicht zurückschrecken, z.B. in der Potiphargeschichte), so kann er auch uns helfen, ein solches herzustellen. Die Bedenken gegen Geschichten wie die Zerstörung von Sodom und Gomorrha, Isaaks Opferung, der Untergang der Ägypter im Roten Meer, sind wohl etwas zu subtil. Das Kind reflektiert noch nicht wie wir; es reflektiert nicht über die sittlichen Schwierigkeiten, die uns drücken würden. Doch, wie gesagt, ich möchte auch hierin einer radikalen Umgestaltung nicht zuwiderreden. – Was Ihre Bemerkungen über das von mir verlangte Auswendiglernen anbelangt, so bin ich vollkommen einverstanden und meine Praxis entspricht Ihren Forderungen vollkommen. Ich habe mich nur etwas mißverständlich ausgedrückt. Das «Auswendiglernen» bedeutet mehr: «Auswendig gelernt haben.» Die Bergpredigt lernt man im Laufe von fünf bis sechs Jahren stückweise im Anschluß an den übrigen Unterricht, und zuletzt wird das Ganze behandelt und mit Leichtigkeit so gelernt, daß es so ziemlich dem Geiste parat ist. *Ganz* auswendig lasse ich nur Psalmen lernen wie 1, 8, 23, 121, und dazu *behandle* ich etwa auch 3 oder 4, das ist alles. Ähnlich bei den Kirchenliedern.

Auch mein Auftreten gegen den Alkohol war ganz bescheiden gemeint. Ich mußte in der Gemeinnützigen Gesellschaft einen Vortrag über die Sache halten. Dergleichen Dinge *muß* ein Pfarrer gelegentlich tun. Ich redete, nach meiner Gewohnheit, ohne ein Blatt vor den Mund zu nehmen. Es schien angezeigt, den Vortrag in einem Tagesblatt[4] zu veröffentlichen. Er erregte Aufsehen. Eine ganze Aufregung entstand. Man redete in allen Teilen Graubündens davon, und mein Vortrag wurde eine Zeitlang Tagesgespräch. Man mußte einen Separatabdruck veranstalten für die Besteller der betreffenden Nummern des Freien Rätiers. Auf der Stelle waren 500 Exemplare verkauft und schon ist die zweite Auflage erschienen, die wohl auch rasch «vergriffen» sein wird. Bis nach Cannes sind 150 Exemplare gewandert und eines bis zum Kriegsminister Bronsart[5]. Und doch habe ich nur ganz Triviales gesagt. Es war mir mitten in der Arbeitshetze drinnen nicht möglich, etwas ästhethisch Abgerundetes zu schaffen, und weil ich alle Seiten der Sache streifen mußte, so war alle Feinheit ausgeschlossen. Wenn Sie also das beigelegte Zeugnis gegen den Teufel des 19. Jahrhunderts lesen wollen, so bitte ich um Gnade. Ich *konnte* nicht alles sagen. Ich bin in dieser Sache voll Ruhe und Freudigkeit. Es sind mir die Augen aufgegangen, und ich sehe jetzt den ὀλοθρευτής[6] in tausend Gestalten, wo ich ihn früher nicht sah. Immer wieder muß ich sagen: Das Verderben schreit zum Himmel gegen jeden, der nicht in seiner Weise dagegen kämpft. Ich bin entschlossen, in diesem Kampfe stehen zu bleiben; es ist ein heiliger Krieg. Der Abstinenz konnte ich mich für meine Person nun allerdings nicht mehr entziehen. – Sie ist mir in jeder Beziehung zuträglich; ein *Opfer* wäre für mich eher das Trinken. Zwar sind Wirte und Weinhändler wütend und in gewissen Gegenden zittern schon die Weinbergsbesitzer; aber das belustigt mich nur. Auf Bekehrungen gehe ich nicht aus; nicht einmal in der eigenen Familie.

Ich danke Ihnen für Ihre Belehrungen über die exegetische Seite der Eidesfrage. Es war mir wirklich entgangen, daß der Eid bei Gott in Matth. 5, 33–37 ausgelassen ist. Ich schob immer folgendes Mittelglied ein: «Und zwar dürft ihr nicht nur nicht bei Gott schwören, sondern auch nicht etc.» Auch glaubte ich, daß der Eid bei Gott selbst bei den Juden zur Zeit Jesu gar nicht mehr gebräuchlich gewesen sei; was offenbar Irrtum eines Ignoranten ist (und ein Ignorant bin ich ja in solchen Dingen). Daß zwei Traditionen ineinander geflossen seien, diese Annahme ist natürlich unwiderleglich. Aber wenn Sie den Text nehmen, wie er ist (und nur an diese *praktische* Exegese habe ich gedacht), und wenn Sie dann das ὅλως premieren[7] und zugleich Vers 37, und wenn es Ihnen ferner selbstverständlich ist, daß 34–36 wirklich auch vom gerichtlichen Schwören gelte, so scheint es mir doch noch immer einleuchtend, daß auch das Schwören bei Gott in das ὅλως als selbstverständlich eingeschlossen sei. Und was den Schwur Jesu vor Gericht anbelangt, so habe ich vom Standpunkt des Gegners aus geredet. Für den Laien bedürfen wir einer solchen praktischen Auslegung, die einen unversehrten Text, resp. eine wirklich genaue Überlieferung voraussetzt. Für den wissenschaftlichen Theologen ergibt sich aus der Unsicherheit der letzteren nur die Unzulänglichkeit aller Einzelexegese zur Entscheidung einzelner praktischer Fragen. Da bleiben uns gegen den Eid eben nur die schon gemeldeten Bedenken. Wenn ich sagte, der Eid widerspreche dem christlichen Gottesbegriff, so meinte ich damit, daß die besondere Anrufung Gottes im Einzelfall den Gedanken der Allgegenwart Gottes beeinträchtige, und zweitens meine ich: Der Eid beruht auf dem Gedanken, daß Gott durch ihn sich *binden* lasse. Aber das ist eine Voraussetzung, die nur in einer magischen Religion am Platz ist. *Unser* Gott ist zu gut für solche Experimente und zürnt vielleicht dem Gesetzgeber, der den Eid verlangt, nicht viel weniger als dem Meineidigen. Also im Interesse der Religion und Sittlichkeit muß der Eid fallen, und gewiegte Juristen versichern mir, daß das ein Glück für die Rechtsprechung wäre. Ob ich selbst nun einfach den Eid verweigern soll oder nicht, weiß ich doch noch nicht ganz bestimmt. Jedenfalls trage ich in mir wirklich nichts von der Art der Leute, die man «Weltverbesserer» nennt. Ich handle nur von Fall zu Fall, wo etwas an mein Gewissen herantritt.

Ihre Abfertigung des Herrn P. R.[8] in der Protestantischen Kirchenzeitung habe ich mit Vergnügen gelesen. Noch vor einem Jahre wäre dieses Vergnügen nicht so groß gewesen wie jetzt, wo ich in meinem religiösen Leben wirklich von der Geschichte unabhängiger geworden bin. Gegönnt habe ich dem Herrn P. R. die scharfe Lektion – es ist etwas unendlich Kleinliches in dem Bemühen dieser Ritschlianer, die Verwandtschaft mit dem «Liberalismus» abzuleugnen. Auch die Preisschrift[9] über die Weltanschauung von Lipsius werde ich mit Ihrer Vorrede mit Freuden lesen, sobald man sie bekommen kann. Ihr Urteil über Lipsius ist mir immer wieder hochwichtig. Sie haben gewiß das Schriftchen von Sabatier[10], Theologische Erkenntnistheorie, gelesen. So viel eine rasche Lektüre mich lehrte, ist das einfach Lipsius, in französische Eleganz gekleidet, ohne daß irgendwo Lipsius genannt würde. Wäre es doch Lipsius vergönnt gewesen, seine Gedanken in solcher Frische und Lebenskraft darzustellen!

Doch genug! Ich höre mit Freuden, daß Sie sich wohl befinden und von Ihren Studenten, was Sie ihnen sind. Ich hege in einem Winkel des Herzens die stille Hoffnung, daß ich Sie im Laufe des Sommers doch noch einmal sehen dürfe, und bin mit stets gleicher Dankbarkeit und Verehrung

Ihr Leonhard Ragaz

Anmerkungen zu Brief Nr. 29

[1] Es handelt sich wohl um Bemerkungen Schmiedels zu dem oben, Brief Nr. 28, Anm. 10, genannten Aufsatz von Ragaz.

[2] Leider scheint dieser nicht erhalten zu sein.

[3] Hermann Lietz. Vgl. unten, Brief Nr. 31, Anm. 2. Um welche Abhandlung es geht, konnte nicht festgestellt werden. Hermann Lietz hatte 1894 für das von Theodor Wächter herausgegebene Wochenblatt Der Christ einen Aufsatz: «Zur religiösen und kirchlichen Frage der Gegenwart» geschrieben. Als Mitarbeiter an der von Prof. Wilhelm Rein, Jena, herausgegebenen «Enzyklopädie der Pädagogik» lieferte er in der Zeit zwischen Frühling 1895 und Sommer 1896 Beiträge über «Alttestamentliche Propheten» und über «Das Leben Jesu im Unterricht».

[4] Der Vortrag erschien zunächst im Freien Rätier, vom 13. März 1896 an. Später als Separatum im Verlag Manatschal & Ebner, Chur 1896. (Erste selbständige Schrift von Ragaz; Bibl. A I 1.)

[5] Walter Bronsart von Schellendorf, 1833–1896, seit 1893 Kriegsminister von Preußen.

[6] Verderber, vgl. 1. Kor. 10, 10.

[7] Das Wort läßt sich nicht ganz zuverlässig entziffern; «premieren» könnte bedeuten, einen Ausdruck sehr intensiv interpretieren, «pressen».

[8] Schmiedel hatte in Nr. 5 der Protestantischen Kirchenzeitung von 1896 eine Schrift über «Das Bekenntnis zum geschichtlichen Christentum gegenüber der Bedrohung unserer Religion durch die orthodoxe Auffassung von der Heiligen Schrift», Berlin 1895, rezensiert. Als Verfasser der Schrift zeichnete P. R. nur mit den Initialen.

⁹ Vgl. unten, Brief Nr. 30, Anm. 1.
¹⁰ Auguste Sabatier, 1839–1901, reformierter französischer Theologe, Professor an der Sorbonne. Führender Vertreter des «Symbolfideismus». Diese theologische Lehre begründete sich namentlich in Anschluß an Ragaz' früheren Lehrer R. A. Lipsius. Nach ihr ist das Objekt des Glaubens transzendent. Da aber die menschliche Einbildungskraft nur Bilder aus der Erscheinungswelt produziert und dem Verstand nur raumzeitliche Kategorien zur Verfügung stehen, sind alle Begriffe des gläubigen Bewußtseins unvermeidlicherweise ihrem Gegenstand unangemessen, d. h. Symbole.

Brief Nr. 30: An Prof. P. W. Schmiedel

Chur, 9. Juni 1896

Hochverehrter Herr Professor,

Mit herzlichem Danke schicke ich Ihnen Neumann[1] zurück. Ich habe ihn jetzt auch selbst angeschafft, daher das unaufgeschnittene Exemplar. Diese Dissertation mag wirklich Ihre Vorrede verdienen. Sie erfüllt mich mit nicht geringem Respekt vor ihrem Verfasser. Es war ja so schwer, die einzelnen Bruchstücke des Lipsiusschen Systems aus «Dogmatik», «Beiträgen», «Philosophie und Religion»[2] etc. zusammenzusuchen und zu einem architektonischen Ganzen zu ordnen. Das war viel schwerer als Moosherrs Aufgabe gegenüber Biedermann[3]. Das war ein ganz großes Verdienst. Und Neumann hat noch mehr getan. Er hat Lipsius interpretiert und wohl auch ein bißchen verbessert. Die ebenso bescheiden als ruhig entschieden angebrachte Kritik erhöht nur das Zutrauen zu der Unbefangenheit des Verfassers. Ich habe die Dissertation mit einem gewissen Gefühl der Beschämung gelesen. Ich habe nicht nur empfunden, daß ich selbst nicht imstande gewesen wäre, eine solche Arbeit zu leisten, sondern habe mich auch vor Lipsius geschämt. Wenn ich mich mit aller Macht frage, an welchem Punkte ich denn prinzipiell vom Lipsiusschen System abweichen möchte, so bleibt nicht so viel übrig. Es bleibt etwas übrig: eine andere Auffassung von der Aufgabe der «Dogmatik» (die einfach Religions-Philosophie sein soll; höchstens auf das Christentum angewandte Religions-Philosophie); eine andere Auffassung vom Zusammenhang zwischen Religion und Moral, eine andere Wertschätzung der Metaphysik; eine gewisse Unbefriedigung bei der Lipsiusschen Konstruktion der ...[4] teleologischen Weltauffassung; ein bedeutender Skeptizismus gegenüber seinen christologischen Ausführungen etc. Ich vermisse und vermißte wohl immer bei Lipsius: die Architektonik eines religions-philosophischen Systems; die lebensvolle Darstellung; die Geschlossenheit und Einseitigkeit (letztere cum grano salis). Auch scheinen mir einige Hauptpunkte wie z. B. das Verhältnis von «Prinzip» und «Ge-

schichte» oder «Person» zu wenig in die Tiefe verfolgt zu sein. Die stete
Betonung der praktischen «Nötigungen» macht junge, denkhungrige Men-
schenkinder fast rasend. Auch war die allzunahe Verwandtschaft mit Ritschl
entschieden nachteilig. Das Ausgehen von der Gewißheit des christlichen
Glaubens ist für Studenten und auch für Suchende späterer Stadien abstoßend. Überhaupt: solche Systeme haben hauptsächlich Wert als lichtvolle,
ästhetisch hinzunehmende architektonische Begriffskunstwerke; bei Lipsius
ist viel zu viel gestückt und geleimt. Es ist wohl kein Zufall, wenn er so viel
über Mißverständnisse zu klagen hatte. Und wo bleiben die originalen Gedanken[5]?

In stets gleicher Verehrung und Dankbarkeit

Ihr Leonhard Ragaz

Anmerkungen zu Brief Nr. 30

[1] A. Neumann, Grundlagen und Grundsätze der Weltanschauung von R. A. Lipsius,
1896.
[2] Die Hauptwerke Lipsius' erschienen: Dogmatik, 1876, Dogmatische Beiträge,
1878, Philosophie und Religion, 1885.
[3] Gemeint ist Moosherrs Dissertation: A. E. Biedermann nach seiner allgemein-philosophischen Stellung, Jena 1893.
[4] Der Text zwischen «Konstruktion der» und «teleologischen Weltauffassung» ist
unleserlich.
[5] Der letzte Abschnitt handelt vom Plan eines Zusammentreffens von Ragaz mit
Schmiedel. Er wird im Druck weggelassen.

Brief Nr. 31: An Prof. P. W. Schmiedel

Chur, 6. Juli 1896

Hochverehrter Herr Professor,

Glücklich im Besitze eines Briefes und einer Karte von Ihnen, sehe ich
mich doch durch eine Stelle des ersteren zu einer Entgegnung veranlaßt. Es
handelt sich um die «Theologie der Demut». Nicht etwa, daß ich beleidigt
wäre, aber ich glaube diesmal, daß Sie uns unrecht tun. Die Unterscheidung
zwischen einer Religion der Demut und einer Theologie der Demut mag
objektiv noch so richtig sein, subjektiv ist sie unzulässig, wenigstens nicht
auf Leute anwendbar, die sich wirklich aus innerster Not heraus selbst ihre
Theologie zusammengeflickt haben, so gut es ging. Wenn *wir*, also Etter[1]
und ich, eine hochmütige, sagen wir lieber: nicht-demütige Theologie haben,
so muß auch unsere Religion nicht demütig sein. Und nun gebe ich Ihnen

ohne weiteres zu, daß das bei mir der Fall ist. Ich kenne den Mut, den die Religion gibt, die Sehnsucht nach Reinheit, nach Erkenntnis, nach Frieden und vieles andere – aber die Demut nicht recht. Zwar gegenüber dem Geheimnis des Daseins und gegenüber der Größe des Weltalls fehlt es mir nicht an Demut; aber mit mir selbst zufrieden zu sein und mein Los ohne Murren aus Gottes Hand zu nehmen, das fällt mir unendlich schwer. Ich hadere viel mit Gott, bin ein anspruchsvolles, trotziges, empfindliches Kind Gottes. Und so wäre es denn sehr begreiflich, wenn auch meine Theologie nicht demütig genug wäre. Aber was Sie anfechten, ist einfach das Recht des Postulats. Und hierin kann ich Ihnen nicht folgen. Ohne das Postulat kommen wir überhaupt nicht aus. Angenommen, es sei der Hauptsatz meines Christenglaubens (was es vielleicht nicht ist): Gott ist mein Vater. Daraus folgere ich und betrachte es als ein Postulat meines Gottesglaubens: Dieser Vatergott schützt mich, trägt mich, er hat die Haare auf meinem Haupte gezählt. Sollte ein solches Postulat unbescheiden sein? Sollte Gott nicht wollen, daß wir solche Postulate unseres Gottesglaubens aufstellen? Sogar verlangen wird er's. Wir sagen nicht: weil du der Vater *sein sollst*, so *mußt* du so und so handeln, sondern: weil du der Vater *bist*, so *dürfen* und müssen wir freudig vertrauen, daß du so handelst. Ich fühle mich in der Aufstellung solcher Postulate fromm und demütig. Man könnte diese Postulate einfach Schlußfolgerungen nennen und seit wann sind Schlußfolgerungen hochmütig? Sie sind wahr oder falsch. Wenn ich aus meinem Gottesglauben keine Schlüsse sollte ziehen können, was habe ich dann davon? Ein Gott, der mir nicht durch sein Licht, durch «Postulate», die Welt erleuchtet, ist mir ein unbekannter Gott, ist mir nicht mehr wert als das Fatum. Man soll sich natürlich in acht nehmen, im *Detail* zu viele solche Postulate aufzustellen, es handelt sich mehr um die großen Grundgedanken. Zu diesen rechne ich z.B. noch die *individuelle* Vollendung in einem andern Leben. Ich sage: an *den* Gott, an den ich bisher geglaubt habe, könnte ich nicht mehr glauben, wenn es keine solche individuelle Vollendung gäbe. Aber es kann ja wohl sein, daß dieser Gott gar nicht ist. Denn der Wirklichkeit möchte ich nie Zwang antun. Aber was ist Wirklichkeit? Das ist eben die riesengroße Hauptfrage. Und nun kommt noch das Eigentümliche dazu, daß der Glaube sich auch der «Wirklichkeit» *entgegen* behaupten soll in trotzigem «Dennoch», daß er der empirischen Wirklichkeit zum Trotz festhalten soll an einer idealen Wirklichkeit, so «unwirklich» dieselbe oft scheinen mag. Ein Beispiel, wie wenig das Postulat unbescheiden sein muß: Ein Kind fällt in einen Bach. Es ist verloren, wenn niemand ihm zu Hilfe kommt. Aber glücklicherweise steht ein paar Schritte weiter oben der Vater, gesund, stark, unbeschäftigt und sieht, wie es in den Bach gefallen ist. Es weiß, im nächsten Augenblick wird der Vater es herausgezogen haben. O unbescheidenes Kind – woher nimmst du das Recht, solche Postulate aufzustellen! O armes Kind, denn was hast du von deinem Vater, wenn du nicht solche Postulate aufstellen darfst? Wäre es nicht besser, du wüßtest nichts von einem Vater?

Anders verstehe und übe *ich* das Recht des Postulates nicht und mit den Ritschlianern gehe ich nicht. Aber ich will noch hinzufügen: erstens, daß Demut bei jungen Leuten, wie Etter und ich sind, überhaupt nicht eine so wichtige Tugend ist, ich meine: Demut im Erkennenwollen. Zweitens, daß auch in Religion und Theologie Demut nicht das einzig Nötige ist, sondern wohl noch nötiger (besonders heutzutage!) *Mut*. Mut zum religiösen Leben aber gibt uns nicht der Gedanke, daß wir schließlich doch nicht wissen, was denn eigentlich der Sinn dieser Wirklichkeit ist, sondern Mut gibt der Glaube, das Postulat!

Ich füge noch hinzu, daß ich diese religiösen Postulate auch als eine Art Hypothesen betrachten kann, Hypothesen von ganz anderem Ernst allerdings als die wissenschaftlichen, die aber doch bereit sind, sich korrigieren zu lassen, nicht ohne dann auf die große Grundhypothese: «Gott der Vater», zurückzuwirken. Kann man mehr verlangen?

Ich weiß, daß solcher Widerspruch Ihnen nicht nur nicht ärgerlich, sondern eine herzliche Freude ist, eine – Demut, die aus der Überlegenheit fließt. Vielleicht ist es nicht einmal Widerspruch, sondern nur Apologie, indem ich Sie nicht recht verstanden habe.

Sehr dankbar bin ich Ihnen auch für die Gelegenheit, mit Herrn Dr. Lietz[2] in Verbindung zu treten. Mir ahnt, daß da eine Wahlverwandtschaft bestehe, nur daß er ein stärkeres Element ist als ich. Ein Aufsatz von ihm in der «Wahrheit» über Lagarde[3] hat mir vielerlei über ihn selbst gesagt. – Der Aufsatz von Graue[4] in der «Wahrheit»: «Das Recht der freien christlichen Persönlichkeit» ist herrlich, glänzend, hinreißend. – Die Bekehrung Ihres Herrn Schwagers[5] ist fast rührend für mich. Wenn ich ihn überhaupt noch höher achten könnte als bisher, so würde ich's tun. Ach, wenn die Deutschen echt sind, so sind sie so viel mehr wert als wir Schweizer! Ebenso Dank für die Mythologie des Weinstocks. Ich will gerade noch beifügen, daß ich auf der Synode in Davos, als über den Alkohol verhandelt wurde, verkehrt und unglücklich aufgetreten bin wie noch nie. Wie sehr ich dergleichen innerlich (übrigens auch äußerlich!) büßen muß, können Sie sich denken[6].

Der Mutter geht es besser, obschon *vollständige* Genesung nicht zu hoffen ist. Aber gottlob, daß die Frist verlängert ist, in der wir die Dankesschuld abtragen können. – Für mich kommen nun zwei Monate halbe und ganze Ferien. O süßes Gefühl! Ich muß zwar in Chur bleiben; aber es ist nur Erholung, studieren und träumen zu dürfen. Ich lese Balfours[7]: Grundlagen des Glaubens (auch ein Seminarbuch!) und habe den (Nietzscheschen) Zarathustra[8] begonnen. Welch ein Genuß! Und wie viel kann man von Nietzsche lernen!

Doch nun wieder genug. Duhm[9] behalten Sie doch, so lange als es Ihnen paßt. Für die schlechte Tinte um Entschuldigung bittend, verbleibe ich in immer gleicher Dankbarkeit und Verehrung

Ihr Leonhard Ragaz

[1] Ernst Etter, 1870–1947, damals Pfarrer in Rebstein, später in Arbon, Altstätten und Rorschach, dazwischen (1904–1908) Notar in Arbon, war mit Ragaz bis zu dessen Tode freundschaftlich verbunden und stand ihm in bezug auf seine religiösen, sozialen und politischen Überzeugungen nahe.

[2] Hermann Lietz, 1868–1919, Gründer der ersten deutschen Landerziehungsheime nach dem Vorbild der von Dr. Cecil Reddie in Derbyshire, England, 1889 gegründeten New School Abbotsholme, hatte in Halle und Jena Theologie und Philosophie und in Jena auch Pädagogik studiert und war Oberlehrer am pädagogischen Universitätsseminar in Jena gewesen. Er war in Jena Ragaz nicht begegnet, da er erst auf das Wintersemester 1890 dorthin kam, hatte sich aber mit Theodor Moosherr befreundet, als dieser dort Philosophie und Pädagogik studierte, und mit ihm zusammen eine philosophische Gesellschaft gegründet. (Alfred Andreesen: Hermann Lietz, München 1934.) Doch kam nicht durch Moosherr, sondern durch Vermittlung von Schmiedel eine Korrespondenz zwischen Lietz und Ragaz zustande. In seiner Antwort auf den ersten Brief von Ragaz vom 31. Juli 1896 und die Zusendung von Ragaz' Aufsatz: Bemerkungen über den Religionsunterricht (vgl. oben, Brief Nr. 29) setzt er sich vor allem mit den Fragen des Religionsunterrichts auseinander und äußert den Wunsch, Ragaz möge ausführlicher über diese Gegenstände schreiben. Interessant ist, daß nicht nur Hermann Lietz, sondern auch sein Mitstudent und Mitarbeiter in den ersten Jahren der Landerziehungsheime, Paul Geheeb (1870–1961), ein Schüler und Verehrer von Schmiedel war und noch in hohem Alter betonte, wieviel er Schmiedel zu verdanken habe.

[3] Vgl. oben, Brief Nr. 21, Anm. 10.

[4] Vgl. oben, Brief Nr. 25.

[5] Pfarrer G. Floss, lebte in Beutnitz bei Dornburg in Thüringen.

[6] Der folgende Absatz betrifft den tragischen Tod eines Pfarrkindes und wird weggelassen.

[7] Arthur James Balfour, 1848–1930. Englischer Staatsmann und Denker, schrieb 1895 «The Foundations of Belief», das 1896 auf deutsch erschien: «Die Grundlagen des Glaubens.» Auf ihn geht die berühmte Deklaration von 1917 über die jüdische Heimstätte in Palästina zurück.

[8] Der Zarathustra erschien zuerst 1883. Im Herrschaftshaus zu Tamins hatte der Knabe Leonhard Ragaz schon Elisabeth Nietzsche zu Gesichte bekommen (Mein Weg, Bd. I, S. 29). Die im vorliegenden Brief angedeutete positive Wertung Nietzsches kommt vor allem auch in Ragaz' Vortrag vor der Schweizerischen Predigergesellschaft von 1897 deutlich zum Ausdruck, wo Ragaz Nietzsche als Verneiner der positivistischen Ethik begrüßt und seine Kritik am Christentum als Ausdruck tiefer Religiosität faßt: «In Nietzsche aber ist vielfach wahrhaft befreiende, zermalmende Kritik solcher Mächte, die auch das Christentum haßt; da ist Größe, Tiefe, religiöse Sehnsucht. Wenn religiös sein heißt, von der Idee so ergriffen zu werden, daß man davon fast verzehrt wird, so ist Nietzsche religiös» (Evangelium und moderne Moral, 1898, S. 19). Dieser Meinung blieb Ragaz auch später treu; er hat sie wohl auch noch in seinem Zürcher Kolleg über «Nietzsche und das Christentum» (Sommersemester 1910) geäußert.

[9] Bernhard Duhm, 1847–1928, seit 1888 Ordinarius für Altes Testament in Basel, wo Ragaz in den ersten Semestern sein Student war. Bahnbrecher einer neuen Geschichtsbetrachtung des Alten Testaments, speziell der Propheten.

Brief Nr. 32: An Prof. P. W. Schmiedel

Chur, 28. September 1896

Hochverehrter Herr Professor,

Ich danke Ihnen von Herzen für Ihr freundliches Gedenken. Ich bin durch das schwerste Leid meines Lebens[1] hindurchgegangen. Daß meine liebe Mutter kränklich sei, wußten Sie wohl. Es war eine Arterienverkalkung. Die Ärzte stellten uns in Aussicht, daß durch Zerplatzen einer Ader im Gehirn ein Schlaganfall herbeigeführt werden könne. Aber wir hofften, daß sie uns wenigstens einige Jahre noch bleiben werde. Es war am Sonntag, am 13. September; ich hatte meine erste Predigt gehalten (es war zugleich die erste nach den Ferien); die Mutter saß am Fenster in der Küche; ich nahm eine kleine Stärkung zu mir, im Begriff, zur zweiten Predigt aufzubrechen, und erzählte ihr, wie die Kirche wider Erwarten fast gefüllt gewesen sei – da auf einmal ein tiefer Atemzug – ich sprang hin, faßte sie und fragte, ob ihr eng sei – keine Antwort. Ich machte kalte Umschläge, machte Luft, rief die Schwester; immer noch kein Laut. Ich trug sie aufs Bett, sprang zu meinem Bruder, den Arzt rufen zu lassen, und dann in die Predigt. Als ich zurückkehrte, Todesangst im Herzen, da erfuhr ich, daß das Gefürchtete schon eingetreten sei: eine Ader im Gehirn zersprungen, die rechte Körperhälfte gelähmt und das Sprechvermögen aufgehoben. Noch war Hoffnung, daß das Blut im Gehirn absorbiert werden könne. Es folgte eine schreckliche Woche voll Hoffnung und bitterer Enttäuschung, voll körperlicher und seelischer Qual. Besonders herzzerreißend war es, wie die gute Mutter uns gern noch so vieles gesagt hätte; wie sie uns deutete, winkte und endlich, als wir nicht verstanden, sich in trauriger Resignation darauf beschränkte, uns zuzunicken, mit großen, treuen Augen uns anzuschauen. Die Geduld, Sanftmut, Liebenswürdigkeit, mit der sie ihr furchtbar schweres, vielfältiges Leiden ertrug, war ergreifend. Am Samstag trat plötzlich eine Veränderung hervor – die letzte und alle Hoffnung niederschlagend. Ich sagte ihr, was sie beruhigen konnte über das Schicksal der Familie und bat sie um Verzeihung. Sie fiel in einen unruhigen Schlaf. Als die Bettagsglocken läuteten (ich hatte nach schwerem inneren Konflikt mich vertreten lassen) da wußten wir, daß es rasch zu Ende gehe, und am Mittag, um $\frac{1}{2}2$ Uhr, hatten wir die Mutter nicht mehr. Fünf Geschwister standen am Sterbebett, ich drückte ihr die Augen zu. Sie starb nach all der Qual friedlich und leicht (ganz gegen die Voraussage des Arztes); auf ihren Zügen lagerte der Friede der Überwinderin, eine rührende Bescheidenheit, des Todes ernste Hoheit und doch über den Lidern ein seliges Lächeln, als ob sie nun über alles im klaren, mit allem versöhnt sei; nur auf den Lippen noch der Kummer und auf den Zügen ein leiser Schatten vielen Leides. Ja, ihr Leben war viel Leiden gewesen, viel Nachfolge Christi; ein Opfer für die Ihrigen, dessen Früchte wir ernten. Als es leichter zu werden begann an Mühe und Sorge, da kam mannigfaches körperliches Leid und ihrem Leben und Sterben bleibt ein Zug der Tragik. Sie war ein Kind Gottes. So treu, so sanft, so geduldig, so besorgt, so unermüdlich, so rührend bescheiden. Genuß und Vergnügen waren ihr fern; Selbstentsagung schien an ihr selbstverständlich. Ihre Kinder haben ihr nicht immer Freude bereitet... Auch ich bin nicht vorwurfsfrei. Zwar habe ich im Großen die Liebespflicht gegen sie gewiß erfüllt, aber das «O lieb, so lang du lieben magst» habe ich doch nicht genug beachtet. Ich war wie blind gegen ihren Zustand und durch ihren schnellen Hingang furchtbar überrascht. So lasten auf mir einige Vorwürfe über kleinere Verfehlungen, die alle entsprangen jener verfeinerten Selbstsucht, wie sie Naturen, wie ich eine bin, so leicht auch dann noch anhaftet, wenn die grobe Selbstsucht überwunden ist. Zuviel mit den eigenen Sorgen etc. beschäftigt, habe ich ihre letzten Wochen zu wenig durch all die Liebe im Kleinen verschönert, die einer Sterbenden gebührt. Nun ist mein Leben für lange verödet und es bleibt die kalte Pflichterfüllung; es fehlt die freundliche Lebenswärme. Draußen auf weitschauendem Friedhofe in Tamins ruht sie; ich bin in stiller Nacht dem Leichenwagen heimwärts gefolgt; über ihrem Grabe Friede und Segen und die Hoffnung der Kinder des Ewigen.

Im Amte geht es gut. Mit Lic. Lietz[2] freundlichen Briefwechsel. Wünsche Ihnen von Herzen Ferien wenigstens voll *Herzens*sonnenscheins.

Ihr allezeit in dankbarer Verehrung ergebener

Leonhard Ragaz

Anmerkungen zu Brief Nr. 32

[1] Ragaz' Mutter war am Bettag, 20. September 1896, im Alter von 59 Jahren gestorben. Die letzten Lebensmonate hatte sie, schwer leidend, im Churer Pfarrhaus verbracht.

[2] Vgl. oben, Brief Nr. 31.

Brief Nr. 33: An Prof. P. W. Schmiedel

Chur, 1. März 1897

Hochverehrter Herr Professor,

Eine der bei mir sehr beliebten Umwälzungen meiner Tagesordnung gibt mir nun endlich den Anstoß, den längst geplanten Brief an Sie zu schreiben. Ich will von nun an um 5 Uhr aufstehen und um 10 Uhr zu Bette gehen statt, wie bisher, um ½ 12 oder 12 zu Bette zu gehen und um 7 Uhr aufzustehen. Von 5 bis 7½ Uhr wird studiert, der Tag dann vorwiegend den Amtsgeschäften gewidmet und am Abend gelesen, wenn der Abend frei ist. Und so erlaubt mir mein Gewissen schon am Vormittag einen Genuß, nämlich einen Brief schreiben zu dürfen. Am Abend bin ich oft zu müde zum Schreiben. Welch einen Sturm von Problemen hat Ihr letzter Brief in mir aufgewühlt. Zunächst die Postulate! Da hat sich mir einfach meine Ahnung bestätigt, daß Sie eigentlich in der Hauptsache mit mir einverstanden seien. Alles, was ich sagte, war eigentlich nur Verteidigung gegen den meiner Theologie gemachten Vorwurf, sie sei nicht «demütig»[1]. Daß einfache Folgerungen aus der «Grundhypothese» weder demütig noch nicht-demütig genannt werden können, geben Sie wohl ohne weiteres zu; es würde also Ihr Vorwurf sich nur noch auf das primum postulatum oder die «Gundhypothese» beziehen. Und da bekenne ich gern nicht eigentlich eine Unklarheit und auch nicht einen Widerspruch, sondern eine Unfertigkeit in meinem Denken, vielleicht auch ein Hin- und Herschwanken. Aber Sie verzeihen mir das gern, erstens, weil ich mir der Sachlage ganz klar bewußt bin und zweitens, weil es sich hier um die tiefsten und letzten Fragen der religiösen Erkenntnistheorie handelt. Alle einzelnen Postulate münden zuletzt ein in ein großes, alle umfassendes und in sich schließendes Hauptpostulat, also etwa lautend: Gott ist die Liebe oder Gott ist der Vater oder meinetwegen auch anders. Es fragt sich nun: soll ich eines dieser Postulate einfach ein für allemal «festmachen», durch einen Glaubensakt, einen salto mortale und nachher niemals mehr einem Zweifel darüber Raum geben oder soll ich dem Zweifel sein Recht lassen? Soll ich annehmen, dieses «Postulat» sei die wirkliche Wirklichkeit und daran mit einem trotzigen «Dennoch» festhalten oder soll ich immer noch die Möglichkeit ins Auge fassen, daß mein Hauptpostulat nicht die wirkliche Wirklichkeit sei? Ich gestehe offen, wie schon bemerkt, daß ich auf diesem Punkte mit meinem Denken noch nicht abgeschlossen habe. Aber *sehr geneigt* bin ich allerdings, an die Notwendigkeit des salto mortale zu glauben; jedenfalls setze ich in meiner praktischen Religiosität diesen salto mortale voraus. Ich meine wir müssen den schließlich auch in der Wissenschaft, oder sagen wir meinetwegen in der Philosophie machen. Alle Wissenschaft beruht zuletzt auf einem Glaubensakt, der allerdings nicht jedem Gelehrten zum Bewußtsein kommt, nämlich, wie Sie besser als ich wissen, auf dem Akt des Glaubens der Vernunft an sich selbst. Denn die letzten Voraussetzungen des Erkennens sind ganz unbeweisbar und wir würden im Ozean der Skepsis rettungslos untergehen, ohne diesen letzten Akt der Verzweiflung und – des Glaubens[2]. Und so beruht auch alle Sittlichkeit im Grund auf einer Tat der Selbstbejahung (weshalb wirklich alle tiefsten Fragen der ethischen Spekulation im Problem des Selbstmords akut werden). Ich nenne diesen Tatbestand die metaphysische Freiheit und Gotteskindschaft des Menschen. Im geistigen Sinne sind wir unsere eigenen Geschöpfe, nämlich, wer so tief dringt. Bei dieser Sachlage scheint es mir auch ganz unbedenklich, den salto mortale auch auf religiösem Gebiete zu vollziehen[3]; ja er ist vielleicht mit jenen beiden Akten (die vielleicht auch nur *ein* Akt sind) im Grund schon vollzogen. Denn die Selbstbejahung des «Soll» und des

«Es ist» ist zugleich eine Anerkennung der einigen Vernunft und Heiligkeit des Makrokosmus[4]. Auf diesem Punkte komme ich wieder mit Ihnen zusammen. Vom Mikrokosmus[4] gehe auch ich aus. Das letzte Wort des Mikrokosmus über sich selbst ist für mich auch das letzte Wort über den Makrokosmus. Ich bin tief, tief davon durchdrungen, wie anthropomorph unser Denken ist. Und kommt in diesem Gefühl nicht auch ein gutes Stück Bescheidung an den Tag? Was wäre mein salto mortale anderes als eben ein – salto mortale, nämlich die Tat eines Verzweifelnden? Nicht die Tat eines, der die Wirklichkeit kommandieren sondern eines, der sie nicht für Wahnsinn erklären will.

Also meine «Philosophie» ist Willens- und Glaubensphilosophie, auch Intuitionsphilosophie, mit einem guten Stück Mystik drin. (Das allerletzte Wort wäre nämlich doch nicht Freiheit, sondern *Gnade*, weil nämlich keiner sich Lebensgefühl und Lebensdrang *geben* kann, um jene Selbstbejahung zu einer *freudigen* zu machen, sondern wir auf einen Quell angewiesen sind, aus dem uns beides zuströmt und also doch die innige Liebe selbst in uns für uns jenes «Soll» in ein «Ich will» umwandelt.) Aber ich habe den salto noch nicht definitiv getan und frage mich wohl auch gelegentlich, ob man mit Schrempfs[5] hypothetischem Gott auskommen kann. Diese Frage wird aber, besonders für einen Pfarrer, sofort ganz entsetzlich praktisch. Ein Pfarrer soll glauben. Wie kann man aber gleichzeitig zweifeln und glauben? Ich bin z.B. gerade in ganz argem Kampfe um Gott. Da kommt eine Frau und ruft mich an ein Sterbebett, wo ich beten soll, oder ich muß in eine Religionsstunde, wo ich vielleicht gerade etwas von Gottes Liebe und Güte gegen uns zu lehren hätte! Oder es kommt ein Angefochtener und will von mir Stärkung im Glauben. Ich kann mir schon denken, daß es auch da etwa noch Auswege gibt, aber Sie geben mir so viel zu, daß die Sache fatal ist. Denn wer nicht mehr zweifelt, wird auch bald ein unlebendiger Mann sein. Machen wir aber den salto mortale, dann ist alles gut. Dann halten wir am Grundpostulat fest (das dann allerdings nicht mehr Hypothese heißen kann) auf alle Fälle und zweifeln im Detail fröhlich drauf los, in der Zuversicht, daß sich alles aufhellen werde. Und so helfe ich mir jetzt meistens. Ich betrachte den Zweifel als ein *Suchen* Gottes und fühle mich darin *fromm*, bin aber doch imstande, dabei meine religiöse Gewißheit leidlich festzuhalten – im Glauben. Aber ich bin glücklich, so ganz im tiefsten Herzen mit Ihnen einig zu sein, was die Behandlung der Zweifelnden und Suchenden anbetrifft. Ich kann Ihnen versichern, daß ich darin die Weitherzigkeit selbst bin, einmal natürlich, weil ich selbst ein Zweifler war und bin, und dann aus tiefer Erfahrung und Erkenntnis, was echte Religiosität im Grunde ist; nämlich Begeisterung (im tiefsten und edelsten Sinne) und Aufrichtigkeit; und weil ich nun nichts mehr so hasse, wie alle Art von Pharisäismus. In meinem Konfirmandenunterricht und auch in meiner Predigt kommt der Zweifel direkt oder indirekt vielleicht fast zu sehr zum Worte; aber dafür habe ich auch «unkirchliche» Männer und Frauen angezogen. Mein Publikum besteht aus Sozialdemokraten, «Ungläubigen», jungen Männern und aus Frauen, und ich bilde mir auf diese Zusammensetzung etwas ein, darf aber die Hauptsache nicht vergessen, daß auch sehr viele «*Positive*» jetzt zu mir kommen, statt zum Minoritätspfarrer[6] zu gehen. Also in dieser Beziehung müssen Sie mit mir zufrieden sein.

2. März 1897

Die gewaltigen Fragen, die Sie dann im Anschluß an Ihre Verhandlungen mit dem Zweifler aus Siebenbürgen[7] aufwerfen und auch beantworten, habe ich erst in letzter Zeit auch wieder zu wälzen begonnen. Vorher gab es da bei mir keine Fragen. Daß man an sein besseres Ich ein ernsthaftes Gebet richten könnte, hielt ich für unmöglich und auch eine dauernde und starke Frömmigkeit für unmöglich ohne irgend welchen Theismus. Gewiß, Religiosität würde auf alle Fälle bleiben, in buddhistischer oder nietzschescher Färbung; auch Pessimismus; aber wer mehr will, als *diese* Religiosität, der kann das wohl kaum finden ohne den «persönlichen» Gott. (Sie wissen, wie ich das «persönlich» auffasse!) Es gibt ja Menschen, die leben von ihrer Gesundheit, ihrer glänzenden Ausstattung, einem natürlichen Enthusiasmus, andere wieder, bei denen Glaube und Zweifel nicht tief gehen, die können sich mit der Religion der ethischen Kultur begnügen, und ein Tor wäre, wer ihnen diese ihre Religion entleiden möchte. Aber sie zehren vom *Erbe* ihrer Väter, ohne es zu wissen, und der Gott Jesu Christi ist die Sonne, von der alles Licht kommt, das sie anbeten. Aber vielleicht wollen Sie dagegen auch gar nichts einwenden und nur Pädagogik gegenüber Zweiflern[8] empfehlen. Ich muß Ihnen aber offen gestehen, daß Ihr Rat *mir*, wenn ich an Stelle des Siebenbürgen gestanden wäre, nicht geholfen hätte. Aber allerdings sind mir alle diese früheren Gewißheiten zu Fragen geworden und es ist möglich, daß mir da noch manches Lichtlein aufgeht. Dazu gibt mir mein Thema[9] gute Gelegenheit. Ich habe mich um seinetwillen in Gedanken recht vor Ihnen geschämt. Es kam mir wie Anmaßung vor, daß ich das Referat übernommen habe. Es sollte ursprünglich einfach heißen: Religion und Moral, mit besonderer Beziehung auf die Gegenwart. Aber die bösen Reformer[10] schnappten uns das Thema weg. Leider bleibt mir im Winter wenig Sammlung und Frische. Jedoch habe ich schon viel ethische Literatur durchgearbeitet. Aber es ist wenig Leben darin und unendlich viel Phrase. An Anerkennung des Guten und Verheißungsvollen in der ganzen Bewegung soll es bei mir nicht fehlen. Ich trage mich mit der bösen Absicht, Sie gelegentlich mit einzelnen Fragen zu behelligen, wenn meine Gedanken einmal ganz reif sind.

Doch nun genug der Philosophie. Jetzt noch einige Seiten Biographie und Beichte. Denn wenn ich mich auch fast schäme, lange Briefe von Ihnen zu empfangen, so schäme ich mich keineswegs, Ihnen selbst lange zu schreiben. Von äußeren Ereignissen ist wenig zu berichten. Ich erlebe sehr viel, aber natürlich mehr innerlich. Wir hatten im Laufe des Winters eine sehr erfolgreiche Armenierfeier[11] und eine Melanchthonfeier[12]. Daß ich in dem hiesigen Grütliverein eine Festrede hielt und von ihm ein Prachtsexemplar von der sozialistischen Bibel[13] geschenkt erhielt, mag Ihnen ein Zeichen sein, wie gut ich mit den Arbeitern stehe. Aber deswegen habe ich mich in keiner Weise zum Parteimann machen lassen und auch keinen Anstoß erregt. Ich glaube wirklich, daß man mir sehr viel nachsieht, weil man sieht, wie ich's meine. Eine nicht kleine Aufgabe war mir die Leichenrede am Grabe des Bundesrichters Bezzola[14] vor vielen Vertretern der eidgenössischen und kantonalen Behörden. Im Frühling wird es auch wieder etwas Neues bei uns geben: mein Bruder[15], der nach vielen Jahren Schulmeistertums noch Geschichte und Literatur studiert hat, ist als Lehrer dieser Fächer ans hiesige Gymnasium gewählt worden und wird im Frühjahr diese Stelle antreten. Das ist auch eine Stärkung der Sache, der ich diene. In unserer Familie ist nach dem großen Leid im Herbst nichts weiter vorgefallen, und im Amtsleben geht es gut, einige größere und kleinere Verdrießlichkeiten natürlich abgerechnet. Natürlich sind alle meine Ihnen bekannten Einwände gegen Kirche und Pfarramt noch vollkommen in Kraft und inzwischen vermehrt und vertieft worden, aber ich habe in dieser Beziehung warten gelernt. Nur eines ist noch da, mein altes Erbübel, das fast unüberwindlich scheint: jener Druck auf dem Innersten der Seele, der sich zeigt als Mangel an Stimmung, als Lähmung aller Kräfte; als Müdigkeit der Seele. Es ist wie früher: nicht theoretischer Zweifel. Denn dieser Druck äußert sich auch bei Dingen, wo der Zweifel nichts bedeutet (z.B. in der Liebe zu den Menschen, den Geschwistern) und überhaupt habe ich gar keinen stichhaltigen theoretischen Zweifel mehr. Es ist vielleicht einfach Erschöpfung der Seele durch allzugroße religiöse und sittliche Produktion; vielleicht auch ist es natürliche Schwermut, vielleicht Krankheit, weiß Gott, was es ist, jedenfalls hochgradige seelische Herzschwäche. Wenn diese Herzschwäche da ist, dann ist mir die ganze Welt durch einen trüben Schleier verhüllt, alles grau in Grau gemalt; alle Dinge tragen die Züge der Müdigkeit, der Leere, des Todes. Die Ritschlianer und Robertson u.a. pflegen den Gedanken, daß religiöse Mattigkeit aus Mangel an Gehorsam entstehe. Ich habe aber erfahren, daß sie mich oft gerade in den Zeiten angespanntesten sittlichen Strebens am meisten plagt. Ich will nochmals versuchen, an diesem Punkte anzusetzen, habe aber nicht mehr die volle Zuversicht. Vielleicht ist das viele Grübeln schuld, die Skepsis, vielleicht der Mangel an Unmittelbarkeit, Naivität überhaupt, kurz, es ist ein Elend. Es ist *nicht* trübsinniges Wesen. Ich bin immer fröhlich, wenigstens mit und vor den Leuten und auch wenn ich allein bin, es ist eben nur ein Unvermögen der Seele, den religiösen Aufschwung zu nehmen. Vielleicht mache ich zu hohe Ansprüche an Wucht und Kraft religiöser Stimmung, vielleicht ist meine Religiosität mehr Poesie als feste, unmittelbare Realität in meinem persönlichen Leben, oder ist meine Seele so arm und leer? Aber oft ist in mir eine solche Fülle der Gesichte, daß ich *doch* nicht an diese Leere glauben kann. Vielerlei Heilmittel habe ich probiert und ausgetüftelt, aber keines hat unmittelbare oder sichere Wirkung. Und doch liegt hier das eine, was not ist, für mich. An Gedanken fehlt es mir nicht und im Unterricht nicht an Methode – aber wenn jene seltsame Herzlähmung mich plötzlich überfällt, dann nützt alles nichts; ich kann dann einfach nichts. Und leider ist dieser Zustand, der bei andern dann und wann eintritt, bei mir *fast die Regel* geworden. (Nur im Konfirmandenunterricht weicht er fast immer.) Daran leide ich unsäglich. So schwer ist meine Stellung, so groß die Widerstände und ich wehrlos! Und ich muß es Ihnen halt wieder einmal sagen, weil ich es sonst niemand sagen mag.

Es würden mir sonst so herrliche Ernten werden! Ich finde so viel Dank und Anerkennung, ja Verehrung. Oh, wenn nur dieser furchtbare Albdruck einmal von mir wiche, oder doch höchstens als Ausnahme wiederkehrte! Dann wäre mir wohl! Denn alle die gewöhnlichen Leiden der Welt trage ich leicht. «Wenn ich nur *dich* habe[16].»

Doch nun genug. Für Fechner[17] meinen herzlichen Dank. Er ist immer auf Reisen und erfüllt eine Mission. Ich bin so erfreut, von Ihnen nur Gutes zu hören, obschon ich fast ein bißchen Mißtrauen habe, daß Sie Böses überhaupt nicht anerkennen nach Römer 8, 28[18]. Möge das so bleiben! Und eines bleibt ja immer: der höchste Dank, den ein Mensch den Menschen abstatten kann, der Dank für geistige Hilfe, in dem auch mit herzlichem Gruße verbleibt

Ihr ergebener Leonhard Ragaz, Pfr.

Anmerkungen zu Brief Nr. 33

[1] Diese Stelle ist bedeutsam, weil sie, zusammen mit dem entsprechenden Passus im Brief vom 6. Juli 1896 (Nr. 31) eine erste deutliche Unstimmigkeit zwischen dem theologischen Denken von Schmiedel und Ragaz zum Vorschein bringt. Schmiedel vertrat, wie sein heute bester Kenner, Pfarrer Alfred Vögeli, Religionslehrer an der Kantonsschule Frauenfeld, in einer Zuschrift an die Herausgeber bemerkt, «eine ‚Theologie der Bescheidung‘, die in der ‚Ergebung‘ gipfelt und in der Gethsemane-Perikope ihren Grund hat».

[2] Daß die Wissenschaft zuletzt auf einem Glaubensakt beruht, ohne den sie der Skepsis verfallen müßte, sagt tatsächlich auch Schmiedel (Theologische Grundfragen, ungedruckte Vorlesung, 1887ff., letzte Fassung 1918 bzw. 1922. Die nachfolgenden Seitenzahlen beziehen sich auf dieses Manuskript): «Richtig, daß von Wissen keine Rede sein kann ohne die Gültigkeit des Satzes der Identität oder des Widerspruchs, daß nämlich ein Begriff stets sich selbst gleich ist und nicht auch sein Gegenteil bedeuten kann, daß $2+2$ nicht mehr $=4$ wäre. – Dieser oberste Satz ist unbeweisbar, man muß an ihn glauben, wenn man nicht zu völligem Schweigen und zu völliger Skepsis an der eigenen Einsicht verurteilt sein will» (S. 53). Schmiedel würde aber in diesem Zusammenhang kaum von einem «Salto mortale» sprechen, wie das Ragaz tut. Denn die Nötigung, an den nicht beweisbaren Satz der Identität oder des Widerspruchs zu «glauben», beruht auf der logischen Evidenz, die sich mit ihm verbindet, nicht auf einem verzweifelten Sprung.

[3] Die theologische Postulatenlehre, die hier Ragaz in offenkundigem Anschluß an Kant verficht, will «auf religiösem Gebiete» dasselbe vollziehen, was Schmiedel auf der Ebene wissenschaftlicher Logik für richtig hält. Wenn er aber meint, darin letztlich mit seinem väterlichen Freund doch übereinzustimmen, so dürfte er sich irren. Seinem «Hauptpostulat» (Gott ist Liebe), das implizit die (existentielle) Wirklichkeit als sinnvoll erweisen soll, kommt keine Evidenz zu wie den letzten, nicht mehr beweisbaren, weil jeden rationalen Beweis voraussetzenden Sätzen der formalen Logik bzw. Mathematik. Es geht da wirklich um einen «salto mortale», d. h. um einen verzweifelten Sprung, dessen Berechtigung durch keine, weder durch eine «Willens-» oder «Glaubensphilosophie» auszuweisen ist. Schmiedels «Theologie und Religiosität der Bescheidung» (seine eigene Formulierung) macht darum gerade an diesem Punkt entschieden halt: «... nicht verlangen, daß die Welt einen Sinn hat... und sich, wenn Gott das nicht leistet, nicht vor ihn hinstellen und sagen: dann glaube ich gar nicht an dich» (S. 62). Daß Ragaz von einer so verstandenen Bescheidung Abschied nimmt, nicht um die Wirklichkeit zu kommandieren, sondern um sie nicht für Wahnsinn erklären zu müssen (siehe weiter unten), dürfte ihm den Vorwurf einer undemütigen Theologie von der Seite Schmiedels eingetragen haben.

[4] «Makrokosmus» (damalige Schreibweise) ist terminologisch gleichbedeutend mit «Gott» und «Mikrokosmus» gleichbedeutend mit «Mensch».

[5] Vgl. Brief Nr. 26, Anm. 9. Für Schrempf war die Wirklichkeit Gottes immer nur eine Möglichkeit, also hypothetisch. Den einzigen Beweis für Gottes Existenz sah er in den Menschen, die als seine Kinder leben.

[6] 1894 hatten die kirchlich rechtsgerichteten Kreise der Stadt Chur die «Freie Pfarrgenossenschaft St. Regula» gegründet, als wegen des Wegzuges ihres Vertrauensmannes, Pfarrer Kind, kein positiver Pfarrer mehr in Chur war. Die Minoritätsgemeinde bestand bis 1913, als eine dritte Pfarrstelle geschaffen wurde, welche nun ein Vertreter der Positiven einnahm.

[7] Gemeint ist wohl Oskar Nettoliczka, geboren 1865, evangelischer Theologe und Germanist aus Siebenbürgen, der auch später im Briefwechsel mit Schmiedel vorkommt.

[8] Es war Ragaz sehr daran gelegen, Menschen in religiösen Zweifeln ernst zu nehmen, sogar, wenn es sich um schwierige und lästige Persönlichkeiten handelte. So hatte er am 19. März 1892 dem Freund Brändli in bezug auf eine etwas mühsame «Sucherin» geschrieben: «Ich denke, es sei auch Christentum, solche verirrten Geister, Schiffbrüchige des Schicksals, nicht kühl von sich zu stoßen, um sich nicht etwa lächerlich zu machen, sondern, wenn man das durch ein freundliches Wort kann, ihnen damit eine Freude zu machen, und ich würde ihr daher gelegentlich einige Zeilen schreiben...»

[9] «Das Evangelium Jesu Christi und die Moralphilosophie der Gegenwart», das Verhandlungsthema der Schweizerischen Predigerversammlung des Sommers 1897 in Chur. Ragaz hatte das Hauptreferat übernommen; dieses ist später unter dem Titel «Evangelium und moderne Moral» auch separat erschienen (Bibl. A I 2).

[10] Am Reformtag 1896 in Bern hatte der Philosoph Dr. Kreyenbühl aus Zürich über «Die Stellung des freien Christentums zur Bewegung für ethische Kultur» referiert.

[11] Ein Teil des christlichen Volkes der Armenier lebte unter türkischer Herrschaft. 1895 und 1896 kam es zu einer blutigen Unterdrückung der Armenier durch Sultan Abdul Hamid. Gegen 100000 Armenier wurden, vor allem von den Kurden, ermordet. Für Ragaz waren diese «Armeniergreuel» auch entscheidend für die weltpolitische Einstellung: er konnte es nicht verstehen, daß Kaiser Wilhelm II. «noch während dieser Greuel Abdul Hamid seinen Freund nannte und kurz nachher zur Bestätigung (und Ausbeutung!) dieser Freundschaft seine berühmte Reise nach Jerusalem machte» (Mein Weg, Bd. I, S. 182). Schon im Oktober 1896 hatte das evangelische Pfarramt Chur einen Protestaufruf des philarmenischen Komitees zur Unterschrift empfohlen (Freier Rätier, 3. Oktober 1896), darauf Kollekten durchgeführt (ebd., 24. November 1896 und Protokoll des Colloquiums Chur, 24. August 1897) und endlich zu einem Verkauf von Armenier-Arbeiten aufgerufen (Freier Rätier, 22. September 1898). Ragaz war der tiefen Überzeu-

gung, daß die Kirche laut protestieren müsse «gegen die Hinmordung eines ganzen christlichen Volkes» (Evangelium und moderne Moral, 1897, S. 79). Und damit ist die Armeniersache wie die Dreyfus-Affäre und der Burenkrieg einer der Ansatzpunkte seines weltpolitischen Interesses und seiner religiösen Betrachtung politischer Ereignisse geworden.

[12] Am 16. Februar 1897 hatte sich zum vierhundertsten Male der Geburtstag Philipp Melanchthons gejährt.

[13] Gemeint ist «Das Kapital» von Karl Marx. Die zwei geschenkten Bände (Bd. I, 4. Aufl., Hamburg 1890; Bd. II, 2. Aufl., Hamburg 1893) finden sich im Nachlaß von Leonhard Ragaz. Vgl. Biographie, Bd. I, S. 73.

[14] Der aus Zernez stammende hohe Jurist und Dichter Andreas Bezzola (1840–1897) war am 13. Januar 1897 in Chur bestattet worden; die Predigt Ragaz' ist gedruckt worden (Bibl. A II 2).

[15] Jakob Ragaz.

[16] Ungenaues Zitat aus dem Kirchenlied von Novalis: «Wenn ich ihn nur habe...»

[17] Schmiedel hatte Ragaz das «Büchlein vom Leben nach dem Tode» geschenkt (Brief von Ragaz vom 17. Juni 1895; befindet sich nicht in dieser Briefausgabe).

[18] «Wir wissen aber, daß denen, die Gott lieben, alle Dinge zum Besten dienen.»

Brief Nr. 34: An Prof. P. W. Schmiedel

Chur, 20. Juni 1897

Hochverehrter Herr Professor[1],

Seit Pfingsten[2] habe ich mehrere innerliche Ereignisse gehabt. Das erste war Schwalbs Buch[3], dann kam J. Weiss[4]. Die Wirkung war ganz unerwartet stark. Das ganze Gebäude meines «Ritschlschen» (um mich kurz auszudrücken) Christus ist hingefallen wie ein Kartenhaus. Es war schon lange baufällig. *Ich bin frei*[5]! Und jetzt fahre wohl, Christologie, und gegrüßt sei mir, Theologie! Allerdings, es ist mir nicht klar, wie wir eine religiöse Gewißheit begründen können, die allfällig auch stehen könnte ohne Christus. Aber es muß sein, oder es ist aus mit meiner Theologie. Ich atme erfreut die Luft der Freiheit, in der mich allerdings noch friert im dünnen Mäntelchen meiner «Theologie». Und frei bin ich von Kierkegaard! Sie wissen gar nicht, wie der mir zu schaffen gemacht hat! Jetzt wandere ich frisch in unbekanntes Land hinein! Doch das sind bloße Gefühlsergüsse. Später einmal klarere Gedanken darüber! Der Zwang, in Jesu Botschaft Einseitigkeiten, Irrtümer, unhaltbare Voraussetzungen zugeben zu *müssen*, hat mich von «Ritschl» (auch Lipsius!) frei gemacht, auf einen Schlag.

Das dritte Ereignis war Emlohstobba[6]. Es war mir eine rechte Erquikkung. Denn da ist vieles ausgesprochen, was ich längst gefühlt habe, z. T. auch gesagt habe; wobei ich wohl unterscheide zwischen dem, was bei uns allfällig Wirklichkeit werden kann und dem, was Utopie bleibt. Wie man aber nur einem so flotten Büchlein einen so scheußlichen Titel geben kann.

Das heißt, absichtlich den Fluch der Lächerlichkeit auf sich ziehen. Hoffentlich wird dieser frische Kampfruf nicht ungehört verhallen. Es ist jetzt in Deutschland vieles möglich.

Mein Stündlein ist bald aus. Daher nur noch ein paar Worte. Meine acedia[7] hat in den letzten Tagen beinahe Miene gemacht, mich loszulassen, und es war mir, als ob ich in der Tiefe wieder Lebensquellen rauschen hörte. Nun, Illusionen mache ich mir hierin nicht mehr. Aber das bin ich nun doch geneigt zu glauben, daß ich eben doch einfach *Ruhe* nötig habe. Leider ist nun der unglückliche Gedanke, die Theologie aufzugeben und noch nachträglich etwas anderes zu lernen, einmal aufgetaucht (früher nie!), und nun muß ich mit ihm spielen, ich mag wollen oder nicht. Wenn ich nur Geld hätte, wie Vischer (der Apokalypsen-Vischer!)[8], dem es ähnlich gegangen zu sein scheint wie mir. Vorläufig heißt die Parole: Warten!

Sie haben mir auf alle Fälle mehr Gutes getan, als ich Ihnen je danken kann. Vielleicht, daß ich Ihnen noch einmal dadurch danke, daß ich endgültig auf ruhige Bahnen komme. Inzwischen bin ich mit herzlichem Gruß

Ihr πολύτροπος καὶ πολύτλας[9]

Leonhard Ragaz

Anmerkungen zu Brief Nr. 34

[1] Der erste Abschnitt enthält eine Erklärung, warum Ragaz nicht zu einer Zusammenkunft mit Schmiedel und Graue kommen konnte, und wird weggelassen.

[2] Schmiedel hatte Ragaz an Pfingsten in Chur besucht. Er «war am Sonntag in der Kirche in Masans. Ich unglücklich. Dann Schmiedel mein Elend gebeichtet, ohne allzuviel Trost. Es kann mir eben niemand helfen». TB VII, 8. Juni 1897.

[3] Gemeint ist allem Anschein nach Moritz Schwalb, 1833–1916, Pfarrer am St. Martini in Bremen, seit 1893 im Ruhestande lebend. Von Richard Rothe und Ferdinand Christian Baur beeinflußt, trat er als radikaler Parteigänger der liberalen Richtung hervor. Bekannt wurde er durch eine Reihe theologischer Schriften mit stark popularisierendem Einschlag. Ragaz denkt hier wahrscheinlich an «Unsere Moral und die Moral Jesu», 1891, wo Schwalb darlegte, daß sich keine moderne, die heutigen Arbeits- und Gesellschaftsprobleme einschließende Ethik auf den historischen Jesus begründen lasse.

[4] Siehe Brief Nr. 25, Anm. 8.

[5] Eine der typischen Exaltationen, wie sie bei Ragaz häufig vorkommen und meistens einer bloß momentanen Stimmung Ausdruck verleihen. Dieser Passus darf darum nicht zu ernst genommen werden. Ragaz war fortan mit der Christologie so wenig fertig wie er mit Kierkegaard (siehe Brief Nr. 26, Anm. 5) fertig war.

[6] So hieß der berühmte Roman, in welchem Hermann Lietz die englische Internatsschule Abbotsholme schilderte.

[7] Mürrisches Wesen, trübe Laune. Der Begriff kehrt im Tagebuch immer wieder als Bezeichnung einer geistigen Mattigkeit, unter welcher Ragaz damals häufig zu leiden hatte.

[8] Eberhard Vischer, 1865–1946, Professor für Kirchengeschichte und Neues Testament in Basel, publizierte «Die Offenbarung des Johannes», 2. Aufl., 1895.

[9] Umhergetriebener und vieles Erduldender (homerisch).

Tamins, 29. Juli 1897

Hochgeehrter Herr Professor,

Ich danke Ihnen herzlich für Ihre Geburtstagsgratulation[1]. Wenn ich auch Ihre Güte und Freundlichkeit genugsam kenne, so beschämt sie mich doch immer wieder. Ich bin nun allerdings 29 Jahre alt und sollte mich unbedingt mit der nötigen Gesetztheit versehen. Wenn das Dogma wahr wäre, an das ich früher unbedingt glaubte, seit dem 15. Altersjahr[2], wo eine Katastrophe über meine blühende Gesundheit hereinbrach, dann hätte ich nicht mehr lange zu leben. Aber vielleicht steht es damit wie mit andern Dogmen. Es ist mir ganz außerordentlich gleichgültig, wie lange ich lebe, höchstens für meine Angehörigen ist es nicht gleichgültig. Dagegen möchte ich gerne, so lange ich lebe, meine Pflicht tun.

Ich habe mich in den Ferien körperlich ganz ordentlich erholt und wage es nun fröhlich, die Jahresarbeit wieder zu beginnen. Ob die seelische Lähmung genügend gewichen ist, um mir das Amt wieder zur Freude zu machen, weiß ich wohl selbst nicht recht, da ich das erst in der Arbeit selbst recht beurteilen kann. Der rechte Elan früherer Zeiten ist jedenfalls noch nicht da; doch hoffe ich das Beste. Sonst stünde es allerdings verzweifelt schlimm. Meine Ferien waren allerdings am Anfang durch die Arbeit, dann zweimal durch Unwohlsein gestört, sind im übrigen aber gut verlaufen. Das Referat[3] stellt nicht das vor, was ich in guten Stunden leisten kann, aber es wird hoffentlich genügen, mich vor Blamage zu schützen. Die Notwendigkeit, kurz zu sein, hat mir vieles verdorben. Trotzdem ich also fürchten muß, noch einmal die Situation meiner unglücklichen Pfingstpredigt zu erleben, so hoffe ich doch auf Ihr Erscheinen. Es versteht sich ganz von selbst, daß ich Sie bitte, wieder mit dem Antistitium vorliebzunehmen. Ich rechne ohne weiteres darauf und erwarte, Pfarrer Altherr[4] sowie Brändli[5] (Basel) und Greyerz[6] ebenfalls unter meinem Dache zu sehen. Die Anmeldung beim Komitee will ich gerne besorgen.

Seit nun der Druck des Referates von mir gewichen ist, kann ich wieder an zusammenhängendes Studieren denken. Da steht nun auf meinem Programm zuerst Englisch, dann immerfort Philosophie: Lotze, Leibniz, Aristoteles, Plato, auch Schelling, namentlich aber Religions-Philosophie; dann aber vor allem: Leben Jesu. Es ist höchste Zeit, daß ich wieder ins Neue Testament hineinkomme. Vielleicht darf ich Sie bitten, mir gelegentlich einmal zu sagen, was für ein größeres Werk ich am besten diesem letzteren Studium zugrunde lege. Ich kenne das große Werk von Keim[7] leider noch nicht, auch Weizsäckers[8] Untersuchungen zu der evangelischen Geschichte nicht. Ist wohl das eine oder andere geeignet, mir die erwünschten Dienste zu leisten? Oder genügt Holtzmanns[9] neutestamentliche Theologie nebst den wichtigsten Einzeluntersuchungen, soweit sie für einen *Pfarrer* in Betracht kommen (Baldensperger[10], Bousset[11] etc.)? In den Mittelpunkt meines theologischen Denkens will ich nun wieder die große Frage nach dem Verhältnis von Religion und Geschichte stellen. Hier wird doch offenbar die Entscheidungsschlacht geschlagen. Das werden Sie zugeben, daß wer auf die Autorität der Geschichte im bisherigen, z. B. im Ritschlschen Sinne, verzichtet, mehr religiöse Urkraft in sich haben muß, als wer diese Autorität hat; wobei ich natürlich weiß, daß die Geschichte deswegen noch nicht allen religiösen Wert verliert, weil sie und wenn sie nicht mehr entscheidende Instanz ist. Ich stelle mir die Frage ganz radikal und ganz konkret so: wie stünde es mit deiner Religion, wenn man beweisen könnte, daß Jesus gar nicht als geschichtliche Persönlichkeit existiert hat? Was dann übrig bliebe, das muß offenbar deine Religion sein, allfällig also die Verzweiflung[12]. Hier muß ich mich also einmal endgültig durchringen, und ich habe eine Ahnung, daß ich zu einer schon lange nicht mehr genossenen Freiheit durchdringe.

Ich sende Ihnen das Büchlein von Schwalb[13] mit vielem Dank zurück. Dieser Schwalb ist doch ein hochbedeutender Mann. Hat er doch gerade in diesem Büchlein Gedanken über Jesu eschatologische Hoffnung ausgesprochen, die erst später die theologische Welt in Aufregung brachten, als Joh. Weiss und J. Krug[14] sie in zünftiger Weise vorbrachten. Vielleicht irre ich mich darin, aber jedenfalls muß diese Stimme mehr als bisher gehört werden; sie tönt doch wie die Stimme der Wahrheit. Allerdings scheint es oft, als ob Schwalb Jesus geradezu hasse, aber man kann dergleichen begreifen. Ich mochte Schwalb früher nicht leiden, nun fühle ich, daß dieses Salz und dieser Pfeffer mir gut tun.

Ich wünsche Ihnen von Herzen schöne Ferientage, in der Schweiz und in Deutschland, und daß Ihre Pfarrkinder Ihnen einige Freude machen, mehr als ich, der ich mit herzlichem Gruß und Dank verbleibe

Ihr in Liebe und Verehrung ergebener

Leonhard Ragaz

Anmerkungen zu Brief Nr. 35

[1] Zum 28. Juli.
[2] Vgl. oben, Brief Nr. 9, Anm. 3.
[3] Das Referat für das Predigerfest vom 1. September mußte mehrere Wochen vor dem Termin in Druck gegeben werden.
[4] Vgl. oben, Brief Nr. 7, Anm. 3.
[5] Vgl. Register der Briefempfänger.
[6] Vgl. oben, Brief Nr. 27, Anm. 1.
[7] Karl Theodor Keim, 1825–1878, schuf in seiner «Geschichte Jesu von Nazara», 1867–1872, einen «hervorragenden Typus des liberalen Jesusbildes».
[8] Karl Heinrich Weizsäcker, 1822–1899, Professor der Kirchengeschichte in Tübingen, schrieb 1864 «Untersuchungen über die evangelische Geschichte, ihre Quellen und den Gang ihrer Entwicklung».

⁹ Heinrich Julius Holtzmann, 1832–1910, Professor für Neues Testament in Straßburg, publizierte 1896/97 zwei Bände eines «Lehrbuches der neutestamentlichen Theologie».
¹⁰ Wilhelm Baldensberger, geboren 1856, Professor für Neues Testament in Gießen.
«Das Selbstbewußtsein Jesu im Lichte der messianischen Hoffnungen seiner Zeit», 1888.
¹¹ Wilhelm Bousset, 1865–1920, Professor in Gießen, betonte die Beeinflussung des
Urchristentums durch den Hellenismus und die Mysterien-Religionen.
¹² Die Bestreitung der Historizität Jesu hat Ragaz im Jahre 1910 als Schicksalsfrage
erlebt und durchgestanden. Vgl. Biographie, Bd. I, S. 171–176.
¹³ Vgl. oben, Brief Nr. 34, Anm. 3.
¹⁴ Ein solcher Theologe konnte nicht nachgewiesen werden.

Brief Nr. 36: An Pfarrer Paul Pflüger

Chur, 23. Oktober 1897

Werter Freund[1],

Vielen Dank für Ihr Geschenk. Sie überschütten uns ja ordentlich mit
den Früchten Ihres rastlosen Geistes, und ich weiß kaum, woher Sie Zeit
und Energie zu allem herholen. Ich habe, Ihre Churer Prophetenrede[2] durch-
lesend, wieder lebhaft empfunden, wie nötig und heilsam sie war und ist.
Die Stelle von der Predigt der Unzufriedenheit haben Sie, wenn ich nicht
irre, weggelassen und mit Recht. Es muß Ihnen doch erfreulich sein, daß
sämtliche Zeitungen, die über das Fest Bericht erstatten, ein, wie die Dinge
nun einmal liegen, recht großes Maß von Objektivität und Anerkennung in
der Beurteilung Ihres Vortrages aufweisen. Eine Ausnahme macht der grüne
Kerl, der im Kirchenblatt mit baslerischer Hochnäsigkeit über Sie redet.
Am begeistertsten äußert sich der offenbar «positive» Berichterstatter des
Neuenburger Journal religieux. Einigen Churer Damen sind Sie allerdings als Antichrist erschienen, was ja in diesem Zusammenhang keine
Unehre ist. Ich freue mich Ihrer Tätigkeit von Herzen, obschon ich in philosophischen und religiösen Dingen anders denke und empfinde als Sie, wenn
auch nicht weniger frei der Gesinnung nach. Ich habe den entgegengesetzten
Weg gemacht: Sie sind vom Pietismus ausgegangen und gelangten bis zur
äußersten Grenzlinie, jenseits welcher der Materialismus liegt; ich bin umgekehrt über Atheismus und Pantheismus bis zu jener Grenzlinie gelangt,
jenseits welcher der Supranaturalismus liegt. Aber ich überschreite die
Grenze so wenig als Sie in der entgegengesetzten Richtung, und jedenfalls
habe ich mir die Weitherzigkeit in Beurteilung jedes aufrichtigen und edlen
fremden Denkens bewahrt.

Ich wünschte dringend, daß Sie als Pfarrer nach Zürich[3] kämen. Früher oder später muß das geschehen. Es war mir sehr erfreulich, daß Sie Ihre Absicht kundgeben, in der Kirche zu bleiben, ich denke wohl als Pfarrer. Sie sind nicht so einsam, wie Sie wohl geglaubt haben. Ich glaube, daß Sie durch Ihren Vortrag viele Vorurteile auch gegen Ihre Person zerstreut haben. Ich habe kein böses Wort über Sie oder das Referat gehört und freue mich, das Thema und Sie als Referenten vorgeschlagen zu haben.

Hoffentlich kann ich Ihnen gelegentlich auch etwas Gedrucktes von mir schicken. Ich bleibe mit herzlichem Gruß

Ihr dankbarer Leonhard Ragaz, Pfr.

Anmerkungen zu Brief Nr. 36

[1] Die Bekanntschaft mit Pflüger datiert von einer Mairede Pflügers am 1. Mai 1896 in Chur, nach welcher Pflüger im Antistitium zu Mittag aß. (Vgl. Biographie, Bd. I, S. 72.) Am eben vergangenen Predigerfest in Chur (30. August/1. September 1897) hatte auch Pflüger gesprochen. Als Korreferent zu Gustav Benz hatte er das Thema «Wie hat die Kirche unter den heutigen Verhältnissen den Armen das Evangelium zu verkünden?» behandelt.

[2] Das Referat Pflügers erschien unter dem Titel «Kirche und Proletariat» im Druck. Ragaz hatte nicht nur das Thema und die Referenten für die Predigerversammlung vorgeschlagen, sondern auch Pflüger lebhaft applaudiert. «Solche Dinge hat die Predigerversammlung wohl noch nie gehört... Der Beifall, den er (Pflüger) erhielt, ist nachher viel getadelt worden. Ich war auch unter den Klatschern und Bravorufern.» (TB VII, 9. September 1897)

[3] Pflüger wurde in der Tat im nächsten Jahr als Pfarrer an die Zürcher Arbeitergemeinde Außersihl berufen.

Brief Nr. 37: An Prof. P. W. Schmiedel

Chur, 10. November 1897

Hochverehrter Herr Professor,

Fast zu meiner Überraschung merke ich, daß ich eine freie Stunde vor mir habe, vorausgesetzt, daß nicht ein oder mehrere Besuche diese Hoffnung zuschanden werden lassen...[1]

Damit sind die leidigen geschäftlichen Dinge abgetan und ich kann Ihnen über allerlei andere Dinge mein Herz ausschütten. Zwar habe ich nichts Besonderes zu berichten, was ja ein gutes Zeichen sein mag. Ich habe seit Anfang September ziemlich viel Freude erlebt. Wohlgetan haben mir die vielen, meistens sehr günstigen, gelegentlich auch übertrieben lobenden Zeitungsberichte über mein Referat[2]. Ich wäre mit viel weniger zufrieden

gewesen. Auch erhalte ich immer so viele Zeichen der Liebe und Anhänglichkeit meiner Gemeinde, die mir wohltun. Der Kirchenbesuch ist immer
gut, immer noch eher im Wachsen. Fast jede meiner Predigten wird zum
Abschreiben verlangt. Seit Anfang September habe ich gepredigt über:
1. Das Verhältnis von Gottesliebe und Menschenliebe, 2. Das Evangelium
der Armen, 3. Die Licht- und Schattenseiten des Bündner Volkscharakters
(Bettagspredigt), 4. Über religiöse Erziehung (zu Schulanfang), 5. Drei
Hauptfeinde des Menschenlebens (Ps. 1: Gottlosigkeit, Unsauberkeit, Blasiertheit), 6. Über Glauben und Wissen, 7. Hindernisse der Erkenntnis Gottes,
8. Das Leid der Vergänglichkeit, 9. Das ewige Leben (Der Grund unseres
Glaubens an das ewige Leben). Letztere beiden Predigten zusammengehörig.
Das ist also mein geistlicher Speisezettel gewesen. – Als letzthin die Erneuerung unseres städtischen Schulrates[3] stattfand, erhielt ich fast dreißig Stimmen mehr als der Höchste nach mir. Ich hätte nach den Wahllisten sogar zehn
Stimmen mehr erhalten, als überhaupt abgegeben wurden. Ein Zeichen, daß
ich hier Boden unter den Füßen habe. Letzthin habe ich auch einen Tempe-
renzverein[4] gegründet, der die besten Aussichten hat. Ich selbst bin nur
Passivmitglied. Ich glaube, daß es zum guten Teil mein Verdienst ist, wenn
jetzt bei uns ein ganz anderer, frischer Zug in den Kampf gegen den Alkohol
gekommen ist, der sich z.B. auch in Form eines neuen Polizeigesetzes[5]
äußert. – Eine schwere Überwindung kostete es mich, auf die Übernahme des
Rektorates unserer städtischen Schulen zu verzichten, und noch bin ich
nicht ganz sicher, ob ich richtig gehandelt habe oder nicht. Mein Kollege hat
das Amt dann bekommen[6], während ich so viel Schönes und Nötiges in
Erziehungssachen in petto gehabt hätte. Es kommt mir fast tragisch vor.
   Zum Studieren bin ich seit Eröffnung der Schulen nicht mehr viel gekommen. Englisch treibe ich immer etwas. Im «Leben Jesu» mache ich
bescheidene Fortschritte. *Eine* Frucht hat die erneute Beschäftigung mit
den Fragen des Lebens Jesu doch für mich gehabt. Ich bin jetzt endgültig
vom Ritschlschen und Lipsiusschen Christus los. Wenn man über so fundamentale Dinge wie die Bedeutung der Begriffe «Reich Gottes», «Menschensohn», über die Tragweite seiner eschatologischen Erwartungen, über den
Sinn vieler der wichtigsten unter seinen ethischen Vorschriften (die Para-
doxien der Bergpredigt) so grenzenlos im unklaren ist, dann hört Jesus unbedingt auf, letzte Autorität, unbedingte Norm, einzige Quelle unserer
Religion und Sittlichkeit zu sein. Die paar Dinge, die man im Leben Jesu
als ordentlich deutlich und sicher betrachten kann, reichen nicht aus, jene
Gewißheit zu geben, deren der Glaube bedarf. Es bleibt eben nur eins mehr
übrig: den lebendigen, gegenwärtigen Gott aus seinen gegenwärtigen Offenbarungen zu erkennen und alle Geschichte nur sekundär zu verwerten. Es ist
das die ungeheure Aufgabe, die unserem Geschlechte gestellt ist; diese Aufgabe ist eben fast zu groß, denn sie ist mehr als die einstige Reformation. Ist
das nicht ein deutlicher Wille der Vorsehung: uns durch Bibelkritik die
Historie unsicher zu machen, damit wir lernten, uns auf Gott allein zu wer-

fen und so wirklich freie Kinder Gottes zu werden? Diese scheinbare Abkehr
von Jesus wäre doch im Grunde eine Rückkehr zu ihm. Denn es war ja doch
sein Wille, die Menschen zum lebendigen Gott zu führen und nicht zu sich
selbst. Er ist also für mich nicht mehr *der* Weg, sondern nur *ein* Weg. Es gibt
nur zwei konsequente Standpunkte: die Orthodoxie in römisch-katholischer
Form oder die Freiheit auch von der (*dogmatisch* verstandenen) Autorität
Jesu. Alles andere sind Halbheiten, wie die Streitigkeiten über das Schrift-
prinzip deutlich lehren. Also Rückkehr zum Rationalismus, einem tieferen
Rationalismus. Äußerst gefreut hat mich Harnacks[7] Rezension des Ecke-
schen[8] Buches über die Ritschlsche Schule (in der Christlichen Welt). Sie ist
Ihnen gewiß wohl bekannt. Er bestreitet, daß Ritschl den Rationalismus
wirklich überwunden habe. Er habe ihn von der Bühne verdrängt; aber er
werde wiederkehren und mit ihm sieben Geister, aber keine bösen Geister,
sondern reine, lichte, starke Geister. Jawohl, das ist eine gute Prophezeiung.
Oder scheint es Ihnen nicht auch so? Wir werden also wieder mehr Philosophie nötig haben, wir werden wieder mit Beweisen fürs Dasein Gottes ope-
rieren, nur nicht mehr in der alten Weise; unsere Predigt wird nicht Christus-
predigt sondern Gottespredigt sein. Damit werden wir auch mehr ausrichten als mit ritschlisierender Art und Weise. Es war mir auch interessant,
daß Harnack den apologetischen Wert des Ritschlianismus bezweifelt und
ihm nur nachrühmt, was die Liberalen immer zugegeben haben, daß er vielen
den Übergang aus der Orthodoxie zur Freiheit erleichtert habe. Ich habe hier
in Chur erfahren, daß man mit ganz theozentrischem Lehren sehr viel ausrichten kann, wenn nur das Herz frisch ist. Ich habe eigentlich über diesen
Hauptpunkt nie Ihre positive Ansicht gehört und nehme mir nun die Frech-
heit, Sie direkt darüber zu interpellieren, in der Hoffnung, *gelegentlich* einmal
von Ihnen darüber Aufschluß erhalten zu dürfen. Wenn ich Sie recht
errate, so ist es nicht Ihre Ansicht, daß wir auf das, was die historische Kritik
im Leben Jesu als sicher und deutlich gelten läßt (soweit in historischen
Dingen von Sicherheit die Rede sein kann), das Gebäude unseres Glaubens
gründen sollen. Vielmehr ist es wohl Ihre Ansicht, daß wir unsere religiöse
Erkenntnis direkt von Gott beziehen, soviel wir von ihm erkennen und
fühlen mögen, und daß die Historie uns nur *ein* Hilfsmittel dazu ist, wenn
auch vielleicht das wichtigste. Daß wir alles, was die Geschichte an gutem
Gold religiöser Erkenntnis uns bietet, dankbar benutzen, daß wir ferner
Sinn haben für die Bedeutung der Persönlichkeit auf dem Gebiete der Religion und daß uns Jesus immer noch unermeßlich viel wäre, das alles als
selbstverständlich vorausgesetzt. Ebenso, daß es sich nicht darum handeln
könnte, durch logische Deduktion oder durch irgendwelche *wissenschaftliche*
Empirie den Glauben zu begründen.

An dieser großen Aufgabe an meinem geringen Teile mitzuarbeiten, wäre
mir ein hohes Glück. Doch weht es mich ziemlich kalt an beim Gedanken
an sie. Jedenfalls sollte das Herz dazu frisch sein. Und da liegt eben mein
traurigstes Geheimnis. Allerdings ist es bis jetzt gut gegangen, besser als im

Sommer. Aber es ist noch lange nicht so, wie es sein sollte, um mich wirklich froh zu machen. Ich spüre halt doch immer und immer wieder dieses Manko an Kraft und Frische. Oh, wenn das einmal anders würde, ich wäre wie ein Träumender. Das ist nun mein einziger Wunsch und ich glaube, daß Gott mir noch einst Erhörung schenken will. Ihren Rat will ich nach Möglichkeit befolgen, und auch sonst tue ich, was ich kann, um dem Geist des Lebens die Hand zu reichen. Oft ist mir in letzter Zeit der Gedanke gekommen, daß vielleicht doch der Zustand meines Herzens an allem schuld sein könnte. Es kommt wohl etwa hin und wieder beängstigend der Gedanke über mich, daß es mit meiner physischen Lebenskraft rasch abwärts gehe; ich schüttle ihn aber wieder ab. Und all das, was ich da geschrieben habe, macht mich nicht unglücklich. Ich habe zu viel Quellen des Glückes in mir. Es ist immer nur der Gedanke an mein Werk, der mir wehe tut.

In unserer Familie geht alles im alten und geht gut, besser als je. – Ist der Pfarrer Arthur Wessel[9] von Hanau a. M. (Provinz Hessen) wohl auch Ihr Schüler? Er erkundigte sich nach meinem Referate. Falls er Ihr Schüler ist, also ein Mitglied Ihrer Gemeinde, dann schicke ich es ihm zu. – Dietrich Graue[10] hat letzthin in der Christlichen Welt Beiträge zur Apologetik geschrieben, die mich gefreut haben. – Bernoullis[11] wissenschaftliche und kirchliche Theologie hat auch mir nicht imponiert. Nur ärgert es mich, daß die Reformer nun gar so sehr an diesem Knochen herumbeißen. Man muß dem Gegner nicht solche Wichtigkeit verleihen und selbst etwas mehr leisten. – Wenn Sie mir einmal Graues Konfirmanden-Unterricht[12] schicken könnten und, wenn ich bitten dürfte, die zwei Predigten, die Sie mir vor zwei Jahren zum Lesen gaben (gehalten zu seiner Verteidigung), dann würde mir eine Freude bereitet sein[13].

Das wäre also ein Hochwasser im Briefschreiben. Nun auch fertig. Nur das Gefühl, Ihnen so viel schuldig zu sein, daß ichs' doch nie bezahlen kann, macht mich so schamlos. Es verspricht Besserung,
Ihre lebendige Geduldsprobe

Leonhard Ragaz

Anmerkungen zu Brief Nr. 37

[1] Der nächste Absatz befaßt sich mit der Drucklegung des Vortrags vom Predigerfest und ist rein geschäftlicher Art; er wird daher weggelassen.

[2] Vom Predigerfest, 1. September 1897.

[3] Die Wahl in die Gemeindeschulbehörde, der die städtische Primarschule unterstand, erfolgte anfangs Oktober. «Schon lange hatte ich mich vor den Schulratswahlen gefürchtet, als dem Probierstein der Popularität. Ich hatte sogar vernommen, man wolle die Pfarrer beseitigen. Da wurde ich in den zwei Wahlaufrufen als erster vorgeschlagen und am Sonntage als erster gewählt. Ich hatte 784 Stimmen, ... das absolute Mehr war 389. Ich hatte also noch 10 Stimmen über der Einstimmigkeit, was allerdings kurios ist.» TB VII, 7. Oktober 1897.

⁴ Der nicht konfessionelle Abstinenzverein hieß «Rätia» und versuchte jene Nüchternheitsfreunde zu sammeln, welche nicht dem kirchlich der Orthodoxie nahestehenden «Blauen Kreuz» beitreten wollten. In den nächsten Jahren hat Ragaz in der «Rätia» wiederholt Vorträge gehalten (z.B. am 3. November 1897). Der Verein gründete bald ein Lesezimmer mit Bibliothek und hatte 1898 bereits 25 Aktive und 14 Kandidaten, «vorwiegend junge Burschen». Freier Rätier, 23. März 1898.

⁵ Das Bündner Wirtschaftsgesetz befand sich damals noch in Vorbereitung. Ragaz traf sich in den Vorbesprechungen gelegentlich mit dem Polizeidirektor Versell, einem Grütlianer (Mein Weg, Bd. I, S. 187). Das Wirtschaftsgesetz wurde dann 1899 ausgearbeitet; es garantierte dem Personal zum Beispiel eine Mindest-Schlafzeit von sieben Stunden und vier Stunden wöchentlicher Freizeit. Außerdem brachte es den Wirtschaftsschluß um zwölf Uhr. In der Volksabstimmung vom 18. Oktober 1900 wurde das Gesetz angenommen.

⁶ Kleine Stelle, die sich scharf über den Kollegen ausspricht, wird weggelassen.

⁷ Adolf Harnack, 1851–1930, Professor in Gießen, Marburg und Berlin. Bedeutendster Kirchen- und Dogmenhistoriker seiner Generation in Deutschland und angesehenster Führer der freien Theologie. (Vgl. auch unten, Brief Nr. 54, Anm. 16.)

⁸ Gustav Ecke, 1855–1920, publizierte 1897 «Die theologische Schule A. Ritschls und die evangelische Kirche der Gegenwart». Harnacks Rezension erschien unter dem Titel «Ritschl und seine Schule» in der Christlichen Welt, 1897, Sp. 869 und 891, beide Nummern im September 1897.

⁹ Arthur Wessel, geboren 1848, von 1890–1918 Pfarrer der Niederländischen Gemeinde in Hanau a. M.

¹⁰ Dietrich Graue, damals Pfarrer in Thüringen, geboren 1866. Bruder von Paul Graue (siehe unten).

¹¹ Carl Albrecht Bernoulli, 1868–1937, Kirchenhistoriker und Schriftsteller in Basel, publizierte 1897 «Die wissenschaftliche und die kirchliche Methode in der Theologie».

¹² Paul Graue, vgl. oben, Brief Nr. 25. Die Schrift über den Konfirmandenunterricht läßt sich nicht nachweisen.

¹³ Der folgende Abschnitt befaßt sich wieder nur mit technischen Fragen der Drucklegung des Predigerfest-Vortrages. Er wird weggelassen.

Brief Nr. 38: An Paul Pflüger

Chur, 20. November 1897

Wertester Freund,

Ich habe schon lange keine solche Freude über den Sieg eines Prinzips erlebt wie letzten Sonntag, als ich von Ihrer Wahl¹ hörte. Empfangen Sie meinen herzlichsten Glückwunsch. Meine Freude galt aber nicht nur dem Siege des Prinzips, sondern auch Ihnen selbst. Sie sind nun hingekommen, wo Sie hinkommen mußten, haben den eigentlichen großen Schauplatz Ihres Lebenskampfes betreten. Sie stehen im Dienste einer großen Mission. Die Wahl vom letzten Sonntag ist mir ein verheißungsvolles Symptom. Sie bezeichnet den Wiedereintritt der Arbeiterschaft in die Kirche und damit eine neue Gestalt des Christentums, besser: der Kirche. Nicht, daß ich glaubte, die Arbeiter zögen nun mit entfalteten Fahnen in die Kirchenhallen ein. Damit hat es gute Weile. Aber es ist eine Anknüpfung gefunden und das Beispiel wird weiter wirken. Wünschenswert wäre, daß die Arbeiter nun auch zu Ihnen in die Kirche kämen. Ich zweifle nicht, daß es Ihnen auch darin nicht fehlen wird. Aber Großes wird von Ihnen gefordert. Wir andern werden mit herzlicher Teilnahme Ihr Werk verfolgen und hoffen nur, daß Sie Ihre Kräfte nicht ungebührlich angreifen. Unsere herzlichsten Glückwünsche werden mit Ihnen bleiben und Gottes Segen, der dem Tapferen und Uneigennützigen nicht fehlt, auch wenn dieser gelegentlich über das «Gottvertrauen» spottet.

Mit herzlichem Gruß

Ihr Leonhard Ragaz, Pfr.

Anmerkungen zu Brief Nr. 38

[1] Nach Zürich-Außersihl. Nach einem heftigen Wahlkampf war der von der freisinnigen Richtung vorgeschlagene Paul Pflüger am 14. November zum dritten Pfarrer der Arbeitergemeinde Zürich-Außersihl gewählt worden. «Daß sich an der Wahl über 3000 Männer beteiligten, eine in der Schweiz wohl noch nirgends erreichte Zahl, darf wohl dem Stimmzwang und der Popularität des Gewählten unter den Arbeitern zugeschrieben werden.» Schweizerisches Protestantenblatt 1897, S. 371.

Brief Nr. 39: An Prof. P. W. Schmiedel

Chur, 27. Dezember 1897

Hochverehrter Herr Professor,

Ich sende Ihnen heute meinen letzten Gruß aus dem alten Jahre, da gegen Ende der Woche die Predigten, diese gefräßigen Ungeheuer, Zeit und Kraft verschlingen werden. Ich danke Ihnen nochmals für alles Gute, das Sie mir im vergangenen Jahre getan haben, und bitte Sie um Verzeihung für alle Mühe und Sorge, die Ihnen aus den meinigen erwachsen sind. Es war für mich in mancher Beziehung ein gutes Jahr. Es hat mir manche Freude, manchen Erfolg, manche Hilfe in der Not gebracht. Wenn ich es nur von der Außenseite ansehen wollte, so wäre es ein Glücksjahr gewesen, mehr als eines. Aber Sie wissen, daß die Innenseite anders aussah. Wenn ich nun ins kommende Jahr hinüberschaue, so wird es für mich sein ein Jahr der Entscheidung und nur mit tiefem Ernste werde ich über seine Schwelle treten. Möge der Allmächtige ein Wunder seiner Güte an mir tun.

Als eine Art Weihnachtsgeschenk hat mir der Buchdrucker hundert Erstlinge[1] meiner Feder (auf solchem Gebiete) ins Haus gesandt. Ich habe sie mit gemischten Gefühlen begrüßt, etwa wie ein Vater sein buckliges erstes Kind. Nun, wenns recht schief geht, so sind Sie daran gehörig mitschuldig und das wird mich trösten. Dieser Tage habe ich Hiltys[2] Politisches Jahrbuch der Eidgenossenschaft durchgelesen. Dort werden die Christschen Einwendungen gegen mich (die Stellung zur Evolutionstheorie und zu Nietzsche betreffend) als ein gutes Zeichen für die Entwicklung der Theologie bezeichnet[3]. Nun, das ist wirklich gut. Chapuis[4] ist enchanté von meinem Referat und Christ[5] enragé, weil ich so freisinnig bin. Christ hat in meinen Augen doch sehr verloren. Es kann nicht anders sein – er wird die Probleme gar nicht kennen. Denn sonst müßte er doch zugeben, daß man sie irgendwie zu lösen versuchen muß. Seine sittliche Weltordnung ist eigentlich nur eine Predigt, und es ist begreiflich, daß die Holländer ihm den Preis nicht geben wollten[6]. Die Stelle steht bei Hilty S. 576 des Politischen Jahrbuchs. Dort findet sich unter vielen andern reaktionären Behauptungen auch die, daß jeder Pfarrer seinen Beruf verfehlt habe, der nicht an die «historischen Tatsachen» glaube, auf die sich das Christentum gründe. Hilty ist ein Advokat der Reaktion geworden und besitzt auch schon die Suffisance und Giftigkeit eines solchen. Es ist schade!

Während der Lektüre des Bernoullischen Buches[7] war es mir, als säße ich wieder in Basel in der Zofingia[8] am Tische der Roten (Freisinnigen = Ostschweizer) und Bernoulli (damals «Nasabulli» genannt) mir gegenüber bei den «Blauen» (Baslern!). Und doch berührte mich angenehm die Rückhaltlosigkeit, mit der er selbst die Arbeit der Wissenschaft anerkennt. Hoffentlich wird der Geist der Wahrheit in ihm sein Werk weiter tun. Ein Symptom ist sein Buch, und zwar ein vielsagendes, ein Symptom der Stimmung jener haute volée des Geistes, die für sich selbst aufgeklärt sein wollen, aber zu ungläubig sind und zu hochmütig, um dem Mob etwas davon mitzuteilen oder ihm irgend ein Verständnis zuzutrauen. Skeptizismus und Positivismus innig verbunden, das ist baslerisch. Es soll in Basel Atheisten geben, die zu orthodoxen Pfarrern in die Kirche gehen, nur um auch auf diesem Wege ihr blaues Blut zu bezeugen. Es ist das aber auch gut katholisch und Ausdruck weit verbreiteter Stimmung. Als Seminarbuch eignet sich die Schrift auch in meinen Augen vortrefflich, schon wegen der reichen Auszüge, die wohl das Beste daran sind, aber auch um den Studenten einen Halt zu geben. Wenn übrigens die Ritschlianer Bernoulli energisch abschütteln, so geschieht das wohl darum mit einer gewissen Animosität, weil sie sich in ihrer Theologie ganz Ähnliches zuschulden kommen lassen.

Graues Konfirmandenbüchlein hat mich geradezu erbaut. Wenn ich etwas von Graue verstehe, so finde ich sehr viel spezifisch Grauesches darin. Dagegen müssen die Konfirmanden Graues denn schon sehr reif sein, wenn sie das verstehen wollen. Etwas sehr Bedeutendes sind die neuen religiösen Wortbildungen Graues. Das ist in der Tat eine ungeheuer wichtige Aufgabe der freisinnigen Theologie, solche Neuprägungen vorzunehmen. Ich schicke Ihnen nächstens das Büchlein zurück.

Mein Freund K. v. Greyerz[9] hat sich, wie Sie wohl wissen werden, verlobt, und zwar auf hochoriginelle Weise. Er hatte vor einem Jahre oder zwei Jahren flüchtig ein Mädchen gesehen. Da fiel ihm dieses Mädchen eines Tages plötzlich wieder ein. Flugs erkundigte er sich nach seiner Adresse, schrieb ihm, reiste nach Genf, kam, sah und siegte... Sie gehe für ein Jahr als Hauslehrerin nach Kiew und dann solle Hochzeit sein. Das ist so seine Art. Wenns nur geraten ist.

Von Moosherr habe ich gute Nachrichten. Durch Studiosus Trepp[10] weiß ich auch von Ihnen, daß Sie gesund sind, und das übrige besorgen Sie selbst. Auch bei uns sind ruhige und gute Zeiten. Über die Jahreswende sind alle Familienglieder im Antistitium versammelt.

Und nun ein glückhaftiges neues Jahr und Gott wolle Ihre Saaten segnen. Empfangen Sie die Glückwünsche meiner ganzen Familie und die meinigen dazu. Ich kann aber natürlicherweise das Jahr nicht schließen, ohne nochmals zu bitten: schenken Sie auch im neuen Jahr ein Stückchen Ihrer Liebe und Sorge

Ihrem Leonhard Ragaz

Anmerkungen zu Brief Nr. 39

[1] Der Predigergesellschafts-Vortrag erschien unter dem Titel «Evangelium und moderne Moral» mit dem Datum 1898 bei C. A. Schwetschke und Sohn, Berlin, Bibl. A I 2.

[2] Carl Hilty, 1833–1909, Professor für Staatsrecht an der Universität Bern und berühmter religiöser Schriftsteller. Er gab das «Politische Jahrbuch der schweizerischen Eidgenossenschaft» von 1886–1908 heraus.

[3] Hilty hatte geschrieben: Christs Diskussionsvotum «bedeutet einen sehr hoffnungsreichen Fortschritt im Leben unserer Kirche». Politisches Jahrbuch der schweizerischen Eidgenossenschaft, 1897, S. 576.

[4] Paul Chapuis, 1851–1904, Professor für Neues Testament und Kirchengeschichte in Lausanne. Orthodoxer Führer.

[5] Paul Christ, 1836–1908, Professor für Dogmatik in Zürich. Publizierte 1894 «Die sittliche Weltordnung».

Christ war vor seiner Berufung nach Zürich Religionslehrer an der Churer Kantonsschule; Ragaz wurde 1908 Christs Nachfolger auf dem Zürcher Lehrstuhl.

[6] Die Anspielung ist nicht aufzuklären.

[7] Vgl. unten, Brief Nr. 40.

[8] Ragaz war in der Gymnasialzeit und in den Basler Studiensemestern leidenschaftlich beteiligtes Mitglied der Studentenvereinigung «Zofingia» gewesen. Vgl. Biographie, Bd. I, S. 53–55, 59–60. Mein Weg, Bd. I, S. 130f.

[9] Vgl. Brief Nr. 27, Anm. 1

[10] Johann Martin Trepp, 1877–1949, später Pfarrer in Trimmis, Graubünden, und Gymnasiallehrer in Thun.

Brief Nr. 40: An Prof. P. W. Schmiedel

Chur, 11. Februar 1898

Hochverehrter Herr Professor,

Ich muß Ihnen doch etwas über Lukas Heland[1] berichten. Zwar ist über den frischen Eindruck des Buches bereits der Sturm der großen und kleinen Geschäfte und Sorgen hinweggegangen, der ja leider die Seele eines Stadtpfarrers so leicht verwüstet. Aber der Eindruck war tief. Es ist ein bedeutendes Buch, ganz ohne Frage. Es wird den Verfasser für seine «Methode»[2] rehabilitieren. Aber Sie wünschen natürlich nicht, daß ich mich nun auch über die ästhetische Seite des Romans verbreite. Es handelt sich um die Frage: Wie ist das Problem gelöst? Das Problem ist das gleiche, wie in der «Methode». Da läßt sich nun sagen: es ist gelöst, nämlich für Lukas Heland. Es mag ja sein, daß solche überfeine, aristokratische Menschen nicht Pfarrer sein können, es mag sein, daß dieser Lukas Heland nicht Pfarrer sein kann. Allerdings will es mir vorkommen, der Nachweis sei doch auch für ihn nicht recht gelungen. Der Leser sieht doch nicht recht ein, warum Heland aus dem Amte fort muß, man fühlt keine Erleichterung, wie der Entschluß gefaßt ist, keine sittliche Erhebung. Es ist nicht nachgewiesen, daß die Kirche die freieste Theologie nicht ertragen könne. Heland macht gar keinen Versuch damit in seiner Gemeinde, weder in der Predigt noch im Unterricht. Die Kollegen, die den Begriff der Kirche mit ihrer festen Wahrheit betonen, sind nicht nach der Natur gezeichnet, sie sind willkürlich konstruiert. Es wird auch nicht etwa gezeigt, wie die amtliche Verpflichtung, einen festen Wahrheitsbesitz zu vertreten, und der Drang nach ganz vorurteilsloser Untersuchung in Heland selbst in Kampf geraten. Überhaupt sind alle die furchtbaren Gefahren und Schwierigkeiten des Pfarramtes gar nicht recht geschildert. Das könnte ich ganz anders schildern, wenn ich ein Dichter wäre, oder vielmehr, wenn ich mehr Dichter wäre, als ich bin. Man merkt eben, daß Bernoulli nie Pfarrer gewesen ist. Es ist ganz und gar *mein* Kampf, der geschildert wird, aber die wichtigsten Dinge sind kaum oder gar nicht angedeutet. Allerdings ist dieser Lukas Heland aus viel feinerem Teige als ich, und dann kommt noch ein großer Unterschied: er hat viel Geld, wie wahrscheinlich Bernoulli selbst. Aber damit nimmt der Verfasser dem Konflikte allen tragischen Ernst. Überhaupt faßt er seinen Entschluß so leicht, so kampflos, dieser Lukas Heland, daß es fast sittlich verletzend wirkt. Und ob es eigentlich noch christlich ist, dem Moloch der eigenen Persönlichkeit alles zu opfern? Ob da nicht ein rechter baslerischer Aristokratendünkel durchblickt? Pfarrer muß es doch geben – das sieht Heland ein – aber nicht die feinen Leute sollen zu ihnen gehören, sondern die Plebejer, die «Ostschweizer»! Ich resümiere also: für Lukas Heland mag die Darstellung gelten, aber er ist so wenig ein Typus, daß sein Fall jede allgemeine Bedeutung verliert. Das Buch wird zwar möglicherweise den einen oder den andern Theologiestudenten aus feinem Teige dem Pfarramt abspenstig machen, eine revolutionierende Wirkung wird es auch in kleinerem Maße nicht haben. Es bleibt aber ein feines Buch, das zu lesen hohes Vergnügen bereitet. Ich habe es zweimal aufmerksam gelesen und werde es später wieder lesen. Ich habe auch vieles, sehr vieles aus ihm gelernt und manchmal gerieten jene geheimen Saiten meiner Seele ins Vibrieren, über die schon so oft die inneren Stürme hingegangen sind. Kann man Pfarrer und dabei ein ganz freier, originaler und tiefer Mensch sein? Die Frage ist für mich nicht gelöst, und oft bin ich geneigt, sie zu verneinen. Oft scheint es mir, als ob nur so ein Durchschnittsmensch Pfarrer sein könne, *freisinniger* Pfarrer sein könne. O, wüßte «Heland», was ich weiß! Ich wäre also nach «Heland» schon ein schlechter Pfarrer, weil ich mir in meinem Berufe skeptisch gegenüberstehe.

Übrigens geht's mir darin gut. Es läuft alles ruhig fort. Ich halte kaum eine Predigt, die man nicht zum Abschreiben verlangt. Auch innerlich geht es wieder besser. Damit stand es nämlich eine Zeit lang ganz schrecklich schlecht. Ich hatte Ihnen um Neujahr herum einen ganz verzweifelten Brief geschrieben, den ich aber nicht abschickte. Jetzt, da dieser Anfall schon eine Weile vorüber ist, darf ich es Ihnen mit ruhigerem Gewissen sagen. Ich glaube auch diesmal besonders deutlich bemerkt zu haben, daß alles besser wurde, seit ich mir in der Woche einen halben Tag Ruhe gönnte. Leider ist das seither wieder unmöglich geworden. Ruhe finde ich nur, wenn ich mich flüchte. Die Arbeit wächst unaufhörlich, kaum finde ich Zeit, mich auf eine englische Stunde ein wenig vorzubereiten. Aber wenn ich um Ostern entschlossen bin, zu bleiben, dann wird ein Versuch der Entlastung[3] gemacht, den ich bis jetzt selbst zurückgehalten habe. Es wird Sie auch freuen zu hören, daß es mir körperlich wieder besser geht als seit langem. So hat sich die Zukunft, die eine Zeit lang schwarz verhängt war, wieder gelichtet.

Meinem armen Geisteskinde[4] wird es wohl in der Welt nicht gut gehen. Nun, ich habe wenigstens ein ruhiges Gewissen und erlebe keine Enttäuschung. Hier in Chur fand es sehr viel freundliches Interesse.

Graue kommt nun endlich zurück mit vielem Dank. Auch die Antrittspredigt von Steudel[5] habe ich, wie auch andere Reden des Buches, mit großem Interesse gelesen und mich gewundert, wie frei von Phrase sie ist. Wenn Ihnen einmal der «Heland» erwünscht ist, so sende ich ihn mit Freuden.

Ich hoffe, daß es Ihnen immerfort gut geht, und bleibe in alter Dankbarkeit und Verehrung

Ihr Leonhard Ragaz

Anmerkungen zu Brief Nr. 40

[1] Pfarrerroman von Carl Albrecht Bernoulli. Vgl. oben, Brief Nr. 37, Anm. 11.
[2] Gemeint ist das theologische Werk Bernoullis. Vgl. oben, Brief Nr. 37, Anm. 11.

³ Ragaz hatte schon am 27. Oktober 1897 den Kirchenvorstand Chur darum ersucht, seinen Religionsunterricht an der Oberschule in Masans dem dortigen Lehrer übergeben zu dürfen, aus «Sorge, für die übrigen amtlichen Handlungen nicht die nötige Frische und Kraft zu bewahren» (Protokollbuch des Kirchenvorstands im Archiv der Kirchgemeinde Chur). Im Dezember 1899, als man Ragaz nach Schaffhausen berufen wollte, beschloß der Kirchenvorstand, ihm weitere «Erleichterung in Aussicht zu stellen» (ebd.).

⁴ «Evangelium und moderne Moral.»

⁵ Friedrich Steudel, vgl. oben, Brief Nr. 24, Anm. 10.

Brief Nr. 41: An Prof. P. W. Schmiedel

Chur, 28. April 1898

Hochverehrter Herr Professor,

Es ist natürlich unhöflich genug von mir, so lange nichts von mir hören zu lassen. Aber ich leide immer noch unter der fixen Idee, ich könne und dürfe Ihnen immer nur einen *langen* Brief schreiben und müsse dazu einen halben Nachmittag frei haben und draußen schön' Wetter. Nun ist es zwar Vormittag und nur ein Stündchen frei, aber mein inwendiger Treiber läßt mir nicht mehr Ruhe. Ich danke Ihnen also für Ihre freundliche Karte aus Borgonovo[1], in der mich das Urteil Mehlhorns[2] natürlich außerordentlich freute. Um eine solche Frühlingstour möchte ich Sie fast beneiden[3].

Ich könnte nun einen Bericht über die zweite Hälfte des Winters schreiben. Größere Ereignisse sind keine eingetreten. Die innere Frische hat sich wieder recht ordentlich eingestellt. Nur über Ostern hatte ich eine schwere, tief dunkle Zeit. Es ist auch wirklich wie ein Fluch, daß ich gerade an den Tagen, wo die Kirche gesteckt voll ist und nach dem miserablen Churer Brauch eine Menge von Leuten zur Kirche kommen, die sich sonst wohl davor in acht nehmen, das Geringste leisten muß, während es doch gälte, bei solchen Gelegenheiten einen reichen Fischzug zu tun. Ich kann mich nur mehr so vor ähnlichen Erfahrungen retten, daß ich in Zukunft die Festpredigten lange vor dem Fest ausarbeite. Gott führt uns aber doch sehr wunderlich, nicht wahr? Gottlob kann ich mitteilen, daß der Kirchenbesuch immer noch eher wächst. Das wäre ein lichter Punkt. Auch ist es eine große Beruhigung für mich, daß ungefähr seit Neujahr meine körperliche Frische immer mehr zugenommen hat. Wenn ich nur etwas mehr Selbstüberwindung besäße und am Abend früher zu Bette ginge. Aber mein Hunger, etwas zu lesen, der sonst so entsetzlich ungestillt bleibt, ist oft übermächtig.

Sie können sichs nicht denken, wie groß dieser Hunger wird, wenn man so den ganzen Tag lang, oft wochenlang nacheinander, immer nur geistig ausgeben muß und nie dazu kommt, etwas einzunehmen.

Also ein altes Leid ist kleiner geworden und ein glühender Wunsch teilweise erfüllt. Aber dennoch habe ich nicht Grund, sehr fröhlich zu sein. Ich habe zum ersten Mal in meiner Churer Amtszeit im Laufe der letzten drei bis vier Monate allerlei recht verdrießliche und zum Teil sogar sehr niederdrückende amtliche Erfahrungen gemacht. Es gab vorher auch solche, nun aber sind sie in Haufen gekommen. Vielleicht, daß ich Ihnen mündlich davon erzähle. Das schlimmste war, daß ich mir dabei öfters sagen mußte, daß ich auch daran schuld sei, besonders durch Mangel an Klugheit und durch bündnerische Langsamkeit. Aber was die Hauptsache war: die ganze Schwierigkeit meiner Stellung ist mir erst jetzt so recht klar geworden. Es ist seltsam, früher wußte ich ja, wie mir schien, ganz gut, daß das Churer Pfarramt sehr schwer sei, das weiß ja in Graubünden jedermann, aber dennoch wob sich mir ein Schleier der Täuschung über diese Erkenntnis. Ich war wohl ein wenig berauscht von den ersten Erfolgen und viel «Anerkennung». Jetzt ist's mir wie Schuppen von den Augen gefallen, jetzt bin ich ganz nüchtern geworden. Tag für Tag habe ich gelernt, alle Illusionen abzutun[4]. Und nun frage ich: Kann man wohl noch mit Segen in einer Gemeinde Pfarrer sein, wo die Dinge so liegen? Ich glaube nicht. Und daher bin ich nun geneigt, mein Experiment als mißlungen zu betrachten. Ein Experiment sollte das Churer Pfarramt von Anfang für mich sein. Wohin aber? Das schönste wäre der Rückweg zur Kantonsschule. Er ist versperrt. Anderswo in Graubünden gibt es nicht leicht eine einigermaßen passende Stelle für mich, in eine andere Stadt fürchte ich mich zu gehen. Also warten.

Eines nur könnte mich auf andere Gedanken bringen: wenn ich wüßte, daß es Gottes Wille ist, daß ich hier auf dem Posten bleibe. Aber ich weiß das nicht und muß es bezweifeln. Ich habe zu wenig Talent. Ich müßte allerlei Gaben haben, die ich nicht habe, um in Chur durchzudringen. Was ich habe, wissen sie nicht zu schätzen, und was ich nicht habe, das gerade schätzen sie. Zwar finden sie nicht so schnell einen, der mehr leistet als ich, denn ein jeder kommt ihnen nicht nach Chur, aber das ist für mich ein schlechter Trost. – Im einzelnen werden die Leichenreden immer mehr zu einer unüberwindlichen Schwierigkeit. Mit jeder solchen Rede mehr, die ich halte, wächst meine Verlegenheit. In der Verlegenheit suche ich dann nach neuen Formen und Gedanken; aber damit ist den Zuhörern nicht gedient, usw., usw. An dieser Klippe scheitere ich, auch wenn ich sonst alles überwinde.

Was die Entlastung[5] anbetrifft, so ist alle Hoffnung dahin. Sie werden uns höchstens neue Lasten auflegen. Die Churer Männer, die natürlich nur zum kleinsten Teile die Kirche besuchen oder etwas Genaueres von unserer Arbeit wissen, würden einen Versuch zu unserer Entlastung nimmermehr richtig verstehen. Es ist ein ungutes Volk. Nein, es gibt nur einen Weg zur Entlastung, und ich muß nun darüber ins klare kommen, ob und wie ich ihn gehen will. *Mit*sprechen darf bei diesem Nachdenken doch der Umstand, daß ich kein gesunder Mensch bin.

Es geht nicht an, daß ich Ihnen diese Gedanken vorenthalte. Denn sie können unter Umständen rasch praktisch werden. So muß ich's denn verantworten, Sie zu betrüben. Es ist ein Elend. Vielleicht ist es besser, ich schicke auch diesen Brief nicht ab. Wie froh wäre ich doch, wenn Sie endlich einmal nur Fröhliches von mir hörten. Aber nächst diesem ist doch wohl volle Offenheit das beste. Und so schicke ich den Brief doch ab.

Ich habe mit Freuden vernommen, daß Sie wieder von Ihrem Unwohlsein genesen sind. Möge der Zürcher Frühling Ihnen recht oft das Herz erquicken. Meinetwegen möchten Sie doch nicht *zu viel* Kummer haben. Denn im Ertragen persönlichen Leides und im Entsagen bin ich stark. Joh. 4, 34[6] darf ich mir zueignen. Aber eben, wenn ich sehe, daß ich nicht imstande bin, τελειοῦν τὸ ἔργόν μου[7] dann bin ich unglücklich. Einen Verlust von 100 Franken ertrage ich lächelnd, eine mißlungene Predigt kann mich noch nach Jahren, nach *vielen* Jahren, quälen.

Mit herzlichem Gruß und Dank

Ihr Leonhard Ragaz

Anmerkungen zu Brief Nr. 41

[1] Ortschaft im Bergell. Ragaz' Schulfreund und Schmiedels Schüler Lechner war dort Pfarrer. (Vgl. Register der Briefempfänger.) Schmiedel pflegte ihn, wie andere Schüler, gelegentlich zu besuchen und hatte Ragaz von dorther einen Gruß zukommen lassen.

[2] Paul Mehlhorn, 1851–1919, während kürzerer Zeit Professor in Heidelberg, seit 1892 Pfarrer in Leipzig.

[3] Es folgt ein längerer Abschnitt über die Aufnahme von «Evangelium und moderne Moral», der nichts Neues bringt.

[4] Es folgt eine längere Klage über Chur und Ragaz' Stellung dort. Sie ist offensichtlich in einer düsteren Stimmung niedergeschrieben und widerspricht anderen, wesentlich positiveren Zeugnissen aus der gleichen Zeit. Damit der Eindruck nicht verfälscht werde, wird sie hier weggelassen.

[5] Ragaz hatte gehofft, daß eine Hilfspfarrstelle geschaffen würde.

[6] «Meine Speise ist die, daß ich tue den Willen des, der mich gesandt hat, und vollende mein Werk.»

[7] «Mein Werk zu vollenden» (zitiert in Anlehnung an die oben angeführte Johannes-Stelle).

Valcava[1], 23. August 1898

Hochverehrter Herr Professor,

Ich wollte Ihnen eigentlich schon lange einen recht langen theologischen Brief schreiben. Nun aber wird nichts daraus. Die Stunde ist nicht günstig. Es würde offenbar nichts Rechtes draus. Es ist mir seit langem die christologische Hauptfrage wieder mächtig im Kopf herumgegangen. Eduard Vischers[2] Abhandlung über das Verhältnis unseres Glaubens zur geschichtlichen Person Jesu Christi (so ungefähr lautet der Titel) in der Zeitschrift für Theologie und Kirche hat mir wieder einmal einen kräftigen Anstoß gegeben, das Problem anzugreifen. Vischer hat jedenfalls *ein* Verdienst: Er führt die Ritschlsche These bis zu ihren letzten Konsequenzen und deckt ihre Voraussetzungen auf, um sie damit-unfreiwillig-ad absurdum zu führen. Für mich wenigstens hat der Aufsatz diese Wirkung erzielt. Seither habe ich mich viel mit dem Problem, das durch die beiden Worte: Gott und Christus, bezeichnet ist, abgemüht und, wie ich glaube, nicht ohne Erfolg. Noch wogt vieles chaotisch, aber einige feste Punkte sind da und sie scheinen mir zu genügen. Darüber also einmal ausführlich.

Ihre Abhandlung über den «Menschensohn»[3] habe ich bei Lechner[4] gelesen, d. h. den ersten Teil derselben. Ich bin sehr dankbar dafür, obschon es mir bequemer wäre, wenn Sie der Ansicht Wellhausens[5] wären. Sobald ich in Chur den *ganzen* Aufsatz gründlich durchgenommen habe, möchte ich mir erlauben, Ihnen auch darüber meine Meinung zu sagen. Heute nur einen kurzen Reisebericht.

Ich habe wohl die glücklichsten Wochen meines Lebens hinter mir. Es war mir gegönnt gewesen, die Sonntage vor den Ferien voll Wärme und Kraft zu predigen, und Schwung und Frische des Gefühles dauerten bis weit in die Ferien hinein. Mit einem Hochgefühl sondergleichen habe ich die Herrlichkeiten genossen, die sich vor mir auftaten. Das waren Wochen, wo der Strom des inneren Lebens voll und freudig rauschte, wo ein Gefühl der Gottesnähe mich beseelte, ein Frieden, eine Freude, eine Erhabenheit über die Welt in mir war, wo Gedanken und Gefühle in solcher Frische, Kraft, Fülle, Tiefe, Neuheit und Schönheit unaufhörlich in mir aufquollen, daß ich mir sagen mußte: Oh, wenn du, nicht immer, aber nur oft so wärest. Dann wolltest du etwas ausrichten. Aber schon jetzt ist das nicht mehr so. Immerhin gehe ich mutig wieder an die Arbeit. Es wird immer besser gehen, unter der Hilfe der göttlichen Treue. Ich wanderte durchs Avers über die Forcellina und den Septimer ins Bergell, wo ich fünf Tage blieb und das ganze Tal durchstreifte[6]. Das Oberengadin habe ich bei wunderbarem Wetter in seiner ganzen beinahe überirdischen Schönheit gesehen. Vom Ofenberg haben Sie wohl einen Gruß von mir erhalten. *Da* sind Sie einmal nicht gewesen, sollten Sie aber einmal hinkommen. Vom Münstertal aus bin ich durchs Fraeletal nach Bormio gegangen und dann über den Stelvio nach Trafoi, Sulden und ins Vinschgau. Bis ins Münstertal, etwa vierzehn Tage lang, wanderte ich allein, das war der schönste Teil der Reise. Nun bin ich hier bei meinem Freunde Professor Pünchera[7] und ruhe aus. Das Münstertal ist ein freundliches, vom wüsten Strome des Fremdenverkehrs noch wenig berührtes, liebliches alpines Waldidyll voll großer geschichtlicher Erinnerungen. Da trifft es sich gut, daß ich diesen Sommer wacker Bündnergeschichte getrieben habe. Wohlgetan hat mir auch die Erfahrung, wie gut mein Herz noch große Anstrengungen erträgt.

Übermorgen soll's nun weiter gehen, nach Meran, Bozen, Brixen, Innsbruck und von dort über Landeck nach Hause[8]. Ob ich nach Frauenfeld[9] komme, weiß ich noch nicht gewiß, jedenfalls berichte ich Ihnen rechtzeitig von meinem Entschluß. Komme ich, so nehme ich freudig Ihre Einladung an, daß ich Sie in Zürich abhole.

Von Ihnen muß ich mir denken, daß Sie inzwischen viel gearbeitet haben. Die große Hitze wird Ihnen das nicht leicht gemacht haben. Plagt sie uns doch hier bei 1440 Metern über Meer. Der blaue Himmel hat Sie gewiß auch einigemale hinausgelockt in die Berge – ich möchte nur wissen, wo Sie dieses Jahr hin sind. Empfangen Sie meine herzlichsten Grüße, zugleich diejenigen Ihres Schülers, Pfarrer Pünchera[10], und seien Sie versichert der unveränderlichen Dankbarkeit und Verehrung

Ihres Leonhard Ragaz

Anmerkungen zu Brief Nr. 42

[1] Ortschaft im Münstertal, aus der Ragaz' Freund Pünchera stammte. Vgl. über die ganze Ferientour «Mein Weg», Bd. I, S. 202–206.

[2] Gemeint ist Eberhard Vischer, vgl. Brief Nr. 34, Anm. 8.

[3] Es gibt in den Protestantischen Monatsheften, Jg. 1898, zwei Artikel Schmiedels, die hier gemeint sein können: Der Name «Menschensohn» und das Messiasbewußtsein Jesu (S. 252) und: Bezeichnet Jesus den Menschen als solchen durch «Menschensohn?» (S. 291).

[4] Der Jugendfreund war inzwischen Pfarrer in Borgonovo geworden, wo ihn Ragaz auf seiner Fußreise besucht hatte.

[5] Julius Wellhausen, 1844–1918, Alttestamentler und Orientalist, Professor in Greifswald, Halle, Magdeburg und Göttingen.

[6] Es folgt eine Stelle, die sich mit dem Freund Lechner befaßt und weggelassen wird.

[7] Jakob Pünchera, 1868–1901, Lehrer der Mathematik an der Kantonsschule in Chur, naher Freund und Gefährte Ragaz' in der Churer Pfarrerzeit. Zeitweise berichtet das Tagebuch fast täglich von kurzen Spaziergängen oder längeren Ausflügen mit ihm. Das Elternhaus Püncheras war Wirtshaus und Handlung in Valcava.

[8] Vgl. die anschauliche Schilderung der weiteren Reise in Mein Weg, Bd. I, S. 206.

[9] Schweizerisches Predigerfest des Jahres 1898.

[10] Bruder Jakobs, Domenik Pünchera.

Chur, 27. September 1898

Hochverehrter Herr Professor,

Ich habe mit meinen Briefen an Sie immer so «große» Absichten, daß ich nicht leicht dazu komme, sie auch wirklich zu schreiben. Ich meine, sie müßten entweder eine große Klage enthalten oder eine kürzere theologische Abhandlung. Nun habe ich diesmal weder das eine noch das andere vorrätig, was Ihnen nicht unlieb sein wird. Aber zunächst muß ich Ihnen für die beiden Karten danken, die Sie mir in ganz unverdienter Freundlichkeit geschrieben haben. Ich habe mir besonders aus der letzten sehr leicht ein Bild Ihres jetzigen Seins machen können, das darin besteht, «herumzuwandern und wohlzutun». Der Erfurter Vortrag (oder wohl eher Eisenacher?)[1] hätte mir auch wunderbar gepaßt. Ich beiße immer wieder an dem Problem herum, aber mit geringer Hoffnung, zu einiger Ruhe zu gelangen. Nachdem ich in den Ferien eine Zeit lang geglaubt hatte, mein εὕρηκα[2] rufen zu dürfen, bin ich wieder auf dem gleichen Fleck. Die beiden Gedankenreihen: historische Unabhängigkeit der «christlichen» Weltanschauung und absolute Abhängigkeit derselben von der Person Jesu Christi, treffen aufeinander, keine besiegt die andere und das Gefecht kommt zum Stehen. Keinen Schritt komme ich weiter. Hier liegt meine theologische Achillesferse. Das beweist auch mein «Evangelium und moderne Moral» und ich fühle es in meiner Praxis. Meine Predigt ist in einer Weise *theo*logisch, daß es mir selbst oft unheimlich wird. Aber das ist das Gute für mich: die ganze Angelegenheit ist für mich rein theoretisch, sie berührt nicht mein Innerstes. Wessen ich bedarf, ist mir gewiß, namentlich mein Gottesglaube. Der ist der Fels, auf dem ich ruhe und den zwar die Nebel der trüben Stimmungen umlagern, aber keine Zweifel erschüttern können. Diese Nebel aber sind seit langem gewichen. Zwar die Hochgebirgsstimmungen der Ferientage sind dahin, ich habe nicht die Kraft, ein solches erhöhtes Leben dauernd festzuhalten, aber es ist genug da, um auszukommen. Voll guter Zuversicht trete ich das Jahr an und natürlich auch voll guter Vorsätze, an denen ich immer Überfluß habe. Für dieses Jahr wird aus der Entlastung wohl nichts werden, aber sie winkt doch in einiger Ferne. Vorläufig gibt's noch eine Mehrbelastung durch unbedingt nötig gewordene neue Unterrichtsstunden. Ablegen darf ich nun die Last meiner antialkoholischen Bemühungen. Diese haben mir zuletzt einen Erfolg gebracht, auf den ich wirklich stolz bin: die Familie von Planta in Chur hat mir zuliebe ein neues Amt[3] geschaffen, das ganz der Temperenzsache dienen soll. Pfarrer Gantenbein[4] von Tschiertschen wird sich fünf Jahre lang ausschließlich dieser Sache widmen und ich erwarte viel davon. Ich selbst tue nun darin nichts oder doch wenig mehr. Der Stein rollt nun. Nun will ich im Schul- und Armenwesen einige Taten tun. Zunächst kommt die «Überbürdung» daran[5], dann anderes. Daneben existiert ein reichhaltiges Bildungsprogramm, in dem aber die bildende Kraft eines guten und langen Schlafes nicht vergessen werden soll[6].

Daß ich nicht nach Frauenfeld[7] gekommen bin, tut mir nachträglich doch leid. Es war Schwachheit. Der dritte Teil meiner Reise: Meran, Bozen, Brixen, Innsbruck[8] war wieder über die Maßen herrlich. Der Süden hat's mir angetan. Ich war wieder ganz allein, da mein Freund, Prof. Pünchera, am Abend vor der Abreise plötzlich erkrankte. Und nun bin ich so von der Herrlichkeit der Welt gesättigt, daß ich schon wieder ziemlich viel von ihrer Bitternis ertragen mag.

Wenigstens das herrliche Herbstwetter haben Sie auch für Ihre Ferien. Ich denke mir dazu aber auch gern viel freundliche geistige Ruheplätzchen, viel Aufatmen in echter deutscher Herzlichkeit und echtem deutschen Idealismus des Wesens, viel freudig leuchtende Augen und, wo diese fehlen, doch dankbare Herzen. Vor allem des körperlichen Wohlbefindens nicht zu vergessen. Und mit diesen innigen, täglichen Wünschen begleitet Sie

Ihr dankbarer Leonhard Ragaz

Anmerkungen zu Brief Nr. 43

[1] Im Herbst 1898 hat Prof. Schmiedel vor einer Versammlung von ehemaligen Schülern in der Nähe von Eisenach (Grimmenthal) einen Vortrag gehalten über «Das Neueste aus dem Leben Jesu» (Protestant 1898, S. 856). Vermutlich ist dieser Vortrag sachlich identisch mit dem in Brief Nr. 42, Anm. 3, erwähnten Aufsatz: «Bezeichnet Jesus den Menschen als solchen durch ‚Menschensohn'? Zugleich ein Beitrag zur Verständigung über einige Grundzüge der Evangelienkritik und der Erforschung des Lebens Jesu», erschienen in den Protestantischen Monatsheften, Berlin 1898, Heft 8, S. 291–308.

[2] Ich habe gefunden.

[3] Herr J. von Planta stellte Pfarrer Gantenbein mit dem speziellen Auftrag an, die Trunksucht im Kanton zu bekämpfen. Ragaz zeigte im Freien Rätier die Schaffung dieser Fürsorgestelle an mit den Worten: «Unser Kanton geht mit dieser Institution, so viel ich weiß, allen andern Kantonen der Schweiz voraus und wohl auch vielen andern Ländern.» Freier Rätier, 24. September 1898.

[4] Burkhard Gantenbein, 1860–1942. 1888–1899 Pfarrer in Tschiertschen, 1899–1911 Fürsorger in Chur, von 1911 an Pfarrer in Reute, Appenzell.

[5] Am 17. November fand dieser Vortrag über die Überbürdung der Schulkinder statt, wobei sich unter den Zuhörern «vorwiegend Kantonsschulprofessoren» befanden. TB VIII, 18. November 1898.

[6] Hier werden drei Abschnitte weggelassen, die von folgendem handeln: Rezensionen von Ragaz' «Evangelium und moderne Moral», Schriften von Schmiedel, deren Studium Ragaz erst bevorstand, Mitarbeit von Ragaz am Religiösen Volksblatt.

[7] Dort fand das Predigerfest 1898 statt.

[8] Auch über diesen zweiten Teil der Reise berichtet Mein Weg, Bd. I, S. 207f.

Chur, 7. März 1899

Hochverehrter Herr Professor,

Es war nicht recht von mir, daß ich Ihnen nicht wenigstens meinen warmen Dank gesagt habe für alles Gute, das ich in Zürich von Ihnen empfangen habe. Es ging mir wieder einmal wie gewöhnlich: ich wartete auf Zeit und Stimmung für den «langen» Brief und die beiden kamen nicht, oder wenigstens nie gleichzeitig. Meine Zeit wird immer karger. Mit jedem Jahre mehrt sich die Arbeit, und die Wochen seit dem 8. Januar[1] sind verflogen wie ein Augenblick.

Ich habe von Zürich einige kräftige Anregungen heimgebracht, die noch immer frisch nachwirken. Vor allem hat mich das Problem der religiösen Autonomie unaufhörlich begleitet. Und eigentümlich: seit ich jeder Christologie entsagt habe und mich an den lebendigen und gegenwärtigen Gott allein halte, predige ich mit einem Feuer, einem Elan über Christus, wie nie sonst. Sollte das auch hier der Segen der Freiheit sein? Zwar ganz verdaut habe ich den harten Brocken noch nicht, aber ich bin nicht mehr so ungeduldig. Ich habe das Gefühl, daß ich allmählich zur Klarheit und Befriedigung durchdringe. Wohl ist mir gekommen, daß ich seit Neujahr beinahe ohne Unterbrechung in einer Frische und Gehobenheit der religiösen Stimmung bin, wie schon lange nicht mehr. Und das trotz viel amtlichen Kummers, der mir geworden ist. Ja, wenn das anhielte, dann könnte ich die Flügel wieder heben und allerlei Flüge wagen, zu denen ich mich lange zu matt fühlte. Ob das die Folge der Ferien ist? – Bolliger[2] kam mir da grad recht. Zunächst hat er auch mir sehr wohl getan, obschon ich mir gleich beim ersten Lesen sagte, daß einzelne Stellen auch gar zu schwach seien, gar zu burschikos. Ich akzeptiere dauernd nur das Streben nach dem gegenwärtigen Gott (wobei ich allerdings mich fragen muß, ob Bolliger auf S. 81 nicht in Widerspruch mit sich selbst gerate!) und das Licht, das er da und dort in überraschender Weise auf das Rätsel des Übels wirft. Aber daß Bolliger mich von der Möglichkeit eines wissenschaftlichen Beweises für das Dasein Gottes und besonders für seine Geistigkeit und Liebe überzeugt hätte – keine Rede davon. Ein neues Argument ist mir übrigens nicht zugekommen, er hat alles schon einmal oder mehrere Male gesagt. Ich habe Webskys[3] Einladung zu einer Besprechung des Vortrages in den Protestantischen Monatsheften[4] gerne angenommen. Erfreulich ist übrigens das Büchlein auf alle Fälle. Alles, was den Bann, der da heißt: Ritschl, brechen hilft, wenn auch zunächst nur in den Gemütern, ist freudig zu begrüßen. Und darum ist es gut, daß Bolliger tiefen Eindruck gemacht hat[5].

Was Sie mir von der unverhofften und – sans phrase – unverdienten Ehre[6] geschrieben haben, die mir die Zürcher freisinnigen Pfarrer zugedacht, hat mich natürlich sehr gefreut. Ich sehe, daß man mich nicht auf den

Ketzerkatalog gesetzt hat, trotz Steigers Wehklage und halber Denunziation im Protestantenblatt[7]. Dagegen bin ich doch froh, daß die Sache nicht weitergegangen ist. Ich wäre in schlimmen inneren Zwiespalt geraten. Ich hätte es nicht gewagt, eine Kandidatur anzunehmen, und doch wäre die Versuchung nicht klein gewesen. Gerade diese Versuchung hat mir bewiesen, daß die Ehe mit Chur sich doch recht gelockert hat. In der Tat ist es mir im Laufe eines Jahres klar geworden, daß Chur nicht die letzte Station für mich sein kann. Es sind eine Anzahl Faktoren, die mich doch von hier forttreiben. Voran steht die Überbürdung. Es geht so eben doch nicht auf die Länge. Wenn ich auch alles abwerfe, was nicht absolut zum Amte gehört – es bleibt noch zu viel übrig. Sie wissen, daß meine Gesundheit einen wunden Fleck hat. Ich muß eben zu allen Kämpfen noch einen Kampf gegen die körperliche Schwachheit führen. Ich sehe, man muß als Churer Pfarrer *ganz* gesund und robust sein. Aber der Hauptpunkt ist ein anderer. Ich kann ohne ernsthaftes Studieren nicht sein. Das ist mein Leben. Dazu komme ich hier nicht. Die kleinen und großen praktischen Pflichten verschlingen alle Zeit. Und gerade in diesen Dingen liegt nun einmal nicht meine Stärke. Die kann ein anderer leicht besser machen als ich, obschon ich sie auch machen kann. Ich tue diese Dinge doch ohne die rechte ausdauernde Begeisterung. Die gehört ganz dem Reich der Gedanken: Predigt, Unterricht, Studium. Hier bin ich immer frisch und aufgelegt. Ich möchte auch etwas literarisch produzieren. Dazu komme ich hier nicht. Sie sehen, daß ich kaum Zeit zu einem Briefe finde. – Es kommt noch allerlei dazu: die Leichenreden, die hier eine so große Rolle spielen, allerlei kleinstädtische Verdrießlichkeiten, das Gefühl, gerade zu diesen Churern nicht recht zu passen, d. h. zum Milieu. Doch könnten Sie mir sagen, dieses Gefühl könnte sich anderswo ganz ähnlich einstellen und es wäre mir schließlich auch Nebensache. Wenn's nur in den andern Punkten anders stünde.

Was für eine Stelle möchte ich denn! Das beste wäre gewesen, an der Kantonsschule zu bleiben. Ich wäre dann gewiß auch Deutschlehrer am Gymnasium geworden. Doch das ist nun vorbei. Und wohin jetzt? Auf ein bündnerisches Dorf? Ich wüßte keins, das mir paßte, es seien denn einige, wo keine Aussicht für mich ist. In ein unterländisches? Ich hätte auch keinen Zug dazu. In eine andere Stadt? Ja, wenn eine Stelle folgende Bedingungen erfüllte: 1. Nicht viel von den kleinen Geschäftchen, die alle Zeit fortnehmen und einen nervös machen durch ihre Menge und ihr wirres Durcheinander. 2. Überhaupt ein ordentliches Quantum Zeit zu Studium, Lektüre und allfälliger literarischer Produktion. Dieses Quantum brauchte nicht übermäßig groß zu sein; ich weiß wohl, daß man als Stadtpfarrer kein Pfarrhausidyll haben kann. So wie es Altherr, Brändli und Steiger in Basel haben, wär ich's zehnmal zufrieden. Nur möchte ich nicht nach Basel.

Unter solchen Umständen ist mir nicht so leicht zu helfen. Glücklicherweise brauche ich hier nicht so rasch fortzukommen. Ich kann warten. Und ich werde mich gehörig besinnen, bevor ich fortgehe; ich liebe den Wechsel der Stellung keineswegs. Gerade eine Unmöglichkeit wäre es nicht, daß sie hier einen dritten Pfarrer anstellten. Dann gäb's etwas Luft. Aber rechten Glauben an die Sache habe ich nicht und eine andere Art der Entlastung ist ausgeschlossen. Ich will noch der Lustigkeit wegen bemerken, daß meine Zürcher Reise mir hier das Gerücht eingetragen hat, ich hätte in Zürich eine Predigt gehalten. Ob wohl eine Probepredigt? Dann müßte ich durchgefallen sein.

Körperlich geht es mir übrigens relativ gut, besser als die letzten zwei Jahre. Und, wie gesagt, die innere Freudigkeit trägt mich über vieles hinweg. Das Gegenteil war ja sonst meine einzige große Qual. Alles kann man nicht gleichzeitig haben. Ich predige in der Hauptpredigt über das Unservater, unter großer Teilnahme der kirchlichen Bevölkerung, in der Frühpredigt über Hauptmomente des Lebens Jesu (Jugend – Knechtsgestalt seines Erdenwandels – Erfolg und Mißerfolg – Feinde). Die Predigt über die dritte Bitte ist mir gründlich mißlungen.

Doch nun genug. Ich freue mich schon jetzt auf meine Maifahrt nach Zürich. Empfangen Sie nochmals meinen innigsten Dank für alle Wohltaten an Leib und Seele, die ich Ihnen verdanke. Hoffentlich geht es Ihnen fortwährend gut. Ihren Aufsatz über die neuesten «Abendmahlstreitigkeiten»[8] (die ich *nicht* kenne) werde ich mit umso größerem Interesse lesen, als ich mich sehr für den Gegenstand interessiere. Ich bleibe in Verehrung und Liebe

Ihr ergebener Leonhard Ragaz

Anmerkungen zu Brief Nr. 44

[1] An diesem Tage war Ragaz auf Besuch bei Schmiedel in Zürich, besprach das christologische Problem mit ihm und bestieg gemeinsam mit ihm zum erstenmal den Ütliberg. (TB VIII, Januar 1899: «Nebelmeer überragend großartig, obschon keine Sonne.»)

[2] Gemeint ist Bolligers Schrift: Der Weg zu Gott für unser Geschlecht, 1899.

[3] Julius Ernst Websky, 1850–1922, Herausgeber der Protestantischen Monatshefte in Berlin.

[4] Die Rezension erschien im Jahrgang 1899 auf S. 309; der Artikel fehlt in der Ragaz-Bibliographie.

[5] Ein Abschnitt über die geplante Entgegnung an Etter (vgl. unten, Brief Nr. 46, Anm. 4) wird weggelassen.

[6] Es muß sich um den Plan einer Berufung nach Zürich gehandelt haben, möglicherweise an die Predigerkirche, wo der freisinnige Pfarrer Bion schon 69 Jahre alt war. Genaueres läßt sich nicht ermitteln; das Tagebuch setzt vom 1. Februar bis zum 15. Mai aus und bemerkt bei der Wiederaufnahme nur lakonisch: «Die große Lücke während einer Zeit voll inneren Lebens. Schuld: eine tief aufregende Geschichte, die mich lange nicht zum Schreiben kommen ließ.» (TB VIII, 15. Mai 1899)

[7] Pfarrer A. Steiger hatte «Evangelium und moderne Moral» im Basler Protestantenblatt besprochen (10. September 1898, S. 292). Steiger trat Ragaz' These von der Unmöglichkeit, Moral wissenschaftlich zu begründen, lebhaft entgegen: «Dieser Weg führt uns wieder zu jener unheilvollen Trennung von Glauben und Wissen, wobei die einheitliche

Menschennatur wie ein Apfel in zwei Hälften geschnitten wird, zu jenem Skeptizismus, welcher der Vernunft und dem philosophischen Denken in geistigen Dingen alle Erkenntnisfähigkeit abspricht... Wir möchten nun zwar dem Verfasser nicht mit Gretchen zurufen: ‚Es tut mir lang schon weh, daß ich dich in *der* Gesellschaft seh‘ – aber ein bißchen hat es uns doch gewundert, ihn auf diesem Standpunkt zu finden.»

[8] In den Protestantischen Monatsheften findet sich ein Aufsatz von P. W. Schmiedel mit dem Titel: «Die neuesten Ansichten über den Ursprung des Abendmahls» (1899, S. 125).

Brief Nr. 45: An Prof. P. W. Schmiedel

Chur, 18. April 1899

Hochverehrter Herr Professor,

Empfangen Sie meinen herzlichsten Dank für Ihren Brief aus Lugano. Ich werde Ihnen nächstens nach Zürich ausführlich schreiben. Für heute nur Troeltsch[1]. Ich sende Ihnen den Aufsatz über Geschichte und Metaphysik mit der Antwort Kaftans[2]. Troeltsch ist mir sehr sympathisch. Es *scheint* in ihm viel «große Sehnsucht» und ein Stück faustischen Ringens zu sein. Wie man ihn noch zu den Ritschlianern zählen kann, begreife ich nicht. Erhebt er doch bei jeder Gelegenheit gegen Ritschl die schwersten Vorwürfe. Er habe die Theologie arm gemacht, hieß es noch unlängst von ihm. Der Ritschlsche Rock ist ihm zu eng, man merkt es, wie unbehaglich er sich darin fühlt – oder eigentlich muß man sagen: er hat ihn abgeworfen. Mit Ritschl verbindet ihn, wie mir scheint, nur noch die praktische Begründung der Religion, der «Raum zum Atmen» zu schaffen die Philosophie sehr nötig ist, und die Betonung der Persönlichkeit. Doch haßt er offenbar die Ritschlsche Ausschließlichkeit und greift in seiner Weise auf das Biedermannsche «Prinzip» zurück. Besonders unwohl scheint es ihm bei der Ritschlschen Isolierung der religiösen Erkenntnis zu sein. Kurzum: er ist ein durch Ritschl hindurchgegangener freisinniger Theologe. Das ist *mein* Eindruck, vielleicht täusche ich mich, und jedenfalls wissen Sie viel Genaueres über ihn als ich.

Ich erlaube mir auch, einen kleinen pädagogischen Aufsatz[3] von mir beizulegen. Es ist eine Art pädagogischer Predigt und bittet sehr um Ihre Nachsicht. Es ist mir nicht genug gelungen, das original Gefühlte auch original auszusprechen, wie es mir oft geht.

Ich wünsche von Herzen, daß es Ihnen in Lugano noch ganz wohl werde und auch die Neigung zu Kopfschmerzen verschwinde. Schon der Ortsname erweckt in mir warme Gefühle. – Mir ist es seit dem letzten

Briefe gut gegangen. Die letzten vier Wochen brachten schrecklichen Arbeitsdrang, aber der *große* Schrecken der Festtage blieb aus oder war doch stark gebrochen. Ich habe endlich einmal über diese Tage mein Bestes leisten können.

Mit herzlichen Grüßen und Wünschen

Ihr dankbarer Leonhard Ragaz

Anmerkungen zu Brief Nr. 45

[1] Ernst Troeltsch, 1865–1923, Theologe und Philosoph, führender Systematiker der Religionsgeschichtlichen Schule, wirkte in Bonn, Heidelberg und seit 1914 in Berlin als Professor der Philosophie. Ausgehend von Ritschl, wendet er sich gegen dessen Eingrenzung der Offenbarung auf die geschichtliche Person Jesu, läßt das Religiöse als ein «Apriori» transzendental im Vernunftgemäßen begründet sein und sieht es in der Welt der Religionen als historisch kontinuierlichen Prozeß in Erscheinung treten, wobei das Christentum die «bisher» erreichte (kaum überbietbare) «höchste» Stufe darstellt. Die prinzipielle Einebnung des Christentums in das allgemeine Religiöse bzw. Vernunftgemäße verbindet Troeltsch sowohl mit Schleiermacher als auch mit Biedermann und damit indirekt mit den Hauptlehrern des Studenten Ragaz in der systematischen Theologie: Pfleiderer und Lipsius. Das Neue bei ihm ist die konsequente Historisierung aller Dinge, auch der Religion bzw. des christlichen Glaubens, was den spezifischen Offenbarungsbegriff auflösen muß. Bleibende Bedeutung hat sich Troeltsch durch seine religionssoziologischen Arbeiten erworben, bei denen er stark unter den Anregungen von Max Weber steht und die in seinem Standardwerk «Die Soziallehren der christlichen Kirchen», 1912, ihren wesentlichsten Niederschlag gefunden haben.

Die Sympathie, die hier Ragaz Troeltsch gegenüber bekundet, gilt dem modernen, durch Ritschls Theologie hindurchgegangenen Freisinn. Das zeigt, wie sehr ihm noch, trotz der sich je länger, je stärker meldenden Zweifel, Kritik und Distanznahme, die Theologie, von der er ausgegangen ist, wertvoll bleibt. Später ist Troeltsch für Ragaz bedeutsam geworden durch dessen positive Würdigung der «Schwärmer», überhaupt des «Sektentypus» in der Kirchengeschichte. In seiner programmatischen Schrift, «Das Evangelium und der soziale Kampf der Gegenwart», 1906, unterscheidet er bereits zwischen der «ruhenden und der vorwärtsdrängenden Form der Religion» (S. 20 ff.) und sieht die letztere als «Frömmigkeit» von entschieden «sozialem» Charakter «in Franziskus und Täufern aufgebrochen», wobei er sich ausdrücklich auf Troeltsch beruft. Daß er sich auch ihm gegenüber schon früh durchaus kritisch verhalten hat, zeigt der Brief Nr. 73 vom 21. Juni 1903.

[2] Julius Kaftan, 1848–1926, seit 1883 Professor für Systematische Theologie in Berlin, Ritschlianer, anfänglich Förderer der Zeitschrift «Christliche Welt», trat aber später, je mehr sie sich der Religionsgeschichtlichen Schule erschloß, in Gegensatz zu ihr.

[3] «Gedanken über Wesen und Walten der ‚Erzieherliebe‘», erschienen in den Bündner Seminarblättern, V. Jg., März 1899 (Bibl. C II 4).

Chur, 12. Mai 1899

Hochverehrter Herr Professor,

Wenn die Götter es gewollt hätten, so wäre ich jetzt vielleicht schon in Zürich oder doch auf dem Wege dahin. Aber die Götter wollen natürlich – eine Beerdigung. Und so bleibe ich hier und warte auf eine bessere Gelegenheit. Im Juli muß ich jedenfalls ins Unterland, denn da gibts Kopulation, wer weiß, ob Sie nicht auch am hochzeitlichen Mahle sitzen? Ich soll in Burgdorf Moosherr mit seiner Herzallerliebsten «zusammengeben»[1]. Im Anschluß an diese Hochzeitsfahrt möchte ich eine längere Tour machen. Es schweben mir vor: Waadtland, Genfersee, Wallis, Gotthard, Bündner Oberland[2]. Am 18. Juli ist die Hochzeit. Werden Sie um diese Zeit herum noch in Zürich sein? Lesen doch wohl nicht mehr. – Ans Reformfest nach Arbon kann ich nicht, denn um die Zeit haben wir unsere große Calvenfeier. Auf diese, die am 28. und 29. Mai stattfindet, möchte ich Sie freundlich eingeladen haben. Sie würden, wenn das Wetter gut ist, es nicht zu bereuen haben. Doch kann ich mir denken, daß Sie den Reformtag vorziehen. Diese Calvenfeier[3] gibt uns jetzt viel zu tun und zu denken. Weil ich bei Ihnen doch nicht eine so genaue Kenntnis unserer Lokalgeschichte voraussetzen darf, so bemerke ich, daß es die 400jährige Erinnerungsfeier an die große Schlacht an der Calven-Clause ist, welche die Bündner gegen die Österreicher gewonnen haben, verbunden mit der hundertjährigen Gedenkfeier des Anschlusses an die Eidgenossenschaft. Das Festspiel gestaltet sich zu einer reichen Darstellung bündnerischen Volkslebens. Am Morgen des ersten Festtages offizieller Festgottesdienst, an dem ich die Predigt zu halten habe – keine kleine Aufgabe! Inzwischen habe ich mich auch unter die Schlachtenmaler begeben und am letzten Sonntag einen populären Vortrag über den bündnerischen Schwabenkrieg und die Calvenschlacht gehalten.

Leider bleibt die Wissenschaft das Aschenbrödel. Die Monatshefte-Aufsätze[4] wären prächtig vorbereitet, der erste (gegen Etter) sogar zur Hälfte ausgearbeitet und druckfertig, aber ich komme nicht vorwärts. Hatte ich gehofft, nach Ostern etwas Luft zu bekommen, so bin ich arg enttäuscht worden. Ich bin gehetzter als je, gehetzt bis aufs Blut. Es wird eben von Jahr zu Jahr schlimmer. Eine crux bleiben halt diese Leichenreden. Heute schon die sechste in dieser Woche. Sie gestalten sich eben oft zu moralischen Mißhandlungen, weil sie eben ein pflichtmäßiges Schwatzen sind, wo doch nichts zu sagen ist.

Doch geht es mir in der Hauptsache gut. Einige Wochen lastete wieder Depression auf mir, sie scheint nun wieder gewichen zu sein. Ich habe auf der Kanzel dieses Jahr wohl mehr als in den früheren Jahren geleistet, jedenfalls mehr Frische entfaltet. Auch ist der Kirchenbesuch noch gewachsen. Wenn nur diese Hetze nicht wäre, die Leib und Seele aufreibt. Und die Unmöglichkeit ernsten Studiums! Wie ich aus der Bibel herauskomme, das ist erschreckend und ich spüre es in der Predigt. Der Arzt sagt, daß auch die Augen überanstrengt seien, es vergehen Wochen, ohne daß ich eine einzige Nacht genügend schlafen könnte.

Doch soll das keine Klage sein. Bald sind die Ferien da und dann wird man weiter sehen. Ihren Aufsatz in den Protestantischen Monatsheften[5] habe ich noch nicht lesen können, so sehr gerade diese Sache mich interessiert. Es muß weit mit mir gekommen sein, bis mir so etwas passiert. – Ich hoffe, daß Sie nun Ihre volle Frische erhalten haben und daß dieselbe Ihnen treu bleibe bis zum Ende des Semesters. Die große theologische Ebbe ist allerdings eine Kalamität. Darin hatten Sie in Jena bessere Zeiten. Es ist gut, daß Sie noch eine größere Studentengemeinde haben, eine ecclesia invisibilis, die zu Ihren Füßen sitzt.

Es gibt wieder einmal einen kürzeren Brief. Und doch war es mir, als ob ich Ihnen so viel zu berichten hätte. Ich beruhige mich nun mit der angenehmen Aussicht, in naher oder doch nicht allzuferner Zeit Gelegenheit zu bekommen, Vergessenes mündlich nachzuholen, und bleibe mit herzlichem Gruß

Ihr dankbar ergebener Leonhard Ragaz

Anmerkungen zu Brief Nr. 46

[1] Moosherr verheiratete sich mit Marie Engels von Burgdorf.

[2] Die Fußreise, auf welcher Ragaz unter anderem Kaspar Decurtins, den bedeutenden katholischen Bündner Sozialreformer, antraf (Biographie, Bd. I, S. 207), ist in Mein Weg, Bd. I, S. 200–202 beschrieben.

[3] Das Erinnerungsfest der großen Schlacht der Bündner Geschichte ist zweifellos der Höhepunkt von Ragaz' Wirken in Chur gewesen. «Es war ein großer Anlaß, der größte dieser Art, den ich erlebt» (Mein Weg, Bd. I, S. 209). Ragaz' Predigt erschien unter dem Titel: «O Land, höre des Herrn Wort!» (Chur 1899) und entfaltete seinen religiös-pantheistisch begründeten Patriotismus. Vgl. dazu Biographie, Bd. I, S. 69.

[4] «Zur Philosophie des Glaubens», in Protestantische Monatshefte, Jg. 1899, S. 261 ff. und 308 ff.: Der erste der Aufsätze war eine Antwort an Pfarrer Etter, welcher Ragaz' «Evangelium und moderne Moral» in derselben Zeitschrift (Jg. 1898, S. 428 ff.) ausführlich besprochen und in einigen Punkten kritisiert hatte; der zweite setzte sich mit dem oben, Brief Nr. 44, Anm. 2, genannten Buch Adolf Bolligers auseinander (Bibl. C II 5).

[5] Vgl. oben, Brief Nr. 44, Anm. 8.

Brief Nr. 47: An Prof. P. W. Schmiedel

Chur, 25. September 1899

Hochverehrter Herr Professor,

Es hat sich so viel Stoff angesammelt, daß es mir schwer wird, anzufangen. Meine diesjährige Ferienreise ist wieder prächtig verlaufen. Das gute Wetter hatte ich natürlich und das übrige mache ich dann von mir aus, die Gesundheit auch ausgenommen, die bei mir bei solchen Anlässen selten einen Streich spielt. Zu einer Reisebeschreibung ist es jetzt zu spät. Glanzpunkt meiner Ferien war der Hochzeitstag Moosherrs. Ich habe noch nie ein so herrliches Fest mitgemacht. Es wird durchaus nötig sein, Ihnen einmal mündlich darüber zu berichten. Es war mir nicht ganz leicht, Moosherr über Ihre Abwesenheit zu beruhigen. Ihr Gratulationstelegramm hat mich indes gut unterstützt. Schade war's doch, schade – und wenn auch drei oder vier Zürcher Füxe etwas weniger tief in die Geheimnisse des Johannesevangeliums und der neutestamentlichen Einleitung eingedrungen wären, so hätten sie desto weniger Mühe gehabt, wieder herauszukommen! – Mit Moosherr habe ich unter vier Augen ein kurzes, aber bedeutungsvolles Nachtgespräch gehabt. Seine «Bekehrung»[1] hat sich mir bestätigt und ich habe durch meine Reden, besonders natürlich durch die Traurede, auf zarte und, wie es scheint, nicht wirkungslose Weise nachgeholfen, so weit als nötig war. Denn ich will niemand in den Schafstall treiben. Klar ist mir allerdings auch geworden, daß seine jetzige Stellung[2] ihn auf die Länge unmöglich befriedigen kann. Seine Braut wurde allgemein als eine Art höheres Wesen gefeiert, und ich denke, es wird alles gut werden.

Ich selbst bin von Burgdorf nach Bern, dann nach Freiburg, Lausanne, Genf, Montreux gegangen. Der Genfersee mit allem, was drum und dran hängt, hat mir manche Enttäuschung bereitet, weil alles so anders war, als ich's mir gedacht. Doch war ich's schließlich auch zufrieden. Herrlich war besonders ein Abend in Montreux, wo der See, über dem der Mond stand – es war eine ganz wunderbare Beleuchtung, wie eigens für mich veranstaltet! – hereingrüßte bis zu meinem Bett und eine herrliche Stille mich umfing, durchwaltet von hohen Erinnerungen. Dann bin ich ins Wallis gewandert, zu Fuß, bis Martigny. Aber die Gefahr des Hitzschlages, die in dieser entsetzlichen Glut an mich herantrat, hat mir die Lust gründlich genommen, im mittleren Wallis noch weitere Fußtouren zu machen. Es waren gerade die heißesten Tage des heißen Jahres. Auch im Wallis manche Enttäuschung. Besonders überraschte mich die über alle Erwartungen hinausgehende Armseligkeit der Städtchen. Gesamteindruck jedoch auch hier bedeutend und sättigend. Auf Zermatt habe ich verzichtet, nicht ohne es später zu bereuen. Von Brig an gings dann wieder zu Fuß bis fast nach Hause. Das Oberwallis überraschend schön. An der Furka wendete sich das Wetter, doch kam noch rechtzeitige Aufhellung. Beim Aufsuchen der Rheinquelle bescherte

mir eine falsche Angabe eine halsgefährliche Klettertour. Zuletzt aber hieß
es: Alles sehr gut! Stimmung durchgehends herrlich, ein Leben und Weben
in Gottes Liebesglanz!

Schwer wurde es mir, die Augusthitze in Chur zu ertragen, namentlich
da ich sehr viel Arbeit mit Krankenbesuchen und Leichenreden hatte. Ereignisse sind inzwischen keine eingetreten. Innerlich habe ich vieles durchgemacht. Aber ich finde jetzt nicht das richtige Wort dafür. Früher schon
begonnene Wandlungen haben sich vollendet, schmerzliche Probleme sich
gelöst, es ist in wenigen Monaten allerlei Entscheidendes[3] für mich reif
geworden. Einige Aufregung brachte mir der Aufsatz[4] in den Protestantischen Monatsheften. Der erste erregte einiges Aufsehen. Steudel[5] schrieb
mir darüber, ein gewisser H. Lüdemann[6] schickte mir eine Schrift, Fleisch[7]
eine Entgegnung, Dekan Hauri[8] in Davos nannte den Aufsatz ein Ereignis
in den Protestantischen Monatsheften. Die Rezension hat mir nachträglich
ganz mißfallen, besonders auch wegen einiger dummer Druckfehler, aber
vermutlich auch, weil ich Bolliger zu viel Lob gespendet. Indes hat mir ein
Bolligerianer dafür gedankt und mir erklärt, der Aufsatz habe seine gänz-
liche Abkehr von Bolliger entschieden. Mir haben die beiden Skizzen u. a.
den Dienst getan, mir zu zeigen, wie sehr ich aus wissenschaftlicher Arbeit
heraus bin. Aber noch vielerlei anderes ist mir klar geworden, wovon heute
weiter nichts mehr!

Ein Ereignis war für mich die Bekanntschaft mit Wernle[9]. Er hat mich
hier aufgesucht, und wir haben einen ganzen Nachmittag de omnibus rebus
et quibusdam aliis[10] verhandelt. Es war herrlich. Wir stimmten in den meisten Dingen wunderbar überein. Auch persönlich ist mir Wernle so sehr
sympathisch vorgekommen. Ich erwartete einen etwas stark selbstbewußten,
aristokratischen Menschen und war darum überrascht von so viel Schlicht-
heit, Treuherzigkeit und Bescheidenheit, so viel religiöser Glut vereint mit
so großer Freiheit des Geistes. Es muß nun seine «Synoptische Frage[11]»
dran, wie seine Erstlingsschrift[12].

Ans Neue Testament habe ich mich überhaupt nach der Rückkehr aus
den Ferien sofort wieder gemacht. Es war höchste Zeit. Ich habe diesmal
merkwürdige Folgen gespürt, als ich die Briefe durchlas, alle, außer den
«echten» paulinischen, die Johannesbriefe und der Hebräerbrief, besonders
jene natürlich, haben mich mächtig gehoben und Lebensquellen erschlossen,
wie jede Berührung mit Johannes, aber die Pastoralbriefe und die kath.
Briefe haben mich diesmal förmlich abgestoßen. Da weht ein Geist, der mir
geradezu widerlich ist, den ich für unchristlich halte. Ich habe viel an
Nietzsche gedacht. Die Pastoralbriefe atmen den Geist, den unsere Lehr-
bücher der Pastoraltheologie gewöhnlich repräsentieren. Auch ist mir noch
nie so klar geworden, wie vollständig der Katholizismus eigentlich im
Neuen Testament zu finden ist. Es fehlt eigentlich fast nichts. Ich bin wieder
um vieles freier geworden und habe übrigens nichts verloren. Paulus und
Johannes ragen nur um so höher empor, von Jesus selbst nicht zu reden. –

Auch Weizsäckers[13] apostolisches Zeitalter und Holtzmanns[14] Neutestamentliche Theologie habe ich wieder zur Hand. Bei Weizsäcker hat mich besonders die Darstellung der «Auferstehung» frappiert. Ist das nicht das Beste, was es darüber gibt? A propos muß ich doch sagen, daß Sie meine Frage wegen des «offenen Grabes» doch wohl etwas mißverstanden haben, sodaß ich noch dümmer erschienen bin, als nötig war. Ich glaubte natürlich nicht selbst an das «offene Grab», ich wollte nur von Ihnen eine kurze Motivierung haben, warum von Nachforschungen der Jünger und der Feinde nach dem Grabe des Herrn keine Rede sein könnte. Dabei kam es mir hauptsächlich darauf an, zu erfahren, wie nach Ihrer Ansicht die ältesten Jünger, die Urapostel, sich wohl den Auferstehungsleib gedacht hätten, überhaupt den ganzen Vorgang. Ich kann noch immer nicht einsehen, daß meine Frage, so wie sie von mir gemeint war, so töricht gewesen sein soll. Aber ich bin Ihnen gegenüber oft so befangen und unklar, wie ich es sonst nicht bin.

Und nun noch herzlichen Dank für Ihre beiden Karten. Sie haben mir gezeigt, daß wenigstens ein Teil Ihrer Ferien herrlich verlaufen ist. Hoffentlich ist das gleiche mit den übrigen Teilen der Fall. Und vor allem hoffe ich für Sie auf eine Verjüngung in dem Sinn, daß die Schatten weichen, die sich auf Ihr Leben zu legen scheinen. Es muß Ihnen noch lange die Sonne ungeschwächter Arbeitsfreude scheinen. Das ist der innige und immer wiederkehrende Herzenswunsch Ihres dankbaren

Leonhard Ragaz

Darf ich bitten, einen freundlichen Gruß auch an Ihren Herrn Schwager ausrichten zu wollen.

Anmerkungen zu Brief Nr. 47

[1] Eine Neubesinnung Moosherrs kommt zum Ausdruck in zwei Briefen an Leonhard Ragaz vom 2. Mai und 9. Juli 1899. Sie stand im Zusammenhang mit seiner Verheiratung.

[2] Nachdem er 1897 einen Ruf als Seminardirektor nach Kreuzlingen abgelehnt hatte, war Moosherr um so stärker in seiner Lehrstelle an der Realschule in Basel engagiert.

[3] Dazu vgl. unten, Brief Nr. 58.

[4] Vgl. oben, Brief Nr. 46.

[5] Vgl. oben, Brief Nr. 24, Anm. 10.

[6] Hermann Lüdemann, geboren 1842, Professor in Berlin.

[7] Urban Fleisch, vgl. unten, Brief Nr. 62, Anm. 9. Ragaz schrieb ihm 1902 einen Nekrolog im Religiösen Volksblatt (Vgl. TB IX, 28. März 1902).

[8] Johann Hauri, 1848–1919, von 1874–1876 und 1893–1916 Pfarrer an der Evangelischen Kurgemeinde Davos-Platz, in der Zwischenzeit Pfarrer der Kirchgemeinde Davos-Dorf.

[9] Paul Wernle, 1872–1939, seit 1897 Privatdozent für Neues Testament in Basel. 1900 wurde Wernle Ordinarius für Kirchengeschichte und Dogmengeschichte in Basel. Vgl. im übrigen das Register der Briefempfänger. Wernle hatte Ragaz am 24. August 1899

besucht; das Tagebuch Ragaz' schildert mit bewegten Worten den Eindruck seiner fas-
zinierenden Persönlichkeit (zitiert Biographie, Bd. I, S. 129).

[10] Über alles und noch einiges dazu.
[11] Titel einer 1899 erschienenen Schrift Wernles.
[12] «Der Christ und die Sünde bei Paulus», 1897.
[13] Vgl. oben, Brief Nr. 35, Anm. 8.
[14] Vgl. oben, Brief Nr. 35, Anm. 9.

Brief Nr. 48: An Prof. P. W. Schmiedel

Chur, 10. Februar 1900

Hochverehrter Herr Professor,

Ich selber kann nicht kommen, mich hält eine holde Fee in ihren Armen,
sie heißt: Influenza. Was ich nie für möglich gehalten, ist geschehen, eine
ganze Woche schon bin ich ans Bett oder doch ins Zimmer gebannt, auf
striktes ärztliches Kommando. Wie das tut, mitten in der Zeit des schlimmsten Arbeitsdranges, das brauche ich Ihnen nicht zu sagen. Aber Zeit bekomme ich nun, Zeit. Und nun könnte der lange Brief endlich ans Licht
kommen. Doch will ich einen Teil von vornherein unterdrücken, den mit
der Schaffhausergeschichte[1]. Die muß ich Ihnen mündlich mitteilen. Am
25. ds. soll ich doch meinen Basler Vortrag halten. (Das Thema habe ich
Ihnen doch wohl angegeben: «Männliches Christentum»[2].) Ich trachte es
dann einzurichten, daß ich einundeinhalb bis zwei Tage für Zürich vorrätig
habe. Meine Schwester Nina wird mich begleiten. Wie sehr ich mich dann
auf eine Aussprache mit Ihnen freue, brauche ich Ihnen nicht erst zu sagen.
Nur einen freundlichen Schlußklang der Schaffhauser Angelegenheit muß
ich doch auch jetzt schon an Ihr teilnehmendes Herz antönen lassen (bitte,
setzen Sie das Bild auf Rechnung der Influenza!). Gestern Abend kam ein
Deputierter[3] und brachte mir im Namen einer Anzahl von Kirchgenossen
einen prächtigen Blumenstrauß und – 1500.– Fr. für eine Erholungsreise! Ich
war starr vor Entsetzen. Es sollte der Ausdruck des Dankes der betreffenden, mir unbekannten oder doch nur vermutungsweise bekannten, Schen-
ker sein, dafür, daß ich Chur treu geblieben sei. Natürlich ist mir nun das
bißchen Erde lange nicht groß genug für meine Reisepläne und mein größ-
ter Schmerz ist, daß die sibirische Eisenbahn oder die von Kairo bis zum
Kap noch nicht läuft. Doch im Ernst gesprochen: ich fühle mich all der
Liebe und Güte, die mir aus den besten (im besten Sinn des Wortes) Kreisen
der Stadt so reichlich in allerlei Form gespendet wird, nicht würdig. Ich
habe dazu viel zu viel Fehler, ein viel zu kleines Vollbringen für mein
Wollen.

Es ist eine bewegte Zeit gewesen, die hinter mir liegt seit meiner letzten brieflichen Aussprache. Davon soll nun, wie gesagt, ausgeschieden werden, was mit der Schaffhauser Angelegenheit zusammen hängt. Es war Allerbitterstes dabei und Allererfreulichstes. Zu letzterem gehörte das fast durchgängig gute Gelingen, das meinem Predigen geschenkt war. Ich habe wohl nie, seit ich überhaupt predige, so gute Erntetage gehabt. Selten die dürren Stimmungen, und auch wenn sie kamen, so haben sie wenigstens den «Erfolg» der Predigt nicht merklich beeinträchtigt. Neue Bahnen habe ich im Predigen insofern eingeschlagen, als sich mir mehr als früher mit Macht der Gedanke aufgedrängt hat, daß Pfarrer und Gemeinde wieder auf gleichen Boden kommen müssen. Wir müssen wissen, wie wir miteinander dran sind. In der Reformationszeit war dieser gemeinsame Boden da, jetzt ist's nicht mehr so. Auch die freisinnigsten Gemeinden würden erschrecken, wenn ihnen der Pfarrer sagen wollte, was er z. B. über die Entstehung des heiligen Abendmahls denkt. Nun ist es allerdings nicht nötig, daß die Gemeinde von den einzelnen kritischen Ansichten des Pfarrers wisse. Aber seine religiöse *Methode* muß sie kennen, da muß Klarheit her und aus der Klarheit muß Vertrauen erwachsen. Es ist auch in freisinnigen Kreisen ein Vertuschungssystem aufgekommen, das sich mit dem Mäntelein der Pädagogik behängt, in Wirklichkeit aber nur mangelnder Glaube an die eigene Sache ist. Wir sinken so rasch wieder in die alten Zustände zurück, wie sie vor dem Aufkommen der Reform waren, und müssen wieder von vorn anfangen. Wir lassen unsere Gemeinden ratlos. Den alten Bibelglauben haben sie nicht mehr, eine neue, tiefere Begründung ihrer religiösen Überzeugung kennen sie nicht, von allen Seiten stürmt oder nagt doch der Zweifel und so ist denn ihr Glaube ein armes Ding. Da heißt es: entweder–oder. Entweder geht es nur auf die alte Weise in der Kirche – dann müssen wir hinaus, oder es geht noch besser auf die neue, dann Ernst gemacht damit! Wir müssen durch, es hilft alles nichts. Wir müssen in zäher Arbeit die Gemeinde dazu erziehen, auf die neue Weise Gott zu finden und seiner froh zu werden. Der jetzige Zustand ist unwahr. Die Gemeinden wissen nicht, was wir glauben, und so vermuten sie denn, entweder, daß wir beschränkt oder daß wir Heuchler seien. Es gilt, ihnen unsere Position in den Hauptsachen oder vielleicht muß ich sagen: der Hauptsache, klar zu machen und dann aber auch ihnen zu zeigen, wie wir auf diese neue Weise zu einem sieghaften Glauben gelangt sind, der an Festigkeit, Innigkeit und Tiefe jede frühere Glaubensform übertrifft. Letzteres cum grano salis verstanden. Wenn wir nicht an der Lösung dieser Aufgabe entschlossen arbeiten, was haben wir denn für ein Daseinsrecht? Etwa daß wir eine etwas gemütlichere, dem Philister besser zusagende Religiosität verkündigen, eine weniger scharfe Tonart vertreten, es nicht so bitter ernst nehmen wie die «Positiven»? Mit diesem Liberalismus bin ich fertig. Das ist eins von den Dingen, die mir über Sommer reif geworden sind. – Die deutliche Einsicht, daß ich mit dem Liberalismus nichts zu tun habe. Er wollte *einst* Aufklärung und die Aufklärung war ihm

Religion, das war seine brausende Jugend – *jetzt*, was will er noch? Zu einer ernsthaften Aufklärungsarbeit ist er zu feig und zu kalt, zu einem frischen Angriff auf allerlei überlebte Praxis, z. B. bei der Konfirmation, viel zu gleichgültig, zu religiös matt. Kurz, es ist eine Reformorthodoxie von epigonenhafter Unfruchtbarkeit geworden. Mir ist die Hauptsache Religion. Ich fühle, daß meine Stimmung ganz anders ist als die der Reformer. Aber auf der andern Seite bin ich auch viel radikaler als dieses freisinnige Philistertum je sein kann. – Das alles sind natürlich rein innerliche Dinge. Daß ich mich nun etwa auch äußerlich von der Reformpartei lossagte, wäre lächerlich, würde auch ganz falsch verstanden. Um nun aber wieder auf meine Churer Arbeit zurückzukommen, so habe ich in einer Anzahl von Predigten geredet über das Wort Gottes, das geschriebene, das ungeschriebene, den Weg zu Gott («Selig sind, die reines Herzens sind») die Offenbarung Gottes in Christo, über die rechte Stellung zu Christus... und jetzt rede ich über die Hauptmomente des Lebens Jesu. Ich habe kein Blatt vor den Mund genommen und dabei seltsame Erfahrungen gemacht: «positive» Leute kamen und versicherten mir ihre Freude und Genugtuung, während «liberale» eher erschraken. Aber eines ist gelungen: kein Abfall ist erfolgt, im Gegenteil, eine Zunahme des Kirchenbesuchs! Sapienti sat![4]

Und jetzt also über das Leben Jesu: da sehe ich wieder, wo bei mir der schwache Punkt ist. Meinen Kampf um Gott möchte ich als abgeschlossen betrachten, im Prinzip wenigstens ist er's, aber der Kampf um Christus ist noch im Gange, und es ist noch nicht abzusehen, wie er enden solle. Mein Gottesglaube stützt sich auf gegenwärtige oder doch erfahrene Realitäten, bei der Frage nach Christus handelt es sich um historische Dinge. Wo soll da unsereins festen Fuß fassen? Boussets[5] «Predigt Jesu» habe ich nun auch wenigstens durchgelesen, es hat mich recht erfrischt, im übrigen aber suche ich immer nach einem Buch, das mir Jesus so recht nahe brächte, mir einen starken Impuls gäbe. Es ist fatal, ich habe von früher Kindheit an in einer rationalistischen Frömmigkeit gelebt, besser gesagt, in einer theozentrischen; so ist es geblieben bis auf diesen Tag. Soll nun Christus je über mich die Gewalt gewinnen können, welche er über die besitzt, die ihn früh geliebt, denen er von frühe an Mittelpunkt der Religion war, die ihre Christusliebe schon von Eltern und Voreltern ererbt haben? Einen wirklichen Stoß hat mir Sheldons «In His Steps»[6] gegeben, das Büchlein kann's einem wirklich antun, aber es ist ein vorübergehender Eindruck. So schwanke ich hin und her. Bald scheint es mir, alles, was mir am wertvollsten sei, ruhe auf so festen Säulen gegenwärtiger oder doch selbst erlebter und allezeit erlebbarer Realität, daß die Geschichte Jesu und seines Reiches mir fast bedeutungslos vorkommt, bald wieder wird sie mir zur höchsten und besten der Realitäten. Auf die Länge ertrage ich das nicht, es muß Klarheit werden. Inzwischen greife ich nach allem, was aussieht wie ein Schlüssel. Eine herzliche Freude hat mir Ihr Aufsatz über Matth. 11, 27[7] gemacht. Er war mir wie erlösend. Zwar war mir die Lesart: ἐπέγνω[8] von Studentenzeiten her bekannt und P. W. Schmidt[9] hatte sie uns empfohlen; aber Schmidts wissenschaftliche Autorität stand bei mir nie hoch und erst durch Ihre Abhandlung bin ich so recht überzeugt worden, daß diese befreiende Lesart ihr sehr gutes Recht hat. Zwar kann ich noch immer nicht recht glauben, daß das Wort wirklich von Jesus stamme, es ist mir vom ersten Mal an, da ich es gehört (was erst auf der Universität geschah), bis auf diesen Tag immer so unzweideutig johanneisch vorgekommen. Aber einerlei, wenn die Stelle nur nicht zwingt, Jesus ein Gottesgefühl zuzuschreiben, dem gegenüber das unsrige nur sekundär wäre. Gegen das Zugeständnis, daß Jesu Gottesverhältnis prinzipiell anders gewesen sei als das unsrige, sträubt sich bei mir von jeher ein sehr starkes Gefühl, das ich nicht bekämpfen mag, weil ich seine Berechtigung lebhaft empfinde. Schon das bei den Ritschlianern so beliebte «Gott und Vater unseres Herrn Jesu Christi» ist mir nicht recht, trotzdem man den Ausdruck ja freier auslegen kann. (Holtzmann[10] schlägt ja vor: «Vatergott unseres Herrn Jesu Christi» zu übersetzen, – ob das wohl angeht?) Ich will direkt und ohne jede weitere Vermittlung zum himmlischen Vater beten und Christus ist mein Mittler gerade dadurch, daß er jeden Mittler unnötig macht. Kurz, man kann machen, was man will, aus der theozentrischen Frömmigkeit kann ich nicht heraus. Das bleibt fest – jedoch auch bei dieser Voraussetzung sollte ich endlich darüber zur Klarheit gelangen, welche Rolle dies Faktum: Jesus Christus, im ganzen meiner religiösen Weltanschauung zu spielen habe. Ich muß wissen, ob ich vielleicht doch erst in den Vorhof der Gotteserkenntnis eingedrungen bin oder nicht, ob nicht vielleicht das Wort: Jesus Christus eine noch unentdeckte Welt für mich bedeutet. Auf diesen Punkt will ich nun meine Kopf- und Gemütsarbeit verwenden und gewiß klopfe ich noch oft hilfesuchend bei Ihnen an.

Ihre Abhandlung muß ich allerdings noch *studieren*, ich habe sie erst gelesen. Zum Studium bin ich aber seit letztem September nicht mehr gekommen. So ist es doch nie über mich ergangen, wie dieses hinter mir liegende halbe Jahr. Mich wunderts nur, wie gut ich alles ausgehalten habe. Aber das ist mir klar: so kann es länger nicht mehr gehen, das könnte ich doch nicht auf die Dauer ertragen. Ich habe denn auch bei Anlaß des Schaffhauser Rufes nur eine Bedingung gestellt: Abrüstung. Und am guten Willen dazu fehlt es weder bei der Bevölkerung noch beim Kirchenvorstand. Wahrscheinlich wird man einen ständigen Helfer anschaffen. Bis Ostern hoffte ich mich durchzuschlagen, nun ist die Influenza gekommen, aber ich hoffe mich doch genügend zu erholen, um über den Berg zu kommen.

Sonst läuft bei uns alles im alten Gleise. Mein jüngster Bruder[11] will nun wirklich Pfarrer werden und kann schon jetzt mehr Hebräisch als ich *noch* kann. Das ist erfreulich; ob ich im übrigen nicht doch eher zurückhalten sollte? – Meine übrige Familie ist gesund und wohl, ausgenommen unsern «Loki»[12], dem im Kampf ums Dasein ein Auge ausgekratzt worden ist. Mein Harmonium hat, was ich meistens nicht habe – Ruhe! – In St. Gallen[13] ist alles recht hübsch verlaufen. Bei Frau Moosherr war ich wie bei einer

Mutter aufgehoben, an Leib und Seele. Gesprochen habe ich schlecht, infolge einer fast ganz durchwachten Nacht und allgemeiner Abspannung, aber sonst war ich selbst nicht übel mit dem Vortrag zufrieden. Der Besuch war sehr gut. In Winterthur besuchte ich den am dortigen Technikum studierenden Bruder[14], fuhr an einem herrlichen Winternachmittag durchs Tößtal hinauf und sah bei diesem Anlaß zum ersten Mal auch Pfisters[15] Gemeinde wenigstens von weitem. Pfister hat mir seinen Vortrag über «Modernes Antichristentum u.s.w.»[16] zugeschickt mit der Widmung: διδάσκαλῳ μεμαιευμένῳ μήτηρ[17].

Ich bewundere übrigens seine Belesenheit. Es hat mich ganz beschämt, wie er mich ein paarmal zitiert. Pfister scheint mir ein Mann nach meinem Herzen zu sein. Die antichristlichen Strömungen machen mir nicht so bange wie ihm, ich bin im ganzen optimistisch gestimmt. – Noch eine erfreuliche Bemerkung: Meine Calvenpredigten[18] sind in zweiter Auflage bis zum letzten Exemplar verkauft!

Doch nun genug! Ich habe schon zu lange geschwatzt und was will ein Influenzageplagter Vernünftiges sagen? Ich hoffe, daß es Ihnen recht gut gehe. Daß Sie immer noch etwa vier bis sechs Jünglingen vortragen müssen, was, um das mindeste zu sagen, 40–60 hören sollten, das tut mir oft recht bitter weh. Da war Jena doch etwas anderes. Ich hoffe, daß das Schicksal noch irgendeine gehörige Satisfaktion für Sie bereit habe. Frauenzimmer haben sonst eine heimliche Neigung für die, die nichts nach ihnen zu fragen scheinen und, da das Schicksal ja auch eine Frau ist und Sie sich so wenig darum bekümmern, was es Ihnen bringt, so muß es Ihnen eigentlich eine stille Liebe bewahren. Oder ob diese vielleicht in Zorn umgeschlagen ist? Nun, für uns ist es tröstlich, zu wissen, daß Ihr Glück unabhängig ist von ein bißchen mehr oder weniger Erfolg, namentlich da, wo es sich wirklich um rein zufällige, jedenfalls von Ihnen unabhängige Dinge handelt, wie die gegenwärtige theologische Ebbe ist. Ich hoffe – um nun auch noch das zu sagen – daß Sie desto öfter zu Ihrer ecclesia invisibilis reden, Ihrem weiteren Jüngerkreis in aller Herren Ländern, und bin meinerseits in stets gleicher Dankbarkeit, Liebe und Verehrung

Ihr Leonhard Ragaz

Anmerkungen zu Brief Nr. 48

[1] 1900 war eine Stelle am Sankt Johann in Schaffhausen frei; Ragaz wurde für diese angefragt (TB IX, 12. Februar 1900) und lehnte ab. Die Schaffhauser wählten dann Pfarrer August Häberlin, 1869–1953.

[2] Der Vortrag erschien zunächst im Protestantenblatt 1900, Nr. 14–17, nachher als selbständige Broschüre im Verlag Frick, Zürich 1900. Bibl. C II 6 und A I 3.

[3] Es war der Freund, Professor J. Pünchera.

[4] Für den Unterrichteten mag das genügen.

[5] Vgl. oben, Brief Nr. 35, Anm. 11. Es handelt sich um «Jesu Predigt im Gegensatz zum Judentum» (1892).

[6] Charles Monroe Sheldon, 1857–1946. Amerikanischer kongregationalistischer Geistlicher. Seine christlichen Erzählungen unter dem Titel «In his steps – What would Jesus do?» erschienen 1896 und wurden später durch Pfannkuche ins Deutsche übersetzt.

[7] Der Aufsatz erschien unter dem Titel «Die ‚johanneische' Stelle bei Matthäus und Lukas und das Messiasbewußtsein Jesu» in den Protestantischen Monatsheften 1900, S. 1 ff.

[8] «... niemand kennet den Vater, denn nur der Sohn und wem es der Sohn will offenbaren» (Lutherbibel). Die von Schmidt empfohlene Lesart ἐπέγνω ist Perfekt, während die meisten Handschriften ἐπιγνώσκει lesen, also Präsens, wie auch der heutige Übersetzer die Stelle meistens wiedergibt.

[9] Paul Wilhelm Schmidt, 1845–1917, seit 1878 Ordinarius für Neues Testament in Basel, wo Ragaz bei ihm hörte.

[10] Vgl. oben, Brief Nr. 35, Anm. 9.

[11] Rageth Ragaz. Vgl. Register der Briefempfänger.

[12] Die Katze im Churer Pfarrhaus, vgl. Mein Weg, Bd. I, S. 152.

[13] Ragaz hielt dort einen Vortrag, wahrscheinlich den über «Männliches Christentum».

[14] Felix Ragaz, 1870–1926, vgl. Register der Briefempfänger.

[15] Oskar Pfister, 1873–1956, seit 1897 Pfarrer in Wald, Zürich, 1902–1939 Pfarrer an der Predigerkirche in Zürich. Forscher auf dem Gebiet der Psychoanalyse.

[16] Die Schrift erschien unter dem Titel «Modernes Christentum, antimodernes Christentum und das Evangelium Jesu» 1899.

[17] «Dem Lehrer, der bei der Entbindung geholfen hat (widmet dies) die Mutter.»

[18] «O Land, höre des Herrn Wort», vgl. oben, Brief Nr. 46, Anm. 3.

Brief Nr. 49: An Prof. P. W. Schmiedel

Chur, 3. Mai 1900

Hochverehrter Herr Professor,

Wenn noch ein Beweis für meine Schändlichkeit nötig wäre, so hätte ihn mein monatelanges Stillschweigen geliefert. Es folgten allerdings auf jene Basler Fahrt[1] böse Zeiten, d. h. die arbeitsvollsten Zeiten, die ich wohl je erlebt. Nun hat Ostern aber gehörig Wandel geschaffen und es ist höchste Zeit, daß ich Ihnen berichte, wie es mit mir steht.

In Basel ist es gut und nicht gut gegangen. Gut, insofern ich trotz schlafloser Nächte und Influenza während des Vortrages viel frischer war als s. Z. in St. Gallen und der Vortrag selbst viel Beifall fand, wozu noch viel angenehme persönliche Erfahrungen kamen, schlecht, insofern ich einige deprimierende Beobachtungen machte, die mir gewisse unangenehme Erkenntnisse von neuem bestätigten. Ich habe von neuem deutlich eingesehen, wie wenig *Ernst* in der ganzen «freisinnigen» Gemeinde ist. Es war mir peinlich, daß z. B. nach meinem Vortrag eine Posse gespielt wurde und das ohne mein, aber mit Altherrs Vorwissen. Es fehlt auch den liberalen Pfarrern an religiösem Takt. Sie sagen, man müsse so Sachen haben, um die Leute zu ziehen, auch dürfe man den Ernst nicht zu weit treiben. Nun, das wird nicht mehr vorkommen. Aber die ganze Versammlung machte mir keinen guten Eindruck. Ich fühlte mich fremd, die Leute hatten einen andern Geist als ich, was ich in St. Gallen nicht fühlte. Es sagte mir auch der Sohn von Pfarrer Altherr[2] vieles, was in dieser Richtung läuft, und Moosherr bestätigte mir, daß es der Reform in Basel so sehr an Kraft und Tiefe, so sehr an wirklicher Religion fehle, daß auch er eben nicht gut mitmachen könnte. Das sind bedeutsame Erfahrungen, die mir, wie gesagt, nur bestätigen, was ich längst gewußt. Es wandelt mich angesichts solcher Dinge oft eine rechte Kampflust an, doch in eine größere Stadt zu gelangen und dort zu versuchen, ob es mit meiner Art ginge. Ich will nicht behaupten, daß ich religiöse Kraft und Tiefe *besitze*, aber ich sehne mich darnach und vor allem will ich Religion und fühle mich darin den «Positiven» näher. Es ist nichts mehr mit dem Liberalismus. Das ist eine banale Bande – natürlich nur als Ganzes betrachtet. Wir, die wir uns schwer durchgekämpft haben zu einem neuen Glauben, wir müssen neue Parolen suchen, neue Namen, neue Bahnen. Ich gebe mehr auf die Sammlung einer Gemeinde echt gläubiger freier Seelen als auf irgend eine Anbequemung an die seichte Masse des liberalen Philistertums mit seinen fetten Herzen. Le libéralisme, c'est l'ennemi[3].

Ein interessantes Intermezzo war die Begegnung mit Bolliger[4]. Er war beim Vortrag anwesend und gab nachher ein gewichtiges Votum ab, in das er auch allerlei Freundlichkeiten für mich einflocht. Er bemerkte u. a., man spüre, wie ich nicht erst seit gestern und ehegestern aufgeschaut habe zum Bild Christi und über dieses Bild nachgedacht habe, bis u.s.w. Ich mußte mir sagen: das ist eigentlich wahr. Ich habe gerade aus dem Gefühl heraus, Jesus nicht zu verstehen, zu ihm aufgeschaut und mir eine herzliche Mühe gegeben, etwas von seinem Geheimnis zu fassen, bis ich da und dort etwas entdeckt habe, was andern entgangen ist, gerade weil über ihrem Christus der Bann der Selbstverständlichkeit lag. Darf ich grad einmal etwas Unerhörtes wagen und Ihnen eine – Predigt beilegen, als Beispiel der Art, wie ich Christus zu fassen suche und predige? Das teilweise unordentliche Aussehen des Manuskriptes haben Zuhörer verschuldet, die es abgeschrieben haben. Aber zurück zu Bolliger! Ich habe bei diesem Anlaß wieder einmal erfahren, wie wohl angebracht Freundlichkeit ist. Meine in den Protestantischen Monatsheften erschienene Besprechung[5] Bolligers hat mir den Spott Altherrs und des Pfarrers von Bürglen[6] zugezogen, weil sie viel zu viel an Bolliger lobe. Ich mußte zugeben, daß ich hierin wohl zu weit gegangen sei, aber nun reut's mich doch nicht. Ich muß hinzufügen, daß Bolliger auch sonst sehr freundlich gegen mich war. Zu Moosherr oder Brändli hatte er sich geäußert, meine Kritik hätte ihn geradezu gerührt. Und nun hat er mir die zweite Ausgabe seines Buches geschenkt. Was er da gegen mich sagt, zeugt, wie mir scheint, wieder von seiner Unfähigkeit, fremde Gedankengänge zu verstehen, aber es ist viel zahmer gehalten, als seine Polemik sonst ist. Ich muß wieder sagen, daß es trotz alledem ein gutes Buch ist, unter

Stroh, altem Eisen und wunderlichem Zeug auch viel Gold. Und als religiöser Charakter überragt Bolliger die *Masse* der freisinnigen Theologen denn doch bedeutend.

Inzwischen ist wieder vieles ins Land gegangen. Die böse Wendung im Burenkrieg[7] hat mich lange gepeinigt und mich religiös gequält, wie noch nie ein Ereignis. Hier wird ein theologisches Problem vor unseren Augen aufgerollt, bearbeitet, gelöst von Gott selbst. Es handelt sich um Dinge, die man gar nicht mehr für möglich gehalten hätte. Man muß an Jesaja und Jeremia denken. Gott fängt an so laut zu sprechen, wie wir es gar nicht mehr gewohnt waren. Hoffentlich wird es ein erquickendes, glaubenerweckendes Gotteswort. Viele achten darauf, es ist eine religiöse Sache geworden mehr als man wohl glaubt[8].

Ich habe dann den Kampf zu Ende geführt und die letzte große Anstrengung der Passions- und Osterzeit überwunden. Was auch etwa Bitteres mit unterläuft, die größte Pein früherer Tage, die Sie kennen, ist nicht mehr gekommen. Fast wäre ich so vermessen, zu glauben, sie komme nie mehr auf die Dauer. Dazu ist nach endlichem Abzug der Influenza eine körperliche Frische bei mir eingetreten, die mir lange unbekannt gewesen war. Ich habe nun erfahren, was ich früher auch nicht geglaubt hatte, daß es doch etwas nützt, wenn man sich ein bißchen pflegt. Ich glaube Ihnen auch in Zürich gesagt zu haben, daß eine Last von mir genommen ist[9], die mich seit meinem 14. Lebensjahre gedrückt hat. Ich hatte immer die Meinung, daß mein Herzleiden mich höchstens etwa dreißig Jahre alt werden lasse. Das warf einen Schatten auf meine ganze Jugend. Es hat mich nicht schwermütig gemacht, aber ich fühle nun erst nachträglich, daß diese Gewohnheit, nur mit einer ganz kurzen Lebensfrist zu rechnen, doch nicht ohne Einfluß auf meine ganze Stimmung geblieben ist. Eine gewisse Verbitterung, namentlich gegen die, welche mein Leiden verschuldet, war nie ganz verschwunden. Nun danke ich Gott auch für das. Es gehörte zu dem Erziehungsplan, nach dem Gott mich geleitet hat. Jetzt habe ich mich aber auch überzeugt, daß ich viel zu schwarz gesehen, allerdings nicht ohne große Schuld der Ärzte. Und *eine* Überlegung drängt sich mir doch auf: ob ich nicht unter dem Einfluß jener fixen Idee meine Lebensbahn falsch bestimmt habe. Ich glaube mir jetzt ganz klar zu sein, daß meine ganze Anlage mich durchaus zur vita contemplativa dränge und daß ich für ein Amt mit so viel praktischen, äußerlichen und kleinlichen Aufgaben nicht befähigt sei. Nun, auf alle Fälle bin ich nicht müßig gewesen.

An interessanten Büchern ist mir besonders aufgestoßen Schrempfs[10] «Menschenlos», ein ganz erschreckendes Büchlein, aber hochbedeutend! Tolstois «Auferstehung» ist groß, es ist *die* Predigt für unsere Zeit. Nun arbeite ich an den Vorträgen für den kommenden Winter. In die Bibel möchte ich auch wieder hinein. Praktisch wird die Entlastungsfrage an die Hand genommen. Denn wie im letzten Winter dürfte es in Zukunft nicht mehr gehen.

Damit genug von mir. Von Ihnen weiß ich diesmal sogar nicht, wo Sie Ihre Osterferien verbracht haben. Ich habe es nicht besser verdient. Hoffentlich harmoniert die Pracht des Zürcher Frühlings mit Ihrer Stimmung. Jedenfalls wünscht Ihnen das und alles Gute

Ihr oft brieffauler, aber immer dankbarer und ergebener
Leonhard Ragaz

Anmerkungen zu Brief Nr. 49

[1] Der Vortrag über «Männliches Christentum» wurde am 25. Februar 1900 vor dem Freisinnigen Gemeindeverein St. Leonhard in Basel wiederholt, also in der Gemeinde der Pfarrherren Altherr und Brändli.

[2] Es handelt sich wahrscheinlich um den bekannten Künstler Heinrich Altherr, 1878–1947, welcher Ragaz zweimal porträtiert hat. Von 1913–1939 Professor an der Akademie in Stuttgart, dann bis zu seinem Tode in Zürich wohnhaft.

[3] Es scheint sich bei diesem Ausruf um ein Zitat zu handeln. Die ersten Vermutungen wiesen auf Vinet. Doch sind diese Vermutungen nach Mitteilung der beiden Vinet-Spezialisten Edm. Grin und Ph. Daulte falsch, da Vinet sich mit dem Rationalismus und der intellektualistischen Orthodoxie, nicht aber mit dem Liberalismus auseinandersetzte, weil dieser bis in die erste Hälfte des 19. Jahrhunderts in Frankreich und der Westschweiz kaum in Erscheinung getreten war. Doch teilt Professor Edm. Grin mit: «Hingegen schiene es mir nicht unmöglich, daß dieser von Ragaz zitierte Satz vom Philosophen Charles Secrétan (1815–1895) stammte. Ich habe ihn nicht gefunden, als ich noch einmal die zahlreichen Werke und Aufsätze dieses Waadtländer Denkers durchging, noch als ich die reichlichen Notizen durchsah, die ich während der Jahre gemacht hatte, während der ich dieses Gebiet studiert hatte. Zwei Gründe jedoch erlauben mir diese Annahme:

1. Man findet zu wiederholten Malen aus der Feder von Secrétan strenge, den theologischen Liberalismus betreffende Urteile. Zum Beispiel in ,*La civilisation et la croyance*‘ (3. Aufl., S. 371) liest man: ,La différence profonde, qui sépare… les orthodoxes des rationalistes ou libéraux porte bien moins sur des opinions historiques ou métaphysiques que sur leur conception de l'humanité, c'est-à-dire sur l'estime qu'ils font d'eux-mêmes. Ceux-ci se trouvent bien tels qu'ils sont; …ils n'ont pas besoin de secours… Les premiers ont besoin d'aide et d'appui, ils cherchent le salut, et par conséquent ils se croient perdus… Quant au libéralisme dans le sens où nous avons pris ce mot, sa conséquence logique est l'irréligion, quelle que soit sa métaphysique.‘ – Oder auch in ,*Correspondance de Renouvier et Secrétan*‘ (1910, S. 84) liest man aus der Feder des letzteren: ,Je ne saurais… vous dire combien (votre journal) me fait plaisir, malgré ses prédilections pour le protestantisme libéral qui est une chose bien sotte et bien dessavouée. Du Jules Simon tout au plus, le petit *Credo* et beaucoup de fatuité même chez M. Pécaut qui était le saint d'Edmond Schérer.‘»

2. Leonhard Ragaz habe während des Wintersemesters 1919/20 verschiedene Male Edm. Grin seine Bewunderung für Secrétan ausgedrückt und ihm mitgeteilt, er träume schon lange davon, ausgewählte Texte von Secrétan in deutscher Übersetzung herauszugeben. – Eine Erwähnung Secrétans findet sich bei Ragaz schon 1897 in «Evangelium und moderne Moral», S. 9, wo er schreibt «Secrétans ,Principe de la morale‘ ist vielleicht das Tiefste, was seit Jahrzehnten vom Standpunkt des christlichen Idealismus aus über die ethischen Grundfragen gesagt worden ist.» Einem Aufsatz in den Protestantischen Monatsheften, Jg. 1899, S. 261 ff. (vgl. Brief Nr. 46, Anm. 4) schickte er ein Wort von Secrétan voraus.

Nach der Meinung von Edm. Grin ist es also «möglich, daß der Satz: ‚Le libéralisme, c'est l'ennemi' von Secrétan stammt und daß Ragaz ihn dank seiner Bewunderung für den Autor von ‚La philosophie de la liberté' im Gedächtnis behalten hat. Aber das ist eine reine Annahme... und nicht mehr.» Es könnte sich auch um eine spontane Bildung handeln, vielleicht in Anlehnung an Secrétan.

[4] Vgl. oben, Brief Nr. 8, Anm. 9.

[5] Vgl. oben, Brief Nr. 44.

[6] Gemeint ist Karl von Greyerz.

[7] Nach den Armenierverfolgungen und der Affäre Dreyfus hat der Burenkrieg Ragaz in seinen Churer Jahren wohl von allen politischen Ereignissen am stärksten beschäftigt. Er empfand die Buren als kleines Volk, also in Parallele zur Schweiz, und fühlte sich ihnen als frommen Calvinisten verbunden. So wurde ihm ihr Verteidigungskampf zum Ringen der Frommen mit der erdrückenden Übermacht des Gegners. In diese Beurteilung flossen sicher auch Elemente des immer noch starken alldeutschen Empfindens ein; auch in Deutschland hat damals die öffentliche Meinung für das «stammesverwandte» Volk Südafrikas Stellung genommen.

[8] Es ging um die Frage des göttlichen Weltregiments. Vgl. Mein Weg, Bd. I, S. 182f., Biographie, Bd. I, S. 81f.

[9] Darüber berichtet das Tagebuch unter dem 21. Februar 1900: «Nachmittags bei Kellenberger. Herzuntersuchung. Resultat wie früher: Hypertrophie, wie sie so häufig vorkommt, kein Herzfehler. Wesentliche Beschwerden erst in späteren Lebensjahren zu erwarten. Ist das nicht frohe Botschaft?»

[10] Vgl. oben, Brief Nr. 26, Anm. 9 und Brief Nr. 28. Die autobiographische Schrift «Menschenlos» erschien 1900.

Brief Nr. 50: An Pfarrer Oskar Brändli, Basel

Chur, 17. September 1900

Lieber Freund,

Heute möchte ich Dir einmal über ein Thema praktischer Theologie schreiben. Ich kann dem Greuel[1] in Südafrika nicht mehr ruhig zusehen. Es stinkt zum Himmel. Darin bist Du gewiß gleicher Ansicht mit mir. Man möchte an Gottes Weltregierung verzweifeln. Und können wir wirklich gar nichts tun? Ich glaube, daß wir uns zu sehr durch diesen Glauben lähmen lassen. Noch fehlt aus der Mitte des Schweizervolkes ein Ruf, wie er zur Zeit der Armeniergreul gehört worden ist. Wir sind es unserer Vergangenheit, unserer Zukunft; wir sind es Gott und unserem Gewissen schuldig und vor allem unserer Religion, das Äußerste zu tun, daß das Unerträgliche nicht Wirklichkeit werde. Und wenn wir's nicht wenden können, so haben wir doch unsere Pflicht getan und unsere Seele gerettet. Was soll denn getan werden? Ich denke mir etwa folgendes Programm: Es konstituieren sich Komitees in allen Städten der Schweiz, die für die Burensache wirken sollen. Sie veranstalten Volksversammlungen, u.s.w., sie nehmen vor allem eine

Unterschriftensammlung an die Hand, die zu einer gewaltigen Meinungsäußerung unseres ganzen Volkes werden und auch den Bundesrat einladen soll, für die Burensache Schritte zu tun.

Was herauskommen wird? Einmal ein moralischer Erfolg. Imponderabilien hat ja der Lehrmeister der «Realpolitik»[2] hoch angeschlagen. Wer weiß, ob nicht eine große Bewegung in unserem Volke auch anderwärts das Feuer entzündete oder doch neu entfachte? Es wäre nicht das erste Mal[3]. Tapferer Mut und reines Wollen haben schon vieles getan, was unmöglich schien. Jedenfalls dürfen wir in dieser entsetzlichen Sache nicht Priester und Levit sein[4] – es wäre eine Schande, eine Sünde – über die das Gericht kommen müßte.

Wenn Du meinen Schmerz und Zorn auch teilst, dann möchte ich Dich dringend bitten, doch die Sache in Basel in Fluß bringen zu wollen, auf die Art, die Dir als richtig und zweckmäßig erscheint. Ich schreibe auch an Altherr und Steiger. Gerne hätte ich andern diese Arbeit überlassen; aber wenn die Großen schweigen, so müssen die Kleinen reden. Gott will es[5] – dürfen wir wieder sagen und sicher sein, daß er uns hilft[6].

Es grüßt Dich schließlich «eigenhändig»

Dein Leonhard Ragaz

Anmerkungen zu Brief Nr. 50

[1] Es ist wichtig, klarzustellen, warum Ragaz in der Burensache so gewaltig Feuer gefangen hat. In der Rückschau hat er es so charakterisiert: «Mein bündnerisches Denken verband sich darin mit der alldeutschen Einstellung gegen England» (Mein Weg, Bd. I, S. 182). Es ging ihm in politischer Hinsicht also zunächst um den Kampf eines kleinen Volkes, das sich in kleinen Gemeinschaften selber verwaltete, gegen eine Weltmacht, und darin ist gewiß eine Parallele zum Kampf der Bünde gegen die Großmacht Österreich im Schwabenkrieg gesehen worden, den Ragaz in den Calvenpredigten verherrlicht hatte. Die innere Struktur des Burenstaates, z.B. die Haltung der weißen Einwanderer zu den unterworfenen nichtweißen Stämmen, hat damals kaum jemand in Europa als Problem gesehen.

Konkreter meinte Ragaz mit den Greueln die Aufstellung der Konzentrationslager. «Ich habe jenen großen Protest gegen Englands Verhalten, besonders gegen die Konzentrationslager, veranlaßt, der damals aus der Schweiz hervorging. Was aber waren diese Lager Joe Chamberlains verglichen mit denen Adolf Hitlers?» Mein Weg, ebd.

[2] Gemeint ist wohl England, eventuell auch der Kolonialminister Joseph Chamberlain persönlich. Ragaz' Haltung zu England war damals für Jahre sehr negativ und hat sich erst kurz vor dem ersten Weltkrieg, auf seiner Englandreise des Jahres 1914, gewandelt.

Der Begriff der «Realpolitik», welche Ragaz leidenschaftlich bekämpfte, formte sich später in der Auseinandersetzung mit Friedrich Naumann aus (Vgl. Biographie, Bd. I, S. 94ff.).

[3] Ragaz mag an den Sonderbundskrieg von 1847 denken, der die gesamteuropäische 48er Revolution einleitete, eventuell auch an die philhellenische Bewegung vor 1830.

[4] Anspielung auf das Gleichnis vom barmherzigen Samariter. Luk. 10, 25–37.

[5] Ausruf der Kreuzzugsbegeisterten auf dem Konzil von Clermont, 1095.

[6] Brändli publizierte den Brief im Protestantenblatt, Jg. 1900, S. 302f.

Brief Nr. 51: An Pfarrer Oskar Brändli, Basel

Chur, 24. September 1900

Verehrter Freund,

Mein dummer Brief[1] hat nun also schon Unglück angerichtet. Daran bist Du auch ein bißchen schuld mit der Veröffentlichung. Inzwischen hat meine Idee eine andere, wie ich meine, praktischere Gestalt[2] gefunden. Du wirst morgen erfahren, was für eine. Jedenfalls wird nichts getan, wenn nicht eine Anzahl von führenden Männern der Schweiz zustimmen. Ich möchte Dich also bitten, auch Gsells[3] Drommetenstoß erst aufnehmen zu wollen, wenn die Sache in ein weiteres Stadium gekommen ist. Was meine Stellung zur Friedensbewegung anbetrifft, so war sie nie unfreundlich, wenn auch ablehnend. Wenn ich einmal Gelegenheit hätte, Herrn Gsell meine Motivierung ausführlich mitzuteilen, dann sähe er wohl, daß ich wenigstens nicht mit oberflächlichen Gesichtspunkten hantiere und im letzten Grund mehr die Methode ihrer Agitation mißbillige als das Ziel, besser gesagt, daß ich von Agitation nichts oder Schlimmeres als nichts erwarte und alles von langsamer Arbeit der Jahrhunderte. *Gelegentlich* kann eine Demonstration Wert haben, und dieser Fall scheint mir im Burenkrieg, in der Burensache, vorzuliegen.

Ich möchte Dich auch bitten, Deine Meinungsäußerung im Protestantenblatt zurückzuhalten, bis unsere Anfrage in Deiner Hand liegt. Höchstens wäre eine Bemerkung am Platze, daß jener Brief das Kind einer erregten Stimmung und nicht zur Veröffentlichung bestimmt gewesen sei und daß der Verfasser nach reiflicher Überlegung die Sache praktisch anders anfassen würde, als dort in Eile angeschlagen wurde[4]. Der Bundesrat würde jedenfalls aus dem Spiele gelassen und an eine Möglichkeit, das Schicksal der Buren gleichsam direkt von uns wenden zu können, habe der Verfasser überhaupt nie gedacht.

Du mußt mich wohl für sehr unpraktisch halten. Ich bin's, aber doch nicht so sehr, wie es scheinen möchte. Unbesonnen bin ich leider und kein Fehler hat mir mehr geschadet. Ich bekämpfe ihn nach Kräften. – Auf ein paar Zeilen Antwort, wenn Du unsere Anfrage erhalten, würde ich mich freuen.

Für mich liegt eine religiöse Gewissensfrage vor – und an diesem Punkte möchte ich bitten, mich zu verstehen, damit Du mich nicht falsch beurteilst. Ich weiß, daß Kundgebungen etc. im allgemeinen wenig Wert haben, aber angesichts des Entsetzlichen, das da geschieht, meine ich, es müsse alles, alles getan werden, was irgend möglich ist, damit die Hand und das Herz rein seien von dieser Schuld.

Herzlich grüßt Dich Dein Leonhard Ragaz

[1] Der vorhergehende vom 17. September 1900, den Brändli veröffentlicht hatte, ohne Ragaz um Erlaubnis gefragt zu haben.

[2] Ragaz hatte, zusammen mit einigen Churer Honoratioren, den Plan der Gründung eines Komitees gefaßt, welches eine «Geldsammlung für Witwen und Waisen des nun zu Tode gequälten Brudervolkes» (so in einem Artikel Ragaz' im Freien Rätier vom 11. Dezember 1900) durchführte. Er war denn auch der Initiant einer Versammlung in Zürich, welche «vertraulich Personen in der ganzen Schweiz» hinter den Aufruf zur Burenspende zu bringen versuchte. Bekannte Namen, wie der des späteren Bundesrates Calonder und der Bündner Regierungsräte Plattner und Manatschal, finden sich auf der Proklamation.

[3] Rudolf Traugott Gsell, 1863–1901, Pfarrer in Churwalden und Basel – St. Peter, seit 1891 an der Predigergemeinde in Zürich.

[4] Eine solche Berichtigung erfolgte im Protestantenblatt nicht.

Brief Nr. 52: An Rageth Ragaz

Chur, 23. Oktober 1900

Lieber Bruder[1],

Ich will ein halbes Stündchen erhaschen und Dir wenigstens Antwort auf Deine Karte geben. Daß Schmidt[2] nicht liest, ist merkwürdig. ... Das Seminar kannst Du, wenn Du Lust hast, doch nehmen, denn Du brauchst Dich ja noch nicht aktiv zu beteiligen und kannst Schmidt sagen, daß Du das Seminar nur nehmest, um doch etwas bei ihm zu haben. Nebenbei kannst Du Dich besinnen, ob Du vielleicht bei Vischer[3] 1. Korintherbrief hören willst. Zwar wird die Gelegenheit, vielleicht ein Kolleg über beide Korintherbriefe zusammen zu hören, bald wiederkehren.

Ich muß Dir kurz berichten, wie es mit der Burenversammlung[4] gegangen ist. Sie war, wie vorauszusehen, schwach besucht, in der Mehrheit von Pfarrern. Nur von St. Gallen und Lausanne waren Vertreter erschienen, sonst nur Zürcher. Am Anfang war die Stimmung schlecht. Dann besserte sie sich namentlich infolge von Steigers[5] Voten, den ich bei diesem Anlaß bewundert habe. Daß etwas getan werde, darin waren schließlich alle einig. Nun meinten aber einige, eine Gabensammlung wäre weniger «platonisch», als eine bloße Sympathieadresse. Zuletzt wurde beschlossen, die Zürcher sollten die Sache in die Hand nehmen und tun, was am meisten Aussicht auf Erfolg habe. Ich mußte mit diesem Ergebnis zufrieden sein; wenn etwas getan werden kann, so werden's die Zürcher tun. Gut ist, daß die Buren sich immer wacker wehren.

Und St. Gallen?[6] Ich habe nach schwerem Kampfe wieder einmal nein gesagt. Es wäre nicht gut gegangen, jetzt Chur zu verlassen, ich habe hier noch eine Mission. Das ist entscheidend. Sollte es hier mit der Zeit schwer erträglich werden, nun, so kann ich immer wieder fort. Dagegen hieher zurückkehren hätte ich nicht mehr können. Eine Entlastung durch Anstellung eines Vikars steht in sicherer Aussicht. Vielleicht habe ich falsch gehandelt, aber nach bestem Wissen und Gewissen habe ich entschieden. Wie nötig mein Wirken hier noch ist, hat mir ein Vorfall wieder bewiesen, der gerade jetzt von sich reden macht. Die sechste Gymnasial-Klasse hat sich geweigert, Hosangs Religionsunterricht zu besuchen. Es sind Schandbuben gewiß, aber sie hätten das nicht gewagt, wenn nicht eine Stimmung da wäre, die Dir auch bekannt ist. Ein paar Jahre muß ich hier noch die Fahne hochhalten, dann kann ich allfällig ruhig gehen.

Und wie steht's nun mit dem Studiosus? Dein Brief hat uns sehr gefreut, laß bald einen zweiten folgen. Bist Du mit der Philisterin zufrieden? Hast Du das Neue Testament von Nestle[7] gefunden? Hier war es nicht zu entdecken[8]. Laß nur gehörig einheizen, es ist ja allerwärts kalt jetzt. Und gehe oft zu Altherrs.

Was das Studium selbst anbetrifft, so will ich Dir heute nur noch eines sagen: Du darfst in vollkommener Freiheit studieren, ohne jede Rücksicht auf das spätere Amt. Ich meine, Du brauchest nicht Dich irgendwie durch die Reflexion beeinflussen zu lassen: Ich muß später Pfarrer werden, daher *muß* ich diese und diese Ansichten schließlich nolens volens annehmen. Ich werde, wenn ich lebe, alles tun, damit Dir auch der Eintritt ins Lehramt jederzeit freisteht. Ich zweifle zwar keineswegs daran, daß Du zu einer frohen religiösen Überzeugung gelangen wirst, denn hier ist das Reich der Wahrheit, und Du wirst es finden. Aber für manchen führt der Weg dahin durch Zweifel und innere Not. Aber das alles durchzumachen, falls es sich Dir aufdrängt, ist ja gerade Dein Beruf. Du bist nicht fertig, Du fängst erst an. Gewiß geht nicht jeder den gleichen Weg, aber wenn der Deine Dich durch viel Schwierigkeiten führt, so bedenke, daß ich zu denen gehöre, die dergleichen am allerbesten verstehen. Ich habe nicht umsonst vieles durchlebt. Also freue Dich Deiner innern Freiheit. Ich wünsche nur eines von einem Theologiestudenten: Ernst! Und den hast Du ja. Soll ich Dir noch etwas zurufen, so heißt es: Selbständigkeit!

Ich vermisse Dich hier sehr. Du warst oft der einzige Vertraute meiner Gedanken und Gefühle. Darum laß mich wenigstens durch Briefe teilnehmen an allem Wesentlichen, was Du erlebst.

Prof. Pünchera[9], der gerade bei mir ist, läßt Dir sagen, Du sollest ein fröhlicher Student sein. Du weißt, daß das auch mein Wunsch ist.

Es grüßt Dich im Verein mit den Geschwistern

Dein Leonhard

Anmerkungen zu Brief Nr. 52

[1] Rageth Ragaz, der jüngste und vertrauteste unter den Brüdern Leonhards, hatte eben die Maturität bestanden und sein Theologiestudium an der Universität Basel begonnen.
[2] Vgl. oben, Brief Nr. 48, Anm. 9.

³ Vgl. oben, Brief Nr. 34, Anm. 8.

⁴ Es handelt sich um die oben, Brief Nr. 51, genannte Zusammenkunft in Zürich, auf welcher der Plan einer Protestaktion gegen den Burenkrieg besprochen wurde.

⁵ Vgl. unten, Brief Nr. 59, Anm. 1.

⁶ Am 13. Oktober hatte ihn C. W. Kambli angefragt, ob er sich an die Stelle Beyrings nach St. Gallen nominieren lasse. TB IX, 13. Oktober 1900.

⁷ Der geläufigste griechische Text des Neuen Testamentes ist der von Eberhard Nestle (1. Aufl. Stuttgart 1898, 1899, 2. Aufl.; um diese mag es sich hier handeln).

⁸ Rageth Ragaz hatte vorher, während seiner Churer Gymnasialzeit, im Haushalt des Bruders Leonhard gewohnt.

⁹ Vgl. oben, Brief Nr. 42, Anm. 7.

Brief Nr. 53: An Clara Nadig

Chur, 2. November 1900

Verehrtes und geliebtes Fräulein,

Erschrecken Sie nicht ob dieser Anrede, es ist nicht wohl möglich, daß Sie dieselbe nicht schon oft aus meinen Augen gelesen haben. Sie bedeutet nicht einen Anspruch, sondern bloß ein Gefühl, das ich wieder still in mir verschließe, wenn Sie es verlangen, so wie ich es viele Jahr hindurch getan habe.

Was ich Ihnen endlich sagen muß, das hätte ich so gerne mündlich ausgesprochen, geschriebene Worte sind so kalt, aber ich habe Ihnen Dinge zu sagen, die besser im Stillen überlegt werden als in der Aufregung des Augenblickes. Nur die Antwort muß ich mündlich erhalten. So empfangen Sie denn das Bekenntnis, das mir so lange schon in der Seele ruhte.

Ich habe Sie im Herzen getragen seit der Stunde, wo ich Sie bei jener Hochzeit zuerst gesehen habe. Es ist mir so deutlich im Bewußtsein geblieben, wie Ihr ganzes Wesen mir sofort so verwandt erschien, wie mein Herz sich dem Ihrigen innig zuneigte. Seither ist mir nie ein Mädchen begegnet, das ich so hoch gestellt hätte und dessen Besitz mir so sehr als fast unerreichbar großes Glück erschienen wäre. Sie haben wohl nicht gewußt, vielleicht nicht einmal geahnt, wie meine Gedanken und Gefühle immer wieder zu Ihnen zurückkehrten, auch wenn wir uns jahrelang nicht sahen. Sie zu sehen, war mir immer ein Erlebnis, Sie zu sprechen, mit Ihnen zusammen zu sein ein Fest des Herzens, das mich mit süßem Glück berauschte. Und warum habe ich Ihnen nie gestanden, was so lange in mir lebte? Ich müßte Ihnen eine lange Geschichte innerer Kämpfe erzählen, wenn ich Ihnen den Schmerz dieses Schweigens nahe bringen wollte. Nur das müssen Sie wissen: es war nichts Unschönes oder Unrechtes darin, es war ein Gewissenswiderstreit. Ich glaubte, Ihrer nicht wert zu sein, ich meinte, Sie

148

verdienten ein sonnigeres Glück, als ich Ihnen bieten könnte; ich zweifelte auch daran, ob meine Gefühle von Ihnen irgendwie erwidert würden. Aber der Hauptgrund war ein anderer. Ich litt jahrelang gelegentlich an einer gewissen körperlichen Schwäche, die mir Sorge machte. Es war Herzschwäche, die mich allerdings nie an sehr starker Arbeit hinderte. Aber ich fühle mich von Jahr zu Jahr kräftiger; Sie wissen, welch ein Maß von Arbeit und Aufregung ich ertrage; ich kann die stärksten Bergtouren machen, ohne die Folgen zu spüren. Im letzten Winter hat mir der Arzt, den ich aufs Gewissen gefragt, ohne ihm meine Pläne und Wünsche zu enthüllen, erklärt, es sei gar nichts Bedenkliches an diesen gelegentlichen Schwächeerscheinungen, das Herz sei gesund und nur das Übermaß der Arbeit sollte ich vermeiden können. Damit ist nun der Schatten gewichen, der zwischen Sie und mich trat und mich der Gefahr aussetzte, durch Zaudern allein allfällig das Beste zu verlieren. Ich sage Ihnen das alles, damit Sie mich kennen und nichts zwischen uns verdeckt oder verschwiegen sei. Meine Liebe zu Ihnen ist eine Frucht, die langsam ausgereift ist im Frost der Entsagung und in dem warmen Sonnenschein, der von Ihnen ausgehend immer wieder in mein Leben fiel. Ich weiß es, Sie allein und keine andere sind die Seele, nach der die meine sich sehnt. Diese reife Frucht der Jahre und der Schmerzen biete ich Ihnen an; ich *muß* es.

Wie sollte ich Ihnen sagen können, was Sie mir sind? Es ist mir immer, so oft ich in Ihr Auge geschaut, als ob Sonnenschein aus ihm leuchtete, der Sonnenschein einer reichen, tiefen Seele. Ich habe Sie bewundert, Ihren Geist, Ihren Charakter, Ihren Takt, Ihre Ruhe, Ihre Feinheit, die ganze Überlegenheit Ihres Wesens. Ich war entzückt über den goldenen Humor, der aus Ihrem reichen Gemüte aufstrahlt, ich ahne wie vieles in Ihnen lebt und webt. Glauben Sie mir, ich erkenne Ihren Wert, ich glaube auch, Ihre Seele im Tiefsten zu kennen, und sie ist es, die ich liebe, nicht nur etwa Ihr Geist und Ihr Charakter. Es ist meine tiefe Überzeugung, daß Sie weit über mir stehen; was mir nicht einmal sonst begegnete, Ihnen gegenüber geschah es immer: ich war befangen, verlegen und darum auch besonders ungeschickt. Ich weiß, was Sie sind und wenn ich doch wage, um ein solches Gut zu werben, so geschieht es nur mit dem heiligen Vorsatz, desselben immer würdiger zu werden.

Was habe ich Ihnen zu geben? Ich fühle, daß es zu wenig ist. Auch weiß ich nicht, ob Sie mich bei der vielleicht etwas komplizierten Art meines Wesens doch richtig kennen. Mit Ihrem klaren Blicke haben Sie gewiß meine Fehler und Mängel deutlich erkannt. Ich kann nur sagen, daß ich sie selbst erkenne und bekämpfe. Vielleicht habe ich mich gerade vor Ihnen oft nicht im günstigsten Lichte gezeigt. Es ist nichts Glänzendes, das ich Ihnen zu bieten habe. Aber ich biete Ihnen ein Herz, das durch viel Kampf, Erfahrung, Leid bereichert und geläutert ist, eine Seele, die zu Ruhe und Klarheit im Tiefsten und Höchsten gelangt. Alles, was ich erlebt, gearbeitet, erkämpft, ich möchte es mit Ihnen teilen. Ich würde mein Wollen und Sehnen, meine Gedanken, Gefühle, Pläne, mein ganzes geistiges Leben mit Ihnen gemeinsam haben, Sie würden mir die volle Lebensgenossin sein. Sie würden Kämpfe, bittere Erfahrungen mit mir teilen, aber gewiß auch reiche Freude und reiches Glück, wie sie aus der Arbeit an einer idealen Lebensaufgabe erwachsen. Ich glaube Ihnen vor allem eines zusichern zu können: ein tiefes, liebendes Verständnis Ihres Wesens. Nichts läge mir ferner, als je Ihrer Natur Zwang antun zu wollen. So wie Sie sind, liebe ich Sie und werde ich Sie lieben. Sie müßten in allen Dingen die Luft geistiger Freiheit atmen; Ihre Überzeugungen wären mir heilig. Ich suche nicht eine Frau Pfarrer, ich suche Ihre Seele, die ich liebe, ich suche Sie, wie Sie sind. Sie wissen, Sie haben es gewiß beobachtet, daß bei mir der Mensch nicht durch das Amt absorbiert wird. Ich fasse mein Amt in freiem, hohem Sinne, so, wie Sie gewiß einverstanden wären.

Und nur noch eines. Meine äußeren Verhältnisse sind Ihnen wohl wenig bekannt. Ich besitze kein nennenswertes Vermögen, ich lebe von meinem Gehalt. Meine Familie, die zwar nichts von meinem Vorhaben weiß, wird Sie mit offenen Armen und herzlicher Freude empfangen. Mißverhältnisse treffen Sie keine an; aber bescheidene Verhältnisse sind es allerdings. Doch glaube ich, mit Gottes Hülfe sollten sie unserem Glücke nicht hinderlich sein.

Ich biete Ihnen vor allem eine Liebe, die gewiß nicht wanken wird und erkalten, eine Treue, deren ich vor Gott gewiß bin bis zum Ende. Und nun entscheiden Sie. *Ich komme am Sonntag abend und hole Ihre Antwort.* Fragen Sie Ihr Herz und Ihr Gewissen. Es ist mir gewiß auch recht, wenn Sie es Ihrer Mutter sagen, im übrigen aber gehen Sie, bitte, nur mit sich allein zu Rate und gehorchen Sie der inneren Stimme. Sie wissen, daß Ihr «Ja» mich glücklich macht, mehr als ich auszudenken vermag, und daß ein «Nein» mir tiefes Leid bedeutete, Sie wissen aber auch, daß ich Ihre Gefühle ehre und nie aufhören werde, Sie zu ehren und in der Stille des Herzens zu lieben. Der Gott, von dem ich glaube, daß er uns für einander geschaffen habe, möge Ihren Entschluß leiten; in großer Erregung des Herzens harrt seiner

Ihr Leonhard Ragaz

Chur, 27. Januar 1901

Lieber Bruder,

Endlich ein stiller Sonntagabend! Und nun sei Dir von Herzen gedankt für Deinen lieben Brief. Ich hatte die Absicht, Dich nichts merken zu lassen von dem Schweren, das auf mir liegt. Aber ich habe es scheint's doch nicht ganz verhehlen können. Ja, ich habe unvergleichlich die schwersten Tage des bisherigen Lebens[1] hinter mir und Gott weiß, was ich noch werde tragen müssen. Gräme Dich nur nicht, daß Du mich nicht mehr zu trösten vermögest. Dein ganzes Wesen ist mir Trost genug, der beste, den ich auf Erden habe. Wer weiß, ob Du nicht noch einmal, in nicht zu ferner Zeit, mir helfen mußt, zu überwinden und mein Leben neu zu ordnen. Jetzt bin ich froh, wenn Du für mich betest, Gott wolle barmherzig mit mir sein und nachdem er mich hart geprüft, seine Sonne über meinem Leben aufgehen lassen. Vielleicht, daß ein Gebet aus selbstlosem Bruderherzen mehr Kraft bei ihm hat als mein eigenes. Das Jahr 1901 wird höchst wahrscheinlich große Veränderungen für unser Haus bringen, vielleicht traurige, vielleicht freudige, daß letzteres der Fall sei, wie wenig wahrscheinlich es jetzt auch ist, das ist meine Hoffnung. Was es sei, das so blitzartig mich getroffen und niedergeworfen hat, grüble darüber nicht nach. Es ist nicht Schuld, nichts, was ich gefehlt, es ist Tragödie.

Es freut mich, daß Du in Basel Dich bald wieder zurechtgefunden hast. Benedikt Koch[2] ist ein braver Bursche und kein «Fälti»[3], soviel ich weiß. Daß Du in die Philosophie hineingehst, ist recht. Ich halte das geradezu für das Hauptstudium eines Theologen. Und zwar ist es ganz richtig, sich nicht zuerst in das Labyrinth der Philosophiegeschichte zu wagen, sondern lieber gerade philosophische Werke selbst zu studieren. So bekommst Du einen Faden in die Hand. Sonst muß einem ja von all diesen streitenden Systemen der Kopf ganz verrückt werden. Bei Paulsen[4] darfst Du fachliches Zutrauen haben. Er steht uns von allen Philosophen der Gegenwart am nächsten. Eucken[5] in Jena ist mir zwar noch viel mehr. Ich lehne auch bei Paulsen einiges ab, z. B. den Parallelismus[6] (ich halte mich zur Monadologie)[7], im ganzen aber stehe ich auf seinem Boden. Pantheist ist er nicht eigentlich, vielmehr Panentheist[8], denn die Persönlichkeit Gottes wird er, richtig verstanden, nicht bestreiten. Aber natürlich, wo es sich um das Problem vom Ursprung des Bösen handelt, da sind Theismus und Pantheismus schlecht dran. Ich löse es daher auf ganz andere Weise als Paulsen. Darüber werden wir dann einmal sprechen. Wenn Du Paulsen absolviert hast, so mach Dich an Kant und fange mit den Prolegomena zur Kritik der reinen Vernunft an. Lies daneben Kuno Fischers[9] «Kant», ebenso den, viel kürzeren, von Paulsen. Letzteren stelle ich Dir zur Verfügung. Kant ist nur ein Eingangstor, von hier aus muß man erst zu positiven Resultaten gelangen und da kommt dann für mich Leibniz[10], den Lotze[11] (Mikrokosmus!) am besten weiter-geführt hat. – Du mußt mit der Philosophie Geduld haben. Über Nacht lösen sich uns die «Welträtsel» nicht. Was wollten wir auch nachher tun? Wie lange ist es bei mir gegangen!

Wernle[12] ist ein ganz flotter Kerl. Soeben ist mir sein neuestes Buch über die Anfänge unserer Religion in die Hand gekommen. Es erhöht meinen Respekt vor ihm. Die Darstellung Jesu, die er da gibt, stellt sich den besten bisherigen, von Eucken und Wellhausen[13], an die Seite. Diesem Manne schenke unbedingtes Vertrauen. Die Schärfe seiner Kritik entspringt dem Durst nach Wahrheit und der Gewißheit, damit nichts Wesentliches zu zer-stören, wohl aber Leben zu schaffen. Schau, ich begreife, wie weh es Dir tut, wenn Dir manches zerstört wird, was Dir bis jetzt noch feststand, aber Du wirst einst sehen, daß Du viel mehr gewonnen als verloren hast. Das Ausruhen auf dem «Festen» bringt den Tod, seit der Arbeit der Kritik ist Tag für Tag Christus lebendiger geworden und das Christentum echter, größer. Nur durch und den Mut behalten.

Auch was Du an Dir selbst zu leiden hast, ist gut und recht. Es wäre mir leid, wenn es anders wäre. Tief und reich wird ein Mensch nur durch Leiden. Sie sind unser bester Besitz. Laß Dir nur immer wieder eines sagen: Wessen wir am meisten bedürfen, wir Ragaz, ist erstens geistige Selbständigkeit und zweitens Kraft. Ringe danach Tag für Tag. Bilde Dir Deine eigene Meinung von den Menschen und Dingen und bestehe darauf so lang als möglich, auch wenn man Dich hartnäckig schelten sollte. Lerne früh Deinen eigenen Weg gehen. Laß Dich nicht mitnehmen; tu die Augen auf, beobachte, prüfe! Ich weiß, was ich sage und warum ich's sage! Sehr lieb wäre mir auch, wenn Du einiges tätest, was ich versäumt habe: lerne fechten, später schwimmen, auch *tanzen;* gehe Schlittschuh laufen. Das erhält gesund. Das Bücherhocken und rein theoretisch Leben ist nicht gut. Du mußt trotz dieser Dinge kein Weltmensch werden. Man muß dergleichen mitmachen, solang man jung ist, sonst bereut man's später. Crede experto![14]

Hier oben ist es still und trübe. Merta ist wieder hier, Vater kommt bald nach. Merta wird vielleicht im Sommer in Zürich oder Bern einen Kurs für Haushaltungslehrerinnen durchmachen. Nina geht in die Frauenarbeits-schule. Jakob ist plötzlich ein gewaltiger Historiker vor dem Herrn ge-worden. Wenigstens eins kommt dabei heraus: daß wir etwas über unsern Stammbaum erfahren. Wir stammen wirklich aus Ragaz und gehörten dem hochedlen Stand der Leibeigenen an. Daher vielleicht unser Mangel an Selbstvertrauen. Später aber haben die Ragaz in Tamins und anderswo eine ziemliche Rolle gespielt und viel *Pfarrer* und *Ammänner* gestellt[15]. Also doch *Hoffnung,* daß die Rasse nicht zu schlecht sei. Felix ist immer bei Trippel und wartet auf Besseres.

Ich werde nächstens Harnacks[16] große Dogmengeschichte und Ritschls[17] «Rechtfertigung und Versöhnung» in Angriff nehmen. Otto Ludwig[18] ist herrlich. Auch Björnson[19] genieße ich zwischen hinein – alles muß mir helfen vergessen und verwinden. Eine Professur ist allerdings meine Sehnsucht. Von Chur muß ich doch bald weg. Ich bin nicht für eine solche Stelle geschaffen und reibe mich auf. Vielerlei Pläne gehen mir durch Kopf und Herz, die Zeit wird's klären. Ich kämpfe auf Tod und Leben mit meinem Geschick – Gott wird mich nicht verlassen.

Es grüßt Dich in inniger Liebe

Dein Leonhard

Dieser Brief ist in großer Müdigkeit geschrieben – verzeih! Ich bin ein andermal wieder frischer – vielleicht!

Anmerkungen zu Brief Nr. 54

[1] Worauf Ragaz anspielt, zeigt der unten wiedergegebene Brief Nr. 57.

[2] Ulrich Benedikt Koch, 1880–1943, nachmaliger Besitzer der Buchdruckerei U.B. Koch in Chur, war damals in Basel beruflich tätig.

[3] Eine der sich stark bekämpfenden Parteien im Heimatdorf Tamins. Die Familie Ragaz gehörte zur Gruppe der «Bärli»; Leonhard Ragaz' Mutter aber, eine geborene Färber, gehörte von Geburts wegen zur Partei der «Fälti». Vgl. dazu Mein Weg, Bd. I, S. 22f.

[4] Friedrich Paulsen, 1846–1908, Philosoph und Pädagoge, seit 1878 Professor in Berlin. Was Ragaz an Paulsen angesprochen hat, ist dessen voluntaristische Metaphysik mit ihrem Versuch, die Versöhnung von Wissen und Glauben vom Willen her anzustreben.

[5] Rudolf Eucken, 1846–1926, Philosoph, seit 1874 in Jena, Gegner der damals vorherrschenden positivistischen Philosophie, stark religionsphilosophisch orientiert auf panentheistischer Grundlage.

[6] Paulsen vertrat, hier entscheidend von Fechner angeregt, den «psycho-physischen Parallelismus», d.h. die Lehre, daß jedem physiologischen Vorgang ein psychologischer entspricht und umgekehrt.

[7] Titel einer von Leibniz 1714 verfaßten Abhandlung, die die reifste Form seiner Monadenlehre darstellt. Darnach setzt sich die Weltsubstanz aus Monaden, das sind letzte Einheiten bzw. «metaphysische Punkte», zusammen, die untereinander durch die «prästabilierte Harmonie» (zuvor festgelegter Einklang) verbunden sind. Die Monadologie löst das Leib-Seele-Problem monistisch, der Parallelismus dagegen läßt eine dualistische Interpretation desselben zu.

[8] Diese beiden religionsphilosophischen Begriffe sind auseinanderzuhalten. Pantheismus ist die Lehre, wonach Gott in allen Dingen lebt, ja das Leben des Weltalls selbst ist, so daß Gott und die schöpferische Natur zusammenfallen. Nach panentheistischer Auffassung ruht und lebt alles umgekehrt in Gott, wobei die Gottesauffassung personalistisch sein kann.

[9] Kuno Fischer, 1824–1907, Philosoph, seit 1856 Professor in Jena, Mitbegründer des Neukantianismus, u.a. Verfasser einer zehnbändigen Geschichte der neueren Philosophie, 1852ff., auf die Ragaz hier anspielt.

[10] Gottfried Wilhelm Leibniz, 1646–1716, der berühmte Philosoph der deutschen Aufklärung. Vgl. oben, Anm. 7.

[11] Hermann Lotze, 1817–1881, seit 1844 Professor in Leipzig und 1881 in Berlin. Ragaz hat hier sein Werk «Mikrokosmus, Ideen zur Naturgeschichte und Geschichte der Menschheit», 3 Bände, 1856–1858, im Auge, das durch seinen wertphilosophischen An-

satz auf breitere Kreise gewirkt hat und vor allem über A. Ritschl auch für die Theologie von Bedeutung wurde.

¹² Vgl. oben, Brief Nr. 47, Anm. 9. Die «Anfänge» erschienen 1901.

¹³ Vgl. oben, Brief Nr. 42, Anm. 5.

¹⁴ Glaube es einem, der Erfahrung hat!

¹⁵ Der Bruder Jakob hat den Artikel über die Familie Ragaz im Historisch-Biographischen Lexikon der Schweiz verfaßt.

¹⁶ Adolf von Harnack, 1851–1930, Kirchen- und Dogmenhistoriker, wurde 1888 nach Berlin berufen, wo er durch seine universale Bildung überragenden Einfluß gewann. Der Ritschlschule eng verbunden, war er auch für die soziale Frage aufgeschlossen und leitete von 1903–1911 den von Naumann begründeten Evangelisch-sozialen Kongreß.

Harnack war der markanteste Vertreter der zu seiner Zeit in voller Blüte stehenden theologisch-historischen Wissenschaft. Durch sein großes dreibändiges «Lehrbuch der Dogmengeschichte», 1886–1889, erlangte er Weltruhm. Dogmatisch verkürzt sich bei ihm das Christentum auf die «Religion Jesu» als der Botschaft von der Vaterliebe Gottes bzw. der Gotteskindschaft aller Menschen und auf die in ihrem tiefsten Anliegen mit der Humanität zusammenfallende «Ethik Jesu». Damit verband sich der Glaube an eine stetige Aufwärtsentwicklung der Menschheit (Das Wesen des Christentums, 1902).

¹⁷ Vgl. Brief Nr. 25, Anm. 10.

¹⁸ Otto Ludwig, 1813–1865, bedeutender deutscher Dichter. Ragaz schätzte weniger seine dramatischen Dichtungen als seine Erzählungen, besonders sein wohl bestes Werk «Zwischen Himmel und Erde».

¹⁹ Björnstjerne Björnson, norwegischer Dichter, 1832–1910, Philanthrop, Freund aller Schwachen. Seine ursprünglich christlich-optimistische Lebensauffassung wandelte sich durch die Begegnung mit dem Positivismus und Naturalismus in einen Glauben an einen evolutionistischen Fortschritt. Ragaz besaß seine «Bauerngeschichten» und erwähnt in «Du sollst» (S. 6) sein Drama «Über unsere Kraft». Er suchte auf seiner Norwegenreise Björnsons Grab auf (vgl. Mein Weg, Bd. II, S. 264).

Brief Nr. 55: An Prof. P. W. Schmiedel

Chur, 20. Februar 1901

Hochverehrter Herr Professor,

Was müssen Sie über mein langes Schweigen gedacht haben! Aber ich konnte nicht anders. Was mich beschäftigte und in verzehrender Qual mich Tag und Nacht verfolgte, das wollte ich Ihnen nicht sagen und über gleichgültige Dinge mochte ich auch nicht reden, *konnte* ich nicht reden. Nun ist eine momentane Stille eingetreten und ich will Ihnen wenigstens für Ihren freundlichen Brief danken. Ich habe immer gewußt, daß Sie sorgend meiner gedenken und das hat mir wohl getan. Ich habe manchmal gedacht, ob ich nicht nach Zürich eilen solle, um wenigstens den Trost des Verkehrs mit Ihnen für einige Stunden genießen zu dürfen. Es war mir eine rechte Stütze, denken zu dürfen, daß ich in höchster Seelennot zu Ihnen flüchten könnte, falls ich nicht mehr allein fertig zu werden vermöchte. Tödlicher

Schmerz hat eine sichtende Kraft, was an «Freundschaft» und «Liebe» leicht ist, verbrennt in diesem Feuer, und man erkennt mit erschreckender und in meinem Falle doch auch wieder tröstlicher Klarheit, was als probehaltig übrig bleibt[1].

Daß ich alle meine Pläne auf die Seite gelegt habe, froh, wenn ich imstande war, die notwendigsten Amtspflichten zu erledigen, versteht sich von selbst. Es gab Zeiten, wo es mir unmöglich war, ein Buch zu öffnen. Jetzt glaube ich wieder arbeiten zu können. Ich will sogar an mein Buch[2] gehen und wenigstens Vorarbeit tun. Schöne Literatur habe ich allerdings in den besseren Zeiten benützt, um zu vergessen. Ich habe, nachdem ich im Sommer mit Hebbel Bekanntschaft gemacht, nun auch Otto Ludwig kennen gelernt, von ihm als Dramatiker aber nicht gar viel gehabt. Björnson und andere Nordländer haben mir viel geboten, daneben bin ich auch zu Carlyle[3] und Emerson[4] zurückgekehrt. Und noch allerlei anderes. Auch zur «Wissenschaft» bin ich zuletzt zurückgekehrt und habe Holtzmanns[5] Neutestamentliche Theologie des Paulinismus zur Hälfte durchgearbeitet. Neuerdings habe ich mich an Wernles «Anfänge» gemacht. Darüber muß ich Ihnen ausführlich schreiben. Ich staune über dieses Buch. Es ist mir mehr als Harnacks «Wesen». Dieser Wernle ist wirklich unverschämt gescheit und frühfertig. Er wird gewiß jung sterben. Königs[6] «Kampf» hat mich doch sehr gefreut. Eine Anzeige[7] für das religiöse Volksblatt und das Protestantenblatt mußte in fliegender Eile nur so hingeworfen werden, ich habe aber gestern König eine ausführliche Kritik geschickt. Mich frappierte die weitgehende geistige Verwandtschaft, die uns oft in ganz intimen Sachen zusammentreffen läßt. Ich liebe König nun ordentlich durch sein Buch!

Was ich alles innerlich durchgemacht? Das bleibt vorläufig wohl besser unausgesprochen. Vielleicht tritt in meinem Leben bald eine große äußere Veränderung ein, nicht ohne daß ich vorher Ihren Rat einhole. Im Amte ginge es sonst ganz gut. Wenig Ärger, kein Streit! Und so viel Muße wie noch nie! Was hätte ich da nicht alles leisten können. Aber nachdem ich anfangs versucht hatte, wenigstens die projektierten Vorträge auszuarbeiten, streckte ich die Waffen. Das Predigen ging zuerst in einem gewissen Elan des Schmerzes ganz ordentlich, oft hat's mich Gott weiß was gekostet, aber *heucheln* mußte ich bis jetzt nicht; täte ich auch nicht. Ähnlich im Unterricht. So viel will ich Ihnen sagen, im übrigen ist es mir Bedürfnis zu *schweigen*. Das verstehen Sie, wenn irgend jemand. Ja, lieber und verehrter Herr Professor, ich bin einer, der weiß, was dunkle Täler sind und für den Tod längst nicht mehr als einer der größeren Schrecken erscheint. Aber ich bin tapfer geworden, fürchten Sie nichts. Ob schiffbrüchig oder nicht, ich führe alles zu Ende, so gut ich kann und soweit es an mir liegt.

Äußerlich ist alles beim alten. Meine ganze Familie ist bei mir, mit Ausnahme eines Bruders. Auch hier viel Leid. Es ist in jeder Beziehung düster geworden in unserem alten Hause. Der Gedanke, daß ein Fluch auf uns laste, den ich bis jetzt immer verscheucht habe, hat in diesen Monaten eine unheimliche Gewalt über mich bekommen. Ich wage nichts mehr zu beginnen aus Angst, es würde zum Unsegen ausschlagen. Ja, das Leben ist tief und schrecklich.

Rageth studiert in Basel viel. Denn das Studentenleben bietet ihm wenig. Er ist tief in allerlei innere Kämpfe verstrickt. Das freut mich natürlich nur. Duhm[8], Wernle und Bolliger ziehen ihn sehr an. Zwischen den letzteren ist er wie zwischen zwei Feuern. Wie geht es Ihnen? Macht die Hand[9] Fortschritte? Ich habe so viel an Sie gedacht. Denn unwillkürlich sucht man in der Einsamkeit großen Leides nach den Seelen, die auch die Tiefen kennen und die auch Einsamkeiten ertragen. O gliche ich Ihnen! Aber ich bin zu weich für meine Schicksale!

Darf ich Ihnen einmal eine Predigt schicken? Es ist eine der bessern, auch der *längsten*, leider in der Einleitung nicht ganz frei von Rhetorik. Aber es ist vieles von meinen intimsten Erfahrungen drin!

Gott segne Sie dafür, daß Sie das Größte in Moral und Religion als selbstverständlich üben, so auch an Ihrem

Leonhard Ragaz

Anmerkungen zu Brief Nr. 55

[1] Der folgende Abschnitt wird als zu persönlich weggelassen.

[2] «Du sollst», Grundzüge einer sittlichen Weltanschauung, erschien erst 1904.

[3] Vgl. oben, Brief Nr. 21, Anm. 9.

[4] Ralph Waldo Emerson, 1803–1882, berühmter amerikanischer Philosoph, der den Quäkern nahestand.

[5] Heinrich Julius Holtzmann, 1832–1910, Professor für Neues Testament in Straßburg, schrieb u.a. ein «Lehrbuch der Neutestamentlichen Theologie», 1896–1897.

[6] Karl König, geboren 1868, Pfarrer in Urpsringen vor der Rhön, publizierte 1901 «Im Kampf um Gott und das eigene Ich».

[7] Diese ist wohl kaum erschienen; man findet sie in keiner der beiden genannten Zeitschriften.

[8] Bernhard Duhm, 1847–1928, seit 1888 Professor für Altes Testament in Basel. Bei ihm hatte schon Leonhard Ragaz gehört.

[9] Schmiedel litt oft unter einer Nervenentzündung, die wohl von der Überanstrengung seiner Schreibhand herrührte.

Chur, 23. Februar 1901

Lieber Bruder,

Es ist Samstag, also Vorbereitungstag. Dennoch, da ich nicht weiß, ob ich morgen zum Schreiben komme, will ich Dir heute einen Gruß senden.

Zuallererst aber ein Wunsch. Wir können einen für uns beide wichtigen und wertvollen Briefwechsel nur führen, wenn Du mir recht oft und recht ausführlich schreibst, was Du lernst, was Du liesest, was für Probleme Dich beschäftigen. Denn sonst passiert ja nicht viel, was des Schreibens wert wäre.

Das Abstinenzproblem hat Dich scheints recht hergenommen. Glaube nur nicht, daß ich Dir nun zürne, weil Du wieder ganz zur Abstinenz zurückgekehrt bist. Du mußt tun, was Dir Dein Gewissen sagt, auch wenn's, objektiv betrachtet, etwas Unrichtiges wäre. Nur wäre es mir lieb, wenn Du's richten könntest, daß aus Deiner Abstinenz kein Wesen gemacht wird, und wenn Du Dich nicht durch alles, was sich dran hängt, verbittern oder isolieren lässest. Sei Abstinent, aber vergiß ganz, daß Du's bist, und suche kein Verdienst drin. Denn so sehr ich's anfänglich für unmöglich gehalten hätte, ich habe doch eines Tages zu meiner fast komischen Überraschung gemerkt, daß ich mir doch auch etwas auf *meine* Abstinenz eingebildet hatte. Man ist sehr zum Pharisäismus geneigt. So ich gerade bei der Abstinenz bin: ich gebe nächstens mein Anti-Alkoholbüchlein[1] in dritter Auflage heraus. Zugleich sind wir daran, den alten «Steinbock» in ein Rätisches Volkshaus[2] umzuwandeln, mit Lesesälen, alkoholfreiem Restaurant, einem Saal für Vorträge, Konzerte, also in einen Mittelpunkt für alle guten Volksbildungsbestrebungen. Planta[3] hat 100 000 Fr. dafür zugesichert und das Werk ist so gut wie garantiert.

Ich habe diesen Winter sonst wenigstens *etwas* Gutes: ungewöhnlich viel Zeit. Da bin ich nun wacker zum Lesen gekommen. Bei Otto Ludwig habe ich viel mehr Wohlgefallen an seinen beiden Romanen gehabt als an den Dramen. Viel Erquickung habe ich bei Björnson, dem Norweger, gefunden. («Über unsere Kraft». «Über den hohen Bergen».) Emerson habe ich wieder zur Hand genommen, ebenso Robertson[4]. Jetzt muß ich aber vor allem wieder in Shakespeare hinein und dann wieder in die deutschen Klassiker. Daneben aber treibe ich doch auch ein wenig Wissenschaft. Ich arbeite in Holtzmanns «Neutestamentlicher Theologie» den Paulinismus durch und lese dazu Wernles[5] «Anfänge». Das ist ein Buch! Ich staune nur. Es steht in der ganzen theologischen Literatur ganz einzig da. Das Buch können und werden auch Laien lesen. Mit welch neuen Augen sieht dieser Mann alles an. Welche Kühnheit und welche Tiefe! Wie er das Dogma auf historischem Wege zersetzt, durch Aufdeckung seiner Entstehung. Ich fürchte, Wernle lebe nicht lange, er ist zu früh reif. Ein schon jetzt hell aufleuchtendes Gestirn[6].

Die Burenkollekte[7] hat in Chur im Ganzen wohl an die 5700 Franken abgeworfen, im ganzen Kanton sind Aussichten, daß sie auf 20 000 Franken steigt, dann stehen wir relativ an der Spitze sämtlicher Kantone.

Wie stehts mit dem Fechten und Schlittschuhlaufen? Führ's nur aus. Und mit den Freunden? Altherrs[8]? Ich lasse diese grüßen.

Die Tage sind herrlich. Die Natur hat solche Festzeiten wie diesen Winter noch nicht leicht gehabt. Die Welt so schön und darin das Leben so schwer und das Herz so gequält. Darum ist die Frage nach Gott die Frage aller Fragen. Und die für sich und dann auch für andere zu lösen, das ist Theologie, fürwahr eine große Sache!

Schreib mir bald und sei herzlich gegrüßt von Deinem

Leonhard

Noch etwas. Mit dem Rekrutenkurs wird's schon gehen. Beweise nur an Hand des Vorlesungsverzeichnisses unserem bündnerischen Militärdepartement, daß Du den Junikurs nicht mitmachen kannst, ohne das Sommersemester zu verlieren.

Anmerkungen zu Brief Nr. 56

[1] «Der Kampf um den Alkohol» (vgl. oben, Brief Nr. 28, Anm. 9), kam 1901 in Chur in 3. Aufl. heraus, zusammen mit einem Artikel von Domenig Bezzola «Alkohol und Vererbung».

[2] Über dieses Werk, das Nüchternheitsbestrebungen und Volksbildungsarbeit verbinden wollte, vgl. Biographie, Bd. I, S. 67.

[3] Der Freie Rätier meldet schon am 27. Februar 1901, daß Herr von Planta-Villa sich um die Umwandlung des «Steinbocks» in ein «Rätisches Volkshaus» bemühe. Im März bildete sich dann eine Gesellschaft zur Führung des Werks, in deren Komitee unter dem Präsidium von Regierungsrat Manatschal auch Fräulein Eva Nadig, die spätere Schwägerin von Leonhard Ragaz, und dieser selbst gewählt wurden. Freier Rätier, 19. März 1901.

[4] Vgl. oben, Brief Nr. 21, Anm. 11.

[5] Vgl. oben, Brief Nr. 47, Anm. 9.

[6] Der nun folgende Absatz enthält reine Familienneuigkeiten und wird im Druck weggelassen.

[7] Aus dem geplanten Protest war nun eine Sammlung für die Witwen und Waisen der Buren geworden.

[8] Gemeint ist die Familie Pfarrer Alfred Altherrs in Basel, in deren Kreis Rageth wie sein Bruder Freundschaft empfing.

Chur, 24. April 1901

Lieber Bruder,

Nun hörst Du erstaunliche Kunde: Dein Bruder Leonhard ist ein Bräutigam! So ist es und ist nichts daran zu ändern. Ja, alles, alles hat sich gewendet. An jenem Mittwochabend war's schon fast sicher. Ganz plötzlich wurde aus Finsternis Licht. Wie sie heißt: Clara – so wie sie *ist* – Nadig. Kennst Du sie? Kaum. Aber sie ist die Perle von Chur, weitaus das leuchtendste weibliche Wesen, das ich je gesehen; ein Glück nur viel zu hoch für mich. Ich muß den Neid der Götter fürchten.

Und wie ist das alles gekommen? Nicht rasch. Vor sieben Jahren hat es begonnen, an einer Hochzeit, dann ist die heimliche Flamme immerfort gewachsen, bis sie zuletzt mächtiger wurde als ich. Aber das Leid des letzten Winters hatte seine Ursache. Es waren große Schwierigkeiten zu überwinden und ich hatte nur ein Restchen von Hoffnung, gerade genug, um mich aufrecht zu erhalten. Dann hat es sich plötzlich gewendet. Und nun beginnt ein neues Leben, das kannst Du Dir denken. «Das Alte ist vergangen, siehe, es ist alles neu geworden[1].»

Du wirst mir das Glück von Herzen gönnen. Mein Verhältnis zu Dir wird nicht im geringsten geändert, es wird nur noch schöner, da auch meine Braut daran teilnehmen wird. Wenn ich einmal einen eigenen Herd im wahren Sinne des Wortes habe, dann wirst Du in demselben eine Heimat haben nach wie vor. Das versteht sich von selbst. Im Übrigen gelte für uns die Losung: Excelsior!

Und nun noch in Eile etwas Prosa. Erstens: *schweige*, bis die Karte kommt, gegen *jeden* Menschen, Altherrs nicht ausgenommen. Diese Pflicht der Brudertreue erfüllst Du gewiß. Zum zweiten: geh auf die Post und bestelle *1 000* (Tausend) Zehnermarken und *100* Fünfermarken und schicke sie mir sofort in einem Paket zu. Nicht wahr, das erfüllst Du getreulich und rasch[2].

Genaueres über meine Braut und ihre Familie und allerlei erfährst Du später. Jetzt habe ich alle Hände voll zu tun. Noch eins, von meinem Winterleid[3] sagst und schreibst Du Clara nichts, höchstens, daß Du mir etwas angemerkt habest. Aber wenn Du ihr einen Brief schreiben wolltest, das wäre schön. Die genaue Adresse heißt: Fräulein Clara Nadig, Bahnhofstraße, Chur. Es würde sie gewiß sehr freuen und so auch mir eine Freude sein. Schreibe ihr nur, was Du fühlst, ganz schlicht und herzlich. Und rede sie an: Verehrtes Fräulein. Bedenke im übrigen, daß sie nun Deine Schwester ist.

Genug heute. Nun verarbeite auch das und sei froh. Gott, der mir nach Finsternis strahlendes Licht aufgehen ließ, segne Dich, wie er gesegnet hat

Deinen Leonhard

[1] 2. Kor. 5, 17.
[2] Der Pfarrer in der Kleinstadt Chur wollte offenbar nicht, daß seine Gemeindeglieder zu früh von seinen Plänen erfuhren. Deshalb mußten die auffällig vielen Marken für die Verlobungsanzeige in Basel gekauft werden.
[3] Vgl. oben, Brief Nr. 54.

Brief Nr. 58: An Prof. P. W. Schmiedel

Chur, 24. April 1901

Lieber, verehrter Herr Professor,

Nun vernehmen Sie etwas Erstaunliches: Ihr klagenreicher Freund und Schützling Leonhard Ragaz ist ein Bräutigam[1] geworden. Ja, so ist es und wir werden uns darein finden müssen. Und wie heißt sie? Hören Sie und denken Sie mit Ihrem geübten Scharfsinn darüber nach: es ist das Fräulein, das vor einem Jahre in Zürich neben mir am Tische saß. Damals war sie längst das Ziel meiner Sehnsucht, ohne daß ich es ihr zeigte. Und wie ist denn dies alles gekommen? Es ist eine Sache von sieben Jahren. Am 19. April 1894[2] saß ich neben Clara Nadig auf einer Hochzeit; damals war ich noch «Professor». Und da begann es. Aus den Augen des damals noch ganz jungen Mädchens[3] blickte mich eine Seele an, von der ich nicht mehr los kam. Seither kehrten meine Gedanken immer zu ihr zurück. Zwar trafen wir uns lange Zeit nur selten. Aber jede Begegnung auf der Straße war mir ein Erlebnis, jedes kurze Zusammensein mit ihr ein Fest des Herzens, das mich berauschte. Mehr als einmal war ich nahe daran, mich ihr zu erklären, aber Sie wissen, zum Teil wenigstens, in wieviel Kampf und Dunkelheit ich versenkt war. Der Zug des Herzens wurde immer stärker, aber noch letzten Sommer hatte ich beschlossen, dauernd zu entsagen und allein zu bleiben. Da, im Herbst, ging es, wie es zu gehen pflegt, es wurde mir zu stark, das lang im stillen gehegte Feuer drängte zum Ausbruch. Das übrige können Sie nun ahnen. Es zeigte sich, daß zwischen uns vielerlei stand, was ich nicht gewußt hatte, namentlich Innerliches. Ich hatte fast keine Hoffnung, daß diese Berge weichen würden. Es war alles so tragisch, zum Verzweifeln. Und jetzt kennen Sie mein Winterleid. Und sagen Sie nun wohl: war es nicht übertrieben? Sie sagen es gewiß nicht. Sie kennen das Menschenherz zu gut. Vielleicht, daß Sie mir eine verzehrende Leidenschaft für ein Weib gar nicht zugetraut hätten, aber «stark wie der Tod ist die Liebe»[4]. Und warum habe ich mich nicht ausgesprochen? Auch das begreifen Sie. Das mußte zwischen uns zweien bleiben. Sie erfüllen gewiß auch gern meinen Wunsch, wenn ich Sie bitte, meiner Braut nichts von dem sagen zu wollen, was Sie an Schmerzenslaut von mir vernommen haben.

Und nun bin ich selbst ein Überraschter gewesen. Als ich es am wenigsten hoffte, da stand es da, frühlingshell, das unfaßliche Glück. Noch habe ich damit zu tun, es nur zu fassen. Wie sich nun wunderbare Gottesführung in allem zeigt. Ich bin erst jetzt reif für dieses Glück. Meine Familiensorgen sind vorbei, namentlich auch in Folge der auch glückverheißenden Verlobung meiner Schwester, ich bin frei; gekämpft ist der Kampf um Gott, die inneren Schwierigkeiten behoben. Auch die Skrupel wegen der Gesundheit sind vorbei, gerade der letzte Sommer und Winter haben mich darüber auch eines Bessern belehrt. Und noch mehr: rein innerlich bin ich erst jetzt reif für die Ehe. Ich war stark in asketische Gefühle, auch Gedanken, versenkt, wohl infolge meiner puritanischen Erziehung, erst im Laufe des letzten Jahres ist das alles an mir abgefallen, jetzt darf ich die Hand ausstrecken nach der Paradiesesfrucht der Ehe, meine ganze Lebensauffassung steht dahinter. Wunderbar hat Gott mich geführt.

Meine Braut ist das höchste weibliche Wesen, das ich gesehen. Doch das sagt wohl jeder glückliche Bräutigam und ich will es darum nicht sagen. Daß sie die Perle von Chur ist, werden wenige leugnen. Etwas Leuchtendes ist in ihrem ganzen Wesen, sie ist – Clara. Nicht ist sie ganz wie ich, aber sie besitzt gerade, was ich nicht habe, und vielleicht, daß ich auch ihr einiges geben kann. Es ist ein hohes Glück, nur zu hoch für mich, ich fürchte den Neid der Götter.

Und nun heißt es: Excelsior, «das Alte ist vergangen». Eine neue und höhere Art zu leben hat begonnen für mich, ein glänzendes Ziel zieht empor. Ich muß die Herrliche, die ich meine Braut nennen darf, nun erst noch verdienen. Alle meine Ideale müssen nun wieder erblühen und sie muß mir ihre Verkörperung sein. Ich werde nicht in meinem Glück versinken, es wird mich aufwärts treiben.

Und was sage ich nun Ihnen, lieber und verehrter väterlicher Freund! An solchen Tagen drängt es uns, der alten Liebe und Freundschaft zu denken, zu danken. Ja, haben Sie Dank für alles, was Sie in den Jahren des Kampfes für mich getan haben. Nun soll Ihnen vergolten werden durch Licht und Freude; nun soll das trübe Wesen abgetan sein. Und ich denke mir, daß das schöne, edle Verhältnis, das Sie mir gewährt haben, nicht *weniger* schön bleibe. Es freut mich so, daß Sie meiner Braut so gefallen haben. Nun hoffe ich, daß Sie auch ihr Freund werden. Nun erst kann ich Ihnen, wo immer ich sein werde, eine Heimat bieten. Nun müssen Sie, sobald ich wirklich einen eigenen Herd habe, kommen, so oft Sie nur können. Sie bringen uns Freude und sollen Freude empfangen.

Genug für heute! Wo wollte ich ein Ende finden. Nicht wahr, Herr Pfarrer Bion[5] hat raschen Gehorsam gefunden. Und daß Sie auch einverstanden sind, daß ich nun die Hand nach solchem Glück ausstrecke, das erhöht dieses bedeutend.

Nur noch kurz zweierlei: Die Sache ist noch einige Tage Geheimnis und es liegt uns viel daran, daß es gewahrt werde. Erst wenn die Verlobungsanzeige kommt, mögen Sie es mitteilen, wem Sie es gerne sagen. Und noch eine Bitte: wenn Sie meiner Braut einige Worte schreiben wollten, so würde es sie gewiß beglücken, namentlich, wenn Sie auch etwas Gutes von mir wissen. Das andere habe ich ihr alles selbst gesagt. (Adresse: Fräulein Clara Nadig, Bahnhofstraße, Chur.) Ja, noch ein drittes: Ich möchte gern in den Verlobungsring, den ich meiner Braut schenken werde, einen Spruch eingravieren lassen, der ein kleines Wortspiel enthielte, bin aber meines Lateins nicht mehr sicher. Ginge es wohl so: Post tenebras Clara lux! = P.T.C.L.![6] Bitte, wollen Sie mir das umgehend schreiben, auch wenn Sie zu einem Gratulationsbrief nicht Zeit finden.

Und nochmals Dank für alles. Gott segne Sie, wie Sie mir ein Segen waren. All sein Glücksgefühl legt in die Wünsche für Sie hinein

Ihr Leonhard Ragaz

Anmerkungen zu Brief Nr. 58

[1] Die Verlobung fand am 19. April statt, die Anzeigen wurden aber erst Ende April versandt.

[2] Im Tagebuch V fehlt nach der Eintragung vom 12. April eine Seite, die offensichtlich herausgerissen worden und beschrieben war, wie der stehengebliebene Rand beweist!

[3] Clara Nadig war damals zwanzigjährig; ihr Geburtstag war der 30. März 1874.

[4] Hohes Lied 8, 6.

[5] P. Schmiedel schrieb am 23. März 1901 in seiner Antwort auf einen traurigen Brief von Ragaz: «Neulich sprach Bion von Ihnen und meinte, Sie sollten in eine größere, anregungsvollere Stadt kommen – z.B. St. Gallen wäre sehr passend gewesen – und sollten sich verheiraten.»

Walter Bion, 1830–1909, war eines der Häupter der Zürcher Reformer und versah ein Pfarramt an der Predigergemeinde in Zürich.

[6] So lautete dann in der Tat die Inschrift auf dem Ring.

Brief Nr. 59: An Prof. P. W. Schmiedel

Chur, 6. Dezember 1901

Hochverehrter Herr Professor,

Was Sie prophezeiten, ist eingetroffen. Ich habe von Basel eine Anfrage erhalten, ob ich mich für Steigers[1] Stelle portieren ließe. Falls für die Münsterstelle ein starker Wahlkampf[2] zu gewärtigen wäre, so würde Birenstihl[3] von St. Elisabethen fürs Münster portiert und ich für St. Elisabethen. Letzteres ließe ich mir vielleicht gefallen. Aber ans Münster! Ich erschrecke förmlich, wenn ich daran denke, und ich glaube, daß Sie meine Bedenken teilen. Moosherr redet dringend zu, aber Sie wissen, wie er mich überschätzt.

Und nun, was soll ich tun? Bin ich ja doch in der Lage von Buridans[4] Esel. Mehr zieht's mich nach Zürich. Denn das wäre so viel weniger riskiert und böte mir so vieles von dem, was ich suche. Zwar kenne ich ja die Verhältnisse der Predigergemeinde nicht. Namentlich eines frage ich mich: ob ich wohl in der Predigt mich ein wenig ausleben, d. h. meine spezifische Art zur Geltung bringen dürfte und es dann draufankommen lassen, wer dadurch angezogen würde. Ich denke doch, das sollte in Zürich möglich sein. Ich würde auf junge Leute, auf Suchende und Fragende aus aller Welt spekulieren und manchmal meinem Publikum ziemlich viel zumuten, im übrigen aber nicht Steine bieten sondern Brot.

Im übrigen ist mir gar nicht klar, wie groß oder klein meine Aussichten in Zürich sind. Sie haben dort eigentlich Leute genug: Dr. Pfister[5] z. B., Schachenmann[6] u. a. m., und ich möchte fast annehmen, die allgemeine Stimmung sei gegenwärtig nicht gerade für abermalige Berufung eines Bündners[7]. Es wäre das gewiß sehr irrational, aber der populus ist halt so. Ich könnte also schließlich zwischen Stuhl und Bank fallen. Es wäre das gerade ein Unglück nicht, da ich es in Chur ja schon noch aushalten kann. Der Abschied würde ja sowieso schwer. Vielleicht wäre aber doch gut, wenn ich an Bion schriebe und ihn befragte, wie groß wohl nach seiner Ansicht meine Wahlchancen wären, wenn ich eine Kandidatur annähme.

Ich schreibe Ihnen das alles – in Eile – zu Ihrer Orientierung: daß Sie mir abermals schreiben und mich mit Ihrem Rat unterstützen sollten, darf ich wirklich nicht erwarten. Es freut mich, daß mein Thema[8] Ihnen gefällt. Gottlob handelt es sich um Gedanken, die mir geläufig sind, denn es bleibt mir verzweifelt wenig Zeit zur Ausarbeitung des Vortrags. Ich muß froh sein, wenn ich meine Ehre rette. Die Zeit unserer Ankunft (denn meine bedeutend schönere Hälfte will mich begleiten), werde ich Ihnen anzeigen. Übernachten werden wir wohl im Augustinerhof.

Es ist Freitag, Predigttag, und noch sind allerlei Geschäfte zu erledigen. Seien Sie in alter Liebe und Dankbarkeit gegrüßt von

Ihrem Leonhard Ragaz

Anmerkungen zu Brief Nr. 59

[1] August Steiger, geboren 1849, 1874 Pfarrer in Ebnat, 1877 in Herisau, seit 1892 in Basel, zunächst zu St. Elisabethen und seit 1895 Obersthelfer am Münster, war am 12. November 1901 gestorben.

[2] In Basel herrschten immer noch heftige Auseinandersetzungen zwischen den kirchlichen Richtungen.

[3] Georg Birenstihl, 1863–1949, war zunächst Pfarrer in Flawil, seit 1896 in Basel, an der Elisabethengemeinde.

[4] Johann Buridan, dem spätscholastischen Philosophen, geboren um 1300, wird das Argument unterstellt, daß ein zwischen zwei gleich starke Bündel Heu gestellter Esel ver-

hungern müßte, weil er, von beiden Seiten gleich stark angezogen, sich nicht von der Stelle rühren könnte.

[5] Vgl. oben, Brief Nr. 48, Anm. 15.
[6] Hermann Schachenmann, geboren 1867, damals Pfarrer in Benken/Zürich.
[7] Bion war auch Bündner.
[8] Selbstbehauptung und Selbstverleugnung.

Brief Nr. 60: An Prof. P. W. Schmiedel

Chur, 21. Dezember 1901

Hochverehrter Herr Professor,

Mit schwerem Herzen schreibe ich Ihnen diesmal[1]. Denn ich weiß, daß ich Ihnen einen lieben Wunsch zerstört habe. Glauben Sie mir, daß es mir nicht leicht geworden ist. Ich will Ihnen genau sagen, wie ich endlich zu meinem Entschluß gekommen bin. Ich fuhr nach Basel in der festen Überzeugung, dort nichts anderes zu tun, als meinen Freunden, Moosherr vor allem, zu sagen, warum ich nicht kommen könne. Eine lange Auseinandersetzung mit Moosherr belehrte mich keines Besseren. Als ich ein wenig in der Stadt herumwanderte, sprach immer nur eine Stimme in mir: Basel ist nichts für dich. Einen ersten Stoß erhielt diese Stimmung, als Altherr mir auseinandersetzte, wie ungünstig die Predigergemeinde[2] für mich sei. Doch verwand ich auch den Eindruck seiner Auseinandersetzungen. Ebensowenig vermochten es die Gründe anderer Herren über mich, die zu meiner Bearbeitung aufgeboten waren. Am Dienstagmorgen[3] hatte noch das «Nein» entschieden die Oberhand. Eine Änderung brachte erst Zwingli Wirth[4] zustande. Er erklärte mir, es gebe für einen Mann mit wissenschaftlichen und literarischen Neigungen in der ganzen Schweiz keine so geeignete Stelle wie die in Frage kommende am Münster. Und er mußte es wissen. Nun mußte ich mir sagen: Hast du nicht gerade eine solche Stelle gesucht? Ist sie nicht dein heißester Wunsch gewesen die drangvollen Jahre hindurch? Und jetzt, so sie dir angeboten wird, solltest du sie ausschlagen? Zweierlei Gründe kamen dieser Reflexion zu Hilfe. Einmal: ich muß auf meine Gesundheit Rücksicht nehmen. Diese Pflicht ist seit meiner Verheiratung sehr ernst geworden. Zum zweiten aber: ich möchte doch den Versuch machen, mich für Ethik und Religionsphilosophie zu habilitieren. Erschrecken Sie nicht, ich sähe während der Vorbereitung wohl, ob es dazu reichte oder nicht. Aber versuchen möchte ich's. Dazu aber kann ich eine solche Stelle, die viel otium gewährt, so wohl brauchen. Die Möglichkeit, allerlei literarische Pläne auszuführen, wäre auch lockend genug. Von Basel nun weiß ich, daß mir die Vorbedingung zu solcher Arbeit gewährt ist, von Zürich weiß ich es nicht. Vielmehr muß ich annehmen, daß hier die Sachlage ziemlich anders sei. Doch nun zu der Zürcher Stelle. Ich habe Bion über die Verhältnisse befragt, er hat mir auch die Kirche gezeigt. Diese ist nun allerdings ungünstig und ich weiß nicht recht, ob meine Stimme gegen ihre schlechte Akustik aufkommen könnte. Doch ist das Nebensache. Auch was den «Bann» betrifft, der auf ihr lasten soll, so ist es sehr gegen meine Natur, mir durch dergleichen imponieren zu lassen. Diese Angst hat nicht lange vorgehalten. Aber etwas anderes hat mich entscheidend beeinflußt. So wie die Gemeinde nach Bions Schilderung sein muß, wäre sie nicht für mich und ich nicht für sie. Da gehört ein Volksmann hin, der recht populär predigt und daneben sich sehr viel auf philantropischem Gebiete betätigt. Ich fände hier nicht, was ich suche. Wollte ich auf der Kanzel mein Eigenstes geben, dann könnte ich vielleicht Leute von anderwärts herziehen, aber die Mehrheit der Gemeinde wäre unzufrieden mit mir. Es wäre ein Mißverhältnis, das ich nicht gut ertrüge. So scheint mich meine individuelle Art nach Basel zu weisen. Es scheint mir, daß ich hier der Sache, der ich leben und sterben will, am besten dienen könne. Diese Überzeugung stammt aus dem Verstand, das Herz hätte mich nach Zürich gezogen. Der Entschluß ist mir schwer geworden. Und ich bin keineswegs sicher, das Rechte gewählt und Gottes Stimme verstanden zu haben. Namentlich eines peinigt mich: daß ich die bescheidenere Stelle ausschlage und die glänzendere wähle. Ich weiß, daß das sonst nicht Gottes Weg ist. Nur sagt mir mein Gewissen deutlich genug, daß der «Glanz» einer der stärksten Gründe *gegen* die Basler Stelle war. Aber es peinigt mich, daß ich auch nur den Schein errege, als ob ich nach der gewöhnlichen Art der Pfarrer die «bessere» Stelle der bescheideneren ohne weiteres vorziehe. Ich weiß nicht, ob ich Ihnen gegenüber noch extra sagen muß, daß ich nicht so tief gesunken bin. Auf mein Wort und vor Gott könnte ich Ihnen versichern, daß Sie in dieser Beziehung keine Enttäuschung an mir erleben. Sie dürfen auch sicher sein, daß ich in Basel kein Sybaritenleben zu führen gedenke. Ich weiß auch, daß auch dort Schweres meiner wartet. Ohne Illusionen gehe ich hin. Es ist eine große Probe für mich. Wenn ich mich dort behaupten kann, so bin ich etwas. Gott helfe mir!

Es sind schwere Entscheidungen, kritische Situationen. Wenn doch nur Gottes Stimme deutlicher spräche. Oder wenn doch nur das eigene Gehör feiner wäre, sie zu vernehmen! Es kann wohl sein, daß ich mich geirrt habe, dann muß ich es büßen. Und ich will büßen, ohne zu klagen. Weil ich aber Gott dienen will und nichts anderes, so wird er mir seinen Segen wohl nicht ganz versagen.

Aber weh tut es mir, daß ich Ihnen nicht eine Freude bereiten[5] konnte. Es wäre so schön gewesen! Der Gedanke, daß ich dadurch Ihrem Herzen ferner gerückt wäre, könnte allein mich recht unglücklich machen. Allerdings hätte ich nicht auf ein langes Zusammensein mit Ihnen gerechnet. Denn Sie gehören an eine Universität mit Studenten, eine Lehrgabe und

Erzieherkraft, wie die Ihrige, kann Gott einfach nicht lange ungenutzt oder doch nur halb genutzt lassen. Und es ist im ganzen ein richtiges Prinzip, solche persönlichen Entscheidungen nach rein sachlichen Gesichtspunkten zu treffen. Doch, ob Sie mir nun böse seien oder nicht, ob Sie meine Wahl für falsch halten oder nicht, ich werde Ihnen noch mehr als bisher dankbar sein, dankbar besonders für alles, was Sie gerade jetzt wieder an mir getan. Ich werde Ihnen meine ganze Liebe und Verehrung weihen und hoffe, Ihnen auch noch Freude zu bereiten. Ich weiß, was Sie sind, wie es wohl nur wenige wissen, und habe für geistige Wohltaten die Fähigkeit, tief dankbar zu sein. Gott segne Sie auch um dessentwillen, was Sie an mir getan!

Ich bleibe in alter Treue

Ihr Leonhard Ragaz

Anmerkungen zu Brief Nr. 60

[1] Ragaz hatte am gleichen Tage, 21. Dezember 1901, dem Präsidenten der Pfarrwahlkommission des «Freisinnigen Münstervereins» in Basel geschrieben und ihm mitgeteilt, daß er sich bereitfinde, als Nachfolger Steigers zu kandidieren. Protokoll des Freisinnigen Münstervereins, 23. November 1901.

[2] Die Nachfolge Pfarrer Bions, die man Ragaz auch angeboten hatte, war immer noch nicht geregelt.

[3] 17. Dezember 1901.

[4] Vgl. oben, Brief Nr. 7, Anm. 6.

[5] Schmiedel hatte in einem Brief vom 3. Dezember seine Freude darüber ausgedrückt, daß Ragaz wahrscheinlich nach Zürich komme.

Brief Nr. 61: An Rageth Ragaz

Chur, 11. Februar 1902

Lieber Rageth,

Das Ausbleiben meiner Antworten auf Deine lieben Briefe weißt Du gewiß richtig zu deuten. Ich singe aber die alte Melodie noch zu Ende. Ganze Hügel von unerledigten Korrespondenzen erheben sich vor mir, ich nehme mir vor: das und das muß nun geschehen, und dann kommen die Predigten, die Leichenreden, die Unterrichtsstunden, die Besuche, die Aufregungen, und die Woche ist hin. Das alles soll nun ein Ende haben, hoffentlich für immer. Und das ist das Beste an der Sache. Um die Mitte des April wollen wir unser Bündel schnüren. Das Herz blutet schon jetzt, wo ich mich in Gedanken losmachen muß von allem, woran ich so sehr gehangen, wenn auch in vielen Schmerzen, und noch mancher Sturm wird durchs Gemüt fahren, bis auch das überstanden ist. Ich bin mit meinem innersten Wesen hier so sehr angewachsen, meine Kraft strömt aus heimischem Boden, auch mein Gottesgefühl ist damit verbunden[1], ich werde mir wie entwurzelt und entblößt vorkommen, es ist wie eine Art Sterben. Ich verliere vieles, was ich nicht wiederfinden werde. Sehr oft will es mir scheinen, als ob ich mit dem Fortgang nach Basel doch eine Torheit begangen habe. Nach Zürich wäre ich viel leichteren Herzens gezogen und ich meine so, Basel werde mir noch einst als ein Schritt nebenaus erscheinen. Das Leben ist so furchtbar kritisch. Ich wenigstens werde so oft vor Entscheidungen gestellt, von denen so vieles abhängt. Ein falscher Tritt, und das Leben ist verpfuscht. Darum bedürfen wir zweier Dinge vor allem: der Kraft und der Klarheit, daß wir wissen, was wir sind und was wir sollen, und daß wir dem innern Lichte folgen, und daß der Gehorsam rückwirkend das innere Licht heller und mächtiger aufleuchten lasse. Das Leben ist eine große Kunst, es steckt ein furchtbarer Ernst darin. Diesen Ernst haben die Propheten und die großen Dichter und Künstler überhaupt empfunden, während die Masse stumpf und dumpf dahingeht. Ich habe darum nichts dagegen, wenn Du dem Ernste sein ganzes Recht einräumst, die Freude wird dann schon wiederkehren. Die Welt liegt im argen, fröhlich kann nur sein, wer sein Herz rein hält und an Gott glaubt[2].

Doch nun endlich zu Dir! Aus Deinen Briefen, die uns so viel Freude machen, weht der Hauch der Großstadt. Es tut mir so wohl, daß Du es mit Berlin so gut getroffen hast. Auch ist mir, als ob ich selbst noch einmal dort das Große durchlebte, das mir einst geworden. Es ist mir kaum irgendwo so wohl gewesen wie in Berlin. Und jetzt ist ja alles noch interessanter als zu meiner Zeit. Was Du von Harnack[3] sagst, hat mich recht überrascht. Mir erschien er z. B. mehr unruhig, nervös. Harnack ist ein verklärter P. W. Schmidt[4], nicht so tief, wie man wünschen möchte, und doch so reich und so – nötig! Du kannst von ihm lernen, wie kühn ein frommer Mann sein darf und soll. Du wirst durch ihn bewahrt werden vor der Zurückgebliebenheit der meisten Reformer, die über Biedermann[5] und Lipsius[6] nicht hinaus kommen, und wirst hinausgeführt werden in weites, fernes Neuland.

Wie geht's in den Museen? Kennst Du gute Kunstgeschichten? Der Kunstwart[7] empfiehlt Springers «Handbuch der Kunstgeschichte» und Lübke, von Semrau[8] bearbeitet (der alte Lübke taugt nichts!). Ein solches Buch, das wohl in der Bibliothek aufzutreiben sein wird, kann Dir doch einiges nützen. Und nicht wahr, wenn Du einmal in die Materie tüchtig hineingekommen bist, dann gehst Du wieder zu den Klassikern, Shakespeare usw. An Kuno Fischer[9] habe ich einst auch viele Freuden erlebt, besonders an Spinoza[10]. Auf Leibniz geht man heutzutage viel mehr zurück als auf irgend einen der älteren Philosophen. Lotze[11] verdankt ihm vieles vom Besten. Seine Monadologie ist eine Entdeckung, deren Tiefen noch lange nicht erkannt und erschöpft sind. Laß Dir nur nicht bange werden, wenn es

Dir bei eingehender Beschäftigung mit jedem einzelnen Philosophen vorkommt, als habe jeweilen der recht, an dem Du gerade bist. Sie haben ja *alle* recht, einmal insofern jede Philosophie ein *Bekenntnis* ist und dann, weil jeder ein Stück des Universums, nur in *seiner* Beleuchtung, sieht. Die Philosophiegeschichte ist übrigens nicht nur ein Friedhof, wo jeder Nachfolger den Vorgänger begräbt, sie ist ein Organismus, an dem sich langsam ein Glied nach dem andern heraus entwickelt mit innerer Notwendigkeit. Diese Hegelsche Art, die Geschichte zu betrachten, wird wieder zu ihrem Rechte kommen. Kritik kannst Du allerdings nie genug üben, es fehlt uns ein wenig an kritischer Wahrhaftigkeit. Es gibt Menschen, die eigentlich grundsätzlich zu jeder fremden Ansicht nein sagen und der eigenen treu bleiben sollten, solange sie nur irgend können – zur Selbsterziehung, weil sie wissen, wie wenig fest sie noch auf eigenen Füßen stehen. Es schadet nichts, wenn Du Dir solche Drainage auferlegst, auch ich hätte sie immer noch nötig. Daß wir ein *Selbst* werden, ist doch alles, was wir erreichen können, das Höchste und Schönste. Dazu gehört auch der Kampf um Gott. Du harre nur aus und forciere nichts. Du hast Zeit und Raum.

Nimm's mir nicht übel, wenn ich Dir wenig frische Gedanken zu bieten habe. Ich bin fast immer müde. Es soll noch besser werden. Wer weiß, ob nicht die alten schönen Zeiten wiederkehren? Ich hege nämlich die Hoffnung, daß Du zu Basel im Pfarrhaus am Rhein noch einmal als «Student» ein- und ausgehen werdest. Wir hätten's halt fein zusammen. Clara freut sich auch darauf. Wenn auch die Zofingia[12] Dich nicht mehr hinzieht, so täte es doch die zweite Heimat, die Du dort hättest. Es versteht sich ja von selbst, daß Du bei uns wohnen und essen würdest. Wenn es mir bis dahin noch nicht gelungen sein sollte, mich zu habilitieren, so könnte ich doch wie Steiger ein theologisches Kränzchen[13] halten und gerade durch Dich mit der Studentenschaft Fühlung gewinnen. Doch sind diese Gedanken vielleicht zu selbstsüchtig, jedenfalls dürfen sie Dich nicht abhalten, wenn's Dich stärker anderswohin zieht, und ich meine auch, daß Du mindestens noch ein Semester (abgesehen vom nächsten!) auf einer andern Universität, vielleicht Heidelberg (oder Florenz!) zubringst. Über all das kann noch geredet werden. – Und nun genug. Dieser Brief ist Dir vielleicht mehr Strafe als Genuß. Meine Gedanken sind natürlich so viel bei Dir. Clara läßt Dich herzlich grüßen, und ich bin in Liebe und Treue

Dein Leonhard

Anmerkungen zu Brief Nr. 61

[1] Die Liebe Ragaz' zu Graubünden hatte in der Tat religiöse Beimischung. «Die Geschichte eines Volkes ist ein mächtiges Wort Gottes» hatte er 1899 in seiner Calvenpredigt ausgerufen; er war überzeugt von der religiös verstandenen Mission Graubündens: «Du hast noch Großes zu tun unter den Völkern!» Als typischer Freisinniger, der er damals noch war, erlebte er Gott in den geschichtlichen Mächten, und nicht zuletzt im

Vaterland. Das konnte so weit führen, daß er (ebenfalls in der Calvenpredigt) ausrief: «Was wäre Gott ohne Vaterland?» (Alle diese Zitate aus: «O Land, höre des Herrn Wort!», Chur 1899, Bibl. A II 4). Erst in der Auseinandersetzung mit Naumann und seiner Realpolitik kam Ragaz zur Ablehnung dieses geschichtsgläubigen Gottesglaubens; damals begann er vom «falschen Gott» der Chauvinisten zu sprechen, der «der polytheistischen Stufe der Gotteserkenntnis» zuzurechnen sei. «Was sagen uns die deutschen Reichstagswahlen», C III 2, vgl. Biographie, Bd. I, S. 97f.

² Ein großer Abschnitt behandelt teils die Frage des Nachfolgers in Chur, teils familiäre Angelegenheiten und wird im Druck weggelassen.

³ Vgl. oben, Brief Nr. 54, Anm. 16.

⁴ Vgl. oben, Brief Nr. 48, Anm. 9.

⁵ Vgl. oben, Brief Nr. 3, Anm. 8.

⁶ Vgl. oben, Brief Nr. 2, Anm. 11.

⁷ Der Kunstwart, Monatshefte für Kunst, Literatur und Leben, in München, 1887 von Ferdinand Avenarius gegründet.

⁸ Wilhelm Lübke, 1826–1893, Kunstgelehrter, Verfasser von «Grundriß der Kunstgeschichte», Stuttgart 1860. Von Semrau wurden der erste bis vierte Band der zwölften Auflage (1899-1905) und der zweite bis vierte Band der fünfzehnten bis siebzehnten Auflage (1920-1925) bearbeitet.

⁹ Vgl. Brief Nr. 54, Anm. 9.

¹⁰ Spinoza war eine Lieblingsgestalt der frühen Studienjahre von Ragaz. Vgl. Mein Weg, Bd. I, S. 103.

¹¹ Vgl. Brief Nr. 54, Anm. 11.

¹² Die Studentenvereinigung Zofingia, deren Basler Sektion Leonhard Ragaz angehört hatte und in der auch Rageth aktiv gewesen war.

¹³ Steiger hatte mit einigen liberal gesinnten Theologiestudenten gemeinsam philosophische Schriften gelesen, und dieser Kreis hatte sich schon jetzt an Ragaz gewandt und ihn gebeten, die verwaiste Stelle Steigers auch in ihrem Kreise einzunehmen.

Brief Nr. 62: An Prof. P. W. Schmiedel

Chur, 15. April 1902

Hochverehrter Herr Professor,

Trotz Ihres Dispenses schreibe ich Ihnen nun doch noch den projektierten Brief und hoffe, daß Sie mir diesen Ungehorsam nicht übel nehmen werden. Ein schwerer Winter ist wieder vorüber. Mein bevorstehender Weggang von Chur hat mir viel Schmerzen bereitet. Zuerst kamen die gewohnten Reuegefühle. Ich warf mir vor, daß ich zu sehr dem Kopfe gefolgt sei und zu wenig dem Herzen. Der Kopf hatte für Basel entschieden, das Herz für Zürich. Es schien mir, als ob ich in Zürich eine individuelle Mission gehabt hätte, was in Basel nicht der Fall sei, und daß ich mich dort ungleich wohler gefühlt hätte. Das kann alles wohl sein, diese Gefühle sind auch jetzt noch nicht abgetan. Es wäre gut, wenn wir der Stimme des Innern folgten, auch wo sie uns irrational scheint. Das sollten gerade Leute tun, die so wenig auf die ratio geben. Das ist nun aber nicht mehr zu ändern. Dagegen kamen dann alle die bittern Abschiedsschmerzen. Erst der Abschied zeigt uns ja, was wir lassen müssen. Von den Leuten zwar wäre es besser, wenn sie uns ihre Gesinnungen vorher etwas deutlicher dokumentierten, dagegen sieht man die Werke, die geschaffen wurden und noch zu schaffen sind, und fühlt es als Sünde, sie im Stiche zu lassen. Wenn ich im Februar oder auch im Januar die Zürcher und Basler Gelegenheit bekommen hätte, dann wäre ich hier geblieben. Im Dezember aber war die Depression, die auf mir lastete, zu groß. Es ist mir hier doch vieles gelungen. Es ist Leben erwacht. Besonders auf die Jugend habe ich Einfluß gewonnen, die Kirche hat sich immer mehr gefüllt, gute Werke sind begonnen oder auch zu Ende geführt worden und persönlich habe ich so viel Liebe und Freundschaft geerntet. Noch zwei bis drei Jahre hätte ich wirklich hier bleiben sollen. Da jedoch eine solche Konstellation von Umständen eingetreten war, daß ich wirklich meinte, es sei nötig, daß ich ginge, und ich nicht gerne gegangen bin, so hoffe ich, die Schuld werde mir vergeben werden.

Nächsten Sonntag[1] will ich hier Abschiedspredigt[2] halten und am 4. Mai soll ich in Basel beginnen. Meine Frau ist gegenwärtig drunten, um einzuräumen. Am 1. Mai gedenken wir dann beide endgültig hinunterzureisen und gerne werden wir in Zürich einen möglichst langen Aufenthalt machen, um mit Ihnen zusammen zu sein. Ich gehe in Furcht und Zittern nach Basel. Denn ich kenne ja Boden und Klima. Mein Programm ist vorläufig gemacht. Mit dem Parteistreit befasse ich mich sowenig als möglich, aber auch das Ideal einer Versöhnung der Parteien ist mir kein Ideal, läßt mich kalt; wenigstens in der Gestalt, wie es gewöhnlich gepredigt wird. Ich will versuchen, positiv das zu sagen, was ich zu sagen habe, *Suchenden* etwas zu geben. Wenn's dann nötig ist, kann ich schon auch das Schwert ziehen. Den Freisinnigen will ich Konsequenz bieten und Mut der Wahrheit, den Ehrlichen unter den «Positiven» religiöses Verständnis. So will ich mir mein Publikum suchen. Dann will ich mich besonders der Jugend widmen und den Arbeitern. Bei letzteren ist es mir in Chur auch gelungen und so hoffe ich, auch in Basel rasch eine Anknüpfung zu finden. Und dazu kommen in aller Stille die akademischen Pläne. Auch da habe ich schon eine Anknüpfung. Einige Studenten haben mich ersucht, das philosophische Kränzchen zu übernehmen, das Pfarrer Steiger geleitet hatte. Ich habe zugesagt, trotzdem ich ganz aus der Sache heraus bin. Es ist eine rechte Kühnheit, aber es wird mir wohl nicht gerade den Hals brechen. Auch mein «Du sollst» soll dann trachten, das Licht der Welt zu gewinnen. Ich habe nicht viel Zuversicht dazu, aber Mühe geben will ich mir. Das ganze Unternehmen ruht vorläufig noch auf Königs[3] Buch, denn Neumaerkers[4] und Gerstungs[5] Leistungen scheinen nicht geeignet zu sein, viele auf die «neuen Bahnen» zu locken.

Aus meinem alltäglichen Dasein ist wenig zu berichten. Unser Antistitium hätten Sie sehen sollen, solange es noch das unsrige war. Es war ganz verändert und viel heimeliger geworden. Jetzt streicht der Wind durch die Hallen[6]. – Die Wahl meines Nachfolgers ist, nach allerlei anfänglichen

Gefahren, über Erwarten glücklich verlaufen. Pfarrer Walser[7] von Pontresina ist ein begabter Mann, einige Fehler wird er hoffentlich ablegen. Erfreulich ist, daß Professor Hosang[8], von dessen Erkrankung ich Ihnen wohl geschrieben habe, recht gut genesen ist. Er wird ziemlich sicher Walsers Nachfolger in Pontresina. An seiner Stelle hätte nun von rechtswegen der arme Fleisch[9] kommen sollen. Sein Los ist bitter genug. Jetzt gehe es ihm vorübergehend etwas besser, Hoffnung ist wohl keine. So gehen unsere Besten dahin, die Lumpen bleiben.

Ich hoffe, daß Sie sich in Baden gut erholt haben und daß das Sommersemester sich gut anläßt. Doch darüber kann ich Sie bald mündlich befragen. Von Basel aus hoffe ich, wieder in einen regelmäßigen Geistesaustausch mit Ihnen treten zu dürfen; diesen Winter habe ich wissenschaftlich sozusagen nichts tun können. Pfisters[10] Wahl hat Ihnen gewiß Freude gemacht. Er war einmal eine Stunde bei mir, wir haben aber durch ein Gespräch über den freien Willen sie schlecht ausgefüllt. Denn keiner hatte Zeit, seine wahre Meinung zu explizieren. Gerade so gings in Wiesen, wie ich nachher hörte. Gewiß hat Pfister keinen guten Eindruck von mir bekommen. Sei's denn.

Doch nun Schluß! Ich wünsche Ihren Arbeiten ein ruhiges Gedeihen, Ihrer Schwägerin ein schönes Glück, Ihnen aber bringe ich immer von neuem alle Gefühle der Liebe, Verehrung und Dankbarkeit dar, die Sie so sehr verdient haben durch das, was Sie gewesen sind und sind

Ihrem Leonhard Ragaz

Anmerkungen zu Brief Nr. 62

[1] Also am 20. April 1902.
[2] Diese ist im Manuskript erhalten. Es stehen darin die Sätze: «Im schweren Ringen um die Seele dieser Stadt bin ich selbst klarer und reifer geworden.» Ragaz kennzeichnete den Kampf gegen den philosophischen Materialismus, der seine Studienjahre gekennzeichnet hatte. «Aber nicht lange konnten wir uns damit zufrieden geben... Die Sehnsucht nach Gott wurde stärker in uns als jede andere Sehnsucht. ... Diesen Kampf habe auch ich gekämpft, ja, ich darf sagen, daß der Kampf um die Weltanschauung und Lebensauffassung, der Kampf um Gott und die Seele, Jahrzehnte hindurch der eigentliche Inhalt meines Lebens gewesen ist. Es war ein schwerer Kampf, aber der Sieg war desto beglückender. Nun kannte ich keine größere Aufgabe, als der neuen Zeit in neuen Zungen Gott zu verkündigen und einen neuen Glauben, der doch eine Entwicklung des alten ist. Diesem Drange gehorchend, ließ ich mich als Pfarrer von Chur wählen. Ich wollte besonders den Suchenden und Zweifelnden zurufen: der alte Gott lebt noch! ... Freisinnig wollte ich sein, aber nicht der Freisinn war mir die Hauptsache, sondern die Religion.... Es ist eine der erfreulichsten Erfahrungen, die wir gemacht haben in den letzten Jahren, wie der helfende Liebesgeist in unserem Bündnervolke so mächtig erwacht ist. Möge dieser Geist wachsen unaufhörlich! Religion ist Gerechtigkeit, Freiheit, Glaube an den Menschen und die Menschheit. Darum muß sie es mit der sozialen Bewegung halten, welche die Schwachen stärken und allen sich in die Höhe Ringenden helfen will. Sie ist mit denen, die Gerechtigkeit verlangen und Freiheit. Ihr Ideal ist eine Menschheit, die einen Bruderbund darstellt von Menschen, die einander stützen und tragen im schweren Kampf des Lebens und gemeinsam nach dem Höchsten streben. Religion ist echte Demokratie. Darum ist sie mit allen Bestrebungen für Hebung der Volksbildung.»

[3] Vgl. Brief Nr. 55, Anm. 6.

[4] Carl Neumaerker schrieb Band 3 der Reihe «Neue Pfade zum alten Gott» unter dem Titel «Der Mensch, wie er sich selber findet», Freiburg i. Br. und Leipzig, 1901.

[5] Ferdinand Gerstung schrieb Band 2 der Reihe unter dem Titel «Die Welt an sich – für mich», Freiburg i. Br. und Leipzig, 1901.

[6] Einige Zeilen über Kollegen in Chur und Basel werden weggelassen.

[7] Peter Walser, 1871–1938, von Seewis, seit 1895 Pfarrer in Pontresina, wurde 1902 zum Nachfolger Ragaz' gewählt und war bis zu seinem Tode Pfarrer in Chur.

[8] Pfarrer Hosang mußte seine Stelle an der Kantonsschule aus gesundheitlichen Gründen aufgeben und versah 1902–1913 die Gemeinde Pontresina.

[9] Urban Fleisch, 1874–1903, seit 1897 Pfarrer in Wiesen, Graubünden, hatte in Berlin mit einer Arbeit über «Erkenntnistheoretische Grundlagen der dogmatischen Systeme von Biedermann und Lipsius» den Licentiatengrad erworben. Nun verbot ihm seine Krankheit die Annahme der Kantonsschullehrerstelle. Schon im kommenden Jahre mußte Ragaz einen Nekrolog schreiben: «Pfarrer Fleisch», Religiöses Volksblatt 1903.

[10] Vgl. oben, Brief Nr. 48, Anm. 15.

Brief Nr. 63: An den Grütliverein Chur

Basel, 14. Mai 1902

An den tit. Grütliverein[1] von Chur.

Hochgeehrter Herr Präsident,

Unter den Beweisen von Liebe und Anhänglichkeit, die mir bei meinem Weggange von Chur zuteil geworden sind, hat mir die freundliche Zuschrift[2] des Grütlivereins eine ganz besondere Freude bereitet. Sie zeigt mir von neuem, daß die Arbeiterschaft meine soziale Gesinnung nicht verkannt hat. Es war immer mein Bestreben, den Sinn für das Recht der sozialen Bewegung zu stärken, wo ich nur konnte, und soziale Tugenden zu pflegen, wo immer mein Amt mir dazu Gelegenheit gab. Gerne hätte ich mich der Arbeiterinteressen noch nachdrücklicher angenommen, wenn Zeit und Kraft es erlaubt hätten. Es ist meine Überzeugung, daß die tiefsten und edelsten Motive der sozialen Bewegung übereinstimmen mit den großen Prinzipien des echten Christentums und daß es geradezu Pflicht eines Pfarrers sei, mit den emporstrebenden Klassen zu gehen. Diese Pflicht ist mir eine Freude gewesen. Ich werde auch in Zukunft im gleichen Geiste arbeiten und trage in mir die fröhliche Zuversicht, daß die Entwicklung der Menschheit die Richtung nehmen wird, auf die unsere Hoffnungen hinweisen.

Darum rufe ich Ihnen ein getrostes «Mutig vorwärts» zu und bleibe mit herzlichem Danke für alle Freundlichkeit, die ich von Ihrer Seite empfangen habe, und mit den besten Wünschen für das Gedeihen des Grütlivereins

Ihr ergebener Leonhard Ragaz, Pfarrer

[1] Der Grütliverein hatte Ragaz im Februar 1902 angefragt, wen er sich als Nachfolger wünsche, um diesen Kandidaten bei der Pfarrwahl zu unterstützen (Protokollbuch des Grütlivereins Chur im Staatsarchiv Graubünden, 5. Februar 1902). Im April hatte der Vorstand beschlossen, Ragaz zum Abschied ein Ständchen zu bringen und ihm eine Sympathieadresse zu überreichen.

[2] Diese wurde, zusammen mit dem hier wiedergegebenen Brief, publiziert im «Grütlianer», 12. Juni 1902.

Dritter Abschnitt

Basler Münsterpfarramt
Briefe aus den Jahren 1902–1908

Brief Nr. 64: An Antistes A. von Salis

Chur, 25. Januar 1902

Hochgeehrter Herr Antistes[1],

Ich spreche Ihnen meinen herzlichsten Dank aus für Ihre freundliche Begrüßung[2]. Sie setzen richtig voraus, daß ich die baslerischen Verhältnisse einigermaßen kenne. Darum komme ich mit viel Sorge, ja mit einiger Furcht nach Basel. Ich habe mich nur schwer entschlossen, dem an mich ergangenen Rufe zu folgen. Aber ich mußte der Überbürdung entfliehen, die mich hier in Chur ruiniert hätte, und es reizte mich an der mir angebotenen Stelle gerade die Aussicht auf mehr Muße zu Studium und geistiger Konzentration. Ganz ferne liegt mir der Gedanke, das Ziel meines Wirkens in der Bekämpfung der «Positiven» zu suchen. Meine Meinung gedenke ich allezeit ehrlich zu sagen, aber das wäre mir ein viel zu kleinliches Ziel, einer Partei als solcher dienen zu wollen. Die Partei als solche ist mir nichts. Ich möchte modernen[3] Menschen dienen und tun, was ich erarbeitet und was Gott mir von seiner Erkenntnis geschenkt hat. An Suchende denke ich, wie ich selbst einer gewesen bin und teilweise noch bin. Meine innere und äußere Vergangenheit wies mich ganz nach dieser Richtung hin. Der Kampf mit den «Positiven» hat mich innerlich nie wirklich beschäftigt und er ist mir auch sonst nie aufgedrängt worden. Ich kann aber nur predigen, was ich erlebt habe. Im übrigen halte ich es für wichtiger, Religion zu predigen als Aufklärung. Ich fürchte darum durchaus nicht, daß durch mich der Friede in der Münstergemeinde gestört werde. Allerdings ist es auch nicht meine Absicht, jenen «Frieden» zwischen den Richtungen fördern zu helfen, von dem so viel geredet wird. Aber daß die Auseinandersetzung möglichst im Geiste wahrer Freiheit erfolge und in noblen Formen, auf Grund eines kongenialen Verständnisses gegnerischer Meinungen, dazu möchte ich gerne einen bescheidenen Beitrag leisten.

Ihnen gegenüber, hochgeehrter Herr Kollege, hoffe ich allezeit mich so zu verhalten, daß Sie keinen Grund zur Klage haben. Es wird mir das dem Landsmann, dem an Alter, Erfahrung und beruflichem Können so weit

Überlegenen gegenüber nicht schwer werden. Dennoch möchte ich Sie zum voraus um freundliche Nachsicht bitten für meine Mängel und Fehler. Es sind deren nicht wenige, und bis ich mich in die neue Stelle eingelebt haben werde, mag mir wohl dieser oder jener Verstoß gegen mir unbekannte kirchliche Ordnungen begegnen. Empfangen Sie den Ausdruck vorzüglicher Hochachtung

Ihres ergebenen Leonhard Ragaz, Pfarrer

Anmerkungen zu Brief Nr. 64

[1] Von 1529–1897 war der jeweilige Hauptpfarrer am Münster zugleich Antistes der Basler Kirche. Arnold von Salis war somit der letzte Antistes, wurde aber noch nach 1897 als Antistes angesprochen. Das zweite Pfarramt am Münster hieß Archidiakonat oder Obersthelferamt. Seit 1897 war diese Bezeichnung abgeschafft und man sprach schlicht vom zweiten Pfarrer am Münster. Vgl. Gauss, Basilea reformata, S. 9.

[2] Nach der am 18./19. Januar 1902 erfolgten Wahl ans Münster hatte von Salis am 24. Januar 1902 einen Brief an Ragaz gerichtet, in welchem er den neuen Kollegen freundlich begrüßte. Er schrieb darin folgende Sätze: «Sie kennen von Ihren Studienjahren her unsere baslerischen kirchlichen Verhältnisse wohl schon etwas besser als manche, welchen dieselben nur vom Hörensagen und aus der Ferne bekannt sind. Danach werden Sie denn auch bereits wissen, daß in Basel durchaus nicht etwa beständig Krieg geführt wird und geführt werden muß auf kirchlichem Gebiet, sondern daß man sich so eingerichtet hat, daß jedermann vollkommen frei und unangefochten seines Glaubens leben und seines Amtes walten kann. ...» (Die Kopie liegt im Basler Staatsarchiv, Kirche V 6).

[3] Das Wort «modernen» ist im Manuskript nicht eindeutig lesbar.

Brief Nr. 65: An Rageth Ragaz

Basel, 13. Mai 1902

Lieber Bruder,

Nun mußt Du auch erfahren, wie alle diese Dinge sich zugetragen haben. Denn nun ist die langersehnte stille Stunde endlich gekommen, viele andere noch versprechend. Und das wird wohl zum Besten an unserem Basler Leben gehören. Es ist auch viel wert. Also höre:

Der Abschied von Chur gestaltete sich unendlich schmerzlich. Es kam nun zum Vorschein, wie viel die sechseinhalb Jahre meines Arbeitens in Chur bedeutet hatten. Wenn alle diese Leute mir nur früher gesagt hätten, was sie jetzt sagten, ich wäre noch nicht weg. Denn der tiefste Grund meines Fortganges war doch die Meinung, es sei mir droben vieles, das Beste, verdorben. Auch ich selbst habe im Lichte des Abschieds, der uns überhaupt so vieles sagt, erst recht gesehen, was ich alles aufgeben mußte. Vieles, sehr vieles davon werde ich nicht wieder bekommen, vielleicht das Beste. Dennoch waren es nicht diese Schmerzen allgemeiner Art, die mich zuletzt am

meisten erschütterten, sondern rein persönliche Gefühle: das Abschied-
nehmen von der Familie[1]. Ich hatte nicht geahnt, wie hart mich das ankommen werde, sonst wäre ich schon deswegen nicht fortgegangen. Wir
hatten das Gefühl, es sei eine Trennung für immer, und es ist ja auch so,
daß das alte Verhältnis aufgelöst ist und schwerlich sich wieder neu bildet.
Die Hoffnung richtet sich nun auf Dich. Wenn Du in Bünden Pfarrer bist
und nicht gar zu weit von Chur weg, dann kannst Du wieder Seele der
Familie werden.

Am Abend des 30. April, an dem ich noch die Hochzeit Bener-Bühler
gehabt hatte, brachte uns der Kirchenchor ein Ständchen. Noch eine
schwere Nacht und am 1. Mai ein schwerer Abschied, und Chur lag hinter
uns und Bünden dazu. Es war wie ein Sterben; die Seele voll der herbsten
Empfindungen, deren sie fähig ist, fuhr ich in den trüben Maitag hinein,
die Zukunft öd und schwer vor mir. Ich hatte kein Schicksal anzuklagen,
ich habe mir alles selber bereitet.

In Zürich erwartete uns Professor Schmiedel und die Gedanken wandten
sich wieder neuen Wegen zu. Je näher wir aber Basel kamen, je flacher zugleich die Gegend, desto öder wurde es mir ums Herz. Es tat uns aber wohl,
am Bahnhof eine Deputation zu finden, darunter Dr. Moosherr, die uns
freundlich empfing und, in einen feinen Zweispänner gepackt, glücklich in
die Obersthelferei[2] führte. Man ist in solcher Lage so empfänglich für jedes
herzliche Wort. Das Haus an der Augustinergasse war freundlich geschmückt
und sogar mit einer Inschrift versehen, die jedenfalls von Wohlmeinen
zeugte:

> Von Bündner Bergen Abschied nehmen, ja
> das macht wohl jede Brust beklommen.
> Doch Freundes Herzen schlagen wohl auch da
> und heißen herzlich Sie willkommen.
> Sind wir auch hier im Schweizerland
> und hier, wie dort, in Gottes Hand.

Das letzte ist wohl das Stichhaltigste. Und nun also das Haus. Da haben
wir keinen bösen Tausch gemacht. Es ist auch ein älteres Gebäude, mit
etwas patrizischem Anstrich, aber sehr gemütlich. Leider schauen Wohn-
und Schlafzimmer wie in Chur nach der verkehrten Seite. Dagegen ist mein
Studierzimmer ein Juwel. Es schaut über den Rhein und Kleinbasel hinweg
nach den «Bergen» des Schwarzwalds. Und vor dem Studierzimmer eine
Veranda, denke Dir, eine Veranda, und zwar eine breite und unbeobachtete.
Und unten ein Gärtchen, bis zum Rhein hinunter, mit allerlei Bäumen und
Buschwerk und ganz von der Welt abgeschlossen. Machts Dich nicht an?
Bis jetzt haben wir zwar von all diesen Herrlichkeiten noch nicht viel ge-
habt, da wir fast vergessen haben, wie das Antlitz der Sonne aussieht. Und
es lag manchen Tag ein Chaos an Büchern und Möbeln herum, das erst jetzt

sich zu einem Kosmos gestaltet hat. Schüchtern streckten wir unsere Fühlhörner aus und entdeckten, daß es auch in Basel Menschen gebe. Ich hatte mich auf Antrittspredigt und Antrittsbankett zu rüsten. Denn in Chur war ich natürlich nicht recht dazu gekommen. Es war noch eine Schlußhetze schlimmster Art gewesen, das richtige Finale für die ganze Musik. Erschöpft an Leib und Seele kam ich nach Basel, um hier sofort mein Bestes leisten zu sollen. Das wollte nun aber nicht gehen. Es leuchtete mir wieder ein böser Stern. So viel ich mich mühte, es wollte nicht gelingen. In dieser großen, vielleicht größten Stunde meines öffentlichen Lebens konnte ich lange nicht mein Bestes geben. Und doch kam so viel auf mein erstes Wort an. Man ist mir hier mit großen, zu großen Erwartungen entgegengekommen. Also denn, es kam der große Tag. Im Antistitium wurde ich den Herren vom Kirchenrat[3] vorgestellt, den Orellis[4], Sarasins[5] und Preiswerks[6]. Dann gings im Zuge ins Münster. Alles, was ich etwa im Leben an feierlichen Dingen mitgemacht habe, reicht nicht an diese Stunde heran. Drinnen im Chore saßen Kirchenräte, Pfarrer und andere «Häupter». Es gereichte mir zur Beruhigung, daß ich neben den heiligen Zwingli Wirth[7] zu sitzen kam; es war mir, wie es etwa einem jungen Krieger sein mochte, der neben einem grauen Helden in die Schlacht zieht. In die Schlacht mußte ich allerdings allein. Zuerst hielt Salis seine Installationsrede über Jerem.[8]. Es war, wie man mir versicherte, eine ungewöhnlich freundliche Begrüßung, mit der auch ich sehr zufrieden sein konnte, wie auch mit der persönlichen Aufnahme, die mir Salis bereitete. Darauf das Gelübde, ein Lied des Kirchenchors «Ich hebe meine Augen auf zu den Bergen». Und dann stieg ich auf die Kanzel, Du weißt, daß mich in solchen Momenten eine verzweifelte Tapferkeit überkommt. Ich blickte auf die Völkerscharen, die das Münster bis auf den letzten Winkel füllten, und predigte über Jerem. 4, 3[9]. Es fiel auf, daß wir beide über einen Jeremiatext predigten. Es ist vielleicht so ein Zufall, der doch mehr ist als nur Zufall. Eines war doch gewonnen: meine Stimme reicht fürs Münster, ich muß sie nur noch ein wenig schulen. Am Abend war Bankett im Cardinal[10]. Es waren 50–60 Herren da, alle freisinnigen Pfarrer, dazu andere freisinnige Notabilitäten, z. B. P. W. Schmidt[11]. Ich bekam da so viel herzliche und geistreiche Worte zu hören, daß es mir fast zu viel wurde; am freundlichsten redete Redaktor Amstein[12], ein prächtiger Mensch!

So war denn der Empfang so warm, als wir's nur wünschen konnten. Auch sonst habe ich nur Gutes über die Stimmung gehört, mit der man mir entgegenkomme. Auch in positiven Kreisen sei man mir so freundlich gesinnt als nur möglich. Ein alter Positiver habe gesagt, es habe ihm schon lange nichts so Freude gemacht wie meine Wahl. Die Abstinenten namentlich freuen sich ihrer. Seltsame Schicksalswende; die Abstinenz, die mir in Chur so viele Türen verschlossen, öffnet sie mir in Basel. Es läßt sich also alles so gut an, als unter den obwaltenden Verhältnissen nur möglich ist, und ich bin dafür dankbar.

Dennoch glaube ich vorläufig, daß es ein Fehltritt von mir war, nach Basel zu kommen. Was ich in Chur schon geahnt, ist mir in den paar Wochen, seit ich hier bin, vollends klar geworden. Ich bin in den meisten Dingen rückwärts gekommen. Statt einer Jugend, die mir trotz vieler Stumpfheit doch im ganzen Freude machte, und die doch noch viel Ernst und Pietät zeigte, habe ich hier einen Haufen von zerstreuten, oberflächlichen und leichtsinnigen Wesen, denen man die Religion anwerfen muß und die man beständig mit «Geschichten» füttern sollte, um ihre Aufmerksamkeit auch nur ein wenig zu erhalten. Nichts Ganzes, nichts Zusammenhängendes, Organisches. Auch daß ich nur jeden dritten Sonntag Predigt habe, verhindert ein systematisches Arbeiten. Daß ich imstande wäre, einige der chinesischen Mauern niederzureißen, zwischen denen wir hier wandeln, davon kann keine Rede sein. Es handelt sich bei den religiösen und politischen Parteiungen Basels nicht um eine religiöse, sondern um eine Rassenfrage[13]. Der eigentliche Basler ist «positiv». Auch wenn er persönlich noch so wenig vom «positiven» Wesen erbaut wäre, zu den «Reförmlern» geht er nicht. So ist es und so wird es bleiben. Es sind faktisch zwei Kirchen, die hier nebeneinander bestehen. Dabei steht die Sache so, daß die Intelligenz nicht zu den Reformern hält. Die Reform muß sich mit dem sozialen und intellektuellen Mittelstand begnügen. Ich glaube, daß ich in Chur mehr gescheite, gebildete und tiefgründige Menschen gehabt habe, auf die ich wirken konnte, als in Basel. Nehme ich dazu noch, daß die ganze Art der Leute uns fremd ist, daß wir mit der Geschichte Basels in keinem rechten Zusammenhang stehen und also die Seele dieses Volkes nicht recht kennen, so ist klar, daß es mir schwer fallen wird, die innere Kraft zu gewinnen, ohne die ich nichts kann. Droben hatte ich eine Art Mission, hier komme ich mir durchaus unnütz vor. Ich hoffe, daß Gott mir wieder Aufgaben gibt und das stärkende Bewußtsein, Aufgaben zu haben.

Inzwischen werde ich jedenfalls für meine persönliche Ausbildung vieles gewinnen. Man muß sich hier aufs äußerste zusammennehmen, um bestehen zu können. Ich werde auch Zeit finden, mein Wissen zu erneuern und zu ergänzen. Und die Universität lasse ich nicht aus den Augen. Gestern habe ich sieben Studenten meine erste Vorlesung[14] gehalten. Wir lesen einige der kleineren Schriften Kants und repetieren im Anschluß daran die Philosophiegeschichte. Ich fürchte, es werde den Leutchen bald trocken vorkommen. Doch genug von mir für diesmal. Es freut uns immer so, daß es Dir gut geht. Ein jeder Brief ist uns eine Erquickung. Was die Pfingstferien anbetrifft, so rate ich Dir, nur ein bißchen weit auszugreifen. Wenn Du gute Gesellschaft findest, so kannst Du ja nach Hamburg, Kiel oder Rügen, sonst empfiehlt sich Dresden, wo ich zu Pfingsten 1889[15] war, auch allein. Ich habe im «Trompeterschlößchen» fabelhaft billig und gut dazu geschlafen und gegessen. Versäume dann nicht einen Ausflug nach Blasewitz und Loschwitz. Laß Dir auch das Innere der Frauenkirche zeigen, die, erbaut von Bähr, ein Muster *protestantischen* Kirchbaus ist, und versäume nicht, wie ich, den Besuch des Grünen Gewölbes. Man sieht dergleichen nicht so leicht wieder. Es sei mit Dir des sichtbaren und des unsichtbaren Himmels Gunst.

Ich muß schließen. Bald mehr. Clara läßt Dich herzlich grüßen und ich bleibe in Liebe und Treue

Dein Leonhard

Anmerkungen zu Brief Nr. 65

[1] Als Ragaz nach Basel übersiedelte, waren sein Vater und alle seine Geschwister, ausgenommen Rageth, der in Berlin studierte, in Chur, Jakob, Merta und Felix noch unverheiratet.

[2] Auch der Titel «Obersthelfer», der den 2. Pfarrer am Münster bezeichnete, war damals schon abgeschafft, aber das Haus an der Augustinergasse 11 hatte den Namen behalten.

[3] Der neunköpfige Kirchenrat war die Exekutive der Basler Kirche und wurde von Pfarrer A. von Salis präsidiert. Die folgenden Namen sind aber alles Angehörige des Kirchen*vorstandes* der Münstergemeinde.

[4] Conrad von Orelli, Professor für Altes Testament an der Universität Basel.

[5] Im Kirchenvorstand saßen zwei Träger dieses Namens als Vertreter der positiven Richtung: Hans Sarasin-Thurneysen und Rudolf Sarasin-Thiersch.

[6] Pfarrer Samuel Preiswerk saß im Kirchenvorstand.

[7] Vgl. oben, Brief Nr. 7, Anm. 6.

[8] Ragaz bezeichnet die Bibelstelle nicht näher. Er hat indessen im Manuskript Raum ausgespart, offenbar um nachträglich Kapitel- und Verszahl einzusetzen, was aber unterblieb. Es handelt sich um Jer. 1, 17: «So gürte deine Lenden und mache dich auf und predige ihnen alles, was ich dich heiße.» Protestantenblatt, 1902, S. 150.

[9] «Pflüget ein Neues.» Die Predigt wurde abgedruckt im Protestantenblatt, 1902, S. 157 ff.

[10] Der Begrüßungsabend fand, laut Protokollbuch des Freisinnigen Münstervereins, im Cardinal um 7.30 Uhr abends statt. Als Gäste waren Prof. P. W. Schmidt und Prof. Bolliger geladen, dazu alle freisinnigen Pfarrer der Stadt. Es sprachen die Pfarrer Altherr, Birnstiel und Birenstihl. Vgl. Basler Nachrichten, 5. Mai 1902.

[11] Vgl. oben, Brief Nr. 48, Anm. 9.

[12] Fritz Amstein, 1853–1922, ursprünglich Mechaniker, seit 1878 Redaktor am Schweizerischen Volksfreund, später an der National-Zeitung; Amstein vertrat die freisinnige Richtung 1902–1909 im Basler Kirchenrat. Mit seinen Kindern Emilie und Richard war Ragaz befreundet.

[13] Ragaz meint nicht «Rasse» im eigentlichen Sinn des Wortes. Die Reformrichtung war in Basel in erster Linie von Pfarrern vertreten worden, die aus der Ostschweiz stammten. Auch bei den Laien gehörten die Altbasler eher der positiven Richtung an, während die Reform sich vorwiegend auf Zugewanderte stützte. Mit dem kirchenpolitischen Gegensatz verband sich also ein soziologischer und in gewissem Sinn auch ein regionaler. Das alte Basler Bürgertum hielt vorwiegend, entsprechend der Basler Erweckungstradition, zur Orthodoxie.

[14] Es handelte sich um das private philosophische «Kränzlein», das Ragaz an Stelle seines verstorbenen Vorgängers Steiger antreten konnte.

[15] Vgl. Mein Weg, Bd. I, S. 125.

Brief Nr. 66: An Rageth Ragaz

Basel, 9. Juni 1902

Lieber Rageth,

Ich habe gewußt, daß die vergangene Woche Dir schwer sein werde[1]. Wenn wir auch lange genug Zeit gehabt hatten, uns vorzubereiten, so blieb uns doch immer die Hoffnung. Und wir besitzen eine so große Hoffnungsfähigkeit. Zum mindesten durften wir hoffen, das Vae victis nicht zu hören und nicht ein solches Triumphgeheul der Sieger. Nun ist etwas in uns zerbrochen, oder doch gelähmt. Wir haben an diese Sache so viel Kraft des Glaubens gesetzt, wir haben unsere Hoffnungsfähigkeit, wenn sie ermatten wollte, immer wieder angespannt, nun ist natürlich, daß das übermäßig angestrengte Organ Ruhe haben will, daß eine große Erschlaffung des Gemütes eintritt. Wie uns, geht es vielen andern. Es ist böse Zeit. Wir hätten wirklich alles eher nötig gehabt als eine solche Predigt des Unglaubens. Ich habe furchtbar gelitten und auch mir sind die Tränen gekommen. Wir haben es nicht nötig, uns darüber auszusprechen, was uns der Burenkrieg bedeutet. Er ist unter den geschichtlichen Begebenheiten, die wir miterlebt, vorläufig *das* Ereignis. Es wird unserer Weltanschauung, die gar zu rosig nie gewesen ist, einen noch dunkleren Ton geben. Zwar haben wir immer gewußt, daß diese Welt im argen liege und daß das Gute den Opferweg gehen müsse, aber daß es endgültig unterliegen müsse, haben wir doch nie geglaubt. Wir konnten die furchtbarsten Leiden, durch die das Burenvolk hindurch mußte, wohl begreifen, aber das definitive Erliegen konnten wir nicht fassen. Wenn der Satz: das Gute siegt, wenn auch nur leidend und sterbend, nicht mehr gelten sollte, dann hätte unser Glaube die Spannkraft verloren, ja, er wäre gar kein «Glaube» mehr. Wir werden an diesem Problem noch lange zu würgen haben. Mir hat dieser Krieg vieles gesagt, was ich nicht mehr vergessen werde. Der Politik bin ich satt. Wir sind mit ihr genährt[2] worden mehr als viele andere, und ich bedaure das auch nicht. Aber ich bin unter Schmerzen drüber hinausgekommen. Die Politik ist des Teufels. Das hat uns der Burenkrieg gezeigt. Auch der Krieg ist des Teufels. Ich mag ihn nicht mehr verteidigen. Und der Patriotismus ist ein zu enges Gewand geworden für Menschen, die wirklich modern im besten Sinne geworden sind. Ich glaube, daß die Zeit der «Politik» gewesen ist. Die kleineren Völker müssen in den größeren aufgehen und diese in einigen Weltreichen, die Vorstufen sind des großen Menschheitsreiches, des Gottesreiches[3]. Es ist Götterdämmerung, schwere Zeit. Das Alte stürzt, das Neue ist noch in den Anfängen da, und vielleicht erkennen wir es noch nicht einmal. Die nationalen Ideale stürzen und es wachsen die sozialen, die humanen, die religiösen. Das alles wird sich nur langsam vollziehen, *wir* werden vielleicht noch eine Steigerung des Nationalismus erleben – aber die neue Entwicklung muß kommen. Wohl uns, wenn unsere Ideale nach der Zukunft weisen, daß wir nicht in Trauer über die grossen Zusammenbrüche unser Leben verzehren müssen.

In diese Geschichtsauffassung ordne ich auch den Burenkrieg ein, von da aus kann ich ihn auch religiös verstehen. Er soll an einer großen geistigen Zeitenwende eine Fackel sein, die uns die vorhandene Wirklichkeit furchtbar beleuchtet, ein Signal zum Erwachen soll er sein. Auftaumeln sollen wir und erschrecken. Was ist unsere Humanität? Was unser Christentum? Eine Posse. Tief, tief in der Barbarei stecken wir noch und höchstens einige Strahlen des Morgenlichtes haben uns berührt. Das hat der Burenkrieg gezeigt. *Vielen* hat er es gezeigt, vielen von den Besten. Aus dem Taumel, der da hieß: Macht, Weltpolitik, Volkstum, Realpolitik, sind viele erwacht. Der Ton ist schon anders geworden. Und nun frage ich: hätte dieser Zweck durch einen Sieg der Buren besser erreicht werden können? Ich glaube nicht, ich fürchte vielmehr, daß ein Sieg doch nur jene Tendenzen gestärkt hätte. Und wenn auch nicht – ein Sieg wird schnell vergessen. Aber Niederlagen des Guten prägen sich unvergeßlich dem Gedächtnis der Menschheit ein. Ich brauche nur an das Kreuz auf Golgatha zu erinnern. Die größten Erinnerungen der Geschichte sind heldenhafte Niederlagen. In der Kunst ist die Tragödie das Höchste, sollte es nicht in der Wirklichkeit auch so sein? Sollte das Unterliegen der Buren nicht doch größer sein, als ein Sieg gewesen wäre?

Allerdings ist das nicht mein letztes Wort. Auf Karfreitag muß Ostern folgen. Ich gebe auch jetzt die Hoffnung nicht auf. England hat furchtbar gefrevelt, es wird furchtbar gestraft werden. Die Buren haben gelitten, geblutet, sie werden gesegnet werden, so oder so, jedenfalls über unser Ahnen hinaus. Also noch einmal hoffen! Es handelt sich um Weltgesetze, die keine Ausnahmen dulden.

Ich begriffe es wohl, wenn das schwere Erlebnis zunächst Deinen Glauben erschüttern oder gar umwerfen sollte. Vielleicht aber kann es auch dazu dienen, daß Du ihm noch breitere und tiefere Fundamente gräbst. Schließlich und *letztlich* werden wir unsere Zuversicht doch nicht auf die Beurteilung des Weltlaufes gründen dürfen. Der Erdgeist wird uns, wie dem Faust, zu groß bleiben. Wir müssen Gott persönlich erleben, dann kommen wir nicht mehr von ihm los. Und so komme ich nicht von ihm los, geschehe, was da wolle, und spreche immer wieder mein: *Dennoch!*

Vielen, vielen Dank wieder für Deine beiden Briefe. Jeder ist mir eine Erquickung. Wie freut es mich, daß Dresden Dir so viel geboten hat, obschon es mir leid tut, daß ich so unvorsichtig war, Dir nur so ohne weiteres das Trompeterschlößchen anzuraten, trotzdem ich wissen könnte, wie ein Haus mit einem neuen Besitzer sich gründlich ändern kann. Übrigens wirst Du das Los all der Leute geteilt haben, die in unserer schneidigen Zeit noch meinen, Bescheidenheit sei eine Zier. Die Kellner und Portiers gehören zu den traurigsten der Erdensöhne und beurteilen den Menschen ganz und gar nach dem «Auftreten»[4]. Und ich kann mir nicht denken, daß die norddeutsche Luft Dir den Rücken schon so gestärkt habe, daß die Selbständigkeit Deines Wesens auch äußerlich zu Tage träte. Innerlich allerdings ist sie vorhanden und wir freuen uns so sehr darüber, wie Du Dich entwickelt hast und wie Deine Persönlichkeit sich entfaltet. Fahre nur so fort, denn wenn ich *eine* Lebenserfahrung gemacht habe, so ist es die, daß nichts unser Leben so furchtbar verdirbt wie die *Schwäche*. Ein bißchen gar zu einsam bist Du mir jetzt. Es täte Dir doch auch gut, ein wenig ins «Geräusch der Welt» hineinzukommen. Das Ich bildet sich am Nicht-Ich und dieses tritt uns am fühlbarsten entgegen in lebendigen Menschen. Geh oft ins Theater und, wenn Du Gesellschaft findest, in Volksversammlungen.

Auf dem dritten Böglein nun muß ich Dir noch von uns berichten. Wie es uns geht? Antwort: es geht eigentlich gar nicht. Ich bin immer noch auf Quarantäne. Noch habe ich erst drei Taufen und eine Trauung gehabt, «Leichen» aber – denke Dir meinen Jammer! – keine! Dieses Gefühl des vollkommenen Unnötigseins ist gewiß oft recht drückend. Droben so viele und große Aufgaben zurücklassen und hier Luft sein! Zwar tut mir die Stille gut an Leib und Seele und ich glaube wirklich, daß auch künftig mein Leben hier stiller sein wird und einfacher. Im übrigen bin ich des Lebens noch nicht froh geworden. Der Jugendunterricht ist statt eine Erquickung eher ein Kreuz. Ich möchte diesen hohlen, pietätlosen Wesen oft lieber Ohrfeigen applizieren als Religion. Glücklicherweise gibt es doch auch wirkliche Kinder unter ihnen, die mir Freude machen. Nur muß eben alles auf einem neuen Fuße geschehen. Was die Predigt anbetrifft, so ist die drei Male, die ich nun gepredigt, das Münster gefüllt gewesen. Ein Problem ist noch, ob meine Stimme ausreichen wird oder nicht. – Freude habe ich an meinem Kränzchen[5]. Unter den acht Teilnehmern sind u. a. Saxer[6], Hemmi[7] und Rothach[8]. Es sind intelligente Burschen. Wir lesen die Prolegomena, repetieren zwischendurch Philosophiegeschichte und disputieren über die darin auftauchenden Probleme auf eigene Faust. Dennoch werde ich die Sache in dieser Form aufgeben und dafür auf den Herbst ein theologisch-philosophisch-literarisches Kränzchen in Form einer Abendgesellschaft, die sich alle vierzehn Tage versammelt, einzurichten versuchen.

Im übrigen verfließt unser Leben, wie gesagt, still und friedlich. Mit den Kollegen, besonders mit Birenstihl, ist das Verhältnis schön und wird es bleiben. Das ist auch etwas! Die Anstandsbesuche, die ich bei den Mitgliedern des Kirchenvorstandes machen mußte, bei den Sarasins[9], Preiswerks[10] und Burckhardts[11], waren sehr interessant. Ich wurde überall freundlich aufgenommen, überall hieß es: wir ließen theologisch schon mit uns reden, wenn die Reform nur nicht mit der Politik verquickt wäre. Daß übrigens die Parteien in voller Auflösung begriffen sind, ist klar. Was bekümmern uns die Parteien!

Leb wohl. Schreibe bald wieder. Habe noch besonders Dank für Deinen prachtvollen Simson und sei herzlich gegrüßt von Clara und Deinem

Leonhard

Es fällt mir noch ein, daß ich Dir schon wiederholt schreiben wollte, ob Du nicht gern mit einigen «Männern» bekannt werden möchtest? Ich kann Dich an Graue und Websky empfehlen, die Dich übrigens auch sonst mit Freuden aufnehmen werden. Geh doch zu ihnen. Wohnung im Adreßbuch! Und schreibe doch Altherrs auch einmal!

Anmerkungen zu Brief Nr. 66

[1] Am 31. Mai 1902 war die Kapitulation der Buren erfolgt.

[2] Ragaz ruft dem Bruder wohl die politische Diskussion im Elternhaus in Erinnerung. «Wenn wir nach stundenlanger Arbeit vom Mähen ein wenig, beim Znüni, ausruhten, dann redeten wir nicht von der Arbeit oder sonst von den Dingen der Landwirtschaft, sondern von den politischen Ereignissen und Persönlichkeiten.» Mein Weg, Bd. I, S. 32.

[3] Diese erstaunliche Aussage steht im Werk von Ragaz insofern vereinzelt da, als er hier einen Universalismus zu vertreten scheint, der die kleinen Völker in größere Nationen, diese allerdings auch wieder in umfassendere Einheiten aufgehen läßt. Am politischen Universalismus hat Ragaz auch sonst festgehalten (darum sein späteres Eintreten für den Völkerbund), doch trat er, insbesondere in und nach dem ersten Weltkrieg, mit großem Nachdruck für das Existenzrecht der kleinen Völker ein. (Vgl. die Artikelfolge «Die Schweiz im Weltbrand», von Ragaz unter dem Pseudonym «Helveticus», erschienen im Grütlianer, 64. Jg., Nr. 218–220, vom 18., 19. und 22. September 1914 und die Neue Schweiz, 4. Aufl., Olten 1919.) Auch wenn die Aussage vordergründig das Burenvolk meint, ist sie doch erstaunlich, weil Ragaz zweifellos nie von kleinen Völkern gesprochen hat, ohne an die Schweizer zu denken.

[4] Ragaz hatte zeitlebens eine Aversion gegen Hotels und Fremdenindustrie, die gewiß zum nicht geringen Teil aus den Erfahrungen im Heimatland Graubünden entstanden ist.

[5] Das oben, Brief Nr. 65, erwähnte Kränzchen der Theologiestudenten, welches Ragaz von seinem Vorgänger Steiger übernommen hatte.

[6] Alex Saxer, von Wartau St. Gallen, war seit 1901 an der Theologischen Fakultät immatrikuliert.

[7] Peter Hemmi, geb. 1881, ab 1905 Pfarrer in Malix, lebt dort seit 1952 im Ruhestand.

[8] Rothach = Rottach, Robert, geb. 1881, immatrikuliert an der Theologischen Fakultät in Basel seit 1900.

[9] Hans Sarasin-Thurneysen war Vertreter der positiven Richtung im Kirchenvorstand, ebenso Rudolf Sarasin-Thiersch.

[10] Pfarrer Samuel Preiswerk Vater, ebenfalls positives Kirchenvorstandsmitglied.

[11] Dr. Th. Burckhardt-Biedermann, positives Mitglied des Kirchenvorstandes.

Brief Nr. 67: An Prof. P. W. Schmiedel

Basel, 23. August 1902

Lieber, verehrter Herr Professor,

Soeben lese ich im religiösen Volksblatt die Bestätigung meiner stillen Weissagung, daß Ihre Vorträge den Glanzpunkt des Zürcher Ferienkurses[1] bilden würden. Ich freue mich darüber herzlich. Sie sind damit um ein schönes Stück mehr der Unsrige geworden, und ich hoffe, daß auch der Besuch der Fakultät sich heben wird. Es muß Ihnen doch eine rechte Befriedigung gewährt haben, aus Ihrer Fülle einmal so vielen Männern zu spenden, die denn doch noch ganz anders zuhören als Studenten. Wenn Sie sich doch entschließen könnten, die Vorträge aufzuschreiben und drucken zu lassen. Doch hindert vielleicht die Rücksicht auf die Hand Sie diesmal daran.

Ich danke Ihnen herzlich für die Geburtstagskarte. Leider kam ich nicht dazu, Ihnen aus den Ferien zu antworten. Die Heimreise aber erfolgte in großer Eile und es reichte nicht mehr zu einem Halt in Zürich. Die Ferien sind im allgemeinen sehr schön verlaufen. Wir fuhren nach dem Vierwaldstättersee, machten die Klausenpaßtour[2], hielten uns in Chur einige Tage auf und gingen dann nach Parpan[3]. Von dort aus besuchte ich noch einmal meine Angehörigen auf Kunkels hinter dem Calanda, machte eine leichtere und (nicht ohne Gewissensbisse) eine schwerere Bergtour und vorbei war's. Am 4. ds. waren wir wieder in Basel. Die Ferien haben mir sehr gut getan. Ich habe mich körperlich schon lange nicht mehr so wohl befunden und auch gemütlich hat mir der Höhenfriede sehr wohl getan. Ich bin mit allerlei tapferen Entschlüssen wieder nach Basel gekommen. Hier mußte ich allerdings den innern Kampf des Frühlings noch einmal, immerhin abgekürzt, durchmachen. Übrigens hatte sich schon vor den Ferien meine Stimmung ein wenig gehoben. Was die Stimme anbetrifft, so wird sie doch genügen, wenn ich einmal den Trick heraushabe. Mein Naturell wird allerdings immer wieder störend einwirken, denn ich bin halt kein getragener Mann. Tröstlich ist auch, daß der Kirchenbesuch sich fortwährend auf der Höhe erhält. Daß man mir Beerdigungen noch nicht anvertraut und Taufen auch fast nur in Abwesenheit meines Kollegen Birenstihl, nehme ich mit Ruhe hin. Unerfreulich ist immer der Religionsunterricht. Doch will ich nun meinen Ehrgeiz dran setzen, doch etwas aus diesem harten Gestein herauszuschlagen. Unerfreulich ist die ganze geistige Atmosphäre von Basel, daran ist nichts zu ändern, unerfreulich die Lage der Reform. Daß ich mich im Amte je innerlich wohl fühlen werde, hier in Basel, glaube ich nicht recht, aber ich werde selbst innerlich wachsen und vielleicht ist das ja unser Lebenszweck.

Religiös und theologisch gehe ich wieder durch eine rechte Krise. Die «Christologie» macht mir wieder sehr zu schaffen. Darüber muß ich Ihnen einmal ausführlich schreiben.

Werden Sie wohl noch eine Zeitlang in der Schweiz bleiben? Und im September gehen Sie gewiß wieder zu Ihrer Gemeinde im Reich. Möge Ihnen dabei viel Erquickung beschieden sein. Und wann kommen Sie wohl zu uns? Es wäre so schön im Gastzimmerchen über dem Rhein!

Ich bin in alter Liebe und Verehrung

Ihr Leonhard Ragaz

Anmerkungen zu Brief Nr. 67

[1] Vom 4. bis 8. August 1902 fand in Zürich ein Fortbildungskurs für amtierende Pfarrer statt. Schmiedel hielt in diesem Rahmen ein Referat über «Vergängliches und Bleibendes im Paulinismus».

[2] Die Reise ist dargestellt in Mein Weg, Bd. I, S. 247.

[3] Die Familie Nadig besaß dort ein Ferienhaus, da der Großvater von Clara Nadig Baumeister gewesen war und ein verlottertes Bauernhäuschen erworben und ausgebaut hatte.

Brief Nr. 68: An Prof. P. W. Schmiedel

Basel, 2. Dezember 1902

Hochverehrter Herr Professor,

Sie hätten allerdings schon lange einen Bericht haben sollen. Aber es sind wieder allerlei innere und äußere Stürme über mich hingegangen[1]. Auch mit Arbeit bin ich nun wieder überhäuft so gut wie nur je. Denn ich mußte notgedrungen einen großen Teil der Birenstihlschen Amtsarbeit übernehmen. Seit Anfang August habe ich fast jeden Sonntag gepredigt und dazu Kinderlehre gehalten. Das will in Basel doch viel mehr bedeuten, als es in Chur bedeutet hätte. Dazu Unterricht, Armenwesen, Seelsorge. Die Sache ist umso fataler, als ich natürlich nicht auf so etwas gefaßt war und da nun allerlei übernommen habe, das ich sonst abgelehnt hätte. So habe ich vorgestern einen Vortrag[2] über Dantes Göttliche Komödie gehalten und zwei weitere Vorträge werden im Januar folgen[3]. Am meisten Sorge macht mir natürlich mein Buch[4]. Noch ist keine Zeile daran geschrieben und anfangs April sollte es druckfertig sein. Ich muß mich nun doch daran machen und hoffe, daß auch die Stimmung sich während der Arbeit einstellen werde.

Wie es mir im übrigen geht? Menschlich gesprochen: sehr mäßig, was das Amt anbetrifft. Die Situation ist so, wie ich sie Ihnen im Sommer geschildert habe. Sie hat sich nicht gebessert. Zwar mit der Jugend geht es ein wenig besser, dagegen mit den Erwachsenen eher schlimmer. Meine Gemeinde will kein Zutrauen zu mir fassen. Ich bin ihnen fremd. Mein ganzes Wesen ist ihnen unverständlich und was der Philister nicht versteht, das verwirft er. Ich imponiere ihnen in keiner Weise. Pfarrer Steiger hatte schöne lange Locken, die habe ich nicht. Jeder Schritt, den er tat, war getan im Bewußtsein, daß ein berühmter Mann daherwandle und jedes Wort, das er sprach, war vom Himmel her geredet – das imponierte diesen Leuten gewaltig. Und die Blumengärten seiner Rede und die Verse von Geibel und Gerok, das war eine Herrlichkeit. Und ich – mit stillem Mitleid schauen die Besseren auf mich. Man hält gelegentlich mit dem Ausdruck offenbarer Geringschätzung nicht zurück; man traut mir so wenig als möglich zu. Und doch sind meine Predigten ihnen wieder zu hoch. Im allgemeinen wird jetzt das Urteil über mich ungefähr so lauten: Der Ragaz mag ja recht gelehrt sein, aber einem Steiger kann er nicht das Wasser reichen und ein Volksmann ist er nicht. Wir haben keine gute Wahl getroffen. Das tiefste Übel aber ist, daß meine religiöse Art ihnen ganz fremd ist. Es ist eben eine zugestandene Tatsache, daß die Reform hier über ein schlechtes Material verfügt. Sie hat unter den Laien kaum *einen* bedeutenden Mann und in der ganzen Stadt vielleicht kein Dutzend gebildeter Frauen für sich. Es ist die Kirche der Philister. Die Partei trägt die Züge des Marasmus[5] an sich. Ist es nicht merkwürdig, daß ich Zeichen der Sympathie und Dankbarkeit fast nur aus «positiven» Kreisen erhalten habe, trotzdem meine Predigten weniger «positiv» waren als in Chur? Dafür bin ich auch mit der Partei ganz und gar fertig. Da ist kein Hauch von Leben mehr. Wir müssen ein Neues pflügen[6].

Ich glaube die Situation nicht zu trübe geschildert zu haben. Es hätte keinen Zweck, wenn ich Ihnen gegenüber eine Zufriedenheit heucheln wollte, von der ich in Wahrheit fern bin. Ich habe in Basel unendlich gelitten und wenn es so weiter ginge, müßte meine Gesundheit ganz ruiniert werden. Es war, als ob ein böser Stern über allem wäre, was ich unternahm, und der Weg war mit Dornen verzäunt. Überall Schwierigkeiten, große und kleine. Es ist aber jetzt wirklich Aussicht auf mehr Ruhe. Wenn nur der neue Kollege[7] gut ausfällt. Jedenfalls habe ich nun die *innere* Ruhe gefunden, wie die Resignation sie gibt. Römer 8, 28[8].

Mein Privatleben hat nicht viel Veränderung erfahren. Bruder Rageth studiert fleißig; seine Gegenwart tut mir wohl. Meine Frau ist nicht ganz wohl, doch hoffe ich, es gehe vorüber. Auch ich mußte zehn Tage das Zimmer hüten. Von Moosherr haben Sie wohl gehört, daß er nun endgültig in die Fakultät aufgenommen[9] ist und daß er mit einem pädagogischen Vortrag vor der Schulsynode[10] viel Glück gehabt hat. Körperlich mag er es nur aushalten, weil seine Frau ausgezeichnet für ihn sorgt.

Haben Sie sich nun wieder ordentlich erholt? Ich wünsche herzlich gute Besserung. Wegen der Fakultät ist mir doch nicht bange, dagegen muß ich Ihnen doch bald einen Ruf nach Deutschland wünschen. Sie sind zu gut für Zürich.

In alter Liebe und Dankbarkeit

Ihr Leonhard Ragaz – Pfarrer, *nicht* Obersthelfer[11]

[1] Der Beginn des Briefes bezieht sich auf den Rücktritt von Ragaz' freisinnigem Kollegen an der Münstergemeinde und wird weggelassen.

[2] Ragaz sprach am 30. November 1902 im Gundeldinger Kasino über «Dantes göttliche Komödie, das Epos der Erlösung». Vgl. Bericht in der National-Zeitung vom 1. Dezember 1902.

[3] Ragaz sprach am 27. Januar 1903 beim Freisinnigen Gemeindeverein St. Leonhard über «Selbstbehauptung und Selbstverleugnung»; ein zweiter Vortrag im Januar läßt sich nicht ermitteln.

[4] «Du sollst»; dieses erschien aber erst 1904.

[5] Auslöschen, äußerste Schwäche.

[6] «Pflüget ein Neues» war der Text von Ragaz' Antrittspredigt in Basel gewesen.

[7] An die Stelle Pfarrer Georg Birenstihls berief dann die Münstergemeinde im April 1903 Pfarrer Johann Georg Birnstiel (1858–1927), vorher Pfarrer zu St. Matthäus in Basel.

[8] «Wir wissen aber, daß denen, die Gott lieben, alle Dinge zum besten dienen.»

[9] Moosherr war von Herbst bis Weihnachten 1901 von einem Teil seines Pensums entlastet worden, um an seiner Habilitationsschrift zu arbeiten, und war am 29. November 1902 von der Fakultät nach stattgehabtem Colloquium habilitiert worden. Seine venia docendi lautete auf Philosophie und Pädagogik.

[10] Am 18. November hatte Moosherr über Lehrerbildung referiert und die Genugtuung erlebt, daß die Versammlung seine Thesen über diesen Gegenstand zu den Ihrigen gemacht hatte.

[11] Die Titel «Antistes» und «Obersthelfer» waren 1897 abgeschafft worden.

Brief Nr. 69: An Prof. P. W. Schmiedel

Basel, 30. Dezember 1902

Lieber, verehrter Herr Professor,

Zu einem Briefe reicht's heute nicht mehr – und doch, wie vieles hätte ich zu sagen! Was mich selbst anbetrifft, leider nicht gar viel Gutes. Der Himmel ist eher noch trüber über mir geworden. Noch herrschen die bösen Gestirne und ich habe die Vorahnung, daß sie es noch eine ziemliche Zeit tun werden. Nach Neujahr sollen Sie wieder ausführlichen Bericht erhalten. Inzwischen nehme ich mir zum Vorbild den Dürerschen Ritter, der trotz Tod und Teufel seinen Weg zieht. Wenn Glaube und Hoffnung abnehmen, nun, so mag die Tapferkeit antreten.

Wie geht es Ihnen wieder? Werden Sie die Ferien zu einer Schlafkur benutzen oder zum Gegenteil? Im ersten Fall wäre es schade, daß Sie nicht bei uns sind, denn man schläft hier herrlich – vorausgesetzt, daß man nicht Pfarrer von Basel ist.

Es wünscht Ihnen, was Liebe und Verehrung nur wünschen kann,

Ihr Leonhard Ragaz

Basel, 11. März 1903

Hochverehrter Herr Professor,

Ich schreibe Ihnen heut aus einem ganz eigenen Grunde, nämlich, weil es mir gut geht[1]. Denn ich habe Ihnen so viel geklagt, daß es nicht recht wäre, wenn ich's Ihnen nicht auch meldete, sooft ich bessere Zeiten habe. Solche habe ich denn auch wirklich so ungefähr seit Neujahr. Seither ist's stille geworden um mich und in mir, nachdem die Not gerade um Weihnachten und Silvester herum den Höhepunkt erreicht hatte. Schon diese größere Stille war etwas wert für Leib und Seele, die beide am Ende ihrer Kraft waren. Jetzt aber ist aus diesem gleichsam passiven ein aktives Wohlsein geworden. Ich glaube zu merken, daß es in Basel doch gehen wird. Die Zeichen von Verständnis und Sympathie mehren sich. Mein Kirchenbesuch ist nachgerade sehr schön geworden, wenn er nur so bleibt! Das Münster ist gelegentlich fast voll und die Mehrzahl der Hörer sind Männer, besonders viele junge Männer, drunter Studenten, Lehrer, Suchende. Es ist ein sehr gemischtes Publikum, das sich aus der ganzen Stadt rekrutiert, aber es ist eine gute Qualität. Das Wunder für Basel ist, daß sich immer verhältnismäßig viele «Positive» darunter befinden. Es ist merkwürdig, daß mich diese eigentlich von Anfang an mit mehr Sympathie aufgenommen haben als die «Freisinnigen»[2]. Natürlich beeinflußt das meine theologische Haltung nicht im geringsten. Ich schaue nicht rechts oder links, sondern vorwärts und entwickle mich *dogmatisch* eher im radikalen Sinne, Ihnen darin da und dort näher kommend. Mit dem hiesigen Freisinn ist ja nicht viel zu machen, aber ich finde eine Gemeinde, der ich dienen kann, und das genügt.

Auch in andern Dingen geht es mir besser. Mit der Jugend verstehe ich mich schon ganz ordentlich. Bis jetzt habe ich nur Mädchen unterrichtet, abgesehen von *den* Knaben, die ich von Birenstihl übernommen; aber auf Wunsch meines neuen Kollegen will ich nun auch Knaben übernehmen. Das ist ein noch dornigeres Feld – aber es ist Arbeit an der Zukunft, es ist Arbeit in der Richtung meiner Ziele. Ich arbeite fortwährend an einer Reform des Religionsunterrichtes. Wenn ich einmal Zeit dazu finde und die Sache reif ist, möchte ich gerne darüber schreiben[3].

Was die hiesigen kirchlichen Dinge anbetrifft, so stehen sie momentan unter dem Zeichen tiefsten Friedens. Auf den meisten «positiven» Kanzeln stehen jetzt Vermittler, Ritschlianer, Blumhardtianer[4], Christlich-Soziale[5], und denen fehlt Fanatismus oder gutes Gewissen zum Schüren gegen uns. Es bereitet sich doch ein Neues vor. Unsere verschiedenen Wahlen haben uns viel zu tun gegeben. Ich hätte gern Bolliger[6] nach St. Elisabethen[7] gehabt, andere wollten ihn später nach St. Matthäus[8] und noch andere nach Kleinhüningen[9], aber jedesmal empörten sich die liberalen Philister dagegen. Für Bolliger wäre es Erlösung von finanziellem Elend[10] gewesen und Befriedigung seiner Sehnsucht nach einer Predigtwirksamkeit. Aber Bolliger wird hier am wenigsten von den Reformern verstanden; seine Stellung zur Taufe, zur Heilsarmee, seine sogenannte Querköpfigkeit und vor allem sein religiöser Ernst sind ihnen ein Ärgernis. Diese ihre Unfähigkeit, eine starke, wenn auch eckige Persönlichkeit zu ertragen, hat mir die «Reformer» erst recht entfremdet. Man darf, wie Sie so gut wie ich wissen, Bolliger nicht nach seiner Theologie und am wenigsten nach seinen exegetischen Leistungen beurteilen. Er hat hier übrigens eine große Gemeinde, nur verteilt sie sich über die ganze Stadt. Ich verkehre recht viel mit ihm, noch mehr mit Wernle[11], der ein fleißiger Kirchgänger von mir ist und den ich immer mehr schätzen lerne, auch den Menschen. Dagegen ist das Verhältnis zu P. W. Schmidt recht kühl, wie nicht anders möglich. Mit Moosherr habe ich jetzt natürlich wieder viel Verkehr; er arbeitet an seiner Habilitationsrede über Kant als Pädagogen. Sein Ansehen ist in Basel sehr groß geworden, er gilt als pädagogischer Führer.

Sie sehen: ich schlage allgemach Wurzeln im harten und trockenen Boden von Basel[12]. Gar zu schnell wird das auch jetzt nicht vorwärts gehen und ich mag mir keine Illusionen machen. Aber ich habe genug frischen Wind in den Segeln, um fahren zu können.

Meine familiären Verhältnisse sind unverändert. Bruder Rageth besinnt sich, wohin er sich nächstes Semester wenden soll. Von Zürich halten ihn die mißlichen Geschichten mit der dortigen Zofingia[13] ab, von denen Sie gewiß gehört haben. Es tut das auch ihm leid. Denn er wäre gern ein Semester wenigstens unter Ihrem geistigen Einfluß gestanden. Vorläufig lockt es ihn nun nach Heidelberg. Mir aber wird der Sommer ein Ereignis bringen, so Gott will und wir leben, das natürlich nicht wenig bedeutet: die Vaterschaft[14]. Das will ich Ihnen im Vertrauen verraten. Wollen sehen, wie ich mich in diese neue Würde finde, auf die ich in meinen Gedanken nicht vorbereitet war. Meine geistige Vaterschaft scheint etwas mühseliger zu Rande zu kommen: mein Büchlein ist noch kaum empfangen, geschweige denn geboren. Ich danke herzlich für Ihren Trost und Rat. Diesen habe ich befolgt.

Und nun Schluß. Draußen webt bereits der Vorfrühling und auf meinem Schreibtisch stehen Blüten und frischbelaubte Zweige aus dem Garten. Der Vorfrühling entspricht meiner ganzen Stimmung. Die letzten Jahre sind schwer gewesen, voll von Enttäuschungen, Krisen, Katastrophen. Es sind mir auch viel alte Idole zusammengestürzt. Das hat meine Seele mit Schwermut erfüllen wollen und mein Glauben und Hoffen zeitweilig fast erstickt. Ja, ich habe so unendlich viel erlebt, innerlich, und habe so viel gelitten, oft bis zur Verzweiflung. Nun bin ich hinüber. Nun dämmert mir auf, warum das alles so sein mußte und daß ich so geführt worden zu meinem Heil. Ich bin ein anderer geworden. Und ich kann wieder leben; ich habe wieder Ziele – ja, ein neuer Frühling regt sich in mir. Ich kann auch für die Menschheit wieder glauben und hoffen[15]. Die furchtbaren Geburtsschmerzen, in denen die neue Welt geboren wird, hätte ich wohl in Chur nie so gefühlt, wie ich sie hier fühle, aber auch nicht den Hauch der Zukunft. Und so ist trotz des vielen, was ich verloren und was ich entbehre, doch alles gut geworden, so *wird*, ich glaube es, alles gut werden. Ich sehe die neue Welt vor mir und ich will für ihr Kommen arbeiten in Glauben und Liebe.

Nur von mir habe ich geschrieben. Doch wissen Sie, wie sehr mich Ihr Ergehen interessiert, trotzdem ich Ihren in den Protestantischen Monatsheften erschienenen Rathausvortrag[16] noch nicht zu lesen Zeit gefunden habe. Es soll nächstens geschehen. Sie sind wohl tief in der Arbeit, aber die Ferien stehen vor der Türe. Gehen Sie wohl nach Lugano[17]? Hat Basel keine Aussicht? Sie wissen, wie es mich und meine Frau, Ihre Verehrerin, freuen würde, wenn Sie kämen. Wir haben Platz genug in der Herberge.

Es grüßt Sie in alter Verehrung und Dankbarkeit

Ihr Leonhard Ragaz

Anmerkungen zu Brief Nr. 70

[1] Die ersten Monate des Jahres 1903 hatten den Beginn jener entscheidenden Wendung im Leben Ragaz' gebracht, die er selber als «Das große Erlebnis» bezeichnet hat (Mein Weg, Bd. I, S. 230, Überschrift). «In Basel erlebte ich eine tiefe Krisis, wohl die tiefste und folgenreichste meines Lebens. In furchtbarem, langem Kampfe stieg die Hoffnung auf das Reich Gottes für die Erde auf» (Kleine Autobiographie «Meine geistige Entwicklung» zitiert in der Biographie, Bd. I, S. 243).

Über die Vorgänge, welche mit dieser Wendung zusammenhingen, vgl. Biographie, Bd. I, S. 82–84 und Mein Weg, Bd. I, S. 230–235.

[2] Paul Wernle schrieb in einem Artikel des Kirchenblatts von 1904: «Ragaz hat von Jesus so geredet, daß es bis weit in die positiven Kreise hinein Widerhall gefunden hat» (S. 171).

[3] Der dritte Abschnitt des Briefes wird weggelassen, da es sich darin um die persönlichen Angelegenheiten eines früheren Kollegen handelt.

[4] Christoph Blumhardt hatte am 24. November 1902 in Basel einen Vortrag gehalten; Ragaz hatte trotz des interessanten Thema («Christus und das Evangelium in der modernen Welt») nicht daran teilgenommen. Die Veranstalter waren die Positiven Gemeindevereine der Stadt. Der wichtigste Anhänger Blumhardts in Basel war Pfarrer A. Preiswerk in der St. Petersgemeinde.

Die hier abgedruckte Briefstelle ist die erste Erwähnung Blumhardts durch Ragaz. So beiläufig sie hier ist, erscheint es doch als bemerkenswert, daß Ragaz diesen seinen späteren «Meister» in den Tagen der großen Wendung zum ersten Mal nennt.

[5] Damit meint Ragaz Pfarrer Jakob Probst (1848–1910) zu St. Peter, der 1885 den ersten christlich-sozialen Arbeiterverein in Horgen gegründet hatte (vgl. Biographie, Bd. I, S. 46) und Gustav Benz (1866–1937), welcher seit 1897 Pfarrer zu St. Matthäus in Basel und ein Hauptverfechter der evangelischen Arbeiterbewegung in der Schweiz war. Vgl. Biographie, Bd. I, S. 46.

[6] Vgl. oben, Brief Nr. 8, Anm. 9.

[7] Die durch Demission freigewordene Pfarrstelle an der zweiten Kirche der Münstergemeinde, die nun durch Pfarrer Birnstiel besetzt worden war.

[8] Wo durch die Hinüberwahl Birnstiels eine Pfarrstelle frei geworden war.

⁹ Dort war 1903 die durch den Weggang Pfarrer Albert Bruckners freigewordene Stelle mit Pfarrer A. C. Pettermand neu besetzt worden.

¹⁰ Bolliger war Extraordinarius und versah daneben kein Pfarramt.

¹¹ Vgl. oben, Brief Nr. 47, Anm. 9.

¹² Später hat Ragaz die Aufnahme eines Fremden in Basel typisch charakterisiert: «Man muß in Basel sozusagen eine Quarantäne durchmachen, muß einen Stachelwall von Unfreundlichkeit, abweisendem Hochmut, ängstlichem oder überheblichem Mißtrauen durchmachen... aber wenn die Quarantäne vorüber und der Stachelwall durchbrochen ist, dann ist man in Basel auch daheim. Dann wird man sozusagen in die Familie aufgenommen, als Eigener behandelt und mit großer Treue festgehalten» (Mein Weg, Bd. I, S. 245).

¹³ In den Centralstatuten des Zofingervereins war es der Sektion Zürich im Gegensatz zu den übrigen Sektionen erlaubt, Mensuren auszutragen. Die Sektion Basel, welcher Rageth Ragaz angehört hatte, hatte nun beantragt, diese Sonderklausel aufzuheben und war darin von einer Urabstimmung unterstützt worden. Die Sektion Zürich hatte sich diesem Beschluß nicht unterzogen, worauf sie durch Beschluß des Centralkomitees aufgehoben worden war. Am 20. Mai 1902 hatte sich eine neue, gegenüber dem Centralkomitee loyale Sektion gebildet, wodurch also in Zürich zwei rivalisierende Sektionen bestanden. Vgl. dazu das Zofinger-Centralblatt 1901 ff.

¹⁴ Das erste Kind, Jakob, wurde am 25. Juli 1903 geboren.

¹⁵ Im Tagebuch schrieb Ragaz am 21. Februar 1903: «Wenn ich ... nach Seelen suche, nach tiefen Menschen, Menschen mit Glauben und Sehnsucht, dann fällt es mir plötzlich wie Schuppen von den Augen und ich sage mir: ... aus diesen Ebionim (= die Armen) wird das Reich Gottes hervorgehen.»

¹⁶ «Das Buch des Neuen Testamentes mit den sieben Siegeln», Protestantische Monatshefte 1903, S. 45.

¹⁷ Schmiedel liebte es, seine Frühlingsferien im Tessin zu verbringen.

Brief Nr. 71: An Rageth Ragaz

Basel, 2. Mai 1903

Lieber Bruder,

Große Ereignisse sind nicht vorgefallen, seit wir uns auf dem badischen Bahnhofe Lebewohl gesagt haben¹. *Das* Ereignis ist meine soziale Predigt² gewesen und geblieben. Sie hat ein viel stärkeres Echo erweckt, als ich erwartet, und fast auch ein stärkeres, als ich gewünscht hatte. Ich habe sie dem Protestanten-Blatt übergeben, damit der Zweck meines Manifestes doch auch erreicht werde. Damit wurde die Predigt offenbar für eine Weile das Stadtgespräch von Basel. Es sind mir mündlich und schriftlich eine Menge von Stimmen zugeflogen, die meisten beifällig, denn die anonymen und nichtanonymen Schmähbriefe scheinen hier endlich außer Mode gekommen zu sein. Dagegen wird natürlich nach Kräften geschimpft, das kannst Du Dir denken. Ich habe mir natürlich stark «geschadet» und verbreite nun eine Art von rotem Schrecken um mich, obschon ich lauter

Selbstverständlichkeiten gesagt habe. Dafür entschädigt mich der Beifall von Männern wie Kambli[3], Regierungsrat Zutt[4], Prof. Kinkelin[5] und andere. Ich bereue mein Wagnis nicht. Wer nicht wagt, gewinnt nicht. Dazu ist mir doch mein Leben zu gut, als daß ich hinter dem großen Wagen, der den Trödelkram der Reformer führt und der kutschiert wird von Schönholzer[6], Altherr und Brändli, gläubig einhertrampeln möchte. Das Neue muß versucht werden. Schon habe ich etwas wenigstens gewonnen. Daß der Vorwärts, der hiesige[7] natürlich, die Predigt fast ganz abdruckt (leider zwar mit Auslassung gerade der Stellen, die ihm nicht in den Kram passen[8]), das ist immerhin ein unverachtlicher Erfolg. Ich streue Saat für die Zukunft und tue, was nun einmal getan werden muß. In was für einen großen Zusammenhang sich mir diese Dinge einordnen, weißt Du im übrigen.

Daß ich unsere Mastburger ein bißchen ärgern kann, freut mich natürlich, denn mit denen kann ich nun einmal nicht Gemeinschaft haben. Ich sehe es immer wieder unter Schmerzen, wie wenig ich hier verstanden werde. Und wo der Philister nicht versteht, da ist er mit seinem Urteil bald fertig. Es wird in Basel meines Bleibens wohl nicht sein. Aber wohin denn? Ich weiß es nicht und muß Gott überlassen, mich zu führen. Eines tut mir doch am meisten weh und erfüllt mich mit tiefem Ekel: zu sehen, nach was für einem Maßstabe dieser städtische Pöbel einen Pfarrer einschätzt. Man verlangt von einem Pfarrer vor allem die Eigenschaften eines guten Schauspielers, schöne Gestalt und Stimme und die imposante Gebärde. Das andere ist Nebensache, ausgenommen noch die Maulfertigkeit und Volkstümlichkeit. Und das kann ich fast nicht ertragen! Ich gehe auf die Kanzel und gebe mein heiligstes Erleben preis, sie aber sitzen drunten und sagen: es wäre doch gut, wenn ein Pfarrer ein bißchen größer wäre; ich rede vom sterbenden Heilande, sie aber finden, ich habe meine Bäffchen nicht ganz richtig aufgebunden; ich predige vom Segen des Leides und sie sagen: er hat keine schöne Stimme; ich zeige den Weg zu Gott und sie finden, daß man mir den Bündner anmerke. Wenn das nicht heißt, die Perlen vor die Säue werfen und das Heilige den Hunden[9] geben! Aber dafür wenigstens will ich sorgen, daß sie künftig etwas zu hören bekommen, das ihnen die Gedanken an meine Stimme und meine Bäffchen vertreibt.

Das sind keine fröhlichen und fröhlichmachenden Dinge, aber was will ich? Ich bin nun einmal in den Schatten getreten und komme sobald nicht wieder heraus. Gestern war es ein Jahr, seit wir die Fahrt an diese Stätte gemacht, wo uns der Acker verflucht ist. Es war ein Jahr verzehrender Kämpfe und Schmerzen, deren tiefste außer meiner Seele nur Gott kennt. Ich ernte nur, was ich gesät, meine aber, ich habe doch schon viel gebüßt.

Es ist mir lieb, daß Du nun in eine andere Atmosphäre gekommen bist. Was Du über Deine Bude berichtest, freut mich. Man läßt doch ein Stück seiner Seele an jedem solchen Orte, und so ist es gut, wenn es ein bißchen ein gefreuter Ort ist. Schreibe bald wieder von den neuen Dingen, die Du inzwischen gesehen und gehört hast.

Unser Tisch ist einsam geworden. Eine Woche war Tisti[10] da, sie ist vorgestern verreist. Die abendlichen Vorlesungen haben sich nun wieder in gemeinsame englische Lektüre verwandelt. Von Frühling ist noch immer keine Rede, wenn auch der Kirschbaum im Garten jetzt in voller Blüte steht. Ich hoffe doch noch auf Sonnenschein für Dein Heidelberger Semester; denn Du mußt doch auch einmal ein rechtes Studentensemester haben.

Leb wohl und sei herzlich gegrüßt von Clara und

Deinem Leonhard

Anmerkungen zu Brief Nr. 71

[1] Rageth war am 20. April nach Heidelberg verreist. Das große Ereignis des Monats April, die Maurerstreikpredigt, hatte er also noch miterlebt.

[2] Nach der Niederlage der Basler Bauarbeiter in ihrem großen Streik (5.–18. April 1903) hatte Ragaz am Sonntag nach Ostern (18. April) über Mt. 22, 24–40 gepredigt. Die Predigt erschien eine Woche später im Schweizerischen Protestantenblatt unter dem Titel: «Ein Wort über Christentum und soziale Bewegung» und wurde sogleich vom Basler Vorwärts, der sozialdemokratischen Tageszeitung, abgedruckt. Bibl. C I 3.

[3] Conrad Wilhelm Kambli, 1829–1914, 1884–1905 Pfarrer und Dekan in St. Gallen, einer der bedeutendsten Sozialdenker unter den liberalen Theologen. Ragaz war mit ihm durch die Familie Moosherr in Kontakt gekommen und hatte ihn schon als Pfarrer am Heinzenberg besucht.

[4] Richard Zutt, 1849–1917, Regierungsrat seit 1887.

[5] Hermann Kinkelin, 1832–1913; seit 1865 ordentlicher Professor der Mathematik; Förderer der Statistik und des Versicherungswesens; früher Großrat (bis 1902) und Nationalrat (bis 1899).

[6] Gottfried Schönholzer, 1842–1920; von 1891, bis er 1913 vom Pfarramt zurücktrat, Pfarrer am Neumünster, Zürich. 1889–1904 Zentralpräsident des Schweizerischen Vereins für freies Christentum. 1897 Mitbegründer und bis zu seinem Tode Chefredaktor des Protestant.

[7] Ragaz nennt ihn den «hiesigen», um ihn vom Berliner Vorwärts, dem führenden Organ der deutschen Sozialdemokratie, zu unterscheiden. Der Vorwärts hatte die «Hauptzüge» der Predigt mit kurzer redaktioneller Einleitung wiedergegeben, unter dem Titel «Ein Prediger in der Wüste» (29. April).

[8] Redaktor J. Frei hatte geschrieben: «Die Predigt ist von tiefem religiösem Gefühl durchzogen und kann in einigen Punkten unser Einverständnis nicht finden» (Vorwärts, 29. April 1903).

[9] Anklang an Mt. 7, 6.

[10] Christine Nadig, die jüngste Schwester von Clara Ragaz. Vgl. Register der Briefempfänger.

Brief Nr. 72: An Prof. P. W. Schmiedel

Hochverehrter Herr Professor,

Habe ich mir's doch gedacht, daß ich meinen Plan nicht werde ausführen
können, ohne irgend etwas Liebes dafür zu opfern. Ich habe nämlich im
Sinne, in der Pfingstwoche einmal den Strick zu zerreißen und eine Fahrt
ins Reich zu machen. Ich will meinen Bruder Rageth besuchen, der nun in
Heidelberg ist, und zugleich den Evangelisch-sozialen Kongreß[1] mitnehmen,
der am 3. und 4. Juni in Darmstadt abgehalten werden soll. Nun könnte ich
ja diesem Plan ganz wohl entsagen, wenn es sein müßte, ich weiß aber, daß
Sie über nichts böser wären, als wenn ich das täte. Daß es mir sehr, sehr leid
tut, glauben Sie mir gewiß ohne weiteres. Wir hätten eine solche Freude
gehabt, auch meine Frau! Hoffentlich gibt es sich auf den Herbst, etwa wenn
Sie aus Deutschland zurückkehren.

Eigentlich wäre Stoff zu einem langen Briefe da. Ein solcher wird sowieso
nächstens an Sie abgehen. Heute will ich nur berichten, daß es uns gesundheitlich ordentlich geht, meiner Frau und mir, nur daß ich etwas müde bin,
was ich nicht brauchen kann, da ich nun endlich in der Arbeit an meinem
armen Büchlein stecke. Im übrigen stehen die Dinge auf dem alten Fleck.
Basel ist für Leute meiner Art ein unfruchtbares Land. Ein rechtes Ereignis
war die soziale Predigt, die letzthin das Protestantenblatt von mir brachte.
Sie hat ein gewaltiges Echo gefunden, ist in mehreren Zeitungen[2] (sozialdemokratischen) abgedruckt worden, hat Anlaß zu Pressefehden[3] gegeben
(an denen ich mich *nicht* beteiligte) und mir viele Zuschriften eingetragen.
Ich freue mich über die Tat, die nicht ohne Überlegung geschehen ist.
Meine hiesige Stellung wird dadurch nicht verschlechtert, da ich schon lange
nicht der Mann der Mastbürger bin. Sei's, wie's wolle, ich weiß was *ich* will.
Ich habe wenigstens eines wieder: Ziele und Hoffnungen, τὰ ἀρχαῖα παρ-
ῆλθεν, ἰδοὺ γέγονεν καινά[4].

In religiösen Dingen geht hier nichts und doch vieles. Das Bedeutsamste
ist jedenfalls die Zerbröckelung der Parteigegensätze. Besonders interessant
wieder ist in dieser Hinsicht, daß die Blumhardtianer eine Richtung innerhalb des «positiven» Lagers repräsentieren, die viel radikaler ist als die
Reformer. So ist mir z. B. die einzige Äußerung der Zustimmung, die mir
aus *hiesigen* Pfarrerkreisen in bezug auf meine soziale Predigt zugekommen
ist, aus dem Munde des hochpositiven A. Preiswerk[5] zu St. Peter geworden.
Es ist die Richtung Kutters[6], dessen Buch mir als eine hochbedeutsame Leistung erscheint und mir viel zu denken gibt. Dagegen habe ich an der Art,
wie Overbeck[7] seine «Christlichkeit» bevor- und benachwortet hat, keine
Freude. Schade um Overbecks bis jetzt so vornehme Gestalt. Naumanns[8]
religiöse Briefe in der «Hilfe» dagegen betrachte ich als *das* theologische
Ereignis dieses Jahres (auch ein Kränzchenstoff), für mich ungleich wich-

tiger als Harnacks «Wesen». Ich kann ihm allerdings bei dem Versuche nicht folgen, Jesus eigentlich ganz aus sozialen Verhältnissen von Galiläa zu erklären. Das heißt doch das Wesen des religiösen Genius, des Propheten, verkennen. Doch bedeuten alles in allem Naumanns Briefe doch einen großen Schritt zur Ehrlichkeit hin und zu dem Neuen, das wir hoffen.

Ja, es geht vieles und die Toten reiten schnell[9] heutzutage. Ich bin froh, innerlich auf alles gerüstet zu sein. Zweierlei darf ich nicht vergessen: Erstens den Dank für Ihren Vortrag über das Buch mit den sieben Siegeln[10], der mir aufs neue Bewunderung für seinen Autor eingeflößt hat, und zweitens eine Erklärung, warum mein Bruder nun Heidelberg aufgesucht hat und nicht Zürich. Es waren daran wieder die Verhältnisse der Zofingia[11] schuld, die Ihnen wohl nicht unbekannt geblieben sind. Es ist mir ein wirklicher Kummer, wenn Rageth nicht wenigstens ein Semester Ihr Schüler sein sollte; doch war, wie die Dinge liegen, in seinem Interesse nichts anderes zu machen.

Nun wünsche ich Ihnen noch schöne Pfingstferien und bleibe in alter Verehrung und Dankbarkeit

Ihr Leonhard Ragaz

Anmerkungen zu Brief Nr. 72

[1] Ragaz hat diesen Kongreß, der für sein Abrücken von der Reformpartei wichtig wurde, beschrieben in Mein Weg, Bd. I., S. 248, und im Protestantenblatt 1903, Nr. 25/26 unter dem Titel «Pfingsteindrücke» (Bibl. C IV 8). Bei dieser Gelegenheit besuchte er auch das Grab Richard Rothes in Heidelberg. Vgl. Biographie, Bd. I, S. 86 ff.

[2] Außer dem Basler Vorwärts können wir keine sozialdemokratische Zeitung nachweisen, die die Predigt nachgedruckt hätte.

[3] Die Neue Basler Zeitung griff Ragaz an, worauf ihn der Vorwärts in zwei redaktionellen Leitartikeln (6. und 7. Mai) unter dem Titel «Midasohren» verteidigte.

[4] Das Alte ist vergangen; siehe, es ist neu geworden. 2. Kor. 5, 17.

[5] Adolf Preiswerk, 1861–1936, studierte in Neuchâtel und Tübingen, lernte dort Christoph Blumhardt kennen, ab 1888 Pfarrer zu St. Peter in Basel.

[6] Es ist erstaunlich, daß Ragaz schon kurz nach der ersten Begegnung mit den Gedanken Kutters und Blumhardts in der Lage war, die historischen Zusammenhänge zwischen diesen beiden prophetischen Männern und ihren Welten zu erfassen.

[7] Franz Overbeck, 1837–1905, seit 1870 Ordinarius für Neues Testament in Basel. 1903 erschien die zweite Auflage seines Werkes «Über die Christlichkeit unserer heutigen Theologie», zweite, um eine Einleitung und ein Nachwort vermehrte Auflage, Leipzig 1903. – Ragaz hatte als Student im ersten Semester anno 1886 eine Vorlesung Overbecks besucht.

[8] 1903 erschienen in der «Hilfe» die «Briefe über Religion». Sie stellten gewissermaßen die letzte theologische Schrift Naumanns dar und galten dem Versuch, nach den Enttäuschungen von Naumanns Palästinareise (1898) «Gott, eine Gottesvorstellung, das Geheimnis der Gotteskindschaft ... neu zu gewinnen und zu umfassen». Th. Heuss, Friedrich Naumann, 2. Aufl., Stuttgart und Tübingen 1949, S. 142.

[9] Anklang an die Ballade «Lenore» von G. A. Bürger (1747–1794).

[10] Vgl. oben, Brief Nr. 70, Anm. 16.

[11] Vgl. oben, Brief Nr. 70, Anm. 13.

Basel, 21. Juni 1903

Lieber Rageth,

Ja, die Reichstagswahlen[1] sind im höchsten Grade bedeutungsvoll. Sie bestätigen mir ganz meine Diagnose der Zeitlage und meine Erwartungen für die Zukunft. Sozialdemokratie und Zentrum haben gesiegt, das zeigt uns, wo die *lebendigen* Kräfte der Gegenwart zu suchen sind. Es ist die soziale und die religiöse Bewegung, beide natürlich nur noch verkörpert in den beiden siegreichen Parteien. Die Zukunft wird uns hoffentlich das Zusammenfließen der beiden Ströme in *einen* bringen. Das ist's jedenfalls, woran *wir* arbeiten müssen. Das Bürgertum aber ist am Ende und das ist gut. Schade ist nur, daß wir in der Schweiz rückständig sind und in der bourgeoisen Atmosphäre noch atmen müssen. Immerhin wird die Bewegung in Deutschland auch für uns ihre Folgen haben. Ich freue mich darüber; es wird mancher aus der Sattheit emporschrecken. Hoffentlich vollendet die Stichwahl das gute Werk. Ändern kann sie an der Beurteilung der Sachlage nichts.

Naumanns Schicksal[2] hat mich tief bewegt und mir die Freude an dem ganzen Ereignis gedämpft. Ich denke mir, daß seine Partei nun den Todesstoß erhalten hat. Es ist ein schweres – und vielleicht doch ein gerechtes Los. Propheten sind nicht dazu berufen, für Machtpolitik, Realpolitik, Flotte und Kaiser zu schwärmen und zu werben. Die Tragik in Naumanns Schicksal besteht darin, daß er mit der einen Hälfte seines Wesens Romantiker im unbrauchbaren Sinne des Wortes ist, er glüht für Dinge, über die der Geist der Geschichte zur Tagesordnung übergeht. Denn es ist fertig, *prinzipiell* meine ich, mit dem Kultus der Nationalität[3], mit Recht, Gesetz, Politik im alten Stil, ein Neues ist da und dieses Neue entspricht ganz den Absichten des ursprünglichen «Christentums». Freuen wir uns!

Damit komme ich von selbst auf den Herrmannschen[4] Vortrag. Das war es, was ihm fehlte, wie ich schon in Darmstadt empfand: er hatte nicht den Zug nach der Zukunft hin, es war individualistische Ethik im alten Stil. Mich hat eben damals das *Befreiende* enthusiasmiert. Und gerade das wird vielen Ritschlianern unheimlich gewesen sein. Ich fürchte, das Beste an dem Vortrag sei nicht verstanden worden oder zu *gut*.

Ich halte die Herrmannsche Auffassung vom Wesen der Moral immerhin für tiefer als die von Tröltsch. Eine Verbindung von Kant und Schleiermacher dünkt mich innerlich unmöglich. Es handelt sich in der Ethik um ein Heiliges, das höchstens metaphysisch erklärt werden kann. Doch freue ich mich, daß Tröltsch[5] Dich so stark anregt.

Ich schicke Dir die Naumannschen Briefe und andere Literatur. Die Briefe schickst Du mir wohl bald wieder zurück. Gestern habe ich Weinels[6] «Jesus im 19. Jahrhundert» gelesen, unaufgeschnitten; es ist doch sehr anregend und keineswegs oberflächlich. An meinem Buche arbeite ich nun wieder mit Volldampf. Die Woche nach meiner Heimkehr war ich todmüde. Das war ja leider schon auf der Reise der Fall und hat manches verdorben. Ich bin mit meinen Kräften jetzt immer so nahe am Umkippen, ein kleiner Stoß genügt dazu. Wir wollen aber aus der Erinnerung ausstreichen, was Störendes darin ist, denn über unsere Gesinnung gegeneinander werden wir wohl nicht im Zweifel sein.

Es geht hier wie immer. Sobald ich wieder hier war, hat mich auch die enge, dumpfe Luft wieder umfangen und die Flügel waren wieder lahm. Ich muß nun halt warten, bis die Erlösung kommt, und Geduld lernen. Clara ist wohl und läßt grüßen. Vreny[7] ist für zwei Tage auf Besuch. Schickst Du denen einmal eine Karte nach Winterthur[8]? Laß auch Amstein[9] herzlich grüßen und schreibe bald wieder

Deinem Leonhard

Anmerkungen zu Brief Nr. 73

[1] Am 16. Juni 1903 hatte Naumann in der Reichstagswahl, wo er im Wahlkreis Oldenburg kandidiert hatte, eine Niederlage erlitten. Die Sozialdemokraten und das Zentrum aber hatten auf Kosten der Nationalliberalen große Fortschritte gemacht. Ragaz hatte außerordentlich lebhaft am Ergehen des deutschen Theologen Anteil genommen. Im Tagebuch IX schrieb er am 17. Juni: «Abends mit Betrübnis erfahren, daß nur ein Nationalsozialer in Stichwahl kommt, vielleicht nicht einmal Naumann. Im übrigen gewaltiger Fortschritt der Sozialdemokraten. Das sind entscheidende Dinge.» 19. Juni: «Die Reichstagswahlen geben mir noch immer zu denken. Drei Parteien bleiben: Sozialdemokratie, Zentrum, Konservative; der «Freisinn» wird zerrieben, eine nachdenkliche Tatsache, ganz stimmend mit meiner Diagnose der geistigen Lage.»
Am Tage, nachdem Ragaz den hier publizierten Brief abgesandt hatte, schrieb er für das Protestantenblatt einen Artikel: «Was sagen uns die deutschen Reichstagswahlen? Eine Meinung darüber.» (Bibl. C III 2), Protestantenblatt 1903, S. 220 ff. Es ist unverkennbar, daß sich im hier wiedergegebenen Brief an Rageth langsam die Meinung ausformuliert, die Ragaz dann in der Presse öffentlich darlegen wird.
[2] Vgl. dazu Biographie, Bd. I, S. 97.
[3] Damit ist für Ragaz die Trennung von Naumann und seiner «Realpolitik» vollzogen. Im Zeitungsartikel schreibt er: «Naumann dient, wie mir scheint, einem falschen Gotte.» Indem er der Nation und dem Staat eine fast religiöse Weihe gebe, stehe Naumann noch auf der polytheistischen Stufe der Gotteserkenntnis. Das Reich Gottes aber, von dem die Propheten reden, sei übernational, menschheitlich.
[4] Wilhelm Herrmann, vgl. oben, Brief Nr. 25, Anm. 11. Herrmann hatte am Evangelisch-sozialen Kongreß in Darmstadt das Hauptreferat gehalten über: «Die sittlichen Gedanken Jesu in ihrem Verhältnis zu der sittlich-sozialen Lebensbewegung der Gegenwart.»
[5] Tröltsch war Ordinarius für systematische Theologie in Heidelberg, wo Rageth Ragaz bei ihm hörte.
[6] Heinrich Weinel, 1874–1936, damals Privatdozent in Bonn, seit 1904 Professor in Jena, Neutestamentler. 1903 erschien die erste Auflage seines Werks « Jesus im 19. Jahrhundert».
[7] Verena Frey, älteste Schwester von Clara Ragaz, in Winterthur verheiratet. Vgl. unten, Brief Nr. 84, Anm. 4.
[8] Gemeint ist, an Verena Frey und ihren Mann.

⁹ Richard Amstein, 1880–1950, ab 1904 Redaktor der Basler National-Zeitung, studierte damals in Heidelberg Germanistik. Er ist der Sohn des oben, in Brief Nr. 65, genannten Redaktors Amstein.

Brief Nr. 74: An Christine Nadig

Basel, 12. Juli 1903

Liebes Tisti¹,

Wenn ich durch mein langes Nichtschreiben gegen Dich gesündigt habe, so kann ich das nun durch die Umstände gut machen, unter denen ich jetzt mich an ein Brieflein für Dich mache. Es ist einmal der Nachmittag eines Predigt- und Kinderlehrsonntages (ich habe für Altherr in der Pauluskirche predigen müssen), an denen ich mir meistens so weit als möglich den Luxus absoluten Nichtstuns gestatte – welches Opfer also und welche Liebe, daß sie zu solchem Opfer fähig macht! – dann sitzen wir auf der Veranda, nachdem wir Tee getrunken haben mit Brombeersaft dazu – es ist ein schöner Sommertag, der Rhein strömt grün und voll, die Schwarzwaldberge liegen im Blau und lassen mich träumen von des Waldes und der Höhe sommerlicher Herrlichkeit; die Luft ist von lebenschaffender Wärme erfüllt, und nervenstärkende Stille liegt selbst über der «Großstadt», während das von uns mit auffallender Liebe studierte Familienleben der Störche auf dem Kamin drüben in Kleinbasel für die notwendige idyllische Belebung der Landschaft und zugleich für moralische Erhebung sorgt – – und das alles schätze ich gering, lasse ich auf der Seite und denke nur an Tisti, an Tisti allein!

Tisti aber weiß das alles nicht zu schätzen. Sie ist tief enttäuscht. Denn wie sie die Züge der Männerhand auf dem Couvert gesehen, da hat sie etwas ganz anderes erwartet, als einen Erguß schwagerlicher Gefühle. Aber bedenke, liebes Tantchen in spe, daß die betreffende Nachricht Dir unter Umständen als Telegramm zukommen soll. Diese Umstände können nun sehr wohl eintreffen; denn nach Aussage sehr weiser Frauen und darunter solcher, die auch wissen, wie Mädels sich dieser Welt anzukündigen pflegen – nämlich immer schüchtern, sittsam – soll es doch ein Christina (Tisti)-Luziali geben, wahrscheinlich expreß, weil der Name es lockt, was übrigens ein Zeichen seines guten Geschmackes wäre. Ich hoffe, daß das Telegramm bald abgehen dürfe; wenn alles gut geht, so schwinge ich mich sogar bei einem Buben zu einem solchen auf. Wir halten es also umgekehrt wie bei Prinzen und Prinzessinnen. Gar zu lange kann's übrigens nicht mehr gehen. Denn alles ist gerüstet: Mutter ist da, Menga ist da und – der Storch ist da, nämlich auf dem Dache des Baudepartements. Ganz plötzlich ist er aufgetaucht, nachdem vorher das Nest zu unserem größten Leidwesen leer gewesen war. Offenbar hat er mit den Vorbereitungen so viel zu tun gehabt, daß nun anzunehmen ist, es gebe auch ein entsprechend rechtes Poppi[2].

Im Ernst gesprochen: alles geht bis jetzt gut, will heißen: Clara ist immer sehr wohl. Aber es sind doch Tage voll stiller Bangigkeit. Nur scheint es, als ob diesmal ich allein der Angstmeyer sei, da alle andern die Sache so aufnehmen, als obs ein kleines Extravergnügen wäre. Und das ist ja wahr: da es sich um Dinge handelt, die jenseits des Bereiches menschlicher Berechnung und Bemühung liegen, so kommt eine Art großer Ruhe über einen.

Was die Familienchronik anbetrifft, so bist Du auf dem laufenden. Und mit den großen Angelegenheiten will ich Dich diesmal verschonen. Meine berufliche Situation ist unverändert; wenn ich morgen «fort von hier» müßte, gäbe es keine Tränen, weder von mir noch von andern. Mein Buch wird langsam reif, trotz der Bruthitze, die über uns waltet. Ob ich Parpaner- oder Kunkelserluft zu atmen bekommen werde diesen Sommer, hängt vom Ausgang des großen Ereignisses ab. Gott möge seine Güte über uns walten lassen.

Du wirst mir allgemach doch eine halb mythische Gestalt, da ich mir trotz Deiner Briefe und Postkarten Dein englisches Leben nicht recht vorstellen kann. Nur das möchte ich Dir sotto voce sagen, daß Du doch drinnen bleiben mögest, so lange Du kannst, denn solche versäumten Gelegenheiten reuen uns später gar sehr. Vorausgesetzt ist dabei, daß Du auch etwas findest, was Dir recht zusagt. Ein Mädchen von heutzutage muß die Gelegenheit, auf eigenen Füßen durch die Welt zu wandeln, benutzen, auch wenn es eine noch so gute Mutter, noch so liebe Schwestern und treffliche Schwäger und – Nichten daheim hat.

Die letzte Wendung dünkt mich rhetorisch so gelungen, daß ich schließen will. Ich hoffe, daß Du mich nun auch wieder ein bißchen lieb hast, seit ich Dir einen achtseitigen Brief geschrieben habe, fahre aber auf alle Fälle, magst Du mich nun lieb haben oder nicht, fort, zu verbleiben Dein getreuer und ergebener und dankbarer und achtungsvoller Schwager

Leonhard

Anmerkungen zu Brief Nr. 74

[1] Christine Nadig, die jüngste Schwester von Clara Ragaz.
[2] Poppi bedeutet im Bündner Dialekt Säugling. Am 25. Juli wurde dann, trotz allen Prophezeiungen, ein Sohn Jakob geboren. Es entzieht sich unserer Kenntnis, ob dennoch ein Telegramm nach England gesandt wurde.

Brief Nr. 75: An Prof. P. W. Schmiedel

Basel, 27. Juli 1903

Hochverehrter Herr Professor,

Der Samstagabend[1] hat uns ein lang erwartetes Ereignis gebracht. Ich bin nun Vater eines gesunden Buben. Es kommt mir noch sehr sonderbar vor, ich hätte so etwas nie für möglich gehalten. Aber mit viel Angst mußte gezahlt werden. Es ist sehr schwer gegangen und dieser 25. Juli bedeutet in meinem inneren Leben viel. Gott sei Dank, es ist zuletzt auch gut gegangen, Mutter und Kind sind wohl und ich habe die Zuversicht, daß Gott weiter helfe. Psalm 103[2].

Es wäre vieles zu sagen, das verschoben werden muß. Ich bin ziemlich sicher, daß meine Wege in letzter Zeit Ihnen nicht immer wohl gefallen haben. Aber ich bereue nichts. Ich weiß, was ich will, und ohne Mut kommen wir zu nichts. In ein paar Jahren werden Sie hoffentlich wieder mit mir zufrieden sein. Inzwischen dürfen Sie gewiß sein, daß ich nie aus dem Zentrum, meinem religiösen Wollen, herausgedrängt werden kann. Ich werde auch in den sozialen Dingen nicht untergehen, wenn sie auch zufällig in letzter Zeit bei mir in den Vordergrund getreten sind. Auch wissen die hiesigen Arbeiter ziemlich gut, wie ich denke und daß ich kein Pflüger bin[3]. Seien Sie unbesorgt, ich kenne meinen Weg und habe meine Rechnung gemacht. Allerdings spielt unter den Aktiven Gottes Hilfe eine große Rolle. Aber heißt es nicht: fortes fortuna adiuvat?[4]

Mein Buch geht rasch der Vollendung entgegen. Ende August, hoffe ich, ist es fertig. Ich opfere ihm die Sommerferien. Das Gelingen ist mir wohl ein bißchen zweifelhaft; mich selbst aber hat die Arbeit sehr gefördert. Ich erzähle Ihnen vielleicht später mehr davon. Am nächsten Reformtag[5] soll ich den Hauptvortrag halten über die gegenwärtigen Ziele und Aufgaben einer religiösen Reform. Sie sehen, ich habe Wind in den Segeln. Doch weiß ich, daß ich nur mit Gottes Hilfe etwas kann.

Ich frage mich oft, wie es Ihnen geht und was Sie für Pläne für den Sommer haben. Mögen Sie mit mir etwa unzufrieden sein, meine Gefühle gegen Sie bleiben unverändert. Ich weiß, was ich Ihnen zu danken habe und was Sie sind, und lerne gleichsam täglich von Ihnen. In nicht zu ferner Zeit hoffe ich Sie doch bei uns zu sehen und Ihnen den Erstgeborenen zu zeigen. Inzwischen empfangen Sie herzliche Grüße und Wünsche

Ihres Leonhard Ragaz

Anmerkungen zu Brief Nr. 75

[1] 25. Juli. «Gott sei Lob und Dank! Heute nachmittag um 5 Uhr ist uns ein Knabe geboren worden. Kind und Mutter leben und sind gesund, o Gott, wie bist du gnädig und barmherzig. Psalm 103» (TB IX).

[2] «Lobe den Herrn, meine Seele...»

[3] Pflüger nahm damals bereits an politischen Kämpfen teil und ließ sich bekanntlich

1910 zum Zürcher Stadtrat wählen. Die Bemerkung Ragaz' ist also nicht diskriminierend zu verstehen, sondern will sagen, daß er seine Aufgabe nicht in der praktischen Politik sehe wie Pflüger, für den er übrigens eine ehrliche Bewunderung hegte. Vgl. auch die Briefe an Pflüger, oben Nr. 36 und Nr. 38.

[4] Den Tapferen hilft das Schicksal.

[5] Der Reformtag 1904 fand in Schaffhausen statt. Ragaz hielt dann zwar nicht das Hauptreferat, sondern die Festpredigt, welche unter dem Titel «Das Programm Gottes für die religiöse Arbeit der Gegenwart» erschienen ist (Schweizerisches Protestantenblatt 1904, S. 194ff. Bibl. C I 5). Es war sein letztes Hervortreten im Kreise der Schweizer Reformer. Vgl. dazu Biographie Bd. I, S. 90.

Brief Nr. 76: An Prof. P. W. Schmiedel

Basel, 29. August 1903

Hochverehrter Herr Professor,

Ich wollte nach Schaffhausen[1] kommen, aber nun hat sich die Arbeit in fast beängstigender Weise gestaut und zudem ist im Befinden meiner Frau eine hoffentlich rasch vorübergehende Verschlimmerung eingetreten, die mir aber doch nicht die nötige innere Ruhe für den Festbesuch ließe. So muß ich verzichten.

Ihr liebes Briefchen hat mich aber völlig gerührt durch Ihre väterliche Fürsorge für meine Zukunft. Der Gedanke an die Habilitation war wirklich in den letzten Wochen bei mir wieder zur Blüte gekommen, da fiel ein jäher Reif darauf; Wernle teilte mir mit, daß in Basel zur Habilitation an der theologischen Fakultät die Ablegung des Lizentiatenexamens nötig sei. Diese Pforte ist mir zu enge. Ich erschrecke z. B. bei dem Gedanken an mein Hebräisch. Nein, zu so etwas habe ich im Vollsinn des Wortes keine Zeit. Ich will noch mit Bolliger reden, ob die Sache sich wirklich genau so verhält; wenn ja, dann heißt es auch hier verzichten.

An einem Thema fehlte es mir nicht, ich hatte sogar schon eins in Angriff genommen. Schiller und Fichte. Überhaupt läge hierin embarras de richesse vor.

Es ist Samstag Abend und ich habe morgen Predigt. Darum für heute nicht mehr. Ich wünsche Ihnen zur Reise nach Deutschland, daß Sie nicht nur geben, sondern auch empfangen möchten. Dürfen wir hoffen, Sie im Herbste bei uns zu sehen? Wir gedenken für die Zeit vom 20. September bis Mitte Oktober nach Chur in die Ferien zu gehen. Vielleicht trifft es sich, daß Sie auf der Heimkehr bei uns haltmachen. Mein Bruder schwankt für sein letztes Semester zwischen Zürich und – Florenz.

In alter Treue und Dankbarkeit

Ihr Leonhard Ragaz

Anmerkung zu Brief Nr. 76

[1] Dort begann am 29. August das schweizerische Predigerfest.

Brief Nr. 77: An Pfarrer Hermann Kutter

Basel, 21. Dezember 1903

Geehrter Herr,

Das, was ich seinerzeit nach der Lektüre Ihres «Unmittelbaren»[1] tun *wollte*, aber leider nicht ausführte, muß ich nun tun: Ihnen herzlich danken für Ihre neueste Tat, Ihre flammende Adventspredigt an die christliche Gesellschaft[2]. Man bekommt heutzutage so wenig mehr von Mannesmut, von tapferem Wagen zu sehen, daß man vor einem solchen Erscheinen prophetischen Geistes wie vor einem Wunder steht. Ich teile, nicht gerade alle Ihre einzelnen Gedanken, aber Ihre *Stimmung*. Nur daß ich nicht eine so geschlossene Natur bin und meine Seele solcher Flammen nicht fähig ist. Daß ich indes den Mut habe, auch zu böser Zeit und am ungünstigen Orte die Wahrheit zu sagen, mag Ihnen die beigelegte Predigt zeigen, die ich letzten Frühling am Sonntag nach Beendigung des hiesigen Maurerstreikes gehalten habe[3]. Sie mag Ihnen zu vorsichtig erscheinen, doch kam es mir darauf an, das *Mindestmaß* festzustellen, das man von jedem, der sich einen «Christen» nennt, in sozialen Dingen fordern kann. Meine selbsteigene Überzeugung habe ich auch sonst noch ausgesprochen und gedenke es künftig zu tun.

In *einem* Punkte namentlich weiche ich von Ihnen ab. Nach allem, was ich im vieljährigen Verkehr mit den Arbeitern[4] erfahren habe, bin ich doch eher geneigt, die Sozialdemokratie mehr als «Geißel Gottes» zu betrachten, denn als direkte Trägerin seiner Gedanken. Sie ist jetzt für ihn, was Assyrer und Babylonier für Israel waren. Doch ändert das nichts an meiner prinzipiellen Auffassung vom Wesen der sozialen Bewegung und den Pflichten einer «christlichen» Gesellschaft. Auch muß ich mir immer wieder sagen, daß trotz aller seiner Roheit, ja vielleicht gerade infolge derselben, das arbeitende Volk allein die Frische der Seele hat, um das Neue zu erfassen, das Gott heraufführen will.

Gott sei mit Ihnen und gebe Ihnen in den Kämpfen, die Ihnen erwachsen werden, ein freudiges Herz. Die Scheiterhaufen, die heutzutage errichtet werden, brennen heißer als die einstigen. Seien Sie überzeugt, daß Sie doch eine nicht kleine Zahl von Genossen haben.

Herzlichen Gruß und Zuruf entbietet Ihnen

Leonhard Ragaz,
Pfarrer am Münster zu Basel

Anmerkungen zu Brief Nr. 77

[1] «Das Unmittelbare. Eine Menschheitsfrage», Berlin, 1902. Ragaz hatte das Buch in den Tagen des Maurerstreiks gelesen, TB IX, vor 3. Mai 1903.

[2] «Sie müssen! Ein offenes Wort an die christliche Gesellschaft», Zürich 1904.

[3] «Ein Wort über Christentum und soziale Bewegung». Vgl. oben Brief Nr. 71, Anm. 2.

Das negative Bild von der Arbeiterschaft, welches sich erst in diesen Monaten zu lichten begann, hatte sich Ragaz wohl schon in seinen eigenen Schuljahren gebildet. Über die Arbeiter, die in Chur in der gleichen Pension aßen, heißt es (in Mein Weg, Bd. I, S. 96): «Die Eindrücke, die ich namentlich in dieser Tischgesellschaft empfing, haben zum nicht kleinen Teil mein Gemüt beschwert und geschädigt. Es war viel Schmutz und Gemeinheit dabei. ... (es) war auch die ganze geistige Haltung dieser Arbeiter so, daß ich davon keineswegs einen günstigen Eindruck bekommen oder ein tieferes Interesse an ihnen gewinnen konnte.» Auch der Kurs, den er später als Churer Pfarrer für den Grütliverein gab und bei dem viele der Teilnehmer bald die Anforderungen scheuten und wegblieben, hat seine Meinung über die Arbeiterschaft nicht günstiger gestaltet. Nun aber entdeckte er in Basel bei einer öffentlichen Versammlung plötzlich, «wie gescheit diese Arbeiter sind, wie scharf und schneidig!» TB IX, 4. 2. 1903.

Brief Nr. 78: An Prof. Paul Wernle

Basel, 7. Januar 1904

Verehrter Herr Professor,

Der Ausdruck «mit Herzblut geschrieben»[1] war vielleicht zu stark für das, was ich sagen wollte: «mit wärmster persönlicher Anteilnahme geschrieben, aus dem Eigensten geboren u.s.w.».

Was die Hoffnung anbetrifft, so behält Carlyle[2] (um es kurz zu sagen) *im Großen* gewiß recht. Ich glaube auch nicht an einen Zustand der *Vollendung*, der nach den großen Katastrophen, die wir erwarten, eintrete. Aber *zwischenhinein* können gleichwohl solche Katastrophen kommen, wie Carlyle selbst eine in seiner «Französischen Revolution» beschrieben hat. Und sie können einen gewaltigen Umschwung der Denkweise bringen. Die Wasser, die sich lange angesammelt, brechen dann plötzlich zu Tage.

Auch Carlyle hat eine «Hoffnung»[3]. Bei mir und anderen ist dieses Moment nur stärker entwickelt. Es ist uns manchmal, als ob die Geburt einer neuen Welt unmittelbar bevorstünde und das Alte versänke. Wohl fühle ich, daß diese Tendenzen: Arbeit und Hoffnung, Jenseitsstimmung und irdische Zukunftsfreude in einem gewissen Gegensatze zu einander stehen. Ich weiß mir nicht anders zu helfen, als indem ich eben beiden gegensätzlichen Paaren ihr Recht gebe und nach einer innern Ausgleichung suche. Ich bin gewohnt, in Antinomien zu leben. Und ich bin eine komplizierte Natur, während Sie so einfach sind, einfach auch in Ihrem Gegensatze. Darum wird mir Leben und Wirken so schwer, während Sie von Kraft zu Kraft schreiten. Es wäre mir ein großer Trost und Gewinn, zu wissen, daß Sie trotz dieser Verschiedenheit unserer Naturen, vielleicht sogar ein wenig um ihretwillen, mir Ihre Freundschaft nicht entziehen. Vielleicht kann ich mit meiner Art, die mir so viel Schmerzen bereitet, doch auch etwas ausrichten, so Gott will.

Herzlich grüßt Sie

Ihr ergebener Leonhard Ragaz

Anmerkungen zu Brief Nr. 78

[1] Vermutlich handelt es sich um einen Ausdruck, den Ragaz in einem nicht erhaltenen Begleitbrief zu seinem Buch «Du sollst!» gebraucht hatte.

[2] Vgl. oben, Brief Nr. 21, Anm. 9.

[3] Interessanterweise beginnt hier eine Kontroverse zwischen Ragaz und Wernle, die nie stille geworden ist. Wernle warnte Ragaz immer wieder vor dem Chiliasmus, den er als Kirchenhistoriker im Denken des Freundes zu erkennen glaubte. Vgl. z. B. Kirchenblatt für die reformierte Schweiz 1911, Nr. 2, und Biographie Bd. I, S. 180 sowie die theologische Einführung zu diesem Band, S. XXXVII ff.

Brief Nr. 79: An Prof. Paul Wernle

Basel, 14. Januar 1904

Verehrter Herr Professor,

Ich muß Ihnen meinen Dank, soll er sich nicht verspäten, wieder schriftlich sagen. Sie wissen, was ich von Ihrem Buche[1] halte; ich werde es nun noch einmal genau lesen und dann wohl Gelegenheit finden, Ihnen noch vielerlei darüber zu sagen. Heute nur eines: aus der Vorrede wird mir klar, daß auch dieses Werk schon unter der Herrschaft Ihres großen und, wie mir scheint, richtigen historischen Leitgedankens steht. Es ist ganz erstaunlich, wie bei Ihnen «alles sich zum Ganzen webt». Sie sind mir eben doch eine beständige Predigt über den Segen der Konzentration. Auch Ihr Kirchenblattartikel[2] ordnet sich diesem Ganzen ein. Ich habe ihn noch einmal mit Bedacht gelesen und habe eingesehen, daß Ihre Losung: «Zurück zu Jesus» eben Leute mit ganz anderem Entwicklungsgang als ich zur Voraussetzung hat. Für mich hat paulinische Theologie in keiner Gestalt eine nennenswerte Rolle gespielt, es ist mir immer nur auf die letzten Grundfragen nach der «Wahrheit des Christentums» angekommen. Darum muß ich auch leugnen, daß Sie die Reformer[3] an der richtigen Stelle getroffen hätten. Was ihnen fehlte, war der religiöse Ausgangspunkt, der Enthusiasmus, das Verständnis für die Religion im Allgemeinen und für Jesus insbesondere. Doch macht Bitzius eine große Ausnahme – kennen Sie ihn? Ich kann nur immer klagen, daß Lang[4] und nicht er der Heilige der Reform geworden ist.

Nehmen Sie es mir nicht übel, wenn ich Ihren Ausfall gegen die Reformer bedaure. Sie genießen bei ihnen nachgerade so viel Sympathie! Wäre es nicht viel besser gewesen, wenn Ihr Artikel, statt als Credo eines kleinen Theologenzirkels aufzutreten, sich werbend (dies nicht mit ausdrücklichen Worten, sondern durch seinen ganzen Inhalt) an alle Vorwärtsstrebenden gewendet hätte? Ich sehe nicht gern, wenn Sie ohne Not das Gebiet Ihrer Wirksamkeit einengen. Das sage ich in herzlicher Freundschaft; daß ich selbst mich in keiner Weise verletzt fühle, wissen Sie.

Heute war Kutter[5] bei mir – ein Ereignis; denn ich hatte das Gefühl, vor etwas wirklich Großem zu stehen. Wie armselig komme ich mir einem solchen Mann Gottes gegenüber vor.

Herzlich grüßt Sie

Ihr Leonhard Ragaz

Anmerkungen zu Brief Nr. 79

[1] Es handelt sich wohl um «Die Quellen des Lebens Jesu», das 1904 in den «Religionsgeschichtlichen Volksbüchern» herauskam.

[2] «Was wir wollen», Kirchenblatt, 9. Januar 1904. Wernle gibt darin eine Standortbestimmung der «modernen Theologie», wobei er insbesondere ihre christologische Position darstellt.

[3] Wernle sagte, die Losung «Zurück zu Jesus» sei «der Reformtheologie fremd gewesen. Hier setzt die theologische Arbeit damit ein, daß zunächst von der Tatsache der Person Jesu abgesehen wird. Man hofft ihr dann im Laufe der Untersuchung zu begegnen ... Hier allein ist der Punkt, wo eine Reform der Reform einzusetzen hätte».

[4] Vgl. oben, Brief Nr. 3, Anm. 6.

[5] Das ist wahrscheinlich die erste persönliche Begegnung der beiden geistigen Führer des religiösen Sozialismus. Die Begegnung ist genannt in Mein Weg, Bd. I, S. 251.

Brief Nr. 80: An Pfarrer Hermann Kutter

Basel, 2. Februar 1904

Verehrter Herr Kollege,

Ich will Ihnen sehr gerne den gewünschten Dienst[1] tun, doch habe ich ein Bedenken: Die Neue Zürcher Zeitung ist das Organ der Seidenbarone und Bourgeois par excellence, wird sie eine Rezension, wie ich sie schreiben werde, aufnehmen? Dazu kommt, daß ich mit dem Blatt in gar keiner Verbindung stehe. Wäre es nicht besser, wenn Sie sich zunächst selbst an das Blatt wendeten und anfrügen, ob die Rezension schon vergeben sei oder ob es den Redaktoren recht sei, wenn ich eine schreibe? Wenn Sie aber wollen, so kann ich selbst diese Anfrage besorgen. Auf alle Fälle bin ich bereit, die Sache rasch an die Hand zu nehmen.

Über die Geschichte Ihres Buches könnte ich Ihnen aus Basel manches erzählen. Die Politiker[2] beurteilen es von *ihrem* Maulwurfshügel aus und die Pfarrer von dem ihrigen; unter diesen sind einige im stillen für das Buch, oder besser von dem Buche begeistert, hüten sich aber wohl, es anderswo zu sagen als im vertrauten Zirkel; nur wenige haben den Mut der Ehrlichkeit. Zu diesen gehört Pfarrer Baur[3] von St. Matthäus, der im Protestantenblatt eine begeisterte Anzeige geschrieben hat, nachdem vorher eine frivole aus der Feder von Pfarrer Altherr[4] drin gestanden hatte. Ich habe, wie Sie wissen, einen Vortrag[5] darüber gehalten. Doch ist der Bericht der Basler Nachrichten nicht ganz getreu. Ich habe kein Wort von Privatbesitz[6] gesagt, überhaupt mich aller Kritik enthalten, um den Eindruck Ihrer Gedanken nicht abzuschwächen. Bei den Sozialdemokraten hat sich *eine* üble Wirkung gezeigt: sie sind in ihrem Pharisäismus gestärkt worden und kommen sich nun als lauter Engel vor. Trotzdem ist es gut, daß Sie gerade so geschrieben haben, die erziehende Wirkung wird nicht ausbleiben.

Im ganzen ist der Eindruck, den mir die Gespräche über das Buch machen, für mich tief traurig. Kein Mensch versteht Sie. Das cum grano salis verstanden – denn da und dort gibt es wohl im stillen einen, der Sie im Herzpunkte versteht. Ich kenne zwei solche hier, die allerdings zu den bedeutendsten Männern der Stadt gehören. Professor Orelli[7] bestätigt nur Ihr Urteil, daß die Kirche keinen lebendigen Gott habe. Diese Leute können lebendige Religion nicht verstehen. Überhaupt die Kirche! Das Pfaffentum herrscht eben doch darin und prophetische Frömmigkeit kann sie nicht vertragen, weder rechts noch links. Der Prophet muß heute genau das gleiche leiden wie zu allen Zeiten. Die tragischen Wahrheiten der Bibel gewinnen ihre volle Realität.

Ich brenne vor Verlangen, von Ihnen zu erfahren, wie es Ihnen in Zürich geht. Meine Gedanken sind viel mit Ihnen. Könnte ich Sie vielleicht übermorgen nachmittag oder Freitag vormittag zu Hause treffen? Gottes Kraft und Hilfe wünscht Ihnen von Herzen

Ihr Leonhard Ragaz, Pfr.

Wäre es Ihnen wohl möglich, *Donnerstag abend um 5 Uhr* mir auf dem Zürcher Bahnhof ein Rendez-vous zu geben? Ich komme um 5.13 von Chur und muß um 6.30 nach Basel weiter. Die Antwort möchte ich Sie bitten nach Chur zu senden: L. R., bei Frau Dr. Nadig, Chur. Entschuldigen Sie meine Anmaßung, ich möchte aber gern mit Ihnen sprechen und weiß kein anderes Mittel.

[1] Offenbar den, «Sie müssen» für die Neue Zürcher Zeitung zu besprechen. Nach Angaben von Hermann Kutter jun. ist eine solche Rezension nie erschienen.

[2] Im Basler Vorwärts war das Buch in sieben Leitartikeln ausführlich besprochen worden.

[3] Hans Baur, 1870–1937, 1896–1903 Pfarrer in Uster, seit 1903 zu St. Matthäus in Basel. Er hatte Kutters Buch im Protestantenblatt 1904, S. 21 unter dem Titel «Ein Hammerschlag» besprochen.

[4] Altherr hatte das Buch Kutters im Schweizerischen Protestantenblatt 1904, S. 14 besprochen und unter anderem folgende Bemerkung über Kutter gemacht: «Er hat den nötigen Mammon, und ich glaube nicht, daß er mehr für sich wünscht.» Seine Kritik am Mammon entspringe zwar aus seiner Frömmigkeit, aber er werde bei den Sozialisten wenig Dank für diese Haltung ernten. «Kutter wird mit Liberalen und Konservativen eines Tages an einem anderen Ast des gleichen Baumes hängen wie die anderen.»

[5] An der Hauptversammlung des Freisinnigen Münstervereins am 19. Januar 1904 hatte Ragaz über «Eine neue Stimme über Christentum und Sozialdemokratie» referiert. Vgl. Basler Nachrichten, 23. Januar 1904, und National-Zeitung, 21. Januar 1904.

[6] In den Basler Nachrichten hatte es geheißen, Ragaz habe «schwere Bedenken», besonders wo es sich um die äußersten Konsequenzen der Sozialdemokratie, Abschaffung des Privateigentums usf. handelte, geäußert.

[7] Prof. Conrad von Orelli hatte das Buch im Kirchenfreund rezensiert (S. 17 ff. und 33 ff. des Jahrgangs 1904). Das Buch sei «an Einseitigkeit schwer zu übertreffen». Sein Resultat sei «Verwirrung, Entmutigung». Er schloß mit der Bemerkung, man könne das Himmelreich nicht stürmen. «Geduld ist not!»

Brief Nr. 81: An Rageth Ragaz

Basel, 8. Februar 1904

Lieber Bruder,

Dein heutiger Brief beklagt sich über das Ausbleiben von Nachrichten über uns sowie des gewünschten Geldes. Was dieses anbetrifft, so ist leider ein Irrtum vorgekommen, ich meinte, Merta davon geschrieben zu haben, was sie leugnet. Inzwischen wird es nun wohl angelangt sein. Daß ich Dir aber so lange nicht mehr geschrieben habe, mußt Du aus der gewöhnlichen Ursache erklären: ich habe wieder einmal gehetzte Wochen gehabt. Die sozialen Dinge waren es diesmal, die Sturm in mein Leben brachten. Den Anlaß dazu bot ein Buch des *positiven* Pfarrers Kutter in Zürich: «Sie müssen – ein Wort an die christliche Gesellschaft», das nichts mehr und nichts weniger ist als eine glühende Apotheose der Sozialdemokratie, verbunden mit einer leidenschaftlichen Anklage gegen die Kirche. Es ist ein gewaltiges, tiefgründiges Buch, ein Ereignis, doch rate ich Dir, es jetzt nicht zu lesen. Du kannst jetzt dergleichen nicht brauchen, alles hat seine Zeit. Für Dich handelt es sich jetzt nur um andere Dinge. Wir müssen auch im geistigen

Leben Diät üben. Was nun mich anbetrifft, so habe ich über das Buch töricherweise im freisinnigen Münsterverein[1] geredet und bei diesem Anlaß wieder erfahren, wie wenig ich zu diesen Bourgeois passe, die nicht über ihren Ladentisch hinaus sehen. Kaum eine Woche später kam eine viel größere Aktion: ein Vortrag über Religion, Kirche und Arbeiterschaft im Grütliverein[2] Großbasel. Der wird nun wohl *das* Ereignis dieses Jahres für mich sein und Epoche in meinem Leben bilden. Ich kann Dir unmöglich ausführlich erzählen, was da alles gegangen ist, das muß einmal mündlich geschehen, nur das will ich Dir verraten, daß das Epochemachende daran weder Beifall noch Opposition war, sondern was ich mir selbst infolge dieses Abends sagen mußte[3].

Letzte Woche endlich habe ich im dichtbesetzten Kasinosaal in Chur meinen Savonarola[4] nochmals vorgebracht und die andernächste muß ich nach Glarus, während ich vor einigen Sonntagen in Olten über Dante redete. Daneben sehr viele andere Dinge.

Was meine Lage in Basel anbetrifft, so ist sie wenn möglich noch viel unerfreulicher als vor einem Jahre. Götter und Menschen scheinen hier gegen mich zu streiten – es liegt wie ein böser Bann auf mir, gegen den alles Arbeiten und Beten nichts hilft. Dazu der Einblick in so viel Unehrlichkeit, ja Lug und Trug, moralische Erbärmlichkeit aller Art, überall der Erfolg des Schwindels und der Schlauheit, wenig Treue, wenig Echtheit, wenig Tiefe und Höhe – es ist furchtbar niederziehend. Ich schreite aber aufrechten Hauptes durch das alles mit der Losung meiner Neujahrspredigt: «Arbeiten und nicht verzweifeln». Was auch kommen möge, beugen und brechen lasse ich mich nicht durch Lüge und Gemeinheit[5].

Dieser Bericht klingt nicht sehr tröstlich. Dagegen blüht uns wenigstens in unserem Kind ein schöner Frühling, der schöner wird mit jedem Tag. Wir können nicht genug Gott dafür danken. Es glaubt es keiner, der's nicht erlebt hat, was so ein Kind für eine wunderbare Gotteswelt bedeutet. Die Kinder sind gewiß der Himmel auf Erden[6].

Nun, bevor das Böglein zu Ende ist, noch zweierlei: 1. Wie denkst Du Dir Deine Zukunft? 2. Was für Bücher soll ich Dir schicken? Du hast es mir einmal geschrieben, ich kann aber die Notiz nicht mehr finden. Ich verspreche aber, das Gewünschte sofort zu schicken.

Nimm nun mit diesem müden und eiligen Brief vorlieb. Es wäre ja noch unendlich vieles zu sagen. Mein Leben ist so intensiv, jeder Tag eine kleine Welt. Gott lasse uns sein Antlitz leuchten, daß wir genesen.

In herzlicher Liebe Dein Leonhard

Anmerkungen zu Brief Nr. 81

[1] Vgl. oben, Brief Nr. 80, Anm. 5.
[2] Am 30. Januar 1904 hielt er einen «begeisternden Vortrag vor vollbesetztem Lokal» (Vorwärts, 3. Februar 1904) über «Religion, Kirche und Sozialdemokratie». In der Dis-

kussion trat Pfarrer Preiswerk von der Petersgemeinde auf und sagte: «Die soziale Bewegung ist die Religion der Gerechtigkeit, Freiheit und Bruderliebe.»

[3] Wir wissen nicht, was Ragaz meinte. Möglicherweise hängt es mit der oben angedeuteten Revision seines Urteils über die intellektuellen Qualitäten der Arbeiterschaft zusammen.

[4] «Girolamo Savonarola. Ein Prophetenleben», Basel, 1905. Den Vortrag hatte Ragaz vorher schon im Freisinnigen Münsterverein in Basel gehalten.

[5] Es folgt ein Abschnitt über Verlagserfahrungen und Rezensionen von «Du sollst!», den wir im Druck weglassen.

[6] Die zwei folgenden Absätze des Briefes behandeln Familienangelegenheiten und werden im Druck weggelassen.

Brief Nr. 82: An Christine Nadig

Basel, 6. März 1904

Liebes Tisti,

Wenn ich Dir wieder einmal schreibe, so geschieht es nicht, weil ich mich meiner «verfluchten» Schwager-Pflicht und Schuldigkeit erinnerte, sondern aus einem edleren Motive, dem edelsten, das es überhaupt gibt: aus Dankbarkeit. Und wofür denn habe ich Dir gerade jetzt zu danken? Ich habe nun den Alton Locke[1] gelesen und erinnere mich daran, wer mir ihn gegeben hat. Das Buch hat mir großen Eindruck gemacht. Es paßte ausgezeichnet in die Gedanken dieses Winters hinein, die sich sehr stark um das Thema: Christentum, Kirche, Pfarrer, Sozialismus bewegten, und zu meiner Lektüre der Letters and Memories of Ch. Kingsley[2], die mir Mutter und Eva geschenkt. Ein großer Teil der einstigen Wirkung des Alton Locke beruhte wohl auf seiner damaligen Aktualität und auf dem Umstande, daß ein Pfarrer[3] sein Verfasser war, doch besitzt das Werk bleibende Eigenschaften nicht gewöhnlicher Art. Zwar befriedigt es mich in der Komposition nicht: es klafft ein Zwiespalt zwischen dem, was Alton Locke erlebt und seiner Bestimmung, ein Typus des working man zu sein, auch ist vieles für meinen Geschmack zu romanhaft; dennoch verrät sich überall eine gewaltige dichterische Kraft und dazu flutet ein mächtiger Feuerstrom der Leidenschaft durch das ganze Buch, der eine kaum übersehbare Fülle bedeutender, zum Teil prophetischer Gedanken mit sich führt. Du hast mir also eine geistige Wohltat erwiesen, indem Du mir dieses Buch schenktest. Mein Dank soll sich auch darin zeigen, daß ich nun über das Buch, das Du vielleicht noch nicht kennst, weiter nichts sage und Dir dafür ein Bulletin sende, dessen Wert darin besteht, daß es früher kommt, als das, auf welches Du rechnen darfst. Glücklicherweise kann ich nur Gutes melden. Joggeli ist, nachdem er in einer gewissen Hinsicht zwischen zwei Extremen ein wenig hin und her geschwankt, wieder zu der Mittellinie zurückgekehrt, in deren Innehaltung ja die wahre Lebensphilosophie besteht. Er hat sehr liebenswürdige Tage gehabt, aber es müßte ihm auch schwer fallen, irgend einen Grund für böse Laune zu entdecken, der kleine Sultan, auf dessen leisestes «Gränneln» hin mindestens zwei Frauen herbeispringen, um sich nach seinem Begehren zu erkundigen. Ich hege punkto Erziehung einige starke Bedenken. Im übrigen macht er sich flott, ist lustig, läßt lange Reden und Gesänge hören, richtet sich in der «Wiege» stattlich auf, turnt, sitzt, hübschet, sagt gelegentlich Mama und Papa – kurz das Wiegensöhnchen comme il faut! – Glücklicherweise geht es auch seiner armen Mutter wieder besser. Sie hat letzte Nacht wieder gut geschlafen und wir hoffen, es gebe wieder ein Obsichgehend. Daß dazu die Gegenwart der Großmutter hauptsächlich beitragen wird, ist selbstverständlich.

Über mein Ergehen will ich Dir lieber gar nichts sagen, weil ich sonst doch zu ausführlich werden müßte und in zwei Monaten hoffentlich Gelegenheit sein wird, darüber dieses und jenes zu sprechen. Doch nein, zweierlei muß ich Dir doch verraten, erstlich: mein Büchlein[4] macht mir recht viel Freude und geht gut; zweitens: meine Stellung in Basel scheint sich doch zu bessern, nachdem gerade dieser Winter die allerschwärzesten Wochen gebracht hatte. Gebe Gott, daß dem so sei – wir könnten Sonnenschein brauchen.

Wenn ich nun, nach der Regel, der sich jeder wohlerzogene Brief fügen muß, zuletzt noch einige Sätze über Dich und Deine Existenz sagen soll, so besteht die Schwierigkeit, daß ich mir von Deinem Tun und Lassen als pupils tutor (oder bist Du etwas Größeres?) kein genügend deutliches Bild machen kann. Wenn die Stellen, von denen man am wenigsten redet, auch die besten sind, dann muß die Deinige vortrefflich sein. Doch besitzest Du halt auch ein gut Stück von der Nadigschen Familienfähigkeit, nicht zu klagen. So beschränke ich mich denn darauf, Dir väterlich zu raten, daß Du von England doch mitnehmest so viel als möglich (natürlich nicht zu äußerlich zu verstehen!), und Dir zu sagen, wie sehr Du unser Denken und Sprechen erfüllst und wie groß unsere Freude ist, Dich bald erwarten und eine hoffentlich ausgiebige Weile bei uns behalten zu dürfen.

So leb denn noch recht wohl diese zwei Monate und sei im Namen aller herzlich gegrüßt von

Deinem Leonhard

Anmerkungen zu Brief Nr. 82

[1] Roman von Charles Kingsley, London 1849.
[2] Herausgegeben von seiner Gattin, 2 Bde., London 1877.
[3] Charles Kingsley (1819–1875) war Geistlicher; als Mitarbeiter von F. D. Maurice setzte er sich für die Hebung der sozialen Zustände in England ein.
[4] «Du sollst!»

Brief Nr. 83: An Rageth Ragaz

Basel, 9. März 1904

Lieber Bruder,

Warum Du erst heute die Bücher bekommst? Weil es so schwer war, die Broschüren über Ritschl zu bekommen, die ich Dir gerne gesandt hätte. Die eine, wichtigere, von Thikötter[1] habe ich überhaupt nicht mehr bekommen; sie ist vergriffen, die von Lipsius[2] aber ist auch gar kurz. Von Ritschl mußt Du schon etwas mehr wissen, als was da drin steht, sonst könnte das im Examen eine Klippe werden. Überhaupt: wie stehts mit der Dogmatik? Was weißt Du Sicheres von Biedermann und Lipsius? Es ist ein Fluch, daß wir immer noch von diesen überwundenen Systemen leben müssen, einfach, weil nichts Neues von einiger Größe da ist. Als Ritschlsches Quellenwerk käme etwa Herrmanns «Verkehr des Christen mit Gott[3]» in Betracht, das ließe sich noch zur Not bewältigen, weil es kurz ist. Daneben Kaftans Dogmatik[4]. Was sagst Du dazu? Über Biedermann muß ich Dir einmal mündlich referieren. Vielleicht kommt das alles mehr für das mündliche Examen in Betracht. Nur in der Dogmengeschichte solltest Du fest sein. Die Conradsche[5] Pädagogik wirst Du bekommen haben. Ist auch genügend Geschichte der Pädagogik dabei? Krauss[6] solltest Du ganz durchnehmen, was natürlich nicht heißen will, daß Du alles behalten müssest. Du mußt natürlich gerade für Dein Examen die Kunst lernen, Bücher nach abgekürzter Methode zu lesen, das Wesentliche rasch herauszuholen und das andere liegen zu lassen.

Wie lange gedenkst Du überhaupt noch in Florenz zu bleiben? Etwa bis Mitte April? Das wäre wohl das Richtige. Und willst Du dann zunächst direkt zu mir kommen? Das wäre vielleicht von Gutem. Du könntest hier noch einige Lücken Deines Examenwissens stopfen und Dir von mir ein wenig auf den Zahn fühlen lassen. Was die Zukunftspläne anbetrifft, so wollen wir sie jetzt liegen lassen bis nach dem Examen. Es wird unter Umständen nichts anderes übrig bleiben, als daß Du noch ein Semester machst und den Dr. phil. zu erlangen suchst. Was soll man Dir raten? Du mußt Dir nun selbst raten, denn ich bin bis auf diesen Tag mir nicht klar geworden, was Dich eigentlich vom Pfarramt abhält. Es wäre gut, wenn Du dazu kämest, Deine Zweifel auch deutlich zu formulieren. So weiß man nicht, wo man anfassen soll. Ich kann manchmal nicht umhin, zu glauben, daß es sich bei Dir mehr um eine gewisse Romantik des Zweifels und Gottsuchens handle als um ein bewußtes und klares Ringen mit den Problemen. Du weißt, daß ich Deiner innern Freiheit um keinen Preis zu nahe treten will, aber nicht wahr, *spielen* wirst Du auf keinen Fall, auch im *feinsten* Sinne nicht, mit Dingen, die für uns so viel Kummer und so viel Schiffbruch bedeuten. Nimm mir diese Bemerkung nicht übel, Du hast sie auf alle Fälle selbst verschuldet.

Im übrigen freue ich mich, daß es mit Dir innerlich vorwärts geht, und glaube, daß Du auf dem rechten Wege bist, wenn Du mehr den Weg des Willens zu Gott gehen willst. Nur kann es sich dabei mehr um die Reinigung und Stählung des eigenen Willens handeln, um die Gewinnung jener geschlossenen Kraft, die allein Gott ergreifen kann, *wenn er sich uns darbietet*, nicht um eine Vergewaltigung des eigenen Selbst in dem Sinne, daß wir etwas glauben wollten, was der Kopf nicht einsieht. Denn richtiger Glaube stammt aus *Erleben* und Gotteserkenntnis ist *Erleuchtung*.

Ich will Dir nun nur noch kurz berichten, wie es uns geht. Meine Lage hat sich in letzter Zeit wieder gebessert, namentlich infolge einer ganz überraschenden Zunahme des Kirchenbesuches[7]. Auch mein Büchlein macht mir nun doch recht viel Freude. Leider kommt Beifall und Dank vorwiegend von rechts her und doch wollte es nach links hin werben.

Joggeli ist gesund, Clara auch wieder besser dran. Gebe Gott, daß es so bleibe. Schreib' bald wieder und sei herzlich gegrüßt von Deinem

Leonhard

Anmerkungen zu Brief Nr. 83

[1] Julius Thikötter, 1832–1914. «Darstellung und Beurteilung der Theologie Albrecht Ritschls» 1883, 2. Aufl. 1887.

[2] «Die Ritschlsche Theologie», Vortrag, Leipzig 1880. (Sonderabdruck aus «Jahrbücher für Protestantische Theologie» 14, 1.)

[3] Das Werk erschien 1886 und hatte 1927 bereits 7 Auflagen erlebt.

[4] «Zur Dogmatik», 1904.

[5] Paul Conrad (1857–1939) war seit 1887 Seminardirektor in Chur. Er publizierte «Grundzüge der Pädagogik und ihrer Hilfswissenschaften», Davos 1902.

[6] Gemeint ist wohl Alfred Krauss, 1836–1892, Schweizer Theologe, seit 1871 Ordinarius für praktische Theologie in Marburg, 1873 in Straßburg. Es läßt sich nicht feststellen, ob Ragaz dessen «Lehrbuch der Homiletik» (1883) oder das «Lehrbuch der praktischen Theologie» (2 Bde, 1890–1893) meint.

[7] In diesen Monaten muß sich die seltsame Geschichte zugetragen haben, die Ragaz in Mein Weg, Bd. I, S. 227 f. schildert und die sonst nirgends greifbare Spuren hinterlassen hat. Er habe nach einem schlecht besuchten Gottesdienst einigen Mitgliedern des Freisinnigen Münstervereins die Demission angekündigt. «Da geschah etwas, das ich stets als Wunder empfunden habe: als ich das nächste Mal wieder auf die Kanzel stieg, hatte sich eine stattliche Zuhörerschaft eingefunden. Und der Besuch blieb von da an stets erfreulich.»

Brief Nr. 84: An sein Söhnchen Jakob Ragaz

Basel, 24. Juli 1904

Liebstes Männchen,

Es ist ein wenig gewagt, wenn ich Dir zu Deinem Geburtstage[1] wie sich's an und für sich ziemt, einen väterlichen Brief schreiben will. Denn erstlich ist meine Handschrift so schön, daß Leute, die kein Verständnis für Stil haben, sie häßlich zu nennen die Dreistigkeit haben, und wenn Du auch ein viel zu guter Sohn bist, um Dich an der Handschrift Deines Vaters zu versündigen, so könnte die Lektüre meines Briefes Dich doch gar zu viel Mühe kosten. Zum zweiten aber bin ich gestern und heute im Bette gelegen und habe nicht einmal meine Predigt halten können – das hat die Hitze getan, vor der wir Dich in Sicherheit[2] gebracht haben! – und es ist mir ganz dumm im Kopfe. Darum habe ich meinem Hofpoeten[3] Auftrag gegeben, ein solennes Geburtstagspoem zu verfassen. Er hat es getan und ich weiß, daß er seine Sache recht macht, sonst hätte ich ihn schon lange verschickt. Doch weil bei solchen Anlässen ein Wort aus dem Munde des Gebieters erst die rechte Weihe bringt, will ich nicht ganz fehlen.

Vor einem Jahr also bist Du zu uns gekommen. Es ist ein großer Gedenktag, gewiß. Nur möchte ich betonen, daß an ihm nicht nur Deiner sondern auch anderer Leute Verdienste gedacht werden muß. Da ist eine – ich hoffe Du kennst sie noch! – die sich mit den Vorbereitungen auf Deine Ankunft viele Mühe gegeben hat. Sie hat lange gewartet, sie ist zuletzt einen Tag und eine Nacht hinter der Türe gestanden, durch die Du eintreten solltest, auf Deine Schrittchen harrend – weißt Du, so wie eine Mutter auf ein liebes Kindlein wartet, das sich im Walde verlaufen hat. Und noch andere standen weiter hinten und warteten auch. Weißt Du, das war ein Tag und eine Nacht so voll Schmerz und Aufregung, daß Du sie dafür mindestens die Nächte hindurch nicht unnötig beunruhigen solltest. Ja, Du hast lange auf Dich warten lassen, das ist wahr. Doch wollen wir Dir das nicht zu stark vorrücken. Denn alles was etwas auf sich hält, läßt sich ein wenig bitten, oft ziemlich lange. Es liegt das – ich flüstere Dir's nur ins Ohr – ein wenig in einem Teil Deiner Familie. Aber Du hattest noch andere, höhere, zwingendere Gründe. Du mußtest Dich besinnen, ob Du wirklich ein Pfarrerssohn werden wollest; es war nicht unbedenklich, denn Du hattest allerlei nicht ganz Löbliches von dieser Art von Buben gehört; doch überwand der Gedanke an Lessing, Schleiermacher und viele andern Pfarrhäusern entsprossene Denker und Dichter diesen Zweifel. Du wußtest, daß eigentlich ein Mädchen erwartet wurde, fragtest Dich, ob es nicht taktvoll wäre, eines der Schwesterchen aus dem Kindliberg zu bitten, an Deine Stelle zu treten und die dankbare Rolle eines frommen Pfarrtöchterchens zu übernehmen. Doch fandest Du gewiß, es herrsche in bezug auf Mädchen sowieso Überproduktion und in der Familie Nadig[4] sei alle weibliche Vortrefflichkeit in solcher

214

Weise zum Ausdruck gekommen, daß in diesem Genre Neues nichts mehr zu leisten sei. Noch eins kam dazu: Du hattest über Basel und die Basler so vielerlei tönen gehört – Du wußtest selbst nicht recht woher! – daß Du Dich schon besinnen mußtest, ob Du Dich in eine solche Gegend wagen dürfest. Aber Du hattest auch von einer Veranda gehört, die alle Leiden der Welt aufwiege und dem Paradies nur wenig nachstehe. Das entschied.

Doch war das alles nicht die Hauptsache. Die Hauptsache war, daß Du noch auf Deinem Wege zu uns – auf der einsamen Strecke zwischen dem Himmel und dem Erdenland – Dein Köpfchen und Herzchen füllen mußtest mit all dem Lieben, Süßen, Holden, das Du uns bringen wollest. Du beludest Dir Händchen und Rücken mit den Wundern, die dort oben sind, um uns damit zu beschenken. Und endlich – das Größte kommt immer zuletzt – rief der liebe Gott Dich noch einmal zurück, um Dir noch einmal die große Botschaft nahe zu legen, die Du uns von ihm bringen sollest.

Du hast sie uns gebracht, ein ganzes Jahr lang hast Du sie uns jeden Tag wiederholt und wir sind ihrer nicht müde geworden, sondern finden sie nur schöner mit jedem Tag. Dein Geburtstag war für uns eine Erneuerung des Lebens, ein Frühling bist Du uns, der nicht endet. Gott erhalte Dich uns! Es dankt ihm, Deiner Mutter und allen denen, die Dich lieb haben, Großmutter, Großvater, Tanten und Onkeln vor allem,

Dein Vater

Anmerkungen zu Brief Nr. 84

[1] Jakob wurde am 25. Juli 1904 ein Jahr alt.
[2] Mutter und Kind weilten im großmütterlichen Ferienhause in Parpan.
[3] Gemeint kann sein Frau Clara Ragaz oder Ragaz selbst, da beide hübsche Gelegenheitsgedichte und später, als die Kinder etwas größer waren, Kindergedichte zu schreiben pflegten.
[4] Der Schwiegervater von Ragaz, Johann Josua Nadig, 1841–1898, war vor Ragaz' Verheiratung gestorben.
Zur Zeit, als der Brief geschrieben wurde, lebten:
Die Schwiegermutter, Christina Nadig-Plattner, 1847–1932, und deren Töchter:
Verena, 1869–1938, seit 1894 verheiratet mit Eugen Frey, 1854–1936, Kantonsschulprofessor in Winterthur,
Eva Nadig, 1871–1961, Sprachlehrerin,
Clara, 1874–1957, seit 1901 verheiratet mit L. Ragaz,
Christine Nadig, 1877–1957, Krankenschwester.

Brief Nr. 85: An Prof. Paul Wernle

Verehrter, lieber Herr Professor,

Vielen Dank für Ihre Sendung, die zu genießen und zu verarbeiten mir ein allerdings nur kurzes Krankenlager (eine Cholerine, wie die andauernde Hitze sie mir fast immer bringt) Muße gab. Ich mußte für die Predigt am Sonntag in letzter Stunde einen Vertreter suchen.

Was das Corpus delicti[1] anbetrifft, so muß ich zugeben, daß Spitta bös weggekommen ist. Nun wissen Sie ja, daß ich mich freue, wenn im Gedankenkampf auch wirklich scharf geschossen wird, und daß ich nicht gern ein kräftiges Wort tadle, dagegen begreife ich wohl, daß die Getroffenen brummen oder auch schreien. Wegwünschen möchte ich aus der ganzen Kritik nur die Stelle *S. 519*, Z. 5 ff. Die ist in diesem Zusammenhange allerdings verletzend, wenn sie auch sachlich noch so richtig sein mag. Doch fiele mir nicht ein, Ihnen daraus einen Vorwurf zu machen. Im übrigen ist die ganze Besprechung so gewissenhaft und sachlich, daß sie jeden Zorn entwaffnen muß, der nicht aus bloßer Eitelkeit hervorgeht. Doch werden Sie dem Echo dieser Kritik wohl noch etwa begegnen müssen.

Und nun zur Christenhoffnung[2]. Mein Dank ist Ihnen auch für diese Gabe sicher. Ihr Talent, die Dinge in den einfachen Hauptzügen zu sehen, dient auch hier zur Klärung und Vertiefung. Die großzügige Art, die Kraft der Gedanken und der Sprache und die dahinter stehende persönliche Überzeugung werden auch dem gedruckten Vortrage einen tiefen Eindruck sichern. Doch bin ich diesmal allerdings in der Lage, auch ein wenig Kritik zu üben. Das ist für mich erfreulich, da ich für gewöhnlich nur zustimmen kann, was auf die Länge zu eintönig wirkt. Wohlan denn:

1. Ich habe an Ihrer Klassifizierung[3] der verschiedenen Arten von Reichsgotteshoffnung auszusetzen, daß Sie die *Blumhardt-Kuttersche* und die spezifisch *anderen* nicht auseinandergehalten haben. Es hätte sich empfohlen, die moderne gesondert zu behandeln, weil sie nun einmal in ihrer Eigenart *die* Hoffnung vieler ist. Sie sprechen allerdings zu «christlichen» Studenten, nehmen aber doch überall auf das moderne Denken Rücksicht. Die beste Gliederung wäre vielleicht die: a. *Urchristliche* Hoffnung. Moderne Abart: Blumhardt-Kutter.

b. *Moderne* Hoffnung der «*Religionslosen*».

c. Moderne Hoffnung auf *religiöser* (christlicher) *Grundlage*.

Die Blumhardtsche Hoffnung hat wohl einzelne moderne Elemente angenommen, unterscheidet sich aber von der spezifisch modernen doch dadurch, daß sie zuletzt überall mit dem *Wunder* rechnet, während diese nur auf die *Entwicklung* vertraut. In diesem Gegensatze liegen eigentlich alle in Betracht kommenden Probleme eingeschlossen. Da Sie aber diese beiden Formen der Hoffnung in *eine* verschmolzen haben, schlägt nachher Ihre Kritik teilweise daneben. Die Blumhardtsche Auffassung, die mit dem Wunder und der absoluten Umgestaltung aller irdischen Dinge rechnet, wird durch Ihre Argumente nicht getroffen, und die moderne wieder nicht durch einiges, was Sie gegen Blumhardt(-Kutter) sagen. Gegen die Blumhardt-(Kutter)-sche Auffassung hätte m. E. das Recht der *Entwicklung* im Carlyleschen Sinne verteidigt und gegen die moderne die Rolle der Tat, des Kampfes, der Freiheit, überhaupt der nicht in den *Mechanismus* einzuordnenden Kräfte betont werden müssen. Es wundert mich sehr, daß Sie hier einmal nicht Ihre gewöhnliche Klarheit haben leuchten lassen. Auch der urchristlichen Hoffnung scheinen Sie mir nicht ganz gerecht zu werden, wenn Sie ihr keinen *praktischen* Wert zugestehen. Wenn ich an die *Nähe* des Gerichtes glaube – und das ist ein durchaus wesentliches Moment der urchristlichen Hoffnung – dann muß das meine Stimmung ähnlich beeinflussen, wie diese Erwartung die Stimmung der ersten Christen beeinflußt hat. Auf stumpfe Seelen macht überhaupt nichts Eindruck, aber damit rechnen wir nicht.

2. Doch nun zur Hauptsache. Sie schreiben auf den Vortrag die freundliche Widmung: «Dem stärker Hoffenden.» Da frage ich mich denn: «Bin ich das wirklich?» – und muß mir sagen, daß ich mit Ihnen im Bereiche des *Relativen* bleibe. Ich hege eine große Hoffnung, die allein mir das Leben möglich macht: daß nun große Dinge im Kommen sind, daß eine neue Weltzeit anbricht. Aber nicht das *Ende* der Dinge. Jenseits der gewaltigen Katastrophen und Neuschöpfungen, die ich erwarte, sehe ich wieder neue Kämpfe und neue Arbeit. Doch ist das richtig: Diese relative Hoffnung wächst sich in mir beinahe zu einer absoluten aus. Die später wiederkehrenden Schwierigkeiten sind mir bloß eine geschichtsphilosophische Kautel, dagegen ist mein Blick ausschließlich auf das Kommen des Neuen gerichtet.

Und nun *Ihre* Hoffnung, die reduzierte Hoffnung, wie Sie sie vortrefflich nennen. Ich brauche Ihnen nicht zu sagen, daß auch sie etwas Großes ist und daß es mir nicht einfällt, Sie darob anzufechten. Sie ist die letzte Position, auf die auch ich mich zurückziehe. In bezug auf die praktischen Konsequenzen sind wir ja im Wesentlichen einig. Die Bedenken, die ich nun aussprechen will und an Sie adressiere, sind also z. T. auch gegen mich gerichtet.

a. Meinen Sie nicht, daß Ihre reduzierte Hoffnung nur leben könne auf dem unbewußten Hintergrund einer größeren? Die Resignation hat immer nur Sinn gegenüber einem reicheren Zustande. Tatsächlich ist Ihre Hoffnung auf dem Boden einer viel enthusiastischeren Stimmung[4] gewachsen. Ihre Stellung hätte also mehr den Wert einer Bremse; vorwärtsführend, fruchtbar, umgestaltend sind jeweilen doch die *großen* Hoffnungen.

Damit sind wir b. zur praktischen Betrachtung übergegangen. Hier mache ich Ihnen fest Opposition. Sie betonen gegenüber der unfruchtbaren Zukunftsschwärmerei das Anfassen der Aufgaben, die Gott uns in der Gegenwart stelle. Dagegen sage ich, und das sage ich aus schmerzenreicher Erfahrung heraus: Die wahren, gottgestellten Aufgaben der Gegenwart erkennt man sehr oft (nicht immer!) erst im Lichte der Zukunftshoffnung, aus dem Zukunftssinn heraus. Sonst tappen die Leute so trostlos blind herum, wie z. B. der heutige politische und religiöse Liberalismus. Auch wachsen *mir* gerade aus der Arbeit an den Aufgaben der Gegenwart meine Zukunftshoffnungen heraus. Sie meinen, daß dieses Hoffen aber doch oft ein Lotterbette für die Trägheit sei, oder zu einem lächerlichen Weltverbessern führe. Was das letztere anbetrifft, so besteht nach meiner Ansicht das Spezifikum des Weltverbesserers gerade darin, daß ihm der Blick ins *Große* fehlt und er darum meint, mit der Änderung irgend einer einzelnen Einrichtung, z. B. der Abschaffung des Eides, Durchführung der Frauenemanzipation, der Abstinenz, des Naturheilverfahrens sei der Welt ganz und gar geholfen. Im übrigen leugne ich nicht, daß die Hoffnung zu den von Ihnen befürchteten Erscheinungen führen kann. Aller Enthusiasmus bringt diese Gefahr mit sich. Und doch muß unser Gebet lauten: Herr, schenke uns Enthusiasmus! Denn der allein kann uns helfen. Was haben wir heutzutage nötiger als Hoffnung? Wir lechzen darnach wie in dieser Sommerhitze nach einem frischen Windhauche. Mit Ausnahme ganz kleiner Kreise[5] sind wir viel zu hoffnungsarm. Darum muß uns Hoffnung gepredigt werden. Wenn ihr warmer, starker Hauch einmal durch diese kalte (wenn auch im *kalten Fieber* sich unruhig regende!) Welt fährt, so werden Sie sehen, welch reiches, neues Leben dann erblüht. Dann wird es auch einige Faulenzer geben – gibt es deren heute nicht? – aber andere, die jetzt müde sind, werden wandeln (Jes. 40, 31)[6]. Gerade unser veraltetes, ganz hohl gewordenes Studentenwesen wird nur erneuert, wenn diese «Träger der Zukunft» einmal wirklich merken, wohin der Weg der Zukunft geht. Nicht in soziale Detailarbeit sollen sie sich einlassen, aber von einem neuen *Geiste* erfüllt werden.

Bei alledem verkenne ich das objektive (nicht nur das subjektive) Recht Ihrer Haltung nicht. Aller Enthusiasmus bedarf der Nüchternheit. Nur meine ich, die Hoffnung müsse doch das sein, was vor allem betont werden solle. Das ist der Unterschied zwischen Ihnen und mir: Sie sagen: Arbeitet und dann hoffet auch, soviel Ihr könnt; ich dagegen sage: hoffet, aber arbeitet. Einig sind wir beide darin, daß Gott allein unsere Zuversicht ist.

3. Wesentlich einverstanden bin ich mit dem zweiten Teil Ihrer Ausführungen. Nur einen Einwand möchte ich nicht verschweigen. Wenn Sie sagen, daß die zwei Pfeiler des Ewigkeitsglaubens seien a. die Tatsache des sittlichen Lebens, b. der Eindruck der Person Jesu – so dünkt mich das angesichts der ungeheuren Schwierigkeiten, die ihm aus dem modernen Weltbild entstehen, etwas zu dürftig. Vielleicht wäre es eindrucksvoller gewesen, wenn Sie für b oder auch für a und b gesetzt hätten: der lebendige Gott oder der Vatergott Jesu Christi. Jedenfalls gehört es zur *rationalen* Begründung des Ewigkeitsglaubens, daß gegenüber dem modernen Weltbilde das Geheimnis, die Phänomenalität der Welt, das Recht der Seele u.s.w. betont wird: ein neuer Idealismus mit romantischem Einschlag.

Jetzt haben Sie aber Kritik genug, nicht wahr? Nehmen Sie's als eine schriftliche Diskussionsstunde. Ich weiß, daß Sie jetzt Zeit haben[7], einen langen und schlecht geschriebenen Brief zu lesen, und weiß auch, daß die Hoffnung eines Ihrer zentralen Themen ist, wie das auch bei mir der Fall ist. So war es mir ein Bedürfnis, mich im Anschluß an Ihren Vortrag darüber auszusprechen. Dieser verliert dadurch nichts von seinem Wert; Sie sehen, wie reiche Anregung er mir gegeben hat. Daß Sie Widerspruch ertragen können, weiß ich.

Ich danke Ihnen und Ihrer lieben Frau nochmals für den schönen Mittwoch und bleibe mit herzlichen Grüßen und Wünschen von Haus zu Haus

Ihr Leonhard Ragaz

Anmerkungen zu Brief Nr. 85

[1] Eine Kritik Wernles an Spitta ließ sich bei aller Anstrengung nicht finden; sie fehlt auch in der Bibliographie der Schriften Wernles in der Festschrift «Aus fünf Jahrhunderten schweizerischer Kirchengeschichte. Zum 60. Geburtstag von Paul Wernle herausgegeben von der Theologischen Fakultät der Universität Basel», Basel 1932, S. 447-458.

[2] Wernles Vortrag vor der Aarauer Studentenkonferenz von 1904 «Die Christenhoffnung und ihre Bedeutung für unser gegenwärtiges Leben» Bern 1907, als Bd. 8 der Konferenzberichte der Christlichen Studentenkonferenzen in Aarau.

[3] Wernle hatte (S. 2) die urchristliche Hoffnung als «Hoffnung für diese Erde, höchst anschaulich und konkret» dargestellt und hatte sodann die Säkularisierung der christlichen Hoffnung im Fortschrittsglauben der Aufklärung gezeigt. Die gegenwärtige Situation sah er gekennzeichnet durch die «Fülle von Mischformen aus Urchristentum und Aufklärung, deren augenblicklich kräftigste und anregendste die von Blumhardt und Kutter vertretene, aus urchristlichem Wunderglauben und modernstem Fortschritts-Enthusiasmus seltsam gemischte Reichsgotteshoffnung ist» (S. 3).

[4] Ragaz spielt wohl auf die Herkunft Wernles aus pietistischem Milieu an.

[5] Möglicherweise hat Ragaz hier bereits die Kreise um den jüngeren Blumhardt im Auge.

[6] «Die auf den Herrn harren, kriegen neue Kraft...»

[7] Wernle hatte Semesterferien.

Brief Nr. 86: An Prof. P. W. Schmiedel

Basel, 27. Juli 1904

Hochverehrter Herr Professor,

Wenn Sie sich die Fähigkeit, böse zu werden, in etwas höherem Grade angeeignet hätten, als es der Fall ist, so müßten Sie mir nun über mein langes Schweigen ernstlich zürnen. Doch würden Sie auch dann sich besänftigen, wenn ich Ihnen sagte, daß ich wieder gar böse Monate hinter mir habe, die mich oft bis zur äußersten Erschöpfung in Anspruch genommen und jegliche nicht durchaus notwendige Korrespondenz verhindert hätten.

Was Sie über den Herrmannschen Vortrag[1] schrieben, hätte mich allerdings zu einer Antwort gereizt. Ich widerspreche Ihnen zwar nur in *einem* Punkte. Sie sagen, es handle sich dabei um einen verzweifelten Versuch, Jesus als einzige Gottesoffenbarung zu retten. Diese Formulierung dünkt mich unrichtig. Herrmann macht es gar nicht anders als Sie und ich und jeder Theologe: er versucht von seinem Innern aus eine Brücke zu Jesus zu schlagen. Nun ist er vor allem Kantianer und so macht er – das leugne ich nicht – Jesus zum Kantianer. Das sehe ich nun noch klarer ein als vor einem Jahre. Ich begreife, daß Jesu «Moral» nicht so systematisiert, nicht so ins Philosophische oder Halbphilosophische übersetzt werden darf – auch ich habe in meinem «Du sollst» darin noch zu viel getan. Dennoch glaube ich, daß Herrmann im *Kerne* nicht unrecht hat. Gewiß hat Jesus seine sittlichen Weisungen als Willen Gottes, als ἕτερος νόμος[2] gegeben, und doch unterscheiden sie sich vom *Gesetze* dadurch, daß sie aus der inneren Wahrheit der Dinge geschöpft waren. Theonomie ist nicht Heteronomie, *braucht* es nicht zu sein. Das «ich aber sage euch» – mag es auch nicht aus Jesu Munde stammen – bezeichnet doch den Sachverhalt richtig. Das Wesen des *Propheten* – und als solchen verstehe ich Jesus *zunächst* immer, das ist mein Ausgangspunkt – besteht doch darin, daß er so aus erster Hand lebt und redet. Er spricht in *Gottes* Namen; das ist dann allerdings nicht jene starre Kantische Autonomie, aber ein Schöpfen aus dem Innern und Innersten gegenüber Gesetz und Herkommen mit ihrer Heuchelei. In diesem Sinne hat Herrmann doch recht und er hat m. E. eine ganz wesentliche Seite der «Moral Jesu» (ein unpassendes Wort!) in scharfes Licht gesetzt, wofür ich ihm danke.

Im übrigen sehe ich immer deutlicher ein, wie wenig die «Moral» Jesu als etwas Selbständiges und Vollständiges zu verstehen ist und wie alles auf den religiösen Mittelpunkt ankommt. Aber eben – die nova *lex* muß aus unsern Gedanken ganz verschwunden sein, bevor wir aus dem jetzigen Wirrsal heraus auf ruhigen Boden gelangen[3].

Auf die vielen Dinge, die zu sagen wären, kann ich heute gar nicht eingehen. So will ich Ihnen denn bloß das nicht verschweigen, daß es mir in Basel bedeutend besser geht. Ich habe mir nun wirklich festen Boden erkämpft und danke Gott dafür. Darum hatte eine Anfrage nach Zürich-Neumünster[4], die übrigens nur vorläufiger Art war, wenig Verlockendes für mich. *Dort*hin hätte ich nicht gepaßt. Natürlich bin ich deswegen in Basel noch nicht auf Rosen gebettet.

Was meine akademischen Pläne anbetrifft, so sind sie durch Arbeit und Aufregung der letzten Monate in den Hintergrund gedrängt worden. Mein größtes Bedenken ist jetzt, ob ich neben der Amtsarbeit noch Zeit und Kraft zum Dozieren fände. Doch sollen nun meine Gedanken auf eine Arbeit über «Natur und Sittlichkeit»[5] gerichtet sein, die ich dann als Dissertation einreichen würde. Es soll diesmal wirklich eine wissenschaftliche Arbeit sein, was das «Du sollst» nicht sein will. Natürlich werde ich darum zuerst zu Pfister[6] nach Zürich pilgern, um mich in die Mysterien des von ihm entdeckten oder wiederentdeckten wahren liberalen Prinzips[7] einweihen zu lassen, außer dem kein Heil ist.

Meiner Familie geht es gut. Unser Kleiner wächst so erfreulich heran, daß wir Gott nicht genug dafür danken können. Bruder Rageth ist vor einigen Wochen in die Bündner Synode[8] aufgenommen worden und amtiert provisorisch im Rheinwald. Es geht ihm innerlich besser.

Wir hoffen nächsten Sonntag nach Parpan in die Ferien zu verreisen, nachdem wir von der Basler Hitze Schweres erduldet. Und welches sind wohl Ihre Pläne? Führen sie vielleicht auch nach Graubünden? Dann wäre ein Rendez-vous gewiß leicht zu bewerkstelligen. Vielleicht sagen Sie mir das einmal auf einer Postkarte. Inzwischen schickt Ihnen viele herzliche Grüße und Wünsche

Ihr Leonhard Ragaz

Anmerkungen zu Brief Nr. 86

[1] Vgl. oben, Brief Nr. 73.

[2] Anderes Gesetz. Vgl. Röm. 7, 23.

[3] Ein Absatz über eine interne Angelegenheit der Theologischen Fakultät in Zürich wird weggelassen.

[4] In Neumünster, also an der Zürcher Kirchgemeinde Kutters, war 1904 eine neue, vierte Pfarrstelle geschaffen worden.

[5] Über diesen Plan ist sehr wenig bekannt. In Mein Weg, Bd. I, S. 243 berichtet Ragaz vom Plan einer Dissertation über «Neukantianismus und Christentum», die er «in jahrelanger Arbeit so weit fertiggebracht» habe, «daß nur noch die endgültige Niederschrift übriggeblieben wäre».

[6] Oskar Pfister, 1873–1956, 1897 Pfarrer in Wald, 1902–1939 an Predigern in Zürich, auch Religionslehrer an Kantonsschule und Seminar Küsnacht. 1897 promovierte er zum Dr. phil. Betätigte sich neben dem Pfarramt als Forscher auf dem Gebiet der Psychoanalyse.

[7] Anspielung auf Oskar Pfisters «Die gegenwärtige Metamorphose der theologisch-kirchlichen Parteien in der Schweiz», Zürich 1904. Pfister versteht dort unter dem «liberalen Prinzip» die kompromißlose Anwendung der wissenschaftlichen Methode in der systematischen Theologie und in der Exegese. Er postuliert eine neue Vertiefung in die Grundfragen der systematischen Theologie unter Anwendung der autonom wissenschaftlichen Methoden der philosophischen Logik und Metaphysik. a. a. O. S. 63.

⁸ Rageth Ragaz hatte anfangs Juli 1904 sein Synodalexamen abgelegt und war damit Mitglied der Bündner Geistlichkeit geworden. Nun amtete er von 1904–1910 als Pfarrer von Maladers-Castiel im Schanfigg.

Brief Nr. 87: An Prof. P. W. Schmiedel

Parpan, 20. August 1904

Hochverehrter Herr Professor,

Ferienwanderungen und Ferienschlaffheit haben mich verhindert, Ihnen den durch die Wildhauser Karte[1] versprochenen Brief rechtzeitig zu schreiben. Nun will ich mich aber doch aufraffen, um Sie einzuladen, während des Religionskongresses[2] Ihr Haupt doch unter dem Ihnen bekannten Dache an der Augustinergasse niederlegen zu wollen. Die Hausfrau wird dann allerdings noch mit dem «Sohn des Hauses» in den Ferien weilen, aber unser treffliches Mädchen wird für das Leibliche wenigstens vollgenügend sorgen. Vielleicht wird Prof. Hausheer[3] Ihr Mitgast sein.

Obschon ich mir nun die Bequemlichkeit gestatten könnte, theologische Diskussionen auf dieses Zusammensein zu verschieben, muß ich Ihnen doch noch in bezug auf Herrmann ein weniges antworten. Ich möchte nur betonen, daß Herrmann nicht mit *Absicht* und *Bewußtsein* Jesus zum (etwas christianisierten) Kantianer macht. Herrmann ist eine viel zu wahrhaftige Natur, um so etwas tun zu können. Vielmehr spricht er einfach aus, was er vor Jesus *erlebt* hat. Dabei ist es sein redliches Bemühen, die Resultate der neuesten Leben-Jesu-Forschung im Auge zu behalten. Er tut also *prinzipiell* gar nichts anderes, als was Sie auch tun, nur daß Ihre Ergebnisse etwas anders lauten und Sie viel reservierter sind. Das letztere ist aber Sache des Temperamentes, nicht der Methode.

Ob Herrmann *sachlich* recht hat, ist dann eine andere Frage. Ich glaube wohl, wenn seine Aussagen des systematischen und philosophischen Gewandes, das den Professor der systematischen Theologie verrät und dem Historiker zuwider ist, entkleidet werden. Denn das Drängen auf die einfache, gottgesetzte Wahrheit der Dinge gegenüber Gesetz und Tradition bildet doch wohl ein Charakteristikum der «Moral» Jesu. Und hierin ist auch die Autonomie enthalten. Doch gebe ich zu, daß das nur ein Stück des wirklichen Jesus ist. – Das Stück aber, das Herrmann allein sieht. Aber wer schaut den *ganzen* Jesus? Darum sage jeder frisch, was er gesehen hat, es wird wohl ein Teil der Wahrheit sein.

Ich wundere mich, wie Sie diesen Juli und August im Feuerofen haben aushalten mögen. Oder sind Sie nicht in Zürich geblieben? Mich auf das Wiedersehen in Basel freuend, bleibe ich in alter Gesinnung,

Ihr Leonhard Ragaz

[1] Am 1. August hatte Ragaz Schmiedel aus Wildhaus eine Ansichtskarte mit dem Geburtshaus Huldrych Zwinglis geschickt.

[2] In Basel fand vom 30. August bis zum 2. September der Internationale Kongreß für allgemeine Religionsgeschichte statt.

[3] Jakob Hausheer, Dr. phil., 1865–1943, Gymnasiallehrer, Orientalist, ab 1905 Professor für Altes Testament in Zürich.

Brief Nr. 88: An Frau Clara Ragaz und Familie Nadig[1]

Basel, 30. August 1904

Meine Lieben,

Ich benutze einen durch die Theologen[2] nicht belegten Augenblick dazu, Euch zu berichten, daß ich gesund und unversehrt hier angekommen bin und alles in bester Ordnung gefunden habe. Nur Herr Gisin[3] hat es mit der Begießung der Pflanzen nicht allzu genau genommen, wie mir scheint. Der wilde Weinlaubstock links neben der Verandatüre ist fast entlaubt. Daß der Wipfel der Platane kahl ist, kann ich allerdings nicht ihm zurechnen.

Es ist warm, aber wohl erträglich, bis jetzt wenigstens. Allerdings spüre ich den Temperaturwechsel wohl und freue mich, daß Ihr noch leichtere Lüfte trinkt.

Bis Ziegelbrücke hat mich gestern Frau Prof. St.[4] mit Frauenbewegung überschwemmt; dann habe ich ein kleines Erlebnis mit einem *alten* notabene Weibchen gehabt, das ich Euch einmal erzählen muß. Endlich – von Zürich an – reiste ich «mit Frau und Kind». Es war eine Arbeiterfrau aus Basel, die mit zwei Kleinen von Zürich her heimreiste. Das jüngere war vier Monate alt, das ältere zwei Jahre. Beide übertrafen an Bravheit sogar Joggeli – auf so große Entfernung darf ich das wohl sagen. Das Kleine lag anderthalb Stunden in gar nicht bequemer Stellung auf der Bank und schlief; das Bübchen aber war fein ernst und stille, bis sich ein Bedürfnis meldete, das mich veranlaßte, ihn durch zwei Wagen in eine gewisse Gegend zu tragen – denn ich habe ein Verständnis für zarte Angelegenheiten. Dafür wollte die Frau durchaus wissen, wer ich sei, und siehe da, als ich erklärte, ich sei Pfarrer, sagte sie, die Kinder seien noch ungetauft, ich müsse sie taufen. Sehet, so lerne ich allmählich das Geschäft; könnte mich nicht sogar B. darum beneiden?

Hier angekommen, fand ich schon ein paar Trauungen bereit. Der Kongreß hat mich bis jetzt nicht überwältigt. Die beiden Gäste sind angerückt. Mit Pfister habe ich eine Unterredung gehabt, die mir nur bestätigte, daß wir einen verschiedenen Geist haben. Was in diesen Tagen gehen wird, sollt Ihr später erfahren.

Und nun die Hauptsache. Clara weiß, daß ich das Wichtigste gern an den Schluß stelle. Dieser Brief wird eigentlich geschrieben, um der Mutter zum Geburtstag[5] zu gratulieren. Clara weiß nun auch, daß ich das Wichtigste immer etwas zu kurz abmache, weil mir dafür zu wenig Zeit übrig bleibt. So betrachte ich denn alles das Schöne und Gute, das man sich bei solchen Anlässen wünscht, als ausgesprochen und beschränke mich auf einige spezielle Punkte. Ich wünsche, daß in Deinem nächsten Lebensjahre alle Deine Kinder und Enkel gut und viel schlafen, gut und viel essen und sich warm kleiden. Damit habe ich schon angedeutet, daß Du ja nicht für Dich, sondern für andere wünschest. Darin, daß ich das konstatiere, ist eigentlich alles, was wir Dir heute zu sagen hätten, eingeschlossen.

Ich hoffe, daß Ihr strahlendes Geburtstagswetter habt. Es fällt mir nicht schwer, im Geiste bei Euch zu sein, denn noch bin ich nur zu einem Drittel meiner Seele hier. Doch lasset Euch nicht dadurch stören, es geht mir vorläufig ja gut. Lebet so wohl als Ihr nur könnt, küsset Joggeli (mit Zuhilfenahme eines Bürstchens[6], um die Illusion zu erhöhen) und seid in Liebe gegrüßt von Eurem

Leonhard

Anmerkungen zu Brief Nr. 88

[1] Die Schwiegermutter und die unverheirateten Schwestern von Clara Ragaz. Vgl. Register der Briefempfänger unter: Christina Nadig-Plattner, Christine Nadig, Eva Nadig.

[2] Die Gäste, welche Ragaz bei Gelegenheit des religionsgeschichtlichen Kongresses in seinem Hause aufgenommen hatte.

[3] Der Siegrist.

[4] Frau C. C. Stocker-Caviezel, 1829–1914, eine bedeutende Vorkämpferin der schweizerischen Frauenbewegung, verheiratet mit einem Kantonsschulprofessor in Chur, im Alter wohnhaft in Küsnacht, Zürich.

[5] Geburtstag der Schwiegermutter am 31. August.

[6] Ragaz trug damals einen ansehnlichen hängenden Schnurrbart. Vergleiche das als Frontispiz dem Band I der Biographie beigegebene Photoporträt aus dem Jahre 1905.

Brief Nr. 89: An Frau Clara Ragaz

Maladers[1], 9. Oktober 1904

Liebste Clara,

Du bekommst meinen Brief nun von einem ungewöhnlichen Orte. Die Stube würde Dir sicherlich auch gefallen – groß, hell, doch mit niedriger Decke, hellgrau angestrichen, vom mächtigen Ofen heut abend so traulich erwärmt und durch die wenigen, eine etwas buntscheckige Gesellschaft bildenden Möbel so wohl und nett ausgefüllt. Das ganze Haus, ein altes

Bauernhaus, mit dem Sammet der Jahrhunderte überzogen, sonnengetränkt, zu oberst im Dörfchen gelagert, über die gar malerisch gruppierten Schindeldächer hinausschauend nach Prada und nach Malix und hinauf zum Gürgaletsch. Vor dem Hause plätschert der Brunnen, sonst *kein Laut*; keine Fabrik, keine Eisenbahn, keine Stadt zu sehen und zu hören – welche Stille, welcher Friede, welche Poesie! Hier möchte ich mit Dir und Mandli[2] sein, möchte lesen, träumen, denken, dichten, schlafen, die Theologen, die Gundeldinger[3], die Lumpenhunde vergessen, mit meinen Predigten zufrieden sein, auf dem Ofen liegen, wenns draußen schneite – und mich nach einem Wirken draußen im großen Geisterkampfe der Gegenwart sehnen!

Merta und Rageth sind voller Glück. Alles läßt sich hier so freundlich an, als nur zu erwarten ist. Allerdings, wenn das Haus nach dem Kriterium beurteilt werden sollte, das, wie die Mutter sagt, Dein Vater anzuwenden pflegte, dann käme es schlecht weg. Denn eine gewisse Gegend ist vor allem luftig und aussichtsreich, dürfte aber für den Winter ein bißchen gefährlich sein. Auch die Küche läßt zu wünschen übrig. Doch kann das alles noch verbessert werden. Wenn Castiel[4] dazukommt, wozu gute Aussicht vorhanden ist, dann gibts eine ganz gute Stelle. «Und Du Maladers, im Tale Schanfigg, Du bist nicht die geringste u.s.w.»[5]

Morgen soll ich also zum ersten Mal Rageth predigen hören. Die herrliche Ruhe tut mir an Leib und Seele gut, während das viele Rennen in Chur aufregend wirkt[6].

Der Theaterbrand[7] hat mir doch noch recht zu denken gegeben. Wenn solches in Eurer Nähe geschehen wäre! Und ich abwesend! Gestern abend, als es gewaltig stürmte und tobte, bin ich wieder von jener Stimmung befallen worden, die Du von Parpan her kennst, dem herzzerreißenden Gefühl, wie die, welche sich seelisch, in Liebe, so nahe sind und vom Todessturm so bald auseinandergerissen werden, in diesem kurzen Leben örtlich so getrennt sind, jedes so einsam! Meine nicht, daß ich im Ferienübermut Euch vergesse. Ich genieße solche Tage doch nicht recht ohne Dich. Doch sie sind indirekt fruchtbar auch für Dich.

In bezug auf die Zukunftsgedanken schwankt der innere Kampf hin und her. Nur raubt ihm die Überlegung, daß er schließlich doch gegenstandslos sein könnte, viel von seiner Energie. Obenauf ist im allgemeinen doch immer noch das Pfarramt, so sehr die langen Ferien des Professors[8] gerade hier oben ihren Reiz offenbaren. Nun, ich will reines Herzens mich in Gottes Dienst stellen und er wirds gut machen. Die Hauptsache ist, daß ich immer mehr die große *Konzentration* meines Wesens in ihm und im Tun des Rechten finde. Daraus fließt dann von selbst das, was ich am meisten nötig habe: *Kraft*.

So sprechen diese Ferientage mit mancherlei heilsamen Stimmen zu mir. Könnte ich nur alles festhalten! Käme nur nicht wieder jener rätselhafte böse Bann über mich! Trotzdem – ich fühle, daß es doch immer mehr ins Rechte hineingeht und damit immer auch näher zu Dir, die Du in Wirklichkeit die andere Hälfte meines Wesens bist und *darum teilnimmst an meinem Kampf*, aber immer auch mitgewinnst bei jedem inneren Siege.

Du merkst – es ist die gedankenreiche Nachtstunde mit ihren Offenbarungen der Wahrheit der Dinge! Da wäre so viel zu reden! Aber das ist ja auch schön und gut, daß wir nicht zu reden brauchen und so schicke ich Dir und dem süßen Liebling, der unsere *Einheit* verkörpert, über Berg und Tal Gruß, Kuß und Segen

Eures Leonhard

Anmerkungen zu Brief Nr. 89

[1] Rageth Ragaz versah seit Anfang Oktober das dortige Pfarramt. Antrittspredigt 25. September 1904.

[2] Offenbar ein Kosename für das Söhnchen Jakob.

[3] Das «neue und langweilige» Gundeldingerquartier in Basel gehörte zur Münstergemeinde und zählte besonders viele der freisinnigen Richtung zugeneigte Protestanten. Mein Weg, Bd. I, S. 225.

[4] Es war geplant, die kleine Gemeinde Castiel mit Maladers zusammen vom selben Pfarrer betreuen zu lassen. Die Vereinigung erfolgte noch im gleichen Jahre 1904.

[5] Scherzhafte Paraphrase von Mt. 2, 6 (Mi. 5, 2).

[6] Einige Sätze, in welchen Ragaz von einer Skandalgeschichte in Chur berichtet, die das Tagesgespräch bildete und in die ein Bekannter verwickelt war, fallen hier weg.

[7] Am 7. Oktober 1904 brannte in den frühen Morgenstunden das Basler Stadttheater vollständig nieder.

[8] Offenbar zeigte sich bereits die Möglichkeit an, der Nachfolger A. Bolligers in der Basler Fakultät zu werden. Bolliger ließ sich nach Zürich-Neumünster wählen; Ragaz hatte vom Freiwerden dieser Stelle schon im Juli gewußt (vgl. oben, Brief Nr. 86). Das Entlassungsgesuch Bolligers an die Basler Universitätsbehörden datiert vom 1. Dezember 1904. Staatsarchiv Basel, Erziehungsakten Y 8.

Brief Nr. 90: An Pfarrer Benedikt Hartmann

Basel, 22. Januar 1905

Werter Freund,

Mein Glückwunsch kommt etwas post festum, ist darum aber nicht weniger aufrichtig. Ich habe Deine Wahl[1] von Anfang an dringend gewünscht, nur habe ich sie für unwahrscheinlich gehalten. Nun darfst Du wirklich mit dem Gefühl nach Chur ziehen, von Gott als der rechte Mann auf diesen Posten gestellt worden zu sein. Das ist doch der tiefste Grund aller Schaffens- und Leidensfreudigkeit.

Es hat in einer Zeitungskorrespondenz geheißen, Du seiest ein Mann so ungefähr wie Dekan Herold. Ich erlaube mir zu sagen, du werdest in Chur ungefähr in dem Sinne wirken wie ich. Du wirst die Sache auf Deine Weise anfassen und hoffentlich besser machen als ich, aber die religiöse und kirchliche Richtung wird die gleiche sein. Es ist nicht Zufall, daß meine treusten und verständnisvollsten Anhänger Dich wünschten und Dich mit offenen Armen aufnehmen. Wenn es Dir möglich ist – und es wird Dir möglich sein – den lächerlichen Anachronismus der «religiös-freisinnigen Vereinigung» vollends lahm zu legen, so hast Du meinen Segen. Wie ich darüber von Anfang an gedacht habe, wird Dir Walser[2] berichten können. Mein Vortrag in Chur war vorher zugesagt und wurde nur nach langen Verhandlungen doch gehalten. Ich freue mich über Deine Wahl auch darum, weil ich mir seinerzeit schwere Vorwürfe machte, als ich von Chur fortging – durch momentane Depressionen veranlaßt. Du wirst auf Deine Weise tun, was ich noch hätte tun sollen.

Ziehe getrost nach Chur. Ich habe, unter der Arbeitslast seufzend, doch immer sagen müssen: es ist fruchtbare, nötige, organische Arbeit, was ich von meiner baslerischen Arbeit nicht sagen kann. Und der Boden ist viel besser, als man glaubt, z. B. viel besser als hier. Gott mache Dich zu einem Segen für unser liebes Bündnerland!

Herzlich grüßend

Dein Leonhard Ragaz, Pfr.

Anmerkungen zu Brief Nr. 90

[1] Benedikt Hartmann war als Nachfolger Pfarrer Niggs im Januar 1905 nach Chur gewählt worden. Sein Gegenkandidat war Pfarrer A. Knellwolf in Untervaz.
[2] Ragaz' Nachfolger. Vgl. oben, Brief Nr. 62, Anm. 7.

Brief Nr. 91: An Prof. Paul Wernle

Basel, 2. März 1905

Lieber Freund,

Das ist ja eine Bombe, die Sie geworfen haben[1]. Ich drücke Ihnen dafür die Hand als für eine sittliche Tat ersten Ranges, die mich inmitten der allgemeinen Nichtsnutzigkeit, die in der letzten Zeit mein täglicher Anblick war, erquickt und aufrichtet und die ihre stärkende und erziehende Wirkung auf die ganze Stadt und weiterhin ausüben wird. Ich hätte Ihnen nicht dazu geraten, aber ich danke Ihnen. Und ich werde zu Ihnen stehen. Die «akademischen» Differenzen in unserer Auffassung der Sache können gar nicht in Betracht kommen gegenüber dem großen praktischen Ziel[2]. Ich hatte schon gestern den Brief geschrieben, in dem ich meinen Austritt aus dem Zentralausschuß der freisinnigen Gemeindevereine erkläre, mit ganz der gleichen Argumentation gegen P. W.[3], die Sie brauchen. Der Kampf ist also auch auf diesem Flügel eröffnet.

Sie haben sich natürlich überlegt, was dieser Kampf kosten wird, und werden diese Kosten willig bezahlen. Daß alle wirklich Guten mit Ihnen sind, ist gewiß. Es ist nur schade, daß mein Beistand Ihnen gegenwärtig nicht viel hilft, aber was ich tun kann, werde ich tun. Ich brauche Ihnen nicht zu sagen, daß Sie sich in jeder Hinsicht auf mich verlassen können. Daß Gott mit uns ist, fühle ich[4].

Ich werde mir erlauben, im Lauf des Tages zu Ihnen zu kommen, um Ihnen noch persönlich zu danken und mit Ihnen über die Lage zu sprechen. Inzwischen rufe ich Ihnen den Spruch aus dem Richterbuch 6, 12 zu: «Gott mit Dir, du streitbarer Held», oder, wenn Ihnen ein neutestamentlicher lieber ist: Matth. 10, 34![5]

In herzlicher Treue

Ihr Leonhard Ragaz

Anmerkungen zu Brief Nr. 91

[1] Inzwischen war die Basler Professorenwahlgeschichte ihren komplizierten Weg gegangen (Dargestellt in der Biographie, Bd. I, S. 91–92). Ragaz hatte zugunsten des zurückgetretenen und seinen Rücktritt dann revozierenden Bolliger seine Kandidatur zurückgezogen, und endgültig war der liberale Kandidat Johannes Wendland dem Vermittler Rudolf Otto vorgezogen worden. Wernle aber beleuchtete diese Wahl, bei der Richtungsfragen eine größere Rolle gespielt hatten als Qualifikationen, in einem Artikel, der am 3. März 1905 in den Basler Nachrichten erschien. Wernle hatte Ragaz offenbar das Manuskript zugesandt, so daß sich dieser nun bereits am Tage vor dem Erscheinen dazu äußern konnte.

[2] Es wird eine Zeile weggelassen, da zu persönlich.

[3] Paul Wilhelm Schmidt, der als Mitglied des Erziehungsrates die Wahl Wendlands durchgesetzt hatte.

[4] Es wird eine Zeile weggelassen, da zu persönlich.

[5] «Ich bin nicht gekommen, Frieden zu senden, sondern das Schwert.»

Brief Nr. 92: An sein Söhnchen Jakob Ragaz

Basel, 24. Juli 1905

Lieber Joggeli,

Dein Geburtstag[1] verdient es gewiß, von uns richtig gefeiert zu werden. Denn es war keine kleine Freude, als Du nun endlich da warst, an jenem Samstag vor zwei Jahren. Freude hast Du uns auch nachher mehr gemacht, als wir so aufzählen können. Und nun feierst Du schon zum zweiten Mal Deinen Geburtstag ferne von uns. Du hast es droben auch gewiß besser als wir. Wir haben so heiß, daß Du Deinen Papa, wenn Du ihn wieder siehst, was hoffentlich recht bald geschieht, für einen Neger oder einen luftgetrockneten Landjäger halten wirst. Dein Schwesterlein[2] hat einen weniger

228

guten Sommer getroffen als Du. Es hat bis jetzt mit dieser Welt schlechte Geschäfte gemacht; denn statt sich Fleisch und Fett zuzusetzen, hat es noch hergeben müssen. Gerne nicht, denn es reklamiert mit einer Stimme, wie sie seinem Vater fürs Münster zu wünschen wäre. Sonst aber ist es lieb und nett und wir freuen uns darauf, euch beieinander zu sehen.

Hier ist allerlei vor sich gegangen, das Dich interessieren wird. Bibi-gaga sind in die Ferien und Bibi-Psi weiter nach Norden gezogen. Dagegen fährt das Lippli immer fort und am Sonntagabend gibts Bum-Bum. Die Bissi sind drei Tage lang nicht gefahren.

Wir hören von Dir, daß Du brav seiest. Das ist recht, so brauche ich keine Rute mitzubringen. Man kann solche zwar in Parpan auch an der Quelle haben.

Doch soll man in einem Geburtstagsbrief nicht von der Rute reden. Da wünscht man einander etwas Gutes und schenkt sich etwas. Schenken tut Dir nun bloß Mama etwas, ich wünsche Dir nur viel Gutes, daß Du ein gesundes, liebes Joggeli bleibst, Deine Schoppen und Müesli immer gerne nehmest und gut verdauest und am Schwesterlein gute Gesellschaft habest.

Richte mir an alle Tanten und Onkel viele Grüße aus, die Nana nicht zu vergessen, danke ihnen im Namen Papas für alle Liebe und Bösi, die sie an Dir üben (auch für die letztere!) und erzähle bald von ihnen, was sie treiben, ebenso von den Hü-hü, Mu-mu, Bibi-gaga, Ma-ma und allerlei anderem Deinem sich auf Dich Tag und Nacht freuenden

Papa

Anmerkungen zu Brief Nr. 92

[1] Es war der zweite, am 25. Juli 1905. Jakob weilte mit der Großmutter und den Tanten in Parpan.
[2] Christine Ragaz, geb. am 22. Juni 1905.

Brief Nr. 93: An Rageth und Merta Ragaz

Basel, 27. September 1905

Meine Lieben,

Mein erstes ist heute, daß ich Merta zum Geburtstage von Herzen Glück wünsche[1].

Das zweite ist natürlich der Brand von Tamins[2]. Die erste Kunde davon las ich auf der Heimfahrt von Bern nach Basel. Natürlich stieg sofort der Gedanke in mir auf, daß gewiß fast das ganze Dorf in Flammen aufgegangen sei. Auch an unser Haus dachte ich selbstverständlich. Nachher, als ich wußte, daß nur ein Teil des Dorfes verloren sei, fragte ich mich unaufhörlich, welcher, bis zuerst eine Karte Jakobs und dann Mertas mir Klarheit schaffte. Es hat mich alles sehr bewegt. Die armen Leute tun mir sehr leid (auch die verbrannten Tiere). Wie mögen die alten Sami[3] sich dazu stellen? Und unser Heimatdorf wird nun ein anderes Bild darstellen. Ein Stück Kindheit und Jugend ist mitversunken. Was für Szenen und Bilder mögen sich da entfaltet haben! Wie mag es herübergeleuchtet haben zu dem Orte, wo unsere Mutter schlummert! Ach, die Wurzeln unseres Wesens ruhen in der Kindheit und den Orten der Kindheit, nicht umsonst träume ich fast jede Nacht von Tamins und Kunkels.

Inzwischen haben wir wieder eine große Entscheidung hinter uns. Warum bin ich in Bern gewesen? Ich habe einen Ruf an die Universität Bern[4] erhalten und – abgelehnt. Es handelte sich um die Stelle des verstorbenen Prof. Joss: praktische Theologie und Ethik. Ihr werdet mich diesmal nicht begreifen. Es war ein harter Kampf, Gründe und Gegengründe hielten sich die Waage und schließlich hielt ich es für geratener, Pfarrer zu bleiben. Es ist ein großes Opfer. Vielleicht habe ich eine gewaltige Dummheit gemacht. Aber ich konnte nicht gut anders. Alles Nähere setze ich Euch mündlich auseinander. Nur zur vorläufigen Beruhigung möchte ich Euch doch sagen, daß es mir in Basel doch entschieden besser geht. Am Bettag waren noch die Galerien des Münsters besetzt. Ich hätte doch viele enttäuscht und betrübt, wenn ich gegangen wäre. Gott möge alles zum Guten wenden[5].

Wir sind wohl. Das Kleine entwickelt sich recht, ist freundlich und lieblich und hat großen Appetit. Joggeli soll am Samstag endlich kommen. Ich habe großes Heimweh nach ihm.

Verzeiht die schlechte Schrift und seid herzlich gegrüßt von

Euerm Leonhard

Anmerkungen zu Brief Nr. 93

[1] Ein Abschnitt befaßt sich mit der Gesundheit der Schwester und wird im Druck weggelassen.

[2] Am 19. September war infolge von Unvorsichtigkeit von Kindern ein Heustall in Brand geraten, und trotz fast völliger Windstille und guter Versorgung mit Wasser hatte das Feuer rasch um sich gegriffen und 18 Häuser und etwa 15 Ställe eingeäschert.

[3] Sami war der Dorfhirte. Der Gebrauch der Mehrzahl entspringt wohl der Gewohnheit, eine ganze Familie nach dem Vornamen des Familienoberhauptes zu nennen.

[4] Es handelte sich um den Lehrstuhl für Praktische Theologie und Ethik, den Ragaz als Nachfolger von Gottlieb Joss hätte einnehmen sollen. Ragaz hatte sich in Bern durch einige Vorträge empfohlen, welche Mitglieder der Wahlbehörde für ihn eingenommen hatten. Die Ablehnung, von der er hier spricht, war nicht definitiv, auf sie später zurückgezogen, ist gewählt worden und mußte dann, nach hartem Gewissenskampf, in aller Form demissionieren. Vgl. unten, Brief Nr. 94, Anm. 2.

[5] Zwei Abschnitte befassen sich mit familiären Dingen und werden im Druck weggelassen.

Basel, 2. November 1905

Hochgeehrter Herr,

Ich erlaube mir, Ihnen durch diese Zeilen die Mitteilung zu machen, daß ich durch ein gleichzeitig abgegangenes Schreiben[1] an den Regierungsrat von Bern meinen Rücktritt[2] von der mir übertragenen Professur für praktische Theologie an der Universität Bern erklärt habe. Dieser Schritt ist so auffallend, daß ich nichts unterlassen möchte, um ihn wenigstens in den Augen derer, die an dieser Angelegenheit am meisten beteiligt sind, zu rechtfertigen[3]. Ich bitte Sie, mir doch Gehör schenken zu wollen, auch wenn Sie mir zürnen sollten.

Ich beginne mit der Versicherung, daß ich die Ehre, die mir mit der Wahl nach Bern erwiesen worden ist, aufs höchste zu schätzen weiß und daß die mir übertragene Stelle mir an sich durchaus wertvoll erscheint. Es wäre mir auch ein freundlicher Gedanke, gerade unter der studierenden Jugend des mir so sympathischen Bernervolkes zu wirken. Wenn ich mich dennoch zu meinem schweren Entschlusse durchgerungen habe, so sind also keine äußeren Umstände daran schuld. Ich muß Ihnen einiges von dem verraten, was ich in den letzten Wochen – den schwersten meines Lebens – durchgemacht habe.

Ich habe einen harten innern Kampf zu bestehen gehabt, bis ich die vertrauliche Zusage gab, mich für die in Frage kommende Stelle vorschlagen zu lassen. Zweimal habe ich abgelehnt und ich bin überzeugt, daß ich das auch das dritte Mal getan hätte, wenn ich mich nicht in so großer Eile (in wenigen Stunden!) hätte entscheiden müssen. Ich betone diesen Umstand nicht, um irgend jemandem einen Vorwurf zu machen, sondern zu meiner Entschuldigung. Es erschiene mir verhängnisvoll, daß eine vorübergehende Stimmung, durch verlockende Argumente erzeugt, die Lösung eines Lebensproblems – ein solches war es für mich – herbeigeführt haben soll. Es stellte sich denn auch bald, immer stärker werdend, der Rückschlag ein, doch wollte ich die einmal gegebene Zusage nicht zurücknehmen.

Als nun aber die Wahl in Basel bekannt wurde, da entstand eine große Erregung, von der Sie vielleicht auch durch die Zeitungen[4] vernommen haben. Die Gemeinde, der ich aus naheliegenden Gründen vorher nichts hatte mitteilen können, forderte ihr Recht, auch gehört zu werden. Ich habe eine Fülle von mündlichen und schriftlichen Gesuchen erhalten, doch in Basel zu bleiben[5]. Man beschwor mich, doch die von mir geschaffene Gemeinde nicht zu verlassen; man zeigte mir die Aufgabe, die gerade mir, in Folge der besonderen Konstellation, in Basel gestellt sei und in deren Lösung ich nicht ersetzt werden könne. Alle diese Äußerungen bereiteten mir, wie Sie gewiß verstehen können, rechte Seelenqualen. Ich mußte mir sagen, daß ich aus falscher Beurteilung der Lage verkehrt gehandelt und schweres Unrecht an meinem Wirken und Streben begangen habe.

So sehr mir aber dies alles weh tat, konnte ich doch nicht den Mut finden, die Wahl abzulehnen. Ich fürchtete, es könnte sich nur um eine vorübergehende Reaktionsstimmung handeln, und wollte mich dadurch nicht entscheidend beeinflussen lassen.

Aber die Krise wurde immer tiefer. Ich erkannte in schweren Tagen und Nächten, daß ich auf eine falsche Bahn geraten und in Gefahr sei, meiner Lebensbestimmung untreu zu werden. Es ist bei diesem Anlaß ein alter, in meiner Natur tief begründeter Konflikt endgültig gelöst worden. Ich habe neben dem Drang nach praktischem Wirken immer auch lebhafte theoretische Neigungen in mir getragen, und so war es mein stiller Traum, einst den akademischen Lehrstuhl zu besteigen. Ich meinte, die Erfüllung dieses Traumes, als sie sich mir anbot, nicht von der Hand weisen zu dürfen. Aber nun habe ich mit überwältigender Klarheit erkannt, daß ich in meinem tiefsten Wesen doch Pfarrer bin und mit dem Verlassen des Pfarramtes mein Bestes verleugnete. In dieser sozial aufgeregten, religiös gärenden Zeit mich in die Stille der akademischen Tätigkeit zu flüchten, erscheint mir als Untreue gegen das Ideal, dem zu dienen mein Leben ist. Ich käme nicht in der rechten sittlichen Haltung in mein neues Amt, als ein Mann mit geteilter Seele.

Zu diesen innersten Motiven, die ich nur aus Not preisgebe, kommen Bedenken, die aus der Wahlsituation einerseits und meiner religiösen und kirchlichen Haltung anderseits stammen. Die Wahlsituation[6] ist mir erst nachträglich recht klar geworden. Es ist mir ein schwer erträglicher Gedanke, daß ich einen Mann, der offenbar gut begründete Ansprüche auf die nun mir übertragene Stelle gehabt hätte, verdrängt haben soll[7]. Noch schwerer wiegt für mich ein anderer Umstand. Ich habe immer eine Überwindung der bestehenden Parteiformen verlangt und soll nun durch eine ausgesprochene Parteiwahl zu einer Stellung gelangen, die noch dazu als eine Befriedigung meines Ehrgeizes erscheint. Diese Situation anzunehmen, bedeutete eine Desavouierung meines bisherigen Tuns, eine Lähmung meiner sittlichen Energie. Ich käme ganz sicher in eine sittlich ganz unhaltbare Lage.

So bleibt mir als Ergebnis langen Ringens immer nur das eine übrig: ich kann nicht als aufrechter Mann nach Bern. Es fehlte mir an jenen innersten Kräften, ohne die ich den Dienst des Ideals nicht üben kann. Aus Angst um meine sittliche Selbsterhaltung muß ich tun, was mir doch fast unmöglich scheinen will. Ich muß die Konsequenz dessen ziehen, was ich doch auch die künftigen Pfarrer hätte lehren müssen: daß es weder sicher noch geraten ist, etwas gegen das Gewissen zu tun.

Darum appelliere ich an Ihr eigenes Gewissen. Sie müssen ja sehen, daß ich auf Großes verzichte und Schweres auf mich nehme. Das tut man nicht leichtsinnig. Am meisten schmerzt mich, Ihnen Enttäuschung zu bereiten.

Ich gestehe offen, daß ich gefehlt habe und halte es für männlicher und ehrlicher, dies zu gestehen, als es zu verdecken. Daß auch gegen mich gefehlt worden ist, darf ich wohl nebenbei bemerken. Ich rechne nun darauf, daß die Sprache sittlicher Not von jedem Gewissen verstanden wird, daß auch Sie, hochgeehrter Herr, die Rettung der Treue gegen sich selbst als des Menschen oberste Pflicht betrachten. Sie können es einem Manne, der in Rede und Schrift die höchsten ethischen Forderungen vertreten hat, nicht übel auslegen, wenn er diese zuerst gegen sich selbst kehrt, zu seinem großen äußeren Schaden. Sie müssen sich mit ihm auf den Boden des gewaltigen Wortes unseres Meisters stellen: «Was hülfe es dem Menschen, so er die ganze Welt gewönne, litte aber Schaden an seiner Seele[8]?»

Hochachtungsvoll

Leonhard Ragaz, Pfr.

Anmerkungen zu Brief Nr. 94

[1] Das Schreiben liegt im Berner Staatsarchiv, Abt. Erziehungsdirektion, Theologische Fakultät, und datiert vom 30. Oktober.

[2] Prof. Gottlieb Joss war am 29. Juli 1905 gestorben. Die Ausschreibung hatte vier Meldungen ergeben, darunter die Berner Pfarrer E. Müller in Langnau und Moritz Lauterburg, Privatdozent, in Stettlen. Ragaz hatte auf spezielles Drängen erst am 9. Oktober die nötigen Unterlagen gesandt. Die Theologische Fakultät war uneinig und empfahl die beiden Berner und Ragaz; dieser wurde am 7. Oktober gewählt. Zunächst erklärte er sich zur Annahme der Professur offenbar bereit, denn er vereinbarte mit der Berner Erziehungsdirektion, daß sein Amtsantritt erst im Frühling 1906 erfolgen sollte. Dann war am 30. November das Demissionsschreiben geschrieben worden, welches mit dem hier abgedruckten Brief fast wörtlich übereinstimmt.

[3] Der Brief war hektographiert. Kopien wurden an Freunde geschickt.

[4] Zum Beispiel hatte es in der National-Zeitung am 18. Oktober geheißen: «Herr Pfarrer Ragaz hat nicht nur in der freisinnig-kirchlichen Partei Basels, sondern auch, was viel heißen will, unter den Strenggläubigen Basels eine große, dankbare Gemeinde errungen, so daß viele sein Weggehen schmerzlich empfinden würden.» Auch die Basler Nachrichten hatten in einem langen redaktionellen Artikel vom 17. Oktober sein «Hinwirken auf sittliche Neubelebung und soziales Denken» gelobt.

[5] Eine Delegation des Vorstandes des Freisinnigen Münstervereines suchte Ragaz unter der Führung des späteren Bundesrates A. Brenner auf, um ihn zum Bleiben zu überreden.

[6] Die beiden Berner Kandidaten gehörten der positiven (Lauterburg) und der vermittelnden Richtung (Müller) an. Ragaz war es offenbar erst nach erfolgter Wahl klar geworden, daß man ihn zur Annahme gedrängt hatte, damit der Lehrstuhl der freisinnigen Richtung erhalten bleibe. Solche Parteiüberlegungen widersprachen aber einem Hauptpunkt seiner Überzeugungen in der Basler Zeit, nämlich dem Bestreben, die kirchlichen Richtungskämpfe zu überwinden.

[7] Gemeint ist der positive Kandidat Lauterburg, der bereits vor 1905 habilitiert war und der im Hinblick auf Ragaz' Amtsantritt im Frühling 1906 ein Extraordinariat und den vertretungsweisen Lehrauftrag für Homiletik und Katechetik bekommen hatte. Akten Staatsarchiv Bern, 26. Oktober 1905.

[8] Mt. 16, 26.

Brief Nr. 95: An Prof. P. W. Schmiedel

Basel, 3. November 1905

Verehrter Herr Professor,

Nun verstehen Sie das «Sterben», von dem ich Ihnen geredet habe. Und nun muß ich darauf gefaßt sein, daß Sie mit mir brechen. Ich will nur noch zweierlei sagen:

1. Mein Entschluß ist aus rechten Todesschmerzen entstanden;
2. er ist erst in Basel zustande gekommen, erst heute. Als wir am Samstag im Wartsaal saßen, hätte ich gerne geredet, aber es wollte sich nicht geben. Auch kannte ich ja Ihre Stellung zur Sache.

Ich konnte nicht anders. Ich mußte meine Seele retten. Die Konsequenzen nehme ich auf mich und habe sie wahrlich nicht gering eingeschätzt. Und wenn ich alles verlöre, so bin ich doch ein ehrlicher Mann, treu meinen Idealen. Gott helfe mir.

Verurteilen Sie mich, brechen Sie mit mir; ich nehme es nicht übel. Ich werde nach wie vor wissen, was ich Ihnen verdanke und bleibe in Sturm und Not

Ihr Leonhard Ragaz

Brief Nr. 96: An Prof. P. W. Schmiedel

Basel, 5. November 1905

Lieber, verehrter Herr Professor,

Die Art, wie Sie meinen Schritt, den Sie rein objektiv wohl nicht billigen, aufgenommen haben, hat meine Frau und mich erschüttert und zu Tränen gerührt. Ich habe schon viel Großes und Herrliches von Ihnen erfahren, das ist aber doch das Größte und Herrlichste. Ich meine, es könne kein Tag meines Lebens mehr vergehen, ohne daß ich irgendwie, wenn auch nur halbbewußt, daran denke. Ihr Brief war uns die erste Befreiung in unserer großen Not.

Ja, wir haben furchtbar gekämpft und gelitten. Es ging, ich übertreibe nicht, bis an den Tod und nur der Heldensinn meiner Frau, die Reinheit und Stärke ihres Wesens hat mich zeitweilig davor bewahrt, eine Beute des Sturmes zu werden. Es galt, das war mir durchdringend deutlich, die Wahrung meines Besten, meiner Seele, oder, wenn Sie wollen, der Seele meiner Seele.

Der Brief bringt das, was mich bewegte, nicht genug zum Ausdruck. Dennoch dürfen Sie ihn getrost dem Kränzchen vorlesen und ich bin Ihnen von Herzen dankbar für jedes Wort der Verteidigung. Köhler hat den Brief auch bekommen.

Es scheint mir kaum nötig, Sie zu bitten, Ihr Vertrauen zu mir nicht wegzuwerfen. Ich verdiene es jetzt ja eigentlich mehr als je, denn das Feuer dieser furchtbaren Krise hat mich sicher gereinigt und unter anderem auch Raum geschaffen für einige von den Tugenden, die ich gerade auch von Ihnen schon lange hätte lernen sollen.

Ich wagte gestern Abend aus Angst vor Ihrem Zorne Ihren Brief gar nicht zu öffnen. Nun ist er uns ein Sonntagsgruß geworden. Und nun empfangen Sie nochmals den tiefen, großen Dank

Ihrer Clara und Leonhard Ragaz

P.S. Ich lege noch zwei Exemplare des Briefes bei, falls Sie jemand wüßten, dem Sie gerne eines geben möchten.

Brief Nr. 97: An Pfarrer Oskar Brändli

Basel, 27. November 1905

Lieber Freund,

Ich habe es nach reiflicher Überlegung für besser gehalten, gestern Abend nicht zum Bankett zu kommen (zur Predigt konnte ich leider nicht, weil ich selbst zu predigen hatte), so gerne ich gerade bei *Deinem* Jubiläum gewesen wäre[1]. Ich habe aber zu denen gehört, die den ganzen Tag nicht vergessen haben, daß es für Dich ein großer Tag war, und die treu und warm überlegt haben, was er für Dich und die Deinen bedeutet. Alles Gute und Liebe, das man Dir gesagt haben wird, unterschreibe ich mit beiden Händen. *Du* durftest ein solches Jubiläum feiern vor vielen. Denn Du hattest es Dir nicht durch allzu häufige Ernten von Lob und Ehre vorweggenommen. Du hattest so still gesät, und der Dank für das, was Du gewesen bist, und getan hast, war so im stillen gewachsen, daß es wirklich notwendig war, ihm einmal Gelegenheit zu verschaffen, sich recht von Herzen kundzutun.

Du magst darum eine solche Leichenfeier bei lebendigem Leibe des Gefeierten auch wohl vertragen. Sie stärkt Dich zu weiterem Gange, zu weiterem Schaffen, nach Deiner Weise.

Mich hat zweierlei beim Gedanken an Dein Fest besonders bewegt. Einmal der Dank für alles Gute und Liebe, das ich von Dir und den Deinen erfahren habe. Dessen ist mehr, als ich nur so aufzählen kann. Vor allem hat mir die Milde und Weite Deines Urteils immer wieder wohlgetan und im Speziellen war mir unser Konsensus in den sozialen Dingen stets eine Freude. Deine Weise, die Menschen zu beurteilen und zu behandeln, ist Christentum reinster und schönster Art nach 1. Korinther 13 und Römer 12.

Aber noch ein anderes hat mich bewegt, das mit meiner Person nichts zu tun hat. Ich habe, ohne es Dir zu sagen, *eines* doch am allermeisten an Dir bewundert: die Selbstlosigkeit im guten Sinne des Wortes – daß Du so still und treu Deinen Weg gegangen bist, ohne Dich durch die Frage nach dem Erfolg anfechten zu lassen; die heitere Resignation, die das «Gute um des Guten willen» tut, die eine Illustration des Spinozawortes: «virtus ipsa praemium virtutis»[2] ist, die aber auch der Geistesart Deines Lehrers Biedermann entspricht. Das ist *Frömmigkeit* im echtesten und reinsten Sinn des Wortes, eine Frömmigkeit, die schwerer ist als die stürmische, kämpfende, die das Ideal anderer Leute ist, an der aber oft noch viel selbstisches Wesen haftet.

Du siehst, ich gehöre nicht zu den «Gottlosen», die andern Leuten die Frömmigkeit abstreiten. Wenn ich von großen Geistesströmungen rede, z. B. vom Liberalismus, und ihn mehr auf die Seite der *Kultur* stelle als auf die Seite der *Religion*, so habe ich damit über die *persönliche* Frömmigkeit eines Menschen noch gar nichts gesagt. Ein lebendiger Mensch geht nicht in einem «Ismus» auf. Ich bin ja auch liberal, hoffe aber, wir seien alle nicht nur liberal, sondern noch etwas mehr. Ich habe immer das Gefühl, es handle sich bei diesen Streitigkeiten um viel Mißverständnis, besser gesagt: wir verstünden einander in den wirklichen Differenzen sehr gut, wenn einmal das Mißverständnis beseitigt wäre. Denn zwischen Menschen, die so frei denken wie wir, müßte eine Verständigung wirklich nicht schwer sein.

Ich hoffe, daß der Geist sie doch noch bringe, und habe im Sinne, meinen Weg nun in aller Stille weiterzugehen und allen unnötigen Streit zu meiden. Dir aber und den Deinen gelten nach wie vor meine aufrichtigen Wünsche. Es dünkt mich, Dein Boden sei so rein von allerlei bösem Unkraut, der auf dem unsrigen wächst, daß Gott seinen Segen darauf ungehemmt könne wachsen lassen; ich meine, der Himmel über Dir sei so frei von den Wolken, die bei uns immer wieder aufsteigen aus unsern Verschuldungen. Nicht daß ich Dich drum zu einem Heiligen machen wollte. Das wäre verkehrter Jubiläumsstil – aber es ist die Folge eben Deiner besonderen Art. Auch unsere Art hat ja ein bestimmtes Recht.

Möge Dir also der gestrige Tag ein Versöhnungstag gewesen sein, der viel Schweres, das Du ertragen, erhellt und Deinen Weg als den Weg der göttlichen Liebe mit Dir leuchtend deutlich gemacht habe. Möge es ein Sonntag gewesen sein, der Euch noch lange Glanz und Wärme gibt auch für trübere Tage, namentlich auch dadurch, daß er Euch wieder gezeigt hat, daß nicht umsonst glaubt, wer an die Sonne glaubt.

Es grüßt Dich und die Deinen herzlich

Leonhard Ragaz

[1] Es war damals 25 Jahre her, seitdem Brändli, zuerst als Helfer, dann als Pfarrer zu St. Leonhard in Basel tätig war.

[2] Der Lohn der Tugend ist die Tugend selbst.

Brief Nr. 98: An Pfarrer Benedikt Hartmann

Basel, 12. Dezember 1905

Lieber Freund,

Das Bedürfnis nach ein wenig Stille und nun seit etwa acht Tagen die alte Hexe Grippe haben diesen Brief so weit hinausgezögert. Weihnachten vor der Türe, Neujahr auf der Straße, und nach Neujahr soll unsere Zusammenkunft[1] sein – da ist es wohl nötig, daß wir noch einmal von unserem Plane reden.

Weißt Du wohl von Wernle, was in der letzten Zeit zwischen Liechtenhan und den Besitzern des «Kirchenblattes» gegangen ist?[2] Ich habe Wernle zwar noch nicht um die Erlaubnis gebeten, es Dir mitteilen zu dürfen, aber er wird begreifen, daß Du es um unserer Sache willen wissen mußt. Sie haben Liechtenhan die Pistole auf die Brust gesetzt: er dürfe nicht mehr den bisherigen Kurs halten, jede Nummer bereite Ärgernis, Wernle müsse auf rein wissenschaftliche Artikel[3] reduziert werden. Schon vorher war der blöde und durchaus unwahre Schweizer-Artikel[4] gegen Liechtenhans Widerspruch aufgenommen worden, einem Gegenartikel Wernles aber die Aufnahme verweigert worden. Liechtenhan antwortete mit seiner Demission. Darauf große Bestürzung bei den Kirchenblatt-Alten. Abermalige Sitzung, gründliche Reue und Bitte an Liechtenhan, er möge seine Demission zurücknehmen, man sei von bösem Bann befangen gewesen, er dürfe künftig schreiben, wie er wolle. Was Liechtenhan tun wird, weiß ich nicht; ich habe, von Wernle um meine Ansicht befragt, geantwortet, daß die jetzige Versöhnlichkeit der Vermittler die objektiv gegebene Situation doch nicht ändern könne und daß diese sich bei nächster Gelegenheit doch wieder geltend machen werde. Dergleichen hätte ich genügend erfahren. Wenn man sich Artikel wie den von Schweizer einfach aufdrängen lassen müsse, so beraube man sich des Anspruches, ernst genommen zu werden. Die Allianz der radikalen Gruppe der jungen Modernen[5] mit den Vermittlern helfe, die Unwahrheit in unserem kirchlichen Leben vermehren; sie gebe das schlechte Beispiel, sich aus Bequemlichkeit doch an irgend eine der bestehenden Parteien zu klammern, und stärke so die Macht der Feigheit, die so schon groß genug sei. Es müsse einmal flott das Neue gesetzt werden, das wirke für viele befreiend. Der Reform sei zu zeigen, daß sie nicht mehr das Monopol freier Gesinnung habe, eher das Gegenteil, und der Rechten, daß es einen religiösen Ernst gebe, der über sie hinaustreibe. Alles in rechter Demut. Namentlich müsse der Gemeinde einmal ein deutliches Signal des Neuen gegeben werden. Aber dann müsse der neue Wein neue Schläuche[6] finden.

Dies und ähnliches habe ich Wernle gesagt. Und damit habe ich auch meine Ansicht über Deine Anregung, wir sollten das Kirchenblatt zu erwerben und umzuschaffen versuchen, ausgesprochen. Auch wenn das Kirchenblatt zu bekommen wäre, was nach diesen neuesten Vorgängen so ziemlich ausgeschlossen scheint, so wäre ich doch dagegen. Wir gewinnen unter dieser Firma die Laien nicht. Bald hätten wir wieder ein Pfarrerblatt. Nur mit neuen Fahnen können wir siegen. Wernle macht auf alle Fälle mit, Liechtenhan will sich aus Taktgefühl zurückhalten, auch wenn er bei seiner Demission bleibt[7]. Das schadet vielleicht nicht viel, denn leicht erschiene die neue Gründung als Racheakt oder Gegenschlag und es hinge an ihr wieder zu viel Streit und Negation.

Das wäre also meine Meinung über den ersten Punkt. Dann kommt die Finanzfrage. Hast Du hierin schon etwas getan? Ich nicht, aber ich wünsche es zu tun. Oder meinst Du, daß wir gerade darin das Ergebnis jener ersten Zusammenkunft abwarten sollen? Ich weiß nicht, ob ich mich überhebe, aber etwa 2000 Fr. meine ich allenfalls aufbringen zu können, vielleicht sogar mehr. Große Sorge macht mir dieser Punkt nicht. Größere die Redaktionsfrage. Nicht, daß wir sie definitiv, für uns wenigstens, erledigt haben müßten, bevor wir nach Zürich kommen, aber wir sollten doch ein paar gute, solide Vorschläge mitbringen können. Nach meiner Ansicht muß es ein Dreierkollegium sein, davon müßte einer das Technische verstehen und leiten. Wer soll das sein? Dürfen wir uns mit Waldburger[8] einlassen?[9]...

Aber wer denn? Von den andern zwei mußt Du einer sein. Du passest ganz ausgezeichnet, u. a., weil Du so ganz abseits vom Parteigetriebe stehst und einen ganz guten Geruch besitzest. Wenn man als dritten nicht leicht einen andern findet, so will ich herhalten. Zwar leiden dann andere Pläne, aber ich muß auch etwas leisten. Lieber zwar möchte ich als Mitarbeiter mein möglichstes tun. Der Druckort wird vielleicht auf die Wahl der Redaktoren auch einen kleinen Einfluß üben. Das Technische besorgte vielleicht am besten, wer ihm am nächsten wohnte. Gerade sehr schwierig wird übrigens dieses Technische nicht sein, wenn Drucker und Verleger recht sind, so daß wir Waldburger doch nicht so nötig haben. – Sollte nicht, den Zielen unseres Unternehmens gemäß, der dritte Mann ein Nichtpfarrer sein? Das wäre eigentlich das beste. Aber wer?

Diese drei Punkte: Verhältnis zu bestehenden Blättern, Finanzen, Redaktion und Verlag – dünken mich die zu sein, über die wir eine halbwegs bestimmte Meinung haben sollten, bevor wir nach Zürich gehen. Ich will meinerseits noch reiflich darüber nachdenken und Dir das Ergebnis berichten.

Von den Schwierigkeiten, die unser warten, machen mir zwei am ehesten bange. Da ist einmal die doch immer noch etwas heterogene Zusammensetzung der vorgesehenen Zürcher Versammlung. Es ist zu fürchten, daß sich Empfindlichkeiten zeigen, die mit dem theologischen Parteiwesen zusammenhängen. Wir müssen darauf gefaßt sein, aber auch dafür sorgen, daß sie in der Atmosphäre des neuen Blattes nicht gedeihen können. Wir müssen einen frischen, flotten Ton anschlagen, unbekümmert um die Rechte oder Linke, aber dabei deutlich zeigen, daß wir unsern Standpunkt *über* ihnen genommen haben und alle Kleinpolemik durchaus vermeiden. Dann wird sich aber zeigen müssen, wer zu uns gehört. Sorge macht mir auch die «Beschaffung» des *Geistes*, mehr als die des Geldes. Denn etwas ganz Gutes muß jede Nummer bringen, sonst kommen wir nicht aus. Es wird nach meiner Ansicht Sache der Redaktion sein, die rechten Federn zu suchen und zur Mitarbeit zu veranlassen. Ein halbes Dutzend oder mehr Arbeiten müssen gerüstet sein bevor wir zu drucken anfangen, dazu ein wenn auch nur unbestimmt umrissenes Arbeitsprogramm. Dann müssen wirs halt *wagen!*

Es wären noch einige kleine Fragen zu erwägen. Weißt Du einen guten Namen für das Kind? Und wie steht es mit der Einladung? Soll ich sie verfassen, drucken lassen und versenden? Soll ich dann auch das Lokal in Zürich bestellen? Und auf welchen Tag? Etwa Mitte Januar? Bist Du noch immer dagegen, Pfister[10] einzuladen? Kutter[11] will wohlwollender Zuschauer und gelegentlicher Mitarbeiter sein.

Von der Notwendigkeit unseres Unternehmens bin ich immer gleich fest überzeugt. Die Zeiten sind so, daß wir es unserem Volke schuldig sind, unser Wort zu sagen, so gut wir es können. Was für Lug und Gift findet in unserer kirchlichen Parteipresse Raum! Diese alten Gefäße sind zu trübe geworden. Wir selbst kommen auch nur durch gesammelte Arbeit vorwärts. Es *muß* sein, und darum wird's auch geraten.

Nun bleibt mir nicht mehr Zeit und Raum, auf Deine zwei Briefe zu antworten, die mir sehr wohlgetan haben. Daß ich in den letzten Monaten das Schwerste dieser schweren Jahre durchgemacht habe, konntest Du ja erraten. Ich hatte das Gefühl, meinem Besten die Treue wahren zu müssen. Nun fühle ich mich frei und kann, wenn auch in Schwachheit, so doch mit der nötigen Freiheit der Seele dem Ideal (im Kierkegaardschen Sinne) dienen. Noch bin ich ein wenig müde, auch seelisch, doch hoffe ich wieder neue Kraft zu kriegen.

Daß Ihrs für den Winter leichter bekommen habt in Chur, freut mich besonders für Dich. Den Armenverein weiß ich gern in Deinen Händen und so auch die geistigen Zwecke des Volkshauses. Und der religiös-liberale Verein ist nun schon glücklich bei Gaudenz von Salis-Seewis[12] angelangt! Das ist schon nahe am Friedhofe! Pacem aeternam etc.! Dir und den Deinen gute Festzeit wünschend grüßt Dich herzlich

Dein Leonhard Ragaz

[1] Diese sollte der Vorbesprechung der Gründung einer neuen Zeitschrift gewidmet sein.

[2] Besitzer des Kirchenblattes war der Evangelisch-kirchliche Verein, der Träger der vermittelnden kirchlichen Richtung. Liechtenhan, der Schwager Wernles, damals Pfarrer in Buch am Irchel (vgl. Register der Briefempfänger), war Chefredaktor der Wochenschrift.

[3] Wernle hatte im Jahrgang 1905 verschiedene Male über Fragen des Neuen Testamentes geschrieben und eine ganze Reihe von historischen Artikeln über «Reformatorisches Glauben und Denken» im Kirchenblatt veröffentlicht. Die Schwierigkeiten ergaben sich aber aus seinen Artikeln zur aktuellen Kirchenpolitik, vor allem aus zwei scharfen Abrechnungen mit den Reformern in der Basler Professorenwahlgeschichte von 1905 (Wahl Wendlands).

[4] Pfarrer Ernst Schweizer in Aeschi, geb. 1872, hatte in Nr. 44 des Kirchenblatts vom 28. Oktober 1905 «Zur Professorenwahl in Bern» geschrieben. Vor allem hatte er dabei die Wahl des Nicht-Berners Ragaz vor den beiden Bernern Müller und Lauterburg kritisiert. In jenem Exemplar des Kirchenblatts, das die Basler Kirchenbibliothek aufbewahrt, steht bei der betreffenden Stelle am Rand: «Blöd, engherzig!».

[5] Um Wernle hatte sich ein Kreis von Anhängern der sogenannten «Modernen Theologie» gebildet, dem Hartmann, Liechtenhan und andere angehörten. Viele von diesen Leuten gehörten nachher zum ersten Kreis der Träger der Neuen Wege.

[6] Nach Mt. 9, 17.

[7] Liechtenhan trat erst am 26. Mai 1906 als Chefredaktor des Kirchenblattes zurück. Vgl. auch Biographie, Bd. I, S. 133.

[8] August Waldburger, 1871–1947, damals Pfarrer in Marthalen, Zürich, seit 1906 in Ragaz, einer der publizistisch aktivsten Vertreter der jüngeren Generation der Reformer.

[9] Eine halbe Zeile wird ausgelassen, da zu persönlich.

[10] Vgl. oben, Brief Nr. 48, Anm. 15.

[11] Fest geordnete Zeitschriften auf lange Sicht entsprachen dem Lebensgefühl Kutters wenig.

[12] Gemeint ist der Bündner Lyriker Johann Gaudenz von Salis-Seewis (1762–1834).

Brief Nr. 99: An Pfarrer Benedikt Hartmann

Basel, 8. Januar 1906

Lieber Freund,

Im Jahre des Heils 1906 wollen wir also gemeinsam Taten tun! Ich bin guter Zuversicht, trotzdem inzwischen einiges geschehen ist, das nicht ermutigend wirkt. Daß Liechtenhan sich wieder vor den alten Karren Kirchenblatt[1] hat spannen lassen, tut mir auch sehr leid. Er wird dort mit dem allerschärfsten Programm wenig ausrichten. Aller Kirchenblattfreisinn verhindert nicht, daß die Pfarrer sich im Ernstfalle doch zu der alten Unwahrheit der Parteien flüchten und wir in der fauligen Atmosphäre bleiben, die doch mindestens alle Jüngeren drückt. Jedenfalls hört *die* Gemeinde, an die wir denken, nur auf den Ton einer neuen Trompete. Ich kann überhaupt keine Freude daran haben, wenn wir nur durch langsames Verfaulen des Alten, so halbbewußt und schläfrig ins Neue hineinkommen sollen. Wenn ein Neues lebendig sein soll, muß es, sobald die Zeit erfüllt ist, durch klares Wort und frische Tat gesetzt werden. Dann ist's allein etwas wert und dann gibt es auch ein Erwachen und Aufmerken der Geister. Bedenklich hat mich auch gemacht, daß Etter[2] und Häberlin[3] (der Pfarrer)[4] sich zu ständigen Mitarbeitern des Religiösen Volksblattes haben machen lassen, doch können sie deswegen doch auch bei uns sein, denn wir arbeiten auf einem anderen Felde. Wenn nicht, so muß es auch ohne sie gehen.

Wichtig dünkt mich, daß wir einen finden, der die mehr administrativen Geschäfte besorgt. Ich bin dazu nicht geschickt, und Du hast für diese unfruchtbaren Mühen gewiß kaum Zeit. Leichter zu lösen ist die Geldfrage. Ich hoffe, in dieser Beziehung mit einigen guten Aussichten nach Zürich zu kommen. – Über einen Namen für das Kindlein will ich weiter nachdenken. Nicht kirchlich und nicht prätentiös – ganz Deiner Meinung! – aber frisch und charakteristisch. Doch wird darüber, wie auch über Format, Druckort, Preis u.s.w. erst später verhandelt werden können.

Also zunächst das Dringende. Paßt Dir der 22. Januar, ein Montag? Soll ich den Beginn der Besprechung auf 10½ ansetzen? Und überlässest Du mir die Wahl eines Lokals? Ich werde dann in den nächsten Tagen die Einladungen drucken lassen und sie spätestens anfangs nächster Woche versenden. Die Liste der Eingeladenen werde ich Dir noch zur Kontrolle zuschicken. Was sagst Du zu Prof. A. Meyer[5] in Zürich? Man müßte ihm natürlich vorher schriftlich oder mündlich den Plan auseinandersetzen.

In meinen näheren Ausführungen zu Deinem Eröffnungswort werde ich mich auf die Grundlinien unseres Wollens beschränken und Privatwünsche beiseite lassen.

Damit genug von dieser unserer Hauptsache. Wir gehen nach Zürich reinen Herzens, in der Meinung, ein notwendiges Werk zu unternehmen, und so wollen wir fröhlich sein.

Nun noch zwei persönliche Bemerkungen. Deine Wahl zum Schulratsmitglied unter solchen Umständen ist doch ein schönes Votum zu Deinen Ehren. Ich weiß übrigens, daß Du in Chur schon *sehr* dankbare Menschen hast, denen Du viel bist. Was kann man Besseres wollen? – Und zum Zweiten: Wenn Du doch verhindern könntest, daß das Volkshaus in der jetzigen Gestalt aufgegeben wird! Es bliebe gewiß nur etwas Verstümmeltes übrig. Ich werde darüber an Manatschal[6] schreiben – diese Sache liegt mir sehr am Herzen. Über allgemeine Dinge ein andermal. Wir gehen wohl in Gerichtszeiten und Katastrophen hinein, aber ich juble, weil ich Gott am Werke zu sehen glaube.

Empfange die herzlichsten Grüße und Wünsche

Deines Leonhard Ragaz

[1] Liechtenhan hatte seine Demission noch einmal zurückgenommen. Er begann den neuen Jahrgang mit einer Standortsbestimmung, die an Klarheit nichts zu wünschen übrigließ. Vgl. Kirchenblatt 1906, Nr. 1.

[2] Vgl. oben, Brief Nr. 31, Anm. 1.

[3] August Häberlin, 1869–1953, Pfarrer am St. Johann zu Schaffhausen.

[4] Also nicht zu verwechseln mit seinem Bruder, dem Philosophen Paul Häberlin, 1878–1960, der damals Seminardirektor in Kreuzlingen war.

[5] Arnold Meyer, 1861–1934. Zuerst Pfarrer in Ober-Kassel bei Bonn, 1892 Privatdozent in Bonn, seit 1904 Ordinarius für Neues Testament und praktische Theologie in Zürich.

[6] Friedrich Manatschal, 1845–1919, Regierungsrat, präsidierte seit der Gründung die Kommission des Rätischen Volkshauses. Vgl. Freier Rätier, 19. März 1901.

Brief Nr. 100: Gedruckte Einladung zu einer Besprechung betreffend die Neuen Wege

Basel, 8. Januar 1906

Geehrter Herr,

Sie haben schon vor einiger Zeit Kenntnis von dem Plan erhalten, eine neue religiöse Zeitschrift ins Leben zu rufen, die hauptsächlich den Zweck hätte, eine bessere Verbindung zwischen der Arbeit der Theologie und den Suchenden unter der Gemeinde[1] herzustellen. Dieser Plan ist Ihnen in den Grundzügen entwickelt worden und Sie haben ihm nicht nur Ihre Sympathie bekundet, sondern auch eine allfällige Mitarbeit in Aussicht gestellt. Nachdem so ein genügend großer Kreis sich bereit erklärt hat, die Sache zu unterstützen, möchten wir zu ihrer weiteren Förderung und Abklärung eine gemeinsame Besprechung veranstalten. Diese soll *Montag, den 22. Januar* im Restaurant zum «Strohhof» bei der St. Peterskirche in *Zürich* stattfinden und um 10½ Uhr vormittags eröffnet werden. Wir bitten Sie dringend, zu dieser Versammlung erscheinen zu wollen, da es sehr wichtig ist, daß darin Vertreter verschiedener kirchlicher Kreise und religiöser Stimmungen[2] zu Worte kommen. Sie verpflichten sich durch Ihre Teilnahme an der Besprechung noch zu nichts, da Sie je nach dem Ausfall derselben ja immer noch sich entschließen können, ob Sie endgültig mitmachen wollen oder nicht. Jedenfalls handelt es sich um eine Angelegenheit, die für die Arbeit am geistigen Leben unseres Volkes, in der wir alle stehen, wichtig genug ist, um ernsthaft und mutig geprüft zu werden.

In der Hoffnung, daß Sie, wenn es Ihnen irgend möglich ist, dieser Einladung Folge leisten werden,

zeichnen mit achtungsvollem Gruße

Pfr. *B. Hartmann*, Chur
Pfr. *L. Ragaz*, Basel

[1] Die Zeitschrift sollte also kein «Pfarrerblatt» werden, sondern die «Gebildeten aller Stände» ansprechen. Sie wies damit auf ihr Vorbild, die Christliche Welt Martin Rades hin, welche in ihrem Untertitel «die gebildeten Glieder der evangelischen Kirchen» ansprach.

[2] Hier zeigte sich das Anliegen, die kirchlichen Richtungen zu überwinden, das für Ragaz und den Kreis um Wernle zentrales Anliegen war.

Brief Nr. 101: Gedruckte Einladung zur Mitarbeit an den Neuen Wegen

Vertrauliche Mitteilung[1]

Am 22. Januar 1906 waren in Zürich eine Anzahl Theologen und Laien versammelt, um über die Gründung eines neuen Blattes zu beraten: die ersten Schritte zur Schaffung eines solchen sind bereits getan. In einer Zeit, wo schon so viel geschrieben und gedruckt wird, ist eine solche Neugründung ein Wagnis, das nur unternommen werden kann, wenn eine Aufgabe klar und dringend vor Augen steht. Das scheint uns hier der Fall zu sein. An kirchlichen und religiösen Blättern ist zwar kein Mangel, aber es sind teils theologische Fachzeitschriften, teils verfolgen sie kirchenpolitische Ziele, teils wenden sie sich mehr an ein Erbauung und Unterhaltung suchendes Publikum dieser oder jener feststehenden kirchlichen Richtung. Das projektierte Blatt möchte sich an diejenigen wenden, die von den religiösen Problemen und den Fragen der Weltanschauung bewegt sind und nach einer Wegleitung und freien Aussprache verlangen. Wie viele sind unter den Gebildeten, aber auch in andern Bevölkerungsschichten, die so mancherlei Fragen auf dem Herzen haben! Die einen sehen nicht, wie sie ihre bisherigen Glaubensansichten mit neuen Erkenntnissen in Natur und Geschichte, mit neuen Methoden der Forschung und neuen Ideen vereinigen können. Andere haben sich der Skepsis oder dem Materialismus ergeben, aber die tiefsten Bedürfnisse des Gemütes bleiben unbefriedigt und sie suchen nach neuem Glauben. Viele möchten von dem hören, was die kritische Bibelforschung erarbeitet hat; sie sind durch das, was sie darüber vernommen haben, ängstlich erregt und möchten Ruhe und Klarheit finden. Andere beschäftigt die Frage, wie sie zu allerlei geistigen Strömungen sich stellen sollen, sie möchten vielleicht von christlicher Lebensauffassung aus besonders in sozialen Fragen ein Urteil gewinnen. Sie haben aber niemand, bei dem sie sich in solchen Dingen Rat oder Hilfe holen können. Ihnen möchte das neue Blatt dienen. Eine Zeitschrift, welche ähnliche Ziele verfolgt, ist die Christliche Welt; auf sie dürfen wir am ehesten hinweisen, um zu zeigen, was wir wollen. Nur ist sie auf deutsche Verhältnisse berechnet, zugleich umfangreicher und für die Gebildeten in engerm Sinn, als wir uns vornehmen, geschrieben. Diese Erwägungen haben zu unserm Plane geführt. – Wir sind noch einige Andeutungen schuldig über den Geist, in dem das Blatt gehalten sein soll. Es soll allen offen stehen, die etwas zu fragen und zu sagen haben, es soll Rede und Gegenrede aufnehmen, denn es rechnet mit Lesern, die dadurch nicht gleich «verwirrt» werden, sondern die sich nach Anhörung verschiedener Ansichten ein eigenes Urteil bilden möchten. Deshalb aber soll es nicht ein bloßer Sprechsaal werden. Die zusammenhaltende Grundtendenz wird sein, den Lesern durch alle Schwierigkeiten hindurch zu einer religiösen Lebensauffassung und -führung zu helfen oder sie darin zu befestigen. Damit ist aber nicht gesagt, daß das im engsten Sinn Religiöse allein erörtert werden solle, das kann schon deswegen nicht die Absicht sein, weil doch das Religiöse mit allen andern Lebensgebieten in engster Beziehung steht. Ethische, ästhetische, pädagogische, soziale Fragen sollen in den Kreis der Betrachtung gezogen werden. Frei soll das Blatt allen Schwierigkeiten ins Auge schauen, sie nicht verwischen und verbergen; frei soll es sein im Geist einer furchtlosen Kritik und einer offenen Sprache, ohne aber je die Achtung vor fremder Überzeugung zu verletzen. Zugleich soll es fromm sein im Sinn der Ehrfurcht vor allem wahrhaft Großen, vor Gott und seinem Wirken, fromm im Dienste des Wahren und Guten. Die Aufklärung darf, auch wo sie weh tut, nicht unterlassen werden, aber Zweck wird nie das Niederreißen, sondern das Aufbauen sein; auch Kritik und Aufklärung sollen unserem Ziele dienen, möglichst vielen den Mut zum religiösen Denken zurückzugeben. Das Blatt soll keiner Partei dienen, sondern einfach den Suchenden und Fragenden, ohne Rücksicht auf kirchliche und sonstige Parteilosungen. Wir denken dabei hauptsächlich an die sogenannten Laien; ein Kirchen- oder Theologenblatt wollen wir nicht. Laien möchten wir auch vor allem zu Mitarbeitern gewinnen.

In Aussicht genommen sind jährlich 12 Hefte im Umfang von 1 bis 2 Bogen. Die vorberatende Kommission besteht aus den Herren Dr. A. Barth, Gymnasiallehrer, Basel[2]; Seminardirektor Dr. P. Haeberlin, Kreuzlingen[3]; Pfarrer L. Koehler, Aeugst[4]; Pfarrer Lic. R. Liechtenhan, Buch a. I.; Pfarrer L. Ragaz, Basel; Pfarrer A. Waldburger, Ragaz[5].

Ihre Mitarbeit haben außerdem schon zugesagt die Herren Pfarrer Benz, Basel[6]; Pfarrer Diem, Zürich[7]; Pfarrer Dietschi, Seon[8]; Notar Etter, Arbon[9]; Pfarrer Haeberlin, Schaffhausen[10]; Professor Arnold Meyer, Zürich[11]; Fräulein Mentona Moser, Zürich[12]; Pfarrer Ragaz, Maladers[13]; Professor Ragaz, Chur[14]; Professor Wernle, Basel.

Anmerkungen zu Brief Nr. 101

[1] Dieses gedruckte Zirkular ohne Datum wurde bald nach der Vorbesprechung vom 22. Januar 1906 an einen größeren Kreis von möglichen Interessenten verschickt.

² Albert Barth, 1874–1927, VDM, seit 1902 Lehrer am Basler Humanistischen Gymnasium, 1906–1915 Leiter der Seminarabteilung an der Schaffhauser Kantonsschule, 1915–1927 Rektor der Basler Töchterschule.

³ Paul Haeberlin, 1878–1960, VDM, 1903 Dr. phil. in Basel, 1904 Direktor des Seminars in Kreuzlingen, 1908 habilitiert an der Universität Basel, 1914–1922 Ordinarius für Philosophie und Pädagogik in Bern, 1922–1944 Ordinarius für die gleichen Fächer in Basel.

⁴ Ludwig Köhler, 1880–1956, seit 1904 Pfarrer in Aeugst am Albis. Ludwig Köhler gehörte zum engsten Freundeskreis Schmiedels und war auch mit Ragaz gut bekannt. 1908 wurde er außerordentlicher, 1923 ordentlicher Professor für Altes Testament in Zürich.

⁵ Vgl. oben, Brief Nr. 98, Anm. 8.

⁶ Gustav Benz, 1866–1937, einer der Förderer der evangelischen Arbeitervereine in der Schweiz, seit 1897 Pfarrer an der Basler Gemeinde St. Matthäus. Ein Studienkollege und Mitzofinger von Ragaz.

⁷ Johannes Diem, 1865–1933, von 1902–1926 Pfarrer in Zürich-Unterstraß, von 1909–1918 Mitredaktor am Schweizerischen Protestantenblatt.

⁸ Max Dietschi, 1873–1951, Pfarrer in Seon von 1899–1939.

⁹ Es handelt sich um Pfarrer Ernst Etter (vgl. Brief Nr. 31). Er hatte das Pfarramt vorübergehend verlassen, um von 1904–1908 als Notar in Arbon tätig zu sein.

¹⁰ Siehe oben, Brief Nr. 99, Anm. 3.

¹¹ Vgl. oben, Brief Nr. 99, Anm. 5.

¹² Mentona Moser, geb. 1874, Tochter des Schaffhauser Industriellen Heinrich Moser, auf verschiedenen Gebieten der sozialen Arbeit tätig, von 1909–1917 verheiratet mit Dr. Hermann Balsiger; sie war zuerst Mitglied der Sozialdemokratischen Partei, trat der Kommunistischen Partei bei deren Gründung bei und lebt jetzt auf offizielle Einladung der DDR in einem Heim in der Nähe von Berlin.

¹³ Der Bruder Leonhards, Rageth Ragaz.

¹⁴ Ein weiterer Bruder Leonhard Ragaz', der Kantonsschulprofessor Jakob Ragaz, Dr. phil.

Brief Nr. 102: An Pfarrer Benedikt Hartmann

7. September 1906

Lieber Freund,

Du bekommst nun Dein Manuskript[1] noch einmal zurück. Was ich allfällig gebessert wünsche, habe ich Dir schon geschrieben. Obschon es mir widerstrebt, will ich doch noch hinzufügen, daß mir ein Passus angezeigt schiene, in dem Du ausdrücklich bemerktest, daß jede Stimme sich bei uns hören lassen dürfe, die in tüchtiger und nobler Form etwas Rechtes zu sagen habe, komme sie aus welchem Lager sie wolle, ja, daß uns ernsthafte Opposition willkommen sei. Damit wäre vielleicht der Geist unseres Unternehmens noch ein wenig deutlicher charakterisiert. Im übrigen freuen wir uns alle Deines Programms[2].

An Raum wird's uns nicht fehlen. Es geht alles hinein, auch wenn Du noch einiges hinzufügst. Was aber die Wiederholungen in meinem Aufsatz[3] betrifft, so läßt sich dieser Punkt, wie ich meine, durch eine redaktionelle Anmerkung erledigen. Wernle hat einen flotten Artikel[4] geschrieben, den ich beilege. Er genügt allein schon, die erste Nummer zu retten. Meine Andacht[5] soll rasch folgen.

Mit dem neuen Namen «Neue Wege, Blätter für religiöse Arbeit», den ich vorgeschlagen und den die Kommission angenommen hat, bist Du hoffentlich einverstanden, falls Dir nicht inzwischen etwas *ganz* Befriedigendes in den Sinn gekommen ist[6].

Über das Predigerfest[7] wäre viel zu sagen. Die erste Verhandlung verlief, dank dem mächtigen Votum Wernles, sehr gut. Am zweiten Tag kam infolge Überschreitung der festgesetzten Zeit durch mich[8] und die beiden Votanten, aber auch der törichten Einrichtung dieser zwei «Voten», der geschäftlichen Verhandlungen und der Pedanterie des Präsidenten, die Diskussion zu kurz. Auffallend war der Beifall, den ich fand. Es muß ein großer Umschwung der Stimmung geschehen sein, denn selbstverständliche Dinge habe ich doch nicht gesagt. Im übrigen muß ich mich wieder einmal mit dem: «in magnis voluisse»[9] trösten. Ich komme gerne nach Buch[10], wenn sich's machen läßt.

Herzlich grüßend Dein Leonhard Ragaz

Anmerkungen zu Brief Nr. 102

[1] Hartmann hatte den Programmartikel für die erste Nummer der Neuen Wege geschrieben, welche dann im November 1906 erschien.

[2] Hartmanns Titel lautete «Was wir wollen».

[3] «Zur religiösen Situation der Gegenwart», NW, 1. Jg., Nr. 1, S. 4–14 (Bibl. B II 1).

[4] «Vor hundert Jahren», ebd., S. 14–21.

[5] Die in der ersten Nummer publizierte Andacht über «Ernst und Freude», Phil. 4, 4, stammte von Rudolf Liechtenhan.

[6] Über die Schwierigkeit der Namens-Findung vgl. Biographie, Bd. I, S. 133 f.

[7] Das schweizerische Predigerfest hatte vom 3.–5. September 1906 in Basel stattgefunden.

[8] Ragaz hatte das Hauptreferat über «Das Evangelium und der wirtschaftliche Kampf der Gegenwart» gehalten, welcher seine erste systematische Äußerung religiös-sozialen Charakters darstellte und unter dem Titel «Das Evangelium und der *soziale* Kampf der Gegenwart» erschienen ist (Bibl. A I 9, Basel 1906, 2. Aufl. 1907).

[9] Zu ergänzen: sat est, d. h. Bei großen Dingen muß schon der gute Wille genügen.

[10] Am Irchel, die Gemeinde Liechtenhans.

Basel, 21. September 1906

Herrn Regierungsrat A. Burckhardt,
Vorsteher des Erziehungsdepartements von Baselstadt.

Hochgeehrter Herr Regierungsrat,

Ich muß Sie zunächst um Entschuldigung bitten, daß ich Ihre Anfrage, mit der Sie mir eine Freude und eine Ehre bereitet haben, erst heute beantworte. Es ist mir das Bedenken aufgestiegen, ob nicht die Lehrerschaft sich gegen das Eindringen des kirchlichen Elementes in die Schule auflehnen könnte. Daß von dieser Seite her der Schule keine Gefahr mehr droht, ist gewiß jedem halbwegs Verständigen klar, aber es gibt in radikalen Kreisen[1] vielfach eine Gespensterseherei, die beständig gegen vermeintliche Reaktionsgelüste auf der Lauer liegt, und zweifellos würde meine Wahl da und dort in diesem Sinne kommentiert, so lächerlich mir dies auch erschiene.

Doch habe ich mich entschlossen, mich dem Regierungsrat vorschlagen zu lassen[2]. Einmal aus einem prinzipiellen Grunde. Ich halte die Ausschließung der Pfarrer aus irgendeiner politischen oder Schulbehörde für einen Verstoß gegen die bürgerliche Gleichberechtigung. Man mag einst in Basel den Richtungskampf durch diese Maßregel[3] von der Schule haben fernhalten wollen, aber dieses Moment kann meines Erachtens gegenwärtig keine Rolle mehr spielen. Ich halte es für gut auch für die Pfarrer, wenn sie in den organischen Institutionen des Staats- und Volkslebens mitarbeiten, statt nur das kirchliche Sonderfeld zu bebauen.

Dazu kommt bei mir ein persönlicher Grund. Ich entstamme einer Pädagogenfamilie, bin selbst zwei Jahre im Lehramt gewesen, habe sehr viel mit der Schule zu tun gehabt und mich sehr intensiv mit pädagogischen Fragen beschäftigt. Darum würde es mich freuen, mit der Schule wieder in Berührung zu kommen und in einer staatlichen Behörde an meinem bescheidenen Teile mitzuberaten.

Indem ich also auf Ihren Vorschlag eingehe, möchte ich noch ausdrücklich hinzufügen, daß es mich keineswegs kränken würde, wenn ich aus diesen oder jenen Gründen nicht gewählt würde.

Empfangen Sie, hochgeehrter Herr Regierungsrat, auf alle Fälle den verbindlichen Dank

Ihres ergebenen Leonhard Ragaz, Pfarrer

Anmerkungen zu Brief Nr. 103

[1] Diese Befürchtungen des politischen Freisinns teilten sich offenbar auch der kirchlichen Reformrichtung mit; Ragaz demissionierte im Februar 1907 als Vizepräsident des Freisinnigen Münstervereins; diese Demission wurde von den Vorstandsmitgliedern mit dem Widerstand aus den Kreisen des Vereins gegen seine Wahl in die Inspektion erklärt:

«Die sehr empfindliche Natur des Genannten ist jedenfalls durch Vorkommnisse in letzter Zeit, welche nicht der Person, sondern dem Prinzip galten, bezüglich Schulinspektorat, noch gesteigert worden» (Protokollbuch des Freisinnigen Münstervereins, 4. Februar 1907).

[2] Ragaz war vorgeschlagen als Mitglied der Inspektion (= Aufsichtskommission, Schulpflege) der Mädchensekundarschule von Basel. Er wurde am 22. September 1906 gewählt.

[3] Es kann sich bloß um Gewohnheitsrecht gehandelt haben.

Brief Nr. 104: An Rageth Ragaz

Basel, 21. September 1906

Lieber Bruder,

Wie bist Du heimgekommen und wie ist es mit der Predigt gegangen? Ich selbst bin natürlich diese Zeit her beständig unter den Nachwirkungen meines Vortrages gestanden. Die Zeitungsberichte über den zweiten Tag des Predigerfestes haben gewaltige Stürme entfesselt. Noch mehr als mein Vortrag hat das Votum von Reichen[1] und der Umstand, daß es keinen Widerspruch fand, die Gemüter erregt. Ich werde meistens anständig behandelt und sogar mit viel Lob und Anerkennung bedacht; eine Ausnahme hat, so viel ich weiß, nur das ultramontane «Vaterland[2]» gemacht, das in jesuitischer Verdrehung der Dinge das Mögliche leistet. Das regt mich nicht auf. Wenn die Pfaffen böse sind, so ist das ein gutes Zeichen. Dagegen hat eine Darstellung in den Basler Nachrichten aus der Feder von Pfarrer *Stockmeyer*[3], der das ganze Fest mit Basler Hohn übergießt, mir, menschlich gesprochen, hier in Basel viel geschadet; denn viele auch unter meinen Zuhörern werden zunächst das Referat nun nach diesem Berichte beurteilen. Doch werde ich es sobald als möglich separat herausgeben[4]. Schon sind von verschiedenen Seiten Anfragen eingelaufen. Sogar aus Paris bekam ich vom Herausgeber der Revue du Christianisme social[5] die Aufforderung, den Vortrag in seiner Zeitung abdrucken zu lassen. Der hiesige Arbeiterbund möchte ihn von sich aus drucken und verbreiten lassen; ebenso hat mich die Grütlibuchhandlung in Zürich ersucht, ihn in ihren Verlag zu geben. Separat herausgeben muß ich ihn schon darum, weil die vielen, die jetzt ganz einseitige, z. T. falsche Berichte darüber gelesen haben, Gelegenheit bekommen müssen, meine wirklichen Gedanken kennen zu lernen. So weißt Du z. B., daß ich vor pfarrerlicher Parteipolitik gewarnt habe und nun soll ich dazu aufgefordert haben. So hat auch der Rätier, der sich übrigens mit anerkennenswerter Freundlichkeit zur Sache stellt, der Neuen Zürcher Zeitung diese Behauptung entnommen.

Die ernsthaften Einwände, die ich bis jetzt vernommen habe, reduzieren sich auf zwei oder drei. *1.* Ich leite aus der Bibel ein soziales Programm ab – was nicht richtig ist. *2.* Ich meine, das Reich Gottes komme auf Erden durch soziale Umgestaltung, was auch nicht richtig ist. *3.* Ich überschätze die Christlichkeit der Sozialdemokratie, worüber sich streiten läßt, was aber für mich jedenfalls kein wesentlicher Punkt ist[6]. Am ernstesten wären die von Naumann her kommenden Einwände zu nehmen[7].

Es freut mich, daß eine Anzahl Arbeiterzeitungen[8] von der Verhandlung Notiz genommen haben, und zwar in erfreulicher Weise. Fast noch mehr aber, daß Frauen aus der hiesigen Aristokratie mir ihre Zustimmung erklärt haben.

Die Aufregungen dieser Aktion haben mich natürlich wieder ein Stück Nervenkraft gekostet. Aber daß diese Tagung Frucht schaffen wird und schon geschaffen hat, ist gewiß. Davon legten schon die hiesigen Bettagspredigten Zeugnis ab. Es war eine sittliche Notwendigkeit, daß in den Taumel der Borniertheit und Selbstgerechtigkeit unseres freisinnigen Philistertums plötzlich diese Stimme von ungewohnter Seite her hineinscholl. Es ist gut, wenn man über die Pfarrer schimpft, weil sie gegen den Mammon sind und mit der armen Minderheit gehen. Der Fluch der Kirche war immer das Gegenteil.

Unter den Pfarrern selbst wird die Bewegung hoffentlich vorwärts gehen. Das Nächste wird wohl eine Versammlung[9] der «sozialen» unter ihnen sein, von der ich Dir natürlich rechtzeitig Bericht[10]. . .

Anmerkungen zu Brief Nr. 104

[1] Albert Reichen, 1864–1929, geboren in Grindelwald und zunächst als kaufmännischer Angestellter tätig, wurde 1895 zum Stadtpfarrer von Winterthur gewählt, wo er dem Grütliverein beitrat. 1899–1928 vertrat er die Sozialdemokraten im Zürcher Kantonsrat. Vgl. Willi Schneider, Die Geschichte der Winterthurer Arbeiterbewegung, Winterthur 1960, S. 243.
In der Diskussion hatte er (laut Protestantenblatt 1906, S. 294) ausgeführt, «daß der christlichste Bankdirektor gegen sein christliches Gewissen den brävsten rechtschaffensten Schuldner müsse zugrunde gehen lassen, wenn dieser seinen Verpflichtungen nicht nachkomme. ‚Ihr Pfarrer müßt Sozialisten werden!' So konnte in der Tat der Eindruck entstehen, als ob die 300 anwesenden Pfarrer bereits samt und sonders mit dem Feuer des Sozialismus getauft wären».
[2] Vaterland, Konservatives Centralorgan für die deutsche Schweiz, Luzern. Leitartikel in Nr. 213, 15. September 1906, mit der Überschrift: «Reformierte Prediger und Sozialdemokratie.»
[3] Karl Stockmeyer, 1857–1927, war von 1898–1911 Hausvater am Basler theologischen Alumneum. Der Bericht findet sich in den Basler Nachrichten vom 9. September 1906. «Ob die Menschen mit dem Sturz des Mammonismus wirklich von selbst zu Gotteskindern würden und ob nicht die alte Wahrheit Recht behalte, daß nicht das Milieu sondern die Sünde der Leute Verderben sei und auch bei der idealsten Wirtschaftsordnung noch die alte Misere bleibe, wenn die Menschen und die Herzen nicht anders werden?»

[4] Der Vortrag erschien ohnehin gedruckt in den Verhandlungen der Prediger-gesellschaft. Die Sonderausgabe erschien bei C. F. Lendorff in Basel, dem späteren Drucker der Neuen Wege.

[5] Recueil mensuel, Directeur G. Chastand, Paris. Der Vortrag erschien mit einem kurzen Vorwort des Herausgebers im Jahrgang 1907, S. 421 ff., stark gekürzt unter dem Titel: «L'Evangile et le conflict social actuel.»

[6] Ragaz sah sich genötigt, seinen Kritikern zur Klarstellung von Fehlinterpretationen entgegenzutreten. Im Kirchenblatt (1906, Nr. 12, S. 165) publizierte er eine «Replik» und hielt darin fest: 1. Er habe die Pfarrer nicht zum Eintritt in die Sozialdemokratische Partei aufgefordert. 2. Er habe nie behauptet, die ökonomische Befreiung bringe das Reich Gottes; er habe bloß erklärt, die soziale Bewegung sei ein Anruf Gottes an die gegenwärtige Christenheit. 3. Er habe kein ökonomisches Gesetz aus dem Evangelium abgeleitet, sondern nur die moralischen Grundpostulate des Wertes der Menschenseele und der Solidarität herausgearbeitet.

[7] Ragaz meint möglicherweise die Besprechung seines Referates, die Pfarrer Salomon Gut von Zürich im Kirchenblatt 1906, S. 161, veröffentlicht hatte. Gut hatte klargestellt, daß es keine evangelische Nationalökonomie gebe, und hatte den antinationalen und antimilitaristischen Zug in der Sozialdemokratie herausgearbeitet.

[8] Außer dem Basler Vorwärts widmeten der Grütlianer und die Berner Tagwacht dem Vortrag recht viel Raum. Der Grütlianer drückte die Hoffnung aus, «daß die öde Pfaffenfresserei in unseren Reihen je länger je weniger Platz findet» (4.9.1906).

[9] Gemeint ist die kleine Versammlung in Degersheim, welche auf Einladung von Pfarrer H. Bader im Oktober 1906 stattfand und aus der die religiös-sozialen Konferenzen entstanden sind. Vgl. Biographie, Bd. I, S. 136.

[10] Fortsetzung fehlt; der Brief bricht unten am Böglein mitten im Satz ab.

Brief Nr. *105*: *An Pfarrer Hermann Kutter*

Basel, 9. Mai (Auffahrtstag) 1907

Lieber Freund,

Du hast Dich möglicherweise darüber verwundert, daß mein Dank für die Zusendung Deines Buches[1] und mein Urteil über dieses so lange auf sich warten ließen. Es war allerlei daran schuld, das ich jetzt nicht aufzählen will. Dafür bin ich nun in der Lage, nicht bloß einen ersten Eindruck, sondern ein Urteil auszusprechen.

Der erste Eindruck Deines Buches ist groß, mächtig, für mich noch mächtiger als der von «Sie müssen». Ich glaube, ja ich weiß sogar, daß es auch anderen so gegangen ist. Gerade die Adressierung an einen bestimmten Kreis wird ihm eine konzentriertere Wirkung geben. Dazu kommt ein herzlicher Ton, eine mildere, zurückhaltendere Art der Kritik. Es wird nicht an mächtigem Echo fehlen. Unter den Stimmen des Beifalls werden allerdings nicht wenige sein, die nach einem pompösen Zuruf an Dich den Geist Deines Buches und Dein wahres Wollen in der nächsten halben Stunde verraten, während andere, denen es am meisten zu schaffen macht, vielleicht schweigen werden.

Es ist ein mächtiges Buch. Ich bin auch mit seinem Geist und Wollen einig. Da und dort habe ich zwar einige Bedenken. Ob die Art, wie Du den Gegensatz von reich und arm formulierst[2], der Sache entspricht, ist mir z. B. problematisch. Trotzdem, ich stehe zum Inhalt und zur Tendenz des Buches, wie ich immer zu Deinem wesentlichen Wollen gestanden bin.

Dagegen hege ich in bezug auf seine voraussichtliche Wirkung einige Befürchtungen. Ich habe schon im Winter, als Du mir Deinen Plan mitteiltest, das Bedenken geäußert, ob es einen Sinn habe, daß Du Dich in dieser Weise an die Pfarrer wendest. Es ist mir nach der Lektüre des Buches von neuem aufgestiegen. Das, was Du verlangst, können wirklich nur *prophetisch* geartete Menschen tun[3]. Solche werden aber, wie Du wohl weißt, nicht durch Examen und Ordination berufen. Dein Buch ist also für – Kutter geschrieben. Es stellt *Dein* Wirken dar und beweist sein gutes Recht, aber als Zumutung an viele, an alle Pfarrer geht es nicht an. Ich glaube, daß Du von den Pfarrern zu viel erwartest.

Die Botschaft: «Gott lebt» – so zu verkündigen, ist *Dein* Auftrag. Wenn aber – und das ist die Gefahr des Buches – Unberufene es Dir nachmachen und Deine Anweisung mechanisch befolgen, dann fürchte ich eine böse Entartung der Sache. Ja, ich fürchte einen rechten Mißbrauch des Namens Gottes. Schon habe ich an bestimmten Beispielen meine Befürchtungen erwahren sehen, zu meinem Leidwesen.

Damit komme ich auf ein zweites. Deine Mahnung, daß wir uns auf die Predigt von Gott konzentrieren sollen[4], ist an sich gewiß richtig. Ich habe unsere Sache nie anders aufgefaßt. Aber *wie* sollen wir Gott predigen, *welchen* Gott? Doch den *lebendigen*, d. h. den auch in der Gegenwart schaffenden, den kommenden. Nun fürchte ich aber, daß viele Dich sehr bereitwillig so verstehen werden, man müsse einfach die «ewigen Wahrheiten», das «innere Leben» predigen und sich vor der Einmischung in «weltliche Dinge» hüten. Damit wären wir glücklich bei – Ritter[5] angelangt. Schon spricht man denn auch von einem «Einlenken» Deinerseits, und ich habe schon einen Artikel gegen Dich abweisen müssen, der diesem Mißverständnis entsprungen war. Natürlich weiß ich, daß das Torheit ist, aber diese Folgen sagen mir, daß Deine Mahnung zu *früh* kam. Es wäre ganz gut gewesen, wenn die Pfarrer einmal sich in diese Fragen hineingestürzt hätten, auch auf die Gefahr hin, etwas zu weit in Sozialismus hineinzugeraten; ich glaube, daß die Tieferen unter ihnen gerade dadurch von selbst zum Zentrum, zu Gott, geführt worden wären.

Das Recht dieses «Zu Gott hin» möchte ich überhaupt vertreten. Es ist einer der Unterschiede zwischen Dir und mir. Das «Von Gott her» ist prinzipiell und systematisch das Richtige, gewiß. Auch ich vertrete es, so weit ich es in Wahrhaftigkeit kann. Aber «Von Gott her» kann nur reden, wer bei Gott steht, wer ihn kennt, von ihm erfüllt ist. Ohne daß diese Vorbedingung erfüllt ist, wird es Heuchelei, Methodismus schlimmster Art. Auch darum kann Deine Art nicht einfach nachgemacht werden. Und auch in einem anderen Punkte nicht. Es kommt m. E. nicht darauf an, daß immer ausdrücklich von Gott *geredet* wird; im Gegenteil, wenn das «Gott lebt» so unisono von Berufenen und noch mehr von Unberufenen expressis verbis in die Welt gerufen würde, dann – ich habe es schon angedeutet – würde die Predigt vom lebendigen Gott bald den Ernsthaften entleiden. Es kommt nicht sowohl darauf an, daß wir *von* ihm, sondern daß wir *aus* ihm reden. Man kann nur um Gottes willen handeln und reden, ohne ein Wort von ihm zu sagen. So dürfen auch die *Probleme* nicht einfach durch das «Gott lebt» totgeschlagen, sondern müssen vom Zentrum aus *gelöst* werden. Kurz: Gott darf uns schließlich nicht ein bloßes Abstraktum, ein Wort, ein Schema werden, sondern muß uns aus der lebendigen Wirklichkeit entgegentreten, an ihr uns offenbar werden.

Mit alledem bin ich mir bewußt, *nicht* im Gegensatz zu Deiner eigentlichen Meinung zu stehen. Ich wollte Dich nur auf diese falschen Auslegungen aufmerksam machen. Ich hoffe, daß die, für die das Buch doch eigentlich geschrieben ist (wozu ich diverse Lobredner desselben nicht rechne) es auch recht verstehen werden und sich die von seinem Sturm aufgewirbelten Spreu-, Stroh- und Staubmassen bald legen.

Was mich persönlich betrifft, so lasse ich mich durch Dein Wort mahnen und stärken, aber meinen *Kurs* infolge davon zu ändern, habe ich keinen Anlaß. Ich habe unsere Aufgabe immer so aufgefaßt und habe mir *dadurch* den Vorwurf mangelnder Entschiedenheit von Seiten einiger Unverständiger und der Menschenfurcht von Seiten eines Ungerechten zugezogen. Ich wollte Gott predigen und tiefen Grund legen, statt bloß gegen die «Reichen» zu wüten, die nicht in meiner Kirche sind.

Wenn ich auch meinen *Kurs* nicht zu ändern brauche, so möchte ich doch gern im einzelnen noch einiges ändern. In bezug auf die Kasualien[6] und die Sakramente[7] sollte etwas Resolutes geschehen. Ich bin bereit, es mit andern zu unternehmen, oder auch allein. Allerdings müßte ich noch einiges tun, um eine solche Reform besser vorzubereiten. *Meine* Hörer, d. h. der Kern meiner Gemeinde, versteht mich darin allerdings ohne weiteres.

Ich resumiere mein Urteil: Es ist ein mächtiges Buch. Ob es auf die Pfarrer genügend wirken wird, um wirkliches neues Leben, um auch *Taten* zu schaffen, weiß ich nicht, hoffe es aber. Es kann uns aus Lüge, Tod, Erniedrigung und Jämmerlichkeit herausführen ins Große, in Leben und Wahrheit, wirklich zum lebendigen Gott, von dem es ein mächtiges Zeugnis ist. Daß das geschehe, daß wirklich ein Aufbrechen des Gottesreiches in der Christenheit erfolge, daß Pfingstgeist, starker, freudiger, mutiger, über uns komme und Dein Buch durch Gottes Hilfe dazu ein kräftiges Mittel sei, wünscht von Herzen

Dein Leonhard Ragaz

P.S. Eine Besprechung in den Neuen Wegen soll sobald als möglich erfolgen[8].

[1] «Wir Pfarrer», Leipzig 1907.

[2] Gemeint sind die Stellen S. 92 (Das Christentum ist in der Hand der herrschenden Klassen), S. 113 (Es gilt, das Evangelium aus der Bevormundung durch die oberen Klassen zu lösen), S. 131 und 143 (Es gilt, den Reichen das «Wehe» zu verkündigen), S. 132 (Von der Furchtbarkeit des Reichtums), S. 137 (Das Verhalten des Pfarrers zu den Armen).

[3] Dieser prophetische Charakter, den Kutter der Predigt gab, geht aus vielen Stellen des Buches hervor, z. B. aus S. 110: «Nicht auf dem Boden der Welt stehen wir, wenn wir es (das Evangelium) verkünden, sondern auf dem Boden der Ewigkeit.»

[4] S. 26: «Nicht die Menschen – Gott sei die Richtschnur unserer Verkündigung. Nicht vor allem das, was die Menschen bewegt, nein das, was im Evangelium geoffenbart ist, nehme unsere Predigt auf!» – S. 99: «Nur nicht vor der Zeit in Ungeduld realisieren wollen, was erst zu seiner Zeit aufgehen kann. ... Wie viele edle Reich-Gottesfreunde haben es schon versucht, in irgend einer Gestalt zu verwirklichen, was ihnen im Herzen brannte, wie viele Anstalten und Gemeinschaften verdanken diesem Bestreben ihr Dasein – und doch! Was haben sie ausgerichtet? ... Hätten diese edlen, aber ungeduldigen Gründer mehr auf das Wort vertraut, hätten sie alle ihre begeisterten Triebkräfte zu einem prophetischen Proteste gegen das verlogene Christentum zusammengefaßt, ohne an Gründungen zu denken, wartend und im Geiste flammend – wahrlich, es stünde heute anders um uns.»

[5] Es handelt sich hier wahrscheinlich um Anspielungen auf Äußerungen des bekannten Theologen Adolf Ritter (1850–1906), seit 1898 Pfarrer am Fraumünster in Zürich. Der Sache nach, freilich nicht in gleichen Begriffen, finden sich derartige Aussagen in Ritters Publikation «Unsere Aufgabe in der Gegenwart» (Predigt, gehalten an der 44. Jahresversammlung der Schweizerischen Predigergesellschaft in Schaffhausen, 16. August 1887, S. 10 f.).

[6] Kutter spricht (S. 40) vom «dumpfen Mechanismus unseres kirchlichen Handelns, der Sakramentsverwaltung und den sogenannten Kasualien». Ihn störte die Konsumentenhaltung der Gemeindeglieder gegenüber den «Amtsleistungen» des Pfarrers.

[7] Kutter befürchtete, die Sakramente seien «heidnische Kultushandlungen mit christlichem Inhalt» (S. 41).

[8] Die Rezension erschien im Juniheft der Neuen Wege 1906/07, S. 174 ff., und stammte von Benedikt Hartmann. Sie trug den Titel «Pfarrer und Prophet». Hartmann nahm Kutters Buch so ernst, daß er ihm nicht Beifall spenden und in seiner gewohnten Pfarrertätigkeit fortfahren konnte. Er wehrte sich deshalb für den Pfarrer gegen die Verabsolutierung des Propheten. Das heißt: er hielt bewußt an den alten Formen fest, die es weiterhin zu erfüllen gelte. Gegen den lebendigen Gott betonte er die ruhende Frömmigkeit.

Basel, 10. Mai 1907

Lieber Freund,

Dein Brief hat mich sehr bewegt. Wenn ich Zeit hätte, so schriebe ich Dir ausführlich. Da ich in etwa vierzehn Tagen meinen Bruder in Reichenau trauen soll, so finden wir vielleicht Gelegenheit, mit einander mündlich zu verhandeln. Heute nur ein paar Worte.

Ich knüpfe an Kutter an. Nach meiner Ansicht solltest Du *nicht* darüber schreiben, wenn Du Dich so in Gärung weißt. So war es von mir nicht gemeint, daß einer von Euch sich dazu *zwingen* solle. Das wollen wir überhaupt nie. Im übrigen stimmen wir wohl im Urteil über das Buch mehr überein, als Du glaubst. Auch aus meiner Feder gäbe es keinen Baurschen Zustimmungspään[1]. Für mich ist der im «Protestantenblatt» erschienene, den mir Wernle vorlas (ich lese das Protestantenblatt nicht mehr[2]) geradezu zweifelhaft. Baur wird nicht die geringste Konsequenz daraus ziehen, höchstens noch einige Phrasen mehr. So auch andere, die jetzt voll Enthusiasmus sind. Mir hat das Buch viel zu schaffen gemacht. Ich habe schwere Bedenken dagegen, nicht in bezug auf allerlei Details, z. B. Kasualien, Sakramente und dergleichen, aber in bezug auf seinen ganzen Geist. Ich bin schon seit letztem Sommer mit Kutter ziemlich auseinandergekommen, persönlich und sachlich, ohne daß wir uns übrigens entzweit hätten. Man kann aber nicht mit ihm gehen, ohne sein Sklave zu sein. Ich will Dir mündlich auseinandersetzen, was ich gegen ihn, d. h. gegen seinen Weg, einzuwenden habe. Wenn ich Dir nun einen Rat geben dürfte, so wäre es der: Gehe um Gottes Willen doch *Deinen* Weg. Laß Dich von niemandem beirren. Dein Churer Posten macht es Dir relativ leicht, auch Krisen zu überstehen. Ich meine, die Lage fordere von uns nur eines: *Verstehen.* Das übrige mag langsam wachsen oder auch revolutionär ausbrechen, wo es *muß*, aber nur auf dieses eine kommt es eigentlich an. Du hast in Chur gepredigt und getan, was nötig war; ich glaube fest, daß Du damit Gottes Willen erfüllst. Du darfst in ruhigem Vertrauen weitergehen, auch durch Krisen hindurch, in Neues hinein.

Doch klingen diese Mahnungen wie bloße Redensarten. Ich hoffe, Dir mündlich zeigen zu können, daß sie das doch nicht sind.

Was mich betrifft, so wäre mir auch Schweigen das liebste. Jedenfalls schreibe ich bis auf weiteres nicht mehr über nationalökonomische Dinge, wenn ich nicht muß. Ich habe es getan, um eine Auffassung größeren Stils auf diesem Gebiete herbeiführen zu helfen; es war ein Opfer. Überhaupt war es nötig, hier einzuspringen. Wir Pfarrer mußten hier unsere Pflicht tun. Aber vom Zentrum abdrängen lasse ich mich nicht, das kannst Du sicher sein, schon deswegen nicht, weil ich ja nicht erst seit gestern Sozialist[3] bin und doch nicht im Sozialismus untergegangen. – Es ist schwere Zeit. Aber wir wollen nicht verzagen. Gott hilft uns. Nur müssen wir kämpfen und leiden. Sieh, die Welle, von der Du mir um Neujahr schriebst, ist nun gekommen, nun wollen wir sie aber auch nicht fürchten.

So wollen wir auch die «Neuen Wege» nicht im Stiche lassen, sondern dafür sorgen, daß sie in die Tiefe gehen und in die Höhe. Und wenn man auch unseren Artikeln gelegentlich, ja immer anmerkt, daß wir Unfertige sind, daß wir leiden, was machts? So haben wir's ja gemeint.

Also mit Gott vorwärts! Ich bin mit ihm schon durch manche Krise, ja durch Abgründe gegangen, und er hat sich nicht verleugnet.

Es ist eine Zeit gekommen, wo man wieder den ewigen Mächten ins Gesicht sehen muß, wo die Seelen größer werden, das Kriegerische, das Heldenmäßige (ganz demütig gemeint) wieder Realität werden. Ohne das wäre es ja auch keine große Zeit, das aber ist auch das Kennzeichen ihrer Größe. Gott verstehen und es mit ihm wagen – alles ganz still und demütig, auf das kommts an. Und wir wollen einander helfen, so gut wir können.

In herzlicher Treue Dein

Leonhard Ragaz

Anmerkungen zu Brief Nr. 106

[1] Die Besprechung Pfarrer Hans Baurs erschien im Schweizerischen Protestantenblatt 1907, S. 139. Baur nannte «Wir Pfarrer» ein «vulkanartig wirkendes Buch» und einen «Hammer, der Felsen zerschmeißt». Später, ebd. S. 181, meldete sich aber wiederum Pfarrer Altherr mit einer sehr ablehnenden Kritik zum Wort. Er sprach nun von «verblüffender Kritiklosigkeit» und «kühner Naivität».

[2] Wohl seit Altherrs «Erinnerungen eines alten Reformers», erschienen im Schweizerischen Protestantenblatt 1907, Nr. 1–5. Altherr wandte sich im Namen der ursprünglichen Reform gegen Abstinenz und Richtungsfeindlichkeit einiger jüngerer Reformpfarrer.

[3] Es kann sich bei dieser Äußerung nicht um einen Ausdruck der formalen Parteizugehörigkeit handeln, sondern um den Ausdruck für eine innere Überzeugung. Es gilt, bei Ragaz die Unterscheidung zwischen Sozialismus und Sozialdemokratie zu beachten. Seit wann Ragaz sich selber als Sozialisten empfunden hat, ist schwer zu sagen; am ehesten wäre der Frühling 1903 zu nennen. Parteimitglied wurde er bekanntlich erst 1913.

Brief Nr. 107: An Prof. P. W. Schmiedel

Basel, 10. Mai 1907

Verehrter Herr Professor,

Empfangen Sie meinen herzlichen Dank für Ihre Sendung und besonders für das Geschenk des Vortrages[1], das ich, allerdings ohne Absicht, nun ein wenig von Ihnen erpreßt habe.

Ein Urteil von mir über den Vortrag hat natürlich wenig Wert. Sie wissen, daß ich die Dinge in mancher Hinsicht etwas anders auffasse. So scheint mir z. B. die Formel: Gott und die Seele, die Seele und Gott ungenügend, den Sinn des Evangeliums zu fassen, es fehlt der Bruder. Die Art, wie Sie das sog. messianische Bewußtsein Jesu zu erklären versuchen, ist mir zu rationalistisch, um es kurz zu sagen; ich rechne bei den religiösen Führern – und Jesus ist mir noch mehr als das – viel mehr mit dem Irrationellen, Geheimnisvollen und kann es nicht als Forderung echt wissenschaftlicher Methode anerkennen, es möglichst auszuschalten. So fehlt mir auch in Ihrer Darstellung der «Ethik Jesu» etwas; ich möchte sagen das Moment des Herrischen, wobei ich aber bitte, diesen Ausdruck nicht zu pressen, denn es ist auch das Kindliche, Natürliche, Selbstverständliche darin inbegriffen.

Aber ich verstehe wohl, warum Sie sich vor aller Überschwänglichkeit des Ausdruckes hüten und ganz nüchtern reden wollten. Überhaupt bitte ich Sie, mir die Äußerung meiner abweichenden Auffassung nicht als Unbescheidenheit anrechnen zu wollen.

Ganz auf Ihrer Seite stehe ich gegen Herrmann[2]. Ich muß an den Fichteschen (so viel ich weiß!) Vergleich mit der Leiter denken. Wenn ich die Höhe eines Felsens erreichen will und mich umsehe, wie das möglich wäre und plötzlich eine Leiter entdecke, die mir dazu hilft, so ist das ein Erlebnis, gewiß, aber die Hauptsache ist dann doch nicht die Leiter, sondern daß ich die Höhe erklommen habe. Mit anderen Worten: *Gott* ist das Erlebnis, nicht *Jesus*. Aber diese Denkweise kann Herrmann nicht erfassen. Er bewegt sich eben in einem circulus und ist darum mit allen Problemen leicht fertig.

Indem ich Ihnen für Ihren lieben Besuch noch einmal herzlich danke, bleibe ich in Verehrung

Ihr Leonhard Ragaz

Anmerkungen zu Brief Nr. 107

[1] An der 17. Hauptversammlung des Schweizerischen Vereins für freies Christentum in Chur hatte Schmiedel am 11. Juli 1906 über «Die Person Jesu im Streite der Meinungen der Gegenwart» gesprochen.
[2] Vgl. oben, Brief Nr. 25, Anm. 11. Ragaz wendet sich gegen Herrmanns Auffassung, Glaubensgrund sei Jesus, resp. das innere Leben Jesu, das zum eigenen individuellen Erleben werden könne. Vgl. auch Brief Nr. 86 und Nr. 87.

Brief Nr. 108: An Familie Nadig[1]

Belvedere House
4th Ave & 18th Street, N.Y.
C. S. Wehrle, Proprietor

Adressiert an
Chr. Nadig-Plattner, Chur

New York[2], 18. September 1907

Meine Lieben,

Ihr sollt nun auch von mir einen kurzen Bericht bekommen. Gestern Nachmittag um ¼4 Uhr haben wir unsern Fuß auf den Boden der neuen Welt gesetzt. Die Einfahrt geschah bei herrlichem Wetter. In der Lloyd-Halle hieß es auf einmal: ist das der Ragaz? – Da standen der Redaktor der Schweizer-Zeitung[3] und der Sekretär des Konsulates[4], die Möhrs[5] Empfehlung hergeführt hatte, und brachten uns über die Ferry ins Belvedere House, wo wir gut und verhältnismäßig nicht zu teuer aufgehoben sind. Wie wir dafür diesen landsmännischen Empfang finanziell und moralisch doch haben bezahlen müssen, davon später mündlich mehr[6]! Wir haben dann (d. h. Clara) geschlafen bis ½10 Uhr! und Clara ist nun wieder recht wohlauf. Nur die Meerfahrt konnte es ihr bis zuletzt nicht ganz. Mir hat sie sehr gut getan. Auch hatte ich das Gefühl völliger Sicherheit. So einem Riesenschiff kann der Sturm nichts anhaben und auch sonst gibt es eine Fülle von Sicherungen. Ich fürchte mich fast mehr vor dem städtischen Getriebe.

Dieses ist in New-York ganz ungeheuerlich. Berlin ist dagegen eine Kleinstadt. Schon die Einfahrt war großartig, der Anblick des Hafens geht über alle Vorstellung und Beschreibung hinaus. So auch die Stadt. Alles ist neu, alles fremdartig, alles hat fünf- bis zehnmal größere Dimensionen als bei uns – auch die Preise zum Teil inbegriffen. Man wird ganz klein. Und doch alles, alles nur Jagd nach dem Dollar. Die Kirchen kommen schon äußerlich gegen die sky-scrapers nicht auf, noch weniger im geistigen Sinne. Doch wird der Weltlenker auch aus diesem Stoff noch etwas Großes machen.

Wir werden unendlich froh und dankbar sein, wenn wir in Basel wieder aus dem Zuge Cherbourg-Paris steigen. Inzwischen wollen wir alles getrost und mutig durchmachen. Gott ist mit uns auch auf dieser Seite des Ozeans. Küßt die Kleinen hundertmal, erzählt ihnen von uns und seid über das unendliche Meer hin gegrüßt von Euren dankbaren und liebenden

Clara und Leonhard

Anmerkungen zu Brief Nr. 108

[1] Die Schwiegermutter und die unverheirateten Schwägerinnen von Ragaz. Vgl. Register der Briefempfänger.

[2] Ragaz war eingeladen worden, am «World's Congress of liberal Thinkers and Workers» über die «Ethischen Grundlagen und Konsequenzen der liberalen Theologie» zu sprechen. Er war mit seiner Frau am 8. September nach Bremen gereist und hatte sich

auf dem Schiff «Wilhelm der Große» am 10. September eingeschifft und war am 17. in New York angekommen. Vgl. dazu Mein Weg, Bd. I, S. 255–290 und Biographie, Bd. I, S. 145–148.

[3] Das Tagebuch X nennt ihn Keller.

[4] Er hieß, dem Tagebuch zu entnehmen, Hendrich und war Vertreter des schweizerischen Auswanderungsbüros in New York.

[5] Jacques Möhr, 1867–1944, von Maienfeld, Freund von Ragaz und sein Nachfolger in Flerden. Studierte Theologie und Nationalökonomie. Nach praktischer Tätigkeit in überseeischen Ländern und vier Jahren Pfarramt in Flerden (1894–1898) wurde er zuerst Beamter, dann Direktor des eidgenössischen Auswanderungsamtes in Bern und machte sich verdient durch Reorganisation des Auswanderungswesens in der Schweiz.

[6] Vgl. Mein Weg, Bd. I, S. 259. Ragaz und seine Frau wurden in ein Bierlokal geführt, «wo viel Bier getrunken wird. Wie sind sie, als wütende Temperenzgegner (das sind so ziemlich alle Schweizer und Deutschen in Amerika!) enttäuscht, da wir uns als Abstinenten bekennen». Nachher mußte Ragaz auch noch die Zeche bezahlen.

Brief Nr. 109: An die Mitredaktoren der Neuen Wege

Basel, 16. Oktober 1907

Liebe Freunde[1],

Ich bin gestern Abend angekommen[2] und hätte mich auch ohne Liechtenhans Brief bei Euch gemeldet. Die Neuen Wege bildeten auf dem Ozean einen Gegenstand meines Nachdenkens, und ich stelle mich mit frischer Lust, Kraft und Zeit in ihren Dienst, soweit ich nur kann. Liechtenhans Antwort auf Strähls[3] Artikel halte ich für sehr gut und unterschreibe sie gerne. Nur an *einer* Stelle wäre mir eine kleine Änderung nicht unerwünscht, da wo Du von Kutter redest[4]. Ich für meine Person habe von Kutter mehr religiös als sozial gelernt und gerade seine ablehnende Haltung gegenüber der konkreten sozialen Arbeit, die für ihn selbst ihr gutes Recht haben mag, erscheint mir als allgemeine Norm bedenklich und könnte zu einer Deroute führen. Überhaupt tun wir gut, wenn wir zwar kräftig zu Kutter stehen, aber doch den falschen Schein vermeiden, als ob wir bloß sein Echo wären. Aber das ist eine Nebensache; der Artikel gibt im übrigen trefflich unsere Meinung wieder[5].

Meine Amerikareise ist im großen und ganzen gut abgelaufen. Der Kongreß allerdings war rein nichts wert und bestätigte mir nur die Leerheit und Unfruchtbarkeit des alten Liberalismus. Nicht *ein* frischer Gedanke kam zum Vorschein, Komplimente und Machtfragen, das war alles. Wenn noch irgend etwas nötig war, um mich von diesem Liberalismus innerlich vollständig zu trennen, so hat das Bostoner liberale Weltkonzil diese Aufgabe gelöst. Von *dieser* Seite erwarte ich nichts, rein gar nichts mehr. Wenn ich einen Aufsatz darüber schreiben wollte, so käme so viel Kritik hinein, daß man mich nach der genossenen Gastfreundlichkeit der ärgsten Undankbarkeit zeihen könnte. Doch will ich ernstlich versuchen, aus meiner Amerikareise auch etwas für die Neuen Wege⁶ herauszuschlagen. An Stoff fehlt es ja nicht. Ich habe wirklich große Eindrücke empfangen, von denen ich nur wünschen möchte, daß sie lange ihre Frische behielten. Es ist trotz all ihrer tiefen Schatten und Sünden, ihrem Schwindel, ihrer Korruption eine gewaltige, frische, geheimnisvolle Welt, in der zu leben mich Glück deuchte (nur nicht als Pfarrer!). Drüben ist alles *groß*, viel größer als bei uns, vielleicht sogar die Seelen, die Gedanken (in gewisser Hinsicht wenigstens) – das ist der erste und stärkste Eindruck, den man bekommt, groß, größer als bei uns im Guten und im Bösen. Darum dürfen wir hoffen, daß auch große geistige Güter aus dieser gewaltigen Ansammlung von materiellen hervorgehen werden. Es ist große Gärung da drüben. Eine ganz eigenartige Erscheinung ist das machtvolle Aufsteigen eines ökonomisch ganz radikalen, sich marxistisch nennenden, religiös aber positiven Sozialismus, der in allen Denominationen: bei Methodisten, Baptisten, Quäkern, Episkopalisten u.s.w. seine Anhänger findet, und zwar namentlich unter den Pfarrern, und bei aller praktischen Nüchternheit einen Enthusiasmus atmet, der an die Blütezeit des christlichen Sozialismus in England gemahnt⁷. Es geht in dieser Beziehung in der kalvinistischen Welt mehr vor, als wir nur ahnen. Ein solcher Geist der Brüderlichkeit, wie er in diesen Kreisen lebt, ist mir noch nie begegnet. Darüber ein andermal, vielleicht mündlich, mehr.

Es *kann* drüben Großes werden und ich hoffe es – aber es kann natürlich auch ganz anders gehen. Ich bin weit entfernt von einer Verhimmelung amerikanischer Zustände. Namentlich die kirchlichen, soweit ich sie kennengelernt habe, wären *für uns* schlechterdings unmöglich. Die alte Welt behält ihr gutes Recht. Amerika steht, wie mir scheint, vor einer Krise, die darüber entscheiden wird, ob sein Weg aufwärts geht oder abwärts. Entweder es schüttelt die Korruption ab, dann kann Herrliches werden, oder es läßt sie weiter gewähren und dann wird der ganze Leib faul. Es ist eine junge, werdende Welt mit der Gefahr und der Verheißung der Jugend, mit ihrer natürlichen Heilkraft – es *kann* alles den schlimmsten Weg nehmen, aber ich vertraue darauf, daß der, der an dieser Stelle so große Zurüstungen getroffen hat, auch Großes ausführen werde.

Empfanget herzlichen Gruß und ebensolchen Dank für die Arbeit, die Ihr zum Teil für mich geleistet habt.

Euer Leonhard Ragaz

Anmerkungen zu Brief Nr. 109

¹ Benedikt Hartmann und Rudolf Liechtenhan.

² Ragaz hatte New York am 8. Oktober wieder verlassen, nachdem er nicht nur am Kongreß in Boston gesprochen hatte, sondern auch die Festpredigt am Jubiläum der deutsch-schweizerischen Gemeinde in Pittsburg gehalten hatte.

Am 14. Oktober war er in Cherbourg gelandet und am 15. über Paris nach Basel gelangt.

[3] Strähl-Imhoof hatte einen Beitrag «Zum sozialistischen Pfarrer» geschrieben, der in den Neuen Wegen 1907, Dez., S. 308, erschien. Strähl fand, es sei abstoßend, in einer kirchlichen Zeitschrift nationalökonomische Fragen ausgeführt zu sehen. «Von der Kirche erwartet man anderes, sie wird sich wenig Dank und Anerkennung holen, wenn sie sich in den Kampf und Streit oft unreifer Ideen mischt. ... Wir verlangen von unseren Pfarrern anderes, nämlich Trost und Erbauung, etwas Bestehendes im ewigen Wechsel...» (NW 1907, Dez., S. 311).

[4] Im endgültigen Text Liechtenhans steht nur noch: «Ich darf noch erwähnen, daß wohl keiner der sozialistischen Pfarrer sich so entschieden gegen die politische Tätigkeit der Pfarrer ausgesprochen hat wie – Kutter» (NW 1907, Dez., S. 314).

[5] Belanglose Angelegenheiten der Redaktion der Neuen Wege werden hier weggelassen.

[6] In den Neuen Wegen wurde nichts über die Reise publiziert.

[7] Den religiös bestimmten Sozialismus hatte Ragaz zuerst in der Person von Rufus Weeks in Tarrytown (Mein Weg, Bd. I, S. 264f.) und dann im Werk Walter Rauschenbuschs kennengelernt (ebd.). Wichtig war auch die Begegnung mit Rev. Haynes Holmes, dem Herausgeber des Christian Socialist in New York gewesen. Mein Weg, Bd. I, S. 286.

Brief Nr. 110: An Rageth Ragaz

Basel, 8. November 1907

Liebe Geschwister,

Laßt Euch wenigstens mit ein paar Worten für Eure Briefe danken, besonders Rageth für seinen Trostbrief. Ja, es sind wieder schwere Stürme über mich ergangen, viel schwerere als auf dem Ozean[1]. Durch die ganze Schweizerpresse und vielleicht noch weiter ging das Geheul der patriotischen Meute[2]. Jeder Tag brachte anonyme Schmähbriefe oder dergleichen; Kinder wurden aus dem Unterricht genommen und zu Altherr gebracht, der sie natürlich ohne weiteres nahm. Ich bin hier in gewissen Kreisen fast geächtet. Ich habe Vaterlandsverrat begangen.

Aber laßt's Euch nicht zu sehr zu Herzen gehen. Die ganze Geschichte beweist doch auch, wie wichtig man mich nimmt. Übrigens habe ich auch mündliche und schriftliche Äußerungen der Zustimmung und Sympathie erhalten, und in der Kirche waren die zwei letzten Male mehr Männer als seit langem.

Ich bin also noch nicht am Boden. Leid tut mir nur das eine, daß ich aus Angst vor meinem Zornmut und unter dem Einfluß mannigfaltiger, auch körperlicher Einflüsse, nicht so kräftig geantwortet habe[3], wie ich gesollt. Man wird eben oft von solchen Kämpfen überrascht, wenn man am wenigsten dafür gerüstet ist. Es ist unglaublich, was wieder alles gleichzeitig auf mich eingestürmt ist.

Aber ich freue mich, daß ich als einziger von allen Pfarrern öffentlich diesem Lügen- und Schwindelwesen entgegengetreten bin. Die Pfaffen sind natürlich, mit wenigen Ausnahmen, auf der andern Seite gewesen. Auch Benz[4] hat für die Vorlage geschrieben. In Schaffhausen[5] haben sie einen Aufruf dafür erlassen; hier wurde sogar im Bettagsmandat[6] dafür Stimmung gemacht. Nur meine Abreise hinderte mich an einem öffentlichen Protest dagegen.

Ja dieses Pfaffentum und dieses Kirchentum! Wo ist da noch eine Spur von Jesus?

Meine Stellung ist gefährlicher, isolierter geworden und wer weiß, was die Zukunft bringt? Aber ich bin entschlossener als je. Es sind schwere Tage, aber man sieht an solchen Tagen der *Wahrheit* ins Gesicht, man erkennt die Dinge, wie sie sind. – Und man versteht die Bibel wieder viel besser. Wir wollen uns nicht mit den Propheten vergleichen, aber ist z. B. unsere Stellung der des Jeremias nicht sehr ähnlich? Auf der einen Seite: «König», d. h. oberste Behörden, Priester, Volk und patriotische «Propheten» in patriotischem Taumel, auf der andern Seite wir, die wir besser sehen, was not ist und dafür Vaterlandsverräter gescholten werden. Ich habe viel an Jeremia denken müssen. Es ist merkwürdig, daß bei meiner Einführung ins Münster Pfarramt sowohl Salis als ich Texte aus Jeremia genommen haben; er Kap. 1, 4–19 und ich 4, 3. Besonders sage ich mir das Wort vor: «Erschrick nicht vor ihnen, auf daß ich Dich nicht erschrecke vor Ihnen.»

Es ist über die Massen schändlich, wie es die bürgerlichen Hetzer[7] getrieben haben. Das Verbrechen, das sie an der Arbeiterschaft begangen, indem sie sie als vaterlandslos, ja vaterlandsverräterisch hingestellt haben, ist nicht[8]...

Anmerkungen zu Brief Nr. 110

[1] Gemeint ist der starke Angriff, den Ragaz für seinen Artikel «Über Patriotismus» in Neue Wege 1907, Okt., S. 260 ff., geerntet hatte. Vgl. Mein Weg, Bd. I, S. 291, und Biographie, Bd. I, S. 165 ff.

[2] Der erste Angriff erfolgte in den Basler Nachrichten durch Chefredaktor Oeri, 25. Oktober 1907.

[3] Die Antwort erfolgte nicht in den Neuen Wegen, sondern in den Basler Nachrichten, 27. Oktober 1907.

[4] Vgl. oben, Brief Nr. 101, Anm. 6. Bei der Vorlage handelt es sich um die neue eidgenössische Militärorganisation.

[5] Trotz intensivem Nachsuchen ließ sich diese Anspielung nicht aufklären.

[6] Im Basler Bettagsmandat des Jahres 1907 steht folgender Passus: «Ein Wunsch liegt in diesen Tagen beim Gedanken an unser Vaterland weiten Kreisen unseres Volkes gewiß besonders nahe: daß die Wehrhaftigkeit des Landes erhalten und gehoben werde und daß nichts unterbleibe, was hierzu notwendig ist» (Nach National-Zeitung vom 10. September 1907. Die Volksabstimmung war am 3. November 1907).

[7] Die Opposition der Sozialdemokraten gegen die neue Militärorganisation kam zum

Teil aus dem internationalen Denken der Arbeiterschaft, zum Teil aus Bedenken gegen die Tragbarkeit der Leistungen für die einzelnen Arbeiter. Ragaz nennt die Abstempelung dieser sozialdemokratischen Opposition als einer vaterlandsfeindlichen Aktion ein Verbrechen; dieser Ausdruck ist noch besser erklärt im Artikel der Neuen Wege, wo er schreibt: «Schaffet dem Arbeiter eine Heimat in seiner Arbeit und in seiner Wohnung, gebet ihm freudigen Anteil an heimischer Kultur, schaffet soziale Gerechtigkeit und ihr werdet keine Bürger haben, die ihr Vaterland mehr lieben als der Arbeiter. ... Es ist eine Torheit und eine Verleumdung, ihm das Heimatgefühl abzusprechen» (S. 265).

[8] Fortsetzung fehlt. Der Brief bricht unten am Böglein mitten im Satz ab.

Brief Nr. *111*: *An Pfarrer Rudolf Liechtenhan*

Basel, 4. Februar 1908

Lieber Freund[1],

In bezug auf diese Zusammenkunft[2] möchte ich Dich noch bitten, Probst[3] von Dir aus, also «offiziell» Mitteilung zu machen. Ich habe zwar keinen Streit mit ihm gehabt, aber ich mag mit ihm jetzt auch nicht verhandeln[4].

Es sind mir nun selbst auch starke Bedenken gegen unsern Plan aufgestiegen. Wenn der «Kongreß» nicht nach der sozialen Seite hin *radikal* ist, sind wir nur kompromittiert. Ein besonders kritischer Punkt ist die Teilnahme der Sozialdemokraten. Greulich[5] genügt nicht mehr recht, wir sollten trachten, Vertreter der Sozialdemokratie zu bekommen, die bei ihren Parteigenossen weniger als «verbraucht» gelten. Auch sonst sehe ich verschiedene Schwierigkeiten vor uns. Deswegen halte ich doch an dem Projekte fest und will diese Woche mich gern darüber besinnen.

Mit herzlichem Gruß

Dein Leonhard Ragaz

Anmerkungen zu Brief Nr. 111

[1] Der erste Absatz befaßt sich mit einer Pfarrwahl, die dann nicht zustande kam, und wird im Druck weggelassen.

[2] «Religiös-soziale Zusammenkunft» vom 22./23. April in Zürich. Vgl. Biographie, Bd. I, S. 143.

[3] Vgl. oben, Brief Nr. 70, Anm. 5.

[4] Der Anlaß zu diesem Zögern ist nicht bekannt. Möglicherweise wollte Ragaz Probst als eine Schlüsselfigur der Christlich-sozialen Gesellschaften der Schweiz nicht in diesem Zeitpunkt schon informieren, da er gegen Ende Februar ohnehin bei dieser Vereinigung zu sprechen hatte. Vgl. Biographie, Bd. I, S. 137.

[5] Hermann Greulich, 1842–1925, der eigentliche Vater der schweizerischen Gewerkschaftsbewegung und einer der wichtigsten Männer der frühen Sozialdemokratie. Trotz diesen Bedenken hielt Greulich an der Konferenz von 1908 ein Referat über «Wirtschaftliche Entwicklungen der Schweiz in den letzten Jahrhunderten».

Brief Nr. 112: An Prof. P. W. Schmiedel

Basel, 21. April 1908

Verehrter Herr Professor,

Leider ist es Pfarrer Kutter wieder gelungen, ein wenig von seinen esoterisch-sektenhaften Schrullen[1] in das Programm der religiös-sozialen Zusammenkünfte[2] zu bringen. Immerhin kann ich Ihnen versichern, daß die Donnerstagsversammlungen[3] Ihnen und Ihren Studenten offen steht, sogar einige «Laien» will Kutter dulden – welche Weitherzigkeit! Ich hoffe auch sehr, Sie wenigstens auf ein Weilchen treffen zu können. Jetzt, wo gewisse Dinge für mich gänzlich erledigt sind[4], kann ich's ja mit freier Seele.

Inzwischen bin ich mit herzlichem Gruß

Ihr Leonhard Ragaz

Anmerkungen zu Brief Nr. 112

[1] Ragaz meint Kutters Bestreben, die Zusammenkunft des Donnerstags (siehe unten, Anm. 3), nur Pfarrern zu öffnen. Hinter dieser Äußerung Ragaz' und dem Konflikt, der ihr zugrunde liegt, steht ein prinzipieller Unterschied in der Auffassung der religiös-sozialen Bewegung und ihrer Aufgaben: Ragaz sah die Notwendigkeit einer von Laien mitgetragenen und demonstrativ in der Öffentlichkeit auftretenden Bewegung, Kutter wollte bloß an die Kirche appellieren. Vgl. «Wir Pfarrer»!

[2] Der zweite religiös-soziale Kongreß in Zürich, 22./23. April 1908.

[3] Der 23. April war ein Donnerstag. Eigentlich öffentlich war nur die Mittwochs-versammlung mit Referaten von Greulich und Liechtenhan («Prophetische und kirchliche Religion in ihrem Verhältnis zur sozialen Bewegung»). Am Donnerstag fand «im Anschluß an die Hauptkonferenz eine Versammlung statt, in der speziell Fragen besprochen werden sollten, die die Stellung des Pfarrers zur sozialen Frage betrafen» (NW, 1908, April, S. 128).

[4] Es ging damals um die Nachfolge von Prof. Paul Christ, dem Zürcher Ordinarius für Systematische und Praktische Theologie. Ragaz war im Dreiervorschlag gewesen, den die Fakultät dem Erziehungsrat am 7. März vorgeschlagen hatte. Am 25. März hatte diese Behörde sich einstimmig für Pfister entschieden. (Vgl. Akten der Zürcher Erziehungsdirektion, zitiert Biographie, Bd. I, S, 152, Anm. 149 ff.). Pfister hatte erst am 13. April dem Erziehungsdirektor geschrieben, daß er eine Wahl nicht annehmen konnte; von dieser Wendung der Sache wußte Ragaz offensichtlich noch nichts, als er den vorliegenden Brief schrieb. Er war offensichtlich froh, nun doch im Pfarramt bleiben zu können.

Basel, 15. Juni 1908

Lieber und verehrter Herr Professor,

Ich kann Sie leider nicht durch die Nachricht erfreuen, die Sie wünschten[1]. Bis um 2 Uhr und darüber hinaus haben wir diese Nacht uns abgequält und endlich, weil wir entscheiden mußten, uns gesagt: Da Mut und Zuversicht zum Gehen nicht stark genug sind, so müssen wir bleiben. Es war in den letzten Tagen die Stimmung fürs Gehen stärker geworden als vorher, aber jedesmal, wenn sie sich zu einer Zusage verdichten wollte, reichte es nicht.

Was ist es, das mich gehalten hat? Die starke Empfindung, der jetzige Weg sei, ideal betrachtet, der richtigere, der, worauf ich am meisten mit innerer Zuversicht gehen könne, trotz allem und allem! Vielleicht habe ich Gott nicht richtig verstanden, dann möge mir Schwachheit und Unverstand vergeben werden. Direkt gegen Zürich hat nur noch die Bernergeschichte[2] etwa gesprochen, im übrigen wäre die Stelle lockend genug für mich.

Gar keinen Anteil haben an meinem Entschluß hiesige Bemühungen, mich zu halten, gehabt. Im Gegenteil: sie hätten beinahe für Zürich den Ausschlag gegeben. Denn ich mag dergleichen nicht mehr leiden. Unser hiesiger Kirchendirektor[3] hat mir allerlei schöne Dinge angeboten, die ich sofort abgelehnt habe; ebensowenig hat mich eine Mitteilung von der theologischen Fakultät beeinflußt, daß sie meine Habilitation begrüßen und mir erleichtern würde, soweit ich es mir wünsche. Das ist ein viel zu sekundäres Moment für mich, ob eine solche Habilitation etwas mehr oder weniger leicht vor sich gehe.

Nein, größere Gesichtspunkte haben entschieden, die größten, die ich auftreiben konnte. Es ging sehr schwer und ich werde noch eine ziemliche Zeit an den Nachwehen des Entschlusses leiden. Gott helfe mir weiter!

Ihnen wieder meinen innigsten Dank für alle Güte und Hilfe. Der Gedanke, Sie in Zürich öfters bei uns sehen zu dürfen, hätte zum Schönen und Freundlichen gehört, das die Stelle geboten hätte. So hoffen wir Sie wenigstens bald, recht bald, hier bei uns zu sehen, nicht am nächsten Sonntag, weil dann meine Frau in Aarau sein wird, aber an einem der folgenden.

Inzwischen bin ich, mit herzlichen Grüßen auch von meiner Frau,

Ihr Leonhard Ragaz

Telegramm 16. Juni 1908

Prof. Schmiedel, Kinkelstr. 18, Zürich.

Käme gerne nachmittags zu Ihnen. Wann paßt es Ihnen? Revision des Entschlusses möglich.

Ragaz

[1] Seit dem vorstehenden Brief hatte sich nun die Berufungsangelegenheit weiter entwickelt, so daß Ragaz in erster Linie stand, nachdem Pfister abgesagt hatte.

[2] Vgl. oben, Brief Nr. 94.

[3] Regierungsrat Carl Christoph Burckhardt-Schazmann, 1862–1915.

Brief Nr. 114: An Alfred Lohner

Parpan, 6. August 1908

Verehrter Herr Lohner,

Ich habe Ihren Brief hier oben erhalten, wo ich «ein wenig Ferien» suche, und bedaure nun sehr, Ihren Wunsch nicht erfüllen zu können. Sollte ich aber in der nächsten Zeit nach Basel kommen (was leicht eintreten könnte), dann würde ich Ihnen die Predigt[1] sofort senden.

Empfangen Sie inzwischen meinen warmen Dank für Ihre Worte, die ich sehr hoch schätze. Ich weiß nicht, was es ist (es muß wohl ein Zug geistiger Verwandtschaft sein) – aber seit ich durch Ihren Brief vom letzten Herbst, nach der Patriotismus-Affäre[2] mit Ihnen in Berührung gekommen bin, habe ich mit ganz besonderer Sympathie an Sie und Ihre geehrte Frau gedacht, und es stand den ganzen Winter und Frühling durch auf meiner Traktandenliste, Sie einmal aufzusuchen. Ich hoffe doch noch, im September Gelegenheit zu finden, Sie persönlich kennenzulernen, damit die geistige Beziehung sich doch einwenig verkörpere.

Mein Weggang von Basel[3] ist mir selbst ein sehr großer Schmerz, der größte, den ich bis jetzt erlebt habe, was nicht wenig heißen will. Diese Wendung ist gegen meinen Wunsch, ja gegen meinen Willen über mich gekommen wie ein Schicksal. Ich muß annehmen, dieses Schicksal sei *Fügung*. Jedenfalls darf ich Ihnen versichern, daß ich nichts anderes wollte, als Gottes Willen gehorchen, so schwer es mir auch wurde. Mit Basel hoffe ich doch in Beziehung zu bleiben und so auch mit Ihnen. Ich hege die bestimmte Hoffnung, daß das, was ich dort gewollt und in großer Schwachheit begonnen, vorwärts gehen werde, zum Teil gerade auch infolge meines Wegganges. Eine Auswahl aus meinen Basler Predigten soll im Herbst erscheinen[4]. Gott helfe uns allen trotz unserer Fehler und Irrwege, ja durch sie, tiefer in sein Reich und Leben hinein!

Mit herzlichen Grüßen und Wünschen für Sie und die Ihrigen, Ihr Ihnen in Geistesgemeinschaft verbundener

Leonhard Ragaz

¹ Eine der letzten Predigten, die Ragaz in Basel hielt. Text: Psalm 73, 23–28. Stichwort: Dennoch.

² Vgl. oben, Brief Nr. 110, Anm. 1. A. Lohner hatte im September 1907 zum erstenmal an Ragaz geschrieben und von ihm einen Antwortbrief erhalten, der in der vorliegenden Sammlung nicht publiziert wird.

³ Ragaz hatte am Tage, nachdem das vorstehende Telegramm abgegangen war, dem Erziehungsdirektor in Zürich mitgeteilt, daß er eine allfällige Wahl annehmen würde. Wie die Wandlung seiner Überzeugung zustande gekommen ist, bleibt ein Geheimnis. Vgl. Biographie, Bd. I, S. 153.

⁴ Sie erschien unter dem Titel «Dein Reich komme» 1908 im Verlag von Helbing und Liechtenhan in Basel.

Brief Nr. 115: An Rageth Ragaz

Basel, 18. September 1908

Lieber Bruder,

Du wirst es wohl ohne weiteres richtig erklärt haben, warum Du nicht schon lange ausführlichen Bericht über das, was in diesen Tagen geschehen ist (Luk. 24, 18¹), erhalten hast. Ich war zu erschöpft und zu angefüllt mit Ekel, um darüber reden zu können. Doch will ich Dir zum voraus die Versicherung geben, daß ich alles verhältnismäßig gut ertragen habe. Das Bewußtsein, eine gute und reine Sache zu haben, war mein Panzer, an dem alle schmutzigen und giftigen Geschosse abprallten. Dabei hat es an erhebenden Erfahrungen auch nicht gefehlt.

Man müßte über diese Affäre ein Buch schreiben, wenn man sie erschöpfend darstellen wollte².

So erlagen wir und machten bedeutend weniger Stimmen, als wir für den Fall einer Niederlage erwartet hatten³. Aber wir möchten um keinen Preis mit den Siegern tauschen. Alle religiös lebendigen und alle intelligenten und anständigen Leute sind mit uns. Allgemein ist das Gefühl, daß die Reform durch diese Aktion sich moralisch endgültig gerichtet habe. Sie wird keinen ordentlichen Menschen mehr gewinnen. Die Intelligenz und die religiös Lebendigen sind ihr definitiv verloren; von der Arbeiterschaft hat sie Absagen bekommen, die an Deutlichkeit nichts zu wünschen übrig ließen⁴. Sie ist nun ganz auf den Gundeldingertypus⁵ reduziert und zählt geistig nicht mehr.

Dagegen hat man das Gefühl, daß im kirchlichen Leben, speziell dem baslerischen, eine neue Aera inauguriert sei. Das soll auch äußerlich markiert werden, dadurch, daß sich unsere Gesinnungsgenossen zu einer Vereinigung Unabhängiger zusammenschließen, ohne jedoch eine neue Partei bilden zu wollen. Dazu wird meine Gemeinde[6] den Kern abgeben. Einige wollten sogar eine unabhängige Gemeinde bilden, das verhinderte ich aber aus Gründen, die ich Dir nicht auseinanderzusetzen brauche. Der Keim ist gepflanzt und wird wachsen, das Parteisystem und der Parteibann sind gebrochen.

Wir haben das Gefühl, daß eine Niederlage – nach den bekannten Gesetzen des Gottesreiches – unserer Sache besser gedient habe, als es ein Sieg getan hätte. Der Kampf selbst war viel wert. Wir haben ihn mit reinen und noblen Waffen geführt. Was hätte ich nicht alles sagen können, z. B. gegen Täschler, und habe geschwiegen. Dieser noblen Kampfesweise verdanken wir zum guten Teil die äußere Niederlage, aber auch den moralischen Sieg. Und wie diese zwölf Männer[7] gegen ihr ganzes Milieu für die Sache einstanden, war einfach erhebend, seelenstärkend. Dazu die Zeugnisse aus Arbeitermund, die Erfüllung und Verheißung zugleich waren.

Mich persönlich glauben die Reformer allerdings vernichtet zu haben, aber sie könnten sich wieder einmal täuschen. Letzten Sonntag war das Münster gefüllt wie am höchsten Festtag und von allen Seiten kommen mir Zeugnisse zu, die mir zeigen, daß ich nicht tot bin. Einen *starken* Glauben an die Macht Gottes gegenüber der Macht der Lüge habe ich allerdings nötig. Noch nie ist sie mir in solchen Dimensionen entgegengetreten. Dafür verstehe ich das Neue Testament, überhaupt die Bibel und die Kirchengeschichte, wieder etwas besser.

Und nun noch vielen Dank für Deinen Brief, der mir von Herzen wohl getan hat. Ja, dieser Kampf hat es mir deutlich gezeigt, daß wir im Beginn großer Bewegungen stehen. Es war ein Märzsturm. Da gilt es, das Herz fest zu machen. Gott mit uns und wir mit ihm!

Am 4. Oktober gedenke ich die Abschiedspredigt zu halten[8]. Kann ich dann für acht bis zehn Tage hinaufkommen[9]? Ich muß irgendwohin in die Stille.

In treuer Liebe

Dein Leonhard

Bitte, lies diesen Brief auch Merta vor, die ich natürlich herzlich grüßen lasse!

Anmerkungen zu Brief Nr. 115

[1] «Bist du der einzige, der in Jerusalem weilt und nicht erfahren hat, was daselbst in diesen Tagen geschehen ist?»

[2] Es folgt nun ein großer Abschnitt, der sich sehr detailliert mit der Wahl des Nachfolgers von Ragaz am Basler Münster befaßt, und der hier nicht wiedergegeben wird.

[3] Der Kampf war zwischen Liechtenhan und Pfarrer Täschler gegangen. Täschler war der offizielle Kandidat der Reform; Liechtenhan war unter der Losung «Überwin-

dung der kirchlichen Richtungen» von einem ad-hoc-Komitee vorgeschlagen worden, dem Predigthörer und Freunde Ragaz' aus der Münstergemeinde angehörten. Gewählt wurde Täschler mit 635 Stimmen gegen 369, welche auf Liechtenhan entfielen. Vgl. Grütlianer, 7. September 1908.

[4] In jener Versammlung, welche Liechtenhan nominierte, hatte sich ein bekannter Sozialist zum Worte gemeldet und festgestellt: «Gebt ihr uns jetzt nicht einen Nachfolger, der in seinem (Ragaz') Sinne weiter wirkt, so werden unser noch viel mehr als bisher sich von der Kirche abwenden» (Basler Nachrichten, 5. September 1908). Der Grütlianer hatte den Wahlkampf intensiv verfolgt und für Liechtenhan Stellung genommen.

[5] Das Gundeldingerviertel war in Ragaz' Augen besonders typisch für die Verbindung zwischen kirchlichem Liberalismus und politischem Freisinn. Es gehörte zur Münstergemeinde.

[6] Ragaz meint seine Predigtbesucher. Es hatte sich in der Tat unter seiner Kanzel eine für die damaligen Basler Verhältnisse singuläre Erscheinung gebildet: eine Schar von Predigtbesuchern aus beiden kirchlichen Lagern, stark durchsetzt von «unkirchlichen» Leuten, die seine Verkündigung schätzten. Der Begriff «Ragaz-Gemeinde» kam in den Wahlaufrufen beider Gefolgschaften immer wieder vor und scheint eine beidseitig bekannte Realität gedeckt zu haben.

[7] Sie nennen sich selber im ersten Wahlaufruf für Liechtenhan (Basler Nachrichten, 30. August 1908): G. W. Bronner, A. Bürgi-Lüdin, H. Grogg, A. Heider-Glauser, Dr. E. Jenny, G. Krebs, Dr. R. Kündig, G. Läuchli, Hans Preiswerk-Preiswerk, O. Stocker, Prof. Dr. E. Vischer, G. Zimmerlin-Bölger.

[8] Diese wurde in der zweiten Auflage von «Dein Reich komme», Basel 1911 publiziert unter dem Titel «Gottesdienst und Parteidienst». Es ist eine der großen Predigten von Ragaz, in welcher er von hoher Warte aus auf sein Wirken zurückblickt und vor allem mit dem kirchlichen Richtungswesen abrechnet.

[9] Nach Maladers.

Brief Nr. 116: An ehemalige Konfirmandinnen (Bona Voluntas[1])

Maladers, 10. Oktober 1908

An die Bona Voluntas, Basel.

Meine lieben Schülerinnen und Freundinnen,

Nur mit ein paar kurzen Worten möchte ich Euch noch danken für alles, was Ihr mir gewesen seid und getan habt. Die Stunden, die ich mit Euch verlebte, gehörten zu meinen liebsten und schönsten. Sie waren mir eine Erquickung des Herzens, sie stärkten jedesmal meinen Glauben an die Menschen und die Zukunft. Ich habe Euch nicht nur gegeben, sondern auch von Euch empfangen. Und ich habe Euch nicht nur lieb gehabt, sondern Euch auch geachtet, habe Ehrfurcht gehabt vor Eurer Persönlichkeit, Eurem Gewissen, Eurer Freiheit. Ich bin auch stolz gewesen auf Euren Geist, Euer Wollen und Streben und glücklich in Eurer Anhänglichkeit. Das alles gehört zum besten Gewinn meines Lebens.

Einen besonderen Dank sage ich Euch noch für alles, was Ihr mir in der letzten, so schweren Zeit Liebes und Freundliches erwiesen habt: für die Dekoration des Schulzimmers und nachher des Safransaales[2], für die sinnigen Geschenke, die ich aufs höchste werthalten werde, für den Brief, für den Gesang am Abschiedsabend. Es hat mich alles tief ergriffen, mehr als ich sagen kann, und ich werde es nie vergessen.

Nur dieses kurze Wort für heute. Ich denke täglich an Euch, bleibe Euer Freund und, wo Ihr es wünscht und nötig habt, Euer Berater. Ich wünsche der Bona Voluntas Leben und Gedeihen, hoffe, Euch bald wiederzusehen, und bleibe mit den wärmsten und treusten Grüßen

Euer Leonhard Ragaz

Anmerkungen zu Brief Nr. 116

[1] Unter den ehemaligen Konfirmandinnen von Ragaz hatte sich eine Gruppe gebildet, welche sich unter den ihr von Ragaz lieb gemachten Gesichtspunkten traf. Der Name dieser Vereinigung war von Ragaz vorgeschlagen worden.

[2] Dort hatten Kreise aus der Münstergemeinde eine Abschiedsfeier für Ragaz vorbereitet.

Die ersten Jahre der Zürcher Professur
Briefe aus den Jahren 1908–1914

Brief Nr. 117: An Prof. Paul Wernle

Zürich, 5. November 1908

Lieber Herr Professor,
(Kollege mag ich noch nicht sagen!)[1]

Gerne möchte ich Ihnen ausführlich von meinem Ergehen berichten, wenn ich Zeit dazu hätte. Aber das ist nun meine Not: Mangel an Zeit. Denn ich habe mich bis jetzt nicht dazu entschließen können, mich für das sechsstündige Kolleg über Ethik nur materiell zu präparieren, sondern habe geschrieben, geschrieben, was das Zeug hielt[2]. Zwar habe ich von Maladers[3], glücklicherweise! ein hübsches Stück Manuskript mit hieher gebracht, aber man trägt in dreiviertel Stunden viel vor. Jetzt bin ich mitten in der Willensfreiheit, zu der ich mehr als je stehe.

Neben der Ethik habe ich noch «homiletische Übungen». Schon in der ersten Stunde brachten die Studenten das Kirchenproblem auf und wir haben darüber nun gründlich geredet. Es sind einige sehr tüchtige Burschen darunter, an denen ich Freude habe.

Wie's mit dem Dozieren geht? Nun, behaglich habe ich mich auf dem Katheder bis jetzt nicht gefühlt. Doch geht's eher besser mit jeder Stunde. Es haben sich auch so viele Hörer eingefunden, daß ich mich nicht zu schämen brauche. Bis jetzt waren's zehn bis zwölf und mehr und etwa acht bis zehn werden wohl bleiben. Für Zürich muß das genügen. Auch ist die Zahl der theologischen Studenten überhaupt gestiegen, was ich keineswegs auf mein Konto schreibe, da es vorwiegend Vorpropädeutiker sind, was mich aber natürlich freut. Von den sechs Ethikstunden haben wir eine als Disputatorium eingerichtet und es hat schon einmal eine wertvolle Diskussion stattgefunden, wo ich mich fest auf meine Füße stellen mußte. Ich werde es hauptsächlich mit Störrings[4] Einfluß zu tun haben, bin aber schon durch das bisherige konzentrierte Nachdenken gar sehr in meinen idealistischen Positionen gestärkt und geklärt worden.

Damit komme ich auf die Hauptsache. Mehr als ich gehofft habe, macht mir die Konzentration auf die großen Probleme Freude und es ist mir vieles aufgegangen; nun nur noch Zeit, ein Königreich für mehr Zeit[5]!

Sonst ist mein Leben bis jetzt so still als möglich gewesen. Der Gang zwischen dem Rechberg[6] und der Bolleystraße[7] und die Arbeit am Studiertische hat es fast gänzlich ausgefüllt. Bei Kutter waren wir einmal eingeladen, auch habe ich zwei wirklich bedeutende Predigten von ihm gehört. Schmiedel treffe ich etwa im Rechberg, doch nicht oft.

Kurz: es geht, wenn ich auch in jeder Beziehung von der Hand in den Mund lebe. Meine Gesundheit war sehr angegriffen, aber auch da ist mir geholfen worden, so weit's nötig war. Unsere Wohnung ist sehr schön gelegen, wenn auch unter Russen und Polen[8]. Frau und Kinder sind gesund und wohl.

Daß meine Gedanken, so weit sie nicht mit der Ethik zu tun haben, vorwiegend in Basel weilen, können Sie sich denken. Ich habe letzten Sonntag besonders an Sie gedacht. Eine meiner Freundinnen fand die Predigt großartig, bedauerte aber, daß das Münster nicht voll war. Nun, wenn die Quantität noch besser hätte sein können, so war doch sicher die Qualität gut. Waren Sie auch bei der «religiös-sozialen» Diskussion des «Positiven Münster-Vereins»[9]? und was für ein Bild boten die Nationalratswahlen[10]! Das war ein rechtes Pendant zu den Leistungen des Parteigeistes bei *unserer* Wahl.

Jetzt habe ich aber doch geplaudert, aus alter Gewohnheit. Und doch, wie vieles wäre noch zu sagen! Ich hoffe, Sie doch in nicht zu ferner Zeit wieder zu sehen, wünsche Ihnen ein gutes Semester, *danke* Ihnen vor allem für all das, was Sie mir speziell in den letzten Zeiten noch Gutes getan haben*, und bleibe mit den herzlichsten Grüßen von Haus zu Haus

Ihr Leonhard Ragaz

* Ich wollte Ihnen diesen Dank in einem besonderen Briefe ausführlich aussprechen, aber es muß ja nicht alles gesagt sein!

Anmerkungen zu Brief Nr. 117

[1] Der erste Abschnitt nach der Anrede handelt von einem gegen Wernle gerichteten Artikel in der Theologischen Zeitschrift und wird im Druck weggelassen.

[2] Ragaz schrieb in den ersten Jahren seiner Dozententätigkeit den Text seiner Kollegien wörtlich nieder, so daß die Manuskripte in die Tausende von Seiten gehen. Etwa vom Jahre 1910 an präparierte er den Stoff nur noch «materiell», d.h. er arbeitete eine Skizze der Gedanken aus und formulierte auf Grund derselben frei. Das galt allerdings nur von den Hauptvorlesungen; die Nebenkollegien für Hörer aller Fakultäten und solche über neue Stoffe hat er auch später ganz ausgeschrieben. Vgl. Biographie, Bd. I, S. 12 f. und 191 ff.

[3] Ragaz hatte die Sommerferien vor dem Antritt der Professur bei seinem Bruder, dem Pfarrer Rageth Ragaz in Maladers, verbracht und dort einen Teil der Ethikvorlesung niedergeschrieben.

[4] Ragaz setzte sich mit Störrings Werk «Ethische Grundfragen» (Leipzig 1906) auseinander. (Vgl. z.B. Ethikvorlesung, 1. Fassung, Wintersemester 1908/09, S. 198 links.)

[5] Anspielung auf Shakespeares Vers: «Ein Pferd! Ein Königreich für ein Pferd!»

[6] Im Haus zum Rechberg befand sich ein Teil der Zürcher Universität, bevor das neue Kollegiengebäude in den Jahren 1911–1914 aufgeführt wurde.

[7] Ragaz' erste Zürcher Wohnung befand sich an der Bolleystraße Nr. 48.

[8] Unter der Dachwohnung der Familie Ragaz befand sich eine Pension mit viel osteuropäischen Gästen, die zu nächtlicher Stunde laut und heftig zu diskutieren pflegten. Vgl. Mein Weg, Bd. I, S. 298. Ragaz hat diese Zürcher Jahre dadurch charakterisiert, daß er sie unter die Überschrift «Der Kampf mit dem Lärm und der Schwermut» stellte. Ebenda S. 297. «Und in einem solchen Teufelslärm soll ich große, schwere Gedankenarbeit leisten» (an Rageth, 29. Dezember 1908).

[9] Der Positive Münsterverein hatte am 26. Oktober 1908 ein Referat über «Unsere kirchlichen Parteien» veranstaltet, bei welchem der Referent auch auf die sogenannte Ragaz-Gemeinde, die Religiös-Sozialen, zu sprechen kam. Die Diskussion über die Auflösung der kirchlichen Fronten war sehr lebhaft. Vgl. Basler Nachrichten, 28. Oktober 1908.

[10] Es ist nicht klar, ob Ragaz hier auf die Basler oder auf die Zürcher Wahlen anspielt. An beiden Orten gab es leidenschaftliche Parteikämpfe. In Zürich wurde der demokratische Kandidat Wettstein durch den Bürgerverband leidenschaftlich bekämpft, und den Sozialdemokraten wurde der Streik der Metallarbeiter in Albisrieden aufgerechnet; in Basel waren die Parteilinien so scharf abgesteckt, daß im ersten Wahlgang am 24. Oktober überhaupt kein Sitz besetzt werden konnte. Vgl. Basler Nachrichten, 25. Oktober 1908.

Brief Nr. 118: An die Mitglieder des Komitees der «Freunde der Neuen Wege»[1]

Zürich, 28. Dezember 1908

Hochgeehrte Herren,

Es fällt mir recht schwer, Ihnen für die Weihnachtsüberraschung[2], die Sie mir bereitet haben, richtig zu danken, denn dazu ist meine Beschämung viel zu groß. Sie reden von «einem kleinen Zeichen der Erinnerung», das Sie mir schenken wollten, aber Ihre Gabe ist so groß, daß ich sie fast nicht annehmen darf, umsomehr, als ich vor meinem Weggang von Basel von Seite meiner Freunde und Gesinnungsgenossen solch eine Fülle des Schönen und Tröstlichen genossen habe. Sie hätten mir aber, wenn Sie nun einmal einen solchen Plan gefaßt hatten, nichts Schöneres und Sinnvolleres schenken können. An dem, was dieses Bild mir zeigt, haften diejenigen Erinnerungen meines Lebens, die wohl die wichtigsten und wertvollsten bleiben werden. In der Arbeit, die an diesen Stätten sich konzentrierte, hat sich mir selbst das, was seither meines Lebens Ziel und bestes Gut war, erst recht erschlossen. Es war trotz allem Schwerem doch eine schöne Zeit, eine Frühlingszeit für mein Leben. Und doch hängt mein Herz mit allen Fasern an diesen Stätten, an dem in Basel begonnenen Werk und an den Menschen, mit denen es mich in Verbindung gebracht hat. Dort ist meine Heimat, und diese Heimat meines Geistes zeigen Sie mir nun beständig im Bilde und halten so die Erinnerung, allerdings auch das Heimweh, frisch. Empfangen Sie meinen innigsten Dank auch für diesen Beweis der Güte und Freundschaft, wie für alle anderen, die ich besonders in diesem Jahre von Ihnen empfangen habe.

Wenn ich auf diese Münstertürme blicke, so muß ich mir allerdings schmerzlich sagen, wie viel größer, reiner, stärker alles, was ich geredet und sonst gewirkt habe, hätte sein sollen und auch können. Auch überfällt mich immer wieder die Frage, warum ich denn trotz alles dessen, was mich innerlich und äußerlich zurückhielt, mich von dem Boden losgerissen habe, in dem meine Seele tief Wurzel gefaßt. Ich habe es Ihnen gesagt, und Sie haben es mir geglaubt! Es war der Gehorsam, ein schmerzlicher Gehorsam, gegen das, was ich für die Stimme meiner individuellen Berufung hielt. Und ich muß sagen: Ich möchte alles das, was ich in dem letzten für mich so reichen, auch schmerzenreichen halben Jahre erlebt und erfahren habe, nicht missen. Ich bin dadurch weiter gekommen, höher hinauf. Und ich glaube, daß auch Sie alle das Bewußtsein haben, diese Mühen und Leiden, die wir in gemeinsamem Kampf für unsere Sache[3] durchgemacht haben, seien nicht vergeblich gewesen. Erst durch solches Einstehen für eine Sache wird man mit ihr im Innersten verbunden; die edelsten Kräfte in uns erwachen im Kampf, der Puls des Lebens wird frischer, und in freudigem Glanze leuchtet uns das Land des Guten entgegen.

Ich wollte, wenn ich einen Wunsch an das Geschick frei hätte, mir eines bitten: daß ich mit der aus den Ereignissen dieses Jahres gewonnenen Erfahrung auf dem alten Arbeits- und Kampfesfeld im Verein mit den alten Arbeits- und Kampfgenossen weiter wirken könnte. Das soll nun nicht sein. Aber so schmerzlich dieses Gefühl mir ist, so hat sich mir doch im Laufe dieser letzten Monate, zum Teil gerade durch das konzentrierte Nachdenken über die letzten Fragen der Menschheit, die Überzeugung immer von neuem gekräftigt, daß unser Weg der rechte ist und daß die Zukunft uns recht geben wird. Eine neue Zeit bricht mit Macht herein, eine Neugestaltung der Menschenwelt ringt sich auf allen Gebieten empor. Zu bedauern sind die, die es nicht sehen oder nicht mitwollen, glücklich alle die, die es ahnen, sehen und dem Neuen entgegengehen, auch wenn ihr Weg zunächst noch schwierig ist.

Mit tiefster Teilnahme habe ich den Fortgang der Dinge in Basel und besonders Ihr erstes Auftreten in der Öffentlichkeit[4] verfolgt. Daß es so wohl gelungen ist, hat mich keineswegs überrascht, aber dennoch innig gefreut. Meine tiefsten Wünsche sind mit Ihnen, und auch meine Mitarbeit stelle ich Ihnen zur Verfügung, so weit meine Zeit und Kraft reicht. Wir arbeiten ja auf alle Fälle für das gleiche Ziel, jeder in seiner Weise, aber jeder in vollkommener Freiheit. Denn das ist der Geist, der uns verbindet.

Indem ich Ihnen nochmals für die große, nur fast zu große Freude, die Sie mir bereitet, von ganzer Seele danke, bleibe ich mit den herzlichsten Grüßen

Ihr Leonhard Ragaz

[1] Hektographiertes Zirkular.

[2] Ragaz erhielt von den «Freunden der Neuen Wege» ein großes Bild, das den Blick von Kleinbasel auf Münster und Pfarrhaus darstellte. Das Bild hing bis zu seinem Tode in seinem Studierzimmer. Der Maler, von dem das Bild stammte, war Rudolf Schweizer, geboren 1842 in Basel.

[3] Ragaz spielt hier auf den Kampf an, der sich um seine Nachfolge in Basel abgespielt hatte. Vgl. oben, Brief Nr. 115, Anm. 3 und Biographie, Bd. I, S. 159.

[4] Die «Freunde der Neuen Wege» hatten sich in Basel nach dem Wahlkampf des Herbstes 1908 eine gewisse Organisation gegeben, um die Möglichkeit zu schaffen, «außerhalb der kirchlichen Parteiorganisation religiöse Fragen zu besprechen». Im Dezember hatte Prof. Paul Wernle über «Unsere Stellung zu Jesus» referiert. «Erfreulich war es nun, daß diese Zusammenkünfte nicht nur sehr gut besucht waren, sondern daß auch Leute aus allen möglichen Parteirichtungen das Wort verlangten.» Vgl. NW 1909, April, S. 124f. und Biographie, Bd. I, S. 145.

Brief Nr. 119: An Rageth Ragaz und Merta Jud-Ragaz

Zürich, 29. Dezember 1908

Meine Lieben,

Noch einen kurzen Bericht müßt Ihr zur Jahreswende haben.

Zuerst aber meinen warmen Dank für Eure Briefe, die mir Freude gemacht haben, auch wenn sie nicht lauter Freudvolles enthalten. Daß meine Predigten[1] Rageth, wie auch Jakob, Eindruck gemacht haben, hat mir sehr wohlgetan. Man hat, wenn ein Buch von einem in die Öffentlichkeit gegangen ist, ein starkes Bedürfnis nach einem Echo. Denn die viele Beschäftigung mit seinem Inhalt, wie schon die Korrektur sie erfordert, macht einen daran fast irre. Das ist ja gewiß, daß viel von meinem Herzblut in diesen Predigten ist, auch wenn sie vieles nicht enthalten, was ich noch zu sagen hätte, und das Gesagte nicht den vollen Ton hat, den ich ihm wünschte. Ich habe auf dieses Buch einige Erwartungen gesetzt; es sollte für die Sache werben und zugleich eine Art Apologie meines persönlichen Wirkens sein.

In der Öffentlichkeit ist bis jetzt nicht viel davon laut geworden. Damit werde ich ja nie verwöhnt. Privatim sind mir allerdings allerlei aufmunternde Äußerungen zugekommen, z. B. ein fast enthusiastischer Brief von Hartmann[2], der sich aber zu einer Besprechung im Freien Rätier doch nicht hat aufschwingen mögen, weiß Gott warum. Eine *sehr* begeisterte Anzeige hat z. B. die Neue Zürcher Zeitung[3] gebracht, eine freundliche, aber irreführende die «Basler Nachrichten»[4] von Wernle. Ich will Euch gelegentlich einige dieser Äußerungen schicken.

Hättet Ihr Euch wohl träumen lassen, daß ich noch einmal Houston Stewart Chamberlain[5], den Verfasser der «Grundlagen des 19. Jahrhunderts»[6] und des «Kant»[7] in der Kreuzkirche in Zürich mit der Tochter Richard Wagners[8] trauen würde? So ist es aber geschehen, Sonntags[9] um 3 Uhr. Das ist so gekommen: Kutter hatte Chamberlain eines seiner Bücher geschickt. Nun traf es sich, daß Ch. sich nicht von einem deutschen Pastor trauen lassen wollte, aus bestimmten Gründen. Er schrieb an Kutter, dieser hält aber keine kirchlichen Trauungen mehr[10] und so wies er Chamberlain an mich. Nach einigem Sträuben tat ich's und bin froh darüber. Es sind äußerst sympathische, prächtige, schlichte Menschen. Ich hab es ihnen scheints außerordentlich getroffen, denn sie dankten mir aufs wärmste und Chamberlain hat mir einen so enthusiastischen Brief[11] geschrieben, wie ich noch nie einen für eine Amtshandlung bekommen habe. Ich werde ihn Euch auch einmal schicken; er ist allerdings nur schwer zu entziffern[12].

Ich werde in diesen Tagen besonders viel an Euch denken. Hoffentlich geht es Rageth gut. Die Stunden wird er diese Woche doch nicht gegeben haben? Mißlingt etwa eine Predigt, so deswegen keine schlechte Laune! Wir müssen auch *über* unseren Predigten stehen.

Es war ein reiches, großes Jahr, mit Schönem und Schwerem in Fülle. Ich freue mich über Mertas Glück[13] und will an das Gute glauben, das auch aus dem Schweren dieses Jahres werden kann und soll. Lasset uns tapfer sein und Vertrauen haben, dann wird alles gut. Das bleibt nun einmal mein Spruch.

Mit den treuesten Segenswünschen für Euch alle von mir, Clara und den Kindern, bleibe ich

Euer Leonhard

Vielen Dank auch für Euere Geschenke.
Das Kinderbuch ist reizend und das Eßbare stillt einwenig das Heimweh!

Anmerkungen zu Brief Nr. 119

[1] Unter dem Titel «Dein Reich komme!» hat Ragaz zum Abschluß seiner Basler Tätigkeit im Verlag von Helbing & Liechtenhan eine Auswahl seiner Predigten aus den Jahren 1904–1908 erscheinen lassen. Basel 1908, Bibl. A I 13.

[2] Benedikt Hartmann (vgl. Register der Briefempfänger) hatte in einem Briefe vom 4. Dezember 1908 nicht nur seine Begeisterung über die Predigtausgabe von Ragaz ausgedrückt, sondern auch gestanden, bis dahin nicht gewußt zu haben, daß hinter Ragaz' wirtschaftlichem Bekenntnis ein solcher religiöser Reichtum stehe.

[3] 22. Dezember 1908, Nr. 355, drittes Morgenblatt. Die mit G unterschriebene Buchbesprechung fällt auf durch feines Verständnis für das Anliegen von Ragaz und für seine Persönlichkeit und hebt auch seine soziale Botschaft hervor.

⁴ 1. Dezember 1908, Nr. 329. 2. Beilage. Wernle spricht von Predigten «für einen ganz bestimmten Zuhörerkreis», z. B. würden sich einzelne Predigten direkt an sozialistische oder hyperästhetische oder indifferente und kirchenfeindliche Leser wenden. Der steigende Kirchenbesuch bei Ragaz sei ein Beweis für die Richtigkeit dieser Art von Predigt. An einer anderen Stelle heißt es, der Sozialismus stehe wenig im Vordergrund und es wird, neben sehr positiven Äußerungen, von einem «fast überspannten Individualismus» geredet.

⁵ H. S. Chamberlain, 1855–1927, Naturwissenschafter und Philosoph.

⁶ Erschienen in erster Auflage 1899. Das Werk gab, aufbauend auf Gobineau und Lagarde, eine Rassenlehre. Chamberlain war einer der Verfechter der Lehre vom germanischen Menschen und gab damit auch dem Antisemitismus gewisse Anstöße.

⁷ Chamberlains Werk über Kant war 1905 erschienen. Wenn Ragaz (Mein Weg, Bd. I, S. 109, Anmerkung) sagt, er habe Chamberlain von seinen Büchern her gekannt, «für die ich viel übrig hatte, obschon ich vom Antisemitismus immer weit entfernt war und mein Alldeutschtum schon ziemlich abgelegt hatte», darf wohl angenommen werden, daß Ragaz sich vor allem vom «Kant» angezogen fühlte. Über die weiteren Beziehungen zu Chamberlain gibt es nur die lakonische Stelle der Autobiographie: «Chamberlain suchte lange Zeit, die Beziehung zu mir festzuhalten; aber seine alldeutsch-fanatische Stellung zum ersten Weltkrieg hat ihr dann doch ein Ende bereitet.»

⁸ Eva von Bülow, illegitime Tochter Richard Wagners und der Cosima von Bülow, 1867–1942.

⁹ 27. Dezember 1908.

¹⁰ Seit dem Werk «Wir Pfarrer» (1907) weigerte sich Kutter, Kasualhandlungen vorzunehmen.

¹¹ Der erwähnte Brief ist nicht mehr vorhanden, wohl aber ein Brief vom 17. Januar 1909 mit dem Dank für die Zustellung der Traurede und ein Brief vom 27. Dezember 1909, dem Jahrestage der Trauung.

¹² Chamberlain schrieb an seine Schwiegermutter am 29. Dezember 1908 einen Brief, in welchem folgende Stellen stehen:

«Professor Ragaz trat sofort ein, ein noch junger Mann mit schwarzem Schnurrbart und großen leuchtenden Augen, in der uns allen lieben Tracht der Reformatoren ... und lenkte dann in seine eigentliche Ansprache an uns über, welche mehr als eine halbe Stunde währte, gänzlich ohne Oratorik im knorrigen Schweizer Idiom vorgetragen, uns derart fesselte, daß nicht ein Wort, nicht ein Ton uns entging. Ein überzeugter, kultivierter Christ sprach zu zwei Menschen, von denen er voraussetzte, daß sie nicht Gemeinplätze und Salbadereien, sondern wirkliche Gedanken und wirkliche erlebte religiöse Weltanschauung erwarten und zu fassen fähig sind. Und was er uns nun gab, war so bedeutend, es wuchs sich aus schlichten, fast nüchternen Anfängen nach und nach zu so ergreifenden Einsichten und Ansichten und Bekenntnissen aus, daß ich von hier aus an ihn geschrieben habe mit der Bitte, die Rede selbst oder wenigstens den Entwurf uns zu schenken. Der wackere Mann gab uns wirklich Brot statt Steinen. Und während er so ganz unoratorisch, ohne Emphase, ohne jede Gebärde, ohne die geringste Spur des mir so verhaßten Pfaffenpathos sprach, erreichte er – durch den bloßen Aufbau und die Verkettung der Gedanken – eine gewaltige Steigerung; wir waren tief ergriffen, Eva und ich, jeder auf seine Weise. Und merkwürdig war es, wie der Mann, der aus unserer näheren Lebensgeschichte gar nichts wußte, manche Punkte so genau traf, daß unsere Seelen erbebten wie die Saiten unter den Fingern des Geigenspielers. Vielleicht der schönste Punkt in der ganzen Rede war die Ausführung darüber, daß wir nicht erst auf Gottes Segen über unsere Ehe zu warten hätten: ihn besäßen wir schon; Gott sei schon darin, in unserer Ehe, und er warte auf uns. ...»

(Aus «Cosima Wagner und H. S. Chamberlain im Briefwechsel 1888–1908», Leipzig 1934, hrsg. von Paul Pretzsch.)

¹³ Ragaz' Schwester Merta hatte sich im Sommer mit Hans Jud (1878–1955) aus Maladers verheiratet.

Brief Nr. 120: An Martha Stoecklin

Zürich, 3. Januar 1909

Liebe Martha,

Ich kann auf das Dutzend lieber Brieflein, das mir aus dem Kreise der Bona Voluntas zu Neujahr zugeflogen ist und mich sehr erfreut hat, nicht einzelne Antworten geben. Mit dem Deinen allein mache ich eine Ausnahme, denn Dir liegen Dinge auf dem Herzen, für die ich Dir gerne ein kurzes Wort sagen möchte.

Was die letzten Herbst gegen die von mir vertretene Sache und auch meine Person geschehenen Schmähungen, Lügen und Gemeinheiten betrifft, so ist es die alte Geschichte. Eine solche Sache muß durch ein mehr oder weniger schweres Martyrium. Nur das Gewöhnliche setzt sich leicht durch. Es ist ein gutes Zeichen für diese Sache, daß sie so viel Anfechtung erlebt hat. Dabei sind ja die Einsichtigsten, Besten und Frömmsten ohne Ausnahme auf unserer Seite gestanden – das darf man ruhig sagen.

Es ist allerdings richtig: auch die Vertreter der Kirche und Religion haben sich bei diesem Anlaß zum Teil in schlimmem Lichte gezeigt. Aber auch dies ist nichts Neues. Die Priester und Schriftgelehrten haben immer die neue Wahrheit verhöhnt und verfolgt. Es ist gut, daß das *Gottesreich* größer ist als die Kirche. Gottlob brauchen wir auch nicht einmal in die Kirche zu gehen, um Gottes Stimme zu hören, aus seiner Wahrheit zu schöpfen.

Glücklicherweise kenne ich aber gerade in Basel eine Anzahl Pfarrer, von denen ich weiß, daß es ihnen mit Gottes Sache ernst ist, und die ich auch immer gern gehört habe, z. B. die beiden Pfarrer Preiswerk[1], Pfarrer Benz[2] u. a. m.

Laß Dir also, liebe Martha, diese schwere Erfahrung dazu dienen, nur noch mehr von menschlichen Einrichtungen und menschlichen Meinungen unabhängig zu werden und Dich an die Quelle der Wahrheit selbst zu halten.

Was Du dann über den Kampf mit Dir selbst schreibst, ist eine uns allen nur zu wohl bekannte Erfahrung. Ich kann Dir zur Hilfe und Ermunterung nur folgendes sagen: Gib Dich nicht zu sehr mit den kleinen Fehlern und Schwächen ab, sondern sorge dafür, daß Deine ganze Gesinnung, Dein sittlicher Kurs, richtig sei. Dann macht sich das übrige, wenn nicht von selbst, so doch viel leichter. Deine Gesinnung, liebe Martha, ist nun ja schon richtig, das weiß ich. Anderseits haben wir alle es ja nötig, noch mehr ins volle Licht hineinzuwachsen. Also strecke Dich nur recht zum Lichte und laß das Licht still seine Arbeit an Dir tun. Vertraue auf Gottes Erziehertreue, die über Dir waltet, die größer ist als Du und geduldiger – und wandle fröhlich Deinen Weg.

Ich freue mich sehr darauf, Dich bald wiederzusehen, wünsche Dir und Deiner Familie zum neuen Jahr Gottes reichen Segen und bleibe mit herzlichem Gruß in treuer Liebe

Dein Leonhard Ragaz

278

[1] Adolf Preiswerk, 1861–1936, Pfarrer zu St. Peter seit 1897, und Eduard Preiswerk, 1846–1932, Pfarrer zu St. Leonhard.
[2] Vgl. oben, Brief Nr. 101, Anm. 6.

Brief Nr. 121: An Lisa Schaub

Zürich, 12. Juni 1909

Liebe Lisa,

Du hast lange auf den Dank für Deine Blumen und Deinen Brief warten müssen, die mich beide gleich herzlich gefreut haben. Ich bin eben wieder gar bös mit Arbeit überhäuft. Aber es tut mir so wohl, daß Du unser so liebevoll gedenkst. Auch Du wirst in meinem Herzen stets einen guten Platz haben und Dein Erleben mir immer wichtig sein. Ich vermisse Dich sehr und die Meinigen mit mir.

Du lässest mich in Dein äußeres und inneres Erleben hineinschauen und ich bin Dir so dankbar dafür. Wenn Du an Dir selbst Enttäuschungen erlebst, so laß Dich nicht zu sehr niederdrücken. Es geht mit unserem Inneren wie mit dem Äußeren sehr oft anders als wir gewünscht, erwartet, geplant hatten. Die Blüten und Früchte wachsen nicht immer da, wo wir sie erwarten. Aber wir haben die Verheißung, daß wer sucht, findet. Das Gefühl, daß es uns noch an Liebe fehle, bereitet größerer Liebe den Weg. Und schließlich reifen die Früchte doch.

Wenn es Dich bekümmert, daß das Verhältnis zu den Kranken so rasch wieder abgebrochen wird, so mußt Du lernen, auch die andere Seite der Sache zu sehen. Es ist an Deinem Berufe gerade das wieder so herrlich, daß Du gütig und freundlich bist zu Menschen, die nur einen Augenblick Deinen Weg kreuzen. Gerade darin kommt die «Schwesternschaft» am schönsten zum Ausdruck. Gerade damit zeigst Du ihnen, daß es solche gibt, daß die Welt nicht so kalt und liebeleer ist, wie sie solchen Armen oft erscheinen muß. So kannst Du vielen das Evangelium von der Liebe Gottes verkündigen (die sich den Menschen ja in menschlicher Liebe am besten offenbart!) und wenn das Dir manchmal nur unvollkommen gelingt, so stiftest Du auch manchmal Segen, wo Du nicht daran gedacht hättest. Glaube nur daran.

Ich hoffe, liebe Lisa, gelegentlich wieder von Dir zu hören, und bleibe in treuem und herzlichem Gedenken stets

Dein Leonhard Ragaz

Zürich, 7. September 1909

Verehrter Herr Kollege,

Da die Auseinandersetzung[1] zwischen uns, die ich lieber zu einer mündlichen gemacht hätte, nun doch begonnen hat, so will ich auf Ihren Brief doch einiges erwidern, trotz momentan etwas gehemmter Schreibfähigkeit.

Ich weiß es zu schätzen, daß Sie sich bemühen, in Ihrem Briefe einen freundlichen Ton anzuschlagen, und frage mich, ob der meinige nicht milder hätte ausfallen sollen. Mühe habe ich mir gegeben und einen noch schärferen zerrissen, aber die Verstimmung gegen Sie war allmählich zu groß geworden. Es ist vielleicht ganz gut, daß ich *so* geschrieben habe, denn die Schärfe dieser Reaktion, die nur ausdrückt, was viele empfinden, mag Sie doch zu der Frage bewegen, ob Sie in dem Stile fortfahren wollen, den Sie nun (Gott weiß warum) seit einem halben Jahre gegen uns handhaben. Sie dürfen sich doch nicht über eine solche Reaktion wundern. Angriff auf Angriff richten Sie gegen uns, mündlich und gedruckt, und sagen darin *viel Schlimmeres*, als was ich gegen Sie eingewendet habe. Sie machen uns zu unreifen Leuten, unklaren Schwärmern, Menschen, die ihre Lehre nicht durch ihr Leben bestätigen und dergleichen mehr. Sie setzen uns sittlich und religiös herunter und wundern sich, wenn wir uns schließlich das nicht mehr gefallen lassen. Sie sollten sich darüber klar werden, daß das nicht länger angeht. Ich meinerseits frage mich vergeblich, was für ein Motiv hinter diesen Ihren Angriffen steckt. Ich habe nichts gegen Sie geschrieben, nichts gegen Sie getan, habe in dieser Zeit sozusagen nichts publiziert, bin ganz der Gleiche geblieben in allen Stücken, höchstens ein wenig reifer, gescheiter, frommer geworden – und Sie geben gar keine Ruhe. Wäre es nicht edler gewesen, Sie wären einmal zu mir gekommen und hätten mir gesagt, was Sie auf dem Herzen haben?

Ich will nun auf den St. Galler Vortrag nicht näher eingehen, obschon er sich sehr gut einer Auseinandersetzung zwischen uns zu Grunde legen ließe. Daß Sie es verstanden haben, den Stoff lebendig und geistvoll zu gestalten, leugne ich nicht, das versteht sich bei Ihnen auch von selbst. Ebenso gut weiß ich, daß Sie Calvin besser kennen als ich, d. h. mehr von ihm *wissen*. Daß Sie ihn besser *verstehen*, ist damit freilich noch nicht ausgemacht; Sie wissen so gut wie ich, daß solches Verständnis einer großen religiösen Persönlichkeit der Vergangenheit nicht allein vom historischen Wissen um sie abhängt. Bei Jesus geben Sie das gewiß zu; aber es gilt auch von den übrigen, wenn auch in kleinerem Maße. Ich wollte in meinem Briefe in dieser Beziehung nur dies sagen: Um einen solchen Mann von innen her zu verstehen und einen hellen Blick für das zu haben, was er der Gegenwart bedeute, müsse man mit ihm *gelebt*, sein Hoffen und Kämpfen mit dem Gedanken an ihn verbunden, ihn gleichsam zu einem Teil seines Gegenwartslebens gemacht haben und zwar *lange* Zeit. Ich habe Grund anzunehmen, daß das bei Ihnen nicht der Fall gewesen sei, und zwar darf ich mich Ihnen gegenüber (andern gegenüber möchte ich's nicht tun) auf die Gespräche berufen, die wir über Calvin geführt haben. So sehr man a priori annehmen möchte, zwischen Ihnen und Calvin bestehe Kongenialität, scheint dies doch nicht der Fall zu sein. Gewiß hat genaueres Kennenlernen Sie etwas mehr zu Calvin bekehrt, aber er ist Ihnen sicher nie gewesen, was er mir war, und ich spüre aus Ihren Reden über ihn nie den warmen Puls einer solchen Liebe, einer solchen Lebensgemeinschaft heraus. Sollte ich Ihnen darin unrecht tun, so will ich das alles gerne zurücknehmen.

Falls es für Sie von Interesse ist, will ich Ihnen gern einmal sagen, warum Ihr Vortrag mich so wenig befriedigt hat und zwar speziell in bezug auf Calvin. Heute liegt mir anderes mehr an. Ich muß Ihnen sagen, was mich und andere, die Sie lieb hatten, in letzter Zeit so sehr gegen Sie verstimmt hat. Das ist bei weitem nicht etwa Ihre Opposition gegen unseren Sozialismus. Ich bin stets ganz frei von der Meinung gewesen, Sie sollten hierin oder in anderen Dingen meine Ansichten teilen. Es ist vielmehr die *Art* und *Weise*, wie Sie gegen uns vorgehen. Einmal setzen Sie uns regelmäßig religiös herunter, anders tun Sie's nicht. Sodann können wir nicht das Gefühl haben, daß Sie sich wirklich Mühe geben, uns als die zu nehmen, die wir wirklich sind. Sie konstruieren uns fast nach Belieben und schlagen dann auf dieses Gebilde Ihrer selbst los. So tun Sie es auch in Ihrem letzten Briefe. Sie stellen die Sache so dar, als ob das Spezifische an meiner geistigen Stellung die Hochschätzung oder gar unbedingte Billigung des «Modernen» wäre. Mir klingt das beinahe belustigend. Gerade diesen Winter bin ich von der sogenannten modernen Theologie weiter als je abgekommen. Es gibt vielleicht nicht viele Dozenten der Theologie, die ihren Studenten so wie ich die Wahrheit, die im Dogma liegt, aufzeigen. Vor kurzem habe ich zu einem Freunde gesagt: «Wie traurig, daß die Positiven so gar nicht zu zeigen verstehen, welches Recht in ihrer Position liegt. *Wir* müssen es für sie tun.» Und was die moderne Welt im allgemeinen betrifft, so könnten Sie eigentlich wissen, daß meine ganze geistige Haltung aus tiefer, jahrelang dauernder *Verzweiflung* an ihr entstanden ist. Aus dieser Verzweiflung ist mir die *Hoffnung* erwachsen, daß es durch all dieses Elend, all dieses Zusammenbrechen und Sterben nicht zum Verfaulen gehe, sondern daß es ein Durchgang sei zu einem Besseren. Nichts kann nun falscher, ja verkehrter sein, als mir vorzuwerfen, ich sei in diese heutige Welt verliebt. Ich bin es so wenig, daß ich vielmehr auf eine neue Welt hoffe. Ich stehe im Widerspruch zu den heutigen Weltordnungen und habe diesen Widerspruch sehr energisch durch die Tat bewiesen, so zum Beispiel durch meinen Kampf gegen den Alkohol und die Unsittlichkeit, aber auch durch den Sozialismus. Allerdings sehe ich schon inmitten der Gegenwart Regenerationsbewegungen am Werke, und die sind meine Freude, an die glaube ich und bin im Glauben froh. Sollte es Ihnen ganz unverständlich sein, dieses Vorwegnehmen einer besseren Zukunft im Glauben, mitten in einer noch schweren Gegenwart? Gerade, weil ich die *Not* der Gegenwart so stark empfinde, wächst auf der anderen Seite meine Hoffnung desto höher empor. Beide bedingen sich. Und meine Hoffnung ist ein Ausfluß meines *Gottesglaubens*. Wer an Gott glaubt, muß an das Gute glauben, jeder andere Gottesglaube ist eine leere Form. Ich kenne ganz genau die Gefahren unserer Zeit, kenne die *dämonischen* Mächte, die in ihr walten. Nie habe ich die Besserung von einer *automatischen* Entwicklung erwartet. Daß die Ethik, besser die Sittlichkeit und damit alles wahre Geistesleben, auf der *Tat*, der Möglichkeit und Wirklichkeit der Tat ruhe, beweise ich meinen Studenten mit Aufgebot aller Kraft, und da kommt mir einer und tut, als ob ich gerade an diesem Punkte nachgäbe und dem Naturalismus verfiele. Nein, verehrter Herr Kollege, ich muß den Stiel umdrehen; es gibt nur *zwei* religiöse Denkweisen: eine auf *Weltumgestaltung* und eine auf *Weltverklärung* gerichtete[2]. Daß ich mich auf die Seite der Weltumgestaltung stelle, werden Sie mir zugeben; soweit *Sie* das nicht tun, nähern Sie sich der Weltverklärung. Ich erwarte dabei alles von der *Tat*, allerdings nicht der bloß *äußeren* Tat. Geschieht sie nicht, so geht Gottes Absicht vorläufig verloren. Sogar den Kampf der Weltanschauungen führe ich auf eine *praktische* Wurzel zurück. Was Sie und mich unterscheidet, ich meine *theoretisch*, ist der größere oder geringere Glaube an die Macht des Guten.

Ich lehne es durchaus ab, wenn Sie mein Christentum als spezifisch *modernes* bezeichnen und demgegenüber betonen, daß Ihnen das Moderne als solches gleichgültig sei. Als ob es mir auf das Moderne ankäme. *Mir kommt es so gut wie Ihnen auf Gott und sein Reich an und weiter nichts.* Sie sind vielleicht *mehr* als ich in spezifisch moderner Denkweise befangen, z. B. gegenüber der Erscheinung Jesu.

Bitte, lassen Sie alle solche falschen Kategorien auf der Seite. Der Unterschied zwischen Ihnen und mir besteht darin, daß Sie mehr zum *Richten* geneigt sind und ich mehr zum Verstehen. Natürlich ist dieser Unterschied sehr oft fließend, in einzelnen Fällen verhält es sich auch umgekehrt. Und freilich meine ich, daß wir in *unserer* Zeit leben und also Gott in *unserer* Zeit verstehen müssen, so gut wir können, glaube, daß Gott auch unserer Zeit ein Wort zu sagen habe und daß es für *uns* wichtig sei, *dieses* Wort zu verstehen. Wer das ablehnt, will gleichsam göttlicher sein als Gott selbst. Er läßt sich nicht von Gott führen, sondern meistert Gottes Schaffen durch seine eigenen Vorurteile, was alles andere eher ist als Gott die Ehre geben. Daß gerade von solchem Aufhorchen auf den gegenwärtigen und kommenden Gott eine Leidenschaft ausgeht, auch das Schaffen Gottes in der *Vergangenheit* zu verstehen, bemerke ich nur nebenbei.

Es fällt Ihnen außerordentlich schwer, sich einen Menschen zu denken, der nun einmal nicht *einseitig* ist. Einseitig bin ich nicht. Ich vereinige darum manches in eins, was Sie sich nur als getrennt oder miteinander streitend vorstellen können. Darum passe ich in Ihre Konstruktion nicht hinein. Schelten

Sie meine Vielseitigkeit, die sicher ihre Kehrseite hat, aber imputieren Sie mir nicht unaufhörlich Dinge, von denen ich mich frei weiß.

Da werfen Sie den «Modernen» «Idealismus» vor und da Sie seinerzeit[3] meine Predigten (ganz fälschlicherweise) als eine Darstellung des «Idealismus» bezeichnet haben, so gilt der Vorwurf wohl auch mir. Ich frage mich wieder, wie Sie eigentlich auf solche Dinge kommen. Nimmt man das Wort in seiner erkenntnistheoretischen und metaphysischen Bedeutung, so nimmt mich wunder, ob *Sie* denn Materialist oder Positivist sind. Ich bekenne mich, soweit ich *philosophiere*, allerdings zum Idealismus, aber als *religiöser* Mensch lebe ich vom lebendigen Gott und bekenne mich zu ihm, zum Gott Jesu und der Propheten, *so gut wie Sie*. Woher nehmen Sie eigentlich das Recht, uns das abzusprechen? Solche aus der Luft gegriffenen Behauptungen bringen mich hin und wieder zu der Annahme, es sei Ihnen weniger darum zu tun, uns so darzustellen, wie wir sind, als uns zu *schlagen*. Wo wäre es je einem von uns in den Sinn gekommen, *Sie* so zu behandeln? Trotzdem wir das mit Leichtigkeit tun könnten, wenn uns die Lust dazu anwandelte. Können Sie sich wundern, wenn es uns schließlich zu viel wird?

Damit komme ich langsam zum Schlusse. Ich muß Ihnen sagen, daß Sie es lassen sollten, in der bisherigen Weise über unseren religiösen Stand zu richten. Wir sind Ihnen an Reife und christlicher Erkenntnis ebenbürtig. Wenn Sie die Kirchengeschichte besser kennen, so kennen wir anderes besser als Sie. Wer Gott näher steht und dem wirklichen Jesus – Sie oder wir, das weiß Gott allein. Zwischen uns kann es nur ein freundschaftliches Verhandeln geben, aber kein Reden ex cathedra. Daß Sie viel begabter sind als z. B. ich, habe ich Ihnen oft gesagt, aber damit gestehe ich noch nicht zu, daß Sie *ohne weiteres* die bessere Gotteserkenntnis hätten. Das weiß Gott allein, ich wiederhole es, und ihm sollten wir das überlassen. Sie wissen, daß wir nichts anderes wollen, als Gott verstehen, ihm dienen und für sein Reich arbeiten, soweit Menschen das können. – Lassen Sie uns doch unseren Weg gehen und trauen Sie Gott zu, daß er allerlei Wege habe, die zu ihm hin und von ihm aus führen. Wir haben es Ihnen gegenüber so gehalten und wollen es künftig so halten, das ist die *Freiheit*, ohne die alle Religion nur Tyrannei ist[4].

Und nun, verehrter Herr Kollege, bitte ich Sie, aus diesem Briefe den Willen zur Verständigung herauszulesen, und wenn Ihnen dieses oder jenes wieder zu schroff vorkommt, es einerseits aus dem Bestreben zu erklären, recht *deutlich* zu sein und andererseits gerade aus dem Gefühl, daß Sie es an Verständnis meines Wollens so stark fehlen lassen. Wenn es uns gelänge, durch diese Auseinandersetzung ein Stück weiter hineinzukommen in die *Freiheit* und ein Stück höher hinauf zur Höhe der Gotteskindschaft und Jüngerschaft Jesu, dann hätten wir mehr geleistet, als wenn jeder von uns ein epochemachendes Werk über Kirchengeschichte oder Religions-Philosophie geschrieben hätte. Denn *hier*, auf diesem persönlichen Gebiet, spielen die zentralen Kämpfe des Gottesreiches.

Ich bin in voller Entschlossenheit, mein Recht zu wahren, aber auch in ebenso großer, das Ihrige anzuerkennen, dazu – trotz allem! – in alter Dankbarkeit

Ihr Leonhard Ragaz

9. September

Ich habe den Brief ein paar Tage liegen lassen, um nicht, wie schon so oft, ein Opfer der Erregtheit zu werden, d. h. um ganz sicher zu sein, daß nicht Erregtheit ihn diktiert habe. Nun sende ich ihn ab, weil ich der Sache sicher bin. Daß einiges scharf gesagt ist, halte ich für nötig. Sie müssen in einigen Punkten die scharfe Wahrheit hören, wenn es zu einer Besserung unserer Beziehung kommen soll und wenn Sie erkennen sollen, was an Ihrer Art falsch, ungerecht, lieblos und unchristlich ist[5].

Was aber unser Wirken für Gottes Sache betrifft, so ist ebenso klar, daß wir darin Fehler machen, daß wir darin elende Stümper sind, wenn nichts Schlimmeres. Die Frage ist nur, ob wir das nicht selbst empfinden. Ich meinerseits sage es mir jeden Tag, ja beinahe jede Stunde. Darum ist es nicht nötig, daß Sie es mir bei passender oder unpassender Gelegenheit sagen. Es ist nötig, daß jeder von uns es sich selbst sagt.

Natürlich machen wir solche Fehler auch in der gedankenmäßigen Darstellung unseres Wollens. Wir suchen auch hierin ein Neues. Da vergreifen wir uns etwa, verirren uns sogar. Auch reicht manchmal die geistige Kraft nicht. Das ist uns allen ein bitteres Leiden, allen. Darum wollen wir aber nicht aufeinander losschlagen, wenn wir sehen, daß ein anderer einmal etwas wenig Gelungenes getan hat. Er weiß es wohl selbst gut genug. Wir müssen auch begreifen, daß Suchende gelegentlich Irrwege gehen müssen. Wenn es uns nur darauf ankäme, auf der gebahnten Straße zu bleiben, kämen wir nie einen Schritt näher zur Wahrheit Gottes. Wir wollen auch nicht ὑποκριταί[6] sein und tun, als ob uns keine der großen Anfechtungen der Welt, seis der alten oder der spezifisch modernen, etwas anhaben könnte. Daß wir *Kämpfer* sind, ist unsere Ehre, und Kämpfer müssen in Gefahr hinein und können nicht immer siegen. Vielleicht müssen wir etwa einmal tief untergetaucht werden in Not und Irrtum unserer Zeit und so das Los der Mehrzahl ihrer Kinder teilen, um ihnen dann vielleicht verstehend helfen zu können. Da müssen wir eben mit Gott hinein in alle Tiefen, statt am Rande scheltend zu stehen. Wir müssen Helfer sein, nicht Ketzerrichter, und viel, viel mehr auf *Gottes* Walten vertrauen, der die Walt um uns alle hält.

In der Hoffnung, daß Sie nun mein Fühlen und Wollen richtig verstehen, grüße ich Sie nochmals von Herzen

R.

[1] Wernle hatte Ragaz seinen Vortrag über Calvins Bedeutung für die Gegenwart zugeschickt, den er im Calvin-Jubiläumsjahr 1909 in St. Gallen gehalten hatte. Ragaz hatte für die Zusendung des Vortrags gedankt, aber beigefügt: «Wessen die Gegenwart bedarf, konnten Sie nicht wissen, weil Sie nie wirklich aus ihr heraus gelebt haben und sie vielmehr mit Ihren halb pietistischen, halb modern-theologischen Gesichtspunkten meistern und richten, ohne sie mit wirklicher Liebe zu verstehen» (Brief Ragaz' an Wernle vom 11. August 1909, in die vorliegende Sammlung nicht aufgenommen). Wernle habe aber auch mit Calvin nicht richtig gelebt und könne ihn deshalb nicht von innen her verstehen.

Wernle hatte in seinem Antwortbrief vom 5. September 1909 in bezug auf Calvin nur kurz bemerkt, daß er das Urteil wohl den Historikern überlassen müsse und daß er selber mit seinem Studium Calvins bei weitem nicht fertig sei. Zur Frage der Einstellung zur Gegenwart führte er u. a. aus: «Die Gegenwart, das wissen Sie selbst nur zu gut, ist kein so einfaches Phänomen und ich vermute, daß jeder sogar nur seinen Teil von ihr sich aneignet. Darum kann man ihr aber auch in mehr als einer Weise dienen und sie in mehr als einer Weise lieben. Wenn ein jeder versucht, offen gegen sie zu sein, so viel in seinen Kräften steht, und das beste ihr zu geben, was er selber hat, werden wir und wird die Gegenwart am besten fahren. Unsere Wege gehen gegenwärtig stark auseinander und es wird schwerlich etwas dagegen zu machen sein. Ich glaube aber, es ist gut, daß es mehr als eine Art unter uns gibt. Es muß sogar für Sie selber erwünscht sein, wenn Ihr ganz und gar modernes Christentum mit seinem kräftigen Eingehen auf die Zeit und ihre Bedürfnisse von einem solchen begleitet ist, das sich aus der Modernität nichts macht und sich gegen die widergöttlichen Begleiterscheinungen der Zeit stemmt. Ihre Art hat gegenwärtig unter uns Oberwasser, ich sehe dem zu, gehe mit in allem, was mir daran von Gott geweckt scheint, und lehne ab, was mir mein Gewissen verbietet.»

[2] Die Antinomie von Weltumgestaltung und Weltverklärung tritt zum ersten Male in der Schrift von 1906 «Das Evangelium und der soziale Kampf der Gegenwart» auf und ist seitdem eine zentrale Vorstellung bei Ragaz; später nennt er die beiden Pole Reich Gottes und Religion. Er traf sich in dieser Unterscheidung mit den religionssoziologischen Überlegungen von Ernst Troeltsch. Vgl. dazu Biographie, Bd. I, S. 99.

[3] Nämlich in einer Rezension des Predigtbandes «Dein Reich komme», erschienen in Basler Nachrichten, Brief an Wernle vom 2. Dezember 1908.

[4] Der folgende Abschnitt wird, als zu persönlich, weggelassen.

[5] Der folgende Abschnitt wird, als zu persönlich, weggelassen.

[6] Heuchler.

Brief Nr. 123: An Prof. Paul Wernle

Zürich, 12. September 1909

Verehrter Herr Kollege,

Sie haben mir durch Ihren Brief wirklich den Sonntag schön gemacht und sich damit als echter Jünger Jesu bewiesen[1]. Ob ich in ähnlicher Lage imstande gewesen wäre, mich so zu überwinden, ist mir sehr zweifelhaft. Aber auf diese Art läßt man sich gerne besiegen. Es hat mir sehr weh getan, Ihnen weh tun zu müssen, aber ich meinte, es müsse sein, wirklich um Gottes willen. Und daß eine persönliche Aussprache zwischen uns erfolgt ist, wird doch gut sein. Die öffentliche Auseinandersetzung, falls sie kommen muß, kann desto leichter von aller persönlichen Verbitterung frei bleiben. Es wäre wirklich ein Sieg des Gottesreiches, wenn theologische Auseinandersetzungen einmal auf solche Höhe kämen. Wir müssen uns alle Mühe geben, daß wir diesem Ziele wenigstens nahe kommen.

Auch mir ist es nicht darum zu tun, *wirkliche* Gegensätze zu verwischen. Solche sind ja unter uns vorhanden. Einer der fundamentalsten liegt in der Auffassung des Verhältnisses von Gott und Mensch. Es war mir eine Überraschung, daß Meyer[2] gerade darauf kam.

Aber nur über die wirklichen Gegensätze sollten wir kämpfen. Darum wäre es äußerst wichtig, daß wir zuerst die nur scheinbaren, eingebildeten aus dem Wege räumten. Es ist ja für die theoretische und praktische Lösung von Problemen schon außerordentlich viel gewonnen, wenn man sie einmal auf diese reine Form gebracht hat. Z. B. in bezug auf die Reformatoren und die Wiedertäufer und ihre Geistesverwandten habe ich seit einigen Jahren eingesehen, daß bei jenen das richtigere Verständnis Jesu war, wenigstens im entscheidenden Punkte. Freilich handelt es sich darum, was man als den entscheidenden Punkt betrachtet, und das ist richtig: Luther kann ich oft von Herzen hassen[3], bei aller Einsicht in seine Größe. Was sodann die Kirche betrifft, so halte ich sie für das Größte, was es auf Erden gegeben hat und gibt – aber da das Gottesreich größer ist und die Kirche tut, als ob sie es wäre, ohne es zu sein, stelle ich das Ziel auf, daß die Kirche um des Gottesreiches willen vergehen müsse. Um auf die Reformatoren und die Wiedertäufer zurückzukommen, so meine ich, Sie müßten weiter ausholen, um die zwischen uns bestehenden Gegensätze in die richtige Perspektive zu rücken. Aber das alles sage ich nun auch nicht, um den Streit weiter zu führen oder um recht zu behalten, sondern nur um zu zeigen, wie nötig es ist, die Position des Gegners zuerst wirklich so zu nehmen, wie sie ist, wenn man nicht nebeneinander vorbei schießen will. Mir könnte es nie einfallen, Sie im Ernste als «Kirchenmann» zu betrachten, und daß ich Ihre «Einführung»[4] orthodox genannt haben sollte, ist undenkbar. Das wäre ja der reinste Unsinn; da muß ein Mißverständnis walten. Ich bin im allgemeinen wohl imstande, zu verstehen, wie die Dinge gemeint sind. Daß Sie aber noch einmal aux premiers amours zurückkehren würden, habe ich Ihnen allerdings prophezeit, wenn auch mehr im Scherz.

Ich freue mich durchaus auf einen ritterlichen Kampf. Sonst würde ja das Leben langweilig. Inzwischen studiere ich mit Macht Dogmengeschichte und zwar speziell an Hand der schöpferischen Persönlichkeiten. Auch da ist es überall mein Bestreben, im Werden der Dinge etwas von Gottes Schaffen zu sehen. Aber vor den Dogmatiken, die ich zum Teil frisch studiere, zum Teil repetieren muß, erfaßt mich ein Grauen. Darin spüre ich allerdings, daß ich das Kind einer neuen Zeit bin. Aus *diesem* Wust müssen wir heraus, ins Leben und in die Einfachheit hinaus. Es ist mein Kampf, diesem Streben in meiner Behandlung des Christentums Ausdruck zu geben. Die Theologie (ich meine speziell die systematische) ist nun einmal eine schwere Gefahr für Evangelium und Gottesreich – das spüre ich am eigenen Leibe. Nur als Hilfe gegen schlechte Theologie hat sie einen Wert, ich hoffe aber herzlich, daß bald ein Tag komme, wo dieser Dienst nicht mehr nötig ist.

Ich bin schon zu Anfang der vergangenen Woche wieder hierher gekommen, da es in Parpan für konzentrierte Arbeit, wie ich sie jetzt wieder tun muß, zu kalt war. Frau und Kinder sollen diese Woche nachfolgen. Seit der zweiten Hälfte des Sommersemesters ist's mir wieder besser gegangen, und jetzt fühle ich mich frisch. Aber die Arbeit war unmenschlich und wird noch lange schwer bleiben.

Ich wünsche Hans baldige und gründliche Besserung und bin mit herzlichem Gruß und Dank

Ihr Leonhard Ragaz

Anmerkungen zu Brief Nr. 123

[1] Wernle hatte in seinem Briefe vom 11. September, der Antwort auf Ragaz' Brief vom 7. September, vor allem betont, daß es sich bei ihm nur um sachliche und nicht um persönliche Differenzen mit Ragaz handle, aber daß auch sachlich manches nicht, wie Ragaz es meine, gegen ihn gerichtet sei und er sich in vielem noch genau wie früher mit ihm verbunden fühle. Auch habe er Ragaz sehr viel mehr zu verdanken als dieser ihm. Auf die sachlichen Differenzen ging er um des Friedens willen nur noch kurz ein, ohne sie indessen verwischen zu wollen.

[2] Vgl. Brief Nr. 99, Anm. 5.

[3] Die scharfe Auseinandersetzung mit Luther kam bei Ragaz erst im Weltkrieg, wo sich die Exponenten der deutschen nationalistischen Theologie auf ihn beriefen. So hat er 1917 verhindert, daß die Zürcher Theologische Fakultät eine Luther-Feier veranstaltete. Vgl. auch die beiden Auseinandersetzungen: «Das Jahr 1525», NW 1925, Oktober, S. 383 ff. und «Das Jahr 1529», NW 1929, S. 451 ff., wo sich Ragaz in der Frage des Abendmahlsstreites freilich mehr auf die Seite Luthers als Zwinglis stellt (insbes. S. 470).

[4] Die erste Auflage von Wernles «Einführung in das theologische Studium» war 1908 in Tübingen erschienen.

Brief Nr. 124: An Rageth Ragaz

Zürich, 16. März 1910

Lieber Bruder,

Erst heute komme ich dazu, Dir die versprochenen Bücher zu senden. Du bekommst außer den zwei, die Dir für Deine Arbeit dienen sollen, noch einige andere, die Dein Eigentum sind, vor allem den Kosmos[1] und Rittelmeyer[2]. Diesen mußt Du lesen, wenn Du nach Ilanz[3] gehst. Es ist ein herrliches Büchlein. Wimmer[4], Becker[5] und «Leben und Heimat»[6] schicke ich Merta. Sei so gut, sie ihr zu übergeben. Nur Wimmer möchte ich zurück. «Leben und Heimat» darf sie behalten.

Ich bin am Sonntag abend wohlbehalten hier angekommen. In Tamins habe ich alles im gewohnten Zustand angetroffen. Thomeli[7] in seiner Höhle hat mich recht gerührt: in all seiner Verlassenheit, Armut und Vernachlässigung doch zufrieden und vergnügt wie wenig «Glückliche» und sofort zu Belehrungen über die Engel und zum Erzählen von Geschichten übergehend, ohne die Fragen über sein Befinden zu beachten. Den Oehi «Valti» und «Liehard[8]» geht es verhältnismäßig gut[9].

Ich selbst bin immer noch müde. Die furchtbare Überspannung der Kraft[10] rächt sich nun offenbar. Meine Hoffnung ist, daß der Schaden nicht dauernd sein werde. In dieser Müdigkeit des Leibes und noch mehr der Seele habe ich Euch in Euren Nöten nicht so trösten können, wie ich gern gewollt hätte. Der Born des seelischen Lebens ist in solchen Zuständen oft wie vertrocknet oder doch verschlossen. Empfunden aber habe ich alles tief genug, ja gerade wegen meiner eigenen Depression doppelt tief. Es hat mir besonders wehgetan, Dich so einsam zu sehen, und ich freue mich, daß Du aus diesem nun verödeten und auch von schweren Erinnerungen erfüllten Hause fortkommst. Du mußt Deinen Blick vorwärts richten und alles kann und wird gut und schön werden. Machen läßt sich in diesen Dingen nichts; das hat mich reichliche Erfahrung gelehrt, auch nicht allzuviel reden. Das freilich kann ich Dir ans Herz legen, daß Du das Mädchen, das Dir eines Tages das Herz abgewinnt, genau ansehest und Dir nach Möglichkeit klar zu werden suchest, ob sie Dich in Deiner Lebensaufgabe fördern oder hemmen werde und ob sie zu Deiner Natur paßt oder nicht. Denn die vortrefflichsten Eigenschaften verbürgen keineswegs das Glück der Ehe, wo die Harmonie fehlt; ja, was sonst Segen wäre, kann zum Fluch werden. Auch hier ist eine tiefe Frömmigkeit doch die beste Bürgschaft und der zuverlässigste Schutz vor schlimmen Geistern. Solch offenes Auge tötet die Liebe nicht, es gibt Frauen genug, die davor bestehen mögen.

Inzwischen, solange Dir diese Erlösung von der Einsamkeit nicht geworden ist, mußt Du diese tapfer tragen; ja, das ist vielleicht eine Bedingung dafür, daß jene Erlösung wirklich eine solche werde. Denn nur wer einsam sein kann, kann zu zweien sein, ohne sich zu verlieren. Also wandle fröhlich Deine Straße, auch im Alleinsein, und laß Dich von Gott führen, der weiß, was für Dich gut ist und wann die Stunde gekommen ist, da es Dir werden soll.

Auch in bezug auf den scheinbaren Mißerfolg Deiner Arbeit in Maladers möchte ich Dir noch ein Wort sagen. Ich meine, wir sollten in solchen Dingen eine andere Denkweise annehmen, als es die übliche ist. Es muß uns nicht in erster Linie darauf ankommen, was wir äußerlich ausgerichtet haben, sondern ob wir unsere Arbeit im Dienste Gottes recht getan haben. Haben wir das Unserige getan, so gut getan, als Menschen es etwa können, dann wollen wir froh sein. Wir haben dann dem Reiche Gottes auf unserem Posten wacker gedient und das muß uns genug sein. Ob damit viel «Erfolg» verbunden war, ist Nebensache. Wir überschauen den Plan des großen Feldherren doch nicht. Wir wissen, daß es notwendig und wichtig war, auf diesem Posten zu stehen und seine Pflicht zu tun, und wissen darum, daß es *umsonst* auf keinen Fall war.

Was endlich Deine Arbeit[11] betrifft, so wünschte ich bloß, daß sie Dir nicht zur Plage werde, namentlich in dieser kommenden Abschiedszeit. Berichte mir bald Deinen Entschluß. Lege sie, wenn Du das Thema bei-behältst, so an, daß Du am kleinsten Punkt die größte Kraft sammeln kannst, *belebende* Kraft, wie die Bündner Synodalen sie vor allem nötig haben.

Grüße mir Merta und Hans[12], nimm die Festtagsarbeit nicht zu schwer (was nie Gottes Wille ist!) und sei stets, auch wenn Du allein bist, gewiß des Mittragens und Mitleidens

Deines Leonhard

P.S. Ich habe in einem Winkel meines Sekretärs die Berliner Exmatrikel gefunden. Ist es wohl die verlorengegangene? Dann läge die Schuld an mir!

Anmerkungen zu Brief Nr. 124

[1] «Kosmos, Handweiser für Naturfreunde», Zeitschrift, die in Stuttgart ab 1904 erschien. Leonhard Ragaz war ein leidenschaftlicher Botaniker.

[2] Friedrich Rittelmeyer, 1872–1938, Pfarrer in Nürnberg 1902–1916, berühmter Prediger, später Begründer der von der Steinerschen Anthroposophie angeregten «Christengemeinschaft». Das hier gemeinte Werk ist wahrscheinlich der Predigtband «Leben aus Gott» 1906.

[3] Rageth Ragaz wurde in der Tat noch im gleichen Jahr 1910 nach Ilanz gewählt.

[4] Gemeint ist wohl die Schrift «Im Kampf um die Weltanschauung». Bekenntnisse eines Theologen. Freiburg 1889.

[5] Nicht festzustellen, was gemeint war.

[6] Ragaz hat sich wohl verschrieben und das Drama von Karl Schönherr: «Glaube und Heimat» gemeint, das von den Glaubensverfolgungen zur Zeit der Gegenreformation in den österreichischen Alpenländern handelt.

[7] Ein Nachbar, Thomas Ragaz, ein Junggeselle, der damals als alter Mann in einer Säge wohnte, in der er früher gearbeitet hatte.

[8] Oehi = Oheim. Valt*i* (Valentin) Koch-Färber war der Mann von Ragaz' Tante Deta, der Schwester seiner Mutter; Liehard (Leonhard) Ragaz war der Bruder von Ragaz' Vater.

[9] Ein Abschnitt über den Dorfpfarrer von Tamins wird im Druck weggelassen.

[10] Ragaz hatte in den ersten Zürcher Semestern außerordentlich viel für seine Vorlesungen arbeiten müssen, welche er wörtlich ausschrieb. Im Wintersemester 1909/10 hatte er den Zyklus seiner Hauptvorlesungen zum erstenmal absolviert und konnte deshalb im Sommersemester 1910 wieder mit dem ersten Teil der Ethik beginnen. – Die ersten zwei Zürcher Jahre waren schwer gewesen. «Jenes Schreiben aber hat eine schlimme Wirkung gehabt; es hat eine tiefe *Erschöpfung* erzeugt, welche den Grund zu einer Schwermut legte, die jahrzehntelang auf mir lastete, ohne daß die Menschen es wußten oder auch nur ahnten.» Mein Weg, Bd. I, S. 300.

[11] Referat über «Kant und das Christentum» an der Evangelisch-rätischen Synode in Arosa vom 23.–27. Juni 1910, erwähnt in zwei Briefen von Rageth Ragaz an Leonhard Ragaz vom 9. April 1910 und 28. Juni 1910.

[12] Hans Jud, Gatte von Ragaz' Schwester Merta.

Brief Nr. 125: An Waldus Nestler

Zürich, 22. Juni 1910

Lieber Herr Nestler,

Ich danke Ihnen herzlich für Ihre Berichterstattung über Chemnitz[1], die als eine persönliche für mich besondern Wert hatte. Mit Spannung erwarte ich nun das Protokoll[2]. Fände ich Zeit, so möchte ich gern im Anschluß an Liebsters Vortrag[3] einen Aufsatz in die «Christliche Welt»[4] schreiben. Sie können sich wohl denken, was ich an Stelle der «Dialektik» Liebsters[5] setze. Liebster denkt an etwas Richtiges, aber er findet noch nicht die rechte Form dafür; es ist in seinem Unternehmen zu viel ausgedachtes Wesen, zu viel «Mache», freilich im besten Sinn des Wortes. Es wäre sehr interessant, einmal mit den Leipziger Herren über diese Dinge zu verhandeln. Am nächsten steht uns Schweizern sachlich wohl Israel[6].

Ich bin letzthin auf dem internationalen Kongreß christlicher Sozialisten in Besançon[7] gewesen. Da herrschte freilich ein anderer Ton als zu Chemnitz, eine radikale Kühnheit auf Grund eines tiefen religiösen Ernstes.

Was Sie über Pflüger[8] schreiben, begreife ich wohl. Pflüger gehört auch nicht eigentlich zu den «Religiös-Sozialen». Wir stehen religiös ganz anders. Aber der Mann ist besser als er oft scheint. Er ist nicht nur in sozialen Dingen außerordentlich bewandert, sondern auch voll Selbstlosigkeit und von einem Enthusiasmus erfüllt, der doch auch religiös ist, der mehr Religion ist, als sehr viele korrekte Theologen sie besitzen. Freilich, Sie haben ganz recht, hätte er auf dem Kongreß selbst reden sollen und bedenken sollen, daß eine radikale Haltung in der Schweiz weniger kostet als draußen. Es war für ihn billig, draußen den Helden zu spielen.

Was Sie mir von sich selbst berichten, Sie und Herr Pangritz[9], bewegt mich sehr[10]. Ich hoffe nur, daß Sie vorläufig keine Schwierigkeiten schlimmer Art bekommen. Ich möchte Ihnen wünschen, daß Sie sich *sparen* dürften, bis Sie Ihrer Sache noch sicherer sind und Ihre Rüstung noch vollständiger. Denn sobald man in diese Kämpfe eintritt, verlangen sie viel, viel Kraft und sie enthalten, wie jeder ernstliche Kampf, auch Gefahren. So möchte ich Ihnen also wünschen, daß Sie noch eine Zeitlang sammeln und sich auf das eine, das not ist, konzentrieren dürften, um dann recht gerüstet zu sein auf die großen Zeiten und Kämpfe, denen wir sicher entgegengehen. Aber ich begreife und billige, daß Sie der Wahrheit Zeugnis geben, und freue mich Ihrer als einer *Verheißung*. Gott wird mit Ihnen sein, Sie führen und alles gut machen.

Ich schicke Ihnen auf Ihren Wunsch gern meine Photographie; es ist die einzige, die ich gerade zur Hand habe.

Bitte, wollen Sie diesen Brief auch Herrn Pangritz geben; er gilt auch ihm. Ich bin momentan wieder stark in Anspruch genommen und darf darum wohl ausnahmsweise diesen Modus wählen.

Herrn Pangritz möchte ich noch speziell sagen, daß mir Herr Kohl[11] allmählich etwas besser gefällt. Freilich, er ersetzt mir Sie nicht und überhaupt habe ich an diesem Semester nicht so recht Freude. Hoffen wir, daß das Rad sich wieder drehe!

Daß es in der Welt mächtig vorwärts geht, dem Reich Gottes entgegen, steht mir immer gleich fest; ich meine es mit Augen zu schauen. Sturm und Not gehören dazu. Also sursum corda! –

Mit herzlichen Grüßen in warmem Gedenken

Ihr Leonhard Ragaz

Anmerkungen zu Brief Nr. 125

[1] Am 17.–19. Mai fand in Chemnitz der evangelisch-soziale Kongreß (Naumannscher Richtung) statt. Referenten waren Prof. Dr. Heinrich Herkner, Berlin («Soziale Pflichten der Käufer»), Dr. Marie Baum, Düsseldorf («Fabrikarbeit und Frauenleben») und Pfarrer Georg Liebster, Leipzig («Christliche Religion und Weltanschauung»).

[2] Dieses Protokoll wurde von Liechtenhan verwertet für seinen Bericht über den Evangelisch-sozialen Kongreß. Vgl. NW, 1910, August, S. 254 ff.

[3] Liebster, Führer der sächsischen evangelisch-sozialen Gruppe, war von der Frage ausgegangen, wie man von der Kirche her wieder an die Sozialdemokraten herankommen könne. Er schlug vor, «den Gehalt des Christentums in die Form der ‚Dialektik', d. h. einer wissenschaftlichen Weltanschauung, umzugießen, weil der marxistisch geschulte Arbeiter nur in dieser Form Sinn dafür habe». Vgl. den Bericht Liechtenhans a.a.O.

[4] Ein solcher Aufsatz ist in der Christlichen Welt nie erschienen.

[5] Ragaz war der Ansicht, daß die philosophische Grundlegung des dialektischen Materialismus nur eine Verlegenheitslösung sei, da die Christenheit zur Zeit, da der Sozialismus entstand, die Botschaft vom Reiche Gottes vergessen hatte. Es brauchte also nicht ein «Umgießen» des Christentums in dialektische Form, sondern ein Aufweisen der auf Weltveränderung angelegten ursprünglichen Botschaft der Bibel, um die Sozialisten mit dem Christentum ins Verhältnis zu bringen.

[6] F. Israel war Pfarrer an der deutschen Gemeinde in Helsingfors und antwortete von dort aus in einem Briefe vom 23. September 1913 an Ragaz zustimmend auf seine Aufforderung, seinen Namen unter die Einladung zum auf 1914 geplanten Internationalen Kongreß für soziales Christentum zu setzen. Später wandelte Israel seinen Namen in Ostarhild. Er lebte zuletzt in Leipzig und leitete den «Bund für Gegenwartschristentum».

[7] Ragaz hat den Kongreß in den Neuen Wegen (1910, Juli, S. 211 ff.) geschildert. Vgl. Biographie, Bd. I, S. 144 und 177 ff.

[8] Paul Pflüger hatte am Kongreß als Zuhörer teilgenommen, ohne in die Debatte einzugreifen, war aber Redner an einer der drei Volksversammlungen, welche die Sozialdemokraten nach Schluß des Kongresses zur Auseinandersetzung mit diesem veranstaltet hatten. Siehe Brief von Nestler an Ragaz vom 24. Mai 1910 und Bericht von Liechtenhan. Vgl. oben, Anm. 2.

[9] Walter Pangritz, geb. 1888, damals wohnhaft in Zittau, Freund von Waldus Nestler, hatte mit diesem ein Semester seines Theologiestudiums an der Universität Zürich verbracht, wobei ihm die Vorlesungen von Ragaz am meisten bedeuteten. Lebt jetzt in Wuppertal.

[10] Waldus Nestler und Walter Pangritz hatten in Briefen an Ragaz, beide datiert vom 24. Mai 1910, über ihre Versuche berichtet, zu ihrer religiös-sozialen Überzeugung

zu stehen. Sie waren zum erstenmal in einer sozialdemokratischen Versammlung als Diskussionsredner aufgetreten, hatten auf den ihnen zuerst gegnerisch gesinnten Referenten und auf die Zuhörer Eindruck gemacht und waren in der bürgerlichen Presse angefochten worden. U. a. hieß es, man merke ihnen die Zürcher Schule an. Nestler war auch in einer Seminarübung einem Kommilitonen, der sich geringschätzig über die «Phantasien der Sozialdemokraten vom Zukunftsstaat» geäußert hatte, entgegengetreten, worauf der Professor sich energisch gegen Nestler gestellt hatte. Es ist kennzeichnend für Ragaz, daß er seine Schüler nicht ermunterte, auf diesem Wege fortzufahren, sondern ihnen nahelegte, zu warten, bis sie reifer und selbständiger in den Kampf treten könnten.

[11] Rudolf Kohl, geb. 1889, als Theologiestudent während eines Semesters an der Universität Zürich Schüler von Ragaz; Pfarrer in Unterlauter und Leipzig, Studienrat in Oldenburg und Leipzig, jetzt im Ruhestand in Witten, Ruhr.

Brief Nr. 126: An Martha Stoecklin

Ilanz, 7. Januar 1911

Liebe Martha,

Es trifft sich so eigen, daß ich Deinen lieben Brief gerade in Ilanz[1] erhalte, wo ich einige Tage in den Ferien weile. Es ist wunderbar schön! Die Gegend im reinen Schneegewand, dazu prachtvolles Wetter.

Auch mir wird unser sommerlicher Spaziergang unvergeßlich sein. Denke Dir aber, daß ich gerade in jenen Tagen[2] tief gedrückt war und es bedauerte, Dir nicht mehr bieten zu können. Aber ich bin froh, daß mein Wollen Dir doch ein Vollbringen gewesen ist.

Was Du über den Religionsunterricht sagst, ist nur zu wahr. Er liegt meistens tief im argen. Wir verderben dadurch den Menschen vielfach die Religion, im besonderen auch die Bibel. Am besten wäre, wenn es gar keinen *besondern* Religionsunterricht gäbe, dafür aber aller Unterricht vom Element der Religion durchdrungen wäre, und nicht nur der Unterricht, sondern auch das *Leben*[3]. Gewiß wird es einst dazu kommen. Inzwischen müssen wir dieses Ideal in unseren Religionsunterricht hereinleuchten lassen, daß er möglichst wenig schulmäßig und möglichst dem Leben ähnlich sei.

Es wäre schön, wenn wir gerade hier in Ilanz wieder davon wie von allerlei anderem reden könnten.

Ich hoffe, daß die Schularbeit[4] Dich nicht so in Anspruch nehme, daß daraus Schaden entstehe, und bitte Dich, davor auf der Hut zu sein, auch wenn's dafür ein paar Punkte weniger gäbe beim Examen. Dir herzliche Wünsche zum neuen Jahre entbietend, bleibe ich in Treuen

Dein Leonhard Ragaz

[1] Ragaz weilte bei seinem Bruder Rageth, der inzwischen Stadtpfarrer von Ilanz geworden war. Martha Stoecklin verbrachte häufig ihre Ferien in Ilanz bei den Eltern ihrer Freundin, die bei Marthas Eltern in Binningen in Pension gewesen war.

[2] Es handelte sich um einen Spaziergang in Ilanz im August 1910, als zufällig gleichzeitig Ragaz bei seinem Bruder und Martha Stoecklin bei den Eltern ihrer Freundin in den Ferien waren. Die Depression war wohl noch immer die weiter oben, Brief Nr. 124 und in einem nicht in diesen Band aufgenommenen Briefe von Ragaz an den Bruder Rageth (vom 17. April 1910) erwähnte. Er betrachtete sie als eine Folge seiner schweren Überarbeitung in den ersten Jahren an der Universität Zürich.

[3] Ragaz vertrat den Gedanken, daß es besser sei, auf Religionsunterricht zu verzichten und sich um die Grundlagen einer christlich orientierten Gesellschaftsordnung zu kümmern. Der Religionsunterricht bedeute «zum guten Teil einen Ersatz für lebendige Religion» («Die heutige religiöse Lage und die Volksschule», Zürich 1925, S. 50).
«Eine Vorbedingung der religiösen Erneuerung, die wir wollen, ist die Beseitigung des Religionsunterrichts» (ebd., S. 55). Doch forderte er in Übereinstimmung mit Pestalozzi: «Dafür sei aller Unterricht Religionsunterricht!» (ebd., S. 120). Eine ernsthafte religiöse Kultur schaffe die Voraussetzungen für eine Durchdringung aller Schulformen und -stoffe mit dem christlichen Geist.

[4] Martha Stoecklin stand damals vor dem Lehrerinnenexamen.

Brief Nr. 127: An Waldus Nestler

Zürich, 14. Januar 1911

Lieber Herr Nestler,

Endlich bekommen Sie meine Antwort auf Ihren inhaltsschweren Brief. Wenn ich Ihnen nicht rascher geschrieben, so lag das nicht bloß an *äußeren* Abhaltungen – allerdings *auch* an ihnen – sondern noch mehr an inneren. Denn sehen Sie, das Kirchenproblem ist auch für mich das schwerste von allen praktischen Problemen, die mich drücken, und es ist auch für mich *ungelöst*. Auch ich weiß nicht, ob nicht Gott will, daß wir diese unwahre Form der Gottesreichsbewegung aufgeben. Ich quäle mich unablässig damit ab. Denn darauf kommt es nicht an, ob eine Kirche mehr oder weniger rückständig sei – das ist nur sekundär wichtig – das ganze Institut, sein Sinn, ist mir anstößig. Und doch bin ich nicht dazu gekommen, die Kirche zu verlassen. Nicht aus äußeren Gründen, Rücksicht auf Menschen, das Brot usw., sondern aus starken innern Motiven. Die Kirche ist trotz allem das Größte, was es in der Welt an Gemeinschaftsformen gibt; nur eines ist größer als sie: das Gottesreich[1]. Daß nun die kirchliche Form des Christentums vergehen muß, ist mir klar. Die Frage ist nur, wie und wann. Ob nicht das Höhere, dessen wir warten, vielleicht doch von hier ausgehen wird? Ob es nicht richtiger ist, statt auszutreten, in der Kirche Kraft und Feuer zu einem großen und entscheidenden Durchbruch zu sammeln? Ob es nicht göttliche Ordnung ist, daß wir unter der Kirche *leidend*, also in ihr bleibend, das schaffen helfen, was, wenn es *da* ist, sie sicher auflöst?

Das sind die Fragen, die ich noch nicht entscheidend beantworten kann. Sie konzentrieren sich zuletzt in die eine: *Ist die Kirche, so wie sie jetzt ist, für das Gottesreich mehr Förderung oder Hemmung?* Müßte ich mir definitiv sagen: «Sie ist das zweite», dann müßte ich austreten. Aber noch bin ich nicht sicher und in so großen Sachen muß man zuerst sicher sein, bevor man handelt. Si dubitas, ne feceris![2]

Was ist denn zu tun? Einfach: *wir müssen warten!* Freilich nicht im Warten matt und lahm werden, aber das ist für *uns* vorläufig keine Gefahr. Daß gewaltige Veränderungen sich vorbereiten, ist ja ganz sicher. Auch über Deutschland, speziell die deutsche Kirche, müssen sie kommen. In einer solchen Zeit wird die alte apostolische Losung neu: haben, als hätte man nicht. Τὸ σχῆμα τοῦ κόσμου τούτου παράγει[3].

Auch die Kirche und die Theologie haben als hätte man nicht.

Also seien Sie getrost. Gott schafft das Neue, auch gegen die Theologen. Ich danke Ihnen von Herzen für Ihre Anhänglichkeit, Ihr Vertrauen und Ihre Freundschaft, hoffe, mit der Zeit wieder von Ihnen zu hören, und bleibe mit herzlichen Wünschen und Grüßen

Ihr Leonhard Ragaz

Anmerkungen zu Brief Nr. 127

[1] Das Problem der Kirche beschäftigte die Religiös-Sozialen in der Schweiz in jenen Jahren intensiv. An den Konferenzen der Jahre 1909 (Basel, Referat von Pfarrer Sutermeister) und 1913 (Bern, Referate von Pfarrer Béguin und Pfarrer K. von Greyerz) bildete das Kirchenproblem den wichtigsten Gesprächsstoff. Ragaz selber griff 1907 mit einem Artikel in den Neuen Wegen in die Diskussion ein («Was wir von der Kirche halten», NW, 1907, November, S. 217 ff.). Bei aller Überzeugung, daß «Kirchenwesen und formale Religion dem Zerfall geweiht» seien, hielt er vorläufig die Kirche «in gewissem Sinne eben doch (für) das Schönste und Größte, was die heutige Welt uns zeigt.» Vgl. auch Biographie, Bd. I, S. 162 f.

[2] Wenn du im Zweifel bist, tu's nicht!

[3] Die Gestalt dieser Welt vergeht. Nach 1. Kor. 7, 31.

Brief Nr. 127a: An Pfarrer Adolf Keller

Zürich, 30. Juni 1911

Lieber Herr Pfarrer,

Ich halte die geplante Jathoversammlung[1] für ein Stück von dem Thema: «Die Schweiz eine deutsche Provinz» und wäre auf keinen Fall hingegangen. Es ist m. E. ungehörig und sinnlos, wenn auf schweizerischem Boden für Freiheit in der Kirche «demonstriert» wird, ungehörig, weil wir uns damit in eine deutsche Angelegenheit einmischen, und sinnlos, weil wir bei uns kirchliche Freiheit doch wahrlich genug haben. Eine Protestversammlung gegen die Anmaßungen der Deutschen und die Herrschaft der deutschen Theologie in der Schweiz wäre eher am Platze².

Sie sehen: ich habe nicht Lust, von Ihrem freundlichen Angebot Gebrauch zu machen.

Dagegen möchte ich Sie meinerseits bitten, auch im Namen meiner Frau, am Montag doch auch Ihre Frl. Schwester mitbringen zu wollen. Es würde uns sehr freuen, sie auch bei uns zu sehen.

Mit herzlichem Gruß Ihr ergebener

Leonhard Ragaz

Anmerkungen zu Brief Nr. 127a

[1] Adolf Keller war seit 1909 Pfarrer am St. Peter in Zürich und galt als Anhänger der freisinnigen Theologie. Er war Abonnent der Neuen Wege und gehörte zum Personenkreis der religiös-sozialen Konferenzen. Es sind von ihm Briefe an Ragaz aus den Jahren 1904–1918 erhalten, aber keiner, auf den der vorliegende antwortet. Offensichtlich plante man in Zürich eine Protestversammlung gegen die Amtsentsetzung des Pfarrers Karl Jatho (vgl. darüber unten, Anm. 1 zu Brief Nr. 128) abzuhalten.

[2] Diese Äußerung des Unmutes über die mangelnde Selbständigkeit der schweizerischen Theologen gegenüber Deutschland ist die früheste bekannte Bemerkung dieser Art im Werk von Ragaz. Sie mag in Zusammenhang mit Erfahrungen an der zürcherischen theologischen Fakultät stehen, eventuell aber auch auf Verhandlungen über einen internationalen Kongreß religiöser Sozialisten zurückgehen, die damals stattfanden. Vgl. dazu im bald erscheinenden II. Band der Biographie Ragazens die Kapitel I B und V A. Die hier wiedergegebene Briefstelle ist eines der ersten Zeugnisse einer Deutschland gegenüber kritischen Haltung, die zwar vor dem Weltkrieg entstanden ist, in den Kriegsjahren aber ihren Höhepunkt erreichte und zu einem Kampf um die Unabhängigkeit der schweizerischen Theologie von der deutschen führte. Vgl. dazu ebenda, Kapitel III.

Brief Nr. 128: An Waldus Nestler

Zürich, 15. Juli 1911

Lieber Herr Nestler,

Sie haben so lange auf diesen Brief warten müssen. Daran war aber nicht Nachlässigkeit oder Gleichgültigkeit schuld; ich habe sehr viel an Sie gedacht; vielmehr der starke Andrang von Arbeit und wohl mehr noch die Schwierigkeit, Ihnen in bezug auf *unser* großes Problem, das Problem der Kirche, etwas Rechtes zu sagen. Nun aber kann ich es. Und zwar ist es gerade etwas auf den ersten Blick Schmerzliches, was mich mit froher Hoffnung erfüllt: Der Fall Jatho[1]. Sie haben wohl in den Neuen Wegen gelesen, was ich darüber denke[2]. Es ist freilich dort noch nicht so klar herausgekommen, wie ich's gewünscht hätte, aber meine Meinung haben Sie gewiß verstanden. Der Fall Jatho ist ein Symptom einer Bewegung, die auch in Deutschland das Kirchentum zersprengen muß. Es ist ein *Anfang*, es werden nun sicher neue Entwicklungen kommen, die zuletzt eine Umgestaltung Ihres deutschen Christentums oder wenn Sie lieber wollen: Kirchentums, herbeiführen müssen. Wir wollen jetzt gespannt und getrost auf Gott warten.

Und nun kann ich Ihnen raten, doch in die Kirche, d. h. in den Kirchendienst, zu gehen[3]. Es kann wohl sein, daß es darin in Bälde *große* Aufgaben gibt. Zu *leiden* wird freilich noch genug sein, aber es wird der Mühe wert sein, zu leiden. Gott ist am Werke; ich meine, etwas von seinen Fußspuren zu sehen.

Das mußte ich Ihnen sagen. Es ist das Wort, auf das ich schon lange geharrt. Und nun noch vielen Dank für die Geduld, mit der Sie mir geschrieben, auch ohne daß Sie Antwort erhalten hatten! Sie haben eben wohl gewußt, daß es nicht an mir lag und daß mir Ihr Ergehen stets wichtig ist.

Mir geht es persönlich seit einiger Zeit wieder viel besser als lange vorher. Meine Gesundheit und Schaffenslust heben sich langsam wieder. Auch das Semester ist erfreulich. Unsere Fakultät wächst, und es herrscht reges Leben. Die beiden deutschen Herren: Müller[4] und Schmidt[5], machen mir sehr Freude, besonders ist Herr Müller ein feiner und bedeutender Mensch, von dem viel zu erwarten ist.

Meine Frau und ich wünschen dringend, daß wir Ihre Schwester zu uns bekommen können. Wenn nur nicht diese Zürcher Raumnot wäre! Wir hoffen noch auf einen Ausweg. Es wäre so schön und wir würden so gern alles tun, was in unseren Kräften steht, um ihr den Aufenthalt bei uns freundlich und wertvoll zu machen.

Mit herzlichen Grüßen an Sie und Ihre Fräulein Schwester bleibe ich Ihr herzlich verbundener

Leonhard Ragaz

Anmerkungen zu Brief Nr. 128

[1] Pfarrer Karl Jatho in Köln war am 24./25. Juli 1911 durch das Spruchkollegium seines Amtes enthoben worden, weil sich der berühmte Prediger, vor allem in seinen Andachten «Fröhlicher Glaube», 1910, den Vorwurf des Pantheismus zugezogen hatte.

[2] Vgl. NW 1911, Juli, S. 258 ff.: «Zur Amtsentsetzung des Pfarrers Jatho.» Ragaz billigt interessanterweise die dogmatische Aussage des Urteils. «Ich selbst kann den Entscheid des Kollegiums auch darum ganz gut verstehen, weil ich seine Opposition gegen die von Jatho vertretene Denkweise so wohl nachempfinden kann ... Manches an seinen (Jathos) Äußerungen hat mich direkt empört, manches ist mir lächerlich erschienen, manches äußerst verworren.» Dennoch lehnte Ragaz die Amtsentsetzung Jathos ab. Jatho als ausgezeichneter Pfarrer sei besser als seine Theologie. Auch sein Pantheismus habe ein gewisses Recht. «Wenn ich die Wahl habe zwischen einem bloß historischen Jesus und dem lebendigen Christus, d. h. der heute und allezeit in der Welt schaffenden Christusidee, so wähle ich diese letztere.» Der Fall Jatho bedeute nun eben doch ein Gericht über das Kirchentum und rufe nach einer nichtkirchlichen Form des Christentums.

³ Nestler stand bei Empfang dieses Briefes unmittelbar vor der Annahme einer Stelle als Sekretär des Christlichen Vereins junger Männer in Plauen im Vogtland, dachte aber daran, später in den Kirchendienst zu treten. Der Ausbruch des Weltkrieges verhinderte ihn daran und später war es ihm innerlich nicht mehr möglich. Vgl. Register der Briefempfänger.

⁴ Alfred Dedo Müller, geboren 1890 in Hauptmannsgrün, Vogtland, von 1917–1927 Pfarrer in Ziegra, Sachsen, von 1927–1930 Pfarrer in Leipzig, seit 1930 Professor für praktische Theologie in Leipzig, seit 1957 im Ruhestand aber mit Fortsetzung der Lehrtätigkeit bis zur Gegenwart. Müller stand Ragaz bis zu dessen Tode nahe, war auch während längerer Zeit ein geschätzter Mitarbeiter der Neuen Wege.

⁵ Curt Schmidt, 1888–1964, geboren in Crimmitschau, Pfarrer in Lauter, Podelnitz, Wurzen und Geithain, gestorben in Berlin-Friedenau.

Brief Nr. 129: An Waldus Nestler

Parpan, 25. August 1911

Lieber Herr Nestler,

Ich muß Ihnen doch noch ein Wort über Ihren Anschluß an die «Religiös-soziale Konferenz» sagen. Herr Pangritz teilt mir mit, daß Ihr ganzer Kreis[1] diesen Schritt überlege. Meine Ansicht darüber ist dies: Mich freut es zunächst herzlich, daß Sie zu uns gehören wollen. Wir können ja zusehen, was daraus werden mag. Jedenfalls ist damit eine Brücke von uns aus nach Deutschland, speziell zu den sächsischen Evangelisch-Sozialen[2] hin, geschaffen. Das schönste wäre natürlich, wenn in Deutschland selbst eine der unsrigen analoge Bewegung entstünde, die sozial entschlossener, d. h. radikaler und religiös einheitlicher, wärmer und tiefer wäre[3] als die Kirchlich-soziale Konferenz[4] und der Evangelisch-soziale Kongreß[5]. Warum sollte Gott solches nicht wirken? Vielleicht werden die Formen anders sein als bei uns, aber der Geist wird wohl ähnlich sein. Wir wollen nichts *machen*[6], wohl aber arbeiten und für Gott bereit sein. Dann wird alles besser und größer kommen, als wir denken, wenn auch nicht ohne Leiden[7].

Leonhard Ragaz

Anmerkungen zu Brief Nr. 129

¹ Pangritz und Nestler hatten unter den Leipziger Kommilitonen ein evangelisch-soziales Kränzchen ins Leben gerufen, das sich eingehend mit Herkners «Arbeiterfrage» befaßte. Brief von Pangritz an Ragaz vom 8. August 1911.

² Ragaz meint wohl die Kreise um Pfarrer Liebster, die in den großen Industriestädten Sachsens wirkten und den Weg zum Proletariat in direkten Diskussionen suchten.

³ Eine solche Bewegung gestaltete sich erst nach dem ersten Weltkrieg, als 1924 die Arbeitsgemeinschaft und 1926 der Bund der religiösen Sozialisten Deutschlands gegründet wurden.

⁴ Die «Kirchlich-soziale Konferenz» war 1897 durch Adolf Stöcker gegründet worden, als er sich vom Evangelisch-sozialen Kongreß gelöst hatte. Sie umfaßte außer den

politischen Anhängern des Hofpredigers auch die an Evangelisation und Gemeinschaftspflege interessierten Kreise. Auf ihren Versammlungen wurde über die christlich-na-
tionale Arbeiterbewegung, über christliche Gemeinschaftspflege, über christliche Ge-
werkschaften usw. diskutiert.

[5] Gegründet 1890 von Stöcker zusammen mit Harnack und anderen. Seit dem Aus-
scheiden Stöckers war der Kongreß in den Händen Naumanns und seiner Freunde. In
der Schweiz warfen die Leute um die Neuen Wege dem Kongreß vor, er bleibe zu sehr
«auf der Basis des politischen und religiösen Liberalismus». (So Sutermeister, NW, 1911,
September, S. 353.) «Der Kongreß verzichtet, wie es scheint, endgültig auf die Aufgabe...
rücksichtslos die letzten Konsequenzen evangelisch-sozialen Denkens zu ziehen» (ebd.).

[6] Ragaz verwahrt sich hier gegen einen Vorwurf, den er von Kutters Seite in jenen
Jahren immer wieder hören mußte: «Nur nicht vor der Zeit in Ungeduld realisieren
wollen, was erst zu seiner Zeit aufgehen will! Gottes Schöpfungen wachsen organisch,
ihren eigenen Gesetzen gehorchend, empor» (Kutter, «Wir Pfarrer», Leipzig 1907, S. 99).

[7] Der Gedanke, daß das Reich Gottes nur durch Leiden gefördert werden könne, ist
typisch für diese Jahre im Leben von Ragaz. Vgl. Biographie, Bd. I, S. 182 f.

Brief Nr. 130: An Prof. Paul Wernle

Zürich, 29. Dezember 1911

Verehrter Herr Kollege,

Ich habe nun Ihr neuestes Buch[1] gelesen, mit großem Interesse und
Gewinn. Es zeigt wieder Ihre glänzende Gabe, das Chaos der Erscheinungen durch große, einfache Linien zu gestalten und dadurch dem Geiste
Herrschaft darüber zu verleihen. Aus dem mit dem letzteren angedeuteten
Grunde ist die Lektüre Ihres Buches eine geistige Lust. Sie leisten damit
aber auch dem gegenwärtigen Leben einen großen Dienst, indem Sie es von
falschen Gebundenheiten befreien, ohne ihm wirklich Wertvolles zu rauben.

Mit alledem bin ich von Herzen einverstanden und freue mich darüber.
Ich bin auch selbst über das alte Schema längst hinaus. Dagegen haben auch
Sie mich nicht davon überzeugt, daß die Reformation, speziell die lutherische, zwinglische und calvinistische, mehr als Nachblüte des Mittelalters,
denn als Anfang der neuen Zeit zu betrachten sei. Es kommt eben darauf an,
worin man die entscheidende Tat der Reformation erblickt. Ich erblicke sie
in der Zerbrechung der Kirche, die freilich, äußerlich betrachtet, nicht
Selbstzweck war, sondern die notwendige Konsequenz des tiefsten religiösen Erlebens der Reformatoren, ja eigentlich in diesem schon enthalten.
Das protestantische Kirchentum, soweit es katholische Art hat, ist aber
Rückfall; ich finde aber für die Entwicklung, die sich seither vollzogen hat,
keine bessere Formel als die, daß sie eine langsame Auflösung der Kirche
bedeutet. Auf diese Linie gehört vor allem der Konflikt zwischen «Glauben
und Wissen», der für die letzten Jahrhunderte so zentral geworden ist. Ich
glaube also, daß Sie mit Troeltsch die Bedeutung der Aufklärung doch etwas

überschätzen. Vielleicht übersehen Sie auch mit ihm ein wenig die Stärke der positiv-religiösen Faktoren, die doch auch in der Aufklärung gewirkt haben und die die Verbindung zwischen ihr und der Reformation herstellen. Diese Verbindung zwischen der Reformation und der neuen Zeit muß ja wohl viel mehr beim religiösen Zentrum gesucht werden als bei den mehr kulturellen Faktoren.

Sie finden es vielleicht etwas komisch, daß ich mir in dieser Frage ein richtigeres Urteil zutraue, als Leute wie Sie und Troeltsch es haben, besser gesagt: daß ich Ihnen darin zu widersprechen wage. Aber meine Einwände sind ja nur ganz anspruchslos gemeint und im übrigen wissen Sie, daß es in solchen Fragen kaum einen wissenschaftlichen Abschluß gibt, daß ein Moment der Geschichtsphilosophie bei ihrer Beantwortung mitspielt. Nochmals vielen Dank!

Es hat mir leid getan, Sie gestern nicht zu treffen. Empfangen Sie mit Ihrer Familie die herzlichsten Wünsche zum neuen Jahr von Ihrem

Leonhard Ragaz

Anmerkung zu Brief Nr. 130

[1] Gemeint ist: Renaissance und Reformation, Sechs Vorträge, Tübingen 1912.

Brief Nr. 131: An Waldus Nestler

Zürich, 11. April 1912

Lieber Herr Nestler,

Sie haben auf den versprochenen Brief lange warten müssen und auch jetzt reicht es nur zu einigen Bemerkungen.

Ich hätte Ihnen zu dem, was Sie in Ihrem Briefe über den Liberalismus[1] bemerken, gern noch einiges gesagt. Ihre Beobachtung, daß es ihm an religiöser Kraft und Wärme fehle, ist mir wie ein Klang aus alten Tagen. Diese Erfahrung ist's, die mich vom Liberalismus, in dem ich aufgewachsen war, weggetrieben hat, bis zum offenen Bruch und Kampf. Jetzt erwarte ich am wenigsten von ihm etwas. Er mag in Deutschland noch eine negative Aufgabe haben, aber zu etwas Weiterem reicht seine Kraft nicht. Das wird sich erst recht zeigen, wenn er einmal gesiegt hat, wenn sie einmal freie Bewegung haben. *Jetzt* lebt er von seinem Gegner. Diese Erfahrung haben wir in der Schweiz gemacht. Unser Liberalismus ist nicht nur völlig unfruchtbar geworden, er ist auch jedem radikalen Fortschritt (im besten Sinne des Wortes radikal), am meisten verschlossen. Er ist satt, philiströs und unduldsam, ähnlich wie die Orthodoxie, nur ohne ihren tieferen Hintergrund. Der

Liberalismus ist wesentlich aus kulturellen Motiven entsprungen; wir aber bedürfen einer Befreiung von religiöser Kraft und Leidenschaft her.

Ich bin mit dem Liberalismus schon lange ganz und gar fertig. Jede andere Art sagt mir mehr zu. Diese Stimmung ist bei mir freilich durch meine persönlichen Erlebnisse bedingt, aber sie ist auch das Ergebnis meines Denkens und ruhigen Beobachtens. Es täte mir darum sehr leid, wenn Naumann nun in den Dienst der religiös-liberalen Agitation treten sollte[2]. Das wäre sein tiefster Fall. Gott bewahre ihn davor! Ich glaube freilich nicht, daß er so etwas tun werde.

Viel eher finden Sie religiöses Feuer bei den Pietisten, Gemeinschaftsleuten und ähnlichen Kreisen; es muß nur aus dem Engen herausgeholt werden; ebenso bei den «Ungläubigen», wenn die einmal erwachen. Hier müssen *wir* anpochen; es wird auf die Länge nicht umsonst sein.

Ich wollte noch auf unsere Debatte über die Reichstagswahlen[3] zurückkommen. Was ich über die Bedrohung der Freiheit durch die Sozialdemokratie gesagt, ist ungenügend. Solche Bemerkungen werden oft etwas zu eilig hingeworfen, weil der Setzer wartet. Doch wissen Sie ja von mir, daß ich die Schattenseiten der Sozialdemokratie auch kenne und darunter leide. Gewiß ist sie im Dogmatismus befangen, besonders die deutsche, aber sie ist doch unsere stärkste Schutzwehr gegen eine eiserne Tyrannei des Geldes, die sonst ganz sicher immer schwerer über uns käme. Ein Freiheitskampf ist sie doch auch und dazu bedarf sie vorläufig der eisernen Disziplin. *Unsere* Freiheitshoffnung geht freilich höher und hat tieferen Grund.

Es «geht» vieles in der Welt. Der englische Kohlenstreik[4] ist nach meinem Urteil das innerlich Bedeutsamste, das unsere Generation erlebt hat. Sehnsüchtig harre ich auf das letzte Licht, das von Gott her in unsere Gärung hereinleuchten muß, glaube aber doch, sein Kommen zu sehen. Wir kommen in der Schweiz mit unserem «religiös-sozialen» Wollen gut vorwärts. Die Arbeiterschaft horcht mit zunehmendem Interesse auf unsere Botschaft. In den Außersihler Kirchen, wo unsere Freunde Tischhauser[5] und Bader[6] predigen, vereinigt sich ein seltsames Publikum, unter dem auch die Anarchisten nicht fehlen. Die Neuen Wege gedeihen. Nur die Theologen nörgeln und gifteln. Sie sind halt immer die Ungläubigsten. Und in den Kreisen unserer Freunde selbst, soweit sie Theologen sind, geht es noch sehr wenig in dem Geiste zu, den wir verkündigen. Da muß noch etwas kommen, das uns bis jetzt fehlt.

Ich freue mich, daß Ihre Arbeit Sie doch recht befriedigt. Meine Beiträge für Ihr Blatt[7] will ich Ihnen sobald als möglich senden. Letzthin war ich in Davos und habe auch Pangritz getroffen. Es geht ihm verhältnismäßig gut, aber leid tun muß er einem doch tief. Denn sicherlich muß er einige Jahre in der Höhe bleiben und eine gewisse Schwäche wird er nicht leicht los werden. Vielleicht daß er eine Pfarrstelle in Graubünden annehmen muß[8]. Wir wollen uns mit den großen und gütigen Absichten trösten, die Gott auf alle Fälle mit ihm hat.

Mir persönlich geht es recht ordentlich. Ich erhole mich *langsam* von der schweren Depression der letzten Jahre. Die Arbeit reibt mich freilich stetsfort fast auf und Abhilfe ist schwer, fast unmöglich. Und des Kampfes ist immer die Fülle. Aber ἐν τούτοις πᾶσιν ὑπερνικῶμεν διὰ τοῦ ἀγαπήσαντος ἡμᾶς[9].

Eine Freude war mir, daß wir diesen Winter etwa 50 Studenten und Auditoren hatten, abgesehen von den Zuhörern der Publika. Ob's so bleibt? Und wenn nur die Qualität auch entsprechend stiege! Doch da gibt es viel, viel Seufzen!

Empfangen Sie die Grüße und Segenswünsche Ihres Ihnen in stets gleicher Liebe zugetanen

Leonhard Ragaz

Anmerkungen zu Brief Nr. 131

[1] Von dem Briefe, auf den sich Ragaz offenbar bezieht, fehlt der erste Teil und damit auch einiges von den Äußerungen über den Liberalismus; das Datum muß Februar 1912 sein; das Problem des kirchlichen Freisinns hatte Nestler aufgegriffen im Zusammenhang mit seiner Arbeit unter der männlichen Jugend in Plauen. Vgl. Register der Briefempfänger.

[2] Naumann hatte im Jahre 1911 wieder begonnen, sich in der «Hilfe» zu kirchenpolitischen Fragen zu äußern. Anlaß dazu gab die Affäre Jatho und in ihrem Gefolge der Fall Traub. Vgl. dazu Theodor Heuss, Friedrich Naumann, Stuttgart und Tübingen, 2. Aufl. 1949, S. 269–279.

[3] Im 2. Heft des Jahrgangs 6 der Neuen Wege waren Kommentare zu den deutschen Reichstagswahlen erschienen, einer von Richard Amstein, einer von Ragaz und ein mit *** gezeichneter, zu dem eine redaktionelle Anmerkung sagt, er stamme aus einem Privatbrief an einen der Redaktoren und sei im «roten Königreich», also in Sachsen, geschrieben worden. Dieser anonym gedruckte Brief ist Nestler zuzuschreiben, wie aus der Gegenkorrespondenz hervorgeht. Nestler hatte Bedenken geäußert, ob die siegreiche Sozialdemokratie mit ihrem eisernen Zwang und starren Dogmatismus schon reif für eine politische Rolle in einem freiheitlichen Staat sei. Ragaz hatte darauf entgegnet, daß er über das Zeichen der Zeit, welches der Sieg von Zentrum und Sozialdemokratie bedeute, hoch erfreut sei (Vgl. Zitat, Biographie, Bd. I, S. 121). Aber auch er befürchtete ungünstige Auswirkungen des Resultats, jedoch vor allem für die schweizerische Arbeiterbewegung, die aus den Erfolgen der deutschen zur Nachahmung von deren Methoden verleitet werden könnte. Gegen den Vorwurf, ihr Dogmenzwang bedrohe die Freiheit, hatte er aber die SPD in Schutz genommen.

[4] Nachdem schon 1911 die Bergwerkarbeiter im Minendistrikt von Südwales gestreikt hatten, ereignete sich 1912 der große nationale Kohlenarbeiterstreik. (Vgl. G. D. H. Cole, History of Socialist Thought, Vol. III, S. 224.) Ragaz widmete ihm einen Artikel: «Die Lehren des englischen Kohlenarbeiterstreiks», NW 1912, April, S. 155 ff. Er hielt es für den entscheidenden Punkt, daß die englische Arbeiterschaft mit zunehmendem Wohlstand die Kampfeslust nicht verloren hatte. Das bedeutete eine Desavouierung der orthodoxen Marxisten und eine Bestätigung des Glaubens an die ideellen Kräfte in der Arbeiterbewegung.

[5] Emanuel Tischhauser, 1868–1943, 1893–1907 Pfarrer in Seewis, 1907–1911 in Pratteln, 1911–1942 in Zürich-Außersihl. Tischhauser gehörte der sozialdemokratischen Partei an und war in jenen frühen Jahren an der religiös-sozialen Bewegung führend beteiligt.

[6] Hans Bader, 1875–1935, 1899–1902 Pfarrer in Peist GR, 1902–1911 in Degersheim, wo er die erste religiös-soziale Zusammenkunft beherbergte (vgl. Biographie, Bd. I,

S. 135 f.), 1911–1928 Pfarrer in Zürich-Außersihl und 1928–1935, nach der Teilung dieser Gemeinde, in Zürich-Industriequartier.

[7] Nestler redigierte den «Monatsanzeiger des Christlichen Vereins junger Männer in Plauen i. V.». Zu Ragaz' Beitrag vgl. unten Brief Nr. 132, Anm. 1.

[8] Ragaz machte Pangritz im Januar 1913 auf eine freiwerdende Stelle in Churwalden aufmerksam. Als daraus nichts wurde, kehrte Pangritz nach Sachsen zurück und legte dort sein zweites theologisches Examen ab.

[9] Aber in diesem allem überwinden wir weit durch den, der uns geliebt hat. Röm. 8, 37.

Brief Nr. 132: An Waldus Nestler

Zürich, 22. Juli 1912

Lieber Herr Nestler,

Endlich kommt wenigstens der Artikel über Pestalozzi[1]. Wenn Sie ihn nur auch brauchen können und er Ihnen nicht vielmehr eine Verlegenheit ist. Bitte seien Sie darin ganz ehrlich und schicken Sie ihn mir ruhig zurück, wenn er Ihnen nicht paßt. Oder haben Sie etwa gar den Plan aufgegeben?

Wie geht es Ihnen? Von dem Vortrag, den Sie letzthin in Leipzig gehalten haben[2], hat mir ein junger Schweizer voll Freude geschrieben, weniger freudig freilich von der Diskussion. Hoffentlich werden Sie nicht geächtet.

Gegenwärtig machen wir in aller Stille einen interessanten Konflikt durch. Der evangelisch-soziale Kongreß[3] lehnt die Beteiligung an dem internationalen Kongreß[4] für soziales Christentum ab, wenn dort das Thema: «Die Kirche und der Militarismus» verhandelt werde. Wir aber machen daraus eine Prinzipienfrage; es muß möglich sein, über das Thema auf dem Kongreß zu reden, wenn er nicht eine Farce werden soll.

Hier in Zürich ist infolge eines Generalstreikes[5] die Situation so zugespitzt, daß der Bürgerkrieg vor der Türe steht. Der Streik war wohl nicht ganz geschickt (er wickelte sich indes mit außerordentlicher Ruhe ab und dauerte nur einen Tag), aber wie nun das Bürgertum vorgeht, das ist unerhört[6]. Überhaupt: die Dinge spitzen sich überall zu. Mich freut das nur, denn so müssen die Gemüter erwachen.

Herrn Pangritz geht es unerwartet gut. Die Leidenszeit hat ihm sicherlich genützt.

Ich schicke Ihnen als specimen meiner sozialen Arbeit einen Vortrag über die Prostitution[7]. Diese Sache macht mir viel zu schaffen. Es ist ein großer Kampf.

Herzlich grüßend bleibe ich

Ihr Leonhard Ragaz

Anmerkungen zu Brief Nr. 132

[1] Erschienen im Monatsanzeiger des Christlichen Vereins junger Männer in Plauen i. V., 1913, Nr. 6. Bibl. C IV 12.

² Wird in der Antwort von Nestler nicht erwähnt.

³ Vgl. oben, Brief Nr. 129.

⁴ Dieser sollte am 27.–30. September 1914 in Basel stattfinden. Er war an der internationalen Tagung in Besançon geplant worden; dem Initiativkomitee gehörten aus dem Kreis der Neuen Wege folgende Persönlichkeiten an: Ragaz, Liechtenhan, K. v. Greyerz und Frau Pieczynska aus Bern. Kutter fehlte auch unter den Persönlichkeiten, die den Aufruf unterstützten. Im definitiven Programm lautet das Hauptthema: «Christentum und Weltfriede» statt «Christentum und Militarismus»; für das deutschsprachige Referat hatte Martin Rade gewonnen werden können. Von den Leuten des Evangelisch-sozialen Kongresses unterstützten Naumann, Liebster, Schneemelcher, Traub, Troeltsch und Ad. Wagner den Aufruf, nicht aber Harnack, der Präsident. Vgl. Kapitel 1 des demnächst erscheinenden II. Bandes der Biographie.

⁵ Gemeint sind der «rote Freitag», 12. Juli 1912 und die folgenden 3 Tage. Ragaz äußerte sich zu diesem Arbeitskampf in den Neuen Wegen 1912, August, S. 291 ff. unter dem Titel «Zum Zürcher Generalstreik». Vgl. Biographie, Bd. I, S. 184 ff.

⁶ Ragaz meint das Truppenaufgebot der Zürcher Regierung und die militärische Besetzung des Volkshauses.

⁷ «Die Prostitution, ein soziales Krebsübel. Vortrag.» 1912, Verlag der Buchhandlung des schweiz. Grütlivereins, Zürich. Siehe Bibl. A I 15.

Brief Nr. 133: An Max Gerber

Zürich, 22. Oktober 1912

Lieber Herr Gerber,

Ihr Brief ist mir in den schweren Tagen[1], die ich nun durchmache, ein großer Trost gewesen; ich danke Ihnen dafür von ganzem Herzen. Ja, das ist meine Hoffnung: eine neue Generation, die uns aus dem Sumpf heraus führt. Ich glaube sie kommen zu sehen, langsam, und in dem Maße, als die Lage sich zuspitzt, wird das Tempo ihres Anrückens sich beschleunigen.

Die Generalstreiksache ist über mich als ein Stück «Schicksal» gekommen, zu einer Zeit, wo ich am wenigsten an einen derartigen Kampf gedacht hätte. Sie hat infolge verschiedener, nicht vorauszusehender Umstände eine ungeahnte Tragweite angenommen. Mich kostet sie *sehr* viel, aber ich habe Beweise dafür, daß der Preis nicht umsonst gezahlt ist. Gott wird, hoffe und glaube ich, etwas Gutes daraus werden lassen.

Eine Wohltat ist auf alle Fälle schon die tiefe Erregung der Gemüter über einen bedeutsamen Gegenstand. So werden die Menschen aus Materialismus, Sinnlichkeit und Ästhetentum aufgerüttelt. Der Boden wird tief gepflügt und die Saat wird hoffentlich nicht fehlen.

Daß Sie nach Italien gegangen seien, habe ich angenommen. Leid tat's mir schon, daß Sie nicht an den Heinzenberg[2] kamen; es wäre für mich eine sehr liebe Anknüpfung an meine eigenen Pfarreranfänge gewesen. Natürlich gönne ich Ihnen aber Italien von Herzen. Sie sind nun in eine von der bisherigen völlig verschiedene Atmosphäre geraten und werden wohl neben der Freude des Aufnehmens auch viel Kampf mit dieser neuen Welt erleben. Mich verbinden mit Florenz und Rom gar helle Erinnerungen[3], namentlich mit Florenz.

Nehmen Sie Ihre Gesundheit in acht; besonders Rom ist gefährlich. Ein Zimmer mit *Ofen* haben wir Nordländer fast so nötig wie ein warmes Bett. Das italienische Wasser und die frischen Feigen sind sehr mit Vorsicht zu genießen[4].

Gerne werde ich Ihnen Material zu Ihrer Arbeit[5] liefern, wenn mir solches in die Hände fällt. Ich freue mich sehr, daß sie gedruckt wird. Das ist eine gar wichtige Sache und ein frischer Ton sehr notwendig.

Wir haben das Semester schon letzte Woche begonnen. Die Vorlesungen sind ordentlich, die Seminarien gut besucht. Ich erwarte ein ruhiges Semester, da ich alle Vorträge abgelehnt habe, das Pensum leicht und nicht so sehr mannigfaltig wie gewöhnlich ist. Ich lese nun, aus der Not eine Tugend machend, eine besondere «christliche Ethik»[6], die uns hoffentlich sehr stark in den Kampf der Gegenwart hinein führen soll.

In der Hoffnung, gelegentlich wieder etwas von Ihnen hören zu dürfen, bleibe ich, herzlich grüßend und Ihnen viel Gutes wünschend

Ihr Leonhard Ragaz

Anmerkungen zu Brief Nr. 133

[1] Der Generalstreiksartikel Ragaz' war ohne dessen Wissen von der Zürcher Sozialdemokratie in einer großen Auflage verbreitet worden. Darauf hatte sich in der ganzen bürgerlichen Presse der Schweiz eine Welle der Empörung gegen den «Generalstreikstheologen» erhoben, und der Zürcher Regierungsrat Mousson hatte Ragaz im Kantonsrat offiziell als Lügner bezeichnet (Neue Zürcher Zeitung, 7. Oktober 1912, Nr. 279). Vgl. dazu Biographie, Bd. I, S. 188.

[2] Dort war durch den Weggang Emil Camenischs (1874–1958), als Nachfolger Möhrs (vgl. oben, Brief Nr. 108), 1899–1912 Pfarrers in Flerden, die Gemeinde erneut verwaist. An die Stelle Camenischs trat nun als dritter Nachfolger Ragaz' Karl Wagner, geb. 1887.

[3] Die Hochzeitsreise des Jahres 1901 hatte die Jungvermählten dorthin geführt. Vgl. Mein Weg, Bd. I, S. 215 ff.

[4] Die Ermahnungen, die sich auf Gerbers Gesundheit beziehen, sind die Antwort auf eine Mitteilung Gerbers, daß Klima und Nahrung in Florenz bei ihm ein andauerndes Unwohlsein veranlaßten.

[5] Die von Gerber in seinem Brief aus Florenz vom 9. Oktober 1912 angekündigte Broschüre erschien unter dem Titel: «Militarismus und Demokratie» (Heft 24/25 der von Paul Pflüger herausgegebenen «Sozialpolitischen Zeitfragen», Grütliverein, Zürich) und wurde von Ragaz in den Neuen Wegen (1913, Juli, S. 300 ff.) besprochen.

[6] Zum erstenmal unter diesem Titel im Wintersemester 1912/13 gelesen. Diese Neufassung enthält wesentliche Änderungen gegenüber der ersten. Vgl. Biographie, Bd. I, S. 235–239.

Brief Nr. 134: An Waldus Nestler

Zürich, 23. Oktober 1912

Lieber Herr Nestler,

Wenn es auch nicht zu einem ordentlichen Briefe reicht, so soll mein Dank doch nicht länger warten. Sie haben uns mit den Photographien *große* Freude gemacht. Auch Frau und Kinder lassen vielmal danken. Es wird eine gar liebe Erinnerung sein.

Wir haben droben[1] erst im Oktober wirklich schöne Tage gehabt und auch dann nicht zu viele. Dazu tobte der Generalstreiksturm weiter bis auf diesen Tag. Es will keine Ruhe geben. Ich habe ungeheuer viel Gemeinheit erfahren, bin aber meiner Sache jetzt sicherer als je. Leute, die es genau wissen, haben mir gesagt, daß der (von mir übrigens gar nicht beabsichtigte) Eindruck auf die Arbeiterschaft geradezu erschütternd gewesen sei. Diese einzige Leistung wäre ein halbes Leben wert[2]. Es ist auch ganz erstaunlich, wie das religiöse Erwachen der Arbeiterschaft vor sich geht. Bei uns heißt's jetzt bloß: «Bittet den Herrn der Ernte, daß er Arbeiter sende in seine Ernte.[3]»

Draußen aber tobt der alte Kampf weiter. Ich meine, je wüster, desto besser. Denn desto rascher kommt die Krise. Aber freilich ist dann mit moderner Theologie und Liberalismus nicht geholfen. Wenn ich Ihnen einen Rat geben dürfte, wäre es der: Verschießen Sie Ihr Pulver nicht in *diesem* Kampf, der größere und bessere wird in nicht zu ferner Zeit kommen.

Vielen Dank für den Artikel von Wegener[4]. Wirklich groß und tapfer. Ich begreife auch nicht, warum er kampflos geht. Da müssen ganz individuelle Gründe entschieden haben.

Der Balkankrieg[5] – was mag er bedeuten? Wird er den Geist des Imperialismus vermehren, oder ihn zu Schanden machen? Wir wollen vertrauen, daß er in Gottes Hand Mittel eines Fortschrittes zu seinem Reiche hin werden müsse. Stürme sind eigentlich immer besser als Stagnation, und die große Erregung der heutigen Welt wird wohl zu den Geburtswehen der Erneuerung gehören, derer wir warten.

In herzlichem Gedenken

Ihr Leonhard Ragaz

Anmerkungen zu Brief Nr. 134

[1] In Parpan.

[2] Diesen Ausspruch hatte Jean Matthieu (vgl. unten, Brief 137, Anm. 5) von einem «führenden Genossen» in der Buchhandlung des Grütlivereins gehört. Vgl. «Essor», 23. November 1911 und Biographie, Bd. I, S. 187.

[3] Mt. 9, 37.

[4] Pfarrer in Brandenburg a. H., konfirmierte 1912 auf Grund der Straßburger, nicht der preußischen Agende, das heißt ohne den vorgeschriebenen Gebrauch des Apostoli-

kums. Ein Disziplinarverfahren führte nicht zu seiner Entlassung, sondern nur zur Anweisung, sich in Zukunft der preußischen Agende zu bedienen. «Alle weiteren Nachrichten sind erfunden, besonders die von Wegeners freiwilligem Rücktritt» (Chronik
der Christlichen Welt 1912, S. 391). Der angeführte Artikel «Priester und Prophet»
steht in Christliche Welt 1912, S. 736.

[5] Der Balkanvierbund (Serbien, Bulgarien, Montenegro und Griechenland) hatte im
Oktober der Türkei den Krieg erklärt (1. Balkankrieg).

Brief Nr. 135: An den Redaktor des Essor[1]

La lettre du pasteur Kutter[2], publiée dans *l'Essor*, au sujet de mon attitude lors de la grève générale de Zurich, m'a causé une pénible surprise.
Je regrette vivement que M. Kutter ait choisi ce moment pour donner une
large publicité, et cela dans un organe qui ne se trouvait nullement indiqué,
à de vieilles divergences qui, du reste, n'ont pas tant d'importance qu'il
paraît. Je regrette surtout que M. Kutter, tout en se déclarant mon ami,
montre si peu de compréhension pour mes mobiles et mes actes. Ce qu'il dit
de mon article sur la grève générale est contredit par les faits. Il n'est pas
vrai que j'ai «glorifié» la grève générale comme telle. On lit textuellement
dans mon article: «Cependant, cette manière d'agir *n'était pas justifiée*.»
Comment peut-on dire que je «glorifie», ce que je déclare n'être pas justifié?
J'ai simplement affirmé qu'il s'était produit à cette occasion des choses
grandes et *belles*, et je le maintiens plus énergiquement que jamais. J'ai encore
moins affirmé que cette grève marquait la venue du royaume de Dieu. Il faut
grossièrement se méprendre sur ma pensée pour l'interpréter ainsi. L'on
peut tout au plus voir dans mes paroles l'affirmation que la grève est utile
au règne de Dieu comme des ouragans peuvent l'être aussi. Je disais ex-
pressément que cet événement est un indice de la profonde désorganisation
de la société actuelle et que la raison en est que Dieu a été mis de côté.
J'affirmais que nous ne pouvions espérer de secours que d'un *changement
d'attitude* complet et que nous avions besoin d'une *renovation religieuse* radi-
cale. Tout cela, je l'ai dit et, si l'on n'en a pas tenu compte, ce n'est pourtant
pas ma faute. Pour moi, c'est cette partie de mon article qui était l'essentiel.
Si l'on ne m'a pas compris, M. Kutter peut moins que tout autre me le
reprocher, car il sait bien que, malgré tous ses efforts, il n'a pas été toujours
compris lui-même. Il devrait se garder aussi de me reprocher de glorifier
l'action du parti socialiste, car personne n'a davantage (et comment!) glorifié
le socialisme[3] que M. Kutter. Et il l'a fait malgré ses imperfections. S'il y a
eu du «péché»[4] dans la grève générale, c'est qu'il y en a aussi dans tout le
mouvement socialiste. N'est-ce pas précisément cette glorification du socialisme par M. Kutter qui a provoqué tant de malentendus au sujet de
notre attitude? J'espère me faire comprendre: Je sens très bien dans quel

sens M. Kutter le prend; je veux dire seulement qu'il a moins que personne le droit de faire des reproches à autrui s'il y a malentendu.

M. Kutter paraît, du reste, reconnaître (du moins ne pas nier) que mon attitude dans cette affaire m'a été dictée par des mobiles élevés. Mis ainsi en demeure de la faire, si pénible que cela soit, je dois expliquer que mon attitude dans la grève générale vient précisément de mon attitude à l'égard de Jésus, et – ce qui au fond revient au même – à l'égard de Dieu. Pour agir comme j'ai fait, il m'a fallu un plus grand effort de foi que pour prononcer des centaines de prédications ou de discours. M. Kutter soutient qu'il ne s'agit pas de prendre position lors d'un événement spécial, mais en regard du problème total. Je ne comprends pas, car lui-même ne se conforme pas à cette règle dans ses prédications et, lors de la grève d'Albisrieden[5], par exemple, il a lui-même pris parti exactement comme je l'ai fait. Du reste, le point de vue qu'il soutient maintenant est, à ce qu'il me paraît, absolument faux. C'est plutôt le contraire qui est vrai: Tant qu'on se contente de parler d'une façon générale, on remue bien peu l'opinion, quelle que soit la violence d'expression qu'on y mette; mais lorsqu'on s'en prend à un fait concret, dans une situation déterminée, cela devient sérieux, peut-être tragique. Les mots répondent alors à la *réalité*; on se fait écharper mais on en a fini avec ce qui n'est qu'un pur verbiage. Trop souvent, quand nous parlons de Dieu du haut de la chaire on ne nous prend pas vraiment au sérieux. Nous savons tous combien il est difficile de rompre le cercle conventionel dans lequel on voudrait nous enfermer. Mais une fois sur le terrain des faits, ce que nous avons a dire sur Dieu, le royaume de Dieu, la foi, l'amour prend toute sa signification, sa portée tragique. Nous devons sans doute rendre notre témoignage en toute occasion pour Dieu et contre les injustices de l'ordre actuel – je le fais aussi – mais ce témoignage est donné tout entier, *concentré* si l'on peut dire dans notre attitude en face des événements, où Dieu intervient. On peut dire que, dans le service de Dieu, saisir l'occasion, c'est tout (der Augenblick ist Herr und König) et c'est en cela que réside la responsabilité du ministère.

Du reste, nombreux sont ceux qui ont bien compris mon attitude. Beaucoup d'entre les plus sérieux et les plus pieux me l'ont affirmé. Ils se sont rendu compte que je visais à tout autre chose qu'à faire de la politique et à pousser en avant le socialisme. Les ouvriers aussi l'ont bien compris; je le sais pour un grand nombre d'entre eux; et ce fut pour moi une joyeuse surprise de l'apprendre. Entre beaucoup de preuves que je pourrais donner, je mentionne ces paroles caractéristiques d'un de leurs chefs[6]: «Votre attitude a fait plus de bien à la cause de la religion que mille prédications. La masse du peuple a repris confiance.»

C'est à la lumière de ces faits qu'il faut se demander si j'ai réellement causé un «grave préjudice» à la cause. Sans doute, beaucoup se sont scandalisés; l'un ou l'autre s'est écrié: «Je ne veux plus entendre parler du christianisme social.» Mais d'autre part, d'autres ont été gagnés. Ainsi, le trouble qui a été jeté dans les consciences ne peut que profiter à notre cause. Si j'ai causé «un grave préjudice» c'est à ma situation personnelle[7]; pas à la cause que je défends. Doit-on, dans ce domaine, juger d'après le succès apparent? Il s'agit de foi. Comment douter du succès final? Dira-t-on d'un mouvement qu'il est en dehors de Dieu parcequ'il rencontre l'opposition?

Mon intention n'est pas de «glorifier» ma conduite; mais j'étais forcé de répondre à une accusation qui me paraît injuste. Je puis errer, je le sais; mais je ne suis pas seul dans ce cas.

Pour finir, je voudrais revenir sur la formule proposée par M. Kutter. Nous ne devons pas aller du socialisme au royaume de Dieu, mais du royaume de Dieu au socialisme. Il est parfaitement inutile de le dire. *Personne de nous n'a jamais présenté le socialisme comme étant déjà le royaume de Dieu.* Nous avons cent fois repoussé cette conception fausse[8], et je regrette que M. Kutter ait donné l'impression qu'il y en a parmi nous qui la partagent. Nous savons qu'un nouveau monde ne peut venir que de Dieu, produit par la puissance vivante de Dieu. Je ne fais que répéter cela. Seulement cela n'exclut point que nous considérions le socialisme comme un acheminement au royaume de Dieu, M. Kutter, du reste, tout comme nous.

En ceci il n'y a pas de divergence entre nous. Où réside-t-elle donc? M. Kutter insiste davantage sur «l'attente en repos et l'espérance», nous, par contre, davantage sur l'effort et la lutte. Mais même cette différence n'a pas l'importance que leur attribue mon contradicteur, comme je le disais en commençant. Il sait très bien, d'une part, que l'éffort et la lutte sont nécéssaires; d'autre part, nous aussi, nous croyons que tout vient de Dieu. Il y a, tout au plus, une différence de tempérament, de disposition, dont il ne faut pas faire une divergence de principes, comme si d'un côté, il y avait: Dieu, et de l'autre: socialisme. Car cela ne répond pas à la situation.

Et ceci nous amène au point le plus épineux. M. Kutter a de la peine a admettre qu'on puisse avoir une idée de Dieu et du service qu'il réclame différente de la sienne. Son attitude[9] rend tout travail en commun très difficile, et notre cause s'en est fortement ressentie; c'est ici qu'un changement devrait intervenir. Nous avons toujours été disposé à respecter sa manière de comprendre et d'agir; nous lui demandons d'en faire autant à notre égard.

Nous ne voulons pas rétablir sur ce terrain sacré du service de Dieu l'esprit d'autorité dictant ses dogmes. Dieu a besoin de tous ses serviteurs, quelque divers qu'ils soient; Dieu est plus grand que notre cœur; pourvu seulement que notre cœur soit sincère.

Leonhard Ragaz

Anmerkungen zu Brief Nr. 135

[1] Die wöchentlich erscheinende Zeitschrift L'Essor (Vallorbe, seit 1906) hatte sich ursprünglich den Kampf gegen den Materialismus, gegen die religiöse Indifferenz und zugleich gegen den Katholizismus zur Aufgabe gemacht (Vgl. Jakob Ragaz, Die Ar-

beiterbewegung in der Westschweiz, Aarau 1938, S. 164). Redaktor war Pfarrer Paul Sublet. Sie wurde immer mehr zum Organ der welschschweizerischen Chrétiens sociaux und es bestanden Querverbindungen zu den Neuen Wegen, vor allem in der Person von Jean Matthieu (Vgl. unten, Brief Nr. 137, Anm. 5). Dieser hatte im Essor in seiner «Chronique zurichoise» über den Generalstreik berichtet.

An welchen Redaktor des Blattes der vorliegende Brief gerichtet ist, kann nicht mehr festgestellt werden, da das Original nicht erhalten zu sein scheint. Er wurde in Nr. 49 des 7. Jahrgangs publiziert unter dem Titel: «Socialisme et royaume de Dieu», eingeleitet durch eine kurze redaktionelle Notiz, gezeichnet Ch. J.

[2] Publiziert im «Essor», 30. November 1912, datiert vom 23. November 1912 aus Zürich. Kutters Schreiben hatte folgenden Wortlaut gehabt (Die deutschen Ausdrücke in Klammern hatte der übersetzende Redaktor aus dem deutschen Original übernommen, um die Nuancen des Textes möglichst präzis wiederzugeben):

Monsieur le Redacteur,

Dans le dernier numéro de l'*Essor*, un correspondant de Zurich s'arrête à l'article de Monsieur Ragaz sur la grève générale et exprime son étonnement que des amis de celui-ci, «à ce qu'on dit», aient désapprouvé son attitude; il ajoute qu'il ignore complètement quels peuvent bien être ces amis.

Eh bien! j'en suis de ces amis, et en première ligne.

Mon opinion est que, par son article, M. Ragaz a causé un grand préjudice (schwer geschadet) à notre cause. Je dis cela, non que je pense que la bourgeoisie n'a pas mérité cette grève générale, ou que je trouve l'article de M. Ragaz trop violent, mais au contraire, parcequ'il était trop faible. Voici ce que je veux dire: magnifier, comme il l'a fait, une étape isolée dans la grande marche en avant du prolétariat est une erreur; cela ne peut que diminuer et affaiblir l'insistance passionnée que nous devons mettre, *par principe et en toute occasion*, à nous insurger, par nos paroles et nos actes, contre l'ancien ordre de chose. Nous ne voulons pas glorifier les crises occasionnelles qui se produisent dans cette grande lutte, crises dans lesquelles se manifestent tant de passions humaines, et, pour tout dire, tant de péché; nous ne voulons pas être les hérauts annonçants la démocratie sociale, mais les hérauts de la *cause de Dieu*; cette cause que l'on voit poindre déjà derrière ces crises, c'est ce que nous devons proclamer, la gravant en quelque sorte dans la conscience de la société tout entière. Il ne nous est pas permis, dès lors, de parler d'une grève particulière en termes qui feraient supposer que nous voyons, dans cette grève, la venue du royaume de Dieu. Mais nous devons, en toute occasion, parler avec tant d'énergie du royaume qui vient, qu'il n'a pas besoin de l'excitation d'une grève générale pour que notre protestation contre notre société asservie à Mammon se fasse clairement entendre. Autrement nous ferons croire, ce qui serait déplorable, que le socialisme se confond pour nous avec le royaume de Dieu.

Evidemment, telle n'était pas l'intention de M. Ragaz. Mais son article marque si peu le caractère absolu du royaume de Dieu et reflète au contraire tellement l'impression produite sur le moment par la grève, que je ne puis m'empêcher de lui reprocher de s'être laissé entrainer, malgré lui, à donner gloire, non à Dieu et à l'Evangile, mais au socialisme. Remarquez que j'accorde au socialisme tout l'honneur qui lui revient; seulement je dis que nous n'avons pas le droit d'abaisser l'idéal éternel qui constitue notre but. Or, dans l'article en question, l'évocation du royaume de Dieu devait paraître aussi bien aux amis qu'aux adversaires, comme une manière de consécration religieuse donnée à la grève générale, une sorte de nimbe idéal donc le moyen pour atteindre un but, la chose secondaire et non plus l'essentiel. C'est là un abandon de notre cause, une défection, même si l'intention n'y est pas. Il faut nous placer tout à fait au centre de l'Evangile, et notre radicalisme religieux, intégral et universel, n'aura pas à s'appuyer sur un radicalisme politique quelconque. M. Ragaz avait opéré le mélange avec un radicalisme politique d'une couleur même très accentuée.

Pour résumer, je dis que nous devons aller du royaume de Dieu au mouvement ouvrier et non du mouvement ouvrier au royaume de Dieu. C'est *toujours*, encore une fois, qu'il faut présenter ardemment notre idéal social et non pas seulement dans quelques occasions spéciales. Prôner le socialisme ne peut nous servir de rien; bien au contraire, cela nuit à notre cause en détournant l'attention du public du but véritable qui est bien plus haut.

Nous devons nous placer uniquement au point de vue de Dieu (unsern Standpunkt in Gott allein nehmen) si nous ne voulons pas être infidèles – comme les amis d'Allemagne – à notre véritable mission. C'est ce que je dois crier bien haut aujourd'hui, quand je vois mes amis chrétiens-sociaux en danger d'être absorbés par le socialisme proprement dit.

Celui qui écrit ces lignes a combattu en faveur du socialisme devant le public plus que tous les chrétiens sociaux les plus radicaux. Il espère bien, en conséquence, que ses paroles ne seront pas prises comme une recommandation d'être moins hardi. Au contraire, ce n'est pas moins fort, c'est plus fort qu'il faut frapper.

Recevez, etc.   Hermann Kutter, pasteur

Die Stelle über die «amis d'Allemagne» scheint sich auf den Naumannkreis zu beziehen und dessen Beteiligung an der praktischen Politik anzuvisieren.

[3] Ragaz meint die bekannten Stellen aus «Sie müssen!» Vgl. oben, Brief Nr. 77.

[4] Vgl. die Stelle im oben wiedergegebenen Brief Kutters.

[5] Am 15. Juni 1906 waren die 67 Arbeiter der Automobilfabrik Arbenz in Albisrieden in den Streik getreten. Vgl. die Festschrift «Aus der Geschichte der Zürcher Arbeiterbewegung», Zürich 1948, S. 244f.

[6] Vgl. oben, Brief Nr. 134 und Anm. 2 zu Brief Nr. 134.

[7] Ragaz hatte nicht nur den oben, Brief 133, dargestellten Sturm in der Öffentlichkeit auszuhalten, sondern es wurde auch vorgeschlagen, ihm seine Professur zu nehmen. In der «Bülach-Dielsdorfer-Wochenzeitung» hatte Redaktor J. Bopp vorgeschlagen, ihn «aus den Hallen hinwegzuweisen, in denen man Lehrer des Volkes erzieht» (13. August 1912). Ragaz war nun mindestens gesellschaftlich gleichsam geächtet. «Mein damaliges Auftreten ... zerstörte für immer meine immer noch große Beliebtheit bei einem Teil des Bürgertums und machte mich zum gefürchtetsten und gehaßtesten Mann der Schweiz» (Kleine Autobiographie, publiziert in Markus Mattmüller, Leonhard Ragaz und der religiöse Sozialismus, Bd. I, S. 245).

[8] Die soziale Bewegung war für Ragaz nur ein Zeichen der Zeit und ein Anruf an die Zeit, nicht aber identisch mit dem Reich Gottes. Vgl. NW 1912, Januar, S. 3 und Dezember, S. 483 (das Gottesreich «schließt zwar den Sozialismus ein» ist aber «noch sehr viel mehr, als was man unter Sozialismus versteht» ... «Immer wieder taucht die törichte Bemerkung auf, wir meinten, und sagten gar, die Sozialdemokratie oder der Sozialismus sei das Gottesreich»).

[9] Diese bittere Stelle meint nicht nur Kutters Haltung im Generalstreik von 1912, sondern jene Differenzen in den Anschauungen, die in den vorangegangenen Jahren die Arbeit der religiös-sozialen Bewegung erschwert hatten: Kutters Abneigung gegen die Beteiligung von Laien (vgl. oben, Brief Nr. 112) und seine Haltung in der religiös-sozialen Internationale (vgl. Biographie Bd. I, S. 177f.).

Brief Nr. 136: An Pfarrer Paul Trautvetter

Zürich, 14. Februar 1913

Lieber Herr Trautvetter,

Ihr Brief und Ihr Aufsatz sind mir beide eine große Freude und Herzstärkung gewesen. Ich danke Ihnen warm dafür. Der Aufsatz[1] ist nach Form und Gehalt gleich ausgezeichnet. Er ist so wertvoll, daß ich den Verdacht hege, die Redaktion habe die Idées de demain[2] hinzugefügt, um seine Wirkung etwas abzuschwächen. Daß ich mit dem Geist und Wollen Ihrer Arbeit gleich einverstanden bin, brauche ich Ihnen wohl kaum zu sagen. Natürlich ließe sich über die Schwierigkeiten, die der demokratischen Idee begegnen, noch manches sagen, aber an dem Ideal selbst ist nicht zu rütteln. Mir ist es auch eine Freude, daß im Zentralblatt der Zofingia solche Dinge zu lesen sind. Der Aufsatz reiht sich an die von Gerber/Vollenweider[3] und Pestalozzi[4]. Es scheint fast, als ob sich auch sonst in der Studentenschaft das Streben regte, am tieferen Leben der Zeit teilzunehmen. Die hiesige Freistudentenschaft[5] diskutiert über den Sozialismus, und gestern hat ihr Greulich[6] einen Vortrag über Recht und Macht[7] gehalten.

Erst aus Ihrem Briefe erfahre ich, daß Sie inzwischen wohlbestallter Pfarrer[8] geworden sind. Ich hätte sonst nicht verfehlt, Ihnen meine warmen Segenswünsche zu senden. Jedenfalls werde ich Ihrer Arbeit stets mit der herzlichsten inneren Teilnahme gedenken. Ihre Gefühle verstehe ich nur zu gut. Es ist schwer, daß wir immer so stark mit unserer Person zahlen müssen. Aber darüber steht doch noch der Trost, daß es letztlich bloß auf unsere *Treue* ankommt, oder besser: auf unser *Vertrauen*. Es ist unser großer Kampf, daß wir dieses feststellen. Wo es gelingt und in dem Maße als es gelingt, geschieht immer noch das *Wunder!*

Ich erlaube mir, Ihnen eine Predigt[9] beizulegen, die ich letzthin gehalten habe. Sie enthält unausgesprochen einiges von dem, was mich in den letzten schweren Zeiten bewegt und geleitet hat.

In der Hoffnung, Sie gelegentlich wieder einmal sehen zu dürfen, bleibe ich

Ihr Leonhard Ragaz

Anmerkungen zu Brief Nr. 136

[1] «Kritische Betrachtungen über die Schweizerische Demokratie», Centralblatt des Schweizerischen Zofinger-Vereins, November 1912, S. 76–99. Referat für die Zentraldiskussion vom 13. Juli 1912 in Zofingen.

[2] So hieß eine Zeitschrift, welche der «Groupe franco-suisse d'Action française» herausgab und in welcher stark gegen die deutschfreundliche Haltung der Ostschweiz Stellung genommen wurde. Vgl. dieselbe Nr. des Centralblattes des Schweizerischen Zofinger-Vereins.

³ Doppelkorreferat von Max Gerber und Otto Vollenweider. Über Max Gerber vgl. Register der Briefempfänger. Dr. phil. Otto Vollenweider, geb. 1887, 1909 gewählt als Stenograph der Bundesversammlung, von 1922 bis 1952 Chef des Stenographendienstes der Bundesversammlung. Die beiden Korreferate wurden gehalten an der gemeinsamen Zentraldiskussion der Sektionen Basel und Zürich des Schweizerischen Zofinger-Vereins am 21. Januar 1912 in Brugg, wiedergegeben im Centralblatt des Schweizerischen Zofinger-Vereins, Mai 1912, S. 620–674, unter dem Titel «Der Militärdienst in der Schweiz».

⁴ Dr. phil. Theodor Pestalozzi, 1889–1936, von 1918–1930 Geschichtslehrer an der Kantonsschule Schaffhausen, von 1930 bis zu seinem Tode Geschichtslehrer an der Töchterschule der Stadt Zürich. Es läßt sich nicht mehr nachweisen, was für ein Artikel von Pestalozzi gemeint war, da im Centralblatt des Schweizerischen Zofinger-Vereins kein Artikel von Pestalozzi über ein ähnliches Thema erschien.

⁵ Zusammenschluß der nicht farbentragenden Studenten an der Universität Zürich.

⁶ Herman Greulich, 1842–1925, ursprünglich Buchbinder, aus Breslau zugewandert, gründete 1869 die erste (bald verschwundene) sozialdemokratische Partei der Schweiz und deren Zeitung «Tagwacht», 1884 Zürcher Kantonsstatistiker, 1887 schweizerischer Arbeitersekretär, 1902–1925 Nationalrat, einer der wichtigsten Männer der schweizerischen Arbeiterbewegung.

⁷ Am 13. Februar 1913 im Zunfthaus zum Saffran, bei der Staatswissenschaftlichen Sektion der Zürcher Freistudentenschaft.

⁸ Die erste Pfarrstelle von Trautvetter war Oberhallau. Er blieb dort, bis er 1918 das Pfarramt in Höngg übernahm.

⁹ «Nicht Friede, sondern Schwert!», Predigt, gehalten im Dezember 1912 in der Kirche von Oberstraß in Zürich. Verlag der Buchhandlung des Schweizerischen Grütlivereins, Zürich. Bibl. A II 10.

Brief Nr. 137: An Prof. Paul Wernle

Zürich, 28. Februar 1913

Verehrter Herr Kollege,

Ich schreibe Ihnen diesen Brief, nach schwerem innerem Kampfe, weil ich mir sage, daß wir doch beide Jünger Jesu sein *wollen* und daher versuchen sollten, uns entsprechend zu verhalten.

Ihre Antwort¹ hat mir schwere Tage und Nächte bereitet, nicht etwa, weil Ihre Argumente mich innerlich in Verlegenheit gesetzt hätten, sondern aus Gründen von allgemeinerer und höherer Art. Ich sage mir, daß die Veröffentlichung Ihres zweiten Briefes² mit meiner Erwiderung ein schweres Unglück wäre und zwar *für uns alle*, für Sie, für mich, für die Sache, die wir gegen andere gemeinsam haben, für die Sache Jesu, wenn ich so sagen darf. *Ich* wäre geschädigt, denn Ihre Argumente würden von meinen Gegnern gegen mich ausgebeutet; *Sie* wären mindestens so sehr geschädigt, denn ich müßte Ihnen ganz notwendigerweise Dinge sagen, die für Sie die Wirkung einer schweren Wunde hätten – ich müßte das zu meiner Verteidigung tun! So hätten wir uns beide im Bruderkampf halb aufgerieben und den Nutzen hätten unsere Gegner. Dazu kommt, was ebenso wichtig ist, daß nun unsere Auseinandersetzung wirklich zu einem Theologengezänk werden müßte, dem die Gutgesinnten trauernd, die andern jubelnd zuschauten, als einem Schauspiel, einem theologischen Duell. Dazu ist aber unsere Sache, sind wir selbst uns doch wohl zu gut. Die Dinge, auf die wir zu reden kommen müßten, auf die besonders ich einzugehen hätte, sind so zart und heilig, daß sie in diesem Streit ohne arge Profanation nicht mehr behandelt werden könnten. Ich denke dabei vor allem an meine Gedanken über die Zukunft des Reiches Gottes[3] und das ewige Leben. Mir schaudert völlig vor dem Gedanken, daß wir so das Heiligste verletzen könnten. Die Folgen wären geradezu furchtbar, vor allem für uns selbst. Wir schweben ja als Theologen ohnehin in dieser Gefahr, ich werde ihrer immer mehr bewußt. Schon die bisherige Auseinandersetzung ist ihr nahe genug gekommen; nun sollten wir darin nicht noch weiter gehen.

Ich glaube also wirklich, daß Sie ein richtiges Gefühl hatten, als Sie es als eine *Versuchung* empfanden, mir *so* zu entgegnen, wie Sie es getan haben. Ich weiß, was solche Versuchungen sind und bin ihnen leider häufig genug erlegen.

Endlich noch eines: Die eine Hälfte Ihrer Entgegnung beruht auf einem ganz offenkundigen Irrtum. Sie haben meinen Neujahrsartikel[4] in *einem* Punkte völlig mißverstanden. Nach Ihrer Meinung hätte ich von dem Ende der alten Welt und dem Anbruch des vollendeten Gottesreiches geredet. Das ist mir nun wirklich nicht in den Sinn gekommen, vielmehr habe ich geredet von dem Ende einer *Epoche* und dem Beginn einer neuen. Daß ich's *so* gemeint habe, zeigt Ihnen doch ganz deutlich die Überschrift: *Ein Ende und ein Anfang.* Ich hätte sonst doch sagen müssen: *Das* Ende und *der* Anfang. So wenig ist mir *Ihre* Auslegung in den Sinn gekommen, daß mir erst durch Ihre Entgegnung (ich meine: Ihren zweiten Brief) das Mißverständnis klar geworden ist. Ich bin völlig erschrocken über diese Auslegung. Wenn ich so etwas hätte sagen wollen, dann hätte der Artikel für mich freilich eine entscheidende Bedeutung gehabt. Aber weder mir noch meiner (doch recht nüchtern urteilenden) Frau, noch den Mitredaktoren[5] und andern Lesern, die sich darüber geäußert, ist so etwas eingefallen. Es muß das Wort vom «Kommen Jesu» Sie auf eine falsche Bahn geleitet haben. Es ist aber wirklich nur ein figürlicher Ausdruck für das zu abstrakte und intellektuelle «neue Erkenntnis Jesu» und damit der Ausdruck eines von mir schon häufig geäußerten Gedankens. Ich habe dafür auch schon «Auferstehung Jesu» gesagt, ohne daß ein Mensch auf eine realistische, wörtliche Auffassung des Ausdruckes gekommen wäre. Ich habe Sie, wenn ich nicht irre, öfters beten hören: «Komm, Herr Jesu, sei Du unser Gast». – Was würden Sie einem sagen, der Ihnen darob den Vorwurf unerlaubter und unwahrer Sprechweise machte? Ich glaube, Ihr Mißverstehen kommt daher, daß Sie sich überhaupt über Intensität und Tragweite meiner Hoffnung falsche Vorstellungen gebildet haben. Das geht ja auch aus Ihrer ganzen Entgegnung hervor. Daß die Hoffnung für mich eine *große* Rolle spielt, ist gewiß, aber ich bin viel zurückhaltender als Sie meinen. Einige *nähere* Ziele ersehne ich mit Leidenschaft, aber in bezug auf die *letzte* nähere ich mich ganz stark Ihrer eigenen Auffassung, wenn ich auch nicht *ganz* mit ihr übereinstimme. Darüber will ich mich jetzt nicht weiter aussprechen; ich wollte Ihnen nur zeigen, daß Sie mir tatsächlich ganz arges Unrecht tun und daß Ihr ganzer Aufsatz auf einem Irrtum ruht, oder doch stark dadurch bestimmt ist.

Und was will ich nun aus alledem folgern? Im allgemeinen das: Wir sollten das Unglück, das diese Auseinandersetzung bedeutete, verhindern. Wollen Sie mich darin nicht mißverstehen. Ich *fürchte* mich nicht etwa vor einer Auseinandersetzung überhaupt, dafür bin ich meiner Sache zu gewiß; es liegt mir an der Sache, der wir beide dienen[6].

Nun hoffe ich, daß Sie diesen Brief so nehmen, wie er gemeint ist. Es war einfach meine Pflicht, den Versuch zu machen, Sie, mich und unsere Sache vor einer schweren Niederlage zu bewahren. Der Entschluß ist mir nicht leicht geworden, ich wiederhole es, nachdem ich schon einmal mit einem ähnlichen Ansinnen[7] gekommen war. Es ist diesmal aber zehnfach mehr Grund dafür vorhanden. Soviel ich sehe, ist der Waffengang in der letzten Nummer von Freund und Gegner ziemlich richtig verstanden worden: als Zusammenstoß zweier im großen und ganzen einiger, im einzelnen auseinandergehender Denkweisen. Wir haben persönlich dabei wohl nicht Schaden gelitten, auch wenn ich sehen muß, daß Ihre Vorwürfe von den Gegnern begierig werden aufgegriffen werden. Eine Entgleisung in eine persönliche Streiterei aber würde zu einem großen Ärgernis – und zwar im *schlimmen* Sinn des Wortes!

Handeln Sie nun, wie es Ihnen vor Gott recht erscheint. Ich reiche Ihnen die Hand zu *dem* Frieden, den ich immer suche. Wo ich etwas gefehlt haben sollte, tut's mir leid. Leidenschaftliche Menschen sind wir beide, jeder in seiner Art, da darf nicht gerade die Goldwaage benutzt werden. Sie *persönlich* bekämpfen zu müssen, wäre mir sehr schwer und bitter schmerzlich. Vielleicht ist der Zeitpunkt gekommen, wo nach den Trübungen der letzten Jahre eine neue Einheit und ein neuer Kampf «für Gott» durchbrechen mag. Gott helfe uns dazu![8]

In solcher Gesinnung bleibe ich, freundlich grüßend,

Ihr Leonhard Ragaz

P.S. Es sei noch hinzugefügt, daß jener mir abgepreßte Neujahrsartikel von ferne nicht eine *polemische* Tendenz hatte.

Anmerkungen zu Brief Nr. 137

[1] Im Februarheft 1913 der Neuen Wege hatte unter dem Titel «Alt und Neu» eine Auseinandersetzung zwischen Wernle und Ragaz angehoben. Wernle hatte im Anschluß an den Neujahrsartikel «Ein Ende und ein Anfang» (NW 1913, Januar, S. 3 ff.) sein

Bedenken ausgesprochen, die Zeitschrift und die religiös-soziale Bewegung begäben sich in gefährliche Nähe zur Schwärmerei. «... daß das Neue, das sich Bahn bricht, uns gerade ins Reich Gottes führe, ... das gehört für mich zum Schwärmerischen, das uns nur verwirren kann.» (S. 47.) Die Bewegung könne sich nur dann richtig entwickeln, wenn sie diese Zukunftserwartung etwas reduziere und engeren Zusammenhang mit der Kirche suche.

Ragaz hatte in seiner Antwort (1913, Februar, S. 51 ff.) seine Kirchenkritik zwar scharf wiederholt, sie aber als Tat der «Liebe und der Erfahrung» gekennzeichnet. Seine Zukunftshoffnung sei so zu verstehen, daß er nur ein «Näherkommen» des Reiches Gottes, nicht schon dessen Vollendung sehe. Immerhin erkenne er Gott am Werk in der Gegenwart: «Ich habe unendlich mehr vom Kommen des Gottesreiches gesehen, als ich zu hoffen je gewagt hätte» (S. 59). Darauf hatte Wernle eine Replik geschrieben, die den Anlaß zum hier abgedruckten Brief gab.

[2] Eben der Replik Wernles.

[3] Vgl. dazu die Einleitung des vorliegenden Bandes.

[4] Siehe oben, Anm. 1.

[5] Gemeint sind Matthieu und Stückelberger.

Jean Matthieu, 1874–1921, war Mitredaktor der Neuen Wege von 1912–1921 und eine prominente Gestalt in der schweizerischen religiös-sozialen Bewegung. Er war von 1905–1910 Pfarrer in Delsberg, von 1910–1921 Religionslehrer an der Kantonsschule Zürich.

Lukas Stückelberger, 1869–1954, war Mitredaktor der Neuen Wege von 1912–1919 und zur gleichen Zeit und weiter bis 1938 Pfarrer in Winterthur. Er hatte von Christoph Blumhardt entscheidende Impulse empfangen und gehörte zur Gründergeneration der religiös-sozialen Bewegung der Schweiz.

[6] Ein Abschnitt über die Vorschläge Ragaz' zur publizistischen Erledigung der Affäre und zu einer persönlichen Aussprache wird im Druck weggelassen.

[7] D. h. mit der Bitte an Wernle, eine Debatte nicht zur Zerstörung der persönlichen Freundschaft auswachsen zu lassen. Ragaz meint seinen Brief in der Diskussion über Calvin, den Wernle mit einem sehr generösen Einlenken vergolten hatte. Vgl. Briefe Nr. 122 und 123.

[8] Wernle zog seine Replik zurück, und damit hatte die Debatte keine Weiterungen in der Öffentlichkeit.

Brief Nr. 138: An Prof. Paul Wernle

Zürich, 11. März 1913

Verehrter Herr Kollege,

Die Unruhe einer Ferientour hat mich verhindert, Ihren Brief sofort zu beantworten. Wollen Sie mich freundlich entschuldigen.

Daß Sie Ihre Replik zurückgezogen haben, ist mir sehr lieb, und ich bin Ihnen dafür herzlich dankbar. Freilich wäre eine rein sachliche Auseinandersetzung noch wertvoller gewesen, aber dazu haben offenbar die Vorbedingungen gefehlt. Daß auf diese Weise ein Unglück vermieden worden ist, glaube ich auch jetzt noch. Ich besitze in solchen Dingen Erfahrung. Wie oft habe ich eine derartige Aktion für harmlos oder doch nicht so «tragisch» gehalten, und sie hatte eine große Tragweite gewonnen!

Ich habe mich nun besonnen, ob sich irgend eine Formel finden lasse, die die neu entstandenen Mißverständnisse beseitigen könnte. Solche heften sich ja an meine Antwort so gut wie an Ihren Brief. Aber auch da lehrt mich die Erfahrung, daß man mit Erklärungen die Dinge nur schlimmer macht. Ich begnüge mich daher mit einer kurzen Erklärung, warum wir die Auseinandersetzung abgebrochen haben.

Sie gehen in Ihrem Briefe auf meine Verständigungsvorschläge nicht weiter ein. Vielleicht finden Sie, der Kampf sei besser, da doch die Gegensätze so groß seien. Nun liebe ich auch keinen falschen Frieden, aber Klarheit über die wirkliche Meinung des Gegners könnte dem Kampf viel von seiner Schärfe nehmen und ihn erst fruchtbar machen. Auch meine ich immer noch, daß unsere *Gedanken* einen Kampf nicht nötig machen, sondern daß der Gegensatz (wie Sie selbst zugeben) mehr in unseren *Naturen* liegt. Er wird dadurch freilich nicht harmloser, aber weniger notwendig.

Im übrigen sehe ich schon lange ein, daß in all unseren theologischen, kirchlichen, «religiösen» Kämpfen im Grunde viel weniger um die *Wahrheit* als um die *Macht* gestritten wird. Geholfen wird uns nur, wenn mehr *göttliches Wesen* unter uns erscheint. Darum wollen wir bitten und in dem Maße, als wir erhört werden, wird es Frieden geben.

In solcher Gesinnung bleibe ich, freundlich grüßend,

Ihr Leonhard Ragaz

Brief Nr. 139: An Rageth Ragaz

Zürich, 29. März 1913

Lieber Bruder,

Du hättest über diese Zeit einen längern Brief erhalten sollen. Ich bin aber so schreibmüde und ruhebedürftig gewesen, daß ich mich bloß zum durchaus Notwendigen aufraffen konnte. *Gedacht* habe ich aber viel an Dich und Deine schweren Tage[1]. Wenn ich auch nicht zu predigen hatte, so habe ich doch mit dem Karfreitags- und Osterthema gerungen und alle Not mitgefühlt, die es heute einem Pfarrer bereiten muß, der nicht *oberflächlich* ist, sei's auf positive, sei's auf freisinnige Art. Namentlich die Osterbotschaft muß uns erst wieder *werden*.

Es ist heute wirklich schwer leben. Die Welt verwandelt sich immer mehr in ein Chaos. Oft wird's mir auch zu viel. Dann aber sage ich mir, daß ja die alte Welt sich auflösen muß, wenn die neue kommen soll, und werde doch immer wieder getrost.

316

Große Freude hat mir das abermals erneuerte Studium Bergsons[2] gemacht. Diese Philosophie ist doch ein großartiges Ereignis, eine der schönsten Verheißungen der Zeit. Freilich habe ich noch nicht alles verdaut, die Gedanken sind zu neu.

An unserer religiös-sozialen «Bewegung» habe ich fortdauernd nur geringe Freude. Die hat uns Kutter gründlich verdorben. Diese Nidelbad-Versammlung[3] entspricht ganz seinen Gedanken, d. h. diese *Form* einer Versammlung. Sie widerstrebt mir aber wie Dir und zwar so stark, daß ich schwerlich hingehen werde, trotzdem man von hier aus das Nidelbad mit einem Spaziergang erreichen kann. Ich bin froh, daß anfangs Mai in *Bern* eine religiös-soziale Konferenz[4] für die *ganze* Schweiz stattfinden soll. So löst sich doch nicht alles in ein Konventikel auf. Es wird hauptsächlich über Christentum und Militarismus verhandelt. Clara wird am «Volksabend» eine Ansprache[5] halten, ob ich hingehen kann, ist nicht ganz sicher, doch will ich versuchen, es möglich zu machen. Am Dienstag soll ich in *Basel* in einer neu gegründeten religiös-sozialistischen Vereinigung über das Thema: «Ist religionslose Sittlichkeit möglich?» ein Votum zur Einleitung einer Diskussion abgeben.

Unsere Sache stünde sehr gut. Das zeigen mir immer neue Beweise. Wenn nur die «führenden» Geister anders wären! Und wenn ich nur mehr Zeit hätte! So bin ich neuerdings zur Teilnahme an einem akademischen Ferienkurs[6] in Kandern (Baden) eingeladen worden – was für eine Gelegenheit! Aber mein Buch[7] muß einmal zustande kommen. Inzwischen ist Clara «Genossin» geworden und wird für die Schulpflege[8] portiert. So wird sie mich politisch überflügeln.

Wir haben natürlich auch stille Ostern gehabt. Jetzt ist's aber recht Frühling geworden. Clara und ich suchen noch immer nach einem stillen und billigen Ferienort. Die Kinder wollen wir am Mittwoch nach Chur schicken. Sie sollen zum erstenmal die Reise allein machen. Am 15. April muß ich wieder antreten.

Ich freue mich, daß Du es nun wieder leichter hast. Genieß es nun eine Zeitlang recht. *Uns* bist Du hier nach unserer Rückkehr immer willkommen. Vielleicht kannst Du es auf einen Parsifaltag[9] richten: die Aufführungen sind vorläufig auf den 13., 20. und 27. festgesetzt – lauter Sonntage. (Am 27. werde ich wohl eine akademische Predigt haben.)

Sei mit Ursulina herzlich gegrüßt von Deinem

Leonhard

Für die Orgel gebe ich dann gern etwas.

[1] Gemeint sind die großen Feiertage mit den vielen Verpflichtungen des Pfarrers.

[2] Henri Bergson, 1859–1941, Nobelpreisträger 1928, Professor für Philosophie am Collège de France seit 1900.

Ragaz war erst während seiner Zürcher Zeit auf den jüdischen Franzosen aufmerksam geworden; nun aber war er eines der großen Erlebnisse seines Denkens geworden. Er galt ihm als Weiterkommen nach dem «Intermezzo», das der deutsche Idealismus in seiner philosophischen Entwicklung bedeutet hatte. «Ich bin ... von innen her, auf meinem ureigensten Wege... auf Bergson gestoßen» (Mein Weg, Bd. I, S. 337). Schon 1911 war er an der Ausarbeitung eines Referates über ihn, das er in einem von Schmiedel geleiteten Theologen-Kränzlein halten wollte (Brief an Schmiedel vom 20. Mai 1911). Bergson regte ihn vor allem bei der Ausarbeitung seiner zweiten Ethik-Vorlesung (Sommersemester 1912, Wintersemester 1912/13) an: «Ich habe für meine Ethik Bergsonsche Kategorien, besonders die der «durée réelle», auf fundamentale Weise anwenden können.» Mein Weg, Bd. I, S. 338, Anmerkung.

[3] Rageth Ragaz hatte ein Einladungsschreiben für die Konferenz im Nidelbad erhalten. In seinem Briefe vom 27. März 1913 äußert er sich anerkennend zu den Diskussionsthemata – ohne diese zu nennen. Er drückt aber seinen Unwillen darüber aus, daß es sich nicht um eine öffentliche Konferenz, sondern um ein «Konventikel» handle, trotzdem in Zürich gegen diese Form der Zusammenkunft starke Opposition gemacht worden sei. Näheres über die Konferenz konnte nicht ermittelt werden.

[4] Die religiös-soziale Konferenz in Bern (4. und 5. Mai 1913) vereinigte zum ersten Male die religiösen Sozialisten der deutschen Schweiz mit denen der welschen (Referenten: Professor Dartigue/Genf, Madame de Morsier/Genf, Pfarrer P. Béguin/Neuchâtel, Pfarrer Paul Sublet/Vallorbe). Alle Vorträge wurden von je einem deutschen und einem französischen Referenten gehalten. Die Verbindung der beiden Bewegungen war auf dem Kongreß von Besançon zustande gekommen, wo der Genfer Großrat A. de Morsier die Bildung einer «Union suisse des Chrétiens sociaux» verkündigt hatte. Vgl. Christliche Welt, 1910, Sp. 683.

[5] «Religiöser Sozialismus und Frau», mit Frau de Morsier als welscher Korreferentin.

[6] Dieser Ferienkurs läßt sich nicht mehr identifizieren.

[7] Über Glauben und Wissen. «Es war skizziert, und die Ausarbeitung sollte beginnen. Es wäre eine Gesamtdarstellung meiner Philosophie wie meiner Theologie geworden. Da brach der erste Weltkrieg aus und ich warf das umfangreiche Manuskript in sein Feuer» (Mein Weg, Bd. I, S. 326).

[8] Es handelte sich damals um die Kreisschulpflege IV; von 1913–1915 besuchte Clara Ragaz als Mitglied dieser Kreisschulpflege Primarschullehrer, von 1916–1919 gehörte sie der Aufsichtssektion der Sekundarschule an.

[9] Tage, an denen das Zürcher Stadttheater Wagners Parsifal gab. Wagner war für Ragaz, der wenig Beziehung zur Musik besaß, «sozusagen *der* Musiker, und sein Einfluß bildete ein starkes Moment meiner alldeutschen Stimmung» (Mein Weg, Bd. I, S. 109).

Brief Nr. 140: An Martha Stoecklin

Parpan, 13. August 1913

Liebe Martha,

Ich habe schon in Zürich von Deiner Erkrankung[1] vernommen, zu meiner schmerzlichen Überraschung. Freilich ganz und gar überraschend kam mir die Nachricht doch nicht; denn ich habe stets Befürchtungen für Deine Gesundheit gehegt, weil ich in dieser Beziehung schon mit mancher meiner einstigen Schülerinnen bedrückende Erfahrungen gemacht habe. Wenn ich mich nicht irre, habe ich Dich auch wiederholt gewarnt, namentlich im Blick auf die Binninger Schulverhältnisse[2]. Aber wenn man jung ist, glaubt man an dergleichen Gefahren nicht und tut im allgemeinen auch nicht übel daran. Denn allzugroße Ängstlichkeit wäre noch schlimmer.

Du bist sehr *erschöpft* gewesen, liebe Martha, ohne es zu wissen. Und nun besteht das Mittel, wieder gesund zu werden, einfach darin, daß Du aus dieser Erschöpfung wieder herauskommst. Dazu bedarfst Du *längerer* Zeit, auch nachdem die Lunge wieder völlig gesund ist. Das möchte ich Dir aus meiner Erfahrung sagen. Dafür kannst Du aber auch ganz sicher sein, daß Du völlig wieder hergestellt wirst.

Hart ist es freilich, daß Du Deinen Beruf aufgeben sollst. Indes wird es sich dabei doch mehr um ganz große Klassen handeln, in irgend einer andern Form wird Dir eine Lehrtätigkeit[3] vielleicht doch wieder erlaubt sein.

Versuche kräftig festzuhalten, daß Gott Dir auch auf diesem Wege Gutes und Bestes erweisen will. Wer weiß, vielleicht hat er Dir gerade jetzt etwas zu sagen, was Du nur in der Stille hören und verstehen kannst. Wenigstens ist das gewöhnlich seine Weise.

Es wäre nicht unmöglich, daß ich Dich einmal von Parpan aus besuchte[4]. Jedenfalls gedenke ich Deiner mit den treuesten Wünschen, nach wie vor und jetzt noch mehr als je und bleibe so Dein

Leonhard Ragaz

Anmerkungen zu Brief Nr. 140

[1] Martha Stoecklin mußte sich wegen einer Lungenerkrankung von Juni bis Dezember 1913 in Arosa aufhalten.

[2] Martha Stoecklin hatte unmittelbar nach den Schlußexamen in Binningen, wo auch ihr Vater Lehrer war, eine Schulklasse mit 65 Kindern übernommen. Die Bevölkerung war wechselnd; es gab auch Sprachschwierigkeiten, da acht bis zehn Italienerkinder in der Klasse waren, deren Eltern wegen der niedrigen Mietzinse in Binningen lebten. Die finanziellen Verhältnisse der Gemeinde erlaubten keine Entlastung der Klassen durch Bildung einer Förderklasse.

[3] Da Martha Stoecklin sich nach der Rückkehr von Arosa verlobte, nahm sie ihre Lehrtätigkeit nicht mehr auf, ausgenommen ein Vikariat, das sie als Pfarrfrau bei Ausbruch des ersten Weltkrieges in Hemmenthal übernahm.

[4] Die geplante Wanderung von Parpan nach Arosa konnte Ragaz des andauernd schlechten Wetters wegen nicht ausführen.

Brief Nr. 141: An R. Lejeune

Lieber Herr Lejeune[1],

Ich bin durch Ihren Brief mitten aus dem Examen heraus recht überrascht worden und zwar freudig überrascht. Denken Sie: Flerden, wozu Urmein und Tschappina gehörte, war meine erste Gemeinde. Ich war dort von 1890 bis 1893, dreiundeinhalb Jahre lang, und habe dort viel erlebt. Gewiß kann ich Ihnen über diese Stelle Auskunft geben.

Zunächst aber möchte ich mich gern über das Lebensproblem[2] äußern, das Sie mir vorlegen. Ich tue dies freilich nur mit Zagen, denn je älter ich werde, desto weniger verspüre ich Lust, in Lebensentwicklungen mit Räten einzugreifen. Wenn ich Ihnen doch meine Ansicht sage, so geschieht es unter der Voraussetzung, daß Sie sie bloß als weiteren Stoff für Ihre Überlegung verwenden.

Ich halte Sie allerdings für intellektuell besonders begabt, obschon ich durchaus nicht meine, daß dies das Beste an Ihnen sei. Sie können, wenn Sie wollen, die akademische Laufbahn einschlagen, mit schönster Aussicht auf Erfolg, d. h. auf eine erfreuliche Wirksamkeit. Sie *können* dies tun – womit nicht gesagt ist, daß ich es Ihnen anrate. Nach meiner teuer erkauften Erfahrung ist das Pfarramt viel mehr wert als die Professur. Es ist religiös richtiger, wenn ich so sagen darf, und führt viel tiefer in den Reichtum des Lebens hinein. Auch *kann* man als Pfarrer das Beste haben, was die Professur bietet: die Vertiefung in die *Theorie*, aber man hat es dann in richtiger Weise, als Ergänzung der *Praxis*, als Stillung des theoretischen Hungers, den die *Praxis* erzeugt, während man umgekehrt mit der Professur wohl auch Praxis verbinden kann, aber so, daß diese doch mehr nur ein *Anhang* wird und die Verbindung nicht *organisch* ist, wie sie auch an sich dem wahren Sachverhalt nicht entspricht. Ich bin darum sehr froh, daß ich zwanzig Jahre Pfarrer gewesen bin. Ich wäre natürlich ein ungleich virtuoserer Dozent, wenn ich früher in die akademische Laufbahn gekommen wäre, aber mein Bestes wäre mir, menschlich gesprochen, vorenthalten geblieben. Auch gestehe ich offen: hätte ich wieder zu wählen, ich würde nicht Professor.

So hat sich bei mir ein Kampf entschieden, der sich durch einige Jahrzehnte meines Lebens zog. Bei Ihnen nun mag das Verhältnis Ihrer Anlagen zu einander anders sein; vielleicht sind Sie doch zum Professor bestimmt. Ich kann darüber nicht mit Sicherheit urteilen. Aber ich darf Ihnen auf alle Fälle ruhig raten, zuerst Pfarrer zu werden. Damit ist Ihnen der Weg in die Professur nicht verbaut; dagegen kann gut sein, daß es Ihnen in Ihrem gegenwärtigen Stadium eine Hilfe für das innere Vorwärtskommen bedeutet, wenn Sie resolut ins Pfarramt gehen, mag dann der Versuch so oder so ausfallen.

Und da meine ich denn, Flerden sei gerade recht für Sie[3]. Ich sage das nicht aus dem Wunsch heraus, Sie dort oben an meiner ehemaligen Stelle zu sehen. So innig mich dies selbstverständlich freuen würde, umsomehr, als Herr Gerber[4] auch ganz nahe dran war, hin zu kommen und es mir zur Enttäuschung wurde, als er doch nicht ging, so bin ich doch nicht so selbstisch, daß ich Ihre Sache meinen Wünschen hintansetzte. Nein, ich glaube wirklich, daß die Stelle für Sie paßte. Sie stellt wenig Ansprüche an geistliche Betriebsamkeit. Mit Armen- und Schulwesen hat der Pfarrer wenig oder nichts zu tun. Trotz dem vielen Unterricht bleibt auch im Winter noch Zeit zum Studieren, während man im Sommer, das heißt von Ostern an bis in den Oktober, beinahe Ferien hat und doch ist Gelegenheit zum Arbeiten. Die Bevölkerung gehört zu den gewecktesten des Bündnerlandes. Es sind verhältnismäßig wohlhabende Bauern, nicht ohne Stolz, ziemlich zurückhaltend, beinahe skeptisch, von der freisinnigen «Aufklärung» stark beeinflußt, aber ein tüchtiger Menschenschlag und von großer Eigenart. Sie würden ein interessantes Stück Leben kennen lernen. Dazu die großartige Natur! Daß Sie der Aufgabe nicht gewachsen wären, davon kann keine Rede sein. Es wird alles sehr gut gehen. Nur *eines* ist zu bedenken: im Winter werden hohe Anforderungen an die *körperliche* Leistungsfähigkeit gestellt.

Gehen Sie im übrigen nur fröhlich hin, für den Winter und länger. A propos: Handelt es sich *nur* um eine Stellvertretung[5] oder ist Aussicht, daß diese zu einem Definitivum führe? Soviel über diese Frage. Gern gebe ich Ihnen weitere Auskunft und allfällig auch Wegleitung und sehe dem Ausgang mit Spannung entgegen.

Und nun, lieber Herr Lejeune, lassen Sie mich Ihnen noch sagen, daß Sie mir mit dem Einblick in Ihr Inneres, den Sie mir eröffnet, ein gar liebes und wertvolles Geschenk gemacht haben. Mit großer Liebe bin ich Ihrer Entwicklung gefolgt, freilich auch mit jener Ehrfurcht, die sich davor scheut, unberufen in das Geheimnis einer fremden Lebensentwicklung eindringen zu wollen. Umso wertvoller ist, was Sie mir geben, und es ist bei mir gut aufgehoben. Ob ich Ihnen immer das Verständnis bieten kann, wonach Sie sich sehnen, weiß ich freilich nicht, aber meiner Liebe und Freundschaft dürfen Sie immer sicher sein. Sie sind meinem Herzen schon lange nahe und werden es gewiß immer bleiben.

Ich freue mich auch recht von Herzen der Mitteilung, die Sie mir sonst noch gemacht haben, und gedenke Ihrer auch in dieser Beziehung mit segnenden Gedanken.

In der Hoffnung, bald von Ihrer Entscheidung zu hören, und Sie herzlich grüßend, bleibe ich Ihr

Leonhard Ragaz

P. S. Ihre dogmatische Arbeit[6] ist sehr gut ausgefallen, sie ist jedenfalls die beste von allen.

[1] Vgl. Register der Briefempfänger.

[2] Lejeune schwankte zwischen dem Pfarramt und akademischen Plänen.

[3] Lejeune trat im Herbst 1913 dort oben eine halbjährige Vertretung an, die er in seinen hübschen «Erinnerungen eines Bergpfarrers», Zürich, Gute Schriften, 1961, anschaulich geschildert hat (S. 3–16).

[4] Vgl. Brief Nr. 133, Anm. 2. Gewählt wurde 1912 Pfarrer Wagner, den Lejeune diesen Winter vertreten mußte. Er amtierte in Flerden von 1913–1916.

[5] In der Tat war es nur eine Stellvertretung, und Lejeune ließ sich im Frühling 1914 nach Tenna im Safiental wählen.

[6] Es handelt sich um die Klausurarbeit für die zweite Konkordatsprüfung, die Lejeune im Herbst 1913 ablegte. Vgl. «Erinnerungen», S. 4.

Brief Nr. 142: An U. W. Züricher

Zürich, 27. Juni 1914

Geehrtester Herr Züricher,

Ihr Brief, für den ich Ihnen herzlich danke, gäbe Anlaß zu einer ausführlichen Auseinandersetzung. Sie wiederholen darin einen Vorwurf, den Sie uns, wenn ich nicht ganz irre, schon früher einmal gemacht haben: daß wir nämlich eine Sicherheit des religiösen Erlebnisses zur Schau trügen, die doch nicht *ganz* echt sein könne, weil sie nicht auf *Tatsachen*, sondern auf *Deutung* beruhe.

Ich nehme Ihnen diesen Vorwurf nicht übel, aber er beruht wohl doch auf einer Verkennung gewisser fundamentaler Tatsachen des Geisteslebens. Wir können im *höheren* Sinne nicht leben, ohne aus dem *Unbedingten* zu schöpfen. So ist es im *sittlichen* Leben, so im religiösen. Man hält es hier im *Hypothetischen* nicht lange aus: da heißt es, das Unbedingte finden oder verzweifeln. Natürlich kann man, wenn man ehrlich ist, trotz alledem nichts *erzwingen*, aber es ist doch nicht Unbescheidenheit, wenn jemand nicht zur Verzweiflung, sondern an das andere Ende gekommen ist. Was er besitzt, ist ja etwas, zu dem nach seiner Meinung *jeder* gelangen kann und das eigentlich recht nahe liegt. Diese Gewißheit schließt Kampf mit dem Zweifel nicht aus. Religiöse Gewißheit ist anders als wissenschaftliche; sie ist immer im labilen Gleichgewicht und hat darin ihre besondere Kraft. Aber es ist nun einmal so, daß ein Mensch dazu kommen kann, sagen zu dürfen, ja unter Umständen zu *müssen*: «Gott ist mir gewisser, als ich mir selbst bin»; und daß er diesen Gott als *den* erkennt, der ihm in der Erscheinung Christi klar geworden ist. Man soll damit freilich nicht *prunken*, aber es ist nicht anmaßend, davon zu reden, nicht anmaßender, als in sonst irgendeiner Form letzte Überzeugungen auszusprechen. Es gibt eben Erlebnisse, Erfahrungen, die einen Menschen *überwältigend* zu jenem Bekenntnis führen, Erlebnisse und Erfahrungen, die gar nicht etwas Außerordentliches sein wollen in dem Sinn, daß andere sie nicht auch machen könnten, die aber für den, der sie macht, mehr sind als alle Wissenschaft und alles, was er sonst noch etwa gedacht und erlebt hat. Er legt davon dann in aller Bescheidenheit «Zeugnis» ab, d. h. er erklärt: «So sehe *ich's*; so ist es *mir* ergangen», aber er will niemandem zu nahe treten, dem es anders ergangen ist.

Der «Monismus» ist ein vieldeutiges Gebilde. Daß ernstes und tiefes Suchen und Wollen dabei ist, wird wohl auch Kutter[1] nicht leugnen; er glaubt nur nicht – und darin pflichte ich ihm bei – daß bei einem öffentlichen Duell zwischen einem monistischen Agitator und einem theologischen Klopffechter viel herauskomme. Was aus Ihrem Aufsatz als Ihre eigene Denkweise herausleuchtet, ist mir sehr sympathisch. Ihr Weg ist wohl so wenig zu Ende als der meinige. Es liegt mir im übrigen gar nicht daran, die Unterschiede zwischen Ihnen und uns künstlich beseitigen zu wollen. Sie sind in mancher Hinsicht sehr groß und nur dies meine ich: in bezug auf unsere Beurteilung der *menschlichen Dinge* und unserer Hoffnungen für sie sind wir doch weitgehend eins. Wir sind Verbündete, nicht Gegner. Die Formel, daß wir in der *Substanz* unseres Wollens einig, aber im *Ausdruck* dafür verschieden seien, halte ich fest, auch für den Fall, daß *Sie* ihr nicht zustimmen können. «Wenn ich Dich liebe, was geht es Dich an![2]»

Ihr Aufsatz über «Willy»[3], den ich natürlich mit großem Interesse gelesen, soll mich veranlassen, einmal das eine oder andere seiner Werke zu lesen, und wenn ich dann kann, will ich gerne etwas dafür tun, daß sie zu Ehren kommen. Ihr Aufsatz wird übrigens eine bedeutende Wirkung nach dieser Richtung hin nicht verfehlen.

Mit den besten Wünschen für alle Arten Ihres Schaffens grüßt Sie in Hochachtung

Ihr ergebener Leonhard Ragaz

Anmerkungen zu Brief Nr. 142

[1] Der Brief, auf den Ragaz antwortet, ist nicht vorhanden, doch ist es wohl eindeutig, daß er sich auf eine in den Neuen Wegen veröffentlichte Predigt von Hermann Kutter «Christentum oder Monismus» bezieht (gehalten am 15. Februar 1914 in Zürich, Neumünster, erschienen in NW, Jg. 1914, März, S. 97–107). Kutter schildert darin eine öffentliche Auseinandersetzung zwischen Vertretern des Monismus und des Christentums und hält ein solches Wortgefecht für sinnlos, da es nicht darum gehe, Worte zu machen, sondern die Wahrheit zu leben. «Nicht Monismus gegen Christentum, sondern der tote Gott gegen den lebendigen – das ist der Kampf.»

[2] In «Wilhelm Meisters Lehrjahre» im 9. Kapitel des vierten Teils, sagt Philine zu Wilhelm «und wenn ich dich liebhabe, was geht's dich an?» Wörtlich so wie Ragaz es zitiert, steht es in «Dichtung und Wahrheit», gegen Ende des vierzehnten Buches, im Zusammenhang mit einem Wort von Spinoza.

[3] Rudolf Willy, 1855–1918, Privatdozent für Philosophie an den Universitäten Bern und Zürich, lebte später zurückgezogen als freier Schriftsteller in Mels. Von den Schriften, die Züricher als seine bedeutendsten aufführt, seien hier genannt: Die Krisis in der Psychologie (Leipzig 1899), Friedrich Nietzsche (Zürich 1904), Gegen die Schulweisheit (München 1905), Die Gesamterfahrung vom Gesichtspunkt des Primärmonismus (Zürich 1909), Ideal und Leben vom sozialen Gesichtspunkte (Zürich 1911), Die schöpferische Menschheit (Berlin 1914).

Der von Ragaz erwähnte Artikel Zürichers über Willy erschien im August 1913 im Schweizer Jahrbuch der Süddeutschen Monatshefte unter dem Titel: «Rudolf Willy».

Nach Willys Tode schrieb Züricher über ihn in den Neuen Wegen (Jg. 1918, August, S. 378): «Der Einsiedler von Mels».

Brief Nr. 143: An Pfarrer R. Lejeune

Zürich, 24. Juli 1914

Lieber Herr Lejeune,

Ihr lieber Brief hat mich tief bewegt. Ich danke Ihnen von Herzen dafür. Wenn ich erst heute dazu komme, Ihnen zu antworten, so ist der Grund davon, daß ich einige Tage abwesend war und daß der Schluß des Semesters viel dringliche Arbeit brachte.

Ich hatte von den Davoser Vorgängen[1] durch meinen Bruder sowie durch die Zeitungen vernommen. Was mir am meisten leid tat, war der Umstand, daß gerade Herr Hauri[2] sich zum Sprachrohr der gegen die sogenannten «Religiös-Sozialen» bestehenden Gehässigkeit machen mußte. Freilich hat gerade er von diesen Dingen nie etwas verstanden. Er ist einseitiger Theologe und «Individualist». Im großen und ganzen ist es doch einfach ein gewisses beleidigtes Selbstgefühl, das sich gegen den neuen Geist aufgelehnt hat. Bei Hartmann[3] und vielleicht noch einigen wenigen von seiner Art ist freilich etwas Besseres. Ein gewisses halb ästhetisches, halb religiöses Verbundensein mit dem, was besteht, eine stark rückwärts gerichtete *geschichtliche* Betrachtungsweise. Aber gerade diesen tut ein Stoß von anderer Seite her gut.

Ich habe nun aber an Hand Ihrer Predigt gewissenhaft untersucht, ob vielleicht in Ihrem Auftreten etwas Falsches gewesen sei. Sie dürfen mir zutrauen, daß ich unbefangen genug bin, Ihnen mein Urteil ohne Rückhalt zu sagen. Ich bin zu folgendem Ergebnis gekommen:

Sie vertreten in Ihrer Predigt mit großem Ernst und großer Einfachheit einen Gedanken, der durch die ganze Bibel geht: wenn die von Gott in Aussicht genommenen Werkzeuge seiner Pläne dauernd versagen, so verwirft er sie und erwählt andere dafür. Sie haben das auch in einer Weise getan, die keinen *sachlich* Denkenden verletzen oder gar beleidigen konnte.

Die Frage kann nur sein, ob Sie die *Wahrheit* vertreten haben. Da kann man nun darauf hinweisen, daß die Kirche doch allerlei Gutes getan habe. Natürlich fällt es keinem von uns ein, dies zu leugnen. Auch Sie haben es nicht geleugnet, Sie haben bloß behauptet, daß die Kirche nicht das, was Jesus gewollt, *das Gottesreich auf Erden*, mit höchstem Ernst ergriffen und sich dafür eingesetzt habe. Wer kann die Richtigkeit dieser Behauptung im Ernste leugnen? Gerade wer die *Geschichte* kennt, kann es nicht. Vielleicht läßt sich die Sache auch so ausdrücken: Es gibt in solchen Dingen zwei Betrachtungsweisen, eine *absolute* und eine *relative*. Die erste geht aufs Ganze; ihr entspricht das «Alles oder Nichts». Die zweite nimmt mit Abschlagszahlungen und Prozenten vorlieb. Ich finde nun, daß die erste die Art der Bibel ist, die Art der Propheten und die Art Jesu; die zweite die der Professoren, der Historiker, der Pharisäer und Sadduzäer. Man beruft sich auf das, was alles getan worden ist, und übersieht darob das gegenwärtige Walten Gottes, verblendet sich und verfällt dem Gericht. Sie haben jene absolute Betrachtungsweise angewendet; Menschen, die gelobt haben, das Wort Gottes nach der Heiligen Schrift zu predigen, sollten das verstehen. Aber es ist die alte Geschichte!

Nun bleibt freilich die Frage, ob Sie als junger Mann berufen waren, diese Wahrheit zu verkündigen. Das ist in der Tat eine Frage, die ein Recht hat. Ich wäre *auch* nicht einverstanden, wenn Sie es in einem Tone getan hätten, den man als Anmaßung empfinden könnte, aus der Sucht heraus, sich wichtig zu machen, mit neuer Wahrheit zu paradieren. Aber ich erfahre aus Ihrer Predigt und weiß es auch sonst ganz genau, daß bei Ihnen von alledem keine Rede ist. Dann aber frage ich mich: Sollen wir das, was in uns lebt, so lange «reif» werden lassen, bis es verfault? Sollen wir uns angewöhnen, den frischen Antrieb des Herzens der vorsichtigen und weisen Berechnung zu opfern? Dann lähmen wir uns und ersticken das Beste, was in uns ist. Wir warten dann so lange mit dem Heraustreten, bis wir dazu keine Lust und keine Kraft mehr haben. Wir haben dann am Ende nicht ausgegorenen Wein, sondern eine schale Brühe.

Darum möchte ich Sie bitten: machen Sie sich keine Vorwürfe, sondern gehen Sie ruhig Ihren Weg weiter. Auch wenn in Ihrem Auftreten etwas nicht ganz «korrekt» gewesen wäre, ja wenn etwas darin gewesen wäre, was Ihnen selbst nicht mehr recht wäre, so hätten Sie durch diese Erfahrung gehen müssen. Man muß sich im übrigen vor solchen Rückschlägen, die jedes entschlossene Auftreten und Bekennen in uns selbst erzeugt, in acht nehmen; es ist oft *Versuchung* und gehört zum Schwersten, was man im Kampfe für eine Sache erleben kann. Stehen Sie fest zu der Wahrheit, die in Ihnen ist. Natürlich werden Sie sich entwickeln und später manches anders sehen und sagen als jetzt, aber Sie werden nur dann wirklich vorwärts kommen, wenn Sie auf jeder Stufe sich selbst treu sind.

Folgen Sie frohen Mutes dem Gott, der mit Ihnen ist und Sie durch alles Erleben ruft und zieht!

Ich denke viel und mit Freude an Ihr und Ihrer Gattin sommerliches Daheim dort oben auf grüner Höhe. Wenn irgend möglich, komme ich im Laufe des Sommers einmal vorbei, etwa von Ilanz aus[4]. Ich gedenke etwa am 8. oder 10. August nach Parpan zu gehen, nachdem ich hier noch vieles aufgearbeitet.

Mit herzlichen Grüßen an Sie und Ihre Frau bleibe ich stets

Ihr Leonhard Ragaz

Anmerkungen zu Brief Nr. 143

[1] Vom 25.–29. Juni hatte in Davos die Bündner Synode stattgefunden. Dabei waren unter anderen neuen Pfarrern auch Lejeune und sein Freund, der Dichterpfarrer William Wolfensberger, damals Pfarrer in Fuldera im Münstertal, Chr. Holzer u. a. in die Synode aufgenommen worden. Die Synode bekam ihren besonderen Akzent durch das «erste Hervortreten der Religiös-Sozialen», das sich in «aggressiven Kandidatenpredigten und in den Lebensläufen der Kandidaten» äußerte (Kirchenblatt, 1914, Nr. 18 und 19). Wolfensberger stand bei der Vorlesung seines Curriculums «in etwas nachlässiger Haltung auf der kleinen Treppe zum Chor der Kirche, hatte den einen Fuß auf die höhere Stufe gesetzt und sprach mit leiser, aber eindringlicher Stimme», berichtet Lejeune in den «Erinnerungen eines Bergpfarrers» (S. 22). «Seine packende Predigt über Elias am Horeb stieß dann vollends auf eine fast allgemeine Verständnislosigkeit und rief bei einzelnen Pfarrern sogar laute Entrüstung hervor. Ich selber hatte die ehrwürdige Versammlung schon in meinem Curriculum durch mein Bekenntnis zu dem gerade in seiner Heimat heiß umstrittenen Leonhard Ragaz einigermaßen verstimmt, und meine Predigt erregte durch ihre Kritik an der Kirche und der landläufigen Christlichkeit heftigen Widerspruch.»

[2] Johannes Hauri, 1848–1919, 1874–1916 Pfarrer in Davos und lange Zeit Dekan.

[3] Benedikt Hartmann war damals Stadtpfarrer von Chur. Schon 1910 hatte er sich aus der Redaktion der Neuen Wege zurückgezogen, weil er fand, seine Art passe nicht mehr zur Linie der Zeitschrift. Er sehe, ähnlich wie Naumann, sein Ideal in einer Synthese von Bürgertum und Arbeiterbewegung. Vgl. Biographie, Bd. I, S. 183.

[4] Ragaz verbrachte die ersten Tage seiner Sommerferien bei seinem Bruder Rageth; dort hörte er die Nachricht von der Kriegserklärung Englands an Deutschland (4. August 1914, vgl. Mein Weg, Bd. II, S. 7). Der Besuch in Tenna konnte daher erst im Sommer 1915 stattfinden. Vgl. «Erinnerungen», S. 37 f.

REGISTER DER BRIEFEMPFÄNGER

Wo nichts anderes angegeben ist, befinden sich die im folgenden aufgeführten Briefe im Besitze der Kinder von Leonhard Ragaz: Jakob und Gertrud Ragaz-Fricker und Christine Ragaz, Zürich.

Accola-Schaub, Lisa, geboren 1888 in Aarburg, Bürgerin von Basel, von 1896 an in Basel aufgewachsen, 1908–1913 Ausbildung und Tätigkeit als Krankenschwester, 1914 Heirat mit Hans Accola aus Davos, Ingenieur der Landestopographie Bern, von da an wohnhaft in Filisur, Chur und Minusio, wo sie auch seit dem Tode ihres Mannes, im Jahre 1944, lebt.
Lisa Schaub wurde von Ragaz konfirmiert und getraut. Sie und ihr Mann blieben mit Ragaz und seiner Frau freundschaftlich verbunden. Sie machte früh in der religiös-sozialen Bewegung mit und gehört ihr jetzt noch an.
Brief Nr. 121.

Aeberhard, Adolf, 1876–1964, Pfarrer in St-Imier. Er gehörte im Jahre 1905, als Ragaz eine Berufung an die Universität Bern angenommen hatte, aber vor Antritt der Stelle zurückgetreten war, dem Vorstand des bernisch-kantonalen Reform-Pastoral-Vereins an. Auf das Schreiben, in welchem Ragaz seinen Rücktritt rechtfertigte, antwortete er in einem ausführlichen und verständnisvollen Briefe (undatiert, wohl von anfangs November 1905). Er blieb auch später mit Ragaz in Verbindung und gehörte der religiös-sozialen Bewegung an.
Brief Nr. 94 (Hektographiertes Zirkular).

Bolli-Stoecklin, Martha, geboren 1891, Bürgerin von Biel-Benken, Baselland, aufgewachsen in Binningen, dort Lehrerin bis zu ihrer Verheiratung im Jahre 1914 mit Pfarrer Heinrich Bolli; als Pfarrfrau zunächst in Hemmenthal SH, dann in Frauenfeld tätig; seit der Pensionierung ihres Gatten mit diesem in Hohfluh-Hasliberg wohnhaft.
Martha Stoecklin war bei Ragaz in Basel konfirmiert worden und blieb mit ihm auch später verbunden.
Briefe Nr. 120, 126, 140.

Bona Voluntas. Vereinigung ehemaliger Konfirmandinnen von Ragaz in Basel. Der Brief (Nr. 116) hat den Herausgebern nicht im Original, sondern in den für die Mitglieder der Bona Voluntas hergestellten Abschrift zur Verfügung gestanden.

Brändli, Oskar, 1852–1907, von Wädenswil. 1875 Verbi Divini Minister, 1876–1880 Pfarrer in Schöfflisdorf, 1880 Helfer zu St. Leonhard in Basel, 1897 Pfarrer daselbst. Befreundet mit Ragaz seit 1890, wo Ragaz in Basel Altherr vertrat und deshalb neben Brändli zu St. Leonhard wirkte. 1891 im Austausch mit Ragaz dessen Vertreter in Flerden. Redaktor des Schweizerischen Protestantenblattes.
Die Briefe (Nr. 7, 8, 14, 15, 50, 51, 97) liegen bei Pfarrer Hans Brändli, Trin, Graubünden.

327

Burckhardt-Finsler, Albert, 1854–1911, Sohn eines Basler Bäckermeisters, wandte er sich zunächst der Jurisprudenz zu, welche er in Basel und Leipzig studierte. Dr. iur. 1878. Darauf Bibliothekar an der Öffentlichen Bibliothek der Universität Basel, Doktorat und Habilitation in Schweizer Geschichte (1883), a. o. Professor 1890. Seit 1881 Lehrer am Oberen Gymnasium, daneben Konservator am Historischen Museum, seit 1892 vollamtlich Konservator. 1893 in den Großen Rat, 1902 zum Regierungsrat gewählt, wo er das Erziehungsdepartement übernahm. Albert Burckhardt war häufig in den Predigten von Ragaz und fragte diesen im September 1906 an, ob er sich für eine Schulaufsichtskommission nominieren lasse.
Der Brief (Nr. 103) liegt im Staatsarchiv Basel, Signatur: Erziehung C 17.

Erziehungsrat des Kantons Graubünden.
Der Brief (Nr. 12) liegt im Staatsarchiv Graubünden, Chur.

L'Essor. Siehe Brief Nr. 135, Anm. 1.
Das Original des Briefes (Nr. 135) scheint nicht erhalten zu sein. Es stand den Herausgebern nur die französische Übersetzung, wie sie im Essor vom 7. Dezember 1912 unter dem Titel: «Socialisme et Royaume de Dieu» veröffentlicht wurde, zur Verfügung.

«*Freunde der Neuen Wege*», *Basel.* Eine lose Vereinigung, die im Jahre 1908 im Anschluß an den Kampf um Ragaz' Nachfolge am Basler Münster gegründet worden war und Vortrags- und Diskussionsabende veranstaltete (Biographie, Bd. I., S. 143).
Das hektographierte Zirkular (Nr. 118) liegt in der Universitätsbibliothek Basel, Handschriftenabteilung, Nachlaß Wernle.

Gerber, Max, 1887–1949, von Langnau, Bern, von 1913–1919 Pfarrer in Feldis, Graubünden, von 1919–1932 Pfarrer in Langenthal, von 1932 bis zu seinem Tode als Redaktor des Aufbaus in Zürich wohnhaft.
Gerber war als Theologiestudent einer der ersten Schüler von Ragaz und erkannte sofort die Bedeutung seiner Botschaft und seines Einflusses auf die zukünftigen Pfarrer. Er wurde, in großer Selbständigkeit, aber mit Ragaz in seinem tiefsten Wollen verbunden, zu einer der führenden Gestalten in der religiös-sozialen Bewegung der Schweiz. Die von ihm redigierte Wochenzeitung Der Aufbau gewann ein besonderes Ansehen während des zweiten Weltkrieges, als ein unabhängiges Wort zu den aktuellen Ereignissen und Problemen in der schweizerischen Presse selten war.
Brief Nr. 133.

Grütliverein Chur. Der Grütliverein, die größte sozialistische Organisation im Kanton Graubünden zur Zeit als Ragaz Pfarrer in Chur war, setzte sich zum größeren Teil aus Handwerksgesellen und kleinen Gewerbetreibenden zusammen. Ragaz stand während seines Churer Pfarramtes in freundlichen Beziehungen zum Grütliverein Chur (Biographie Bd. I, S. 68 und S. 74).
Der Brief (Nr. 63) wurde abgeschrieben aus dem Grütlianer vom 12. Juni 1902.

Hartmann, Benedikt, 1873–1955, von Schiers, Graubünden, Dr. theol. h. c. Von 1896–1918 Pfarrer in Serneus, Thusis-Masein, Chur und Malans-Jenins; 1918–1926 Direktor der Evangelischen Lehranstalt in Schiers, 1926–1938 Lehrer für Religion und Deutsch an der Kantonsschule in Chur. Als bester Kenner der Geschichte des Pietismus in Graubünden Mitarbeiter an dem Werke seines Freundes, Paul Wernle, über die Kirchengeschichte der Schweiz im 18. Jahrhundert. Machte sich sehr verdient um die Erhaltung der Kunstdenkmäler in Graubünden.
Ragaz war mit Hartmann durch die Bündner Synode bekannt und befreundet. Hartmann gehörte zu den Gründern der Neuen Wege und war bis 1910 einer der Redaktoren.
Die Briefe (Nr. 90, 98, 99, 102, 106, 109) liegen bei Dr. Max Hartmann, Basel.

Jud-Ragaz, Merta, 1873–1966, zuletzt wohnhaft in Chur, Schwester von Leonhard Ragaz, seit 1908 verheiratet mit Hans Jud (1878–1955), von Maladers, Landwirt und Zimmermann. Sie war Leonhard Ragaz nicht nur in schwesterlicher Liebe zugetan, sondern nahm lebhaften Anteil an seinem geistigen Schaffen und seinen Kämpfen.
Brief Nr. 2. (Mehrere an den Bruder Rageth Ragaz adressierte Briefe richten sich auch an Frau Jud.)

Keller, Adolf, 1874–1963, Pfarrer und Professor, 1896 Pfarrer in Kairo, 1899 in Burg bei Stein am Rhein, 1904 in Genf, 1909 in Zürich am St. Peter, seit 1928 Leiter des Sozialwissenschaftlichen Instituts des Weltkirchenbundes in Genf. Abonnent der Neuen Wege und Teilnehmer an einigen religiös-sozialen Konferenzen.
Der Brief (Nr. 127a) liegt bei Fräulein Doris Keller, Zürich.

Kutter, Hermann, 1863–1931, von Mett bei Biel, mit Ragaz zusammen der bedeutendste Wortführer des religiösen Sozialismus. 1887–1898 Pfarrer in Vinelz am Bieler See; in dieser Zeit lernte er Blumhardt kennen. Lizentiat der Theologie mit einer Arbeit über Clemens von Alexandrien. 1898–1926 Pfarrer an der Neumünstergemeinde in Zürich.
Hermann Kutter war mit Ragaz kurz nach dessen Rezension von «Sie müssen!» in Kontakt getreten (vgl. Biographie, Bd. I, S. 105), und gemeinsam hatten sie 1906 in Degersheim die religiös-sozialen Konferenzen geschaffen. Die Entfremdung zwischen ihnen wurde nach dem Zürcher Generalstreik von 1912 manifest (vgl. Biographie, Bd. I, S. 189 f. und Brief Nr. 135 dieser Ausgabe).
Briefe Nr. 77, 80, 105.

Lechner, Sigmund, 1867–1933. Pfarrer, ordiniert 1892, Pfarrer in Stampa 1892 bis 1901; in Filisur 1901–1917; in Matzingen 1907–1910; in Zuoz 1910–1929; in Wiesen 1931–1933.
Freund von Ragaz auf der Kantonsschule. Mitglied der Churer Kantonsschulsektion der «Zofingia».
Brief Nr. 1.

Lejeune, Robert, geboren 1891, Bürger von Uster und Zürich, Pfarrer in Tenna, Graubünden (1914–1915), Andeer (1915–1919), Arbon (1919–1926), Zürich-Neumünster (1926–1958). Lebt jetzt in Männedorf, Zürich.
Lejeune war während seines Theologiestudiums Ragaz nicht nur als hochbegabter Schüler, sondern auch menschlich nahegekommen, und aus dem jungen Freunde wurde früh ein enger und unentbehrlicher Mitarbeiter. Er trat 1920 in die Redaktion der Neuen Wege ein, präsidierte die «Vereinigung der Freunde der Neuen Wege» und die «Religiös-soziale Vereinigung» seit deren Gründung, gab Predigten und Andachten von Christoph Blumhardt heraus, wofür ihm die Universität Basel die Würde eines Dr. theol. h.c. verlieh. Auch Publikationen anderer Art, wie sein Buch über Honoré Daumier, entsprachen dem, was Ragaz in seiner Volksbildungsarbeit erstrebte. Die Briefe (Nr. 141, 143) liegen bei Pfarrer Dr. Robert Lejeune, Männedorf.

Liechtenhan, Rudolf, 1875–1947, studierte Theologie in Basel und Berlin, Lizentiat der Theologie, Pfarrer in Buch am Irchel (1900–1910), zu St. Matthäus in Basel (1910–1936). 1921 Privatdozent und 1935 außerordentlicher Professor für Neues Testament in Basel. Redaktor am «Kirchenblatt für die reformierte Schweiz» und, 1906–1911, mit Ragaz und zeitweise mit B. Hartmann zusammen, an den Neuen Wegen. Schwager Paul Wernles.
Briefe Nr. 109, 111. Brief 109 vgl. Benedikt Hartmann.
Der Brief Nr. 111 liegt bei Frau Prof. H. Liechtenhan-Barth, Basel.

Lohner, Alfred, geboren 1874, von Basel, lebt in Thalwil, Zürich, nachdem er in Basel während 35 Jahren in verschiedenen Zweigen des öffentlichen Dienstes, zuletzt als Substitut der Vormundschaftsbehörde Basel, tätig gewesen war. Lohner und seine Frau hatten während Ragaz' Basler Pfarrerzeit als Gemeindeglieder rasch die Bedeutung seiner Predigten erkannt und sich menschlich zu ihm hingezogen gefühlt. Als Abonnent der Neuen Wege seit deren Gründung und Leser seiner Werke blieb er bis über Ragaz' Tod hinaus mit dessen Gedankenwelt verbunden.
Der Brief (Nr. 114) liegt bei Herrn Alfred Lohner, Thalwil.

Meisser-Ragaz, Nina, 1865–1944, Schwester von Leonhard Ragaz, seit 1901 verheiratet mit Emanuel Meisser (1859–1930), Kaufmann, von Davos. Sie hatte als unverheiratet während längerer Zeit ihrem Bruder Leonhard den Haushalt geführt, oft unter erschwerenden Umständen, und blieb ihm auch später eine treue und liebevolle Schwester.
Brief Nr. 2.

Moosherr-Wehrli, Elisabeth, 1831–1924, war die Mutter des Freundes von Ragaz, Theodor Moosherr (Vgl. oben Brief Nr. 1, Anm. 6). Sie war die Tochter von Johann Jakob Wehrli von Eschikofen, Thurgau, der in Hofwil unter Emanuel von Fellenberg die als «Wehrlischule» in ganz Europa bekannte Armenerziehungsanstalt leitete und ab 1833 als Begründer und erster Leiter des staatlichen Lehrerseminars in Kreuzlingen mit großem Erfolg wirkte. Als Wehrli, einer neuen, namentlich durch Thomas Scherr beeinflußten Strömung weichend, im Jahre 1853 das Seminar Kreuzlingen verließ, fand er für die Zeit bis zu seinem Tode, 1855, einen neuen Wirkungskreis dank seiner Tochter Elisabeth. Diese hatte sich im Jahre 1852 mit Karl Theodor Moosherr, «Landökonom», verheiratet, der das Landgut Guggenbühl in Andwil, Thurgau, bewirtschaftete. Wehrli gründete dort eine Erziehungsanstalt für verwahrloste oder geistig und körperlich zurückgebliebene Knaben aus dem Mittelstande.

Der Gatte von Elisabeth Moosherr-Wehrli war später in St. Gallen, wo schon sein Vater das Bürgerrecht erworben hatte, als Kaufmann und Kassier der Ortsbürgergemeinde tätig und starb im Jahre 1883.

Briefe Nr. 5, 9, 10, 16, 27.

Nadig, Clara, siehe Clara Ragaz-Nadig.

Nadig-Plattner, Christina, 1847–1932, Schwiegermutter von Leonhard Ragaz, als ledig Bürgerin von Pignieu-Schams, seit 1868 verheiratet mit Johann Josua Nadig (1841–1898), von Davos und Chur, Rechtsanwalt, wohnhaft in Chur und Basel. Ihrer Gastfreundschaft und ihrem Wohlwollen verdankte es Ragaz, daß Parpan, Graubünden, wo sie ein Ferienhaus besaß, zu seiner zweiten Heimat wurde.

Briefe Nr. 88, 108.

Nadig, Christine, 1877–1957, von Davos und Chur, Krankenschwester. Als Schwägerin von Ragaz weilte sie oft als willkommene Helferin in dessen Hause. In den zwei letzten Jahrzehnten seines Lebens fand Ragaz häufig Erholung und Sammlung in dem von Christine Nadig gemeinsam mit einer Freundin gegründeten und geleiteten Erholungsheim «Zum Lutisbach» in Oberägeri.

Briefe Nr. 74, 82, 88, 108.

Nadig, Eva, 1871–1961, Sprachlehrerin, von Davos und Chur, an ihrem Wohnort Chur in mannigfacher sozialer Arbeit ehrenamtlich tätig. Mit ihrem Schwager Leonhard Ragaz war sie besonders durch ihre Arbeit in der Abstinenzbewegung und durch ihr Interesse für Fragen der Religion, der Politik und der Literatur verbunden.

Briefe Nr. 88, 108.

Nestler, Waldus, 1887–1954, geboren in Meissen an der Elbe. Nach Abschluß seiner theologischen Studien Sekretär des Christlichen Vereins junger Männer in Plauen im Vogtland, 1916–1918 als Gasschutzoffizier an der Front. Da ihm die Stellung der Kirche zum Kriege die Annahme eines Pfarramtes innerlich unmöglich machte, wurde er 1919 Studienrat an der Höheren Mädchenschule in Leipzig. Er blieb bei diesem Berufe, jedoch mit Strafversetzungen und Degradierung unter der nationalsozialistischen und später unter der kommunistischen Herrschaft. Nestler hatte während seines Studiums das Sommersemester 1909 in Zürich verbracht und verdankte Ragaz wie auch Kutter die Klärung seiner Einstellung zur Arbeiterschaft, die er in der evangelisch-sozialen Bewegung in Sachsen nicht gefunden hatte. Während eines freien Semesters nach Beendigung seiner Studien im Sommer 1914 wohnte er bei der Familie Ragaz. Er blieb mit Ragaz und seiner Familie freundschaft-

lich verbunden, hielt Vorträge in der Schweiz über die Gefahren eines Giftgaskrieges, arbeitete im Internationalen Versöhnungsbund und besorgte 1924 bis 1926 die Administration der Neuen Wege für Zentraleuropa.
Briefe Nr. 125, 127, 128, 129, 131, 132, 134.

Pflüger, Paul, 1865–1947, von Zürich; 1887–1897 Pfarrer in Dußnang und Bichelsee, Thurgau; 1898–1910 Pfarrer in Zürich-Außersihl, 1910–1922 Stadtrat von Zürich (Vorsteher des Vormundschafts- und Armenwesens, später des Schulwesens). Entfaltete als sozialistischer Pfarrer und Stadtrat eine aufopfernde soziale Tätigkeit und verfaßte zahlreiche Schriften religiösen und sozialpolitischen Inhaltes.
Nach einer Tagebuchnotiz von Ragaz, laut welcher er an der Maifeier 1896 des Churer Grütlivereins einen Vortrag von Pflüger über den Achtstundentag hörte und nachher Pflüger zu sich zum Mittagessen mitnahm, war Ragaz tief beeindruckt von der Rede und der Person Pflügers (Biographie, Bd. I, S. 72). Von da an blieb ein bald engerer, bald loserer Kontakt mit Pflüger bestehen.
Die Briefe (Nr. 36, 38) liegen bei Schwester Anny Pflüger und Dr. Lisy Pflüger, Zürich.

Ragaz-Engi, Anton, 1863–1905, ältester Bruder von Leonhard Ragaz, Lehrer in Fideris und Tamins, später kantonaler Erziehungssekretär in Chur. Sein früher Tod war für Leonhard Ragaz ein großer Schmerz.
Brief Nr. 2.

Ragaz, Bartholome, 1827–1908, Vater von Leonhard Ragaz, Bürger von Tamins, Bauer und Zimmermann, bewirtschaftete mit seiner Familie neben einem bescheidenen eigenen Gütchen ein großes gepachtetes Gut, das der Familie Planta gehörte. Sein besonderes Interesse galt der Politik. Er war lange Zeit Gemeindepräsident, richtete aber seinen Blick über die Gemeinde- und Kantons- und auch über die Schweizer Grenze hinaus. (Über das Verhältnis von Ragaz zu seinem Vater vergleiche «Mein Weg», Bd. I, Seite 32/33.)
Brief Nr. 2.

Ragaz-Nadig, Clara, 1874–1957, Gattin von Leonhard Ragaz, als ledig Bürgerin von Davos und Chur. Erwarb 1892 am Lehrerinnenseminar Aarau ihr Lehrerinnenpatent und war in den darauffolgenden Jahren in England, Frankreich und im Engadin als Hauslehrerin tätig. Unter dem Eindruck von Berta von Suttners Roman «Die Waffen nieder» wurde sie schon als junges Mädchen zur Pazifistin, auch wandte sie sich früh der Abstinenzbewegung zu. Nach ihrer Verheiratung mit Leonhard Ragaz am 1. Oktober 1901 wurde sie für ihn zu einer Hilfe, ohne die man sich einen Teil seiner Arbeit und einige wichtige Entscheidungen in seinem Leben nicht wohl vorstellen könnte. Durch ihre Gemeinschaft mit Leonhard Ragaz entfalteten sich auch die Kräfte, die in ihrer eigenen Arbeit zum Ausdruck kamen, und sie wußte sich auch dort getragen von seinem Verständnis und seiner Hilfe.
Von ihren zahlreichen persönlichen Arbeitsgebieten seien nur genannt: die Beteiligung an den Vorarbeiten für die Heimarbeitsausstellung von 1909, ihre

Mitarbeit bei der Gründung und Leitung der Internationalen Frauenliga für Frieden und Freiheit und deren schweizerischem Zweig und ihre Arbeit in der «Auskunftsstelle für Flüchtlinge» während und nach der Herrschaft Hitlers.
Briefe Nr. 53, 88, 89.

Ragaz-Linder, Felix, 1870–1926, Bruder von Leonhard Ragaz, Bautechniker, Leiter eines Tuffsteinbruches und später Schätzungsbeamter bei der Kantonalen Landversicherungsanstalt von Graubünden, war der Zwillingsbruder des mit 14 Jahren verstorbenen *Georg*, der hier nicht separat genannt wird, da aus der Zeit, da er lebte, keine Familienbriefe, wie überhaupt keine Briefe von Leonhard Ragaz erhalten sind.
Brief Nr. 2.

Ragaz-Fricker, Jakob, geboren 1903, Sohn von Leonhard Ragaz, nahm früh Anteil an den Interessen seines Vaters, doktorierte nach Studien in Zürich und Genf im Jahre 1937 an der Universität Zürich in Nationalökonomie und ist seit 1938 im Schweizerischen Sozialarchiv tätig, dazu seit 1951 in der Redaktion des Aufbaus, Schweizerische Wochenzeitung für Recht, Frieden und Freiheit.
Briefe Nr. 84, 92.

Ragaz-Germann, Jakob, 1864–1934, Bruder von Leonhard Ragaz, Doktor phil., Germanist und Historiker, Lehrer in verschiedenen Gemeinden und Schulen, dann Kantonsschulprofessor in Chur von 1897–1928. Eine große Anzahl von Briefen von Jakob Ragaz an Leonhard Ragaz zeigen, daß Leonhard sein Vertrauter, besonders in religiösen Problemen, war, doch sind keine Briefe von Leonhard Ragaz an ihn allein erhalten geblieben.
Brief Nr. 2.

Ragaz-Färber, Luzia, 1837–1896, Mutter von Leonhard Ragaz. Im Gegensatz zu ihrem Manne ging sie ganz in ihrer Arbeit für die Familie und das Bauerngut auf. Ragaz schildert ihr Wesen in seiner Selbstbiographie besonders eindrücklich: Mein Weg, Bd. I, S. 33–35.
Brief Nr. 2.

Ragaz, Merta, siehe Merta Jud-Ragaz.

Ragaz, Nina, siehe Nina Meisser-Ragaz.

Ragaz-Casparis, Rageth, 1880–1946, jüngster Bruder von Leonhard Ragaz. Von 1901–1904 als Theologiestudent in Basel, Berlin, Heidelberg und Florenz, von 1904–1910 Pfarrer in Maladers und Castiel im Schanfigg, von 1910 bis zu seinem Tode Pfarrer in Ilanz und Kästris.
Rageth stand Leonhard Ragaz von allen seinen Brüdern am nächsten und wurde von ihm, da er zwölf Jahre jünger war und schon als Gymnasiast bei Leonhard Ragaz wohnte, wie ein Sohn betreut.
Briefe Nr. 52, 54, 56, 57, 61, 65, 66, 71, 73, 81, 83, 93, 104, 110, 115, 119, 124, 139.

von Salis, Arnold, 1847–1923, geboren in Stampa GR als Sohn des dortigen Pfarrers. 1871–1874 Pfarrer in Braunau, 1874–1886 in Liestal, 1886–1891 Helfer zu St. Theodor in Basel, 1891–1920 letzter Antistes der Basler Kirche. Als solcher war er Hauptpfarrer am Münster und zugleich Präsident des Kirchenrates. 1910 Dr. theol. h. c. der Universität Basel. Das Amt eines Antistes wurde 1897 abgeschafft, von Salis wurde jedoch weiterhin mit diesem Titel angesprochen. Er war als Vertreter der positiven Richtung der Kollege von Ragaz während dessen Basler Pfarramt. Es bestand zwischen den beiden Bündnern ein auf gegenseitiger Achtung beruhendes, korrektes Verhältnis. Der Brief (Nr. 64) liegt im Staatsarchiv Basel, Kirchenarchiv, V 6.

Schaub, Lisa, siehe Lisa Accola-Schaub.

Schmiedel, Paul Wilhelm, 1851–1935. Geboren in Zaukeroda (Sachsen).
1878 Privatdozent für Neues Testament in Jena, 1890 außerordentlicher Professor ebenda. 1893 ordentlicher Professor in Zürich.
Schmiedel war als Privatdozent in Jena Lehrer Ragaz' (Mein Weg, Bd. I, S. 116), später sein Gesprächspartner in unzähligen Briefen und häufig auch sein Besucher in Flerden, Chur und Basel. Schmiedel fungierte in den Jahren vor 1914 geradezu als Beichtvater des Pfarrers Ragaz. Die Entfremdung erfolgte mit der zunehmenden Abkehr Ragaz' von der Reformtheologie und später durch den ersten Weltkrieg.
Briefe Nr. 3, 4, 6, 11, 13, 17-26, 28-35, 37, 39-49, 55, 58-60, 62, 67-70, 72, 75, 76, 86, 87, 95, 96, 107, 112, 113.

Stoecklin, Martha, siehe Martha Bolli-Stoecklin.

Trautvetter, Paul, geboren 1889, Bürger von Basel, von 1912–1918 Pfarrer in Oberhallau, Schaffhausen, 1918–1954 Pfarrer in der Kirchgemeinde Höngg-Oberengstringen, Zürich. Seit 1949 Redaktor des Aufbaus; lebt in Zürich.
Trautvetter hatte in den letzten drei Semestern seines Studiums bei Ragaz gehört und entscheidende Impulse von ihm empfangen. Er wurde zu einem Freund und Mitarbeiter, dessen Hingabe an die gemeinsame Sache und dessen Gabe, die Wahrheiten des Reiches Gottes einfach und packend auszusprechen, Ragaz besonders schätzte. Ragaz dachte ihm auch die Weiterführung eines Teiles seiner Arbeit nach seinem Tode zu.
Der Brief (Nr. 136) liegt bei Pfarrer Paul Trautvetter, Zürich.

Wernle, Paul, 1872–1939, studierte Theologie in Basel, Berlin, Göttingen und Marburg, Schüler Ritschls und Herrmanns, Privatdozent und später Ordinarius für Kirchengeschichte und Neues Testament an der Universität Basel. Wernle war die zentrale Persönlichkeit der sogenannten «modernen Theologie» in der Schweiz. Er wirkte maßgeblich bei der Gründung der Neuen Wege mit (vgl. Biographie, Bd. I, S. 129 ff.). Wernle war mit Ragaz seit dessen Churer Zeit bekannt, in den Basler Jahren geradezu befreundet. Beidseitig befruchtende Gespräche, vor allem über die Frage der Eschatologie. Im Weltkrieg 1914–1918 entfremdeten sich die beiden Theologen aus politischen Gründen; Wernle nahm nach 1920 den Kontakt mit Ragaz erneut auf.

Die Briefe (Nr. 78, 79, 85, 91, 117, 122, 123, 130, 137, 138) liegen in der Universitätsbibliothek Basel, Handschriftenabteilung, Nachlaß Wernle.

Züricher, Ulrich Wilhelm, 1877–1961, Bürger von Burgdorf, Maler und Schriftsteller, wohnhaft in Sigriswil.
Züricher trat mit Ragaz in Verbindung als Leser der Neuen Wege, wurde auch zu deren Mitarbeiter und setzte sich mit Ragaz in ausgiebiger Korrespondenz über religiöse und politische Fragen auseinander.
Der Brief (Nr. 142) liegt bei Frau L. Züricher, Sigriswil.

Standort der Briefe an nicht genannte Briefempfänger.
Die gedruckte Einladung zu einer Besprechung betr. die Neuen Wege (Brief Nr. 100) und die gedruckte Einladung zur Mitarbeit an den Neuen Wegen (Brief Nr. 101) liegen bei Dr. Max Hartmann, Basel.

PERSONENREGISTER

Die kursiv gedruckten Seitenzahlen beziehen sich auf die Nennung von Briefempfängern. Mit einem Sternchen bezeichnete Zahlen bedeuten, daß die betreffende Person auf der entsprechenden Seite nur in einer Anmerkung vorkommt.

Accola, H. 327
Accola-Schaub, Lisa *279*, 327
Abdul Hamid, Sultan 101*
Aeberhard, A. *231*, 327
Altherr, A. 9*, 16, 17f.*, 20, 21*, 53, 104, 125, 139f., 158*, 164, 180, 184, 193, 199, 208*, 255*, 260, 327
Altherr, H. 18, 142*
Amstein, F. 178, 180*, 199*
Amstein, R. 199*, 301*
Andreesen, A. 93*
Anselm von Canterbury 49*
Antiochus IV. Epiphanes 20, 21*
Anz, A. 76*
Ariost, L. 67
Aristoteles 104
Avenarius, F. 169*

Bader, H. 250*, 300, 301*
Bähr, G. 179
Baldensperger, W. 105, 106*
Balfour, A. J. 92, 93*
Balsiger, H. 245*
Barth, A. 244, 245*
Barth, K. XXVIII, 72*
Baum, M. 291*
Baur, F. C. 103*
Baur, H. 207, 208*, 254, 255*
Becker, ? 287
Béguin, P. 294*, 318*
Benz, G. 107*, 191*, 244, 245*, 261, 278
Bergson, H. 317, 318*
Bernoulli, C. A. 110, 111*, 113, 115, 116*
Bersier, E. 61, 62*
Bezzola, A. 99, 102*
Beyring, F. E. 148*
Biedermann, A. E. X, XII, XIV, XVI, 7*, 8f., 10*, 18*, 26*, 69*, 89, 90*, 127, 128*, 167, 171*, 212, 236
Bion, W. 18*, 126*, 161, 162*, 163, 165, 166*
Birenstihl, G. 162, 169*, 180*, 183, 185f., 188*, 189
Birnstiel, J. G. 180*, 188*, 191*
Björnson, B. 152, 154*, 155, 157

Bitzius, A. X, 8, 10*, 11, 36, 37*, 40f., 205
Blumhardt, C. XXIV, XL, 76*, 189, 191*, 195, 196*, 216f., 219*, 315*, 329f.
Bolli, H. 327
Bolli-Stoecklin, Martha *278*, *292*, 293*, *319*, 327
Bolliger, A. 20, 21*, 27, 38, 42f.*, 124, 126*, 130*, 133, 140f., 156, 180*, 189f., 192*, 202, 226*, 228*
Bonhoeffer, D. XXVIII, XLIII, XLIV
Bopp, J. 310*
Bousset, W. 105, 106*, 136
Brändli, O. *16*, 17f.*, *19*, 21*, *36*, 37*, *38*, 43*, 53, 101*, 104, 125, 140, 142, *143*, *145*, 146*, 193, *235*, 237*, 327
Brenner, A. 233*
Broicher, C. 69*
Bronner, G. W. 268*
Bronsart v. Schellendorf, W. 86, 88*
Bruckner, A. 192*
Bruppacher, F. 21*
Bülow, Cosima v. 277*
Bülow, Eva v. 276, 277*
Bultmann, R. 72*
Burckhardt, A. *247*, 328
Burckhardt, C. C. 265*
Burckhardt, J. XI
Burckhardt, T. 183, 184*
Bürger, G. A. 196*
Bürgi, A. 268*
Buridan, J. 163

Calonder, F. 65*, 146*
Calvin, J. 280f., 285*, 298, 315*
Camenisch, E. 304*
Candreia, J. 6*
Carlyle, T. XXXVIII, 60, 62*, 155, 204, 217
Cäsar, G. J. 51
Chamberlain, H. S. 276, 277*
Chamberlain, J. 144*
Chapuis, P. 113, 114*
Chateaubriand, F. R. de 52, 55*
Christ, P. 113, 114*, 263*
Clemens v. Alexandrien 329

Cole, G. D. H. 301*
Conrad, P. 212, 213*
Dante Alighieri 18*, 60, 62*, 186, 188*, 209
Dartigue, 318*
Daulte, P. 142*
Daumier, H. 330
Decurtins, K. 130*
Diem, J. 244, 245*
Dietschi, M. 244, 245*
Dorner, A. 76*
Duhm, B. 92, 93*, 156

Ebeling, G. 49*, 72*
Ecke, G. 109, 111*
Ecklin, T. W. 20, 21*
Egger, A. 73*
Emerson, R. W. 155, 156*, 157
Engels, M. 130*
Etter, E. 90, 92, 93*, 126*, 129, 130*, 241, 244, 245*
Eucken, R. 151f., 153*

Färber, G. 50
Fechner, G. T. 71, 72*, 75, 100, 153*
Fellenberg, E. v. 330
Fichte, J. G. 202, 256
Finkh, M. 68, 69*
Fischer, K. 151, 153*, 167
Fleisch, U. 132, 133*, 171, 172*
Floss, G. 93*
Frei, J. 194*
Frey, E. 215*
Frey-Nadig, Verena 198, 215*
Furrer, K. 36, 37*, 38, 40, 42f.*, 47, 49*

Gantenbein, B. 122, 123*
Gauss, K. 176*
Geheeb, P. 93*
Gerber, M. 303, 311, 312*, 321, 328
Geibel, E. 187
Gerok, K. 187
Gerstung, F. 170, 172*
Gmelin, J. 68, 69*
Goethe, J. W. v. 10*, 18*, 323*
Gotthelf, J. 10*
Graue, D. 110, 111*
Graue, P. 71, 72*, 83, 92, 103*, 111*, 113, 116, 184
Greulich, H. 262, 263*, 311, 312*
Greyerz, K. v. 80*, 104, 114, 140, 143*, 294*, 303*
Grin, E. 142f.*
Grogg, H. 268*
Grubenmann, R. 39, 43*, 68, 69*, 70, 76*

Gsell, R. T. 20, 21*, 145, 146*
Gut, S. 250*

Häberlin, A. 241, 242*, 244
Häberlin, P. 242*, 244, 245*
Harnack, A. v. 109, 111*, 152, 154*, 155, 167, 196, 298*, 303*
Hartmann, B. 226, 227*, 237, 240, 245, 246*, 253*, 254, 259*, 275, 276*, 324, 326*, 329
Hase, K. A. v. 18*
Hauri, J. 132, 133*, 324, 326*
Hausheer, J. 222, 223*
Hebbel, F. 155
Hegel, G. F. W. 10*, 76*, 168
Heider, A. 268*
Hemmi, P. 183, 184*
Herkner, H. 291*
Herold, L. 58*, 63, 69*, 73, 76*, 226
Herrmann, W. 71, 72*, 197, 198*, 212, 220, 222, 256, 334
Hermelink, H. 69*
Heuss, T. 301*
Hilty, C. 113, 114*
Hitler, A. 144*
Holmes, H. 260*
Holtzmann, H. J. 18*, 104, 106*, 133, 137, 155, 156*, 157
Homer 50*, 103*
Hosang, J. G. 5, 6*, 35*, 39, 43*, 65*, 68, 171, 172*

Israel, F. 290, 291*

Jäger, H. U. XIII*
Jatho, K. 294–296, 301*
Jenny, E. 268*
Josephus, F. 21*
Joss, G. 230, 233*
Jud, H. 277*, 289, 329
Jud-Ragaz, Merta 45, 46*, 152, 177, 180*, 225, 229, 230, 260, 267, 275f., 277*, 287, 289, 329

Kaftan, J. 127, 128*, 212
Kambli, C. W. 148*, 193, 194*
Kant. I. 19, 21*, 72*, 101, 151, 179, 190, 197, 220, 222, 276, 277*
Keim, K. T. 104, 105*
Kellenberger, K. 143*
Keller, A. 294, 295*, 329
Keller, G. 10*
Kierkegaard, S. XIV, XXVII, 10*, 62*, 75, 76f.*, 82, 84*, 102, 103*, 239

Kind, C. E. 101*
Kingsley, C. 210, 211*
Kinkelin, H. 193, 194*
Knellwolf, A. 227*
Koch-Färber, Deta 289*
Koch, U. B. 151, 153*
Koch, V. 288, 289*
Kohl, R. 291, 292*
Köhler, L. XIX*, 235, 244, 245*
König, K. 155, 156*, 170
Krauss, A. 68*, 212, 213*
Krebs, G. 268*
Kreyenbühl, J. 101*
Krüger, G. 75, 77*
Krug, J. 105
Kündig, R. 268*
Kutter, H. XXVI–XXVIII, XXXf.,
XXXIII–XXXVII, XLf., 195, 196*, 203,
206, 208, 216f., 219*, 221*, 239, 240*, 250,
251, 253*, 255, 258, 263, 272, 276, 277*
298*, 303*, 306–308, 309f.*, 317, 323, 329,
331
Kutter, H. (jun.) 208*

Lagarde, P. A. de 60, 62*, 92
Lamennais, H. F. R. de 52, 55*
Lamettrie, J. O. de 52, 54*
Lang, H. X, 8, 10*, 39, 205
Läuchli, G. 268*
Lauterburg, M. 233*, 240*
Lechner, S. 1, 2*, 119*, 120, 121*, 329
Leibniz, G. W. 104, 152, 153*, 167
Lejeune, R. VII, 18*, 320f., 322*, 324,
326*, 330
Lessing, G. E. XV, 59, 61*, 67, 77*, 214
Liebster, G. 291*, 297*, 303*
Liechtenhan, R. 237f., 240, 242*, 244,
246*, 258, 259f.*, 262, 263*, 267f.*, 291*,
303*, 330
Liechti, P. 58*
Lietz, H. 86, 88*, 92, 93*, 95, 103*
Linder, E. 69*
Lindt, A. XI*, XIV*, XVII*, 72*
Lipsius, R. A. XIVf., 5, 6*, 18*, 33*, 88f.,
102, 108, 118*, 167, 171*, 212
Lohner, A. 265, 330
Lotze, R. H. 72*, 104, 152, 153*, 167
Lübke, W. 167, 169*
Lüdemann, H. 132, 133*
Ludwig, O. 152, 154*, 155, 157
Luther, M. 46, 49*, 286, 287*, 298

Manatschal, F. 146*, 158*, 241, 242*
Marx, K. XXIII, 102*

Matthieu, J. 305*, 309*, 315*
Mattmüller, M. VII, XI*, XVIII*,
XXIII*, 3*, 310*
Maupertuis, P. L. M. de 52, 54*
Maurice, F. D. 211*
Mehlhorn, P. 117, 119*
Meisser, E. 330
Meisser-Ragaz, Nina 12, 15, 16, 17*, 20, 23,
25, 34, 35*, 36, 45, 46*, 48, 63, 69, 80*,
134, 152, 161, 330
Melanchthon, P. 99, 102*
Meyer, A. 241, 242*, 244, 286
Michel, C. 62*
Michel, J. 62*
Möhr, J. 257, 258*, 304*
Moltmann, J. XLIV*
Moosherr, E. 13, 23, 24*, 25, 45, 80
Moosherr-Wehrli, Elisabeth 12, 21*, 22,
25, 26*, 43, 47*, 77, 79, 80*, 94, 137, 330
Moosherr, K. T. 331
Moosherr, T. 2, 3f., 8f., 11–13, 14*, 15,
22, 23f.*, 25, 26*, 36, 37*, 43f., 47*, 54,
55*, 79f., 89, 90*, 93*, 114, 129, 130*,
131, 140, 162, 164, 177, 187, 188*, 190,
194*, 330
Morsier, A. de 318*
Morsier, Mme de 318*
Mousson, H. 304
Moser, H. 245*
Moser, Mentona 244, 245*
Müller, A. D. 296, 297*
Müller, E. 233*, 240*
Muoth, J. C. 6*

Nadig, Christine 194*, 199, 200*, 210, 215*,
223, 224*, 331
Nadig-Plattner, Christine 210f., 215*, 223,
224f., 257, 331
Nadig, Eva 158*, 210, 215*, 223, 224*, 331
Nadig, J. J. 215*, 225, 331
Nassir ed-Din (Schah) 4, 6*
Naumann, F. 43*, 75, 77*, 84*, 154*, 169*,
195–197, 198*, 249, 291*, 298*, 300, 301*,
303, 310*, 326*
Nestle, E. 147, 148*
Nestler, W. 290, 291f.*, 293*, 295, 297,
299, 301*, 302, 331
Nettoliczka, O. 101*
Neumärker, C. 170, 172*
Neumann, A. 89, 90*
Nietzsche, Elisabeth 93*
Nietzsche, F. 75, 77*, 92, 93*, 113, 132, 324*
Nigg, B. 69*, 227*
Novalis 102*

Orelli, C. v. 178, 180*, 207, 208*
Otto, R. 228*
Ostarhild, F. s. Israel, F.
Overbeck, 195, 196*

Pangritz, W. 290f., 297, 300, 302
Pascal, B. IX, 61, 62*
Paulsen, F. 151, 153*
Pfannkuche, A. 139*
Pfister, O. 138, 139*, 163, 171, 221, 223, 239, 263,* 265*
Pfister, R. 21*
Pfleiderer, O. 5, 6*, 18*, 34, 35*, 118*
Pflüger, P. XXIII, 106, 107*, 111, 112*, 201, 202*, 290, 291*, 304*, 331
Pécault, M. 142*
Pestalozzi, H. 80, 293*, 302
Pestalozzi, T. 311, 312*
Petermand, A. C. 192*
Pieth, F. 6*, 31*
Pieczynska, Emma 303*
Planta, J. v. 122, 123*, 157, 158*
Plato 104
Plattner, P. 146*
Preiswerk, A. XXIV, 191*, 195, 196*, 278, 279*
Preiswerk, E. 278, 279*
Preiswerk, H. 268*
Preiswerk, S. 178, 180*, 183, 188*
Probst, J. 191*, 262
Pünchera, J. 121, 123
Pünchera, O. 121

Rade, M. 77*, 243*, 303*
Ragaz, A. 31, 32*, 45, 46*, 79, 332
Ragaz, B. 23, 24*, 26, 79, 152, 177, 180*, 332
Ragaz, Christine 228, 229*
Ragaz-Nadig, Clara 148, 159, 160–162, 168, 170, 183, 186*, 187, 194f., 200, 211, 213, 215, 223f., 234, 264, 317, 318*, 332
Ragaz, F. 67, 69*, 138, 139*, 152, 177, 180*, 333
Ragaz, J. (Bruder) 25, 26*, 31, 32*, 45, 46*, 64*, 79, 80*, 99, 102*, 152, 177, 180*, 230, 244, 245*, 275, 333
Ragaz, J. (Sohn) 192*, 200f.*, 210, 213, 214, 221, 223, 226*, 228, 230, 308, 333
Ragaz, L. 288, 289*
Ragaz-Färber, Luzia 23, 24*, 67, 69*, 79, 82, 94, 95*, 153*, 333
Ragaz, Merta s. Jud-Ragaz, Merta
Ragaz, Nina s. Meisser-Ragaz, Nina
Ragaz, R. 45, 46*, 54, 55*, 67, 69*, 79,

80*, 94, 137, 139*, 146, 147f.*, 151, 156, 157, 159, 166, 169*, 176, 180*, 181, 187, 190, 192, 195f., 197, 202, 208, 212, 221, 222*, 225, 226*, 229, 244, 245*, 248, 260, 266, 272, 275f., 287, 293*, 316, 318*, 324, 329, 333
Ragaz, T. 288, 289*
Rauschenbusch, W. 260*
Reichen, A. 248, 249*
Reddie, C. 93*
Rein, P. W. 88*
Ritschl, A. Xf., XIV–XVI, 7*, 34, 35*, 47, 59, 61*, 71, 72*, 90, 102, 105, 108f., 111*, 120, 124, 127, 128*, 152, 212, 219*, 334
Rittelmeyer, F. 287, 289*
Ritter, A. 251, 253*
Robertson, F. W. 60, 62*, 67, 68*, 71, 73*, 99, 157
Rothe, R. 40, 43*, 103*, 196*
Rottach, R. 183, 184*
Rottenberger, A. 69*

Sabatier, A. 88, 89*
Salis, A. v. 18*, 175, 176*, 178, 180*, 334
Salis-Seewis, G. v. 239, 240*
Sarasin, H. 178, 180*, 183, 184*
Sarasin, R. 178, 180*, 183, 184*
Sauter, G. XXIV*, XLIV*
Savonarola, G. 209, 210*
Saxer, A. 183, 184*
Schachenmann, 163, 164*
Schaub, Lisa s. Accola-Schaub, Lisa
Schaufelbüel, E. 6
Scheffel, J. V. v. 3*
Schelling, F. W. J. 104
Schiller, F. 202
Schérer, E. 142*
Scherr, T. 330
Schleiermacher, F. D. E. 10*, 128*, 197, 214
Schmidt, C. 296, 297*
Schmidt, P. W. 43*, 137, 139*, 146, 167, 178, 180*, 190, 227, 228*
Schmiedel, P. W. XVf., XIX*, 7, 9*, 11, 14, 27, 29*, 33, 46, 49*, 55, 58, 61*, 63, 66, 69, 71*, 76*, 81, 84*, 85, 89, 90*, 94f., 100f.*, 102, 103*, 104, 112, 115, 117, 119*, 120, 121*, 122, 123*, 124, 126f.*, 127f., 131, 134, 139, 154, 156*, 160, 162, 164, 166*, 169, 177, 185, 186*, 188f., 192, 195, 201f., 220, 222, 223*, 245*, 256, 263f., 272, 318*, 334

Schneemelcher, W. 303*
Schneider, W. 249*
Schönherr, K. 289*
Schönholzer, G. 193, 194*
Schrempf, C. 75, 76f.*, 81, 84*, 97, 101*, 141
Schweizer, E. 237, 240*
Schweizer, R. 275*
Schwalb, M. 102, 103*, 105
Secrétan, C. 142f.*
Seidel, M. 24*
Semrau, M. 167, 169*
Seydel, R. 33, 35*, 47, 49*
Senator, H. S. 22, 24*
Shakespeare 18*, 157, 167, 272*
Sheldon, C. M. 136, 139*
Simon, J. 142*
Smend, R. 7, 9*
Speiser, P. 21*
Spinoza, B. 59, 167, 169*, 236, 323*
Spitta, F. 216, 219*
Springer, A. H. 167
Steiger, A. 9*, 125, 126*, 146, 162, 163*, 166*, 168, 169*, 170, 180*, 187
Steiner, R. 289*
Steudel, F. 68, 69*, 116, 117*, 132
Stocker-Caviezel, C. C. 223, 224*
Stocker, O. 268*
Stockmeyer, I. 18*
Stockmeyer, K. 248, 249*
Stoecker, A. 77*, 84*, 297f.*
Stoecklin, Martha s. Bolli-Stoecklin, Martha
Störring, G. 271, 272*
Strähl-Imhoof, A. 258, 260*
Stückelberger, L. 315*
Sublet, P. 309*, 315*
Sulze, E. 15, 17, 40, 81
Sutermeister, F. 294*, 298*
Suttner, Berta v. 332

Täschler, J. 267, 268*
Tasso, T. 67
Teuscher, U. XXI*, XXIX*, XXXVII*
Thikötter, J. 212, 213*
Tischhauser, E. 300, 301*
Tobler, M. 21*
Tolstoi, L. 141
Traub, G. 301*, 303*
Trautvetter, P. 311, 312*, 334
Trepp, J. M. 114

Troeltsch, E. 127, 128*, 197, 198*, 285*, 298f., 303*

Versell, A. 111*
Vinet, A. 62*, 142*
Vischer, E. 103, 120, 121*, 146, 268*
Vögeli, A. XIX*, 100*
Volkmar, G. 29*
Vollenweider, O. 311, 312*
Voss, J. H. 50*

Wächter, T. 28*
Wagner, A. 303*
Wagner, K. 304*, 322*
Wagner, R. 67, 276, 277*, 318*
Waldburger, A. 238, 240*, 244
Walser, P. 171, 172*, 227
Weber, M. 128*
Websky, J. C. 124, 126*, 184
Weeks, R. 260*
Wegener, H. 305, 306*
Wehrli, J. J. 80, 330
Weinel, H. 197, 198*
Weiss, J. XV, 71, 72*, 102
Weizsäcker, K. H. v. 18*, 104, 105*, 133
Wellhausen, J. 120, 121*, 152
Wendland, J. 228*
Werder, J. 20, 21*
Wernle, P. IX, XXVI, XXIX, XXXVIII-XLII, 76*, 132, 133f.*, 155–157, 190, 191*, 202, 204f., 206*, 216, 219*, 227, 237f., 240*, 243*, 244, 246, 255, 271, 272*, 276, 280, 285, 287*, 298, 312, 314*, 315, 329f., 334
Wessel, A. 110, 111*
Wettstein, O. 273*
Widmann, J. V. 36, 37*, 41
Wimmer, ? 287
Wilhelm II (Kaiser) 4, 6*, 101*
Willy, R. 323, 324*
Winer, J. G. B. 49*
Wirth, Z. 16f., 18*, 41, 164
Wohlgemuth, A. 6*
Wolfensberger, W. 326*

Zeller, E. 18*
Zimmerlin, G. 268*
Züricher, U. W. 322, 335
Zutt, R. 193, 194*
Zwingli, U. XLIII, 287*, 298

SACHREGISTER

Wichtige Stellen sind durch Fettdruck der Seitenzahlen gekennzeichnet. Mit einem Sternchen versehene Seitenzahlen bedeuten, daß die entsprechenden Sachthemen auf der angegebenen Seite nur in den Anmerkungen erscheinen.

Abstinenz 71, 73*, **79,** 84, **86f.,** 92, 108, 110*, 122, **157,** 178, 218, 255*, 281, 332
Altes Testament s. Bibel
Amerika **257f.**
Antinomie IX, XXXVIII, **204**
Arbeiter XXIIf., **XXXI–XXXIII,** 70, 99, 111f., **170,** 172, 194*, 201, **203,** 204*, 209, 248f., 261, 262*, 266f., 291, 301*, 305, 307, 309*, 326*
Armut, Armenwesen XXIII, 63, **78f.,** 80*, 107*, 108, 122, 186, 192*, 239, 249, **251,** 253*, 279
Ästhetik 74, 244, 277*, 303
Auferstehung **XIX–XXI,** 133, **182,** 313
Autonomie **124, 220, 222**
Autorität 67, 105, 108f., 137

Beruf 24*, 31, 44, 60, 74, 83, 113, 116, 147, 252, 274, 319
Bibel XVII, XXI, XXXI, 8, 59, 67, 70, 74f., 86, 99, 104, 130, 132f., 135, 140f., 207, 240*, 243, 249, 261, 267, 279, 291*, 324f.
Bildung 123, 171*
Bourgeois, Bürger 193, 195, 197, 206, 209, 261, 302, 304*, 309f.*, 326*
Bruder (Brüderlichkeit, Bruderschaft) 16, 40, **256,** 259, 312
Burenkrieg **XVIII–XXII,** XXVII, XLII, 141, 143f., 148*, **181f.**

Christentum XI, XXIII, 8f., 10*, 11, 28, 41, 76f.*, 89, 111, 172, 182, 205, 210, 236, 253*, 282, 293, 295, 303*, 317, 323*
Christlich-Sozial XXXV, 77*, 81, 262*
Christologie **XIV–XVII,** XXIXf., 50, **59,** 61*, **67,** 71, 72*, 77*, 81, **98, 102,** 103*, **108f.,** 120, **122, 124, 136f., 140,** 185, 218, **220, 282f.,** 296*, 307, **322**
Christus s. Christologie und Jesus

Demokratie 171*, 304*, **311**
Demut **90–92, 96,** 101*
Dennoch XXI, **91, 96,** 182
Deutschland 4f., 6*, 53, 55*, 92, 187, 195, 197, 258*, 277*, 294–299, 310*

Dogma 157, **281**
Dogmatik 15, 48, 60, 89, 286

Ehe 161, 277*, 288
Eid 81f., 84*, 87f., 218
Eigentum (vgl. Reichtum und Mammon) 207, 208*
England 144*, 182, 211, 259, 300
Entwicklung X, XXIV, XXXVIII, XL, 30, 113, 154*, 172, **181, 217,** 219*, 299, 305
Erkenntnis 9, 30, 47, 88, **91f., 96f.,** 108f., 118, 127, 137, **175, 213,** 283, 313
Erleben XXII*, 72*, **182,** 191*, **213, 323,** 325
Ernst V, XI*, XII, XXVII, **8,** 23, **27,** 30, 37*, **38–40, 57, 83, 92,** 112, 115, 135, 139, **147, 167,** 179, 252, 324f.
Erziehung 57, 80*, 108, 141, 161, 168, 211
Eschatologie XV, XXIf., XXIV, XXXIII bis XXXV, **XXXVIII–XLIV,** 71, 72*, **108, 182, 190f., 204, 216–219, 313f.**
Ethik **39,** 43*, 60, 72*, 93*, 142*, 164, 197, 230, 244, 256, 271, 282, 304, 318*
Evangelisch-Sozial 84*, 154*, 195, 291*, 297, 298*, 302, 303*, 331
Evangelium 8, 11, **30, 40,** 107*, 108, 246*, 250*, 253*, 256, **279,** 287, 309*
Ewigkeit (ewiges Leben) 15, **23,** 75, 83, **91,** 108, **218, 313**
Exegese 46, 48, 59, 82, 87, 249

Fatum 22, 91
Fortschritt s. Entwicklung
Frankreich 51, 53, 55*
Freiheit XII, 5, 8, 28, **30, 40,** 71, **96f., 102,** 105, 109, 124, 147, 150, 171*, **175,** 210*, 212, **217,** 239, 268, **271,** 274, **283, 300,** 333
Freisinn s. Liberalismus
Frieden (Friedensbewegung) 145, 303*, 314, 316, 332f.
Frömmigkeit 16, 27, 41, 96–99, 135f., 207, 208*, 236, 253*, 276*, 282, 288
Führung Gottes 48, 52, 64, 66, 70, **91,** 118, 141, 150, 161, 175, 179, 181f., **203,** 278, 284, 288, 290, 303, 305, 325

Gebet 82, 98, 137
Gehorsam 27, 99, **167**, 265, 274
Geist 37*, 73, 75, 83, 218, 239, 244, **252,**
253*, 282
Geld 103, 115, 300
Gemeinde 15*, **17, 40,** 81, 118, **135,** 140,
186, **189,** 231, 238, 240, 242, 268*
Gerechtigkeit XVIII, 16, 171*, 262*
Geschichte XIV–XXII, XXVIII–XXX,
XXXV, XXXIX, XLI, 56, **59,** 61*, **67,**
86, 90, **105,** 108f., 113, 127, 136, 168, 179,
182, 197, 217, 243, 267, 299, 325
Geschichtstheologie **XVII–XX,** XXV,
XXVIII, XXXII–XXXV
Gesetz XX, 182, 220, 222, 267
Gewissen 27, **38,** 57, 75, **88,** 116, 143, **145,**
165, 230*, **232f.,** 249*, 268, 285*, 308, 309*
Gewißheit XIII, XV, 23, **59, 97f., 108, 322**
Glauben **XIVf., XXI,** XXVIII–XXX,
XXXVI, **XLf.,** 15, 28, **30,** 34, **40,** 42*, **47,**
61*, **67,** 70, 77*, 83, 89*, **91f., 96–98,** 101*,
108f., 122, 126*, 130*, 135, 153*, 167, 171*,
181, 188, **190f.,** 192*, **213,** 243, 256*, 268,
279, **281–283,** 298, 301*, **307f.,** 310*, 318*
Gnade 15, 78, **97**
Gott XIII–XXII, **XXVI–XLII,** 23, 28, **35,**
40f., 47f., 57, 64, 67, 87, **91f., 96–98,** 101*,
108f., 120, **122,** 124, 135–137, **141,** 143f.,
151, 153*, 158, 167f., 169*, 171*, 175, 177,
179, 182, 201, 203, 226f., 244, **251f.,** 256,
264f., 267, 277*, 278, 282–286, 293f., 297,
300, 305–308, 309f.*, 314, 315*, 316, 319,
322, 323*
Gott, Lebendiger 109, 124, 207, 218, **251,**
253*, **283, 323***, 324
Gottesreich s. Reich Gottes

Heteronomie **220**
Hoffnung XXf., XXVI, **XXXVII–XLIV,**
181f., 188, **190,** 191*, 196, **204, 216–219,**
265, **280–282,** 300, 303, **313f.,** 315*, 323
Humanität 182
Hypothese (des Glaubens) **92, 97, 322**

Ideal XXXV, 2, 8, 26*, 28, 64, 67, 71, 81f.,
170, 181, 190, 232, 234, 236, 239, 264,
309f.*, 311
Idealismus **XVII–XXI,** XXIII–XXV,
XXIXf., XXXII, XXXV, XL, 6*, 28, 41,
72*, 143*, **218, 271, 283,** 318*
Ideologie XXI*, XXXIII, **XXXVI–**
XXXVIII, XL, XLIII
Individualismus 277*
Intuition 47, 97

Jeremia 141, 178, 261
Jesaja 141
Jesus (vgl. Christologie) **XIVf.,** XVII, 59,
67, 72*, 77*, 86f., 102, 103*, 104f., 108f.,
113, 120, 126, 128*, 132f., 136f., **140,** 152,
196, 205, 218, **220,** 222, 256*, 261, 280,
282f., 286, 296*, 307, 312f., 322, 324
Johannes XVII, 132, 137
Jünger 133, 283, 285, 312

Kampf V, **XII–XIV,** XVI, XXVI,
XXXVII, 2, 8, 10*, 13, 15f., **22,** 26–28, 30,
35f., 45, 48, 56f., 60, 63, 70, 84, 87, 97, 108,
111, 115, 125, 136, 140f., 144*, 148–150,
153, 156, 160f., 168, 171*, 185, 191*, 193,
217, 225–228, 230f., 234, 236, 246*, **255,**
260, 267, 273*, 274, **278, 280–284,** 286,
290, 292*, 299–305, **308,** 309*, 311f., 314,
316, 320, 322, 323*, 325
Karfreitag s. Kreuz
Katastrophe XXXIX, XLI, 190, **204, 217,**
240
Katholizismus 42, 53, 55*, 308*
Kirche 15–17, 27, 36, 39, **40,** 41, 42*, 53,
56f., 64, 71, 76f.*, 81f., 99, 107, 111, 115,
135, 179, 207–210, 249, 257, 261, 271, **278,**
286, 291, **293f.,** 295–298, 300, 315*, 325, 331
Klasse (soziale) XXIII, XXXII, 172, 253*
Kreuz (vgl. Leiden) **XIX–XXII,** 26, 28,
182
Krieg XIX, 5, 87, 129, **181,** 255, 302, 305,
331
Kultur 8, 10*, 37*, 39, 72*, 98, 236, 262*,
293*, 299f.
Kulturprotestantismus XI, 8, 236, 300
Kunst 30, 47, 167, 182

Laien 15, 38, 87, 238, 243f., **263,** 310*
Leben XII, XXI, 12f., 23, 42*, 60, 72*, 78,
91, 103, 110, 152, 156, 158f., 167, 185, 187,
252, 274, 280f., **292,** 321f.
Leben Jesu s. Jesus
Leiden (vgl. Kreuz) XIXf., 17, 22f., 26f.,
39, 52, 94, 100, 108, 119, 141, 149, **152,** 155,
181f., 190, 193, 207, 226, 234, **255, 274,**
278, 284, 294, **297,** 298*
Liberalismus, kirchlich-theologischer **X–**
XII, XIV, XVIII, XXIII–XXV, **7f.,** 16f.,
27, **35f.,** 37*, **38–42,** 43*, 48, 57, 72*, 74,
78, 81, 88, 109, 135f., **139f.,** 142*, 167, 170,
171*, 175, 180*, 183, 185, 187, 189f., 193,
195, 196*, 201, 205, 218, 221, 227, 233*,
236, 237f., 240*, 247*, 257*, 258, 266f.,
268*, 298*, 299f., 305, 334

Liberalismus, politischer 4, 198*, 218, 247*, 249, 268, 298*
Liebe 12, 40, 52, 72*, 75, 95, 96f., 99, 101*, 108, 124, 149f., 160f., 171*, 191, 210*, 225, 236, 279, 281, 285*, 288, 307, 315*

Macht 2, 182, 197, 258, 267, 282, 308, 311, 316
Mammon XXXIIIf., 208*, 249, 309*
Martyrium s. Leiden
Materialismus XXX, 13, 56f., 106, 171*, 243, 283, 291*, 303, 308*
Mensch, Menschheit 83, 116, 171*, 172, 181, 190, 192*, 198*, 236, 249*, 268, 274, 279, 286
Metaphysik 19, 47, 89, 153*
Militär 4f., 53, 261*, 303f.*, 312*, 317
Moral XIV, 13, 67, 89, 197, 220, 222

Nachfolge 76f.*, 81, 94
Nationalismus 181, 197, 198*
Natur 11, 52, 59, 61, 153*, 158, 221, 243, 321
Neues XIX, XXI, XXIV, XXVII, XXXIf., 159, 161, 181, 187, 189, 193, 196f., 203, 237f., 241, 254, 274, 284, 294, 314f*.
Neues Testament s. Bibel
Neue Wege XXV, 242f., 250*, 258f., 260*, 273, 295, 297*, 300
Niederlage (vgl. Leiden) XXIII, 45, 48, 181f., 194*, 266f.
Not 147, 282, 284, 291, 316

Offenbarung XIVf., XVIf., XXI, XXVIIf., 11, 56, 67, 72*, 108, 128*, 136, 141, 168*, 220, 279
Optimismus XI, XXI, 39
Orthodoxie (Positivismus) XIIf., XXI, XXIV–XXVI, 11, 36*, 39f., 48, 74, 78, 98, 109, 113, 136, 140, 170, 175, 178, 180*, 187, 189, 195, 238, 281, 299
Ostern s. Auferstehung

Pädagogik 31, 32*, 44, 56, 59f., 70f., 86, 123*, 127, 135, 244, 247
Partei (vgl. Richtung) X, XXIIIf., 7, 13, 17, 28, 65, 70f., 72*, 136, 170, 175, 179, 183, 187, 195, 221, 232, 233*, 237–240, 244, 248, 250*, 267, 268*, 272, 273*, 275*
Passion s. Leiden
Patriotismus XIX, 5, 20, 37*, 130*, 167, 168f.*, 181, 260, 265
Paulus XVII, 9, 47, 71, 132, 205
Persönlichkeit XIVf., 34, 40, 67, 90, 99,

105, 109, 115, 120, 127, 151, 183, 190, 218, 268, 280, 286
Pfarramt, Pfarrer XII, XXIII, XXXVII, 7*, 11, 15, 25f., 28, 30, 33, 44f., 48, 54, 56f., 63f., 75, 78f., 81–83, 85, 97, 99, 103, 107, 113, 115f., 118, 125, 135, 137, 147, 150, 152, 165, 172, 185f., 193, 207, 210, 212, 225, 230, 232, 238, 240, 243*, 247–249, 250*, 251f., 253*, 254, 255*, 259, 260*, 261, 263*, 277*, 303, 307, 316, 320, 331
Pharisäismus 17, 97, 157, 207, 325
Philister 135f., 140, 187, 189, 193, 249, 299
Philosophie XIV, XXX, 9, 19, 28, 30, 31*, 47f., 74, 96–98, 101*, 109, 127, 130*, 151f., 167f., 179, 220, 222, 283, 317, 318*
Politik 5, 144, 181f., 183, 184*, 197, 202*, 207, 247f., 307, 309f.*, 332
Positivismus, theologischer, s. Orthodoxie
Postulat 91f., 96f., 101*
Predigt XIII, XVII, XIX, XXVII, 20*, 48, 67, 70, 74, 78, 82, 97, 108f., 115f., 119, 122, 124, 126, 129f., 135, 140, 155, 163, 171*, 179, 181, 183, 192f., 194*, 195, 203, 251f., 253*, 254, 271, 275f., 277*, 283, 307
Prophet XXIII, XXIXf., 73*, 86, 106, 167, 196f., 198*, 203, 207, 220, 251, 253*, 261, 283, 325
Protestantismus XI, 15, 53, 75

Realität s. Wirklichkeit
Reform s. Liberalismus
Reformation XIII, XLIII*, 41, 53, 286, 298f.
Reich Gottes XIII*, XVIf., XXIf., XXVI, XXIX, XXX–XXXVII, XXXIXf., XLII–XLIV, 72*, 108, 136, 181, 191f.*, 198*, 219*, 249, 250*, 252, 253*, 267, 282f., 285*, 286–288, 290, 291*, 293, 298*, 305–308, 309f.*, 313, 315*, 325, 334
Reichtum (vgl. Mammon) 251f., 253*
Religion XI*, XIIf., 8, 28, 30, 39, 47, 56f., 61, 67, 70, 74f., 87, 89f., 92, 93*, 96, 98, 105, 108, 127, 136, 140, 143, 171*, 175, 205, 207, 210*, 236, 244, 258, 263*, 276*, 278, 285*, 290, 294*, 307
Religionsphilosophie 30, 34, 47, 68, 89, 97, 104, 164, 283f.
Religionsunterricht 31, 34, 53, 56f., 60, 64, 71, 73, 75, 78, 82–84, 100, 110, 115, 183, 185f., 189, 292, 293*
Religiöse Bewegung 197
Religiosität s. Frömmigkeit
Religiös-Sozial s. Sozialismus, religiöser

345

Revolution XXII, XXVI, XXVIII, XXXVI
Richtung, kirchliche (vgl. Partei) XIII, **XXVf.**, 78, **175,** 233*, 243, 247, 255*, 275*

Schule 34, **56f.**, 64, 122, 247, 293*, 319*
Schweiz X*, XI, 4f., 7*, 28, 48, 55*, 56, 92, 143, 258*, 262, 290, 295, 299f., 304*, 317
Schwermut XI, **75, 99f.,** 158, 190, 273*, 288
Seele 15, 56, 70, **75,** 77, 99, 115f., 143, 148–150, 171*, 192*, 203, **218,** 232–234, 239, 250*, 255, **256**
Sittlichkeit XI*, 8, 13, 37*, 38f., 47, 87, 96, 108, 218, 221, 282, 317
Solidarität XIX, 250*
Sozialdemokratie XXIIIf., XXVI, XXXI–XXXIV, 4, 98, 194*, 195, 197, 198*, **203, 207,** 208, 209*, **249,** 250*, 255*, 261*, 262, 268*, 273*, 291*, **300,** 301*, 304*, 306, 309f.*
Soziale Bewegung **XXII–XXIV,** XXXII, XXXV, 171*, **172,** 194*, **197,** 203, 210*, 250*, 263*, 310*
Soziale Dinge 201, 203, 208, 236, 290
Soziale Frage XXII, 154*, 244, 263*
Soziale Verhältnisse **78,** 196
Soziales Christentum 248, 302, 307, 309f.*, 318*
Sozialismus V, XXIII, XXVf., **XXX–XXXVI,** XLII, 70, **192,** 208*, 210, 249*, 251, 254, 255*, 259, 277*, 281, 291*, 306f., **308,** 309f.*, 311
Sozialismus, religiöser V, XI*, XXVII, **XXXIII–XXXV,** 55*, 246*, 248, 250*, 259, 260*, 262f., 272, 273*, 290, 291*, 297, 300, 301*, 302, 307, 309*, 315*, 317, 318*, 324, 326*, 328–330
Sozialreform 80*, 84*, 130*
Staat 4, 40, 198*, **247,** 301*
Sünde 39, 78, 249*, 306, 309*
Symbol 52, 89*

Tat XXI, XLI, **96f.,** **217,** 227, 241, 252, 281, **282,** 298, 309*, 315*
Täufer 128*, 286
Teufel 87, 181, 188

Theologe 38, 290, 294, 300, 313
Theologie XXX, **27f., 30, 59,** 72*, 74, **90f.,** 101*, 102f., 122, 151, **158,** 230, 242, **286f.,** 305, 318*
Theonomie **220**
Tod XXI, **22f.,** 24*, 75, 99, 104, 110, 152, 155, 188, 225, 234, 281
Treue **56,** 233, **311**

Unglaube XIX, XXVIIIf., 13, 15f., 36*, 98, 181, 300
Unsterblichkeit s. Ewigkeit

Vernunft XIV, 61*, **96f.,** 127*, 128*
Verstehen **254f.,** 280, **282f.,** 285*, 286
Verzweiflung XIX, XLII, 9, 67, **96f.,** 105, 190, 209, **281, 322.**
Volk XXI, 15, 39*, 53, 56, 67, 80*, 108, 129, 168*, 171*, 179
Vollendung (vgl. Eschatologie) **91, 204, 217, 313,** 315*

Wahrheit XXI, XXVII, 17, **27, 30, 38f.,** 57, 59, 61*, 81, 113, 115, 147, 152, 207, 222, 244, 251f., 261, 278, **281,** 284, 325
Welt XVIII, XX, XXII, XXIV, XXVI, XXXI, XXXVIf., XXXIX, XL, XLIIIf., 8, 22f., **39,** 41, 57, 63, 91, 101*,120, 182f., 218, 274, **281f.,** 284, 285*, 291, 293, 300, 305, 313, **316**
Welt, neue XXXIX, XLIIIf., **191, 204, 217,** 281, **308,** 316
Weltanschauung XVI, 12, 28, 59f., 89, 122, 137, 171*, 181, 243, 277*, 282
Wille 47, 71, **97,** 101*, 153*, 171, **213,** 271
Wirklichkeit, Realität XVIf., XX, XXVIII, XXXf., XXXVII, XLI, 28, 76*, **91f., 96f.,** 101*, 136, **252**
Wissen 108, 126*, 153*, 298, 318*
Wissenschaft 30, 47, **96,** 100*, 109, 113, 129, 155, 323
Wunder XXI, 112, **216f.,** 219*, **311**

Zukunft XXIIIf., **XXXVI,** XLIIIf., 181, 189, **191,** 193, 197, 217f., 268, 274, 281f., **313,** 315*
Zweifel 27f., 75, 91, **96–98,** 101*, 103, 122, 128*, 135, 147, 171*, 212, **322**

Inhaltsverzeichnis

Vorwort V

Abkürzungen.. VII

Theologische Einführung IX

Briefe 1-226

Erster Abschnitt (1887–1893) 1

Zweiter Abschnitt (1893–1902) 33

Dritter Abschnitt (1902–1908) 175

Vierter Abschnitt (1908–1914) 271

Register der Briefempfänger.................................... 327

Personenregister 337

Sachregister 343